플루타르코스 영웅전

제4권

KB051047

플루타르코스 영웅전 4

발행일
2021년   9월 1일 초판 1쇄
2024년 7월 10일 초판 5쇄

지은이 ∣ 플루타르코스
옮긴이 ∣ 신복룡
펴낸이 ∣ 정무영, 정상준
펴낸곳 ∣ ㈜을유문화사

창립일 ∣ 1945년 12월 1일
주소 ∣ 서울시 마포구 서교동 469-48
전화 ∣ 02-733-8153
팩스 ∣ 02-732-9154
홈페이지 ∣ www.eulyoo.co.kr
ISBN 978-89-324-7451-9 04920
978-89-324-7447-2 (세트)

플루타르코스 영웅전
제4권

신복룡 옮김
을유문화사

BÍOI PARÁLLĒLOI

PARALLEL LIVES OF THE NOBLE GRECIANS AND ROMANS

PLOÚTARCHOS

VOL. 4

이오니아 여인들이 포키온의 아내를 찾아와
금과 보석으로 만든 장식과 목걸이를 자랑하자
그는 이렇게 말했다.
"내가 자랑할 것이라고는
내 남편 포키온이 아테네를 위해
20년 동안 장군으로 헌신했다는 것밖에 없습니다."

차례

4권

알렉산드로스
ALEXANDROS THE GREAT

기원전 356~323

나는 아버지보다
아리스토텔레스 선생님을 더 사랑했다.
— 알렉산드로스

나는 승리를 훔치지 않을 것이오.
— 알렉산드로스

어머니의 눈물 한 방울은
1만 장의 편지에 적힌 글씨를
모두 지워 버린다.
— 알렉산드로스

1

내가 지금 쓰고자 하는 인물은 알렉산드로스 대왕(Alexandros the Great)과 카이사르(Julius Caesar)이다. 다루어야 할 그들의 공적이 너무 많은 까닭에 나는 독자들에게 다른 군소리를 하기에 앞서 먼저 양해를 구하고자 한다. 나는 이들의 유명한 행적을 모두 기록할 수도 없거니와, 그동안 일어났던 모든 특이한 사건들을 힘들여 적기보다는 대부분의 사건을 개략적으로 기록하고자 하는데, 이 점에 대해 독자들이 불평하지 않기를 바란다. 왜냐하면 나는 역사를 편찬하는 것이 아니라 영웅들의 삶을 말하고 있기 때문이다.

대부분의 삶의 모습을 보면, 몇천 명이 죽은 전쟁이나 엄청난 무기 또는 도시의 함락과 같은 이야기보다는 한마디 말이나 농담과 같은 사소한 것들이 그 사람의 덕망이나 악행을 더 잘 표현해 준다. 화가는 누군가의 초상화를 그릴 때 그 사람을 묘사하려면 얼굴이나 눈의 표정을 담으려고 하지, 몸의 다른 부분에는 잘 신경쓰지 않는다. 그처럼 나도 그 사람들에 담긴 영혼을 그려 냄으로써 그 사람의 생애를 그리고자 하며, 그들의 위대한 투쟁을 그리는 일은 다른 사람들에게 맡기려 한다. 이에 대해 독자들의 양해를 구하지 않을 수 없다.

2

알렉산드로스의 아버지 혈통은 제우스의 후손인 헤라클레스에서 시작하여 마케도니아 최초의 왕인 카라노스(Caranos)를 거쳐 내려온 후손들이고, 어머니의 혈통은 아이아코스(Aiakos)에서 시작하여 네오프톨레모스(Neoptolemos)를 거쳐 내려온 후손들인데, 여기에 이의를 제기하는 사람이 없다.

들리는 바에 따르면, 그의 아버지 필리포스(Philippos)왕과 어머니 올림피아스(Olympias)의 신비한 이야기는 사모트라키아(Samothracia)섬에서부터 시작된다. 나이가 어렸던 필리포스는 한 고아 소녀와 사랑에 빠져 그 소녀의 오라버니인 아림바스(Arymbas)의 허락을 얻어 약혼했다. 결혼식을 올리기 전날 밤에 신부가 꿈을 꾸었는데, 천둥과 번개가 그 여자의 몸으로 들어와 불꽃을 일으키더니 사방으로 흩어져 사라졌다.

결혼식을 마치고 얼마 뒤에 필리포스왕도 아내의 자궁을 봉인하는 꿈을 꾸었는데, 생각해 보니 그 봉인이 사자의 모습이었다. 그 말을 들은 점성가들은 필리포스왕이 부부 관계에서 아내를 좀 더 가까이 보살펴야 한다는 뜻을 비쳤다. 그러나 알렉산드로스의 수석 예언자였던 텔메소스(Telmessos) 출신 아리스탄드로스(Aristandros)의 말에 따르면, 빈 곳에 봉인하는 일은 없으므로 자궁을 봉인했다는 것은 아내가 임신하였음을 의미하는 것이요, 아들을 낳을 것인데 그 천성이 사자처럼 용맹할 것이라고 했다.

언젠가 필리포스는 올림피아스의 곁에 누워 있는 뱀을 본 적이 있는데, 들리는 바에 따르면, 이 사건으로 필리포스는 아내에 대한 관심이 멀어져 잠자리도 함께하지 않았다고 한다. 아마도 그는 아내의 요기(妖氣)나 마력이 자기에게 옮는 것이 두려웠거나, 아니면 아내가 어떤 초자연적인 존재의 배우자일 수 있다고 생각하고 움츠러들었을 수도 있다. 그러나 이에 관해서는 다른 이야기가 있다.

예로부터 클로도네스(Klodones)라고도 하고 미말로네스(Mimallones)라고도 하는 음악의 신 오르페우스(Orpheus)의 의식 또는 술의 신 디오니소스의 향연을 즐기는 모든 여성은 하메우스(Hameus)산 근처에 사는 트라키아 여인들과 에도니아(Edonia) 여인들의 풍습을 여러 가지로 흉내 냈다고 한다. 이로부터 '방탕하거나 광신적인 의식'을 나타내는 단어인 트레스케우에인(threskeuein)이라는 말이 생겼다는데, 이는 '트라키아의 여인'이라는 말에서 나온 것이다.

올림피아스는 다른 어느 여자들보다도 더 열정적으로 그와 같은 신령한 자질을 드러냈다. 그는 거친 방법으로 신령한 영감을 발휘했으며, 자신이 길들인 커다란 뱀으로써 주위 사람들을 접대했다. 광주리나 기묘하게 생긴 키에서 머리를 들고 나온 뱀들이 여인들의 막대기나 화관에 똬리를 틀 때면 남자 손님들은 질겁했다.

3

그러나 들리는 바에 따르면, 그런 일을 겪은 필리포스왕은 메가폴리스(Megapolis)의 카이론(Chaeron)을 델포이 신전에 보내 아폴론의 신탁을 받아 오도록 했다. 신탁은 필리포스왕으로 하여금 이집트의 창세 신(創世神)인 암몬(Ammon)에게 제물을 바치고 더욱 공경하도록 했다. 아울러 이렇게 말했다.

"아내가 뱀의 형상을 한 귀신과 동침하는 것을 그대가 문틈으로 들여다본 적이 있으니, 그대의 눈이 멀게 되리라."

알렉산드리아 도서관의 사서로서 지리학과 철학에 밝았던 에라토스테네스(Eratosthenes)의 기록에 따르면, 알렉산드로스 대왕이 원정을 떠날 때, 올림피아스는 그의 아들만을 불러 출생의 비밀을 말해 주면서 그에 걸맞은 위업을 이루라고 당부했다고 한다. 이와는 달리 어떤 사람의 기록에 따르면, 그의 어머니는 그러한 과거를 부인했다. 그러면서 자기 아들이 제우스의 아내인 헤라(Hera)에게 자신을 비방하는 일을 멈추어야 한다고 말했다는 것이다.

어쨌거나 알렉산드로스는 [기원전 356년] 헤카톰바이온월(Hekatombaion月, 7-8월) 초순에 태어났다. 이날을 마케도니아에서는 루이스(Louis)라고 하는데, 그달의 6일을 의미한다. 그날 에페소스에 있는 아르테미스(Artemis)의 신전이 불에 탔다. 그 무렵, 마그네시아(Magnesia) 사람으로서 수사학자(修辭學者)이자 역사가인 헤게시아스(Hegesias)는 알렉산드로스의 탄생과 관련하여 그날 신전에 난 큰불을 꺼 버릴 정도로 차가운 말을 내뱉었다.

곧 헤게시아스의 말을 빌리면, 아르테미스의 신전이 불탄 것은 놀랄 일이 아니었다. 왜냐하면 그 신전에 불이 난 것은 신전의 여신이 알렉산드로스의 해산을 도우러 가느라 자리를 비워 일어난 일이기 때문이었다는 것이다. 그러나 에페소스에 있던 모든 점성가는 신전의 화재를 더 큰 재앙의 전조로 여겼다. 그들은 자신의 얼굴을 때리면서 아시아에 재난을 몰고 올 원수가 태어났다고 울부짖었다.

그러나 그때 막 포티다이아(Potidaea)를 함락한 필리포스 왕은 같은 시간에 세 가지 소식을 들었다. 첫째는 파르메니오(Parmenio) 장군이 일리리아(Illyria)를 정복했다는 것이고, 둘째는 그의 전차가 올림픽 경기에서 우승했다는 것이고, 셋째는 아들 알렉산드로스가 태어난 것이다. 물론 이 소식들은 필리포스를 기쁘게 했다. 예언자들은 그 아들의 탄생이 두 가지 경사와 함께 겹쳐 일어났으니 그의 장래도 승승장구할 것이라고 말함으로써 왕을 경하했다.

4

알렉산드로스의 모습은 그와 같은 시대에 살았던 그리스의 저명한 조각가 리시포스(Lysippos)가 만든 동상에 가장 잘 나타나 있다. 알렉산드로스는 리시포스가 만든 모형이 가장 정확하다고 생각하여 그에게만 자신의 동상을 만들도록 했다. 그 뒤 리시포스의 많은 후계자와 친구들이 그 조각상에 나타난 특징들을 흉내 내고 싶어 했다.

이를테면 목을 왼쪽으로 약간 기울여 균형을 잡고, 눈빛이 매혹적으로 빛나는 모습을 리시포스는 정확히 표현했다. 그러나 같은 시대의 소아시아 화가였던 아펠레스(Apelles)는 알렉산드로스의 초상을 벼락 방망이를 휘두르는 모습으로 그리면서 그의 피부 빛깔을 그대로 살리지 않고 너무 어둡게 그렸다. 들리는 바에 따르면, 알렉산드로스는 살결이 고왔으며, 특히 얼굴과 가슴 쪽이 불그스레했다고 한다.

아리스토텔레스의 제자였던 아리스토크세네스(Aristoxenes)의 회고록을 읽어 보면, 알렉산드로스의 피부에서는 매우 향기로운 냄새가 났으며, 그의 입과 숨결에서도 향기가 흘러나와 옷에 배었다고 한다. 아마도 이러한 현상은 그의 몸이 뜨거운 열정으로 가득 찼기 때문이었을 것이다. 왜냐하면 아리스토텔레스의 학문적 후계자였던 테오프라스토스(Theophrastos)의 생각처럼, 체액이 열을 만나면 향기가 일어나기 때문이다.

이는 세상에서 가장 건조하고 더운 지방이 가장 좋은 향료를 생산하는 것과 같다. 말라 비틀어진 식물을 보면 알 수 있듯이, 태양은 많은 습기를 말려 버린다. 알렉산드로스의 경우에 그가 술을 좋아하고 마음이 불같았던 것도 몸에서 나는 열 때문이었던 것으로 보인다.

알렉산드로스는 매사에 폭력을 쓰고 격정에 사로잡혔음에도 불구하고 실제로는 매우 자제력이 강한 사람이었다. 그는 육체의 쾌락에 사로잡히지 않았으며, 그런 일에는 매우 신중하면서도 젊은 나이답지 않게 야심만만하고 고결했다. 아버지 필리포스는 궤변학자(詭辯學者)에 가까운 자신의 웅변 능력을 자랑스러워했고, 올림픽 경기의 전차 경주에 출전하여 승리한 것을 동전에 새겨 넣었지만, 알렉산드로스가 꿈꾸던 명성은 그런 것이 아니었다. 그는 매우 빠른 달리기 선수였는데, 주변에서 올림픽 경기에 출전해 보라고 권고하자 이렇게 대답했다.

"상대가 모두 왕이라면 나도 출전할 수 있소."

알렉산드로스는 대체로 모든 운동 경기를 싫어했던 것으로 보인다. 그는 비극 배우나 플루트 연주자, 칠현금 연주자, 음유 시인을 지원했고, 각종 사냥과 목검술(木劍術) 경기를 마련했지만, 권투나 격투기에 상을 주는 데에는 관심이 없었다.

5

아버지 필리포스왕이 자리에 없을 때 페르시아 왕의 사신이 방문한 적이 있었다. 알렉산드로스가 그들을 접견하여 자연스럽게 어울렸는데, 그 태도가 매우 다정했고, 어린 티를 내거나 문답이 유치하지 않아 사신들을 압도했다. 그는 여기에서 페르시아는 얼마나 멀고, 그곳까지 가는 길의 상태는 어떠하며, 페르시아 왕은 어떤 인물이며, 그의 군대는 어떠하며, 페르시아인들의 무예와 용맹함은 어느 정도인지를 물었다.

이에 사신들은 놀라며, 필리포스왕이 웅변에 뛰어나기는 하지만 그 아들이 가지고 있는 위대한 과업에 대한 열정에는 견줄 바가 못 된다고 생각했다. 필리포스왕이 어느 유명한 도시를 함락했다거나 어느 유명한 전투에서 승리했다는 소식이 들려올 때마다 알렉산드로스는 즐거워하기보다는 친구들에게 이렇게 말하곤 했다.

"쯧쯧, 아버지가 세상일을 다 해 버리면 우리가 위업을 이룰 기회는 없겠군……."

알렉산드로스는 자신의 탁월함과 명성이 아니면 육체적 쾌락이나 재물에 욕심을 내지 않았으며, 아버지에게서 받는 것이 많으면 많을수록 스스로 성취할 수 있는 성공의 영역이 줄어든다고 생각했다. 국가가 부강해진다는 것은 자신이 성공할 기회를 아버지에게 빼앗기는 것이라고 생각했던 그는 부유하고 화려하고 안락한 나라가 아니라 전쟁과 정복과 야망을 이룰 수 있는 나라를 물려받고 싶었다.

필리포스왕은 알렉산드로스를 키우면서 자연스럽게 많은 보육사와 후견인(tutor)[1]과 교사를 채용했는데, 그 가운데에서도 가장 유명한 사람은 레오니다스(Leonidas)였다. 굳건한 기질을 가지고 있던 레오니다스는 모후인 올림피아스의 친척이었다. 그는 후견인이라는 자신의 직업이 영예롭고 남들이 부러워하는 것이어서 그 칭호를 싫어하지는 않았다. 그러나 사람들은 레오니다스의 존엄함과 그가 필리포스왕과 맺은 인연 때문에 그를 양아버지이자 교사라고 불렀다.

그러나 실제로 왕자의 후견인 직분을 가지고 있던 사람은 아카르나니아(Akarnania) 태생의 리시마코스(Lysimachos)였다. 그는 그다지 품위 있는 인물은 아니었지만, 자신을 아킬레우스의 스승인 휘닉스라 부르고, 알렉산드로스를 『일리아스』의 주인공인 아킬레우스라 부르고, 필리포스왕을 아킬레우스의 아버지인 펠레우스(Peleus)라고 불렀는데, 이것이 왕실의 호감을 사 제이인자가 되었다.

---

[1] 후견인(tutor)이라는 용어는 본디 그 어린이를 직접 가르치는 것이 아니라 '돌본다'는 뜻이었다.

6

언젠가 테살리아(Thessalia) 출신의 휠로네이코스(Philoneicos)가 부케팔라스(Bucephalas)라는 훌륭한 말을 끌고 와 필리포스왕에게 13탈렌트(talent)[2]에 팔고자 했다. 그들은 말을 시험해 보려고 들판으로 나갔다. 그런데 그 말이 너무 사납고 거칠어 누구도 말 등에 올라탈 수 없었고 신하들의 조련에도 따르지 않았다. 이에 화가 난 필리포스왕은 그 말의 야성이 너무 강렬하여 쉽게 꺾이지 않으리라 여겨, 그 말을 데려가라고 명령했다. 그때 곁에 있던 알렉산드로스가 말했다.

"말 다루는 재주와 용기가 없어서 좋은 말을 잃는군요……."

알렉산드로스가 처음 그런 말을 했을 때 필리포스왕은 대수롭지 않게 받아들였다. 그러나 그가 여러 번 그런 말을 하면서 크게 낙심하자 왕이 물었다.

"너는 저 노병들이 무엇을 잘못하고 있다고 보는가? 너는 저들보다 말에 대해 더 많이 알고 더 잘 다룰 수 있다고 믿느냐?"

알렉산드로스가 대답했다.

"이 말이라면 제가 누구보다도 더 잘 다룰 수 있습니다."

왕이 물었다.

"만약 그러지 못했을 때 너는 너의 경솔함에 대해 어떤 벌을 받겠느냐?"

알렉산드로스가 대답했다.

"제가 그 말의 값을 치르겠습니다."

여기저기에서 웃음소리가 들려왔다. 왕과 아들 사이에 합의가 이뤄지자 알렉산드로스는 즉시 말에게 달려가 고삐를 잡

---

2 1탈렌트는 1920년을 기준으로 1천2백 달러가량이었으며 구매력으로는 5~6배 정도가 더 높은 것으로 페린(B. Perrin)은 풀이했다.(VII, p. 237의 각주 2)

고 해를 향해 돌아섰다. 그 말이 자기 앞으로 떨궈진 자기 그림자에 몹시 놀라 난폭해졌음을, 알렉산드로스는 알고 있었다. 알렉산드로스가 그런 식으로 말을 잠시 진정시킨 뒤, 손으로 토닥여 주자 말은 기백이 넘치고 용맹해졌다. 알렉산드로스는 조용히 외투를 벗고 가볍게 말 위에 올라탔다.

그런 다음 그는 말의 입이 아프지 않을 정도로 재갈의 고삐를 살짝 손으로 당겼다. 말이 자신을 흥분시킨 공포에서 벗어나 달리고 싶어 하는 것을 안 알렉산드로스는 고삐를 풀어 주면서 우렁차게 소리치며 배를 걷어찼다. 필리포스왕과 수행원들은 처음에는 초조하여 아무 말도 못 하다가, 알렉산드로스가 되돌아와 자랑스럽고 의기양양한 모습을 보여 주자 소리 높여 환호했다. 들리는 바에 따르면, 필리포스왕은 기쁨의 눈물을 흘리며, 알렉산드로스가 말에서 내려오자 그에게 입을 맞추고 이렇게 말했다.

"아들아, 너의 그릇에 맞는 왕국을 찾아보아라. 마케도니아는 너에게 너무 작다."

7

필리포스왕은 아들의 성품이 잘 굽히지 않고 강제를 싫어하지만, 합리적으로 갈 길을 가르쳐 주면 잘 따른다는 사실을 알았다. 그래서 그를 강압하기보다는 설득하려고 노력했다. 필리포스왕은 시학(詩學)이나 보통의 교육을 담당하는 선생에게 아들을 맡겨 가르치고 싶지 않았다. 그는 교육이야말로 매우 중요한 일임을 느꼈다. 그리스의 비극 시인 소포클레스(Sophokles)의 시구를 빌려 표현하자면,

수많은 재갈과
키잡이의 작업이 필요했다.
(노크 엮음, 『그리스 비극 단편(斷編)』, II : 315)

그리하여 필리포스왕은 사람을 보내 그 시대에 가장 고명하고 덕망 높은 철학자 아리스토텔레스를 모셔 와 높은 직위와 적절한 보수를 지급했다. 아리스토텔레스의 고향인 스타게이라 (Stageira)는 지난날 필리포스왕의 손에 파괴된 바 있지만, 이제 그는 그곳에서 다시 사람들이 살게 했고, 노예가 되었거나 유배된 사람들이 되돌아오게 했다. 왕은 스승과 제자가 함께 지내며 공부할 장소로 미에자(Mieza) 부근에 있는 요정(妖精)들의 숙소를 내주었는데, 오늘날까지도 방문객들은 아리스토텔레스가 앉았던 돌의자와 그늘진 산책 길을 볼 수 있다.

알렉산드로스는 아리스토텔레스에게 윤리학이나 정치학을 배웠을 뿐만 아니라, 철학자들이 아무에게나 알려 주지 않는 구전(口傳)과 비전(秘傳)을 배우면서 은밀하고도 심오한 학습에 참여했던 것으로 보인다. 알렉산드로스는 아시아 원정길에 아리스토텔레스가 그 심오한 문제에 관한 책을 펴냈다는 소식을 듣고 나서 솔직한 심경을 담아 다음과 같은 편지를 보냈다.

"알렉산드로스가 스승님께 인사를 드립니다. 선생님께서 그 구전을 출판하신 것은 잘못된 일입니다. 왜냐하면 제가 선생님께 배운 이론들을 모든 사람이 읽게 된다면 저는 무엇으로 남들보다 우월한 인물이 되겠습니까? 저는 권력보다는 최선의 것에 대한 지식을 가짐으로써 남들보다 앞서는 사람이었습니다. 안녕히 계십시오."

이에 대해 아리스토텔레스는 자신을 변명하며, 다음과 같이 말함으로써 제자의 야심을 북돋아 주었다.

"나의 이론들은 출판되었지만 출판되지 않은 것이나 다름없습니다. 왜냐하면 사실상 형이상학에 관한 나의 글은 그저 학문을 배우거나 가르치는 사람들에게는 소용이 없는 것이요, 이미 그에 관하여 수련을 받은 사람들만이 알 수 있도록 쓰인 비망록이기 때문입니다."

8

내가 생각하기에, 알렉산드로스가 의술을 사랑한 것도 아리스토텔레스가 그를 탁월하게 가르친 덕분이었다. 알렉산드로스는 의학 이론을 좋아했을 뿐만 아니라 실제로 아픈 친구들을 찾아가 간호하고 처방전을 써 주었다는 이야기가 그의 편지에 나타나 있다. 또 그는 천성적으로 공부와 독서를 좋아했다. 그는 『일리아스』를 성전(聖典, Casket)이라 생각했고, 또 그렇게 불렀다. 그는 아리스토텔레스가 교정한 『일리아스』를 지니고 다니면서 "작은 상자의 『일리아스』"라고 불렀다.

그리스의 역사학자로서 알렉산드로스의 동방 원정에 종군했던 오네시크리토스(Onesicritos)의 기록에 따르면, 알렉산드로스는 잠잘 때도 단검과 『일리아스』를 베개 밑에 두었다고 한다. 그가 아시아 원정에서 읽을 만한 책이 없자 하르팔로스(Harpalos)[3]에게 책을 좀 보내라고 지시했다. 그래서 하르팔로스는 시라쿠사이의 역사학자 휠리스토스(Philistos)의 책과, 그리스의 비극 시인 에우리피데스와 소포클레스 그리고 그리스의 대표적 비극 작가 아이스킬로스(Aeschylus)의 방대한 비극과, 코린토스의 마지막 왕 텔레스테스(Telestes)와 그리스의 시인 휠로크세노스(Philoxenos)의 『바코스 찬가(Dithylambic Poem)』를 보내 주었다.

처음에 알렉산드로스는 아리스토텔레스를 찬양하며 사랑했다. 그는 평소에 자기는 아버지보다 선생님을 더 사랑한다고 말했다. 왜냐하면 아버지는 자신을 낳아 주셨지만 선생님은 자신을 고결한 인물이 되도록 가르쳐 주셨기 때문이라는 것이었다. 그러나 뒷날 그는 아리스토텔레스를 다소 의심했다. 그 의심의 정도가 아리스토텔레스를 해코지할 수준은

---

3 하르팔로스는 알렉산드로스의 금고지기로, 비위(非違)가 많아 투옥되었는데 탈옥하여 크레타로 도주하였으나 그곳에서 암살되었다.

아니었지만, 아리스토텔레스를 향한 그의 열정은 줄어들었다. 이는 그들의 사이가 멀어졌음을 보여 주는 것이었다.

그러나, 알렉산드로스의 천성에 이미 담겨 있기도 했겠지만, 철학에 대한 그의 열정은 그가 성장하면서 더욱 깊어졌고, 마지막까지 그의 영혼에서 떠나지 않았다. 그러한 사실은 그가 아시아 원정에 동행했던 아낙사르코스(Anaxarchos)의 영예를 높이고, 아테네의 아카데미 교장이었던 크세노크라테스(Xenocrates)에게 50탈렌트의 선물을 보내고, 인도의 철학자 단다미스(Dandamis)와 칼라노스(Calanos)에게 아낌없는 관심을 보인 것으로도 알 수 있다.

9

[기원전 340년경에] 필리포스왕은 비잔티온[Istanbul]으로 원정을 떠나면서 열여섯 살의 알렉산드로스에게 마케도니아의 통치권과 국새(國璽)를 맡겼다. 이 기간에 알렉산드로스는 마이디(Maedi)족의 반란을 진압하고 도시를 접수하면서 이방 민족을 몰아내고 외국인들을 섞어 살게 하였으며, 자기의 이름을 따 그곳을 알렉산드로폴리스(Alexandropolis)라고 불렀다.

알렉산드로스는 또한 [기원전 338년] 카이로네이아로 가 그리스인과의 전쟁에 참전하였다. 들리는 바에 따르면, 이때 그는 처음으로 테베의 귀족 자제들로 이뤄진 신성 부대(Hieros Lokhos, Sacred, Holy Band)[4]를 격파했다고 한다. 오늘날까지도 케피소스(Kephisos)강 변에는 '알렉산드로스의 떡갈나무'가 서 있는데, 알렉산드로스가 그 부근에서 야영하여 그런 이름을 얻었다고 한다. 그곳에는 마케도니아 병사들의 공동묘지가 있다.

이 원정의 결과로 말미암아 필리포스왕이 아들을 더욱 사랑했음은 당연하다. 심지어 그는 마케도니아 백성들이 아들을

---

4 이들은 동성애자들로 구성되어 있었다.

왕이라 부르고 자신을 장군이라고 부르는 것을 기뻐했다. 그러나 여러 차례 결혼하고 애첩을 들인 필리포스왕 때문에 성병이 궁녀들의 처소에 퍼지면서 아버지와 아들 사이에 큰 다툼이 벌어졌고, 여기에 질투가 많고 음흉한 왕비 올림피아스가 아들을 부추겨 일을 더 어렵게 만들었다.

가장 공공연한 다툼은 필리포스왕이 한창때가 지난 나이에도 클레오파트라(Cleopatra)라는 어린 소녀와 사랑에 빠져 본처와 이혼하고 그 소녀와 결혼했을 때 벌어졌다. 그 여인의 삼촌인 아탈로스(Attalos)가 어느 날 술에 취해 마케도니아인들에게 요구하기를, 필리포스왕과 클레오파트라 사이에 왕세자가 태어나도록 빌어야 한다고 말했다. 이에 분개한 알렉산드로스는 소리쳤다.

"이런 나쁜 놈이 감히 나에게 이럴 수가…… 그렇다면 내가 서자란 말이냐?"

그러면서 알렉산드로스는 아탈로스에게 술잔을 집어 던졌다. 그러자 필리포스왕이 칼을 빼 들고 아들을 향해 일어섰으나, 두 사람에게 다행스럽게도, 분노에 찬 그는 술에 취해 헛발을 디뎌 넘어졌다. 그러자 알렉산드로스가 왕을 조롱하며 외쳤다.

"자, 여러분, 여기 이분을 보시오. 이분은 유럽에서 아시아로 넘어갈 준비를 하고 있는 분이오. 그런데 지금은 이 의자에서 저 의자로 건너가는 것조차 어려워하고 있소."

그 술자리 난동이 있은 뒤에 알렉산드로스는 어머니를 모시고 떠나 에페이로스(Epeiros)에 살게 하고, 자신은 일리리아에 정착했다.

그러는 사이에 코린토스 사람 데마라토스(Demaratos)가 필리포스왕을 찾아왔다. 그는 왕실의 친구이자 손님이었고, 솔직하게 말하는 사람이었다. 인사와 환영의 말이 끝난 뒤에 필리포스가 그에게 물었다.

"그리스 사람들이 화목하게 지내는 데에는 무슨 비결이라도 있소?"

이에 데마라토스가 이렇게 대답했다.

"왕이시여, 재앙과 불화가 집 안에 가득한 이때, 왕께서 그리스인들에게 관심을 가졌다니, 참 좋은 생각이십니다."

이 말에 정신을 차린 필리포스왕은 데마라토스를 보내 아들을 설득하여 집으로 돌아오게 했다.

10

카리아(karia)의 총독 픽소다로스(Pixodaros)는 필리포스왕과 군사 동맹을 맺고 유대 관계를 가지려 했다. 그래서 자기의 장녀를 필리포스왕의 아들인 아리다이오스(Arrhidaios)에게 시집보내고자 아리스토크리토스(Aristocritos)를 중매자로 마케도니아에 보냈다. 이 나쁜 소식은 알렉산드로스의 친구와 어머니를 거쳐 알렉산드로스의 귀에 들어갔다. 그들은 필리포스왕이 성대한 결혼식과 동맹을 통하여 아리다이오스에게 왕위를 물려주려 한다고 고자질했다. 이 소식을 듣고 몹시 당황한 알렉산드로스는 비극 배우인 테살로스(Thessalos)를 카리아로 보내 픽소다로스에게 이렇게 말하도록 지시했다.

"서자이면서 머리도 나쁜 아리다이오스보다는 알렉산드로스를 사위로 삼아 동맹을 맺는 것이 좋을 것입니다."

이러한 제안은 아리다이오스와의 혼인보다 더 픽소다로스를 기쁘게 했다. 이 소식을 들은 필리포스왕은 파르메니오 장군의 아들이자 알렉산드로스와 친구인 휠로타스(Philotas)를 데리고 아들의 숙소로 가 아들을 몹시 꾸짖으며, 카리아족의 사위가 되어 야만의 왕의 노예가 되기를 바람으로써 자신의 신분을 값없고 무시당하게 만들었다고 몹시 비난했다.

그리고 필리포스왕은 테살로스를 사슬에 묶어 마케도니아로 돌려보내라고 코린토스인들에게 편지를 보냈다. 또한 알렉산드로스의 친구들인 하르팔로스, 네아르코스(Nearchos), 에리기우스(Erigius) 그리고 프톨레마이오스를 마케도니아에서 추방했다. 뒷날 알렉산드로스는 왕이 되자 이들을 불러들여 높은 벼슬을 주었다.

그 뒤 파우사니아스(Pausanias)가 아탈로스 장군과 필리포스왕의 애첩 클레오파트라에게 모욕을 겪었는데, 필리포스왕이 아무런 뉘우침을 보이지 않자 파우사니아스는 필리포스왕을 살해했다. 이때 대부분의 비난은 본처인 올림피아스에게 돌아갔다. 그가 젊은 암살자의 분노를 북돋아 그렇게 하도록 만들었기 때문이었다.

그러나 비난의 일부분은 알렉산드로스에게 돌아갔다. 그 암살자가 부당한 일을 겪은 뒤 알렉산드로스를 찾아가 자신의 운명을 한탄했을 때, 그는 에우리피데스의 비극 『메데이아(Medeia)』(V : 289) 가운데에서 "장인과 신랑과 신부"[5]라는 구절을 인용해 들려주었기 때문이다. 어쨌든 알렉산드로스는 필리포스왕의 암살 음모에 가담했던 사람들을 찾아내 처벌하고, 자신이 없는 동안에 어머니가 아버지의 애첩 클레오파트라를 박해한 사실에 분노했다.[6]

11

알렉산드로스는 스무 살 때 왕위에 올랐으나 모든 사람에게 엄청난 질투와 증오와 분노의 대상이 되었다. 주변에 있는 이방 민족은 더 이상 마케도니아에의 예속을 받으려 하지 않고, 자신들의 독자적인 왕정을 갈망했다. 그리스의 경우를 보면, 비록 필리포스왕이 전투에서 그들을 정복하였지만, 그 기간은

---

5   『메데이아』 제5장에 나오는 이 대목에서 메데이아는 복수를 다짐하며, 아탈로스와 필리포스왕과 클레오파트라를 암시하는 인물이 나온다.

6   필리포스왕이 죽은 뒤에 올림피아스는 클레오파트라와 그의 몸에서 낳은 갓난쟁이와 조카를 불붙은 마차에 싣고 끌고 다니게 하여 죽였다.

마케도니아의 굴레 아래에서 길들여질 만큼의 긴 세월이 아니
었다.

필리포스왕은 단지 그리스인들을 혼란에 빠뜨리고 사태
의 상황을 바꿨을 뿐이며, 그로 말미암아 그들을 크게 동요하
도록 만들었다. 알렉산드로스를 따르는 마케도니아의 신하들
은 그러한 위기에 두려움을 느꼈다. 그들은 알렉산드로스가
그리스의 모든 도시 국가를 포기하고 더 이상 무력을 사용하
지 않으며, 반란을 일으킨 이방 민족의 충성심을 온유한 방법
으로 되돌려 놓음으로써 권력 이동의 초기에 나타나는 증상을
무마해야 한다고 생각했다.

그러나 알렉산드로스의 생각은 달랐다. 그는 단호한 정신
력으로 자기 국토의 질서를 지키리라고 생각했다. 만약 조금이
라도 자신의 위엄을 누그러뜨리면 오히려 적군들이 자신에게
저항하리라고 그는 확신했다. 이러한 판단에 따라 그는 빠르
게 소란을 진정시켰으며, 다누비우스(다뉴브)강까지 진격하여
트리발로이(Triballoi)의 왕 시르모스(Syrmos)와 큰 전투를 벌이
는 등 이방 민족과의 전쟁을 회피하지 않았다. 테베인들이 반
란을 일으키고 아테네인들이 이에 동조한다는 사실을 안 그는
곧 테르모필라이 계곡으로 군대를 진군시키며 이렇게 말했다.

"내가 일리아이인과 트리발로이인들을 상대로 싸울 때
데모스테네스(Demosthenes)는 나를 어린아이라 불렀고, 테살
리아에서는 나를 애송이로 부른 사실을 나는 똑똑히 기억하고
있다. 나는 아테네의 성벽 앞에 서서 이제는 내가 어른이 되었
음을 보여 주겠다."

[기원전 335년 9월] 테베에 도착한 알렉산드로스는 테베
가 저지른 잘못에 대해 반성할 기회를 주자는 뜻에서 휘닉스
(Phoenix)와 프로티테스(Prothytes)만을 넘겨줄 것을 요구하고,
항복하는 무리는 모두 용서하겠노라고 선언했다. 그러나 테베
인들은 오히려 알렉산드로스의 부하인 휠로타스와 안티파트

로스(Antipatros)를 자신들에게 넘겨줄 것을 요구하며, 그리스
를 해방시키고자 하는 모든 사람은 자신들과 함께 항전의 대
오를 이루라고 선언하며 맞섰다. 그러자 알렉산드로스는 마
케도니아인들에게 전투 명령을 내렸다.

테베인들의 입장에서 보면, 이번 전투는 병력의 문제가
아니라 정신력과 용기에 승패가 걸린 전쟁이었다. 왜냐하면
그들은 자신들보다 몇 배 더 많은 적군과 맞서 싸우고 있기 때
문이었다. 그러나 카드메이아(Kadmeia) 요새를 떠난 마케도니
아 수비대가 그들의 배후를 공격했을 때, 대부분의 테베 군대
는 포위되어 죽고 도시는 함락되어 약탈당하고 파괴되었다.

알렉산드로스가 그토록 잔혹하게 전쟁을 수행한 주요 이
유는, 그러한 재난을 통하여 겁에 질린 그리스인들이 조용히
수그러들 것이라고 기대했기 때문이었다. 그러나 그러한 본심
과는 달리, 그는 동맹국들의 불평을 들어주려 그랬다고 변명
하면서 포키스(Phokis)인과 플라타이아이(Plataiai)인들이 테베
인을 원망하고 있음을 지적했다. 알렉산드로스는 마케도니아
에 우호적이었던 제사장들과 핀다로스(Pindaros)의 후손들과
반란에 반대했던 사람들을 제외한 나머지 사람들을 노예로 팔
았는데, 그 수가 3만 명이었고 죽은 무리가 6만 명이 넘는다는
것이 밝혀졌다.

12

그와 같이 테베를 점령하면서 벌어진 수많은 참사 가운데, 알
렉산드로스의 장군들이 고결한 인품과 아름다움을 지닌 티모
클레이아(Timocleia)의 집을 부수고 들어가 그 여인의 재산을
약탈한 일이 있었다. 장군들은 그 여인을 치욕스럽게 겁탈하
고 나서 금과 은을 어디에 숨겼는지 물었다. 그 여인은 자기에
게 재산이 있음을 시인하고 한 장군을 정원으로 데려가 우물
을 가리키며 자신이 손수 값진 보물들을 우물에 던져 넣었다

고 말했다. 그 트라키아의 장군이 허리를 숙이고 우물을 들여다보자 그 여인은 등 뒤에서 그를 밀어 우물에 빠뜨린 다음 돌멩이를 던져 넣어 그를 죽였다.

트라키아인들이 손이 묶인 티모클레이아를 데리고 알렉산드로스에게 가는데, 그 걸음걸이와 풍모가 그의 높은 신분과 기개를 보여 주었다. 그는 조용하고 두려움 없이 안내자를 따라 들어갔다. 그가 누군지를 알렉산드로스가 묻자 그 여인은 이렇게 대답했다.

"나는 그리스의 자유를 위해 당신의 아버지 필리포스왕에 대항하여 싸우며 카이로네이아의 시민을 지휘하다 전사한 테아게네스(Theagenes)의 누이요."

그 여인의 대답과 언행에 놀란 알렉산드로스는 그가 자녀들을 데리고 떠나가도록 허락했다.

13

알렉산드로스는 또한 아테네인들이 테베가 겪은 비극에 깊은 슬픔을 보였음에도 아테네인들과 화해했다. 아테네인들은 신비의 축제를 시작했으나 테베인들의 슬픔을 보면서 자신들의 축제를 중단했고, 테베인들이 아테네로 피난하려 했을 때도 온갖 친절을 베풀었다. 그럼에도 사냥을 마친 사자(獅子)들이 그렇듯이, 왕 스스로 분노가 가라앉았는지 아니면 자신이 저지른 가장 야만적인 행실을 자비심으로 상쇄하고 싶었는지는 알 수 없으나, 알렉산드로스는 테베에 부과했던 모든 의무를 면제해 주었다. 그러면서 자신에게 무슨 일이 생기면 테베가 그리스의 지배자가 될 것이니 사태의 추이에 특별히 주의를 기울이도록 명령했다.

들리는 바에 따르면, 알렉산드로스는 테베가 겪은 비극에 마음을 상한 뒤로 많은 사람에게 너그러워졌다고 한다. 그는 술김에 클레이토스(Cleitos, § 51)를 죽인 일, 그리고 갠지스강을 건너 인도를 정벌하려 할 때 마케도니아인들이 비겁하게 자신을 막아섰던 일을 크게 아쉬워했다. 그러면서 이 사건들은 모두 테베의 수호신인 디오니소스가 테베를 파괴한 자신에게 분노를 터뜨렸기 때문에 일어났다고 생각했다. 뒷날 전쟁에서 살아남은 테베인들이 그를 찾아와 이런저런 일을 부탁했을 때, 그 소원을 이루지 못한 사람이 없었다. 테베에 대한 그의 심정이 그랬다.

14

이 무렵에 이스트모스(Isthmos)에서 그리스인이 민회를 열어 알렉산드로스와 함께 페르시아를 원정하는 문제에 대한 투표를 실시한 결과, 알렉산드로스를 사령관으로 지명했다. 이에 많은 정치가와 철학자들이 그를 찾아와 축하해 주었는데, 알렉산드로스는 코린토스에 머물고 있던 시노페의 디오게네스(Diogenes)도 그럴 것이라고 기대했다.

그러나 그 철학자가 알렉산드로스를 대수롭지 않게 생각하고 크라네이온(Craneion)의 교외에서 여가를 즐기며 찾아오지 않자 알렉산드로스는 몸소 그를 만나러 갔다. 디오게네스는 마침 누워서 햇빛을 쐬고 있었다. 많은 사람이 자기를 찾아오자 그는 잠시 몸을 일으켜 알렉산드로스를 바라보았다. 왕이 그의 안부를 묻고 무엇이 필요한가를 물었을 때 디오게네스는 이렇게 대답했다.

"예, 햇빛이 가리지 않도록 조금만 비켜 주시지요."

이에 알렉산드로스는 깊은 충격에 빠져 자신을 모욕한 그의 위엄과 오만함에 탄복하여, 디오게네스를 비웃고 조롱하면서 그 자리를 떠나는 부하들에게 이렇게 말했다.

"진심으로 말하건대, 내가 만약 알렉산드로스가 아니었다면 디오게네스가 되고 싶다."

이제 알렉산드로스는 아시아 정벌에 대한 신탁을 듣고자

델포이의 신전으로 갔다. 그러나 공교롭게도 그날은 불길한 날이어서 신탁을 받는 것이 불법으로 되어 있었다. 그러자 그는 당장 여제사장을 불러오라고 명령했다. 여제사장은 성무(聖務) 집행을 거절하면서 그 변명으로 법을 내세웠다. 이에 알렉산드로스는 벌떡 일어나 여제사장을 신전으로 끌고 오도록 했다. 왕의 열정에 굴복한 듯, 제사장은 이렇게 말했다.

"그대는 참으로 이길 수 없노라, 나의 아들이여!"

이 말을 들은 알렉산드로스는 자신이 바라는 신탁은 이미 제사장을 통해 들었으므로 더 이상의 신탁은 필요 없다고 말했다.

더욱이 [기원전 334년] 알렉산드로스가 원정을 떠나려는데 하늘에서 여러 가지 조짐이 나타났다. 그 가운데 삼(杉)나무로 만든 레이베트라(Leibethra)의 오르페우스 신상이 그날 땀을 몹시 흘렸다. 많은 사람이 그러한 조짐에 두려워했지만, 예언자 아리스탄드로스는 이렇게 말했다.

"이것은 좋은 조짐입니다. 대왕께서는 큰 업적을 이루어 시인과 음악가들이 그에 대한 노래와 일화를 지어 칭송하고자 저토록 땀을 흘리게 될 것입니다."(아리아노스, 『알렉산드로스 대왕 원정기』, I : 2)

15

알렉산드로스의 병력을 살펴보면, 가장 적게 잡은 사람은 보병 3만 명에 기병 4천 명이라 하고, 가장 많이 잡은 사람의 주장에 따르면, 보병 4만 3천에 기병 5천으로 기록하고 있다.[7] 보급품을 살펴보면, 알렉산드로스의 원정에 종군했던 역사학자

---

7   아리아노스(Lucius Arrianos)가 쓴 『알렉산드로스 대왕 원정기(Anabasis Alexandri)』(I : 2)의 기록에 따르면, 경보병과 궁수를 포함하여 보병이 3만 명, 기병이 5천 명이었다.

아리스토볼로스(Aristibolos)는 70탈렌트가 넘지 않았다고 기록하고 있고, 사모스의 역사학자 도리스(Doris)는 단지 30일분밖에 없었다고 말하고 있다.

이 원정에서 알렉산드로스를 수행한 오네시크리토스의 말을 빌리면, 그때 알렉산드로스에게는 2백 탈렌트의 빚이 있었다고 한다. 그러나 알렉산드로스는 그와 같은 불충분한 보급으로 출발했으면서도 출정하는 배에 오르기에 앞서 출진 병력의 형편을 살펴본 다음, 누구에게는 농지를 나눠 주고, 누구에게는 마을을 다스릴 권리를 주고, 또 누구에게는 마을이나 항구의 수입권을 주었다. 이에 페르디카스(Perdikkas) 장군이 물었다.

"폐하께서는 폐하를 위해 무엇을 남겨 두셨습니까?"

이에 알렉산드로스가 대답했다.

"나의 희망이오."

그 말을 들은 페르디카스가 이렇게 말했다.

"그렇다면 폐하와 함께 출정하는 저희에게도 그 희망을 나눠 주십시오."

그러면서 페르디카스가 자신에게 할당된 재산을 포기하자 알렉산드로스의 다른 친구들도 그를 따라 재산을 포기했다. 그러나 알렉산드로스는 자신에게 주어진 은급(恩給)을 받고자 하는 장병들에게는 넉넉하게 주었다. 그가 마케도니아에 가지고 있던 대부분의 재산은 그렇게 분배되었다. 그는 그런 식의 열정과 장비를 가지고 헬레스폰트(Hellespont) 해협을 건넜다.

그 뒤 일리움[Troy]을 지난 알렉산드로스는 아테네 신전에 제물을 바치고, 그곳에 묻힌 영웅들에게 제주(祭酒)를 올렸다. 이어서 그는 아킬레우스의 비석에 향유를 바르고, 풍습에 따라 옷을 벗은 채 친구들과 함께 주위를 달렸다. 그는 무덤에 꽃다발을 바치며 이렇게 말했다.

이 장군은 행복하였도다.
살아서는 믿음직한 친구[8]를 두었고,
죽어서는 그의 명성을 전할
전령[9]을 두었음이여.

알렉산드로스가 시내를 돌아보고 있을 때 누군가 파리스(Par-
is)가 연주하던 하프를 보고 싶으냐고 물었다. 이에 그가 이렇
게 대답했다.

"그 하프라면 관심이 없다. 그러나 용맹한 사람들의 영광
을 위해 연주하던 아킬레우스의 하프라면 보고 싶다."(『일리아
스』, IX : 185~191)

16

그러는 동안에 페르시아의 왕 다레이오스(Dareios)의 장군들
은 그라니코스(Granicous)강의 도강(渡江) 지점에 병력을 집결
하고 전열을 정비함으로써 실전에 대비했다. 이곳은 아시아로
들어가는 관문으로서 그들은 초입에서부터 전쟁을 치러야 했
다. 그러나 마케도니아 병사들은 물이 너무 깊고, 돌파해야 할
건너편 제방이 거칠고 울퉁불퉁하여 겁에 질려 있었다.

또 어떤 병사들은 달[月曆]에 관한 관습을 지켜야 한다고
생각했다. 마케도니아 왕들은 추수의 계절인 다이시우스월
(Daesius月, 6월)에는 적군과 싸우지 않았기 때문이다. 그러나 알
렉산드로스는 그달을 제2의 아르테미시우스(Artemisius)라고
바꾸어 부르도록 명령함으로써 그러한 반대를 물리쳤다. 날이
너무 저물어 파르메니오가 강을 건너기 어렵다며 반대하자 알

8   친구라 함은 아킬레우스가 원수를 갚아 준 파트로클로스(Patroklos)를
      뜻한다.
9   판본에 따라서는 전령이 아니라 시인으로 번역한 것도 있는데, 이는 그
      의 위업을 시로 남긴 호메로스를 의미한다.

렉산드로스가 이렇게 외쳤다.

"헬레스폰트 해협을 건넌 용맹한 군사들이 고작 그라니코스강을 두려워한다면, 헬레스폰트 해협이 수치심을 느껴 붉게 물들리라."

그러고서 알렉산드로스는 기병 13 부대와 함께 물속으로 뛰어들었다. 화살이 빗발치듯 쏟아지고, 적군의 보병과 기병으로 둘러싸인 어려운 상황에서 사람들이 떠내려가는 급류를 헤치고 돌진하는 그의 모습은 지혜로운 지휘관이라기보다는 격앙된 바보처럼 보였다. 그의 병력은 물에 젖어 진흙이 된 땅으로 상륙했고, 대열을 정비하기도 전에 상대와 뒤엉켜 육탄전을 전개했다. 이렇게 끈질기게 강을 건넌 병력들은 반대편 제방을 장악했다.

적군은 함성을 질렀다. 양측의 기병들은 서로 창을 휘두르며, 창이 부러지면 칼을 꺼내 싸웠다. 알렉산드로스는 갑옷 차림으로 크고 하얀 깃털을 양쪽에 꽂은 투구를 쓰고 있었기 때문에 적군이 한눈에 알아보고 그에게 돌격했다. 적병이 던진 창이 알렉산드로스의 가슴받이를 꿰뚫었으나 다치지는 않았다. 페르시아의 지휘관인 로이사케스(Rhoesaces)와 스피트리다테스(Spithridates)가 함께 알렉산드로스를 공격했다.

알렉산드로스는 한 사람을 피하면서 가슴받이를 입고 있는 로이사케스를 창으로 찔렀으나, 창이 부러지자 칼을 뽑아 들었다. 그가 로이사케스와 싸우고 있는 동안 스피트리다테스가 옆에서 달려와 말에서 솟구치면서 온 힘을 다해 도끼로 알렉산드로스를 내리찍었다. 알렉산드로스의 투구 끝과 깃털 장식이 부러졌으나, 투구는 가까스로 도끼의 공격을 견뎌 내어 머리칼을 스쳤다. 스피트리다테스가 다시 팔을 들어 공격해 오자 '검은' 클레이토스('Black' Cleitos)[10]가 먼저 그를 창으로 찔러

---

10 '검은' 클레이토스는 왕실 기병대장이었는데, 보병대장 '흰' 클레이토스

죽이고, 아울러 알렉산드로스가 로이사케스를 칼로 쳐 죽였다.

알렉산드로스의 기병대가 그토록 위험하고도 치열한 전투를 벌이는 동안 마케도니아의 밀집 대형(phalanx)이 강을 건너와 양쪽의 보병이 맞붙었다. 그러나 적병은 격렬하게 저항하지도 않았고, 오래 항전하지도 않다가 도망쳐 그리스의 용병(傭兵)만이 남았다. 그들은 언덕 위로 도망가 알렉산드로스에게 살려 줄 것을 약속하라고 부탁했다.

그러나 이성보다는 분노에 사로잡혀 있던 알렉산드로스는 적군을 공격하다가 자신의 말을 잃었다. 옆구리에 칼을 맞아 죽은 그 말은 알렉산드로스가 젊은 날에 탔던 명마 부케팔라스는 아니었다. 죽거나 다친 마케도니아 병사들 대부분이 거기에서 싸우다가 죽었는데, 그것은 싸우는 법을 아는 데다가 절망적으로 항전했던 사람들과 펼친 접전이었기 때문이다.

들리는 바에 따르면, 이 전투에서 페르시아군은 보병 2만 명과 2천5백 명의 기병을 잃었다고 한다. 그러나 아리스토불로스의 기록에 따르면, 알렉산드로스의 군대에서는 모두 34명만 죽었는데 그 가운데 보병은 9명뿐이었다고 한다. 그 뒤에 알렉산드로스는 그들을 위해 동상을 만들라고 지시했으며, 리시포스가 그 작업을 맡았다.

더 나아가서 이 전쟁의 승리를 그리스인들과 함께 나누고 싶었던 알렉산드로스는 노획한 3백 개의 방패를 특별히 아테네인들에게 보내고, 나머지 전리품 모두에 "필리포스왕의 아들 알렉산드로스와 스파르타인을 제외한 그리스인들이 아시아에 살고 있는 야만족들에게서 노획한 것"이라는 야심 찬 글을 새겨 넣도록 했다. 그러나 그는 페르시아인들에게 빼앗은 것들 가운데 일부만 빼고는 술잔과 자주색 예복과 같은 보물을 어머니에게 보냈다.

(White Cleitos)와 구별하려고 이렇게 표기했다.

이 전쟁은 곧 알렉산드로스의 입장을 크게 유리한 쪽으로 이끌었다. 사르디스(Sardis)와 해안에 있던 이방 민족이 성채에서 나와 항복했고, 그 밖의 나라들도 급습을 받아 정복되었다. 할리카르나소스(Halicarnassos)와 밀레토스(Miletos)에 있던 군대만 저항했는데, 알렉산드로스는 이들마저 항복시키고 그 일대의 영토를 점령했다.

그러나 알렉산드로스는 그다음에는 어찌해야 좋을지 몰랐다. 다레이오스왕을 만나 모든 것을 걸고 일전을 벌여야겠다는 생각도 들고, 아니면 먼저 해안을 점령하여 자원을 확보하고 병력을 조련한 다음 내륙으로 진격하여 그와 결전해야겠다는 생각도 떨쳐 버릴 수가 없었다.

들리는 바에 따르면, 그러던 터에 알렉산드로스는 크산토스(Xanthus) 근처에 있는 리키아(Lykia)에서 샘을 발견했다. 그때 샘의 바닥에서 물이 넘쳐흐르더니 동판이 튀어나왔는데, 거기에는 고대 문자로 페르시아 제국이 하루 만에 그리스인에게 멸망하여 종말을 볼 것이라고 적혀 있었다. 이 예언에 고무된 알렉산드로스는 서둘러 해안을 정복하고 킬리키아(Kilikia)와 페니키아까지 짓쳐 나갔다.

팜필리아(Pamphylia) 해변을 따라 펼쳐진 그의 신속한 진군은 많은 역사가에게 과장된 이야깃거리를 제공해 주었다. 그들의 기록에 따르면, 그곳의 바다는 항상 멀리서부터 힘차게 밀려온 파도가 가파른 산 밑까지 몰아쳐서 작은 바위들을 덮어 버릴 정도였는데, 하늘이 준 엄청난 행운을 받은 알렉산드로스가 오자 잠잠해졌다고 한다.

그리스의 극작가 메난드로스(Menandros)는 그의 희곡에서 그러한 기적을 조롱하듯이 이렇게 표현하고 있다.

참으로 알렉산드로스와 같구나.

내가 누군가를 찾으면
그가 저절로 내 앞에 나타나고,
내가 바다를 건너야 할 때면
나를 위해 물길이 열릴지니.......

(코크 엮음, 『아티카 희극 단편(斷編)』, III : 240)

그러나 알렉산드로스는 그의 편지에서 그와 같은 기적에 대해서는 내색하지 않은 채, 리키아의 파셀리스(Phaselis)를 떠나 이른바 '사다리'라고 부르는 협곡을 지났다고 적고 있다. 그는 파셀리스에 며칠 머물렀는데, 그때 철학자이자 파셀리스의 시민으로서 세상을 떠난 테오덱타스(Theodectas)의 동상이 광장에 있다는 것을 알게 되었다. 어느 날 그는 저녁을 먹고 술에 취한 채 친구들과 함께 그 동상으로 가서 꽃다발을 걸어 주었다. 그렇게 함으로써 그는 아리스토텔레스 학파의 철학에 빚진 바를 기꺼이 보답했다.

18

그 뒤로 알렉산드로스는 자신에게 저항하던 피시디아(Pisidia)인을 제압하고, 프리기아(Phrygia)를 정복했다. [기원전 33년 연초에] 그는 고대 미다스(Midas)왕의 고향으로 유명한 고르디우스[Gordium]를 장악한 뒤, 거기에서 층층나무 껍질로 매듭을 지은 채 묶여 있는 그 유명한 수레를 보았다. 그곳 사람들이 들려준 바에 따르면, 누구든지 그 매듭을 푸는 사람은 세계를 제패하는 왕이 될 것이었다.

대부분의 작가의 말에 따르면, 여러 차례 꼬인 이 매듭은 끝이 숨어 보이지 않았다. 알렉산드로스는 이것을 어떻게 풀까 궁리하다가 마침내 칼을 빼어 내리쳐 끊어 버렸고, 드디어 매듭의 끝이 보였다고 한다. 그러나 아리스토볼로스의 말에 따르면, 그는 수레와 매듭을 연결한 못을 빼 버림으로써 매듭을 쉽게 풀었다고 한다.

그곳을 떠난 알렉산드로스는 파플라고니아(Paphlagonia)
와 카파도키아를 정복했다. 그는 또한 다레이오스왕의 해군
지휘관으로서 자신에게 많은 고통을 주었다고 여기던 로도스
출신의 용병대장 멤논(Memnon)이 죽었다는 소식을 들은 뒤 내
륙으로의 원정에 더욱 용기를 얻었다.

이 무렵에 다레이오스는 수사(Susa)까지 남하하고 있었다.
그는 자신이 이끄는 60만 대군에 고무되어 있는 데다, 점성가
들이 자신을 기쁘게 해 주기 위해 일부러 지어 낸 해석을 믿고
기고만장해 있었다.

점성가들이 그렇게 해석한 것은 다레이오스의 꿈 때문이
었다. 다레이오스가 꿈을 꾸었는데, 마케도니아군의 밀집 대
형이 불길에 싸여 있고, 알렉산드로스는 다레이오스가 궁정의
신하였을 때 입던 신하의 옷을 입고 자신을 기다리다가 시중
을 마친 뒤에 벨로스(Belos)의 신전 안으로 사라졌다. 원래 이
꿈을 통하여 하늘이 다레이오스에게 암시하고자 했던 바는,
마케도니아인들의 원정이 위대한 업적을 이룩하고, 마치 다레
이오스가 신하의 몸으로 왕이 된 것과 꼭 같이 알렉산드로스
가 아시아의 지배자가 되어 그 영광과 함께 젊은 나이에 일생
을 마치리라는 것이었다.

19

알렉산드로스가 킬리키아에서 오래 머문 것은 자신에게 두려
움을 느꼈기 때문이라고 생각한 다레이오스왕은 더욱 고무되
었다. 그러나 아리스토불로스의 말에 따르면, 알렉산드로스의
공격이 늦어진 것은 몸이 아팠기 때문이었다. 어떤 사람의 주
장에 따르면, 그가 아팠던 것은 피로 때문이라고도 하고, 어떤
사람은 얼어붙은 키드노스(Cydnos)강에서 목욕을 했기 때문이
라고도 한다.

어쨌거나 어느 의사도 알렉산드로스를 치료할 용기를 내지 못했다. 병이 너무 위중하여 어떤 약으로도 고칠 수 없다고 생각한 의사들은 자신들이 치료에 실패할 경우, 마케도니아인들에게 들어야 할 비난을 두려워했다. 그러나 아카르나니아 출신의 의사인 필리포스(Philippos)는 왕의 위중함을 보고 우정을 버릴 수 없었다. 그는 위독한 왕을 돕는 데 모든 의술을 동원했고, 그의 위험을 함께 나누지 않는다면 그야말로 부끄러운 일이라고 생각했다. 그는 약을 지어 알렉산드로스 대왕에게 올리면서, 전쟁에 필요한 힘을 얻으려면 약을 드시라고 당당하게 설득했다.

그러나 이 과정에서 파르메니오가 알렉산드로스 대왕에게 편지를 보내 그 의사를 조심하라고 알려 왔다. 왜냐하면 다레이오스왕이 의사에게 설득하기를, 만약 알렉산드로스를 죽인다면 많은 재산을 줌과 동시에 자신의 사위로 삼으리라고 약속했다는 것이었다. 알렉산드로스는 그 편지를 읽고 베개 밑에 감추어 아무도 보지 못하게 했다.

약속한 시각에 왕의 시종과 함께 필리포스가 약사발을 들고 들어왔다. 알렉산드로스는 기다렸다는 듯이 그에게서 약을 받아 아무 의심 없이 마셨다. 그 장면은 놀라웠으며, 한 편의 연극이 되기에 충분했다. 한 사람은 편지를 읽고, 또 한 사람은 약을 마시면서 서로의 눈길을 바라보았다. 그러나 두 사람의 표정은 서로 달랐다.

알렉산드로스는 즐겁고 밝은 표정으로 필리포스에 대한 선의(善意)와 신뢰를 보여 주었지만, 필리포스는 자신에 대한 중상모략에 넋을 잃고 손을 하늘로 쳐들며 하늘이 자신의 무고(無辜)함을 증명해 주기를 바라면서 왕이 누워 있는 침상으로 엎어졌다. 그는 왕에게 용기를 잃지 말고 의사인 자신의 말을 따르라고 간청했다.

약을 마신 알렉산드로스 대왕은 약 기운으로 말미암아 몸에 힘이 빠져 말도 하지 못했다. 왕은 완전히 정신을 잃고 아무 의식도 없었다. 그러다가 그는 필리포스의 도움으로 의식을 되찾았다. 기력을 회복한 알렉산드로스는 자신의 모습을 마케도니아의 병사들에게 보여 주었다. 그들이 자신들의 눈으로 확인하기 전에는 마음을 놓지 못했기 때문이었다.

20

그 무렵 다레이오스의 군대에는 마케도니아에서 도망쳐 온 사람이 있었다. 그의 이름은 아민타스(Amyntas)였는데, 알렉산드로스의 성품을 잘 알고 있었다. 다레이오스가 좁은 협곡에서 알렉산드로스를 공격하고 싶어 하는 것을 본 그는, 많은 군대로써 적은 군대를 맞아 싸울 때는 다레이오스가 지금의 위치에서 기다리다가 널찍한 평원에서 싸우도록 권고했다. 그 말을 들은 다레이오스는, 그렇게 했을 때 만약 적군이 일찍 달아나면 알렉산드로스를 놓칠지도 모른다고 대답했다. 이에 아민타스가 아뢰었다.

"전하, 그 점에 대해서는 걱정할 일이 없습니다. 왜냐하면 알렉산드로스는 도망하기는커녕 전하를 향해 진군할 것입니다. 아니, 지금쯤 그는 이곳으로 오고 있을 것입니다."

그러나 다레이오스는 아민타스의 말을 듣지 않고 군진을 헐어 버린 뒤 킬리키아로 진군하였으며, 그 시간에 알렉산드로스도 다레이오스를 향해 시리아로 진군했다. 그러나 어느 날 밤에 서로 길이 엇갈려 각기 자기의 본진으로 돌아갔다. 알렉산드로스는 협곡에서 적군을 만나고 싶어 했던 터라 이번 회군이 행운의 기회라 생각했다.

그러나 다레이오스는 자신의 군대를 협곡에서 빼내 지난밤의 야영지로 돌아가기 위해 서둘렀다. 바다와 산으로 둘러싸인 데다가 가운데에는 피나로스(Pinaros)강이 흐르는 그곳의 지형은 기병대를 데리고 싸우기에는 불리한 곳이었으므로, 그는 자신의 진군이 실수였음을 깨달았던 것이다. 그곳은 여러 개의 작은 평야로 나뉘어 있어 자신의 기병대보다는 알렉산드로스의 적은 군대가 전투하기에 유리했다.

그러한 전투 지형은 알렉산드로스에게 행운을 가져다주었지만, 장군으로서 그러한 전략적 이점을 이해한 알렉산드로스의 뛰어난 자질은 행운의 여신이 그에게 마련해 준 선물보다 더 값진 것이었다. 그는 다레이오스에 견주어 수적으로 매우 열세이면서도 적군이 자신을 포위할 기회를 주지 않았으며, 몸소 부대의 오른쪽 날개를 이끌고 나아가 적군의 왼쪽 날개를 공격하고 측면을 장악함으로써 자신에게 항거하던 적군을 패주시켰다.

알렉산드로스는 앞장서서 싸우다가 허벅지에 칼을 맞았다. 미틸레네(Mitylene) 출신으로 알렉산드로스의 종군사가(從軍史家)였던 카레스(Chares)의 기록에 따르면, 알렉산드로스는 다레이오스와 육탄전을 벌이다가 상처를 입었다고 한다. 그러나 알렉산드로스는 원정 기간 동안 섭정을 맡았던 안티파트로스에게 보낸 편지에서 누구와 싸우다 그러한 상처를 입었는지 말하지 않고, 다만 단검으로 상처를 입었는데 위험하지는 않다고 썼다.

알렉산드로스는 빛나는 승리를 거두고 적군 11만 명을 죽였으나 약 8백 미터밖에 안 되는 거리를 두고 도망한 다레이오스를 잡지는 못했다. 그러나 알렉산드로스는 추격에서 돌아오기에 앞서 다레이오스의 전차와 활을 노획했다. 그가 바라보니 마케도니아 병사들은 다레이오스의 병영에서 재산을 약탈하고 있었다.

페르시아군은 장비를 가볍게 하려고 대부분의 짐을 다마스코스에 남겨 놓고 왔음에도 엄청나게 많은 재물을 가지고 있었다. 한편, 마케도니아의 병사들은 대왕을 위해 다레이오스의 막사를 약탈하지않고 그대로 두고 있었다. 그 안에는 아름다운 시녀들과 가구와 보물이 가득했다.

알렉산드로스는 곧장 갑옷을 벗어 던지고 목욕탕으로 달려가면서 소리쳤다.

"자, 다레이오스의 욕조에서 전쟁에 흘린 땀을 모두 씻어버리자."

그러자 그의 부하 가운데 누군가 말했다.

"그럴 수는 없습니다. 그것은 다레이오스의 것이 아니라 알렉산드로스 대왕의 것입니다. 정복된 무리의 재산은 정복자의 것이며, 또 그렇게 불러야 합니다."

안으로 들어가 보니, 물동이며 물주전자며 물통이며 상자들이 금으로 아름답게 세공되어 있었고, 거실은 감미로운 향내로 가득했다. 그곳을 지나 장막 안으로 들어가니 그 크기와 천장의 높이가 놀라웠고, 의자와 탁자 위에는 다레이오스를 위해 훌륭한 음식이 마련되어 있었다. 알렉산드로스는 부하들을 바라보며 이렇게 말했다.

"보아하니, 왕의 삶이란 이래야 하는구나."

21

알렉산드로스가 저녁을 먹으러 들어가는데, 누군가가 그에게 이렇게 말했다.

"포로들 가운데 다레이오스의 모후와 왕비와 결혼하지 않은 두 딸이 있는데, 다레이오스의 전차와 활을 보더니 그가 죽었다고 여겨 가슴을 치며 통곡하고 있습니다."

그 말을 들은 알렉산드로스는 한동안 생각에 잠겨 있다가 자신의 승리에 대한 감격보다도 그들에 대한 측은함에 빠졌다. 그는 레온나토스(Leonnatos) 장군을 보내, 다레이오스는 죽지 않았으며, 그들은 알렉산드로스에게 두려움을 느낄 필요가 없다고 말하라고 지시했다. 자신이 다레이오스와 패권을 다투는 전쟁을 치르기는 했으나, 이 여인들은 다레이오스가 왕위에 있을 적에 당연히 누리리라 여겼던 모든 것을 그대로 가져야 한다고 알렉산드로스는 생각했다.

다레이오스의 여인들이 그 소식을 듣고 알렉산드로스가 참으로 온유하고 친절하다고 생각할 때, 그는 좀 더 인간적인 행동으로 이를 보여 주었다. 알렉산드로스는 그들이 바란다면 죽은 페르시아 병사들을 묻을 때 그들이 빼앗긴 옷과 장식들을 함께 묻을 수 있도록 허락했다. 또한 알렉산드로스는 그들이 누리던 영예로운 삶을 유지하는 데 드는 비용을 조금도 줄이지 않았다. 아니, 오히려 더 많은 비용을 주었다.

그러나 이 고결한 여인들이 포로 생활을 하면서도 알렉산드로스에게서 받은 가장 영예롭고도 우아한 호의는, 그 여인들이 자신들을 모욕하는 어떤 말도 듣지 않았고, 그러리라는 낌새나 두려움조차 겪지 않았으며, 적국의 병영 안에 마련된 성스럽고 범접할 수 없는 여인들만의 숙소에서 남자들의 시선과 말소리를 듣지 않으며 살았다는 점이다.

들리는 바에 따르면, 다레이오스가 미남이고 훤칠했던 것처럼 그의 왕비도 누구보다 우아했으며, 그의 딸들도 부모를 닮아 더할 수 없이 아름다웠다고 한다. 그러나 알렉산드로스가 보여 준 바와 같이, 적국에 대한 정복자라기보다는 자신의 제왕다운 모습에 더 마음을 썼던 그는 그 여인들을 건드리지 않았다.

알렉산드로스가 결혼하기에 앞서 알았던 여인이라고는 바르시네(Barsine)밖에 없었다. 바르시네는 멤논의 미망인으로서 다마스코스에 포로로 잡혀 있었다. 바르시네는 그리스의 교육을 받았고, 마음씨도 고왔으며, 그의 아버지 아르타바조스(Artabazos)는 왕의 외손자였다.

아리스토불로스의 말에 따르면, 알렉산드로스는 파르메니오의 권고에 따라 그토록 가문이 좋고 아름다운 여인에게 마음을 두고 있었다. 그러나 포로가 된 페르시아 여인들의 우아하고 아름다운 모습을 바라볼 때면 이렇게 너스레를 떨었다.

"페르시아 여인들이 나의 눈을 고문(拷問)하고 있다."(헤로도토스, 『역사』, IV : 18)

그러면서도 알렉산드로스는 그 여인들의 아름다움에 맞서 자신의 절제와 극기를 보여 주며, 마치 생명 없는 조각 전시물을 지나가듯 그들 곁을 지나갔다.

22

그러는 동안에 알렉산드로스의 해군 사령관인 휠로크세노스에게서 편지가 왔다. 내용을 보니 타렌툼(Tarentum)의 테오도로스(Theodoros)라는 사람이 매우 잘생긴 노예 두 명을 팔려고 하는데, 대왕이 이들을 살 의향이 있는지를 묻는 것이었다.

분노한 알렉산드로스는 여러 번 그의 동료들에게 소리치면서 휠로크세노스가 왕을 얼마나 우습게 보았으면 그토록 무례한 제안을 하는 데 시간을 쓰고 있느냐고 물었다. 알렉산드로스는 휠로크세노스를 몹시 책망하는 편지를 보내면서 테오도로스와 그의 상품들 모두를 악마와 같은 그에게 되돌려 보내라고 지시했다.

하그논(Hagnon)이 코린토스에서 가장 잘생긴 젊은이인 크로빌로스(Krobylos)를 대왕에게 선물하고자 사고 싶다는 소식을 알려 왔을 때도 알렉산드로스는 하그논을 크게 꾸짖었다. 더 나아가 파르메니오의 휘하에 있던 마케도니아의 병사인 다몬(Damon)과 티모테우스(Timotheus)가 용병의 아내를 겁탈했다는 사실을 안 알렉산드로스는 파르메니오에게 편지를 보내, 만약 그것이 사실이라면 그들은 인류를 파멸시키고자 태어난 짐승이니 사형하라고 명령했다. 편지에서 그는 자신의 처신에 관해 다음과 같은 단호한 구절을 써넣었다.

"나로 말할 것 같으면, 다레이오스의 아내를 본 적도 없고, 보고자 한 적도 없으며, 다른 사람들이 내 앞에서 그 여인

의 아름다움에 관하여 말하는 것조차 허락하지 않았음이 드러
날 것이다."

알렉산드로스는 자주 말하기를, 잠과 여색은 어느 무엇보
다 자신에게 죽음이라는 운명을 깨닫게 해 주었다고 했다. 그
가 이런 말을 한 것은 피로와 쾌락은 한 뿌리에서 나온 것으로
서 본질적으로 같은 약점임을 뜻하고자 함이었다.

알렉산드로스는 또한 음식에 대해서도 매우 절제했는데,
그러한 자제력은 특히 그가 어머니처럼 존경했던 아다(Ada)에
대한 이야기와 그를 카리아의 아내로 맺어 준 사실에서도 잘
나타나 있다.

이 얘기의 전말을 소개하자면, 아다는 진심에서 우러나
매일 왕에게 많은 진미를 보내다가 끝내는 매우 솜씨 좋은 제
빵사와 요리사를 보내 주었다. 그러나 왕은 이들을 거절하면
서, 자신은 이미 가정 교사인 레오니다스에게서 훌륭한 요리
사를 받았다고 말했다. 그 내용인즉, 아침 식사를 맛있게 먹는
법은 밤에 행군하는 것이고, 저녁을 맛있게 먹는 법은 아침을
가볍게 먹는 것이었다. 그러면서 그는 이렇게 말했다.

"레오니다스 선생님은 자주 나의 침상과 옷장을 살펴, 어
머니가 나를 위해 보내온 사치스러운 음식이나 좋은 물건을
숨겨 두지 못하게 했다."

23

알렉산드로스는 일반에 알려진 것과는 달리 술을 절제했다.
그가 술을 많이 마셨다고 믿게 된 것은 술자리에 오래 앉아 있
었기 때문이었다. 사실 그는 술을 오래 마신 것이 아니라 얘기
를 오래 나눈 것이었다. 그는 항상 얘기를 길게 했는데 시간 여
유가 많을 때는 더욱 그랬다. 일에 빠져 있는 경우가 많았던 그
는 다른 장군들처럼 술이나 잠이나 운동이나 여색이나 구경거
리에 빠지지 않았다.

알렉산드로스의 짧은 생애가 위대한 업적으로 가득 차 있다는 사실이 이를 잘 입증해 준다. 그러나 그는 시간이 있을 때면 아침에 일어나 신전에 예물을 올린 뒤, 앉아서 아침 식사를 하고 사냥이나 행정과 군사 문제를 처리하거나 책을 읽는 것으로 하루를 보냈다. 만약 매우 다급하지 않은 행군을 할 때면 알렉산드로스는 말을 탄 채 활을 쏘거나 달리는 전차에 올라타고 뛰어내리는 연습을 계속했다.

알렉산드로스의 기록에 담겨 있는 바와 같이, 무료함을 달래려고 그는 여우나 새를 사냥했다. 밤이 되어 숙영지를 결정한 뒤에는 목욕하거나 향유를 바르면서 수석 요리사나 제빵사에게 저녁 준비가 되었는지를 물었다. 날이 어두워지면 그는 침상에 기대 저녁 식사를 했는데, 이때 음식이 모두에게 공평하게 분배되었는지 확인하면서 꼼꼼히 챙겼다.

그러나 그는 종종 자신을 뽐냈을 뿐만 아니라 아첨꾼들에게 솔깃하기도 했다. 앞에서 말했듯이, 술이 나오면 그는 오래 앉아 얘기를 나누었다. 그는 평소에는 다른 모든 군주들이 따를 만큼 매우 우아했지만, 술만 들어가면 허풍을 떨어서 불쾌감을 샀는데, 그 모습이 마치 사병과 같았다. 정신이 멀쩡한 상태에서 그의 허풍을 들으며 아첨하고 싶지도 않고, 그렇다고 해서 대왕을 칭송하는 데 뒤처지고 싶지도 않은 사람들은 그 자리를 곤혹스러워했다. 아첨하자니 점잖지 않게 보였고, 칭찬하지 않으면 위험했다.

술자리가 끝나면 알렉산드로스는 목욕하고 잠자리에 들었다가 이튿날 해가 중천에 뜰 때까지 잤다. 어떤 때에는 온종일 자는 경우도 가끔 있었다. 알렉산드로스는 진미(珍味)에 대해서도 자제력이 매우 강하여, 진귀한 과일이나 해안에서 잡은 생선이 와도 막료에게 모두 나눠 주는 바람에 자신은 먹을 것이 없는 경우도 자주 있었다. 그러나 저녁 식사는 매우 풍성해서 그가 승승장구할 때에는 한 끼의 식사비가 1만 드라크마

알렉산드로스

에 이를 때도 있었다. 그러나 그 무렵에 그를 접대해야 하는 사람들은 그 이상의 비용을 써서는 안 되었다.

24

[기원전 333년] 이소스(Issos)의 전쟁이 끝나자 알렉신드로스는 다마스코스로 군대를 보내 페르시아인들의 처자식과 금품과 재산을 차지했다. 이 전쟁에서 테살리아 사람들은 부자가 되었다. 왜냐하면 그들은 그 전투에서 남달리 용맹했고, 이러한 사실을 알고 있던 알렉산드로스가 그들을 부자로 만들어 주려고 의도적으로 그들을 파병했기 때문이었다.

그러나 그 밖의 군대들도 많은 재물을 챙겼다. 이때 마케도니아 사람들은 처음으로 금은보화와 여자와 이방인의 사치스러운 삶을 맛보게 되었으며, 피 맛을 본 그들은 사냥개가 사냥감을 쫓듯이 있는 힘을 다해 페르시아 사람들의 재산을 추적했다. 그러나 알렉산드로스는 먼저 해안을 장악하기로 결정했다.

알렉산드로스가 키프로스에 이르자 그곳의 모든 왕이 함께 찾아와 페니키아와 섬들을 바쳤으나 티레(Tyre)만은 항복하지 않았다. [기원전 332년에] 알렉산드로스는 육지에서는 갱도를 뚫거나 공성기(攻城機)로 공격하고, 바다에서는 2백 척의 삼단 노의 함대로 1월부터 8월까지 7개월 동안 티레를 공격했다. 성을 공격하는 동안 그는 헤라클레스가 성 위에서 손을 내밀며 자신을 부르는 꿈을 꾸었다. 그런가 하면, 티레 사람들은 꿈속에서 아폴론이 이 도시에서 벌어지고 있는 일이 언짢아 알렉산드로스에게 가겠다고 말하는 것을 보았다.

그러자 주민들은 아폴론이 마치 적국에 투항하려다가 잡힌 포로인 것처럼, 그의 신상을 좌대에 묶고 못질을 하면서 그를 알렉산드로스의 추종자라고 불렀다.

알렉산드로스는 또 다른 꿈을 꾸었는데, 절반은 사람의 모습이고 절반은 짐승의 모습을 한[半人半獸] 숲의 신(Satyros)

이 나타나 멀찍이 떨어져 자신을 놀리다가 잡으려 하면 달아나고, 그러기를 몇 번 하던 끝에 잡혔다. 점성가들은 Satyr라는 단어를 sa와 tyr의 두 단어로 나누어 "Tyre는 그대의 것(sa)"이라고 알렉산드로스에게 그럴듯하게 해석하여 들려주었다. 지금도 그곳 주민들은 우물을 가리키며, 알렉산드로스가 그 옆에서 숲의 신이 나타난 꿈을 꾸었다고 말한다.

티레를 공격하는 동안에 알렉산드로스는 안틸리바노스(Antilibanos)산 근처에 살고 있던 아라비아인들을 정복했다. 이 정벌에서 알렉산드로스는 스승인 리시마코스를 구출하려다 목숨을 잃을 뻔한 적이 있었다. 리시마코스는 자신이 아킬레우스의 스승인 휘닉스보다 더 늙지도 않았고 허약하지도 않다고 주장하면서, 알렉산드로스를 따라 참전한 사람이었다.

군대가 산악 가까이에 이르자 그들은 말을 버리고 걸어갔는데, 대부분의 군대가 앞서갔다. 그러나 날이 어둡고 적군이 가까이 있었기 때문에 알렉산드로스는 지친 스승을 두고 갈 수가 없어 니시마코스를 격려하며 부축했다. 그러느라 알렉산드로스는 자신이 본진과 떨어진 것도 모르고 있다가 어둡고 몹시 추운 황량한 벌판에서 몇 사람의 호위병과 함께 밤을 보내야 했다.

이렇게 어려운 처지에서 알렉산드로스는 적군이 피워 놓은 모닥불의 불빛을 보았다. 그는 자신의 날쌤을 믿었고, 부하들과 함께 고통을 나눔으로써 그들의 어려움을 격려하는 데 익숙했던 터라, 가장 가까이 있던 적군의 모닥불로 달려갔다.

거기에는 두 명의 적병이 모닥불 곁에 앉아 있었는데, 알렉산드로스는 단검으로 그들을 찔러 죽이고 불붙은 나무를 가지고 돌아와 큰 불을 만들었다. 이에 어떤 적병들은 놀라 도망하고 어떤 적병들은 달려들다가 물러났다. 이로써 그는 그날 밤을 무사히 보냈다. 이 이야기는 역사가인 카레스의 기록에서 볼 수 있다.

티레에 대한 공격은 계속되었다. 성을 공격하면서 알렉산드로스는 이제까지 수많은 전쟁에 참여했던 대부분의 병사를 쉬게 하는 한편, 적군이 휴식을 취하지 못하도록 하려고 소규모 병력으로 계속하여 성을 공격했다. 이때 점성가 아리스탄드로스가 제물을 드리고 신탁을 받은 다음, 이달 안에 성을 함락할 것이라고 주변 사람들에게 자신 있게 선언했다.

아리스탄드로스의 말에 많은 사람이 웃으며 조롱했다. 왜냐하면 그날이 그달의 그믐이었기 때문이다. 예언자가 당황하는 모습을 본 알렉산드로스는 언제나 그의 예언을 지원하던 터라 그날이 그믐이 아닌 28일로 재고하도록 명령한 다음, 공격 나팔을 불어 처음에 의도했던 것보다 더 맹렬하게 성을 공격했다. 공격은 격렬해지고, 막사에 남아 있던 병사들까지 흥분하여 공격 부대를 지원하고자 몰려나오자 티레인들은 싸움을 포기하고, 알렉산드로스는 아리스탄드로스가 예언한 날짜에 맞추어 성을 함락했다.

이런 일이 있은 뒤 [같은 해 9~10월에] 알렉산드로스가 시리아의 수도인 가자(Gaza)를 공격하고 있을 때, 새가 물고 가던 흙덩어리가 그의 어깨에 떨어졌다. 그 새는 공성기에 내려앉더니 밧줄을 고정하는 데 쓰는 끈의 그물에 걸렸다. 이로써 알렉산드로스가 어깨를 다치면서도 성을 함락하리라던 아리스탄드로스의 예언이 이뤄졌다.[11]

알렉산드로스는 고향에 있는 모후 올림피아스와 클레오파트라 그리고 친구들에게 많은 전리품을 보낼 때 스승인 레오니다스에게도 5백 탈렌트의 향료와 1백 탈렌트의 몰약(沒藥)

11　이 대목에서 플루타르코스는 새가 물어 온 흙덩이가 알렉산드로스의 어깨에 떨어진 것을 다친 것으로 비유하고, 새를 잡은 것을 도시의 함락에 비유함으로써 예언이 맞았다고 풀이했다.

을 보냈는데, 이는 그가 소년 시절에 스승이 그에게 기대했던 일이 떠올랐기 때문이었다.

어느 날 어린 알렉산드로스가 신전에 제사를 드리면서 두 손 가득 향을 담아 화로에 넣을 때, 레오니다스가 이런 말을 한 적이 있었다.

"알렉산드로스 왕자여, 그대가 향료가 많이 나는 지방을 정복하는 날, 그때는 많은 향료를 쓸 수 있겠지요. 그러나 지금은 그대가 가진 것을 아껴야 합니다."

이에 알렉산드로스는 선물을 보내면서 다음과 같은 편지를 함께 보냈다.

"몰약과 향료를 넉넉히 보내 드리오니 이제는 신전에서 아끼지 않으셔도 됩니다."

26

그 무렵에 다레이오스왕이 가장 진귀하게 여기는 물건을 담아 쓰던 작은 상자가 알렉산드로스에게 배달되었다. 그는 주위 사람들에게 어떤 값진 물건을 여기에 담는 것이 가장 합당하다고 생각하는지를 물었는데, 그 대답이 여러 가지였다. 이에 알렉산드로스는 여기에 『일리아스』를 보관하고 싶노라고 말했다. 이 이야기는 믿을 만한 여러 사람의 글에 적혀 있다.

역사학자 헤라클레이데스(Herakleides)의 권위에 근거하여 알렉산드리아 사람들이 우리에게 들려주는 이야기가 사실이라면, 알렉산드로스의 원정에 따라다니던 호메로스는 게으르고 쓸모없는 동반자는 아니었던 것으로 보인다. 그들의 말에 따르면 이런 일이 있었다. 알렉산드로스가 이집트를 정복한 뒤, 그곳에 자신의 이름을 딴 그리스식의 대도시를 건설하려고 건축가들의 충고에 따라 거리를 측량하고 그곳의 둘레를 치던 중이었다고 한다.

그러던 어느 날, 알렉산드로스는 잠을 자다 꿈속에서 놀라운 광경을 보았다. 백발의 점잖은 노인이 나타나더니,『오디세이아』의 다음과 같은 구절을 들려주었다.

> 이집트의 앞 물결치는 바다 너머에
> 섬 하나가 있으니
> 사람들은 이를 일러
> 파로스(Pharos)라고 한다.
>
> (『오디세이아』, IV : 354)

이에 곧 자리에서 일어난 알렉산드로스는 파로스로 갔다. 거기에는, 지금은 육지와 둑으로 연결되어 있지만, 그 무렵에는 나일강의 카노보스(Canobos) 어귀 조금 위쪽으로 섬이 하나 있었다. 그곳은 넓은 지협(地峽)을 만들 만한 땅이 갯벌과 석호(潟湖) 사이로 이어져 있어 거대한 항구를 만들기에 충분했다. 그 놀라운 지형을 본 그는 호메로스가 단순히 다른 분야에서만 칭송받을 만한 인물이 아니라 매우 지혜로운 건축가라고 말하면서 이 위치에 걸맞은 도시를 계획하라고 명령했다.

손에 백묵이 없던 부하들은 보릿가루를 가져와 검은 땅 위에 둥글게 둘레를 긋고, 그 안에 방사형(放射型)으로 직선을 그었는데, 그 모습이 마치 그리스 군인의 외투와 같았다. 누군가의 말을 빌리면, 그 선들은 외투의 끝단에서 시작하여 안으로 들어올수록 고르게 좁아졌다고 한다. 왕은 그 설계에 매우 흡족했다.

그런데 그때 갑자기 강과 석호에서 온갖 종류와 크기의 새들이 셀 수도 없이 많이 날아와 구름처럼 내려앉더니 보릿가루를 게걸스레 먹어 치웠다. 알렉산드로스는 이와 같은 징조에 몹시 당황했다. 그러자 곁에 있던 예언가들이 이렇게 말했다.

"지금 대왕께서 여기에 세우고자 하는 도시는 매우 풍요롭고 자원이 많아 만민을 먹여 살릴 유모와 같은 땅이니, 기쁜 마음으로 그 징조를 받아들이시기 바랍니다."[12]

이에 고무된 알렉산드로스는 책임을 맡은 사람들에게 사업을 진행하라고 명령한 뒤 자신은 암몬의 신전을 향해 떠났다. 그곳으로 가는 여행은 멀고 고생스러운 데다가 두 가지 위험이 따랐다. 하나는 물이 없어 여행자들은 여러 날 동안 물 없이 견뎌야 했다는 점이다. 다른 하나는 강한 남풍을 맞으며 발이 빠지는 사막을 걸어야 하는 일이었는데, 오래전[기원전 525년]에 페르시아의 왕 캄비세스(Cambyses)의 군대가 이집트를 정벌할 때 겪은 일이라고 한다.

그 무렵에 바람이 대지 위로 엄청난 파도처럼 모래를 몰고 와 5만 명이 땅에 묻힘으로써 캄비세스는 참혹하게 패배했다.(헤로도토스, 『역사』, III : 26) 알렉산드로스의 부하들은 이러한 모든 문제를 고려했지만, 일단 그가 일을 시작한 뒤에는 그것을 바꾸기 어려웠다. 운명의 여신도 그의 정벌에 굴복하여 그가 목적을 이루게 해 주었다. 알렉산드로스가 자신의 과업을 수행할 때 보여 준 강인한 정신력은 그의 야심을 꺾일 수 없는 것으로 만들었고, 적군은 물론이거니와 때와 장소마저도 그의 야심을 꺾지는 못했다.

27

어쨌거나 이번 원정에서는 알렉산드로스가 곤경에 빠질 때마다 하늘이 그를 도왔는데, 이는 그가 뒷날 받은 신탁보다 더 믿음을 주는 것이었다. 그러한 하늘의 도움은 결과적으로 그에게 신탁에 대한 믿음을 더해 주었다. 먼저 하늘이 계속하여 비를 내림으로써 목마름의 두려움을 씻어 주었고, 모래를 적셔 줌으로써 땅이 습기를 먹어 굳어졌으며, 공기도 맑아져 숨을

---

12   이 앞뒤의 이야기는 알렉산드로스가 기원전 331년에 이집트의 북부 해안에 도시를 세우고 이름을 알렉산드리아로 지은 사실에 대한 설명이다.

쉬기에 좋았다.

또한 도로의 표지판이 혼란스러워 길잡이들이 갈 길을 몰라 흩어지고 헤맬 때면 까마귀들이 나타나, 군대가 잘 따라오면 빨리 날고 행군이 늦어지거나 뒤처지면 기다리면서 군대의 길잡이 노릇을 해 주었다. 알렉산드로스의 원정에 종군했던 역사학자 칼리스테네스의 기록에 따르면, 이 새들은 밤중에 대오에서 낙오하는 무리를 향해 울음소리를 내어 되돌아오게 했는데, 그들이 대오에 합류할 때까지 울었다고 한다.

알렉산드로스가 사막을 지나 신전에 이르니, 암몬의 예언자가 마치 아버지가 아들에게 하듯이 신의 인사를 전달했다. 이에 알렉산드로스가 아버지의 암살자들 가운데 도망친 무리가 있는지를 물었다. 이에 대해 예언자는, 아버지는 죽음을 초월한 분이니 말씀을 신중히 하라고 충고했다.

그러자 알렉산드로스는 말투를 바꾸어 필리포스왕의 암살자들은 모두 처벌을 받았는지 묻고, 이어서 자신의 제국에 관해서는, 자신이 인류의 지배자요 주인이 될 수 있는지를 물었다. 이에 다음과 같은 신탁이 내려왔다.

"그대는 세계를 정복할 운명을 타고났으며, 아버지를 죽인 무리에게는 충분히 복수하였도다."

이에 알렉산드로스는 신전에 많은 예물을 바치고 사제들에게도 많은 선물을 주었다. 이런 이야기들은 신탁과 관련하여 대부분의 작가가 전하고 있는 내용이다. 그러나 알렉산드로스는 그의 어머니에게 보내는 편지에서 자신이 비밀스러운 신탁을 받았는데, 귀국하여 어머니에게만 말씀드리겠노라고 말했다.

다른 사람들의 말에 따르면, 사제는 자신의 호의를 보이고 싶어 "오, 나의 아들이여!"라는 의미로 "O paidon!"이라고 말하려 했는데, 외국어가 낯선 탓에 끝에 붙은 n자를 s자로 잘못 발음하여 "O paidos!"라고 발음했다. 알렉산드로스는 이 말을 듣고 매우 기뻐했다. 왜냐하면 "O paidos!"가 "O pai Dos!"로 들렸는데, 이는 "오, 제우스의 아들이여!"라는 신탁으로 들렸고, 그에 대한 소문이 퍼졌기 때문이었다.

들리는 바에 따르면, 알렉산드로스는 이집트의 철학자인 프삼몬(Psammon)의 가르침을 받았는데, 그 가운데서도 모든 인간은 신국(神國)의 통치를 받는다는 말을 가장 기쁘게 받아들였다고 한다. 왜냐하면 어느 경우에나 통치자가 된다는 것은 하늘의 뜻이기 때문이다. 그러나 이러한 주제에 대한 그의 말과 생각은 더욱 철학적이다. 그의 말을 빌리면, 비록 신이 만인의 공통된 아버지라 할지라도, 신은 그 많은 사람 가운데에서도 가장 고결하고 뛰어난 무리를 으뜸가는 자식으로 삼는다는 것이다.

28

대체로 알렉산드로스는 이방인들에게는 오만한 태도를 보이며 자신이 신의 아들이요 신성한 사람으로 여겨지는 것을 좋아했지만, 그리스인들을 상대할 때는 품위를 지키면서 자신이 신성을 타고났다는 말을 아꼈다. 그러나 사모스에 관하여 그리스인들에게 보낸 편지에서 그는 이렇게 말했다.

"나는 이 자유롭고 아름다운 도시를 그대들에게 줄 수 없소. 왜냐하면 여러분은 여러분의 군주이자 나의 아버지인 필리포스왕에게서 이미 이 땅을 받았기 때문이오."

그러나 시간이 흘러 그가 화살을 맞아 극심한 고통을 겪을 때, 그는 『일리아스』를 인용하여 이렇게 말했다.

친구여, 여기 내 몸에서 흐르는 것은 피이지,
축복받은 신의 혈관에서 흐르는
영액(靈液, Ichor)이 아니오.
(『일리아스』, V : 340)

언젠가는 하늘에서 무섭게 천둥이 쳐 사람들이 겁에 질리자 궤변학자였던 아낙사르코스가 물었다.

"제우스의 아들이신 대왕께서도 저렇게 벼락을 칠 수 있습니까?"

그 말을 듣고 알렉산드로스는 웃으며 이렇게 대답했다.

"아니요. 나는 그대가 내게 바라듯이 나의 친구들을 놀라게 하고 싶지 않소. 그대는 나의 식탁에 생선만 있고 총독의 머리가 없다면서 나의 만찬을 비웃고 있군요."(아테나이오스, 『식탁 담소의 명인(名人)들』, §250)

들리는 바에 따르면, 실제로 아낙사르코스는 알렉산드로스가 친구인 헤파이스티온(Hephaistion) 장군에게 작은 생선을 선물로 보낸 것을 보고 알렉산드로스에게 그렇게 말한 적이 있었다고 한다. 이때 아낙사르코스는 명성과 권력을 얻으려고 온갖 애를 쓰고 위험을 감수하는 사람들을 드러내놓고 비웃은 것이다.

왜냐하면, 그가 보기에는 힘겹게 쟁취한 권력으로 얻은 쾌락이나 기쁨이 다른 이들의 그것과 별 차이가 없었던 것이다. 앞에서 두 사람이 나눈 대화로 미루어 보면, 알렉산드로스는 자기 혈통의 신성함을 내세워 우쭐해하거나 바보처럼 마음이 흔들리는 사람은 아니었다. 그가 신의 혈통을 말할 때는 누군가를 복종시켜야만 할 때였다.

29

[기원전 331년 연초에] 알렉산드로스는 이집트에서 페니키아로 돌아오자 신전에 제사를 드리고 성대한 행렬을 거행했다. 또한 열광적인 합창과 비극을 공연했는데, 무대 장치도 어마어마했지만 연출자들의 경쟁도 대단했다. 아테네에서 늘 그랬듯이, 키프로스의 왕들이 공연을 연출했다. 여러 부족의 추첨에 따라 선발된 그들은 놀라운 야심을 가지고 경쟁했다. 그 가운

데에서도 살라미스의 니코크레온(Nicocreon)왕과 솔리(Soli)의 파시크라테스(Pasicrates)왕의 경연이 가장 치열했다.

연출가들은 가장 유명한 배우를 추첨하였는데, 파시크라 테스왕에게는 아테노도로스(Athenodoros)가 뽑혔고, 니코크레 온왕에게는 테살로스가 뽑혔다. 알렉산드로스는 테살로스가 이기기를 바랐지만 심사 위원들의 투표에 따라 아테노도로스 가 승자로 선언될 때까지 자기의 속마음을 드러내지 않았다. 그는 심사 결과가 발표되고 극장을 떠나면서, 심사 위원들의 결정을 따르긴 하겠지만 테살로스가 지는 것을 보느니 차라리 자기 영토의 일부를 기꺼이 포기하겠노라고 말했다.

아테노도로스는 디오니소스 축제의 연극 공연에 참가하지 않았다는 이유로 아테네인들에게서 벌금형을 받았는데, 이를 면제받을 수 있도록 자신을 위해 편지를 써 달라며 알렉산드로 스에게 부탁했다. 이에 알렉산드로스 대왕은 편지를 써 주지는 않고 지갑에서 돈을 꺼내 벌금을 물어 주었다. 그뿐만 아니라 스 카르페이아(Scarpheia) 출신의 리콘(Lycon)이 알렉산드로스 앞에 서 훌륭하게 공연하며 10탈렌트를 요구하는 대사를 즉흥적으 로 집어넣자 알렉산드로스는 웃으면서 그 돈을 지불했다.

다레이오스왕은 친구들 편에 알렉산드로스에게 편지를 보냈다. 그가 포로들의 몸값으로 1만 탈렌트를 요구하고, 에우 프라테스 일대의 토지를 자기가 차지하며, 알렉산드로스의 딸 가운데 하나를 아내로 삼아 자기와 동맹을 맺어 우호 관계를 이어 가자는 조건을 제시하자 알렉산드로스가 이를 측근들에 게 알려 주었다. 말을 들은 파르메니오가 이렇게 말했다.

"제가 알렉산드로스라면 그 조건을 받겠습니다."

그러자 알렉산드로스가 이렇게 대꾸했다.

"내가 파르메니오라면 나도 그러겠소."

그러한 조건에 대해 알렉산드로스는 다레이오스에게 다 음과 같은 답장을 보냈다.

"나에게 와서 항복한다면 그대는 예우를 받겠지만, 그렇지 않으면 곧 그대를 공격하겠소."(아리아노스, 『알렉산드로스 대왕 원정기』, II : 25)

30

그러나 얼마 지나지 않아 다레이오스의 왕비가 아기를 낳다가 죽었다는 소식을 들은 알렉산드로스는 그와 같은 답장을 보낸 것을 후회했다. 그는 자신의 자비심을 보여 줄 기회를 잃은 것에 마음이 아팠음이 분명하다. 따라서 그는 성대하게 왕비의 장례를 치러 주었다. 그런데 왕비와 함께 포로가 되었던 테이레오스(Teireos)라는 내시가 병영을 탈출하여 말을 타고 다레이오스에게 달려가 왕비의 죽음을 알렸다. 다레이오스왕은 머리를 때리며 슬프게 소리쳤다.

"아, 슬프다. 페르시아의 악령들이여, 왕의 여동생과 왕비가 적국의 포로가 되어 왕실의 장례마저도 치를 수 없다니……"

이 말을 들은 내시가 왕에게 아뢰었다.

"그렇지 않사옵니다, 전하. 왕비의 장례나 왕비가 받은 예우에 대해서만큼은, 전하께서는 페르시아의 악령들을 원망해서는 안 됩니다. 왕비께서 살아 계실 때부터 지금까지도, 태후마마와 자녀분들께서는 앞으로 오로마즈데스(Oromazdes) 신께서 서광을 비춰 주실 전하의 용안을 그리워하는 일 이외에는 지난날의 축복을 그대로 누렸습니다. 왕비께서 돌아가신 뒤에 장례의 소홀함도 없었습니다. 적군도 눈물로 왕비를 애도했습니다. 알렉산드로스는 전쟁에서는 무서운 사람이지만 승리한 뒤에는 정중했습니다."

이 말을 들은 다레이오스는 슬픔과 동요가 의혹으로 바뀌어, 내시를 병영의 으슥한 곳으로 데리고 가서 이렇게 물었다.

"만약 네가 페르시아인들을 관장하던 운명처럼 마케도니

아의 편으로 돌아서지 않았고, 나 다레이오스가 아직 너의 주군이라면, 우리의 주신이신 미트라스(Mithras)의 거룩한 빛과 나의 오른손에 대한 공경의 표시로 정직하게 대답하라. 내가 지금 이토록 슬퍼하는 왕비의 죽음보다 더한 슬픔을 왕비가 생전에 겪은 적은 없었느냐? 왕비에게, 곧 나와 다름없는 이에게, 말할 수 없을 만큼 처참한 일이 생긴 적은 없었느냐? 내 적이 그토록 잔인하고 포악하지 않았다는 사실이 오히려 내 불행을 부끄럽게 만든 것은 아니냐? 도대체 무슨 일이 있었기에 그 젊은 사람이 적장의 아내에게 그토록 영예로운 대접을 할 수 있었다는 말인가?"

다레이오스가 말을 하는 가운데 테이레오스가 왕의 발아래 엎드려 아뢰었다.

"대왕께서는 알렉산드로스와 화평을 맺으시고 더 이상 그에게 실수하지 마소서. 죽은 여동생과 왕비를 욕되게 하지 마시고, 전하의 비극에 대한 가장 큰 위로를 잃지 않으시려면 천성이 빼어난 사람에게 정복되었다는 믿음을 버리지 마소서. 오히려 대왕께서는 페르시아의 남성들에 대한 용기보다도 페르시아의 여성들을 다루면서 위대한 자제력을 보여 준 알렉산드로스를 칭송하소서."

내시가 가장 거룩한 어조로 자신이 말한 바를 다짐하고 알렉산드로스의 일상적인 자제력과 탁월함을 설명하는 동안 다레이오스는 그의 측근들이 있는 밖으로 나와 두 손을 하늘로 쳐들고 기도했다.

"나의 부족과 왕국을 지켜 주시는 신이시여, 무엇보다도 제가 지난날에 보았던 페르시아의 행운을 다시 얻을 수 있도록 도우소서. 알렉산드로스가 저의 소중한 것들을 가져간 다음 호의를 보였으니, 이제 제가 승리해 그에게 호의를 베풀 수 있도록 하소서. 그러나 만약 하늘의 시샘과 세상사의 변화로 말미암아 운명의 시간이 저에게 다가와 페르시아의 통치가 끝

알렉산드로스

나게 된다면, 다른 사람들이 키로스(Cyrus)의 왕좌에 앉지 말게 하시고 알렉산드로스에게 넘기소서."

이 내용은 대부분의 역사학자의 증언에 나타나 있다.(아리아노스,『알렉산드로스 대왕 원정기』, IV : 20)

31

이 무렵 [기원전 331년 6~7월에] 알렉산드로스는 에우프라테스 강 서쪽 지방을 정복하고 다레이오스를 치고자 진군했다. 이에 다레이오스는 알렉산드로스에 대적하려고 백만 대군을 거느리고 내려오고 있었다. 알렉산드로스가 진군하는 동안 그의 측근 가운데 한 사람이 주변을 즐겁게 해 주려고 다음과 같은 얘기를 들려주었다.

그 무렵에 군대를 따라 이동하는 무리가 운동 삼아 두
패로 나누어, 각기 장군을 사령관으로 뽑아 한 사람을
알렉산드로스라 부르고 다른 한 사람을 다레이오스라고
불렀다. 처음에 그들은 흙덩어리를 던지며 싸우다가
다음에는 주먹으로 싸웠고, 끝내는 투쟁심이 끓어올라
돌멩이와 몽둥이로 싸웠다. 이제 그 수가 너무 많아
진정할 수가 없게 되었다.
이 이야기를 들은 알렉산드로스는 그 두 장군에게
일대일로 싸우도록 명령했다. 그리고 자신은
알렉산드로스라고 불리는 지휘자에게 장비를 주고,
다레이오스라고 불리는 지휘자에게는 휠로타스가
장비를 마련해 주게 했다. 군사들은 관객이 되어 이
문제가 앞으로 어떤 전조를 보여 줄 것인가를 헤아렸다.
격렬한 싸움 끝에 알렉산드로스라고 불리는 지휘관이
승리하자 알렉산드로스는 그에게 상으로 열두 개 마을과
페르시아인의 옷을 입을 수 있는 권리를 주었다.

62

이 이야기는 에라토스테네스의 글에 실려 있다. 대부분 작가의 기록에 따르면, 다레이오스와의 대전이 벌어진 곳은 아르벨라(Arbela)가 아니라 가우가멜라(Gaugamela)였다고 한다. 들리는 바에 따르면, 가우가멜라는 '낙타의 집'이라는 뜻인데, 옛날 이 나라의 어느 왕이 적국에서 재빠른 낙타를 타고 이곳으로 도망쳐 왔다가 이곳에 낙타의 집을 지어 주고 몇몇 마을에 분담금을 배당하여 이를 유지하도록 한 데에서 유래했다.

[기원전 331년] 보이드로미온월(Boedromion月, 9~10월) 20일에 아테네에서 신비의 축제(Mysterics)가 시작될 무렵 월식이 일어났고, 그로부터 열하루가 지나 양군은 마주쳤다. 다레이오스는 군대를 무장시키고 횃불을 밝혀 점호했다. 그러나 마케도니아 군사들이 자는 동안 알렉산드로스는 점성가 아리스탄드로스와 함께 막사 앞에서 밤새도록 신비의 축제를 거룩하게 보내면서 '공포의 신(God Fear)'에게 제물을 드렸다.

그러는 동안 니파테스(Niphates)산과 고르디아이아(Gordyaea)산 사이의 평원에는 페르시아 군대의 야영 불이 가득했고, 그들의 병영에서는 마치 큰 바닷물이 밀려오듯 알아들을 수도 없는 말소리가 소란스럽게 들려왔다. 그러자 그들의 수가 많은 데 놀란 노병들과 파르메니오는 이런 적군과 대낮에 싸우는 것이 얼마나 힘들고 비참할지에 대하여 논의했다.

논의를 마친 막료들은 알렉산드로스가 제사를 마치고 나오자 밤중에 적진을 공격하자고 설득했다. 날이 어두우면 수적으로 압도적인 적에 대한 두려움에서 벗어날 수 있으리라고 생각했기 때문이었다. 그 말을 들은 알렉산드로스는 그들에게 저 유명한 답변을 남겼다.

"나는 승리를 훔치지 않을 것이오."

이 말을 들은 막료는 왕이 자만심에 넘친다고 생각했고, 또 어떤 사람들은 알렉산드로스 대왕이 그 어려운 상황에서도 여유롭게 농담을 하는 것으로 생각했다. 그러나 다른 사람들은 그가 현재의 상황에 대한 확신을 가지고 있으며, 장래를 정확히 판단하고 있다고 생각했다. 만약 밤에 다레이오스를 공격해서 그를 무찌를 경우, 그는 패배를 밤과 어둠의 탓으로 돌리면서 남은 부하들의 용기를 북돋우고 전쟁을 다시 준비할 수도 있었다. 알렉산드로스는 그 점을 간파했던 것이다.

다레이오스는 이미 지난번의 전쟁에서도 산악이니, 협곡이니, 바다니 하는 구실을 내세워 자신의 패전을 변명한 적이 있었다. 막대한 군대와 영토를 가진 다레이오스는 장비나 병력이 부족했다는 이유로는 전쟁을 포기하지 않을 인물이었다. 따라서 대낮에 확실하게 그를 꺾어야 그의 용기와 희망도 함께 꺾을 수 있었다.

32

막료가 물러간 뒤, 알렉산드로스는 막사로 들어가 평소보다 더 깊은 잠에 빠져 남은 시간을 보냈다고 한다. 이른 아침에 그를 방문한 막료는 너무도 놀라, 자신의 직권으로 병사들에게 아침 식사를 하도록 지시했다. 상황이 급박해지자 파르메니오가 막사로 들어가 그의 침상 옆에 서서 두세 번 큰 목소리로 알렉산드로스를 깨웠다. 왕이 일어나자 파르메니오가 물었다.

"일생일대의 전쟁을 앞두고 대왕께서는 전쟁 준비도 하지 않고, 어떻게 마치 승리한 사람처럼 마음 편히 주무실 수 있습니까?"

이에 알렉산드로스는 웃으며 이렇게 대답했다.

"뭐라고? 왜 그래서는 안 된단 말이오? 우리는 이미 승리했다고 생각하지 않소? 전쟁을 회피하고 있는 다레이오스를 추격하여 광활한 사막을 지나 여기까지 오면서 길을 잃고 헤매지 않았으니 말이오."

알렉산드로스는 이처럼 전쟁을 앞두고서는 물론, 전쟁의 소용돌이 가운데에서도 위대하고 확신에 찬 모습을 선보였다.

그 예로, 이때 벌어진 전투에서 파르메니오가 지휘하는 왼쪽 날개가 밀린 적이 있었다. 박트리아의 기병대가 그들을 강하게 압박했던 것이다. 동시에 마자이우스는 기병대를 따로 빼내서 군수품을 지키고 있는 마케도니아의 측후방을 공격했다.

이 두 가지 공격으로 인해 크게 혼란에 빠진 파르메니오는 알렉산드로스에게 연락병을 보내, 왕이 전방에서 후방으로 강력한 증원군을 서둘러 보내 주지 않으면 병영과 군수품이 적군의 손에 떨어질 것이라고 보고했다. 마침 공격 명령을 내리려 하던 때에 파르메니오의 급보를 받은 알렉산드로스는 이렇게 말했다.

"보급품을 걱정하는 것을 보니 파르메니오가 정신이 나가 이성을 잃었나 보다. 승리하면 적의 보급품은 어차피 우리의 것이 되므로, 승자는 자신의 노예와 재물을 생각하지 않고 장렬하게 싸우다가 영예롭게 죽을 뿐이다. 그가 너무 곤경에 빠져, 그 사실을 잊었나 보다."

전령을 시켜 이 말을 파르메니오에게 보낸 다음, 알렉산드로스는 투구를 썼다. 나머지 장비들은 막사를 나올 때 이미 입고 있었다. 그는 키킬리아인이 만든 안감을 두르고, 이소스 전투에서 전리품으로 얻은 이중 아마포의 흉배를 찼다. 투구는 철갑이지만 은처럼 빛났는데, 금속 제작자인 테오필로스(Theorphilos)의 작품이었다. 여기에 철로 만들어 보석을 박은 듯한 목가리개가 달려 있었다. 그리고 그는 놀라울 정도로 강하면서도 가벼운 칼을 잡고 있었는데, 그것은 키티움(Citium)의 왕에게 받은 선물이었다. 그는 이 칼로 훈련했을 뿐만 아니라, 모든 전쟁에서 이 칼을 썼다.

알렉산드로스는 또한 전대(戰帶)를 둘렀는데, 다른 어느 장비보다도 정교했다. 고대 살라미스의 유명한 직조공(織造工)이었던 헬리콘(Helikon)이 만든 이 전대는 로도스시(市)가 존경의 표시로 그에게 바친 것으로, 그는 전투에서 이를 즐겨 입었다. 시간이 흐르자 그는 말에 올라 밀집 대형의 한쪽을 지휘하면서 병사를 독려하고 지시하고 열병했다. 그는 평소에는 절정기가 지난 명마 부케팔라스를 아껴 두고 다른 말을 이용했다. 그러나 전쟁이 있을 때면 부케팔라스가 앞장을 섰다. 말에 오른 그는 곧바로 공격을 시작했다.

33

칼리스테네스의 기록에 따르면, 이때 알렉산드로스는 테살리아와 그 밖의 그리스인들 앞에서 길게 연설했다고 한다. 병사들이 소리치며, 자신들을 이끌고 페르시아인들을 무찌를 수 있도록 인도하라고 외치는 것을 본 알렉산드로스는 창을 왼손으로 바꿔 잡고 오른손을 하늘로 쳐들면서 이렇게 기도했다.

"제가 진실로 제우스의 후손이라면 그리스를 지키고 강성하게 해 주소서."[13]

아리스탄드로스도 흰 갑옷을 입고 머리에 황금 투구를 쓰고 진격하다가 독수리 한 마리가 알렉산드로스의 머리 위를 돌아 곧장 적진으로 날아가는 모습을 가리켰다. 이 광경을 본 군사들은 크게 고무되어 서로를 격려했다. 기병대는 신속하게 적진을 향해 돌진하고, 밀집 대형의 보병들은 물밀듯이 짓쳐 들어갔다.

그러나 전방이 교전에 들어가기도 전에 페르시아 병사가 도망치면서 무서운 추격전이 벌어졌다. 알렉산드로스는 패주하는 적들을 다레이오스 진영의 중앙으로 몰아세웠고, 근위 기병들이 겹겹으로 둘러싼 뒤쪽에 다레이오스가 있는 것을 멀리서 보았다. 잘생기고 키도 커 위풍당당한 그는 높다란 전차

---

13   마케도니아가 그리스인 곧 헬라의 후손(Hellenes)인지 아닌지에 대해서는 지금까지도 논란의 여지가 많고 페린도 이 책을 번역하면서 많이 고민한 흔적이 보인다.(VII, p. 323의 각주 참조) 이 번역판에서는 같은 문화권으로 보고 용어와 지명을 표기했다.

위에 서 있었다. 수많은 기병이 그를 둘러싼 가운데, 특히 전차 둘레에는 밀집 대형을 이룬 병력들이 알렉산드로스의 군대를 맞을 준비를 하고 있었다.

알렉산드로스가 무섭게 다가오면서 도망병들을 자신의 진지 쪽으로 몰아붙이는 것을 본 적군은 대부분 겁에 질려 흩어졌다. 그러나 용감한 페르시아 귀족 자제들은 왕 앞에서 칼을 맞고 겹쳐 쓰러지면서도 서로 몸을 잇고 비틀면서 마지막까지 알렉산드로스 군대의 기병과 말을 막아 왕에게 접근하지 못하도록 했다. 다레이오스가 바라보니 온갖 끔찍한 일이 눈앞에서 벌어지고 있었다.

자신을 지키려던 군대가 뒤엉켜 자신에게로 밀려오고 있었다. 더욱이 전차의 바퀴가 수많은 시체에 걸려 방해를 받는 탓에 전차를 돌려 달아날 수도 없었다. 그런가 하면 말들은 시체 더미에 둘러싸여 보이지도 않다가 뒷다리로 일어서면서 전차병들을 놀라게 했다. 이러한 상황에서 다레이오스왕은 전차와 무기를 버리고 이제 막 새끼를 낳은 말을 타고 도주했다고 한다.

만약 이때 파르메니오가 재차 지원군을 요청하지 않았더라면, 다레이오스는 도주하지 못했을 것이다. 아직 많은 적군이 그대로 자리잡은 채 물러서지 않자, 급해진 파르메니오는 다시금 지원군을 요청했던 것이다. 역사가들은 파르메니오가 그 전투에서 날렵하지도 않았고, 효과적으로 전쟁을 수행하지도 않았다며 비난한다. 그가 너무 늙어 용기를 잃었는지, 아니면 칼리스테네스의 말처럼, 알렉산드로스가 가지고 있는 힘의 위세에 대한 질투나 분노 때문이었는지, 그 이유는 알 수 없다.

알렉산드로스는 중요한 때에 지원 요청이 오자 분노했지만, 부하들에게 내색하지 않았다. 그는 날이 저물고 더 이상 살육하고 싶지 않다는 이유를 들어 회군 나팔을 불게 했다. 이어서 아군이 위험에 빠졌다고 보고받은 곳으로 달려가다가 그곳의 적군이 궤멸하고 도주했다는 말을 들었다.

34

전투가 이렇게 끝나자 세상 사람들은 이제 페르시아 제국이 멸망했다고 생각했다. 이로써 '아시아의 왕'이라는 칭호를 들은 알렉산드로스는 신전에 장엄한 제사를 드리고 부하들에게는 재산과 땅과 복록을 주어 포상했다. 한편, 그리스인들에게 존경을 받고 싶었던 알렉산드로스는 독재 정치가 사라지고 여러 나라 사람들은 각자 자신들의 법에 따라 살 수 있게 되었다는 글을 그들에게 보냈다.

그뿐만 아니라 알렉산드로스는 [기원전 479년에] 플라타이아이인들에게 편지를 보내 자신이 이 도시를 재건하고 싶다는 뜻을 전달했는데, 이는 그리스인들이 자유를 위한 투쟁을 전개할 무렵에 그들의 선조가 그리스인들에게 자신들의 땅을 제공한 데 대한 보답이었다.

알렉산드로스는 또한 이탈리아의 크로톤(Croton) 시민에게 전리품의 일부를 보냈다. 이는 메디아의 전투(Median Wars) 무렵에 이탈리아에 살고 있던 그리스인들이 자기 형제들을 돕기를 거절했을 때, 이 도시의 운동선수인 파일로스(Phaylos)만이 자기 돈으로 만든 배를 이끌고 살라미스 해전에 참전하여 위험을 함께 나눈 데 대한 보답이었다.(헤로도토스, 『역사』, VIII : 47) 이처럼 알렉산드로스는 용기 있는 모든 이를 사려 깊게 대한 사람이었으며, 고결한 행동의 친구이자 수호자였다.

35

알렉산드로스가 바빌로니아로 진격하자 그들은 곧 항복했다. 이때 그는 땅이 갈라진 곳에서 샘물처럼 흘러나온 나프타(naphta)가 마치 호수처럼 주위의 지면을 모두 뒤덮은 모습을 보고 몹시 놀랐다. 역청과 비슷한 이 물질이 사방에 깔려 있었는데, 인화성이 높아 불길이 닿기도 전에 불빛만 비춰도 불꽃이 일어나 공중으로 솟아올랐다.

나프타의 성격과 힘을 보여 주고 싶었던 바빌로니아인들은 알렉산드로스의 숙소에 이르는 길을 따라 나프타를 뿌린 다음, 저 먼 쪽의 끝에서 횃불을 댕겼다. 처음에는 그쪽에서 시뻘건 불길이 솟더니, 순식간에 반대편 끝까지 번지면서 거리가 온통 불길에 휩싸였다.

이 무렵에 아테네 출신의 아테노파네스(Athenophanes)라는 사람이 있었다. 그는 알렉산드로스 대왕이 목욕하고 향유를 바를 때 왕의 몸을 관리하면서 왕이 생각하기에 적절한 말도 올리는 사람이었다. 그때 왕의 주변에는 얼굴이 아주 우스꽝스럽게 생겼지만 노래를 잘 부르는 소년이 서 있었다. 그의 이름은 스테파노스(Stephanos)였다. 아테노파네스가 왕에게 이런 말을 했다.

"전하, 스테파노스의 몸에 나프타를 뿌려 보면 어떻겠습니까? 만약 나프타에 젖은 그의 몸에서 불이 꺼지지 않는다면 그 위력이 참으로 대단한 것이라고 말씀드릴 수 있습니다."

이상하게도, 스테파노스도 그런 실험을 받아들였다. 소년의 몸에 나프타를 붓고 불을 붙이자마자 온몸이 불길에 휩싸였다. 알렉산드로스는 몹시 당황하며 두려워했다. 만약 주변 사람들이 불을 끌 준비를 하고 있지 않았더라면 소년은 도움도 받기에 앞서 불에 타 죽었을 것이다. 그렇다고는 하지만 시종들은 불을 끄느라 큰 어려움을 겪었고, 불을 끈 후에도 소년은 안타깝게 많은 고생을 했다.

신화가 사실과 부합한다는 것을 입증하고 싶었던 사람들은 에우리피데스의 연극에 등장하는 메데이아(Medeia)가 남편의 새로운 아내가 될 여인을 죽이려고 왕관과 소매에 나프타를 묻혔다고 주장하는데, 이는 그럴듯한 의견이다. 그들의 말에 따르면, 그때 일어난 불은 혼자서 생겨난 게 아니었다. 누군

알렉산드로스

가가 미리 발라 놓은 나프타에 불씨를 대서 일으킨 것이었다.

화염이 내뿜는 빛은 어느 정도의 거리를 두면 단순히 빛이나 온기를 전할 뿐이지만, 그 물체가 말랐거나 공기가 스며들기 좋게 구멍이 뚫려 있거나, 또는 충분히 기름에 젖어 있을 때에는 이런 요소들이 합쳐지면서 불길을 일으키고 물질을 태워 버린다. 불꽃을 일으키는 나프타의 성질은 ○○○[14]에서 나와서일 수도 있고, 뜨겁고 열이 많은 땅에서 나왔기 때문일 수도 있다. 이에 대한 논쟁은 계속되고 있다.

실제로 바빌로니아의 땅은 열기가 많아 보리 알곡이 땅속에서 튀어나와 날아갈 정도인데, 그 모습이 마치 불길이 땅을 솟구치게 하는 것 같다. 그래서 이곳 주민들은 여름철이면 물을 채운 가죽 부대 위에서 잔다.

하르팔로스가 이 나라의 감독관으로 남았을 때, 왕실의 정원과 산책로를 그리스 식물로 가꿔 보려고 온 정성을 기울였다. 그러나 그들은 다른 것들은 재배에 성공했지만 담쟁이는 키울 수가 없었다. 이곳 땅은 담쟁이에 물을 제공하지 않아 말라 죽었다. 또한 서늘함을 좋아하는 담쟁이는 땅의 열기도 견딜 수 없었다. 이와 같이 주제를 벗어난 이야기들을 할 때는 선을 지키려 하니, 나의 참을성 있는 독자들은 여기에 큰 흠을 잡지는 않을 것이다.

36

수사의 지배자가 된 알렉산드로스는 그곳에서 주조한 4만 탈렌트와 이루 말할 수 없는 가구와 재산을 차지했다. 보물들 가운데에는 5천 탈렌트 값어치의 자주색 비단이 있었는데, 펠로폰네소스반도의 헤르미오네(Hermione)에서 생선을 원료로 염색한 그것은 190년이 지났음에도 색깔이 새것과 같았다. 그 이

---

14   이 부분은 원문을 알아볼 수 없음.

유는 염색할 때 꿀을 사용했고 표백을 할 때는 올리브유를 썼기 때문이라고 한다.

이러한 재료들은 세월이 흘러도 광택과 결을 아름답게 해준다. 한편, 역사가 데이논(Deinon)의 기록에 따르면, 페르시아의 왕들은 나일강과 다누비우스(다뉴브)강의 물을 길어다가 그들의 보물과 함께 저장해 두었다고 한다. 이는 그들의 제국이 얼마나 위대하고 그들의 통치가 얼마나 광활한가를 보여 주기 위함이었다.

37

페르시아[Persis]는 지형이 거칠고, 다레이오스가 전쟁을 위해 준비해 둔 귀족들이 지키고 있어 접근하기 어려웠다. 그러나 알렉산드로스는 길을 많이 돌지 않고 빠르게 목적지에 닿을 수 있는 길잡이를 찾아냈다. 길잡이의 아버지는 리키아인이고 어머니는 페르시아인이어서 그는 두 나라 말을 쓸 수 있었다.

들리는 바에 따르면, 알렉산드로스는 어렸을 적에 델포이의 무녀인 피티아(Pythia)에게서 신탁을 들은 바 있었다. 그 무녀의 말에 따르면, 알렉산드로스는 페르시아를 정복할 때 늑대(lycos)의 안내를 받게 될 터였다. 사람들은 그 늑대가 리키아의 길잡이 청년을 의미한다고 생각했다.

밝혀진 바와 같이, 이때 알렉산드로스는 이곳에서 수많은 포로를 학살했다. 알렉산드로스가 스스로 남긴 기록에 따르면, 그는 주민들을 모두 죽이라고 지시했다. 그것이 자신의 통치에 유리했기 때문이었다고 한다. 기록에 따르면, 이곳 페르세폴리스(Persepolis)에서 얻은 주화도 수사에서 얻은 것만큼이나 많았으며, 가구와 보물을 나르는 데 두 마리의 노새가 끄는 수레 1만 대와 낙타 5천 마리가 동원되었다고 한다.

부주의한 군중이 왕궁으로 밀려 들어가면서 크세르크세스 1세(Xerxes I)의 거대한 조각상을 넘어뜨린 것을 본 알렉산드

알렉산드로스

로스는 그 앞에 서서 마치 살아 있는 사람에게 말하듯이 이렇게 말했다.

"그대가 그리스를 정벌한 죄를 물어 그대를 이 자리에 그대로 두어야 하나, 아니면 그대의 또 다른 공적과 위대함을 기려 그대를 다시 세워 줘야 하나?"

한참 동안 조각상을 바라보며 조용히 생각에 잠겨 있던 알렉산드로스는 그냥 그곳을 지나갔다. 그때가 겨울이었던지라 병사를 쉬게 할 생각으로 그는 4개월 동안 그곳에 머물렀다. 들리는 바에 따르면, 이곳 주민들은 알렉산드로스의 아버지 대에서부터 그들을 섬겨 왔다고 한다. 알렉산드로스의 친구로서 호의적이었던 코린토스의 데마라토스는 알렉산드로스가 황금으로 만든 하늘가리개[天蓋] 아래의 보좌에 앉은 것을 보고, 노인처럼 눈물을 흘리며 이렇게 말했다고 한다.

"알렉산드로스가 다레이오스의 보좌에 앉은 모습을 보지 못하고 죽은 그리스인들은 커다란 기쁨을 잃은 것이다."

38

그런 일이 있은 뒤, 알렉산드로스는 다레이오스를 추격하려고 할 즈음에 우연히 막료가 마련한 술자리에 참석하게 되었다. 그 자리에는 병사의 애인들도 함께 자리하여 술을 마시며 흥청거리고 있었다. 아테네 출신의 타이스(Thais)라는 여인도 거기에 있었는데, 그는 뒷날 이집트의 왕이 된 프톨레마이오스(Ptolemaios)의 애인이었다. 술자리가 이어지자 그는 한편으로는 대왕을 즐겁게 하고, 다른 한편으로는 왕에게 아첨하려고 일장 연설을 하고 싶었다. 그러한 처사는 그의 고국에서는 적합한 것이었지만, 그의 처지로 보았을 때 지나친 행동이었다.

타이스의 말을 들어 보면, 자신은 아시아 전역을 떠돌며 온갖 고생을 했지만, 이토록 찬란한 페르시아의 궁궐에서 이토록 성대한 술자리를 즐김으로써 모두 보상받았다는 것이다.

이어서 그는 술을 마시고 다니며, 아테네를 불태운 크세르크세스의 왕궁을 불태운다면 그보다 더 기쁜 일이 없을 것이라고 말했다. 그는 알렉산드로스의 눈앞에서 횃불을 켜 들고, 알렉산드로스 병영의 여인들이 육군과 해군의 유명한 사령관들보다 더 용감하게 페르시아 군대를 응징했다는 전통을 남자들에게 남겨야 한다고 말했다.

타이스의 연설이 끝나자 박수갈채가 일어나고, 왕의 막료는 왕을 재촉했다. 알렉산드로스는 그들의 성화에 못 이겨 벌떡 일어나 머리에 화관을 쓰고 손에 횃불을 든 채 군중을 이끌고 나아갔다. 일행은 술에 취해 함성을 지르며 왕궁을 둘러쌌고, 다른 마케도니아 병사들도 무슨 일이 일어나고 있는지를 알자 횃불을 들고 즐거워하며 달려갔다.

정복자가 정복한 땅의 왕궁을 태우고 파괴하는 것은 그들이 고향으로 돌아가겠다는 뜻이요, 더 이상 이방의 땅에서 살지 않겠다는 바람이었다. 어떤 기록에 따르면, 일이 그렇게 된 것은 충동적인 것이었다고 한다. 그러나 다른 사람들의 말에 따르면, 그러한 행동은 이미 깊이 계산된 것이었다고도 한다. 그 어느 쪽이든 간에, 알렉산드로스가 그러한 처사를 곧 후회하고 불을 끄도록 명령했다는 데에는 의견이 모아지고 있다.

39

알렉산드로스는 본디 인심이 좋았는데, 재산이 늘어나다 보니 더욱 그랬다. 그의 선물에는 마음에서 우러나온 정성이 담겨 있었는데, 솔직히 말하자면 선물하는 사람은 그 마음만으로도 받는 이들의 호감을 산다. 몇 가지 사례를 들어 보자.

파이오니아(Paeonia)의 지휘관이었던 아리스톤(Ariston)이 적군을 죽이고 적장의 머리를 베어 가지고 와 알렉산드로스에게 보이며 말했다.

"폐하! 저희 나라에서는 이와 같은 선물을 가져오면 상으로 금잔을 받습니다."

이에 알렉산드로스가 웃으며 대답했다.

"그렇겠지요. 아마도 그것은 빈 잔이었을 것이오. 그러나 나는 거기에 포도주를 가득 채워 그대의 건강을 빌겠소."

언젠가는 마케도니아의 병사가 왕실의 금을 실은 노새를 몰고 가는데, 짐이 무거워 노새가 더 이상 걷지 못하자 그 병사가 금을 어깨에 메고 걸어갔다. 고생스러워하는 병사를 본 왕은 사정을 알고 난 뒤에 그 병사가 짐을 내려놓으려는 것을 보고 이렇게 말했다.

"포기하지 말라. 자네의 숙소까지 메고 가면 자네의 여행은 끝나네."[15]

더 나아가서, 대체로 알렉산드로스는 선물을 달라고 조르는 사람보다 선물을 받지 않으려는 사람을 더 싫어했다. 그래서 그는 포키온(Phokion)[16]이 계속 자기의 호의를 거절하면 앞으로는 친구로 여기지 않겠다는 편지를 써 보냈다. 또한 함께 격구(擊毬)를 즐기는 세라피온(Serapion)이라는 젊은이가 아무런 선물도 요구하지 않자 알렉산드로스는 선물을 주지 않았다. 그러자 공이 그에게 갈 때마다 그는 공을 다른 사람에게만 보내 주었다. 이에 왕이 물었다.

"나에게는 공을 보내 주지 않을 텐가?"

이에 세라피온이 대답했다.

"안 보내 드릴 것입니다. 대왕께서는 공을 달라는 말씀을 하지 않으셨으니까요."

왕은 크게 웃으며 그에게 많은 선물을 주었다.

알렉산드로스의 곁에는 프로테아스(Proteas)라는 재치 넘

---

15   이 소절의 번역이 모호하다. 스콧-킬버트(Iam Scott-Kilbert)와 롱(G. Long)과 스튜어트(A. Stewart)는 "자네의 숙소까지 가면 그것은 자네 몫이 될 테니까……"라고 번역했다.

16   이 사람은 제35장의 주인공인 포키온과는 다른 인물이다.

치는 광대가 있었는데, 어느 날 왕의 노여움을 샀다. 그러나 그의 친구들이 빌고, 그도 또한 눈물을 흘리며 용서를 빌어 왕도 노여움을 풀고 옛날처럼 상대해 주기로 했다. 그러자 프로테아스가 왕에게 말했다.

"대왕이시여, 그렇다면 그것을 입증하는 무언가를 먼저 저에게 주십시오."

그 말을 들은 알렉산드로스는 그에게 5탈렌트를 주라고 명령했다. 알렉산드로스가 그의 친구들이나 호위병들에게 뿌린 돈을 그들이 얼마나 자랑했는지는 모후 올림피아스가 알렉산드로스에게 보낸 편지에 잘 나타나 있다.

"나는 그대가 사랑하고 영예를 베풀고자 하는 사람들에게 은급을 주는 방법을 달리 생각하기를 바라오. 그대는 모든 사람을 친구로 여기고 그들이 더 많은 친구를 갖도록 하지만 정작 그대는 친구를 잃고 있다오."

모후가 이와 같은 경각(警覺)의 편지를 보냈지만 알렉산드로스는 그러한 사실을 비밀에 부쳤다. 그는 다만 헤파이스티온에게만은 개봉된 편지를 읽도록 허락했다. 알렉산드로스는 그가 편지를 읽는 것을 중지시키지는 않았지만 봉인(封印)으로 쓰는 자신의 인장 반지를 빼 줌으로써 소문이 그의 입 밖으로 나가지 않도록 막았다.

다레이오스의 조정에서 가장 영향력이 컸던 마자이우스의 아들은 이미 한 지방을 다스리고 있었는데, 알렉산드로스는 그를 더 큰 지방의 장관으로 겸쳐 임명했다. 그러자 그는 그 자리를 사양하면서 이렇게 말했다.

"대왕이시여, 지난날에는 다레이오스가 한 명뿐이었지만, 대왕께서는 너무 많은 알렉산드로스를 만드셨습니다."

더욱이 알렉산드로스는 파르메니오에게 수사의 바고아스(Bagoas)에 있는 집을 한 채 주었는데, 들리는 바에 따르면 그 안에는 1천 탈렌트에 해당하는 옷이 있었다고 한다. 알렉산드로스는 또한 안티파트로스에게 편지를 보내 그대의 목숨을 노리는 음모가 있으니 주변에 호위병을 두라고 일러 주었다.

알렉산드로스는 어머니에게도 많은 선물을 보냈지만, 어머니가 자신의 정복 전쟁에 참견하거나 간섭하는 것을 허락하지 않았다. 이런 일로 모후가 자기에게 산소리를 해도 그는 그 부담을 잘 참아 냈다. 언젠가 안티파트로스가 왕의 어머니를 비난하는 편지를 읽은 뒤에 알렉산드로스는 이렇게 말했다.

"어머니의 눈물 한 방울이 편지 1만 장의 글씨를 모두 지워 버린다는 사실을 안티파트로스는 모르고 있군."

40

알렉산드로스는 자기 신하들이 나날이 사치스러워지고 삶의 모습이 타락하는 것을 보았다. 이를테면 테오스(Theos)의 하그논은 장화에 은으로 징을 박아 신고 다녔으며, 레온나토스는 [운동선수들이 몸의 미끄러움을 막는 데 쓸] 흙을 여러 마리의 낙타에 실어 왔으며, 휠로타스는 길이가 1백 훠롱(furlong)[17] 되는 그물을 가지고 있었다. 그들은 운동을 한 뒤 목욕을 할 때면 올리브유보다는 몰약(沒藥)을 썼고, 그들의 수행원으로 안마사와 시종이 따랐다. 이에 알렉산드로스는 점잖고 알아듣기 쉽게 그들을 꾸짖었다. 그는 이런 말을 한 적이 있다.

"놀라운 일이다. 나의 병사들은 그토록 치열한 전쟁을 여러 번 치렀으면서도, 땀 흘려 승리한 병사가 패전한 무리보다 더 깊은 단잠을 잘 수 있다는 사실을 모르는구나. 이들은 패망한 페르시아를 보고도, 사치는 노예와 같은 짓이요, 제왕의 일은 피땀을 흘리는 것이라는 사실을 모른다. 군인이 자신의 손으로 자신의 몸도 다루지 못한다면 그가 어찌 자신의 말을 돌보고 창과 투구를 손질할 수 있겠는가? 정복 전쟁을 하는 이유

---

17 1훠롱은 201미터이다.

는 정복된 무리와 같은 삶을 살지 않기 위해서라는 것을 그대들은 모르는가?"

그러므로 알렉산드로스는 고통을 견디고 위험을 감수함으로써 전쟁이나 사냥에서 더 무섭게 자신을 단련했다. 그와 함께 사냥에 참여했던 스파르타의 사신은 그가 사자를 쓰러뜨리는 모습을 보며 이렇게 말했다.

"장하십니다, 대왕이시여! 대왕께서는 사자와 싸움으로써 왕이란 어떠해야 하는지를 보여 주셨습니다."

알렉산드로스의 부하 장군이었던 크라테로스(Krateros)는 알렉산드로스가 사자와 싸우는 이 모습을 청동으로 조각하여 델포이의 신전에 바쳤는데, 사자와 개 그리고 왕과 사자가 뒤엉켜 싸우고 크라테로스 자신도 그들을 도우러 달려가는 장면을 담은 것이었다. 이 동상의 일부는 리시포스가 만들었고, 일부는 레오카레스(Leochares)가 만들었다.

41

이처럼 알렉산드로스는 자신을 단련하고 아울러 부하들의 용기를 북돋아 주고자 스스로 위험에 빠지기를 좋아했다. 그러나 이제 돈과 명예를 얻은 터에 호화롭고 여유로운 삶을 살고 싶었던 그의 부하들은 행군이나 정복 전쟁에 싫증을 내면서 조금씩 왕에게 등을 돌리고 그를 나쁘게 말했다.

그러나 처음에 그는 부하들을 다룰 때 매우 온건했으며, 수많은 왕이 잘해 보려 하다가 그로 말미암아 좋지 않은 말을 듣는 것은 흔한 일이라고 말했다. 그리고 부하들에게 사소한 일이라도 소홀히 여기지 않고 호의와 배려를 보여 주려 했다. 그러한 사례로 다음과 같은 것들이 있다.

알렉산드로스의 부하 가운데 페우케스타스(Peucestas)라는 사람이 있었다. 그가 사냥을 하다 곰에 물렸는데 이 사고를 친구들에게만 알리고 왕에게는 말하지 않아 왕은 서면으로 그의 사고 소식을 알게 되었다. 왕은 그에게는 아무 말도 하지 않고 그 자리에 있었던 다른 친구들에게는 다음과 같은 편지를 보냈다.

"이번 사냥에서 귀관은 어떠한지요? 귀관이 사고를 당했을 때 혹시라도 다른 친구들이 지켜보고만 있었다면 나에게 말하시오. 내가 그를 처벌하겠소."[18]

알렉산드로스는 다른 일로 바빠 모임에 참석하지 못했던 헤파이스티온에게 편지를 보내, 자신이 기분을 전환하려고 몽구스 사냥을 나갔는데 크라테로스가 페르디카스의 창을 맞아 허벅지를 다쳤다고 알려 주었다. 한편, 페우케스타스가 부상에서 회복하자 왕은 의사인 알렉시포스(Alexippos)에게 편지를 보내 고마움을 전했다.

언젠가 크라테로스가 아팠을 때, 알렉산드로스의 꿈에 그가 보이자 왕은 그를 위해 부하들에게 신전에 가서 제사를 드리게 하고 자신도 그렇게 했다. 알렉산드로스는 의사인 파우사니아스가 크라테로스를 치료하면서 미나리아재비를 써 보기를 바라는 편지를 썼는데, 한편으로는 그 결과가 걱정스럽기도 했고, 또 한편으로는 그 약을 어떻게 써야 하는가를 권고하고자 함이었다.

알렉산드로스는 하르팔로스가 도주했다는 소식을 자기에게 처음 알려 준 에피알테스(Ephialtes)와 키소스(Cissos)를 투옥했다. 그들이 하르팔로스를 음해했다고 생각했기 때문이었다. 알렉산드로스가 나이 들었거나 병든 병사를 고향으로 보내고 있을 때 아이가이(Aegae) 사람인 에우릴로코스(Eurylocos)도 자기 이름을 병자 명단에 올렸다가 그것이 거짓이었음이

18　이 부분은 판본에 따라 내용이 다르다. 스콧-킬버트의 판본에는 알렉산드로스가 페우케스타스의 친구들에게 그런 편지를 보낸 것이 아니라 페우케스타스 본인에게 그런 편지를 보냈다고 한다.

발각되었다.

그러자 에우릴로코스는 자신이 텔레시파(Telesippa)라는 여인과 사랑에 빠졌는데, 해변으로 가려는 그 여인을 따라 가려고 그랬노라고 털어놓았다. 알렉산드로스는 그 여인의 부모가 어떤 사람인가를 물어보고, 그가 자유인으로 태어난 창부라는 말을 들은 뒤 이렇게 말했다.

"에우릴로코스여, 내가 그대의 애정 문제를 도와주겠네. 그러나 그 여인이 자유인이라니 논리나 금품으로 그 여인을 자네 곁에 머물게 할 방법을 찾아보게."

42

알렉산드로스가 부하들에게 그토록 많은 편지를 보냈다는 것은 놀라운 일이다. 이를테면 그는 셀레우코스(Seleucus)의 노예가 킬리키아로 도망쳤을 때 그 노예를 잡아 오라는 편지를 썼다. 크라테로스의 노예 니콘(Nicon)을 잡아 온 페우케스타스를 칭찬하는 편지도 썼다. 신전으로 도망친 하인에 대해서는 메가비조스(Megabyzos)에게 편지를 보내, 가능하면 신전 밖에서 그 노예를 체포하고 그가 그 안에 있는 동안에는 체포하지 말도록 지시했다.

들리는 바에 따르면, 알렉산드로스가 재판을 할 경우, 검사가 말을 하면 한쪽 귀를 막았고, 다른 한쪽은 피고인의 말을 편견 없이 듣기 위해 열어 두었다고 한다. 그 뒤 너무 많은 고발을 접수하게 되면서 기소가 엄격해진 것은 사실이지만, 그 내용이 사실인 경우가 많아지자 이제 그는 거짓된 기소도 믿게 되었다. 그리고 그는 자신의 목숨이나 왕국보다도 명성을 더 소중하게 생각했기 때문에 특히 남들에게서 험담을 들으면 분별을 잃고 잔인해져 용서하지 않았다.

[기원전 330년 봄에] 또 한 번의 전쟁을 예상하면서 알렉산드로스는 다레이오스를 향해 진군해 갔다. 그러나 다레이오스가

자기 신하인 태수(太守) 베소스(Bessos)에게 붙잡혔다는 말을 듣고 알렉산드로스는 테살리아의 병사를 돌려보내면서 그들에게 봉급에 2천 탈렌트를 얹어 주었다. 다른 병사들은 11일 동안 3천3백 훠롱(664킬로미터)을 이동했다. 멀고도 험난한 여정을 겪은 기병대는 녹초가 되어 있었다.

더욱이 물이 부족했다. 이 무렵에 그는 몇 명의 마케도니아 사람이 가죽 부대에 물을 담아 노새에 싣고 오는 것을 보았다. 뜨거운 날씨에 왕을 만난 그들은 왕이 몹시 목말라하는 것을 보고 재빨리 투구를 벗어 물을 담아 왕에게 바쳤다. 누구를 위해 이 물을 담아 가느냐고 왕이 묻자 그들이 대답했다.

"저희의 아들들을 위해 담아 가고 있었습니다. 그러나 대왕께서 살아 계시니, [대왕께서 드시옵소서.] 저희야 아들을 잃으면 다시 낳을 수 있습니다."

그 말을 듣고 왕이 손으로 투구를 받으니 모든 병사가 머리를 치켜들고 투구를 바라보았다. 그는 물을 마시지 않고 투구를 내려놓은 뒤 그 물을 가져온 사람들을 칭송하며 이렇게 말했다.

"내가 이 물을 혼자 마시면 나의 기병대는 마음이 아플 것이오."

왕의 자제력과 정신력을 본 병사들은 이렇게 외쳤다.

"대왕이시여, 우리를 용맹스럽게 이끄소서."

그러고는 말의 박차를 가하며 이렇게 덧붙였다.

"저희가 대왕을 모시는 한 저희는 지치지도 않고, 목마르지도 않으며, 영원히 죽지 않을 것입니다."

43

그런 일이 있은 뒤, 모든 일이 뜻한 바대로 순조롭게 진행되었다. 그러나 알렉산드로스가 적진으로 들어갈 때 그를 따르는 기병은 오직 60명뿐이었다. 금은보화를 실은 마차 행렬이 지나가도 거들떠보는 이가 없었다. 부녀자와 아이들을 태운 마차가 마부도 없이 이리저리 달려갔다. 다레이오스가 여기 있을지 모른다고 생각한 병사들은 선두의 마차만 추격했다.

드디어 마케도니아군은 마차 안에 누워 있는 다레이오스를 발견했다. 그는 온몸에 상처를 입고 죽음의 문턱에 서 있었다. 그럼에도 그는 마실 것을 부탁했다. 폴리스트라토스(Polystratos)가 건네준 냉수를 마신 그는 이렇게 말했다.

"병사여, 나는 그대의 손으로 호의를 받고서도 갚지 못하니 이것이 내 일생의 가장 큰 불운이라오. 그러나 알렉산드로스가 그대의 호의를 갚아 줄 것이오. 그리고 나의 어머니와 아내와 자식들에게 베풀어 준 호의에 대해서는 하늘이 갚아 줄 것이오. 내가 잡았던 이 손을 그에게 전달해 주오......."

[기원전 329년 봄] 그 말과 함께 다레이오스는 폴리스트라토스의 손을 잡은 채 숨을 거두었다. 이때 알렉산드로스가 도착하여 눈앞에 벌어진 광경을 보고 깊은 슬픔에 빠져 자신의 갑옷을 벗어 다레이오스의 시체를 덮어 주었다. 조금 시간이 지난 뒤에 알렉산드로스는 태수 베소스를 찾아 찢어 죽였다. 그가 두 개의 곧은 나무를 굽혀 베소스의 사지를 묶은 다음 동여맨 나무를 펴니 나무가 위로 튀어 올라가며 사지가 그 나무에 찢어져 걸렸다.

알렉산드로스는 왕실의 격식에 맞게 다레이오스의 시체를 염습하여 그의 어머니에게 보내면서, 왕실의 무덤에 묻어 주라고 페르소폴리스에게 지시했으며, 그의 동생 엑사트레스(Exathres)를 자신의 막료로 썼다.

44

그러고 나서 알렉산드로스는 몸소 정예 부대를 이끌고 히르카니아(Hyrkania)로 진격했다. 여기에서 그는 흑해(Euxine Sea)만큼이나 넓은 바다를 보았는데 물은 지중해만큼 짜지 않았다. 그는 이곳에 대한 자세한 정보를 가지고 있지 않았지만 아마도 마이오티스(Maeotis) 호수에서 흘러나온 물이 고여 있는 것임에 틀림없다고 생각했다.

지금의 지리학자들에게는 잘 알려진 일이지만, 알렉산드로스의 원정이 있기 오래전부터 그들은 이 호수가 먼바다에서 내륙으로 흘러 들어온 네 개의 만, 곧 카스피해, 페르시아만, 홍해, 지중해 가운데에서 가장 북쪽에 있는 것으로 알고 있었다. 그래서 누구는 이곳을 히르카니아해(Hyrkanian Sea)라고 부르고 누구는 카스피해(Caspian Sea)라고도 불렀다.

여기에서 몇몇 이방인이 우연히 알렉산드로스의 말 부케팔라스를 끌고 가는 마케도니아의 병사를 만나자 그 말을 훔쳐 달아났다. 알렉산드로스는 불같이 화를 내며 전령을 보내 말을 돌려보내지 않으면 아내와 자식들은 물론이고 그들 모두를 죽이겠노라고 알렸다. 그러나 그들이 말을 데리고 와서 그들의 마을과 함께 왕에게 바치자 알렉산드로스는 모두를 용서하고 말을 잡아갔던 사람들에게도 배상금을 주었다.

45

[기원전 330년 이른 봄] 알렉산드로스는 다시 파르티아(Parthia)로 진군하여 잠시 전쟁을 멈춘 동안 처음으로 이방인의 옷을 입었다. 이는 공동체를 이루어 풍습을 함께하는 것이 피지배자의 마음을 더욱 끈다는 믿음에서 원주민의 풍습에 적응해 보려는 바람 때문이었거나, 아니면 몸소 삶의 방법을 조금씩 바꾸어 원주민들과 친숙해짐으로써 마케도니아 병사들 사이에 배려심을 불러일으키고 싶었기 때문이었을 것이다.

그러나 알렉산드로스는 저 유명한 카스피 남부 지방인 메디아(Media)풍의 옷은 입지 않았다. 그것은 이국적이고 이상스러웠다. 그는 메디아의 바지나 넓은 소매의 윗옷과 페르시아의 두건도 쓰지 않았다. 그는 조심스럽게 페르시아와 메디아의 중간 차림을 구상함으로써 좀 더 안전하고 중도적인 길을 선택했다.

처음에 원주민들을 만날 때나 막료와 함께 숙소에서 머물 때 알렉산드로스는 원주민의 옷을 입었지만, 나중에는 말을 타고 나가거나 손님을 접견할 때도 옷차림이 눈에 띄었다. 그 모습은 마케도니아 병사를 자극했다. 그러면서도 그들은 왕의 높은 인품을 찬양했고, 그를 기쁘게 하고 그의 명성을 높이는 일이라면 모두 그에게 양보하리라고 생각했다.

왜냐하면 알렉산드로스는 온갖 어려움을 겪은 것 말고도 최근에 무릎 아래에 화살을 맞아 부서진 뼈의 조각들이 밖으로 튀어나온 적이 있었으며, 언젠가는 돌멩이로 목을 맞아 한동안 눈이 보이지 않은 적도 있었다. 그럼에도 그는 몸을 아끼지 않고 위험에 뛰어들었다. 그가 타나이스(Tanais)라고 잘못 알았던 오레크사르테스(Orexartes)강을 건너 스키티아족을 무찌르고자 1백 훠롱까지 접근하여 추격할 때도 그는 줄곧 설사로 고생하고 있었다.

46

종군 사학자 클레이타르코스(Cleitarcus), 역사학자 폴리클레이토스(Polycleitos), 그리스의 종군 사학자 오네시크리토스 그리고 노예 출신의 작가였던 이스터(Ister) 등 대부분 작가의 기록에 따르면, 여기에서 아마존(Amazon)의 여왕이 나와 알렉산드로스를 맞이했다고 한다.

그러나 에레트리아(Eretria)의 헤카타이우스(Hecataeus), 칼키디아(Chalcidia)의 필리포스, 사모스의 역사학자로서 왕이 된 도리스, 그리고 그 밖에도 종군 사학자 아리스토볼로스, 왕실 시종(侍從) 카레스, 프톨레마이오스, 왕실 역사학자였던 안티클레이데스(Anticleides), 테베 출신의 휠로(Philo) 그리고 테안겔라(Theangela)의 역사학자 필리포스는 그것이 꾸며 낸 얘기라

알렉산드로스

고 한다.

알렉산드로스의 증언을 들어 보면 그것이 꾸며 낸 얘기라는 말이 맞는 것 같다. 왜냐하면 안티파트로스에게 보낸 편지에는 원정하면서 일어난 모든 일이 소상히 기록되어 있는데, 그 글에 따르면 스키티아의 왕이 자기 딸을 알렉산드로스에게 아내로 주었다는 기록은 있어도 아마존에 대해서는 한마디도 없기 때문이다.

들리는 바에 따르면, 여러 해가 흐른 뒤 새로이 왕위에 오른 리키마코스(Lycimachos) 앞에서 오네시크리토스가 자신이 쓴 역사책 제4권 가운데 아마존의 얘기를 큰 소리로 읽어 주자 왕이 빙긋이 웃으며 이렇게 말했다고 한다.

"나는 그때 어디에 있었는가?(And where was I at that time?)"[19]

그러나 이 이야기가 사실이든 사실이 아니든, 그것은 알렉산드로스에 대한 우리의 존경심에 아무런 영향을 미치지 않는다.

47

마케도니아의 병사가 앞으로 치러야 할 정복 전쟁에 지쳐 있을는지도 모른다는 사실을 걱정한 알렉산드로스는 병사 대부분을 병영에 남겨 두고 정예병으로 보병 2만 명과 기병 3천 명을 이끌고 히르카니아로 진격했다. 출전에 앞서 그는 이렇게 연설했다.

"지금 야만인들은 우리를 마치 꿈속에서 쳐다보듯 바라보고 있다. 만약 우리가 아시아인들에게 혼란만 일으키고 물러난다면 그들은 우리를 여자처럼 생각하고 공격해 올 것이다. 그러나 돌아가고 싶은 무리는 돌아가도 좋다. 다만 부탁하

---

19   마키아벨리(N. Machiavelli)는 이 대목을 인용해, "역사가 부르는 순간에 그대는 어디에 있었는가?"라는 명언을 남겼다.(『군주론』 제25장 참조)

건대, 내가 마케도니아를 위한 세계를 건설하려고 전쟁에서 승리하고 있는 동안, 기꺼이 원정을 수행한 나와 내 동료들이 떠나가는 그대들에게서 버림받았다는 사실을 전달해 주기 바란다.”

이 연설문은 그가 안티파트로스에게 보낸 내용과 거의 일치한다. 그는 편지에서 이렇게 말했다.

“내가 연설을 마치자 모든 병사가 울부짖으며 내가 바라는 곳이면 어디든 자신들을 이끌어 가라고 외쳤다.”

그들의 충성심을 시험하고자 했던 알렉산드로스의 방식이 성공하자 나머지 주력 부대를 설득하는 일은 문제도 되지 않았다. 이러한 상황 속에서도 알렉산드로스는 자기 삶의 방식을 현지인들에게 맞추면서, 현지인들도 마케도니아의 풍습에 가까워지도록 하려고 노력했다.

알렉산드로스는 폭력보다는 선의의 관계를 맺을 수 있는 관습의 동화(同化)를 시도했다. 그는 호의로 나라를 이루어야 자신이 자리를 비우더라도 나라를 유지할 수 있다고 생각했다. 이러한 이유로 그는 현지에서 3천 명의 소년을 뽑아 그리스어와 마케도니아의 무기 사용법을 가르치도록 했으며, 이를 위해 많은 교관을 임명했다.

알렉산드로스는 어느 무도회에 참석했다가 만난 젊은 미녀 록사나(Roxana)와 결혼했다. 이것이 하나의 연애 사건이기는 하지만, 그가 추구하는 정책과 잘 어울리는 일이라고 세상 사람들은 생각했다. 이방인들은 결혼을 통한 친목에 고무되었고, 가늠할 수 없을 정도로 그를 좋아했다. 왜냐하면 그는 이와 같은 여성 문제에서 대단한 자제력을 가진 사람으로서, 법의 허락 없이는 자신의 마음을 그토록 사로잡은 록사나에게 접근조차 하지 않았기 때문이었다.

더욱이 가까운 신하들 가운데 헤파이스티온이 자신의 정책 노선을 다루면서 자기처럼 삶의 모습을 바꾸고, 크라테로

알렉산드로스

스가 현지인의 삶에 빨리 적응하는 것을 본 알렉산드로스는 헤파이스티온에게 현지인을 다루는 문제를 맡기고, 크라테로스에게는 그리스와 마케도니아의 문제를 맡겼다. 평소에 그는 헤파이스티온에게 깊은 애정을 보였고, 크라테로스에게는 깊은 신뢰를 보이면서 이런 말을 했다.

"내가 생각하기에, 헤파이스티온은 알렉산드로스의 친구이고, 크라테로스는 왕의 친구이다."

이 때문에 헤파이스티온과 크라테로스 두 사람 사이에는 보이지 않게 나쁜 감정이 쌓여, 공개적으로 부딪치는 일도 자주 있었다. 언젠가 인도를 정벌할 때 헤파이스티온과 크라테로스는 실제로 칼을 빼 들고 서로 덤벼들었고 그들의 동지들은 각자 자기들의 편을 들고자 달려왔다. 말을 타고 달려와 이를 본 알렉산드로스는 헤파이스티온에게 큰 소리로 꾸짖었다.

"그대는 알렉산드로스의 총애가 없으면 자신이 아무것도 아닌 존재라는 것을 모르는 바보이자 미치광이로다."

알렉산드로스는 또한 크라테로스를 따로 불러 무섭게 꾸짖었다. 그런 다음 그는 두 사람을 불러 화해시키고 암몬과 그 밖의 신들 앞에서 이렇게 맹세했다.

"나는 누구보다 그대들 두 사람을 사랑한다. 만약 또다시 두 사람이 싸웠다는 소문이 들리면 두 사람을 죽일 수도 있고, 적어도 싸움을 먼저 건 사람은 반드시 죽으리라."

그런 일이 있은 뒤 그들은 서로에게 상처를 주는 말이나 행동을 하지 않았는데, 더욱이 농담으로도 그러지 않았다.

48

파르메니오의 아들 휠로타스는 마케도니아인들 가운데 지위가 매우 높았다. 왜냐하면 그는 용맹스러웠고, 고난을 잘 견뎠으며, 알렉산드로스 다음으로 베풀기를 좋아했고, 친구들을 좋아했기 때문이었다. 들리는 바에 따르면, 어느 가까운 친구가 그에게 돈을 빌려 달라고 부탁했다. 휠로타스가 집사에게 돈을 주라고 말했더니 집사는 그럴 돈이 없다고 대답했다. 그러자 휠로타스가 소리쳤다.

"이런 못난이 같으니라고. 팔아서 줄 접시나 옷도 없단 말이냐?"

그러면서도 휠로타스는 자만했고, 부자인 체했으며, 몸을 몹시 치장했고, 신하 된 몸으로서 지나치게 살았다. 이 무렵에 그가 특히 제왕을 흉내 내고 잘난 체하는 모습은 전혀 훌륭해 보이지 않았다. 오히려 그의 태도는 천박하고 위선적이었으며, 품위를 잃어 남들의 의심과 시기의 대상이 되었다. 그러자 그의 아버지 파르메니오가 그를 불러 이렇게 말했다.

"아들아, 빌건대, 겸손하거라."

휠로타스에 대한 오랜 비난이 알렉산드로스의 귀에도 들어갔다. 킬리키아에서 다레이오스를 멸망시키고 다마스코스의 재산을 차지했을 때, 병영으로 끌려온 많은 포로 가운데 피드나(Pydna)에서 태어난 안티고네(Antigone)라는 젊은 여인이 있었다. 이 여인은 무척 아름다웠는데 휠로타스가 그를 차지했다. 젊은이들이 여자 앞에서 술에 취하면 거만해지고 무용담을 뽐내듯이, 휠로타스도 그 여인에게 이렇게 말했다.

"알렉산드로스의 위대한 업적은 자기 아버지가 이룩한 것일 뿐, 알렉산드로스는 우리 덕분에 왕권을 누리는 애송이다."

안티고네는 이 말을 자기가 아는 사람에게 알렸고, 이 말은 자연스럽게 몇 사람을 거쳐 크라테로스의 귀에까지 들어갔다. 크라테로스는 안티고네를 데리고 비밀리에 알렉산드로스를 찾아갔다. 이야기를 들은 알렉산드로스는 그 여인에게 계속하여 휠라토스를 만나고 그에게서 들은 바를 찾아와 보고하라고 지시했다.

49

자신에 대해 그와 같은 음모가 이뤄지고 있는 것을 모르던 휠로타스는 안티고네를 만날 때마다 분노에 차 오만한 말투로 왕에게 적절하지 않은 말을 했다. 그러나 알렉산드로스는 충분한 증거를 가지고 있으면서도 침묵을 지키며 자제했는데, 이는 휠로타스의 아버지 파르메니오가 자신에게 보여 준 충성심을 믿었기 때문이거나 아니면 그 부자의 명성과 세력이 두려웠기 때문이었다.

이런 일이 벌어지고 있는 동안 [기원전 330년 늦가을에] 칼라이스트라(Chalaestra) 출신으로 림노스(Limnos)라는 마케도니아인이 알렉산드로스의 암살 음모를 꾸미면서 가까운 친구인 니코마코스(Nichomacos)를 끌어들이려 했다. 니코마코스는 그 제의를 받아들이지 않고 형 케발리노스(Cebalinos)에게 이러한 사실을 털어놓았다.

케발리노스는 휠라토스를 찾아가 자신들이 알렉산드로스를 만나야 할 다급한 일이 생겼으니 자신들이 왕을 만날 수 있도록 해 달라고 부탁했다. 그러나 그 이유가 무엇인지에 관심이 없었고, 또 알지도 못한 터라 왕이 지금 다른 더 바쁜 일로 만나 줄 수 없노라고 휠라토스는 대답했다. 그는 형제의 부탁을 두 번이나 거절했다. 그들은 휠로타스의 진심을 의심하고 다른 사람을 통해 알렉산드로스를 만났다.

니코마코스와 케발리노스 형제는 먼저 림노스의 암살 음모를 왕에게 아뢰고, 이런 사실을 휠로타스에게 두 번이나 말했지만, 그는 들은 척도 하지 않았다며 넌지시 비난했다. 이 말을 들은 알렉산드로스는 불같이 분노했다. 림노스가 체포되지 않으려고 저항하다가 체포하러 갔던 사람들의 손에 죽었다는 소식을 들은 왕은 음모의 증거도 함께 사라진 것으로 생각하니 마음이 더욱 혼란스러웠다. 이토록 휠로타스에게 나쁜 감정을 갖게 되면서 왕은 그를 미워하는 사람들의 말에 더욱 마음이 기울었다.

　사람들은 만약 왕이 칼라이스트라 출신의 림노스 같은 무명인이 이토록 엄청난 일을 자기 혼자 꾸몄다고 생각한다면, 이는 왕이 사태를 너무 쉽게 보고 있는 것이라고 공공연히 말했다. 아니, 림노스는 일개 졸개에 지나지 않고 그보다 더 높은 배후가 있을 터인데, 이 사건이 덮였을 때 가장 이익을 보는 사람이 누군지를 찾아야 한다고 말했다. 알렉산드로스가 일단 그런 말과 의혹에 귀를 기울이자 휠로타스의 정적들은 그에 대한 수많은 비난을 쏟아 냈다.

　끝내 휠로타스는 체포되어 재판에 회부되었고, 왕의 막료가 그가 고문을 받는 모습을 지켜보는 동안 왕은 장막 뒤에서 그 과정을 듣고 있었다. 들리는 바에 따르면, 휠로타스가 헤파이스티온에게 비참하게 애원하면서 눈물로 간청하는 것을 들은 왕은 이렇게 말했다.

　"휠로타스야, 너는 그렇게도 심약하고 옹졸했더냐? 그 마음으로 그토록 엄청난 일을 꾸몄단 말이냐?"

　알렉산드로스는 곧 메디아로 사람을 보내 휠로타스의 아버지 파르메니오도 죽였다. 파르메니오는 아버지 필리포스왕을 도와 수많은 공업을 이루었고, 알렉산드로스의 오랜 막료로서 아시아의 정복을 강력하게 주장하던 사람이었다. 그에게는 세 아들이 있었는데, 그 가운데 두 아들이 이번 원정에 참여하여 아버지 앞에서 죽었고, 이제 그의 세 번째 아들인 휠로타스도 죽었다.

　이 일로 알렉산드로스의 막료들은 왕을 두려워했고 특히 안티파트로스를 두렵게 만들었다. 안티파트로스는 지난날 아이톨리아(Aitolia)인들에게 비밀리에 밀사를 파견하여 그들과 동맹을 맺은 일이 있었다. 아이톨리아인들은 오이니아데아(Oeniadea)를 파괴한 적이 있었는데, 이런 사실을 잘 알고 있던 알렉산드로스는 자신이 그때 희생된 오이니아데아의 후손들을 대신하여 아이톨리아인들에게 복수해 주겠노라고 말한 바가 있었으므로 아이톨리아인들은 겁에 질려 있었다.

50

그런 일이 있고 오래지 않아 [기원전 328년에] 클레이토스 사건이 일어났다. 그때의 상황만을 알고 있는 사람들은 이 사건이 휠로타스 사건보다 더 참혹했다고 생각할 것이다. 그런데 이 사건이 일어난 이유와 전후 사정을 생각해 보면, 이 사건이 충동적으로 일어났던 것임을 알 수 있다. 왕에게는 불운한 일이었다고 볼 수 있다. 그는 분노와 술기운을 견디지 못하여 클레이토스를 해코지하려는 악령에게 빌미를 준 것이었다. 그 자세한 경위는 다음과 같다.

몇몇 사람이 알렉산드로스에게 바치려고 해안에서 그리스의 과일을 가져왔다. 왕은 과일이 잘 익고 아름다운 것을 칭찬하며 클레이토스에게 보여 주고 함께 먹으려고 그를 불렀다. 마침 그 시간에 클레이토스는 신전에서 제사를 드리다가 왕이 부른다는 말을 듣고 제사를 멈춘 채 들어왔다. 그런데 그때 제사에 바치려고 이미 제주(祭酒)를 부은 양 세 마리도 함께 따라 들어왔다.

그 모습을 본 알렉산드로스는 예언자인 아리스탄드로스와 스파르타 출신의 클레오만티스(Cleomantis)에게 이것이 무슨 징조인지를 물었다. 이는 좋지 않은 징조라는 말을 그들에게서 들은 왕은 클레이토스의 안전을 위해 곧 그 제물들을 신전에 바치도록 명령했다. 왕 자신도 이틀 전에 뒤숭숭한 꿈을 꾸었기 때문이었다. 꿈속에서 클레이토스가 검은 옷을 입은 파르메니오의 아들들과 함께 있는데 그 아들들은 이미 죽은 자들이었다.

그러나 클레이토스는 제사를 끝내지도 않은 채 돌아와, 제우스의 아들인 디오스쿠리(Dioscuri)에게 방금 제사를 드린 왕과 저녁 식사를 나누었다. 왁자지껄한 술자리가 끝나자 누군가 시를 읊었다. 그 시를 지은 사람은 프라니코스(Pranichos)라고도 하고 누구는 피에리오(Pierio)라고도 한다. 그 시는 최근에 이방인들에게 패배한 장군들을 모욕하고 놀리는 내용이었다. 점잖은 손님들은 그 장면에 당황하면서 그 시인과 가수를 둘러쌌다. 그러나 알렉산드로스와 몇몇 사람은 그 시를 듣고 즐거워하며 계속하라고 요구했다.

그러자 이미 술이 취한 데다가 성질이 거친 클레이토스가 불같이 화를 내며, 비록 그 장군들이 불운하여 패배하기는 했어도, 지금 이방인들과 적군이 보는 앞에서 그들을 비웃고 있는 사람들보다 훨씬 더 훌륭하게 싸웠던 장군들을 모욕하는 것은 잘못된 일이라고 주장했다. 그러자 알렉산드로스는 클레이토스가 불운이라는 이름으로 자신의 비겁함을 변명하는 것이라고 선언했다. 이에 클레이토스가 자리를 박차고 일어나 이렇게 소리쳤다.

"그러나 신의 아들로 태어나신 대왕께서 스피트리다테스의 창을 피하여 등을 돌렸을 때(§16) 대왕의 목숨을 건진 사람은 바로 이 비겁한 저이며, 대왕께서 선왕이신 필리포스왕과 부자의 인연을 끊고 스스로 암몬의 아들이 된 것은 마케도니아인들이 흘린 피와 상처 덕분입니다."

51

이에 알렉산드로스가 격노하여 소리쳤다.

"이런 인간쓰레기 같으니라고! 너는 늘 그런 식으로 말하여 마케도니아인들 사이에 파벌을 짓고서도 무사할 줄 알았더냐?"

이에 지지 않고 클레이토스가 대꾸했다.

"아니요. 우리는 지금도 무사하지 않습니다. 우리가 흘린 땀의 대가가 겨우 이런 것인걸요. 이미 죽어 마케도니아인들이 메디아인들의 몽둥이에 맞는 꼴을 보지도 않고, 왕을 알현하고자 페르시아인들에게 구걸하는 꼴을 보지 않는 사람들이야말로 오히려 더 행복한 사람들이라고 말할 수 있습니다."

클레이토스가 기고만장하여 소리치자 알렉산드로스의 주변에 있던 사람들이 뛰쳐나와 그를 꾸짖었고, 원로들은 소란을 진정시키려고 노력했다. 그러자 알렉산드로스는 카르디아(Cardia) 사람 크세노도코스(Xenodochos)와 콜로폰(Kolophon) 사람 아르테미우스(Artemius)에게 이렇게 말했다.

"그대들이 보기에 그리스인들이 마케도니아인들 사이로 걸어 다니는 꼴은 자기들이 마치 반신(半神)의 몸으로 짐승 사이를 걸어 다니기라도 하는 것처럼 거만해 보이지 않는가?"

그러나 클레이토스도 지지 않고 대들며 말했다.

"내가 말하고자 하는 바를 자유롭게 말하게 해 주시오. 그렇지 않을 바에는 자유롭게 자신의 마음을 털어놓는 사람들을 아예 초대하지 말고, 흰 치마(tunic)나 장옷 입은 페르시아인들에게 아첨하는 야만인이나 노예들과 함께 사시오."

알렉산드로스는 더 이상 분노를 참을 수 없었다. 그는 클레이토스의 식탁에 놓인 사과를 그에게 던지고 두리번거리며 무기를 찾았다. 그러나 그의 호위병인 아리스토파네스가 알렉산드로스보다 먼저 칼을 치워 버렸고, 다른 사람들도 왕을 둘러싸며 진정하라고 간청했다. 그럼에도 왕은 자리를 박차고 일어나 마케도니아어로 호위병들을 불러 모았는데, 이는 사태가 심각함을 의미했다.

알렉산드로스는 나팔수를 불러 나팔을 불도록 명령했으나 그가 머뭇거리자 주먹으로 얼굴을 갈겼다. 그러나 뒷날 그 나팔수는 칭송을 받았다. 왜냐하면 그가 나팔을 불지 않아 병영이 소란에 빠지지 않았기 때문이었다. 그러나 클레이토스가 계속 소동을 피우자 그의 동료들이 그를 연회장 밖으로 끌고 나갔다. 클레이토스는 다른 문으로 들어오려고 버둥대면서 에

우리피데스의 운율을 큰 소리로 경멸하듯이 읊었다.

슬프다!
얼마나 사악한 정부가 그리스를 다스리는가?
(에우리피데스, 『안드로마케』, §683)

드디어 알렉산드로스는 호위병의 창을 빼 들고 문 앞에서 휘장을 걷으며 들어오는 클레이토스를 만나자 창으로 찔렀다. 클레이토스가 신음하며 쓰러진 뒤에야 왕의 분노도 풀렸다. 그리고 정신을 차렸을 때 그의 막료가 말없이 서 있는 것을 본 왕은 시체에서 창을 빼어 자신의 목을 찌르려 했다. 만약 호위병들이 그의 손을 잡아끌고 방으로 들어가지 않았더라면 그는 아마도 자살했을 것이다.

52

알렉산드로스는 자기 방에서 하룻밤과 하룻낮을 보내며 슬퍼하다가 드디어 말을 잃었다. 그는 울음에 지쳐 신음했다. 그가 너무 조용하면 무슨 일이라도 있을까 걱정스러워 막료가 들어가 보았다. 알렉산드로스는 다른 사람들의 말에는 관심도 보이지 않았지만, 예언자 아리스탄드로스가 지난번에 클레이토스에 관하여 꾼 꿈과 그에 대한 무녀의 해석을 일깨워 주면서, 모든 일이 이미 오래전에 운명에 따라 그렇게 결정된 것이라고 말하자 그의 마음도 조금 풀어지는 듯했다.

그러자 막료가 아리스토텔레스의 친척이자 철학자인 칼리스테네스(Kallisthenes)와 압데라(Abdera) 사람 아낙사르코스를 왕에게 데려왔다. 이들 가운데 칼리스테네스는 신중하고도 점잖으며 완곡한 비유로 왕에게 고통을 주지 않고 왕의 슬픔을 위로해 주었다. 그러나 철학을 하면서도 오로지 자기만의 길을 고집했던 아낙사르코스는 자기 동료들을 깎아내리는 것으로 유명했는데, 왕을 알현하자마자 큰 소리로 외쳤다.

"온 세상이 우러러보는 알렉산드로스 대왕께서 여기에 계십니다. 그런데 그분은 지금 법이 무섭고 민중의 비난이 무서워 이렇게 울면서 누워 계십니다. 대왕께서는 스스로가 법이고 정의이십니다. 대왕께서는 헛된 여론의 주인들에게 노예처럼 복종할 것이 아니라 스스로가 세상을 다스릴 권리를 쟁취한 주인이십니다. 제우스 신은 세상의 지배자가 한 일은 모두가 합법적이고 정의롭다는 점을 알리고자 정의의 신과 법의 신을 자신의 좌우에 앉혔음을, 대왕께서는 모르십니까?"

그와 같은 논리로 아낙사르코스가 왕의 아픔을 덜어 준 것은 사실이지만, 그는 여러 가지 면에서 왕을 더욱 교만하고도 불법적인 성향으로 이끌었다. 또한 아낙사르코스의 고집 센 철학은 그와 칼리스테네스의 관계를 점점 더 악화시켰다.

들리는 바에 따르면, 어느 저녁 식사 자리에서 계절과 기후에 관한 얘기를 나누게 되었는데, 칼리스테네스가 이곳 페르시아의 기후가 그리스보다 더 춥다는 사람들의 주장을 편들자 아낙사르코스가 퉁명스럽게 반대했다. 이에 칼리스테네스가 그를 면박했다.

"그대는 이곳이 그리스보다 더 춥다는 사실을 인정해야 할 것이오. 왜냐하면 그대가 그리스에서는 외투 하나로 겨울을 견딜 수 있었지만 이곳에서는 페르시아의 무릎 담요를 세 겹이나 두르고 식탁에 기대어 있으니 말이오."

물론 이 말로 아낙사르코스의 분노는 더욱 커졌다.

53

칼리스테네스는 뛰어난 웅변으로 젊은 사람들의 존경을 받았으며, 단정하고 우아하며 자립적인 생활 태도로 원로들도 그를 싫어하지 않았는데, 이 점이 알렉산드로스의 주위에 있는 아첨꾼들과 궤변학자들의 질투를 불러일으켰다. 그들은 칼리스테네스의 그런 태도가 위선이라고 생각했다. 결국, 그들은 칼리스테네스가 알렉산드로스를 따라다닌 것은 자신의 동족을 고향 올린토스(Olynthos)로 다시 불러 모아 자신들만의 세력을 새로이 키워내기 위해서라고 떠들고 다녔다.

칼리스테네스는 자신의 명성 때문에 남들의 시기를 샀을 뿐만 아니라 대부분의 초청을 거절함으로써 그를 중상하는 사람들에게 빌미를 주었다. 또 동료들과 어울릴 때도 엄숙하게 침묵을 지킴으로써 그곳에서 벌어지고 있는 일들에 대하여 동의하지 않거나 싫어하는 것처럼 보였다. 그래서 알렉산드로스는 이렇게 빗대어 말했다.

나는 자신의 문제에 대하여
지혜롭지 못한 현자(賢者)를 싫어한다.
(노크 엮음, 『그리스 비극 단편』, II : 652)

또한 들리는 바에 따르면, 언젠가 호화로운 왕의 저녁 식사에 많은 사람이 초대되었는데, 칼리스테네스도 그 가운데 들어 있었다. 그에게 술잔이 돌아오자 마케도니아를 위해 덕담(德談)을 해 달라고 사람들이 부탁했다. 그 연설은 매우 성공적이었고, 손님들은 일어나 박수 치며 그를 향해 꽃다발을 던졌다고 한다. 어떤 사람이 그의 연설을 거론하자 알렉산드로스는 에우리피데스의 시구를 인용하여 이렇게 말했다.

고상한 주제에 대해서는
누구나 말하기 쉽다.
(에우리피데스, 『바코스의 축제』, § 260)

그러고는 칼리스테네스를 향해 이렇게 말했다.
"자, 그러면 이번에는 마케도니아의 허물을 말함으로써

그대의 웅변 실력을 보여 주시오. 그렇게 해 주면 그들이 자신들의 허물을 알아 더 좋아질 것이오.”

이에 따라 칼리스테네스는 개영시(改詠詩)[20]를 지어 길고도 용감하게 마케도니아인들을 비난하면서, 필리포스왕의 권력이 그토록 막강했던 것도 그리스인들이 분열했던 탓이라고 말했다. 그러면서 다음과 같이 연설을 마쳤다.

“세상이 어지러우면 못된 놈도 존경받는다.”[21](제15장 「니키아스전」, §11)

이 말을 들은 마케도니아인들은 이를 갈며 그를 미워했고, 알렉산드로스는 칼리스테네스가 자신의 웅변 능력을 보여 준 것이 아니라 마케도니아인들에 대한 증오를 보여 주었다고 말했다.

54

아테네의 극작가 헤르미포스(Hermippos)의 기록에 따르면, 위의 이야기는 칼리스테네스에게 책을 읽어 주던 노예[22] 스토이보스(Stoebos)가 아리스토텔레스에게 들려준 얘기라고 한다. 헤르미포스의 말에 따르면, 자신이 왕에게서 멀어지고 있다는 것을 알았던 칼리스테네스는 떠나가면서 다음의 시구를 두세 번 읊조렸다고 한다.

---

20 개영시(palinode)는 어떤 사람이 한 주제에 대하여 시를 지으면 다른 사람이 그와 다른 내용의 시를 짓는 작법을 말한다. 일반적으로 한 사람이 그 두 편을 짓지는 않는다.

21 플루타르코스는 「니키아스전」(§11)에서 칼리마코스가 이런 말을 했다고 기록하여 양쪽이 서로 다르다. 아마도 필자가 그 어느 쪽을 착각한 것으로 보인다.

22 책 읽기를 귀찮아했던 그리스·로마의 귀족들에게는 책을 읽어 주는 일을 전담하는 특별한 노예가 있었다. 그들은 대본을 읽는 것이 아니라 그 책을 암송하는 수재들로서 일종의 '인간 서적'이었는데, 그 가운데 대표적인 인물이 우리에게는 '이솝'으로 알려진 아이소포스(Aesopos)이다.

파트로클로스(Patroklos)[23]도 죽었다.

그대보다 훨씬 더 용감했음에도.......

(『일리아스』, XXI : 107)

칼리스테네스는 웅변가로서 탁월한 능력을 보여 주었지만 상식이 부족했다는 아리스토텔레스의 지적은 헛된 말이 아닌 듯하다. 그러나 그는 적어도 지배자에 대한 굴종을 거부했다는 점에서 그리스인들과 알렉산드로스를 불명예스럽게 하지는 않았다. 왜냐하면 그는 의연하게 굴종을 거부했고 철학자로서 당당하게 처신했으며, 마케도니아의 원로들과 현자들이 말 한 마디 못 하고 가슴에 묻어 둔 것들을 표현했기 때문이었다. 그러나 그는 왕을 설득하기보다는 강압했다는 인상을 안겨 줌으로써 일신의 파멸을 불러왔다.

미틸레네 출신의 전사가(戰史家)였던 카론(Charon)이 들려준 바에 따르면, 어느 잔치에서 알렉산드로스는 술을 마신 다음 자신의 막료에게 잔을 건넸다. 잔을 받아 든 막료는 자리에서 일어나 집 안에 설치된 신당을 향해 술을 마신 다음 알렉산드로스에게 머리를 조아려 입을 맞추고 자기 자리로 돌아가 앉았다.

모든 손님이 그와 같이 예의를 차리는 동안 칼리스테네스에게 술잔이 돌아왔다. 왕은 헤파이스티온과 얘기를 나누느라 그에게는 눈길을 주지 않았다. 칼리스테네스는 술을 마신 다음 왕에게 입을 맞추려고 앞으로 나아갔다. 그때 페이도(Pheido)라는 별명을 가진 데메트리오스(Demetrios)가 소리쳤다.

"대왕이시여, 그 사람의 입맞춤을 받지 마소서. 그는 대왕

---

23 파트로클로스는 그리스 신화에 나오는 트로이 전쟁의 영웅으로 메노이티오스(Menoithios)의 아들이며, 아킬레우스가 매우 아꼈던 전우이다. 호메로스의 『일리아스』에서 중요한 인물로 나오는데 그의 죽음으로 트로이 전쟁의 양상이 완전히 뒤바뀌게 된다.

에게 머리를 조아리지 않는 유일한 인물이옵니다."

이에 알렉산드로스가 그의 입맞춤을 거절하자 칼리스테
네스는 아리아노스의 시구를 외쳤다.

그렇다면 저는 저 불쌍한 사람을 떠나며
작별의 입맞춤을 드리오리다.
(아리아노스, 『알렉산드로스 대왕 원정기』, IV : 12)

55

알렉산드로스와 칼리스테네스의 사이가 벌어지면서 왕은 헤
파이스티온의 말을 더 신뢰하게 되었다. 헤파이스티온은 왕에
게 이렇게 아뢰었다.

"칼리스테네스는 왕에게 충성을 바친다고 약속하고는 이
를 지키지 않았습니다."

이어서 리시마코스와 하그논이 끈질기게 말했다.

"궤변학자 칼리스테네스는 마치 전제 군주를 없애 버리
기라도 하려는 듯한 고상한 생각에 빠져 있고, 젊은이들은 그
의 말에 현혹되어 그가 세상의 수많은 사람 가운데 오직 한 사
람뿐인 자유인이라도 되는 것처럼 그를 따르고 있습니다."

이러한 까닭으로 헤르몰라우스(Hermolaüs)와 그의 일당이
알렉산드로스를 암살하려던 음모가 드러났을 때 왕을 중상하
던 무리도 함께 처형되리라는 분위기가 널리 퍼졌다. 그들의
말에 따르면, 헤르몰라우스가 어떻게 하면 유명한 사람이 될
수 있겠느냐고 칼리스테네스에게 물었을 때 그가 이렇게 대
답했다고 한다.

"가장 유명한 사람을 죽이면 나도 유명하게 됩니다."

그리고 헤르몰라우스를 부추기면서 이렇게 말했다.

"그대는 황금 의자에 앉아 있는 알렉산드로스를 두려워
할 것도 없고, 다만 병들고 다친 사람에게 자신이 다가가고 있

다고 생각하시오."

그러나 헤르몰라우스의 일당 가운데 어느 누구도 최후의 순간까지 칼리스테네스를 비난하지 않았다.

알렉산드로스의 암살 기도가 있은 지 바로 뒤에 알렉산드로스가 크라테로스와 아탈로스와 알케타스(Alcetas)에게 보낸 편지를 보면, 젊은이들은 고문을 받으면서도 이번 일은 자신들이 꾸민 것이며 다른 사람들과는 아무 관계가 없다고 말했다고 한다. 그러나 그 뒤 안티파트로스에게 보낸 편지에서 알렉산드로스는 칼리스테네스의 유죄를 비난하면서 이렇게 말하고 있다.

"젊은이들은 마케도니아인들의 돌멩이에 맞아 죽었다. 나는 칼리스테네스를 나에게 보낸 무리, 나를 죽이려던 음모에 가담한 사람들을 그 도시에 실어다 준 사람들과 함께 칼리스테네스를 처벌할 것이다."

이 편지에는 아리스토텔레스에 대한 적개심이 드러나 있다. 왜냐하면 칼리스테네스는 아리스토텔레스의 조카딸인 헤로(Hero)의 아들로서 아리스토텔레스의 보살핌을 받았기 때문이었다.

칼리스테네스의 죽음과 관련한 다른 기록에 따르면, 칼리스테네스는 알렉산드로스의 명령에 따라 교수형을 받았다 하고, 또 다른 사람들의 말에 따르면 손발이 묶인 채 병들어 죽었다고 한다.

카레스의 말을 들어 보면, 칼리스테네스는 체포된 뒤 7개월 동안 쇠고랑을 차고 지내다가 아리스토텔레스도 참가한 전원회의에서 재판을 받았는데, 그 뒤에 알렉산드로스가 인도에서 부상을 입었을 때 비만한 몸에 이가 들끓어 죽었다고 한다.

56

그러나 이 이야기는 뒷날[기원전 327년 봄]에 일어났던 일이다.

그러는 동안에 코린토스의 데마라토스라는 노인이 알렉산드로스를 알현하기를 간절히 소망했다. 그는 왕을 만나자 왕이 다레이오스의 왕좌에 앉아 있는 모습을 보지 못하고 죽은 그리스인들은 커다란 기쁨을 잃었다고 말했다.(§ 37) 그러나 그는 왕이 그에게 베푼 은혜를 누리지 못하고 노쇠하여 죽었다. 그의 장례식은 장엄했다. 군대는 그를 추모하여 둘레가 넓고 높이가 80큐빗(cubit)[24]이나 되는 봉분을 쌓았다. 화려하게 장식한 사두마차가 그의 유해를 바닷가로 운구했다.

57

[기원전 327년 늦은 봄에] 알렉산드로스는 산을 넘으려던 참이었다. 그런데 그날 아침, 말에 짐을 싣고 있을 때 병사들이 너무 많은 전리품 때문에 출발하는 데 어려움을 겪는 모습을 보자 그는 먼저 자신과 막료의 전리품을 불태우고 그다음으로 마케도니아 병사들의 전리품을 태우라고 지시했다.

때로는, 어렵게 고민한 일을 실제로 수행해 보면 그렇게 어려운 일이 아니었음을 알게 된다. 그때가 그랬다. 왜냐하면 그러한 조치는 얼마 안 되는 사람에게만 고민을 안겨 주었을 뿐, 많은 병사들은 열광적으로 군호(軍號)를 외치며 필요한 사람들에게만 필수품을 나눠 주고 나머지 물품들을 자기 손으로 태우거나 부숴 버렸기 때문이다. 알렉산드로스는 그 모습을 바라보며 감격했다.

이 밖에도 알렉산드로스는 범법자를 처벌하는 데 냉혹하여 이미 더할 수 없는 두려움의 대상이 되었다. 이를테면 그의 막료 가운데 하나인 메난드로스(Menandros)가 수비대장의 임명을 받고서도 임지에 남는 것을 거부하자 왕은 그를 사형에 처했다. 페르시아인인 오르소다테스(Orsodates)가 반란을 일으

24   1큐빗은 45센티미터이다.

켰을 때, 알렉산드로스는 자신의 활로 그를 쏘아 죽였다.

그 무렵에 양이 새끼를 낳았는데 머리는 페르시아의 왕관과 같은 모양과 색깔을 갖추었고, 고환이 몸 양쪽에 달려 있었다. 알렉산드로스는 이 징조를 불길하게 생각하여 바빌로니아 사람을 불러 몸을 깨끗이 하는 의식[淨化]을 치렀다. 왕은 그러한 목적을 위해 그를 데리고 다니는 버릇이 있었다. 알렉산드로스는 친구들과의 대화에서, 자신은 운명을 두려워한 적은 없지만, 자신이 죽은 뒤에 하늘이 못난 사람에게 왕좌를 물려줄까 두렵다고 말했다.

그런데 알렉산드로스 대왕의 그러한 낙심을 씻어 주는 좋은 징조가 나타났다. 왕실의 물자를 책임지는 마케도니아인으로 프로크세노스(Proxenos)라는 사람이 있었다. 그가 왕의 막사를 세우려고 옥소스(Oxos)강 주변에서 땅을 파다가 기름진 물이 솟아오르는 샘을 찾았다. 샘의 윗물을 걷어 내자 순수하고 맑은 기름이 흐르는데 맛과 향기가 올리브유와 다르지 않고, 빛과 부드러움에서도 올리브유와 꼭 같았다. 그런데 이상한 것은 이 나라에 올리브나무가 없다는 사실이었다.

들리는 바에 따르면, 옥소스강 물은 매우 부드러워 그 물로 목욕하는 사람들의 피부에서 윤기가 흐른다고 한다. 이러한 사실에 대하여 알렉산드로스가 얼마나 기뻐했던가 하는 것은 그가 안티파트로스에게 보낸 편지에 잘 나타나 있다. 편지에서 그는 이 물이야말로 하늘이 내려 준 가장 훌륭한 징조라고 말했다.

그러나 예언가들의 말에 따르면, 그러한 전조는 그의 원정이 영광스러운 과업이 되겠지만, 그만큼 매우 어렵고 힘들 것이라는 뜻이었다고 한다. 그들의 말에 따르면, 기름(oil)은 하늘이 그에게 고난(toil)을 부과한다는 뜻으로 보내 준 전조였던 것이다.

알렉산드로스

58

그러한 예언들은 사실임이 입증되었다. 알렉산드로스는 마주치는 전쟁마다 많은 위험을 겪으며 상처를 입었다. 그러나 그의 군대가 겪은 가장 큰 어려움은 군수품의 부족과 고약한 날씨였다. 그는 아직도 대담함으로써 운명을 이기고 열정으로써 폭력을 이길 수 있기를 바랐다. 용기 있는 사람이 넘지 못할 어려움은 없으며, 비겁한 사람을 지켜 줄 수 있는 것은 아무것도 없다고 그는 생각했다.

들리는 바에 따르면, 시시미트레스(Sisimithres)가 지키는 가파르고 접근하기 어려운 성채를 알렉산드로스가 공격하고 있을 때, 성주의 성격이 어떤가를 옥시아르테스(Oxyartes)에게 물었더니 그가 이렇게 대답했다.

"매우 비겁한 사람입니다."

이에 알렉산드로스가 이렇게 대답했다.

"당신의 말인즉 우리가 그 성채를 함락할 수 있다는 뜻이군요. 그 성을 지키는 사람이 심약하다니 말이오."

알렉산드로스는 실제로 시시미트레스를 겁먹게 하여 그 성을 함락했다. 언젠가는 그만큼이나 가파른 또 다른 성채를 공격하면서 마케도니아의 젊은이들을 격려하면서 그 가운데 알렉산드로스라는 청년을 만나 이렇게 말했다.

"그대는 이름값을 하기 위해서라도 모름지기 용감해야 하네."

실제로 그 젊은이가 영광스럽게 싸우다가 죽자 알렉산드로스는 이루 말할 수 없이 가슴 아파했다.

또 어느 날에는 니아스(Nyas)라는 성채를 공격하다가 앞에 깊은 강물이 가로막아 마케도니아의 병사가 앞으로 나아가지 못하고 머뭇거렸다. 그러자 알렉산드로스는 강 언덕에서 공격을 멈추더니 이렇게 탄식했다.

"아, 안타깝도다. 나는 왜 수영을 배우지 않았던가?"

그러고서는 방패를 들고 강을 건너려 했다.

알렉산드로스가 일단 전투를 멈추자 사방으로 포위된 도시에서 사절들이 찾아와 강화를 요청했는데, 그들은 알렉산드로스가 갑옷도 입지 않고 시종도 거느리지 않은 모습을 보고 놀랐다. 그때 누군가 알렉산드로스에게 방석을 건네자 그는 사절 가운데 가장 나이가 많은 아쿠피스(Acuphis)라는 사람에게 양보했다. 그의 겸손함과 예의에 놀란 아쿠피스가 물었다.

"저희가 대왕의 우방으로서 무엇을 해야 합니까?"

이에 알렉산드로스가 이렇게 대답했다.

"여러분은 세 사람을 지도자로 삼으시오. 그리고 지혜로운 사람 1백 명을 뽑아 나에게 인질로 보내시오."

이 말을 들은 아쿠피스는 웃으며 이렇게 대답했다.

"대왕이시여, 지혜로운 사람 1백 명보다는 나쁜 사람 1백 명을 뽑아 가시면 제가 나라를 더 잘 다스리겠습니다."(아리아노스, 『알렉산드로스 대왕 원정기』, V : 2)

59

들리는 바에 따르면, 타크실레스(Taxiles)[25]왕은 인도에 이집트만큼 넓은 땅을 가지고 있었는데 그곳에는 목초지와 훌륭한 과일이 났다고 한다. 그는 또한 삶에서도 지혜로웠다. 그는 알렉산드로스를 만나 인사를 차리고 이렇게 말했다.

"대왕이시여, 만약 대왕께서 우리에게서 물과 필수품을 빼앗으려는 것이 아니라면 우리가 왜 싸워야 합니까? 인간은 오직 그러한 것들만을 위해 싸우기 때문입니다. 제가 만약 대왕보다 다른 재물이나 소유물을 더 많이 가지고 있다면 저는 그것들을 대왕에게 드릴 수도 있습니다. 그러나 만약 저에게 부족한 것이 있다면 대왕께서 베풀어 주시는 호의를 거절하지

---

25   그는 인더스강과 펀자브 사이에 있는 영토의 지배자였다.

도 않을 것입니다."

이 말을 들은 알렉산드로스는 기뻐하며 인도 왕의 손을 잡고 이렇게 말했다.

"그렇듯 친절하게 말한다고 해서 우리의 대화가 전쟁 없이 끝날 것으로 생각하시오? 그렇게 되지는 않을 것입니다. 그대는 나에게서 이런 식으로는 더 얻을 것이 없을 것이오. 나는 끝까지 호의를 가지고 싸울 것이오. 그대는 너그러움이라는 면에서 나를 따를 수가 없소."

온갖 선물을 주고받은 뒤에 알렉산드로스는 몇천 탈렌트의 동전을 그에게 선사했다. 이와 같은 처사는 알렉산드로스의 막료를 화나게 했으나, 많은 이방인이 그를 더 친근하게 바라보도록 만들었다. 그러나 용병으로 이루어진 인도의 정예 부대들은 다른 도시로 물러나 끈질기게 항전하면서 알렉산드로스의 명분에 상처를 입혔다. 그러자 알렉산드로스는 어느 도시에서 그들과 휴전하고 그들을 떠나가게 한 다음 그들이 돌아가는 길에 습격하여 살해했다.

이러한 처사는 매사에 정도와 왕도를 따라 전쟁을 수행하던 알렉산드로스의 군사적 업적을 얼룩지게 했다. 인도의 철학자들도 알렉산드로스의 명분을 따라가는 토착 귀족들을 비난했고, 자유민들이 알렉산드로스에게 저항하도록 부추김으로써 용병에 못지않게 알렉산드로스를 괴롭혔다. 그래서 왕은 많은 인도의 철학자를 잡아다 목을 매달아 죽였다.

60

[기원전 326년 봄] 알렉산드로스는 포로스(Poros)왕과의 전투에 관한 기록을 자기의 편지에 남겼다.(아리아노스, 『알렉산드로스 대왕 원정기』, V : 9~19) 그의 말에 따르면, 두 진영 사이에는 히다스페스(Hydaspes)강이 흐르고 있었는데 포로스는 적군의 말들이 놀라도록 하고자 강 건너 제방에 코끼리들을 세워 놓고 적

군이 넘어오는지를 계속 감시했다. 그러자 알렉산드로스는 날마다 시끄럽게 하여 포로스의 군대가 이에 익숙해져 방심하도록 만들었다.

그러던 어느 날 비가 쏟아지는 어두운 밤에 그는 보병 일부와 정예 기병을 이끌고 강을 따라 올라가 적진 가까운 곳에 이르러 작은 섬을 통과했다. 비는 억수같이 쏟아지고 태풍과 번개가 병사들의 머리 위로 떨어졌다. 그는 병사들이 벼락에 맞아 죽는 것을 바라보면서도 그 작은 섬을 벗어나 반대편의 제방에 기어올랐다.

그러나 히다스페스강은 폭풍으로 거칠어져 제방을 강타하여 무너뜨리더니 그쪽으로 물길을 틀었다. 두 물줄기 사이의 강변에서 강바닥이 파이고 미끄러워 병사들은 발걸음을 떼어 놓을 수가 없었다. 알렉산드로스가 그 유명한 말을 남긴 곳이 바로 이곳이었다.

"그리스인들이여, 내가 그대들에게서 영광을 얻고자 어떤 위험을 겪고 있는지, 그대들은 믿을 수 있는가?"

이 말은 오네시크리토스가 남긴 이야기이다. 알렉산드로스 자신의 말을 빌리면, 그들은 뗏목을 버리고 갑옷을 입은 채 가슴까지 차오르는 물살을 헤치며 강을 건넌 다음, 보병보다 20훠롱 앞서 기병을 이끌고 진군했다. 만약 적군이 기병대로 공격해 오면 자신이 더 우세할 것이고, 그들이 모든 병력으로 공격해 오면 자신의 보병들이 때맞추어 기병대에 합류할 것이라고 그는 계산했다. 그 가운데 하나가 적중했다. 그를 둘러쌌던 1천 명의 기병과 60대의 전차를 쳐부순 알렉산드로스는 나머지 전차를 나포하고 4백 명의 기병을 살해했다.

이제 알렉산드로스가 직접 강을 건너왔음을 알아차린 포로스왕은 나머지 마케도니아군의 도강을 막고자, 병력 일부만 남겨 둔 채 전군을 이끌고 진격했다. 코끼리 떼와 적군의 엄청난 수에 놀란 알렉산드로스는 적군의 왼쪽 날개로 돌아갔고,

코이노스(Coenos) 장군에게는 적군의 오른쪽을 공격하도록 명령했다. 왼쪽 날개와 오른쪽 날개가 모두 무너지면서 크게 패배한 적군은 코끼리 떼 가운데로 물러나 뒤섞였다. 이곳에서 육탄전이 벌어지고 여덟 시간이 지나서야 적군은 항복했다. 이러한 이야기들은 전쟁에서 승리한 알렉산드로스가 남긴 글에 실려 있다.

포로스는 키가 4큐빗 1스팬(span)²⁶으로서 그 체구와 위엄이 당당하여, 코끼리를 탔는데도 마치 일반 사람이 말을 탄 것과 같은 모습이었다. 그의 코끼리는 엄청나게 컸고 영리하며 왕에 대한 생각이 깊어, 왕이 용맹할 때는 자신도 용맹하게 적군을 타격했으며, 주인이 창과 화살을 맞아 지치고 다쳤을 때는 왕이 등에서 떨어지지 않도록 조심스럽게 땅 위에 무릎을 꿇고 코로 왕의 몸에 박힌 창을 잡아 빼 주었다.

포로스를 사로잡은 알렉산드로스가 그에게 물었다.

"내가 그대를 어떻게 대우해 주기를 바라는가?"

그가 짧게 대답했다.

"제왕답게."

알렉산드로스가 다시 물었다.

"그 밖에 더 바라는 것이 없소?"

그가 이렇게 대답했다.

"그 '제왕답게'라는 말 속에 다 들어 있소."

그에 따라 알렉산드로스는 그에게 총독 직분을 주어 이전의 왕국을 다스리도록 했을 뿐만 아니라 자신이 정복한 독립 국가들의 영토까지 주었는데, 그 영토에는 15개의 민족과 5천 개의 거대한 도시와 수많은 마을이 있었다고 한다. 알렉산드로스는 또한 그 영토의 세 배만큼이나 큰 땅을 정복하여 그의 막료인 필리포스(Philippos)가 총독이 되어 다스리게 했다.

---

26   이 정도의 키는 190센티미터이다.

포로스와의 전쟁을 치르고 얼마 뒤에 그의 애마 부케팔라스
가 죽었다. 작가 대부분의 말에 따르면, 그 말은 그동안 치료받
던 상처 때문에 죽었다고 한다. 오네시크리토스의 말에 따르
면, 이미 나이가 서른 살이었던 부케팔라스는 너무 늙어 쇠약
해 죽었다고 한다. 알렉산드로스는 친구를 잃은 것에 못지않
게 깊은 슬픔에 빠져 히다스페스 언덕에 그를 추모하는 도시
를 세우고 이름을 부케팔리아(Buchephalia)라고 지었다.

또 들리는 바에 따르면, 알렉산드로스는 자신이 사랑하고
보살피던 페리타스(Peritas)라는 개를 잃자 도시 하나를 세우고
그 개의 이름으로 도시 이름을 지었다고 한다. 이 이야기는 소
티온(Sotion)이 레스보스의 수사학자 포타몬(Potamon)에게 들
은 것이라고 한다.

[기원전 326년 9월] 마케도니아 병사들은 포로스와의 전쟁을 치
르면서 용기를 잃어, 인도 내륙으로 더는 들어가려고 하지 않
았다. 겨우 2만 3천 명의 보병과 2천 명의 기병을 거느린 적군
을 물리치느라 온갖 고초를 겪은 병사들은 알렉산드로스가 갠
지스강을 건너자고 주장하자 폭력으로 저항하며 반대했다. 그
들은 갠지스강의 넓이가 32휘롱이고 깊이가 1백 화톰(fathom)[27]
인 데다가 건너편 제방에는 수많은 무사와 기병과 코끼리가
진영을 차리고 있다는 사실을 알고 있었다.

알렉산드로스의 병사들이 들은 바에 따르면, 간데리테스
(Ganderites)의 왕과 프라이시이(Praesii)의 왕은 8천 명의 기병과
20만 명의 보병과 8천 대의 전차와 6천 마리의 무장한 코끼리
를 거느리고 알렉산드로스를 기다리고 있었다. 이 보고는 과

---

27   1화톰은 약 2.4미터 또는 3미터에 해당한다.

장이 아니었다. 이런 일이 있은 뒤에 곧 그곳을 다스린 안드로코토스(Androcottus) 왕조는 셀레우코스에게 5백 마리의 코끼리와 60만 명의 군사를 주어 인도를 정복하도록 한 바 있기 때문이다.

반대에 부딪힌 알렉산드로스는 불쾌하고 분노하여 자기 막사로 들어가 문을 닫아걸고 누워 있었다. 그는 갠지스강을 건너지 못하면 자신이 이제까지 이룩한 공로는 헛된 것이 되므로, 후퇴는 실패를 고백하는 것과 같다고 생각했다. 그러나 그의 막료가 위로하고 병사들이 무리를 지어 막사 앞에 몰려와 울며 간청하자 그는 뜻을 굽히고 막사를 헐기 시작했다. 그러면서도 그는 자신의 명성을 높이고자 여러 가지 거짓과 속임수를 썼다.

이를테면 그는 흔히 쓰는 무기보다 더 큰 무기를 장만하고, 여물통을 더 높게 만들고, 평소에 쓰던 것보다 더 큰 재갈을 만들어 여기저기에 흩어 놓았다. 또한 그는 신전을 세웠는데 오늘날까지도 프라이시이의 왕들은 강을 건널 때면 이곳에 경배를 드리고 그리스식으로 제물을 바친다. 안드로코토스는 어려서 알렉산드로스를 본 적이 있는데, 그가 뒷날 남긴 말에 따르면, 그 당시에 왕의 출생이 미천하고 낮아 백성들에게서 멸시와 미움을 받았던 탓에 알렉산드로스는 겨우 제왕이 될 수 있었다고 한다.[28]

---

28   이 부분은 판본마다 의미가 다르다. 페린의 판본에 따르면, "알렉산드로스는 그 출생이 미천하고 낮아 백성들에게서 멸시와 미움을 받았던 탓에 제왕이 될 기회를 아슬아슬하게 잃었다고 한다"로 되어 있다. 그러나 그가 이미 제왕이 되었다는 점을 고려한다면 "제왕이 되지 못했다"는 문장은 의미가 이상하다. 위의 글은 스콧-킬버트 판본과 롱(A. Stewart and G. Long) 판본에 따른 것이다.

그 무렵 넓은 바다를 보고 싶었던 알렉산드로스는 노가 달린 배와 뗏목을 건조하여 강을 따라 유람하듯 내려갔다. 그의 항해에 아무런 어려움이나 전투가 없었던 것은 아니었다. 그는 강을 따라 가며 뭍에 올라 도시를 공격하여 모두를 정복했다.

그러나 들리는 바에 따르면, 인도의 부족들 가운데 가장 호전적인 말리(Malli)족과의 전투에서 알렉산드로스는 거의 죽음의 위기에까지 몰렸다고 한다. 그는 궁노(弓弩)를 쏘아 성 위의 원주민들을 흩어지게 한 다음 사다리를 놓고 올라가다가 발판이 부서지면서 떨어졌는데, 그때 거의 혼자서 원주민들이 쏘는 화살을 받았던 것이다. 그는 몸을 웅크리고 적진에 몸을 던져 다행히 다시 일어설 수 있었다. 그때 그가 무기를 휘두르자 원주민들에게는 눈앞에서 섬광이 일어나는 것처럼 보였고, 그들은 흩어져 도망쳤다.

그러나 알렉산드로스를 따르는 사람이 단 두 명임을 알게 된 원주민들은 방어 자세를 취하고 있는 그에게 달려들어 창과 칼로 갑옷을 뚫어 상처를 입히려 했고, 조금 떨어진 곳에서는 적군이 정확하게 활을 쏘아 화살이 갑옷을 뚫고 가슴의 늑골에 박혔다. 그 힘에 밀린 알렉산드로스가 몸을 비틀며 무릎을 꿇자 적군이 언월도(偃月刀)로 공격했다.

그때 페우케스타스와 림나이우스(Limnaeus)[29]가 뛰어들어 알렉산드로스를 보호했다. 두 사람은 모두 다쳤으며 림나이우스는 끝내 죽었다. 페우케스타스는 끝까지 저항했는데, 그러는 사이에 왕은 적군을 죽였다. 그러나 왕도 많이 다쳐, 드디어 곤봉을 목에 맞고 성벽에 몸을 기댄 채 적군을 노려보았다.

그 순간에 마케도니아 병사들이 달려와 왕을 구출하여 막

---

29 아리아노스의 『알렉산드로스 대왕 원정기』(IV : 10)에 따르면, 그의 이름 이 레온나토스였다고 한다.

사로 데려왔다. 그는 의식을 잃어 무슨 일이 벌어지고 있는지도 몰랐다. 곧이어 그가 전사했다는 소문이 병영에 퍼졌지만, 어의들은 여러 난관을 이겨 내면서 나무로 된 화살을 잘라 내고 왕의 가슴받이를 벗긴 다음 갈비뼈 사이에 박힌 활촉을 빼내는 데 성공했다. 들리는 바에 따르면, 상처의 크기가 가로는 세 손가락 넓이였고, 세로는 네 손가락 넓이였다고 한다.

화살촉을 빼내자 왕은 기절하여 죽음의 문턱에 이르렀다가 가까스로 회복했다. 위험한 고비를 겨우 넘겼으나 그는 여전히 쇠약하여, 오랫동안 식이 요법과 치료를 받아야 했다. 그런 가운데 밖에서 왕을 보고 싶어 하는 병사들의 떠들썩한 소리를 들은 그는 전포를 두르고 밖으로 나갔다. 그는 신전에 제사를 드리고 다시 배에 오른 뒤 강을 따라 내려가면서 이르는 곳마다 많은 영토와 도시를 정복했다.

64

알렉산드로스는 나체의 바라문(婆羅門, Gymnosophist) 열 명을 붙잡았다. 그들은 사바스(Sabbas)족을 부추겨 반란을 일으키게 함으로써 마케도니아의 골칫거리가 되고 있었다. 그들은 어떤 물음에도 가장 지혜롭고 간결한 대답을 하는 것으로 유명했다.

알렉산드로스는 그 열 사람에게 각기 어려운 질문을 주되 대답이 틀린 첫 사람을 먼저 죽이고, 이어 나머지 사람들도 같은 방법으로 죽이겠노라고 말한 다음, 그들 가운데에서 가장 나이가 많은 사람을 심판관으로 지정했다. 그리고 질문이 시작되었다. 첫 번째 사람에게 물었다.

"이 세상에는 죽은 사람이 더 많소, 아니면 살아 있는 사람이 더 많소?"

"살아 있는 사람이 더 많습니다. 왜냐하면 죽은 사람은 더이상 존재하지 않기 때문입니다."

두 번째 사람에게 물었다.

"바다와 육지 가운데 어느 것이 더 큰 동물을 낳았소?"

"육지가 더 큰 동물을 낳았습니다. 왜냐하면 바다는 육지의 일부분이기 때문입니다."

세 번째 사람에게 물었다.

"어떤 동물이 가장 간교하오?"

"이제까지 인간에게 발각되지 않은 동물입니다."

네 번째 사람에게 물었다.

"왜 그대는 사바스족이 반란을 일으키도록 부추겼소?"

"나는 그들이 고결하게 살거나 고결하게 죽기를 바랐기 때문입니다."

다섯 번째 사람에게 물었다.

"낮이 먼저요, 밤이 먼저요?"

"낮이 하루 더 먼저입니다."

알렉산드로스가 어리둥절해하자 그는 이어서 이렇게 대답했다.

"어려운 질문에는 어렵게 대답하는 법이지요."

여섯 번째 사람에게 물었다.

"어떻게 하면 사람들에게서 사랑을 받을 수 있겠소?"

"가장 강력한 권력을 가지고 있으면서 두려움을 느끼지 않게 하는 사람입니다."

이제 세 사람이 남았다. 일곱 번째 사람에게 물었다.

"어떻게 하면 인간이 신이 될 수 있소?"

"인간이 할 수 없는 일을 할 때 가능하지요."

여덟 번째 사람에게 물었다.

"삶이 더 강인하오, 죽음이 더 강인하오?"

"삶이 더 강인하지요. 왜냐하면 삶은 숱한 아픔을 견디니까요."

아홉 번째 사람에게 물었다.

"인간은 얼마까지 사는 것이 좋겠소?"

"삶이 죽음보다 더 값지다고 여겨지지 않을 때까지이지요."

알렉산드로스가 이제 심판관으로 남은 열 번째 사람을 돌아보며 물었다.

"누구의 대답이 더 옳지 않았소?"

마지막 바라문이 대답했다.

"그들 모두가 다른 누군가보다는 좋은 대답을 하지 못했습니다."

그 말을 듣고 알렉산드로스가 말했다.

"그렇다면 그런 판결을 내린 당신이 죽어야겠소."

그러자 마지막 바라문이 대답했다.

"그렇지 않습니다. 왜냐하면 가장 나중에 대답한 저를 죽인다는 것은 가장 잘못 대답한 사람을 가장 먼저 죽이겠다던 약속과 다르기 때문입니다."

65

그런 일이 있은 뒤 알렉산드로스는 바라문들에게 선물을 주고 돌려보냈다. 그리고 그는 인도에서 가장 명망이 높고 은둔하여 살아가는 학자들에게 오네시크리토스를 보내 자신을 한 번 방문해 줄 것을 요청했다. 오네시크리토스는 견유학파(犬儒學派) 디오게네스의 제자였다. 그가 남긴 기록에 따르면, 견유학파 가운데 하나인 칼라노스는 매우 거칠고 무례하게 오네시크리토스에게 이렇게 말했다고 한다.

"나는 그 거추장스러운 그리스의 장옷을 벗고 벌거벗은 몸으로 하고 싶은 말을 할 것이며, 그렇지 않으면 그가 설령 제우스의 심부름으로 왔다 해도 말하고 싶지 않습니다."

또 오네시크리토스가 말한 바에 따르면, 그들 가운데 단다미스라는 사람이 있었다고 한다. 그는 매우 정중했는데, 소크라테스와 피타고라스와 디오게네스에 관한 얘기를 듣더니 이렇게 말했다.

"내가 보기에 그 세 사람이 훌륭한 성품의 인물이기는 하지만, 법에 대한 경외심에 눌려 산 것 같군요."

또 다른 기록에 따르면, 단다미스는 다음과 같이 단 한 마디로 탄식했다고 한다.

"알렉산드로스는 왜 이 먼 곳까지 왔을까?"

그럼에도 타크실레스는 칼라노스에게 알렉산드로스를 만나 보도록 설득했다. 그의 본디 이름은 스피네스(Sphines)였는데, 만나는 사람마다 그리스식으로 카이레(chaire, 안녕)라고 인사하지 않고 인도 말로 칼레(*cale*)라고 인사했기 때문에 그리스인들은 그를 칼라노스라고 불렀다. 들리는 바에 따르면, 알렉산드로스에게 저 유명한 통치술을 실례로 들어 가며 설명한 사람이 바로 그 칼라노스라고 한다. 그 내용인즉 이렇다.

칼라노스가 땅바닥에 마르고 쭈글쭈글한 가죽을 깔고 한쪽을 밟자 밟힌 쪽은 꺼졌지만 반대쪽은 솟아올랐다. 그는 가죽의 둘레를 밟으면서, 주변을 밟았을 때 어떤 결과가 나타나는가를 보여 주었다. 마침내 그가 가죽의 중간을 밟고 서니 사방이 모두 가라앉으며 안정되었다. 이는 알렉산드로스가 제국의 중앙을 장악해야지 그곳을 떠나 방황해서는 안 된다는 것을 빗대어 보여 주고자 한 것이었다.

66

알렉산드로스가 강에서 바다로 내려오는 데는 일곱 달이 걸렸다. [기원전 325년 한여름에] 배가 대양에 이르자 그는 한 섬을 향해 가다가 그 섬에 스킬로스티스(Scillustis)라는 이름을 붙였는데, 어떤 사람들은 프실투키스(Psiltucis)라고도 하고 어떤 사람들은 킬루타(Cilluta)라고도 한다. 섬에 오른 그는 신에게 제사를 드리고 발길 닿는 데까지 나아가며 해안과 바다의 지질을 연구했다. 그리고 앞으로 누구도 자기보다 더 멀리 원정하는 사람이 없도록 해 달라고 기도한 뒤 돌아왔다.

알렉산드로스는 인도를 오른쪽에 두고 선단에는 바닷길로 귀국하도록 명령하면서 네아르코스를 사령관으로 임명하고, 오네시크리토스를 항해사로 임명했다. 그러나 그 자신은 육로를 선택했다. 알렉산드로스가 오레이테스(Oreites)를 지날 때는 참혹한 일을 겪고 병사의 대부분을 잃어, 남은 군사는 인도를 떠날 때의 4분의 1이 채 못 되었다. 한때 그의 병력은 보병이 12만 명이었고, 기병이 1만 5천 명인 적도 있었다.

그러나 비참한 질병, 일사병, 조악한 음식 그리고 무엇보다도 굶주림이 마케도니아 병사들을 파멸로 몰아갔다. 왜냐하면 그들은 불모지에서 비참하게 살아가는 원주민의 땅을 지나갔기 때문이었다. 원주민들은 양을 치고 있었지만, 그 양은 생선을 먹고 자란 것이어서 냄새가 역겨웠고 흉물스러웠다.

알렉산드로스가 60일에 걸쳐 그 나라를 통과한 것은 고통의 연속이었다. 그러나 게드로시아(Gedrosia)에 도착했을 때 그들은 친숙했던 그곳의 태수와 왕들이 마련한 물품들을 풍족하게 얻었다.

67

이곳에서 병사들을 쉬게 한 알렉산드로스는 카르마니아(Carmania)를 거쳐 이레 동안 흥청거리며 승자의 길을 갔다. 그는 여덟 필의 말이 끄는 수레를 타고 천천히 갔다. 그는 수레 위에 높다랗고 전망이 좋은 구조물을 만들고, 거기서 그의 막료들과 둘러앉아 밤낮으로 잔치를 벌였다. 수많은 마차가 그 뒤를 따랐다.

마차들 가운데 어느 것은 자주색 자수로 짠 덮개를 둘렀고, 어떤 것은 싱싱하고 푸른 나뭇가지로 해를 가린 채 화관을 쓰고 술에 취한 왕의 막료들과 지휘관들을 수송하고 있었다. 방패나 투구나 창은 보이지 않았고, 그들은 행군 내내 뿔잔과 큰 동이로 술을 마셨다. 병사들은 큰 통과 동이에서 술을 퍼내 물과 섞어 마시며 서로 무언가를 맹세했다.

행군하는 동안 어떤 병사는 길에 눕고, 어떤 사람은 나팔을 불거나 현악기를 치고, 여인들의 흥청거리는 소리가 들렸다. 가는 곳마다 노랫소리가 가득했다. 무질서하게 뒤처진 무리의 뒤로 병사들이 흥청거리며 따라오는데, 그 모습은 마치 주신(酒神) 바코스(Bacchos)와 함께 술판을 벌이는 듯했다.[30] 이렇게 게드로시아의 왕궁에 도착한 알렉산드로스는 다시 병사들에게 휴식과 푸짐한 잔치를 베풀었다.

들리는 바에 따르면, 알렉산드로스는 그곳에서 춤과 노래의 경연을 보고 있었다. 술이 거나하게 취할 무렵, 그가 아끼던 바고아스(Bagoas)가 상을 받고 축제의 긴 행렬을 지나 무대 위로 올라와 왕의 옆에 앉았다. 이를 본 마케도니아 병사들이 손을 흔들며 그에게 입 맞출 것을 소리쳐 요구하자 왕은 팔을 뻗쳐 그를 안은 다음 부드럽게 입을 맞추었다.

68

바닷길로 먼저 떠났던 네아르코스가 이곳으로 왕을 만나러 찾아왔다. 그의 항해가 성공적이었다는 말을 들은 알렉산드로스는 크게 기뻐하며 자신도 함대를 이끌고 에우프라테스강을 따라 내려가, 아라비아와 아프리카를 돌아 헤라클레스의 기둥 (Pillars of Heracles)을 지나 지중해로 들어가고 싶은 생각이 간절했다.[31] [아라비아반도의 홍해 연안에 위치한] 타프사코스(Thapsacos)

30 아리아노스는 이와 같은 방종이 없었다고 말한다.(『알렉산드로스 대왕 원정기』, IV : 28)
31 이 부분은 좀 더 연구가 필요하다. 알렉산드로스가 헤라클레스의 기둥, 곧 지브롤터(Gibraltar)를 지나 마케도니아로 돌아간다는 것은 수에즈 운하가 없던 그 무렵에 희망봉을 돌아 아프리카 대륙을 끼고 대서양을 북상하여 지중해로 들어간다는 뜻인데, 과연 그런 생각을 했을까? 만약 그랬다면 이는 지리상의 무지였을 것이다. 지금처럼 관통되지 않은 수에

에 당도한 그는 온갖 배를 만들고 사방에서 노 저을 사람과 조타수를 모집했다.

그러나 알렉산드로스가 돌아오는 길에 온갖 고초를 겪고, 말리(Malli)[32]에서는 부상을 입었으며, 수많은 병력을 잃었다는 소식이 퍼졌다. 그러자 그가 안전하게 돌아왔다는 말을 의심하던 시민은 반란을 기도했고, 그가 임명한 장군과 태수들은 탐욕과 오만에 빠져 있었다. 한마디로 말해서 동요와 변화를 바라는 욕구가 사방으로 퍼져 나갔다.

더욱이 알렉산드로스 대왕이 섭정을 맡긴 안티파트로스가 반란을 일으키자 왕의 어머니 올림피아스와 여동생 클레오파트라도 이에 대항하여 봉기를 일으킨 뒤 자기들끼리 영토를 나누었는데, 올림피아스는 에페이로스를 차지하고 클레오파트라는 마케도니아를 차지했다. 이 말을 들은 알렉산드로스는 마케도니아를 차지하지 않은 어머니의 선택이 더 훌륭하다고 말했다. 왜냐하면 마케도니아인들은 여인의 지배를 받는 것을 달가워하지 않았기 때문이었다.

이러한 이유로 [기원전 324년 연초에] 알렉산드로스는 네아르코스를 다시 바다로 내보내고, 자신은 해안을 따라 움직이며 모든 지역에 전쟁을 벌이겠노라 결심한 뒤 북부 아시아에서 남쪽으로 내려가면서 잘못을 저지른 장군들을 문책했다. 그는 아불레테스(Abuletes)의 아들 옥시아르테스를 손수 창으로 찔러 죽였다. 그리고 아불레테스가 군수품을 보급하는 데 실패하고 동전 3천 탈렌트를 가져오자 왕은 그것을 자신의 말들에게 던져 주라고 명령했다. 그리고 말들이 동전에 입을 대지 않자 그는 이렇게 소리쳤다.

즈 지역을 육로로 통과하려 한 것은 아닐까?

32   지금의 아제르바이잔에 있는 도시인데 이를 말리(Mali)로 이해함으로써 많은 혼동이 일어났다.

"네가 마련한 저 동전이 우리에게 무슨 소용이 있단 말인가?"

그러고는 아불레테스를 감옥에 가두었다.

69

알렉산드로스는 페르시아에 도착했을 때부터 여인들에게 돈을 나누어 주었는데, 이는 페르시아의 왕들이 이곳에 올 때마다 여인들에게 금화를 나누어 주던 풍속을 따른 것이다. 들리는 바에 따르면, 그런 풍습 때문에 페르시아의 왕들은 이곳에 오지 않았다. 더욱이 다레이오스의 아들 오코스(Ochos)는 단한 번도 이곳에 오지 않을 만큼 인색한 인물이었다. 결국, 그는 그 인색함 때문에 조국에서 쫓겨났다.

알렉산드로스가 페르시아에서 두 번째로 한 일은 키로스의 무덤이 도굴된 것을 알고 그 범인을 찾아 처형한 일이었다. 범인은 폴리마코스(Polymachos)라는 마케도니아의 저명인사였다. 무덤의 비문을 읽은 알렉산드로스는 그 밑에 그리스어 번역을 새겨 넣도록 지시했다. 그 비문의 내용은 이랬다.

지나가는 나그네여,
그대가 누구이고 어디에서 왔든지
나는 그대가 올 것을 알았노라.
나는 페르시아인들을 위해
제국을 세운 키로스이니
나의 몸을 덮고 있는
이 작은 땅을 시기하지 말지니라.
(아리아노스, 『알렉산드로스 대왕 원정기』, VI : 29)

이 비문에 깊은 인상을 받은 알렉산드로스는 인생의 무상함과 변덕스러움을 회상했다.

또 페르시아에서는 이런 일도 있었다. 바라문인 칼라노스는 장(腸)이 좋지 않아 한때 고생했는데, 자신을 화장할 장작더미를 마련하라고 부탁했다. 말을 타고 장작더미 앞에 이른 그는 기도를 드리고, 자기 몸에 술을 뿌리고, 머리카락을 장작더미에 던지더니 그 위에 올라가, 함께 있던 마케도니아인들에게 오늘은 왕과 함께 즐겁게 놀기를 당부하면서, 자신도 머지않아 바빌로니아에서 왕을 만나게 될 것이라고 선언했다.

말을 마친 칼라노스는 장작더미에 누워 얼굴을 덮었다. 그는 불길이 다가와도 움직이지 않고 처음 그대로 누워 있음으로써, 예로부터 그 나라의 성자들이 그랬던 것처럼 기꺼이 자기의 몸을 제물로 바쳤다. 오랜 세월이 흐른 뒤 아우구스투스 카이사르(Augustus Caesar, Octavius)를 방문했던 또 다른 인도 인도 아테네에서 그런 식으로 죽었는데, 그곳에 가면 오늘날까지도 그 인도인의 무덤을 볼 수 있다.

70

그러나 화장터에서 돌아온 알렉산드로스는 많은 막료와 장교들에게 저녁 식사를 대접하면서 독주 마시는 내기를 제안하여 우승자에게는 상을 주기로 했다. 이 내기에서 프로마코스(Promachos)가 4쿠스(chous)[33]를 마셔 1탈렌트짜리 금관을 상으로 받았지만 3일 뒤에 죽었다. 카레스가 들려준 바에 따르면, 그들 가운데 41명이 인사불성이 되도록 마신 뒤에 극심한 오한으로 죽었다고 한다.

수사에서 알렉산드로스는 부하들의 결혼식을 치러 주고 자신도 다레이오스왕의 딸 스타테리아(Stateria)와 결혼했다. 그는 고결한 남자들에게 고결한 아내를 배필로 삼아 주었으며, 이미 결혼한 마케도니아인들을 위해 성대한 잔치를 베풀

---

33   1쿠스는 약 2.8리터이다. 따라서 그는 독주 11리터를 마신 셈이 된다.

었다. 들리는 바에 따르면, 이 잔치에서 9천 명의 손님이 저녁 식사에 초대되었는데, 참석한 사람은 모두 헌주(獻酒)를 위한 금잔을 선물받았다. 그 밖의 절차도 놀라울 정도로 성대하게 치렀다. 잔치의 주빈인 왕은 손님들의 빚을 모두 갚아 주었는데, 그 합계가 9,870탈렌트에 이르렀다.

손님들 가운데 안티게네스(Antigenes)라는 외눈박이 장군이 있었다. 그는 거짓으로 자신의 이름을 채권자 이름에 올린 다음, 어떤 사람이 자기에게 빚을 졌다고 말하게 하여 돈을 받아 냈다. 이 일이 드러나자 분노한 알렉산드로스는 그를 조정에서 몰아내고 사령관의 직책을 빼앗았다. 그러나 안티게네스는 탁월한 장군이었다.

젊었을 적에 안티게네스는 알렉산드로스의 부왕 필리포스가 페린토스(Perinthos)를 공격할 때 적진의 투석기에서 날아온 쇳조각이 눈에 박혔으나, 그것을 빼내지 않고 전투를 계속하여 적군을 성안으로 몰아넣은 적이 있었다. 따라서 안티게네스로서는 자신에게 씌워진 불명예를 그대로 견딜 수가 없었다. 그는 비통함과 낙담을 못 이겨 스스로 목숨을 끊으려 했다. 이를 두려워한 알렉산드로스는 분노를 거두고 그가 그 돈을 갖도록 했다.

71

알렉산드로스는 인도 정복을 떠나면서 페르시아에 3천 명의 소년들을 남겨 두어 교육과 훈련을 받도록 한 적이 있었다. 이제 돌아와 보니 그들의 신체가 늠름하고 보기에도 당당할 뿐만 아니라, 훈련에서도 재주가 뛰어나고 민첩하여 왕의 마음이 즐거웠다. 그러나 왕을 수행했던 마케도니아의 병사들은 이제 왕이 자신들에 대한 관심을 줄이리라 생각하여 두렵고도 실망스러웠다. 그리하여 왕이 허약하거나 부상한 병사를 해안 지방으로 보내자 병사들은 이렇게 말했다.

"온갖 궂은일에 우리를 이용하고는 이제 와서 불명예스럽게 버리거나 고향의 부모에게 돌려보냄으로써 처음에 우리를 데리고 원정을 떠날 때의 명예를 지켜 주지 않으니, 이는 모독이자 잘못된 직권이오. 이제 왕이 우리를 모두 돌려보내고 자신의 마케도니아 병사를 쓸모없는 존재로 만들었으니, 저 애송이 전쟁놀이 소년들과 함께 세상을 정복해 보시오."

이 말을 들은 알렉산드로스는 매우 불쾌해하며 그들에게 욕설을 퍼붓고 그들을 몰아낸 다음 자신의 경호 업무를 페르시아인들에게 맡기고, 그들 가운데에서 경호원과 시종을 뽑아 썼다. 페르시아 청년들이 왕을 경호하는 모습을 본 마케도니아 병사들은 자신들이 버림받고 모욕당했다는 생각에 초라함을 느꼈다.

그들은 뒤늦게 자신들이 질투와 분노 때문에 이성을 잃고 있었다는 사실을 알았다. 그리하여 드디어 정신을 차린 병사들은 무기를 버리고 망토만 입은 채 왕의 막사로 달려가, 왕이 자신들을 배은망덕한 무리로 여기되 자신들에게 자비를 베풀어 달라고 울며 탄원했다.

이로써 알렉산드로스의 마음이 누그러지기는 했지만, 그는 병사들을 만나 주지는 않았다. 그러나 병사들도 애원을 멈추지 않고 이틀 밤낮에 걸쳐 왕의 처소 문 앞에 서서 울며 주군을 불렀다. 사흘째가 되자 왕은 그들 앞에 나타나 병사들의 비참한 모습을 보고 잠시 눈물을 짓다가 한편으로는 점잖게 꾸짖고 한편으로는 친절하게 타이르면서 이렇게 말했다.

"지난날 전공을 세운 병사들에게는 넉넉한 상금을 주어 고향으로 돌아가게 할 것이다. 안티파트로스에게는 편지를 보내 제대한 병사들은 모든 공공 집회와 극장에서 화관을 쓰고 맨 앞자리에 앉도록 하라. 또한 전쟁 중에 목숨을 잃은 병사들의 아이들은 연금을 받도록 하라."(아리아노스, 『알렉산드로스 대왕 원정기』, VII : 12)

72

메디아의 엑바타나(Ecbatana)에 도착한 알렉산드로스는 다급한 업무를 처리하고 다시 연극과 축제에 빠졌다. 왜냐하면 그리스에서 3천 명의 예술가들이 왔기 때문이었다. 그러나 이 기간에 우연히도 헤파이스티온이 열병에 걸렸다. 젊은 군인으로서 식사를 조절할 수 없었던 그는 의사인 글라우코스가 연극을 보러 가자 아침 식사로 삶은 통닭 한 마리와 차가운 포도주를 엄청나게 마시고 쓰러져 바로 죽었다.

헤파이스티온을 잃은 슬픔에 알렉산드로스는 자제력을 잃었다. 그는 곧 모든 말과 노새의 갈기를 잘라 그의 죽음을 애도하고 주변에 있는 모든 도시의 흉벽(胸壁)을 헐어 버리도록 명령했다. 그는 또한 그 불운한 의사를 못 박아 죽이고 한동안 병영에서 음악을 중지시켰다. 그때 그러한 조치에 대한 응답으로 암몬의 신전에서 신탁이 왔는데, 헤파이스티온을 영웅으로 추대하고 제물을 바치라는 내용이었다.

그뿐만 아니라 알렉산드로스는 슬픔을 위로하고자 인간 사냥을 나가 코사이오이(Kossaioi)족의 성인들을 모두 죽였다. 그는 이것이 헤파이스티온의 영혼을 위로하는 제사라고 말했다. 알렉산드로스는 친구의 장례와 무덤을 치장하는 데 1만 탈렌트를 배정했다. 그는 창의적이고도 웅장한 이 공사에 비용을 아끼지 않았다.

알렉산드로스는 어느 예술가보다도 스타시크라테스(Stasicrates)가 이 공사를 맡아 주기를 바랐다. 스타시크라테스가 지은 건물들은 늘 웅장하고도 과감하며 독특한 방식으로 만들어져, 알렉산드로스의 기대에 어긋난 적이 없었다.

스타시크라테스는 지난날 왕을 뵈었을 때, 모든 산 가운데에서 트라키아의 아토스(Athos)산이 사람의 형상을 가장 닮아 있으니, 알렉산드로스가 명령만 하면 아토스산을 깎아 가장 오래 견디고 가장 눈에 잘 띄는 대왕의 석상을 만들겠다고 말한 적이 있었다. 그 왼손은 1만 명이 살 수 있는 도시를 들고 있고, 오른손은 강물이 흘러 바다에 이르는 모습이었다. 알렉산드로스는 이 계획을 거부했었지만, 이제 그는 자신의 예술가들과 함께 스타시크라테스의 구상보다 더 신기하고 값비싼 작업을 구상하고 있었다.

73

바빌로니아에 입성하던 알렉산드로스는 바다를 건너 에우프라테스강을 거슬러 올라오던 네아르코스를 만났다. 그가 왕에게 이렇게 말했다.

"제가 오는 길에 칼데아(Chaldea)족을 만났는데, 그들은 대왕께서 바빌로니아에 들어가지 말라고 권고했습니다."

알렉산드로스는 그 말을 마음에 두지 않고 진군을 계속하여 바빌로니아 성 앞에 이르렀는데, 갈까마귀 떼가 그의 주변을 날더니 [불길하게도] 서로 싸우다가 몇 마리는 죽어 왕의 발 앞에 떨어졌다.

바빌로니아의 수비대장인 아폴로도로스(Apollodoros)가 자신의 운명을 점치려고 제사를 드렸다는 말을 들은 알렉산드로스는 예언자 피타고라스를 불렀다. 피타고라스는 그런 일이 있었음을 부인하지 않았다. 알렉산드로스가 그에게 제물에서 무슨 조짐을 보았느냐고 묻자 그는 이렇게 대답했다.

"제물의 간(肝)에 간엽(肝葉)이 없었습니다."

알렉산드로스가 그 말을 듣고 탄식했다.

"아, 불길하구나!"

알렉산드로스는 피타고라스를 해치지는 않았지만 네아르코스의 말을 듣지 않은 것을 후회했다. 그는 막사에서 생활하거나 에우프라테스강을 유람하며 바빌로니아 밖에서 대부분의 시간을 보냈다. 그는 여러 가지 예언으로 마음이 어수선했다.

이를테면 알렉산드로스가 야생 동물원에서 기르던 거대하고 잘생긴 사자가 온순한 노새의 발에 차여 죽었다. 또 그가 운동하려고 옷을 벗고 공을 찬 뒤 다시 옷을 입으려는데, 그때 그와 함께 공을 차던 청년들은 낯선 남자가 왕관을 쓰고 곤포까지 입은 채 왕좌에 앉아 있는 모습을 보았다. 사람들이 그에게 누구냐고 물었으나, 그는 한동안 대답이 없다가 마침내 정신을 차리고 이렇게 대답했다.

"나는 메사니아(Messania)의 부족으로서 디오니시오스(Dyonisios)라는 사람인데, 어쩌다 누명을 쓰고 바닷가에 유배되어 오랫동안 쇠사슬에 묶여 지냈습니다. 그런데 저승사자 세라피스(Serapis)가 나에게 다가와 쇠사슬을 풀어 주더니 이곳으로 데려와 머리띠와 곤포를 입혀 주고 왕좌에 조용히 앉아 있으라고 말했습니다."

74

이 말을 들은 알렉산드로스는 예언자들의 권고를 받아들여 그 남자를 죽였다. 그러나 그는 정신이 흐려져 하늘의 은총을 믿지 않게 되었고 아무 이유 없이 막료들을 의심했다. 더욱이 그는 원정하는 동안에 섭정을 맡았던 안티파트로스와 그의 아들들을 의심했다. 그들 가운데 이올라스(Iolas)는 술을 따르는 시종장이었고, 다른 아들 카산드로스(Kassandros)는 최근에 바빌로니아로 와 있었다.

카산드로스는 이방인들이 알렉산드로스에게 부복하는 것을 보다가 호들갑스럽게 웃었다. 그는 그리스인으로 자란 까닭에 그런 모습을 본 적이 없었던 것이다. 이에 화가 치민 알렉산드로스는 두 손으로 그의 머리채를 거칠게 휘어잡고 벽에 처박았다. 또 언젠가는 카산드로스가 자기 아버지를 비난하는 사람들에게 반대하는 말을 하려 하자 알렉산드로스가 끼어들면서 이렇게 말한 적이 있었다.

"그게 무슨 뜻인가? 너의 아버지가 저들에게 해코지를 하지도 않았는데 저들이 거짓말을 하려고 이토록 먼 길을 왔다는 말인가?"

그러자 카산드로스가 단언했다.

"저들이 증거를 그곳에 두고 이토록 먼 길을 왔다는 사실 자체가 저들이 거짓말을 하는 것입니다."

이에 알렉산드로스가 웃음을 터뜨리며 이렇게 말했다.

"그런 설명이야말로 아리스토텔레스의 제자들이 문제의 양면성을 설명하는 데 쓰는 궤변이라는 것이다. 만약 네가 저들에게 작은 잘못이라도 저질렀다는 사실이 드러나면 너는 그날로 후회하게 될 것이다."

들리는 바에 따르면, 카산드로스는 마음에 깊은 상처를 입고 알렉산드로스에 대한 두려움으로 가득 차 있었다. 그 뒤에 그가 마케도니아의 왕이 되어 그리스를 지배할 때, 거리를 거닐며 델포이의 조각상들을 살펴보던 그는 알렉산드로스의 동상을 보자 갑자기 몸서리를 치며 사지를 떨었다. 그는 가까스로 정신을 차렸지만 머리는 여전히 어찔어찔했다.

75

그 뒤로 알렉산드로스는 신탁의 의미에 더욱 민감하게 반응하고, 마음이 흔들려 의심이 많아지면서 별일도 아닌 것을 예사롭지 않은 전조로 받아들였다. 이제 그의 주변은 제사장과 몸을 정화(淨化)하는 의식을 치르는 사람들과 점쟁이들로 가득했다.

독자들도 아는 바와 같이, 신탁을 믿지 않는 것도 위험한 일이지만 미신을 믿는 것도 그에 못지않게 위험한 일이다. 물이 낮은 곳을 찾아 고이듯, 이제 두려움의 미끼가 된 알렉산드로스의 머릿속에는 미신이 가득 찼다. 헤파이스티온에 관한 신탁을 받았을 때도 그는 신탁에 따라 슬픔을 거두고 다시 제사와 술에 빠져들었다.

알렉산드로스는 네아르코스를 위해 성대한 잔치를 베푼 뒤, 늘 그랬던 것처럼 잠자리에 들기에 앞서 목욕을 마쳤으나 시종인 메디오스(Medios)의 초청을 받고 그의 사기를 올려 주고자 그 잔치에 참석했다. 이 자리에서 그는 다음 날까지 술을 마시고 고열에 시달리기 시작했다.

이 고열은 그가 '헤라클레스의 주발'이라고 알려진 양 손 잡이의 잔으로 술을 마셨기 때문에 생겨난 것도 아니고, 등 부위에서 창으로 찌르는 듯한 통증을 느낀 뒤에 시작된 것도 아니었다. 어떤 작가들은 이와 같은 증상에 의미를 부여하고 싶어 했다. 그리고 그렇게 함으로써, 말하자면 위대한 인물의 종말을 비극적으로 꾸며 냈다. 그러나 아리스토볼로스의 말에 따르면, 알렉산드로스는 격심한 고열에 시달리다 몹시 목이 말라 술을 마신 뒤 그길로 정신을 잃고 [마케도니아의 월력(月曆) 기원전 323년] 다이시우스월(6월) 30일에 죽었다.

76
알렉산드로스의 병세에 관하여 『왕실 일지(Court Journal)』에는 다음과 같은 특이한 기록이 있다.

다이시우스월 18일(기원전 323년 6월 2일) : 왕은 열이 높아 욕실에서 잠들었다.

19일 : 왕은 목욕을 하고 침실로 자리를 옮겨 메디오스와 주사위 놀이를 하며 하루를 보냈다. 저녁이 되어 목욕을 하고 신전에 제사를 바친 다음 식사를 조금 했다. 밤새도록 고열에 시달렸다.

20일 : 왕은 다시 목욕을 하고 일상적인 제사를 드린 뒤 욕조에 누워 네아르코스에게 그의 여행과 항해에 관한 얘기를 들었다.

21일 : 왕은 같은 방법으로 하루를 보냈는데 열이 높았다. 밤에는 더욱 고통스러워했다.

22일 : 열이 매우 높았다. 그래서 그는 침대를 커다란 욕조 곁으로 옮기게 한 뒤 그곳에 앉아, 자리가 비어 있는 장군 직을 어떻게 하면 경험이 많은 사람으로 채울 수 있는지에 관해 막료와 얘기를 나누었다.

24일 : 열이 너무 높아 왕은 들것에 실려 가 제사를 드렸다. 그는 측근들에게 궁정에서 머무르도록 지시하고 사령관과 장교들은 밖에서 밤을 지내라고 지시했다.

25일 : 왕은 강 건너편 왕궁으로 거처를 옮겨 잠시 잠들었으나 열이 내리지 않았다. 장군들이 그의 침대 곁에 다가왔으나 그는 말이 없었다.

26일 : 왕의 상태는 여전했다. 그래서 마케도니아인들은 그가 죽었다는 생각을 굳히고 소리치며 궁전 문 앞까지 달려와 그들을 막고 있는 막료를 위협했다. 궁궐 문이 열리자 병사들은 전포와 무기를 버리고 한 사람씩 천천히 그의 침상 앞을 지나갔다. 이날 저승의 신 세라피스의 신전으로 피톤(Python)과 셀레우코스를 보내 왕을 이리로 옮길 것인지를 물었더니, 왕을 지금 있는 곳에 그대로 두라는 신탁을 받았다.

28일(6월 13일) : 저녁 무렵에 왕이 운명했다.

77
위의 기록은 『왕실 일지』를 글자 그대로 옮긴 것이다. 그 당시에는 누구도 왕이 독살되었다고 의심하지 않았다. 그러나 들리는 바에 따르면, 왕이 죽은 지 5년이 지나 그가 독살되었다는 제보를 들은 모후 올림피아스는 많은 사람을 죽이고 안티파트로스의 아들 이올라스가 일을 꾸민 것처럼 하여 그의 무덤을 파 유골을 가루로 만들어 허공에 날려 보냈다고 한다.

그러나 어떤 사람들은 하그노테미스(Hagnothemis)의 말을 빌려, 아리스토텔레스가 안티파트로스를 시켜 왕을 독살하도록 교사했으며, 독약을 장만해 준 것도 아리스토텔레스가 자신의 심복을 시켜 한 일이라고 말한다. 하그노테미스는 안티고노스(Antigonos)왕에게서 그런 이야기를 들은 바 있다고 고백했다.(아리아노스, 『알렉산드로스 대왕 원정기』, VII : 28)

독약은 노나크리스(Nonacris)의 절벽에서 나오는 얼음물이었다. 그들은 그 물을 이슬처럼 받아 노새의 말굽에 담았다. 왜냐하면 그 물은 너무도 차갑고 독해 다른 그릇에 담으면 그 그릇이 다 녹아 버렸다고 한다.

그러나 대부분의 역사가는 왕이 독살되었다는 이야기를 꾸며 낸 것으로 생각하고 있다. 그 이유는 다음과 같다. 알렉산드로스가 죽은 뒤, 장군들이 여러 날 싸우면서 그의 시신을 눅눅하고 공기가 통하지 않는 곳에 방치한 채 보살피지 않았는데도, 그의 시신은 독성으로 말미암은 부패한 모습을 보이지 않고 깨끗했다는 것이다.

그 당시에 왕비 록사나는 임신 중이었는데, 이로 말미암아 마케도니아인들의 축하를 받았다. 그러나 그는 다레이오스의 딸인 스타테리아를 질투하여 그에게 알렉산드로스의 거짓 편지를 보내 자기에게 오도록 속였다.

스타테리아와 그의 자매들이 오자 록사나는 그들을 죽인 뒤 시체를 우물에 던져 넣고 흙으로 덮었다. 이 일에 페르디카스 장군이 공모했다. 왜냐하면 알렉산드로스가 죽은 뒤 아리다이오스를 왕위에 앉히고, 그를 데리고 다니면서 엄청난 위세를 부린 사람이 바로 페르디카스였기 때문이다.

아리다이오스는 필리포스왕의 아들로서 필린나(Philinna)라는 미천한 여자의 몸에서 태어났다. 그는 몸에 지병이 있고, 지능이 모자랐다. 그러나 그의 정신 박약이 태어날 때부터 있

알렉산드로스

었던 문제는 아니었다. 들리는 바에 따르면, 어린 시절에 그는 뛰어난 재능과 고결한 성품을 지니고 있었지만, 올림피아스가 그에게 약을 먹인 뒤로 몸과 마음이 쇠약해졌다고 한다.[34]

34   아마도 이 장에서는 알렉산드로스 대왕의 후손들의 삶과 죽음을 기록한 뒷부분이 없어진 듯하다.

카이사르
JULIUS CAESAR

기원전 100~44

내가 걱정하는 것은
저 뚱뚱하고 머리 긴 녀석들이 아니라
얼굴이 창백하고 메마른 저 녀석들이라네.
— 카이사르

이 애송이[카이사르]의 배 속에는
마리우스가 몇 마리 들어 있는지 모른다.
— 술라

나는 내 아내가
간음했다는 의심조차 받아서는
안 된다고 생각한다.
— 카이사르

1

[율리우스 카이사르의 아버지인] 카이사르의 아내는 코르넬리아(Cornelia)로, 로마에서 전권을 휘두르던 킨나(Cinna)의 딸이었다.[1] [기원전 86년에 집정관 발레리우스 플라쿠스(Valerius Flaccus)가 죽은 뒤 기원전 82년에] 술라(Sula)가 집권하여 카이사르를 이혼시키려고 구슬리며 협박도 하였으나 뜻대로 되지 않았다. 이에 술라는 그 여자의 지참금을 몰수했다.

[아들] 율리우스 카이사르가 술라를 미워한 것은 그가 마리우스(Marius)의 친척이기 때문이었다. 카이사르의 고모 율리아(Julia)는 대(大)마리우스의 아내이자 소(小)마리우스의 어머니였으니, 카이사르와 소마리우스는 사촌 사이이다.

I   대부분의 연구자가 이 앞부분에 카이사르의 가계와 출생과 성장에 관한 기록이 있었는데 전해 오는 과정에서 없어졌다고 생각한다. 이 대목에서는 이름이 같은 아버지 카이사르와 아들 카이사르 사이에 혼동이 일어날 수 있다.

             카이사르

더욱이 카이사르는 술라를 처음 만났을 때 술라가 자신을 거들떠보지도 않은 것을 불만스럽게 여겼다. 그 시대에 술라는 수많은 금지 조항을 만들고 이를 적용하는 데 바빴기 때문이었다.

그 무렵에 카이사르는 애송이에 지나지 않았지만 사제(司祭) 후보로 민중 앞에 나타났다. 그의 출마를 반대한 술라는 그가 낙선하도록 비밀리에 일을 꾸몄다. 술라가 카이사르를 죽이려 할 때 몇몇 사람이 그런 애송이를 죽일 필요가 있느냐고 말하면 술라는 이렇게 대답했다.

"당신들은 이 애송이의 배 속에 마리우스가 몇 마리나 들어 있는 것을 알아보지 못한 탓에 그런 말을 한다(*Nam Caesari multos Marios inesse*)."(수에토니우스(Suetonius), 『카이사르전』, §1)

이 말이 카이사르의 귀에 들어가 그는 얼마 동안 몸을 피해 사비니 지방을 떠돌았다. 그러던 어느 날 카이사르는 몸이 아파 한밤에 거처를 옮기려다가 이곳을 순찰하며 숨어 있는 사람들을 체포하던 술라의 군인들에게 잡혔다. 카이사르는 수색대장 코르넬리우스(Cornelius)에게 2탈렌트를 주고 풀려났다.

그 뒤에 카이사르는 배를 타고 바다로 나가 비티니아(Bithynia)의 왕 니코메데스(Nikomedes)에게 몸을 의탁했다. 그 왕과 잠시 함께 시간을 보낸 카이사르는 [기원전 77년 로도스섬으로 가던 길에] 파르마쿠사(Pharmakoussa)섬 부근에서 해적들에게 납치되었다. 해적들은 이미 그 무렵에 많은 장비와 소형 범선으로 바다를 지배하고 있었다.

2

처음에 해적들이 카이사르의 몸값으로 20탈렌트를 요구하자, 그들이 자기들이 납치한 사람이 누구인 줄도 모르고 있다면서 웃은 카이사르는 스스로 50탈렌트를 주기로 합의했다. 그다음 단계로 그는 사람들을 여러 도시로 보내 돈을 받아 오도록 하고 자신은 친구 한 명, 시종 두 명과 함께 킬리키아인들의 해적 소굴에 남았다.

해적들은 성질이 매우 사나워 사람 죽이는 것을 예사로 아는 부족이었다. 그러나 그곳에 잡혀 있는 동안에도 카이사르는 해적들을 무시하며 자신이 잠자는 시간에는 떠들지 말고 조용히 하라고 지시했다. 38일 동안 그들과 함께 지낸 카이사르는 해적들이 자신을 감시하는 것이 아니라 자신의 경호원인 것처럼 여기면서 아무렇지도 않다는 듯이 운동과 훈련에 힘을 쏟았다.

카이사르는 시와 여러 가지 연설문을 써서 그들에게 큰 소리로 읽어 주었는데, 그 연설을 듣고서도 해적들이 감동하지 않으면 그들과 얼굴을 맞댄 채 야만인이라고 부르면서 그들을 못 박아 죽이겠다고 웃으며 말했다. 해적들도 이러한 상황에 즐거워하면서 카이사르의 말이 그토록 대담한 것은 그가 단순하고 아직 어리기 때문이라고 생각했다.

밀레토스에서 몸값이 도착하자 해적 소굴에서 풀려난 카이사르는 곧 선원들을 배에 태워 해적들을 잡으러 밀레토스 항구를 떠나 바다로 나갔다. 카이사르는 아직도 해안에 닻을 내리고 있는 해적들 대부분을 잡았다. 카이사르는 해적들의 돈을 자신의 전리품으로 챙기고 그들을 페르가몬(Pergamon)의 감옥에 가둔 다음 아시아 총독 유니우스(Junius)를 찾아갔다. 포로들을 처벌하는 것은 그곳 집권자인 총독의 권한이라고 생각했기 때문이었다.

그러나 유니우스는 해적들의 적지 않은 돈에만 관심을 보이면서 그들을 처벌하는 문제는 바쁘지 않을 때 천천히 생각해 보겠다고 대답했다. 이에 카이사르는 유니우스가 하고 싶은 대로 하도록 내버려 두고 페르가몬으로 돌아가 감옥에 가두어 둔 해적들을 모두 꺼내 나무에 못 박아 죽였다. 이는 그가 해적들의 섬에서 그들에게 경고했으나, 그들은 농담하는 줄로

카이사르

만 알았던 그 방법 그대로 실행한 것이다.

3

그런 일이 있은 뒤에 술라의 권세가 기울자 고향에 있던 카이사르의 친구들이 어서 돌아오라고 불렀다. 그러나 그는 바다 건너 로도스로 가 유명한 수사학자인 몰론(Molon)의 아들 아폴로니우스(Apollonius) 밑에서 공부했다. 아폴로니우스는 고결한 인격으로 명성 높은 수사학자로, 키케로도 그의 밑에서 공부했다.

들리는 바에 따르면, 카이사르는 정치 연설에 천부적 재능을 타고났고, 본인도 그러한 재능을 야심적으로 개발하여 로마에서 이인자라는 데 아무런 논란이 없었다.[2] 그러나 카이사르는 일인자가 되는 것을 포기했다. 웅변가보다는 정치가와 군사 지휘관이 되는 일에 전념했기 때문이었다.

카이사르는 천부적 능력인 웅변으로써 목적한 바를 이루지 못하고, 결과적으로는 전쟁과 정치 활동으로 최고의 위치에 이를 수 있었다. 먼 뒷날, 그는 키케로의 「카토전」에 대한 답문을 쓰면서 이렇게 말했다. 타고난 웅변술을 갈고닦을 수 있었던 사람과 군인의 말투를 쓰는 자신을 비교하는 일은 부당하다는 것이었다.

4

로마로 돌아온 카이사르는 [기원전 77년에] 키케로의 사위로서 마케도니아를 다스리던 돌라벨라(Dolabella)가 그 지방을 잘못 다스렸다는 이유를 들어 그를 탄핵했다. 그 과정에서 그리스의 여러 도시가 많은 증거를 보내 주었다. 돌라벨라는 무죄 판결을 받았지만, 카이사르는 훗날 그리스인들이 푸블리우스 안

---

2   여기에서 일인자라 함은 키케로를 의미하는 것으로 보인다.

토니우스를 부패 혐의로 고발하자 그들의 변호를 맡았다. 자신을 도와 주었던 그들에게 보답한 것이다. 당시 재판관은 마케도니아 집정관 마르쿠스 루쿨루스(Marcus Luculus)였다.

카이사르는 이 재판에서 매우 효과적으로 변호했다. 피고인 안토니우스가 그리스에서 그리스인들을 상대로 하는 재판이 공정한 판결이 될 수 없다고 로마 집정관에게 호소할 정도였다. 카이사르는 로마에서도 탁월한 변론으로 엄청난 명성을 얻었다. 또한 그는 평민들과의 관계에서도 우호적인 태도로 호감을 샀다. 왜냐하면 그는 나이를 뛰어넘는 사교술을 갖추었기 때문이었다.

카이사르는 또한 아낌없이 손님을 환대하고 화려한 삶의 모습을 보여 줌으로써 자신의 정치적 영향력을 조금씩 키워 나갔다. 처음에 그의 정적들은 그의 재산이 없어지면 영향력도 빠르게 기울 것으로 생각했기 때문에 평민들 사이에서 그의 명성이 높아지는 상황을 참고 기다렸다.

그러나 시간이 흘러 카이사르를 제거하는 일이 어려워지고 그가 국가적 혁명을 직접 추진했을 때, 그는 이미 정적들이 뒤집을 수 없을 만큼 강력한 상대로 변해 있었다. 처음에는 아무리 작은 것이라도 꾸준히 성장하여 매우 빠르게 거대한 세력이 되도록 내버려 두어서는 안 된다는 사실을, 그들은 너무 늦게야 깨달았다.

카이사르가 추진한 공공 정책의 밑바닥을 들여다보면서 마치 청명한 수면 아래의 바다를 보는 듯한 두려움을 느끼고, 그가 겉으로 드러내는 친절하고 상냥한 모습의 밑바닥에 깔린 강력한 성품을 걱정했던 최초의 인물은 키케로였다. 키케로는 카이사르의 모든 정책과 계획에서 독재자의 꿈을 간파했다. 키케로는 이렇게 말했다.

"나는 카이사르가 깔끔하게 다듬은 머리를 손가락으로 긁적거리는 모습을 보면서 이 사람이 로마의 헌법을 무너뜨릴 만큼 엄청난 범죄를 꿈꾸고 있다고는 생각할 수 없었다."

그러나 뒤에 이러한 것들이 사실로 드러났다.

5

카이사르가 군무 위원(Tribunus Militum) 자리를 놓고 카이우스
포필리우스(Caius Popilius)와 겨루어 이겼을 때, 카이사르가 민
중의 호감을 사고 있다는 사실이 처음으로 입증되었다. [기원전
68년에] 또한 마리우스의 아내 율리아가 죽었을 때 율리아의 조
카였던 카이사르는 광장에서 고인을 기리는 찬란한 추도사를
발표하고, 장례 행렬에 감히 마리우스의 초상화를 내걸었다.

그때 카이사르가 민중의 호감을 사고 있다는 사실이 두
번째로, 그러나 더 뚜렷하게 입증되었다. 술라의 통치 아래 마
리우스의 초상이 등장한 것은 처음 있는 일이었다. 술라가 마
리우스와 그의 동료들을 공적(公敵)으로 선언했기 때문이었
다. 장례 행렬에서 누군가 카이사르를 비난하자 군중은 더 큰
소리로 응답하며 카이사르를 박수로 받아들이고, 그토록 오랫
동안 지옥에 갇혀 있던 마리우스를 로마에 등장시킨 카이사
르에게 찬사를 보냈다.

그 무렵에는 나이 많은 부인의 장례식에서만 추도사를 읽
는 것이 로마의 관례였고, 젊은 부인의 장례식에서는 추도사
가 금지되어 있었다. 그러나 [기원전 68년에] 카이사르는 아내
코르넬리아가 죽었을 때 처음으로 젊은 여자를 위한 추도사를
읽었다. 이러한 일도 카이사르에게 많은 호감을 불러일으켰
다. 이 연설은 민중의 연민을 이끌어 냈고, 그는 이제 신사적이
고 다정다감한 인물로 민중의 가슴에 새겨졌다.

[기원전 67년에] 카이사르는 총독 가운데 한 사람이었던 베
투스(Vetus)의 재무관(Quaestor)이 되어 스페인으로 갔다. 카이
사르는 늘 베투스를 존경해서 뒷날 자신이 총독이 되었을 때
는 그에게 보답하고자 그의 아들을 자신의 재무관으로 채용하

기도 했다. 재무관 임무를 마친 카이사르는 폼페이아(Pompeia)와 세 번째로 결혼했다.[3] 전처 코르넬리아와의 사이에서 난 딸은 뒷날 대(大)폼페이우스의 아내가 되었다.

이 무렵에 그가 자신의 돈을 아낌없이 쓰자 사람들은 그가 덧없는 명성을 얻으려는 마음에 엄청난 대가를 지불한다고 생각했다. 그러나 사실 그는 싼값으로 엄청난 가치의 물건들을 사들이고 있었다. 들리는 바에 따르면, 카이사르는 그와 같은 씀씀이로 말미암아 공직에 들어가기에 앞서 이미 1만 3천 탈렌트의 빚을 지고 있었다고 한다. 다시 그가 아피아 가도(Via Appia)[4]를 연장할 때도 그는 자기의 돈을 엄청나게 많이 썼다.

[기원전 66년에] 공공사업, 경기장, 도로, 건물을 축조하던 책임자인 건설관(Aedile)에 임명된 그는 320쌍의 검투사를 양성하였고, 그 밖에도 연극과 행렬과 공공 연회를 여는 데 많은 비용을 씀으로써 자신의 전임자들이 민중의 기억 속에 남긴 야심 찬 업적들을 모두 씻어 버렸다. 이제 민중은 카이사르에게 부여할 수 있는 새로운 직책과 영예를 찾고 있었다.

6

당시 로마에는 두 개의 당파가 있었다. 하나는 집권파인 술라파였고, 다른 하나는 몰락하여 술라의 위협을 받아 흩어진 마리우스파였다. 카이사르는 마리우스파를 부활시켜 자기편으로 만들고자 했다. 그리하여 그는 건설관으로서 자신의 야심찬 노력이 최고조에 이르렀을 때 비밀스럽게 마리우스의 조상

---

3   카이사르의 첫 부인은 로마의 돈 많은 기사의 딸인 코수티아(Cossutia)였다.

4   아피아 가도는 기원전 312년에 집정관 아피우스 클라우디우스 카이쿠스(Appius Claudius Caecus)가 건설한 도로인데 로마에서부터 브룬디시움(Brundisium)까지 이어졌다. 이 길은 1960년 로마 올림픽 경기 때 마라톤 코스로 일부 이용되었으며, 지금까지도 온전히 사용되고 있다.

(彫像)과 상패를 든 승리의 여신상을 만든 다음, 한밤에 신전의 언덕(Capitolia)에 세우도록 했다.

날이 밝자 민중은 금빛이 찬란하고 정교하게 만든 예술품에 마리우스가 킴브리(Cimbri)족을 상대하여 승리를 거둔 사실이 기록된 것을 바라보며, 이런 일을 한 사람의 용기에 놀라워했다. 누가 그런 일을 했는지 그들은 잘 알고 있었다. 그런 소식이 알려지자 그 여신상을 구경하려고 많은 사람이 빠르게 모여들었다.

어떤 사람들은 이런 짓이야말로 이미 법과 칙령에 따라 묻혀 버린 마리우스의 영예를 되살려 전권(專權)을 차지하려는 카이사르의 음모이며, 카이사르는 지금 이런 과정을 거치면서 자신에게 호감을 갖게 된 민중의 속내를 떠보는 것이라고 소리쳤다. 곧 카이사르는 민중이 그를 고분고분하게 받아들일지, 그래서 자신이 추진할 개혁을 기꺼이 허락할 것인지 미리 알아보고자 이런 일을 벌였다는 것이었다.

그러나 엄청난 수의 마리우스파 사람들이 갑자기 모여들어 신전의 언덕을 가득 채우고 박수를 쳤다. 많은 사람이 마리우스의 조상을 보고 눈물을 흘리며 카이사르를 찬양하면서 그야말로 마리우스의 가문에서 누구보다도 훌륭한 인물이라고 여겼다.

원로원 의원들이 모여 이 문제를 논의할 무렵, 로마에서 가장 존경받던 인물인 전 집정관 퀸투스 루타티우스 카툴루스(Quintus Lutatius Catulus)가 일어나 역사에 기록될 명언으로 카이사르를 비난했다. 그는 이렇게 말했다.

"카이사르여, 그대는 이제 더는 땅 밑을 파지 않고, 공성기(攻城機)로써 정권을 장악하고 있군요."

그러나 카이사르는 이와 같은 비난에 스스로를 변호하면서 원로원이 자신을 믿도록 만들었다. 그렇게 되자 그의 지지자들은 더욱 용기를 얻어, 이제 마음에도 없이 아무에게나 머리를 숙이지 말라고 카이사르에게 촉구했다. 그들에 따르면, 민중은 카이사르가 반대파를 모두 물리치고 이 나라의 제일인 자가 되기를 바란다는 것이었다.

7

이 무렵[기원전 63년]에 대사제(Pontifex Maximus)[5]인 메텔루스 (Metellus)가 죽었다. 이미 [기원전 79년에] 집정관을 지낸 바 있는 푸블리우스 세르빌리우스 이사우리쿠스(Publius Servillius Isau-ricus)와 카툴루스가 대사제로 출마했다. 그 자리는 커다란 야심을 품은 사람들의 목표였다. 그들은 가장 잘 알려져 있고, 원로원에서 가장 영향력이 큰 인물이었지만 카이사르는 그들에게 양보하지 않고 민중 앞에 그들의 경쟁자로 나섰다.

유권자들의 선호가 고르게 나뉘자 카이사르의 경쟁자로서 결과의 불확실함이 두려웠던 카툴루스는 카이사르에게 사람을 보내 야망 찬 계획을 접을 것을 권고하면서 그 대가로 큰 돈을 제시했다. 그러나 카이사르는 설령 그보다 더 많은 돈을 빌리는 일이 생기더라도 선거를 치르겠다고 선언했다.

선거일이 되자 카이사르의 어머니가 눈물을 흘리며 대문까지 아들을 배웅했다. 카이사르는 어머니에게 입을 맞추며 이렇게 말했다.

"어머니, 오늘 어머니는 아들이 대사제가 되거나 아니면 망명하는 모습을 보실 것입니다."

경쟁은 치열했지만, 상황이 카이사르에게 우세해지자 원로원과 귀족들은 카이사르가 민중을 이끌고 참혹하고도 극단적인 길을 가지나 않을까 두려웠다. 그렇게 되자 전 집정관 피소(Lucius Calpurnius Piso)와 카툴루스는 키케로를 원망했다. 지

---

5   사제(Pontifex)란 본디 '신과 인간 사이에 다리를 놓는 사람'이라는 뜻이었다.

난날 [기원전 63년] 키케로가 집정할 당시에 일어난 카틸리네 (Catiline) 역모 사건(제30장 「키케로전」, § 10) 때 카이사르가 역모에 연루되었는데, 키케로가 그를 살려주었던 것이다.

카틸리네는 헌법을 유린하고 모든 제도를 파괴하여 나라를 혼돈에 빠뜨리려는 계획을 세웠다. 그러나 카딜리네는 그 큰 음모가 발각되기에 앞서 사소한 죄목으로 [기원전 63년에] 추방되었다. 이때 카틸리네는 자신이 추구하던 음모를 계속 추진하도록 전 집정관 렌툴루스(Publius Cornelius Lentulus)와 원로원 의원 케테구스(Cethegus)를 로마에 남겨 두었다.

카이사르가 카틸리네의 무리와 뜻이 맞아 그들을 비밀스럽게 도와주었는지 아닌지는 확실하지 않다. 그 두 사람이 유죄라는 것이 원로원에서 분명히 드러났을 때, 집정관 키케로는 그들을 어떻게 처벌할지에 관해 원로원 의원 각자의 의견을 물었다. 그들은 사형에 처할 것을 주장했지만 카이사르는 자신의 차례가 되자 일어나 그들의 의견과는 달리 준비해 둔 연설을 길게 펼쳤다.

카이사르는 긴박한 사태가 아닌 한, 고위직 명문가 인사를 정당한 재판도 거치지 않고 사형시키는 것은 로마의 전통이 아닐뿐더러 정의롭지도 않다는 것이 자신의 의견이라고 말했다. 그러니 우선 카틸리네의 반란군을 성공적으로 진압하고, 평화를 얻고 나면 원로원이 충분한 시간을 두고 이 사건을 표결에 부치자고 그는 주장했다. 그리고 그때까지 두 용의자는 키케로가 지정하는 이탈리아의 한 도시에 감금해 두자는 의견을 제시했다.

8

카이사르의 의견은 자비로운 것으로 보였으며, 그러한 분위기에 힘을 얻은 그의 연설은 대단한 위력을 발휘했다. 카이사르를 지지하고자 일어섰던 사람들뿐만 아니라 카이사르보다 먼저 발언했던 사람들까지도 앞서 밝힌 자기 의견을 철회하고 그에게 동의했다.

드디어 문제는 소(小)카토와 카툴루스의 차례까지 이르렀다. 그들은 카이사르의 의견에 열렬히 반대했으며, 더욱이 카토는 카이사르가 한 말을 그대로 가져와 논박하면서 그에 대한 의혹을 제기했다.

결국 렌툴루스와 케테구스는 처형되었으며, 카이사르가 원로원을 떠날 때는 키케로의 경호원으로 있던 젊은이 여럿이 칼을 빼 들고 그에게 달려들며 위협했다. 들리는 바에 따르면, 전 집정관 쿠리오(Gaius Scribonius Curio)가 겉옷(toga)으로 카이사르를 감싼 채 나갔다고 한다.

젊은이들이 어떤 지시를 요구하자 키케로는 카이사르를 처단하는 일에 반대하는 뜻으로 고개를 가로저었는데, 그것이 민중에 대한 두려움 때문이었는지, 아니면 그런 방식의 처형이 로마의 법과 정의에 전적으로 위배된다고 생각해서 그랬는지는 알 수 없다.

그러나 지금에 와서 생각해 볼 때, 만약 그 무렵의 그러한 이야기가 진실이었다면, 키케로가 그의 집정관 시절의 일들을 기록[6]하면서 왜 그 일에 대한 언급이 없었는지, 그 이유를 나는 알 수 없다. 뒷날 키케로는 카이사르를 제거할 수 있는 절호의 기회를 이용하지 않았다는 이유로 비난을 받았다. 키케로는 카이사르에게 붙어 호사를 누리던 민중을 비겁할 정도로 두려워했다.

실제로 그런 일이 있고 나서 며칠 지나지 않아 카이사르가 원로원에 나타났다. 그가 자기에게 씌워진 의혹에 관하여 변론하다가 반대에 부딪혀 회의가 평소보다 길어지자, 민중이 소리치며 달려와 원로원 건물을 둘러싸고 카이사르를 원로원

6   지금은 이 책이 남아 있지 않다.

밖으로 내보내라고 요구했다.

그 무렵 빈민들은 카이사르에게 희망을 걸고 열광적으로 혁명 운동에 뛰어들었는데, 누구보다도 이들을 두려워했던 카토가 그들에게 매달 얼마씩 양곡을 지급하라고 원로원을 설득한 것도 그런 이유 때문이었다. 그 결과, 정부는 해마다 750만 드라크마를 정부 예산에 추가했다.

이러한 조치로써 그 당시에 퍼져 있던 민중에 대한 두려움은 눈에 띄게 사라졌고, 카이사르의 위세는 아슬아슬하게 꺾였다. 당시 법정관 선거에서 막 당선된 카이사르는 그 직책을 등에 업고 더 무서운 존재가 될 수도 있었다.

9

카이사르가 법정관으로 재임하는 동안 별다른 말썽은 없었지만 그의 가정에 불미스러운 일이 일어났다. 그 시절에 푸블리우스 클로디우스(Publius Clodius)라는 남자가 있었다. 그는 귀족 집안에서 태어나 돈도 많고 말솜씨도 뛰어났지만, 무례하고 뻔뻔스러운 점에서는 그 시절의 어느 악명 높은 건달도 그보다 더하지는 않았다.

이 클로디우스가 카이사르의 아내 폼페이아와 사랑에 빠졌다. 폼페이아도 싫어하지 않았다. 그러나 여인들의 처소에 대한 감시가 심했고, 카이사르의 어머니 아우렐리아(Aurelia)는 신중한 터여서 젊은 며느리가 늘 자기 곁에 모습을 보이도록 했기 때문에 두 사람이 만나는 것은 어렵고도 위험했다.

그 시절에 로마인들은 보나 데아(Bona Dea)[7]라는 여신을 섬겼는데, 이는 그리스 여성의 수호신인 기나이케이아(Gynaikeia)에 해당한다. 프리기아인들은 이 여신이 자신들의 신으

---

7   보나 데나는 '좋은 여신(Good Goddess)'이라는 뜻이다. 다산과 순결을 관장하는 여신으로, 특히 고대 로마의 결혼한 여성들에게 숭배를 받았다.

로서 미다스왕의 어머니였다고 한다. 로마인들은 이 여신이 화우누스(Faunus)의 아내로서 드리아데스(Dryades) 요정이라고 말하며, 그리스인들은 그가 디오니소스의 어머니들 가운데 이름을 부를 수 없는 한 명이라고 말한다. 로마의 부인들이 보나 데아 축제를 드릴 때면 포도 넝쿨로 자신들의 천막을 덮고, 그들의 전설에 따라 그 여신 옆에 신성한 뱀을 모셔 놓았다.

남자들은 이 축제에 참가하거나 축제를 벌이는 여인들의 숙소에 들어가는 것이 법으로 금지되어 있었다. 여인들은 이 성스러운 기간에 함께 모여 여러 가지 의식을 치르는데, 그 성격으로 보아 그리스 시인 오르페우스를 추모하는 의식과 같다고 한다.

따라서 축제가 시작되면 축제가 열린 집의 집정관이나 법정관은 남자들을 모두 데리고 집을 나가야 하며, 그동안에 그의 아내는 전야제를 준비하고 살림을 정돈한다. 가장 중요한 의식은 밤에 치르는데, 이때가 되면 웃음소리가 떠들썩하고 온갖 음악이 들린다.

10

축제가 열린 그 시간에 폼페이아가 진행을 맡아 치렀는데, 이때 클로디우스는 수염이 없어 남이 눈치채지 못하게 들어갈 수 있으리라 생각하고 현악기 연주자로 가장한 다음에 젊은 여자 복장을 하고 그 집 안으로 들어갔다. 그는 대문이 열려 있음을 알고 내연의 비밀을 알고 있는 여종에게 이끌려 안으로 들어갔다. 하녀가 폼페이아에게 그 남자가 온 사실을 알리러 간 뒤 얼마 동안 시간이 흘렀다.

클로디우스는 조바심을 내며 있던 자리에서 기다리지 못하고 불빛을 피하면서 넓은 정원을 어정거렸다. 그때 아우렐리아의 하녀가 그에게 다가와 다른 여자들이 그러듯이 자기와 함께 놀자고 요청했다. 클로디우스가 이를 거절하자 하녀는

143   카이사르

그를 끌고 밝은 곳으로 나와 그가 누구이며, 어디에서 왔느냐고 물었다.

클로디우스는 자신이 폼페이아의 하녀 아브라(Abra)를 기다리고 있었다고 대답했다. 그런데 공교롭게도 바로 그 하녀의 이름이 아브라였다. 게다가 목소리가 남자의 것이었다. 하녀는 비명을 지르며 불이 밝은 곳에 모여 있는 무리 쪽으로 뛰어나와 자신이 남자를 붙잡았다고 소리쳤다. 부인들이 질겁하자 아우렐리아는 여신에게 바치는 신비스러운 축제를 중지시키고 상징물들을 가린 다음 대문을 걸어 잠그게 한 뒤, 횃불을 들고 클로디우스를 찾아 집 안을 뒤졌다.

클로디우스는 자신을 집 안으로 안내했던 하녀의 방에 숨어 있다가 잡혔다. 그가 남자인 것을 안 부인들은 그를 문밖으로 내쳤다. 그리고 곧바로 남자들이 있는 곳으로 가 그사이에 있었던 일을 폼페이아의 남편 카이사르에게 말했다. 날이 밝자 클로디우스가 신성 모독을 저질렀으며, 그에게 모욕을 겪은 부인들뿐만 아니라 이 도시와 여신에게 배상해야 한다는 소문이 온 도시에 퍼졌다.

이에 따라 민중 호민관 가운데 한 사람이 클로디우스를 신성 모독죄로 고발하고(제30장 「키케로전」, § 28~29) 가장 영향력 있는 원로원 의원들이 합세하여 그의 죄상에 대해 증언했다. 클로디우스의 죄상 가운데 가장 혐오스러운 것은 그가 루쿨루스(Lucius Lucullus)의 아내인 자기 누이와도 근친상간을 했다는 사실이었다. 그러나 이러한 고발자들에 대항하여 민중은 힘을 모아 클로디우스를 감쌌다. 고발자들은 민중의 움직임에 움츠러들어 배심원들과 함께 겁을 먹었다.

카이사르는 곧바로 아내와 이혼했다. 그러나 카이사르는 재판정에 증인으로 출석하였을 때 클로디우스가 고발된 사건에 관해 아무것도 아는 바가 없다고 말했다. 그의 답변을 이상하게 생각한 검사가 물었다.

"그렇다면 당신은 왜 아내와 이혼했소?"

이에 카이사르는 이렇게 대답했다.

"나는 내 아내가 그런 의심조차 받아서는 안 된다고 생각합니다."

어떤 사람들은 카이사르의 처사가 진심에서 우러나온 것이라고 말한다. 또 다른 사람들의 말에 따르면, 그의 처사는 클로디우스를 구출하기로 작정한 민중의 마음을 맞추려고 한 말이라고도 한다.

어쨌거나 배심원들 대부분은 자신이 누구인지 알아볼 수 없는 글씨로 평결함으로써 클로디우스를 무죄로 석방했다. 그들은 클로디우스를 기소함으로써 자신들의 목숨을 위험에 빠뜨릴 마음도 없었고, 그렇다고 해서 무죄 판결을 내려 석방함으로써 귀족들에게 나쁜 소리를 듣고 싶지도 않았다.

11

법정관 임기를 마치자마자 카이사르는 스페인 총독이 되었다. 그런데 그는 채권자들에게 빚 문제를 처리해야 하는 난관에 빠졌다. 채권자들이 그의 부임을 막으며 소동을 피웠다. 카이사르는 로마에서 가장 돈이 많은 크라수스(Crassus)를 찾아가 부탁했다. 크라수스는 자신의 정치 투쟁을 위해서는 카이사르의 불같은 열정이 필요했다.

크라수스가 가장 끈질기게 졸라 대는 채권자들을 만나 830탈렌트의 지불 보증을 선 다음에야 [기원전 61년 연초에] 카이사르는 스페인으로 떠날 수 있었다. 들리는 바에 따르면, 카이사르가 알프스를 넘어 인구도 매우 적고 보기에도 가난한 마을을 지날 때 그의 수행원이 웃으며 물었다.

"이런 곳에서도 관직을 탐내고, 주도권을 잡으려 싸우고, 권력자에게 잘 보이려고 질투하는 일이 있을까요?"

그 말을 들은 카이사르가 진지하게 대답했다.

카이사르

"나 같으면 로마에서 이인자가 되느니 이곳에서 일인자가 되고 싶네."

그와 같은 이야기는 또 있다. 들리는 바에 따르면, 카이사르가 스페인에서 한가한 시간에 『알렉산드로스전』을 읽다가 한참 동안 멍하니 있더니 갑자기 울음을 쏟아 냈다. 그의 막료가 놀라서 왜 그렇게 우느냐고 물자 그가 이렇게 대답했다.

"알렉산드로스는 내 나이에 여러 민족의 왕이 되었는데 나는 아직 이렇다 할 성공을 이루지 못했으니 한심하다고 생각되지 않소?"[8]

12

어쨌거나 카이사르는 스페인에 도착하자마자 업무에 착수하여 이미 징집되어 있던 20개 코호르트(cohort)에 더하여 10개 코호르트를 증설했다. 그런 다음에 그는 군대를 이끌고 진군하여 북부 스페인의 칼라이키(Callaici)족과 루시타니(Lucitani, Portugal)족을 정복하고 대해(大海, 대서양)까지 나아가 지난날 로마에 무릎 꿇지 않은 부족들을 정복했다.

전쟁을 성공적으로 마친 카이사르는 도시 사이에 화목을 이루고 채권자와 채무자 사이의 불만을 해소함으로써 평화 문제도 함께 잘 처리했다. 당시 카이사르가 내린 명령에 따르면, 채권자는 채무를 모두 받을 때까지 해마다 채무자가 거둬들이는 수입의 3분의 2를 받아 가고 채무자는 그 나머지 3분의 1만을 써야 했다.

이와 같은 조치로 큰 명성을 떨친 카이사르는 스페인 총독에서 물러났다. 그 자신도 부자가 되었고, 병사들도 전리품

---

8   이때는 기원전 67년으로 카이사르가 알렉산드로스 대왕이 죽을 때와 같은 나이였던 서른세 살 때였다.(수에토니우스, 『카이사르전』, § 7; 디오 카시우스, 『로마사』, XXVII : 52)

으로 부자가 되자 병사들은 카이사르를 '대장군(Imperator)'이라고 치켜세웠다.

13

그 무렵의 법률에 따르면, 전쟁에 이기고 돌아오면서 개선식을 요구하려면 도시 밖에서 기다려야 하고, 집정관에 출마한 사람은 도시 안에 있어야 했다. 카이사르는 커다란 어려움에 빠졌다. 그는 마침 집정관에 출마하려던 시기에 개선장군 자격으로 귀향하느라 성 밖에서 기다려야만 했기 때문이었다.

카이사르는 원로원에 청원서를 보내 자신이 도시 안에 머물지 않더라도 친구를 대리인으로 삼아 집정관에 출마할 수 있도록 해 달라고 요구했다. 카토는 법에 어긋난다는 이유로 카이사르의 청원을 반대했지만, 여러 원로원 의원이 카이사르 편을 들고 있음을 알게 된 그는 연설로 하루를 보냄으로써 의안을 뒤로 미루었다. 이에 카이사르는 개선식을 포기하고 성안으로 들어가 집정관에 출마하기로 결정했다.

성안에 들어오자마자 카이사르는 카토가 아니면 누구도 눈치채지 못할 정책을 하나 세웠다. 그것은 바로, 로마에서 가장 영향력 있는 폼페이우스와 크라수스를 화해시키는 일이었다. 카이사르는 두 사람이 다툼을 끝내고 우정으로 뭉치게 했다. 그는 두 사람의 힘을 자기에게 쏠리게 함으로써 권력의 구도를 바꾸는 데 성공했다. 더욱이 카이사르는 이를 선행으로 보이도록 함으로써 어느 누구도 그의 본심을 알아차리지 못하게 숨겼다.

대부분의 사람이 생각하는 것과 달리, 로마의 내전은 카이사르와 폼페이우스의 다툼으로 일어난 것이 아니라 그들의 우정 때문에 일어난 것이었다. 처음에 그들은 귀족 정치를 무너뜨리고자 함께 일했지만, 일단 그러한 작업에 성공하자 서로 싸웠기 때문이다. 카토는 카이사르와 폼페이우스의 연합이 어떤 결과를 가져올 것인가에 대한 예언으로 말미암아 처음에는 심술궂은 말썽꾼이라는 평판을 듣다가, 나중에는 지혜로웠으나 불운한 조언자라는 평판을 들었다.[9]

14

그러나 카이사르는 크라수스와 폼페이우스의 우정을 바탕으로 집정관 선거 운동에 들어갔다. [기원전 59년에] 카이사르는 칼푸르니우스 비불루스(Calpurnius Bibulus)와 함께 압도적인 지지를 받으며 집정관에 당선되었고, 곧바로 집무에 들어갔다. 그는 집정관이 아니라 과격한 민중 호민관이 내놓을 법한 법령들을 발의했다.

카이사르는 민중의 환심을 사고자 여러 가지 배당금과 토지 분배를 제안했다. 원로원에서 저명한 의원들이 반대했지만, 그러한 처사는 오히려 카이사르에게 오랫동안 바라던 구실을 주었다. 그는 민회로 달려가 자신의 의사와 달리 민회에서 추방되었다고 소리 높여 외치면서, 원로원의 오만과 고집 때문에 민중의 도움을 요청할 수밖에 없음을 호소했다.

카이사르가 민중 앞에 나설 때 양옆에는 크라수스와 폼페이우스가 함께했다. 카이사르는 민중에게 자신의 법안에 동의하는지 물었다. 민중이 동의한다고 소리치자 그는 칼로써 자신을 협박하고 있는 무리에 맞서도록 자신을 도와 달라고 요구했다. 그들이 그러겠노라고 약속하자 폼페이우스도 이에 가세하여 그 무리에 맞서 칼과 방패를 들겠노라고 말했다. 폼페이우스의 충격적이고 무모한 발언은 그의 높은 위치에 걸맞지

9   이상에서 카이사르와 폼페이우스와 크라수스 사이에 이뤄진 기원전 60년의 정치 연대를 흔히 제1차 삼두 정치(Primus Triumviratus)라고 부른다. 이들의 연대는 기원전 54년에 폼페이우스의 아내이자 카이사르의 딸 율리아가 산고로 죽고, 그 이듬해 크라수스가 파르티아 전투에서 죽으면서 끝났다.

도 않고, 원로원에 보여 주어야 할 존경심에도 부합하지 않았다. 귀족들은 마음이 언짢았고, 민중은 즐거워했다.

더욱이 카이사르는 폼페이우스의 영향력을 이용하려고 노력했다. 카이사르에게는 율리아(Julia)라는 딸이 있었다. 율리아는 이미 세르빌리우스 카이피오(Servilius Caepio)와 약혼한 터였음에도, 카이사르는 그 딸을 [자기보다 여섯 살 연상인] 폼페이우스와 약혼시켰다. 그리고 세르빌리우스에게는 폼페이우스의 딸을 주겠노라고 말했다. 그러나 폼페이우스의 딸은 이미 정혼(定婚)하여 술라의 아들 화우스투스(Faustus)에게 시집가기로 약속되어 있었다.

그리고 오래지 않아 카이사르는 피소의 딸 칼푸르니아(Calpurnia)를 네 번째 아내로 맞이하더니 이듬해에는 피소를 집정관으로 당선시켰다. 이에 카토가 맹렬히 저항하면서 혼맥(婚脈)으로 몸을 팔아 최고위직에 오르고, 여자를 수단으로 서로 도와 권력과 군대와 영지를 차지하는 것을 차마 볼 수 없노라고 외쳤다.

카이사르의 동료인 비불루스는 카이사르가 발의한 법을 통과하지 못하도록 해 봐야 아무것도 얻을 것이 없었고, 광장에 나갔다가 카토처럼 목숨이 위태로워진 적이 있었던 터라 남은 임기 동안에 대문을 닫아걸고 집 안에만 머물러 있었다. 폼페이우스는 카이사르의 딸과 결혼하자마자 무장한 군인들로 광장을 채우고 민중을 도와 카이사르의 법을 통과하도록 도와주었다.

폼페이우스는 집정관으로서 카이사르에게 5년 동안 알프스 남쪽과 북쪽의 갈리아 지방과 일리리쿰(Illyricum)을 다스리게 하고 병력 4개 군단을 지휘하도록 했다. 더 말할 나위 없이 카토가 그러한 조치들에 반대했지만, 카토가 호민관을 찾아가 호소하리라고 예상한 카이사르는 그를 감옥에 집어넣었다. 카토는 한마디 말도 못 하고 끌려 나갔다.

그러나 그 무렵 가장 영향력이 큰 인물들이 카토의 투옥을 달갑게 여기지 않고, 카토를 존경하는 민중이 아무 말 없이 눈을 내리깔고 그를 따라가는 모습을 본 카이사르는 호민관 한 사람에게 카토를 풀어 주도록 은밀히 부탁했다. 원로원 의원 가운데 아주 적은 수만이 카이사르를 따라 원로원에 들어갔고, 나머지 의원들은 불쾌한 마음으로 회의에 참석하지 않았다. 언젠가 매우 나이가 많은 의원인 콘시디우스(Considius)가 카이사르에게 이렇게 말했다.

"원로원 의원들이 무장한 병사가 두려워 의회에 나오지 않고 있습니다."

이에 카이사르가 이렇게 물었다.

"그렇다면 그대는 왜 집에 머물지 않고 나왔소?"

이에 콘시디우스가 이렇게 대답했다.

"나이를 먹으니 두려움이 없어지는군요. 이제 남은 인생이 얼마 되지 않으니 두려워할 것도 없지요."

이 즈음, 카이사르는 과거에 여인들만의 비밀스러운 야간 축제를 모독하고 남편이었던 자신까지 농락한 클로디우스가 호민관이 되도록 놓아 두었다. 사람들은 이 일이 집정관 카이사르의 가장 부끄러운 결정이라고 생각했다. 그러나 카이사르가 클로디우스를 호민관으로 선출되도록 도와준 것은 키케로를 몰아내고자 함이었다. 카이사르는 클로디우스의 도움을 받아 키케로를 반대하는 무리를 모아 그를 이탈리아 밖으로 몰아낸 뒤에야 해외 원정길에 올랐다.

15

갈리아 전쟁을 치르기에 앞서 카이사르의 생애는 위에 기록한 것과 같다. 그러나 그 뒤의 생애에서 갈리아를 정복하는 동안 그는 마치 새롭게 인생을 살며 전혀 다른 길로 접어들어 새로운 업적을 쌓는 것처럼 보였다.

이때부터 카이사르는 그에 앞서 위대한 영도자라는 찬사를 들었던, 또 그만한 됨됨이를 보여 주었던 여러 군인이나 장군에 조금도 뒤떨어지지 않는 인물임을 입증했다. 그는 화비우스 막시무스(Fabius Maximus)나 스키피오(Scipio Africanus) 또는 메텔루스(Quintus Metellus)에 견줄 만했다. 심지어 그보다 조금 앞서 살았던 술라나 마리우스, 루쿨루스 형제 또는 폼페이우스처럼 전공이 찬란하여 하늘을 찌를 듯한 무리와 견주어도 카이사르의 공적은 결코 뒤지지 않았다.

전쟁을 치른 지역의 험준함이라는 점에서, 정복한 지역의 광활함이라는 점에서, 깨뜨린 적군의 수와 막강함이라는 점에서, 가장 야만적이고 배은망덕한 부족들을 설득했다는 점에서, 포로들에게 보여 준 이성과 따뜻함이라는 점에서, 병사들에게 준 선물과 호의라는 점에서, 가장 많은 전쟁을 치르고 가장 많은 적군을 죽였다는 점에서 카이사르는 다른 장군들을 뛰어넘었다.

카이사르가 갈리아족과 전쟁을 치른 기간은 10년을 넘지 않지만, 이 기간에 카이사르는 8백 개의 도시를 질풍처럼 차지했고, 3백 개의 부족을 정복했으며, 각기 다른 시기에 3백만 명과 싸워 그 가운데 1백만 명을 죽이고 그보다 더 많은 수를 포로로 잡았다.

16

카이사르의 전술에 병사가 어느 정도로 충성심과 열정을 보였는가 하면, 지난날 다른 장군들을 모실 때에는 뛰어나지 않던 그들이 카이사르의 부하가 되자 그의 명성을 높여 주고자 어떤 위험에도 꺾이지 않는 투지를 보였다. 이를테면 아킬리우스(Acilius)가 그런 인물이었다. 그는 마실리아(Massilia, Marseille) 해전에서 칼에 맞아 한쪽 팔을 잃자 다른 손으로 방패를 잡고 적군의 얼굴을 공격하여 그들을 물리치고 배를 차지했다.

카시우스 스카이바(Cassius Scaeva)는 디라키온(Dyrrhachion, Dyrrhachium) 전투에서 화살이 한쪽 눈에 박히고 어깨와 허벅지는 창에 찔리고 방패에는 화살이 130개나 박히는 곤경에 빠지자 마치 항복하는 것처럼 적군을 유인했다. 그 모습을 보고 적군 두 명이 다가오자 그는 칼로 그 가운데 한 명을 찌르고 다른 한 명의 얼굴을 쳐 물리친 다음 달려온 동료들의 손에 무사히 구출되었다.

[기원전 55~54년에] 브리타니아(Britannia)에서 전쟁이 벌어졌을 때 적군이 카이사르군의 선봉에 섰던 백인대장을 급습했다. 백인대장이 늪에 빠진 것을 카이사르가 바라보고 있는데 병사 하나가 적진 속으로 뛰어들어 눈부신 활약을 보이더니 적군을 물리치고 백인대장을 구출했다. 그 뒤 그 병사는 부대의 맨 뒤에서 악전고투하며 돌아오다가 늪에 빠졌다.

마침내 그 병사는 반은 헤엄을 치고 반은 허우적거리며 헤쳐 나오다가 방패를 잃었다. 카이사르와 병사가 환호하면서 그를 맞이했지만 그는 크게 낙담하여 울음을 터뜨리며 카이사르의 발아래 엎드려 방패를 잃어버린 것에 대한 용서를 빌었다.

아프리카에서는 스키피오(Quintus Pius Scipio)가 카이사르의 배를 나포했는데, 그 안에는 재정관으로 임명된 그라니우스 페트로(Granius Petro)가 타고 있었다. 스키피오는 선원들을 모두 포로로 잡은 뒤 페트로에게만은 살려 보내 주겠다고 말했다. 그러자 페트로는, 카이사르의 군대는 자비를 베풀 뿐 자비를 받지 않는다는 말을 남기고 스스로 목숨을 끊었다.

17

병사들에게 그러한 야망과 정신을 심어 주고 북돋아 준 사람은 다름 아닌 카이사르 자신이었다. 첫째로, 그는 병사들에게 아낌없이 재산과 명예를 주었으며 자신의 사치나 일신의 평안을 위하여 전리품을 차지하지 않았다. 그는 용맹한 병사들에게 상을 주고자 조심스럽게 재산을 모았는데, 재산이란 그것을 받을 만한 가치가 있는 사람에게 주는 것보다 더 훌륭한 분배는 없다고 그는 생각했다.

둘째로, 카이사르는 기꺼이 위험한 상황에 뛰어들었으며, 고생을 마다하지 않았다. 그의 야심이 어떤지를 아는 병사들은 카이사르가 위험을 즐기는 것을 보고서도 놀라지 않았다. 그러나 그가 견딜 수 있는 정도를 넘어 고난의 길을 가는 것을 보면서 병사들은 놀라워했다.

카이사르는 몸이 가냘팠고, 피부는 희고 여렸으며, 늘 두통에 시달렸고, 간질을 앓았다. 들리는 바에 따르면, 그는 코르도바(Cordoba)에 있을 때 처음으로 간질 증세를 보였다고 한다.

그럼에도 카이사르는 자신의 허약함을 핑계 삼아 편안하게 살려고 하지 않았다. 오히려 군대 생활이야말로 자신의 허약함을 치료하는 약이라고 생각했다. 힘든 행군, 검소한 식사, 계속되는 야영, 인고를 거치며 그는 어려움을 극복하고 고통에 대항하여 몸을 강인하게 만들었다.

카이사르는 대부분 마차나 거적 위에서라도 잠으로써 그의 휴식이 다른 활동에 도움이 되도록 했다. 낮이면 요새나 도시나 병영을 돌아보는데, 그때는 노예 한 명이 그의 옆에서 그가 여행할 때 겪은 일을 받아쓰게 하고, 그 뒤에는 칼을 든 병사가 서 있게 했다. 카이사르가 처음으로 로마에서 갈리아로 갔을 때 로다누스(Rhodanus)강에 이르기까지 7일밖에 걸리지 않았다.

카이사르에게 말타기는 소년 시절부터 쉬운 일이었다. 그는 손을 등 뒤로 돌려 매고서도 전속력으로 달릴 정도로 말에 익숙했다. 그리고 갈리아 전투 때에는 말 위에서 글을 불러 주어 한꺼번에 필경사 두 명에게 받아 적게 했다. 그의 시동(侍童)이었던 오피우스(Oppius)의 말을 빌리면, 필경사는 그보다 더 많았다고 한다. 들리는 바에 따르면, 도시가 넓고 하는 일이 많아 일일이 사람들을 만날 수 없었던 카이사르는 친구들과 편지로써 의견을 나눈 첫 인물이라고 한다.

카이사르는 음식에 무심했는데, 그러한 성격은 다음의 예화에서 잘 나타난다. 언젠가 발레리우스 레오(Valerius Leo)가 메디올라눔(Mediolanum, Milano)에서 그를 초대하였는데 올리브유 대신에 향유를 친 아스파라거스를 대접했다. 카이사르는 조용히 음식을 먹고 나서 즐겁지 않은 표정을 짓는 친구들을 이렇게 나무랐다.

"먹기 싫을 때는 안 먹으면 그만이지, 이처럼 불평을 하면 그건 예의 없는 사람일세."

언젠가는 여행길에 카이사르와 그의 동료들이 비바람에 쫓겨 허름한 오두막으로 피해 들어갔다. 그런데 하나뿐인 방이 너무 좁아 한 사람이 자기에도 부족했다. 이에 그는 친구들에게 이렇게 말했다.

"명예를 위해서라면 가장 강인한 사람이 차지해야겠지만, 필요한 것은 가장 약한 사람에게 주어야 한다."

그러고는 시동 오피우스에게 방을 주고, 자신과 동료들은 추녀 밑에서 잤다.

18

이야기를 계속하자면, 카이사르가 갈리아 전쟁에서 처음으로 전투를 치른 부족은 헬베티이(Helvetii)족과 티구리니(Tigurini)족이었다. 그들은 12개 도시와 4백 개 마을을 불태우고 지난날 킴브리족과 튜턴족이 그랬듯이, 로마 영지인 갈리아의 일부를 통과하여 진격해 오고 있었다. 헬베티이족과 티구리니족은 병력이 30만 명이고 그 가운데 전투원이 19만 명이어서 용맹함으로 보나 병력의 규모에서 결코 킴브리족이나 튜턴족에 뒤떨어지지 않았다.

티구리니족은 아라르(Arar)강에서 무너졌는데, 그들을 쳐부순 것은 카이사르의 부대가 아니라 그의 부장인 라비에누스 (Labienus)의 부대였다. 헬베티이족은 우호적인 도시로 행군하던 카이사르 부대를 기습했으나 카이사르는 튼튼한 방어지까지 이르는 데 성공했다. 여기에서 그가 병사를 모아 전열을 가다듬고 있는데, 누군가 말 한 필을 끌고 왔다. 카이사르는 병사를 보고 이렇게 말했다.

"나는 승리한 뒤에 패잔병들을 추격하는 데 이 말을 쓸 것이다. 지금은 적군을 공격하자."

그러고 나서 카이사르는 도보로 전투를 이끌었다. 오랜 고전 끝에 그는 적군의 전투 부대를 모두 무찔렀지만, 마차로 방책을 쌓고 항쟁하는 적군과 싸우는 것이 가장 어려웠다. 그들은 아낙네와 어린아이들까지 나와 남자들과 함께 살이 찢어지고 죽음에 이를 때까지 맞서 싸웠다. 전투는 자정이 넘어서야 겨우 끝났다.

카이사르는 승리의 영광에 더 영광스러운 것을 보탰다. 그것은 바로 살아서 도망한 이방 민족을 돌려보내 정착시킨 일인데, 그 수가 10만 명이 넘었다. 카이사르는 또한 그들이 버린 영지와 그들이 불태운 도시로 그들을 강제로 보내 정착하게 했다. 만약 이곳을 비워 두면 게르만족이 라인강을 넘어와 차지할지도 모른다는 점을 두려워했기 때문이었다.

19

카이사르의 두 번째 전투는 게르만족을 쳐부수고 갈리아 지역을 지키는 것이었다. 비록 그가 지난날 [기원전 59년] 로마에서 집정관으로 있을 때 게르만의 왕 아리오비스투스(Ariovistus)와 동맹을 맺기는 했지만, 갈리아를 지키고자 그는 직접 출전했다. 게르만족은 카이사르가 지배하던 종족들에게는 용서할 수 없는 이웃이었다.

게르만족은 기회만 생기면 지금 있는 곳에서 조용히 지내지 못하고 갈리아를 침략하여 점령할 것이라고 카이사르는 생각했다. 카이사르는 자신의 장군들이 겁에 질려 있고, 더욱이 귀족 자제들은 카이사르와 함께하는 이번 원정에서 돈을 모아 더 잘살게 될 기회만 생각한다는 사실을 잘 알고 있었다. 이에 그는 젊은 장군들을 모아 놓고 이렇게 말했다.

"그대들은 남자답지 못하고 여자 같아서 위험을 감수할 수 없으니 집으로 돌아가라. 나는 몸소 제10군단만을 이끌고 진격하고 싶다."(카이사르, 『갈리아 전기』, I : 40)

카이사르가 생각하기에 게르만족은 킴브리족보다 강력하지 않았고, 자신도 마리우스보다 못한 장군은 아니었다. 이에 따라 제10군단은 그에게 전령을 보내 감사의 뜻을 표시했고, 출전에서 빠진 부대들은 자신들의 사령관을 비난했다. 그리하여 병사들은 모두 사기가 충천하여 카이사르와 함께 여러 날을 진군하여 드디어 적군과 2백 휘롱 정도 떨어진 곳에 진영을 차렸다.

이제 카이사르 군대의 진격은 아리오비스투스의 목표를 무산시켜 버렸다. 아리오비스투스는 로마군이 공격해 오리라고 예상하지 못한 데다가, 설령 공격해 온다고 해도 처음부터 그들이 견디지 못할 것이라 생각했는데, 이제 와서 보니 그들의 용맹함이 놀라웠다. 그런 일이 아니더라도 이미 그는 자신의 군대가 동요하고 있음을 알았다.

더욱이 미래를 예언하는 게르만족의 무녀는 강이 소용돌이치거나 솟구치는 모습을 보더니 달이 뜨기 전에는 전투를 시작하지 말라는 권고를 했고, 그 말을 들은 병사들은 사기가 떨어져 있던 참이었다. 이러한 사실을 듣고 게르만족이 조용한 이유를 알아차린 카이사르는 저들에게 유리한 기회가 오기를 조용히 기다리느니 차라리 저들의 사기가 떨어졌을 때 공격을 시작하는 것이 좋겠다고 판단했다.

그래서 카이사르는 적군이 진영을 차리고 있는 보루와 언덕을 공격함으로써 성미를 돋우어 저들이 싸우러 요새를 나오도록 유도했다. 그 작전이 성공하여 카이사르는 그들을 처참하게 무찌르고 라인강에서 4백 훠롱에 이르는 곳까지 진군하며 그 사이의 들판을 온통 시체와 전리품으로 메웠다. 아리오비스투스는 패잔병들과 함께 라인강을 건너 도주하는 데 성공했지만, 들리는 바에 따르면, 그는 8만 명의 부하를 잃었다고 한다.

20

이렇게 전과를 올린 뒤, 카이사르는 [기원전 58~57년] 겨울을 나고자 군대를 세콰니(Sequani)에 남겨 두고 자신은 로마에서 벌어지는 일에 신경 쓰고 싶은 마음에 파두스(Padus)강을 따라 갈리아로 내려갔다. 그곳은 그의 통치를 받고 있는 지방이었다.

이곳에는 루비콘(Rubicon)강이 알프스 남쪽 갈리아 지역과 이탈리아의 다른 지역을 가로지르며 흐르고 있었다. 그는 이곳에 병영을 세우고 자신의 정치적 꿈을 이루어 갔다. 많은 사람이 카이사르를 찾아왔다. 그는 방문객 각자에게 그들이 원하는 바를 들어주고, 그들이 바라는 몇 가지를 더 갖고 가도록 해 줌으로써 그들이 더 많은 것을 바라도록 만들었다.

갈리아 원정의 남은 기간 동안 카이사르는 폼페이우스가 눈치채지 못하도록 하면서 주민들의 무기로 적군을 정복하거나 적군에게 빼앗은 돈으로 주민들의 마음을 사로잡았다. 그러나 [기원전 57년에] 갈리아족 가운데 가장 강력하며 영토의 3분의 1을 차지한 벨가이(Belgae)족이 반란을 일으켜 그 규모를 알 수 없을 만큼 많은 병력을 모았다는 소식을 들었다.

카이사르는 곧 말 머리를 돌려 전속력으로 진군해 갔다. 그는 또한 로마와 동맹을 맺은 갈리아 부족들을 약탈하던 적군을 무찔러 엄청난 무리를 흩어지게 했다. 로마 병사들은 적군의 시체를 밟고 호수와 깊은 강을 건넜으니 저들로서는 불명예스러운 전투였다. 해안을 따라 살고 있던 반란군은 싸우지도 않고 모두 항복했다.

카이사르는 다시 갈리아족 가운데 가장 야만적이고 호전적인 네르비이(Nervii)족을 향해 군대를 이끌고 나갔다. 울창한 숲속에 살면서 가족과 세간을 적신에서 멀리 떨어진 깊숙한 곳에 숨겨 둔 그들은 6만 명을 이끌고 카이사르를 급습했다. 그때 카이사르는 병영을 세우고 있었는데 적군이 쳐들어오리라고는 예상도 못 한 상태였다. 그들은 카이사르의 기병대를 패주시키고 제7군단과 제12군단을 포위한 다음 백인대장들을 모두 죽였다.

이때 카이사르가 부하의 방패를 낚아채어 몸을 막으면서 자기 앞에 펼쳐진 전열을 뚫고 나가 이방 민족에게 자신의 몸을 던지지 않았거나, 또한 그가 위험에 빠진 것을 보고 제10군단이 고지에서부터 달려 내려와 적군의 대열을 차단하지 않았더라면 로마 병사는 단 한 명도 살아남지 못했을 것이다.

그들은 카이사르의 담력에 힘입어 자신들의 능력 이상으로 싸웠다. 그러나 흔히 말하듯이 카이사르는 네르비이족을 물리친 것이 아니라 하나하나 베어 죽였다. 들리는 바에 따르면, 적군 6만 명 가운데 5백 명이 살아서 도주했고, 네르비이족 원로 4백 명 가운데 세 명만 살아남았다고 한다.

21

카이사르의 승전보가 알려지자 로마 원로원은 신에게 제사를 드린 뒤 15일 동안 휴정하고 축제를 치렀는데, 이는 지난날의 어떤 축제보다도 길었다.(『갈리아 전기』, II : 35) 그토록 많은 민족이 한꺼번에 반란을 일으켰기 때문에 더 위험해 보였고, 더욱이 카이사르가 승리한 것이어서 그에 대한 군중의 호의는 그의 승리를 더욱 빛나게 해 주었다. 카이사르는 갈리아에서 여러 문제를 진정시킨 뒤 다시 파두스강 유역에서 [기원전 57~56년의] 겨울을 보내며 로마에서 수행할 계획을 세우고 있었다.

로마에 있는 공직 출마자들은 카이사르의 도움을 즐기고 있었을 뿐만 아니라 그에게서 받은 돈으로 민중을 매수하여 선거에서 승리를 거두었다. 그들은 카이사르의 입지를 강화해 주기만 한다면 어떤 일도 서슴지 않았다. 그뿐만 아니라 [기원전 56년에] 폼페이우스, 크라수스, 사르디니아 총독 아피우스, 스페인 전 총독 네포스(Nepos) 등 가장 영향력 있는 고위 공직자들이 루카(Luca)에 있는 카이사르를 찾아왔다. 따라서 그곳에는 부월(斧鉞)[10]을 든 고위 관리(lictor) 120명과 원로원 의원 2백 명이 모이게 되었다.

원로원은 회의를 열어 폼페이우스와 크라수스를 이듬해의 집정관으로 선출하고, 카이사르에게는 직무를 수행할 수 있도록 국고에서 돈을 주는 것 말고도 5년 더 갈리아 지방을 통치하도록 의결했다. 상식 있는 사람들이 보기에 이러한 조치는 이상한 것이었다.

카이사르에게 돈을 받아먹은 사람들은 마치 그가 돈이 없는 사람인 것처럼, 그에게 돈을 더 주라고 원로원에 요구했다. 원로원은 상식 밖의 지출을 앞에 두고 한숨짓고 있는데도 그들은 원로원이 돈을 지불하도록 강요했다.

[기원전 55년에] 원로원은 의도적으로 카토를 키프로스로 출장 보냈기 때문에 그는 자리에 없었고, 카토의 열렬한 추종자인 화보니우스(Marcus Favonius)만이 자신의 반대만으로는 아무 일도 할 수 없음을 알고 문밖으로 나가 민중에게 호소했다. 그러나 누구도 그의 말에 귀 기울이지 않았다. 어떤 사람들은 폼페이우스와 크라수스가 두려웠기 때문이기도 하지만, 대

IO 부월(*fascellum*)은 막대기를 묶은 사이에 도끼날을 끼워 만든 상징물로서, 집정관의 권위를 뜻한다. 뒷날 이 어휘는 이탈리아의 파시스트(Fascist)의 어원이 되었다. 속간(束杆)이라고도 부른다.

부분의 사람은 카이사르를 기쁘게 해 주면서 그의 호의 속에 조용히 살고 싶었기 때문이었다.

22

[기원전 55년에] 카이사르가 갈리아로 돌아가 보니 그곳은 거다란 전쟁에 휘말려 있었다. 우시페테스(Usipetes)와 텐크테리(Tencteri)라는 두 게르만족이 라인강을 건너와 땅을 차지했기 때문이었다. 그들과 싸운 이 전쟁에 관해 카이사르가 『갈리아 전기(戰記)』(IV : 13)에서 기록한 바에 따르면, 이방 민족은 카이사르와 휴전을 협상하는 동안에 쳐들어왔다. 그들은 기병 8백 명으로 카이사르군 5천 명을 격파했는데, 이는 카이사르가 경계병을 철수시켰기 때문이었다.

적군이 다른 휴전 사절을 다시 보내 또 속이려 하자 카이사르는 그들을 곧바로 감금한 다음 군대를 이끌고 이방 민족을 향해 짓쳐 나갔다. 카이사르는 저들과 같이 휴전 약속을 깨며 신의 없는 무리를 믿는 것은 어리석은 짓이라고 생각했다.

그러나 로마 역사학자인 게미누스 타누시우스(Geminus Tanusius)의 기록에 따르면, 원로원이 승전을 축하하는 제사를 드리기로 결정했을 때 카토가 다른 의견을 제시했다. 게르만과의 휴전 조약을 깨뜨린 죄를 물어 카이사르를 그들에게 넘겨주고, 그럼으로써 죄인에게 내릴 하늘의 저주를 다른 지역으로 보내고 로마의 부정을 씻자는 것이었다.

라인강을 건너 갈리아로 쳐들어온 적군 가운데 40만 명이 참혹하게 죽었고, 도주에 성공한 몇몇 병사는 게르만족 가운데 하나인 수감브리(Sugambri)족의 영토로 들어갔다. 이는 카이사르가 수감브리족을 칠 구실을 만들어 주었다. 그 일이 아니더라도 카이사르는 군대를 이끌고 라인강을 건넌 최초의 로마 장군이라는 명성을 듣고 싶었다.

카이사르는 라인강에 다리를 놓기 시작했다. 강은 넓고

물살은 빠르며 거칠었다. 그래서 강물을 타고 내려오는 나뭇가지가 덩어리를 이루어 교각을 치고 나가면서 부숴 버렸다. 그러나 카이사르는 거대한 통나무로 강을 가로막아 떠내려오는 나뭇가지 덩어리를 멈추게 했다. 그는 열흘 만에 다리를 완성했는데, 믿을 수 없는 광경이었다.

23

이제 카이사르는 군대를 이끌고 강을 건넜다. 어느 누구도 감히 그를 대적하지 못했다. 심지어 게르만족들 가운데 가장 용맹한 수에비(Suevi)족도 살림을 챙겨 깊은 숲속 골짜기로 숨어들었다. 카이사르는 적군의 마을에 불을 질러 초토화함으로써 계속 로마 편에 선 이들을 고무시켰다. 그는 게르만에서 18일 동안 머문 뒤 다시 갈리아로 돌아왔다.

카이사르의 브리타니아 원정은 그의 용맹을 드높여 주었다. 카이사르는 전쟁을 치르고자 군대를 이끌고 대서양(Oceanus)을 건너 대양에 함대를 띄운 최초의 인물이었다. 그 당시만 해도 브리타니아섬이 그렇게 크다는 것도 믿기지 않아, 많은 작가 사이에 논쟁거리가 되어 있었다. 어떤 작가들은 그런 섬은 처음부터 있지도 않았던 장소이기 때문에 그 섬의 이름이나 그곳에 관한 이야기는 모두 거짓이라고 단언했다.

브리타니아섬을 정복하려던 카이사르의 시도는 로마의 주도권을 대륙 바깥까지 확장하려는 것이었다. [기원전 55년과 54년] 두 번에 걸쳐 카이사르는 갈리아 이쪽 해안에서 대양을 건너 브리타니아에 상륙하여 숱한 전투를 치렀지만, 적군에게 상처만 주었을 뿐 얻은 것이 없었다. 섬의 주민들이 너무 가난하고 불쌍하여 그들에게서 얻을 것이 없었기 때문이었다. 카이사르는 자신이 좋아하지도 않는 전쟁을 끝냈다. 그는 그곳 왕에게서 인질을 잡고 조공을 바치게 한 다음 돌아왔다.

갈리아에서 카이사르는 편지를 받았다. 로마의 친구들에

카이사르

게 온 것이었는데, 그 가운데에는 딸 율리아가 폼페이우스의 집에서 아기를 낳다가 죽었다는 내용이 있었다. 폼페이우스와 카이사르는 깊은 슬픔에 빠졌다. 그의 친구들도 몹시 괴로워했다. 그러면서도 그들은 이 병든 나라를 조화롭게 엮어 주던 혼맥이 이제 끊어졌다고 생각했다. 왜냐하면 아기도 엄마보다 며칠 더 살다가 곧 죽었기 때문이었다. 율리아의 장례식은 호민관들의 반대를 무릅쓰고 군신(軍神)의 광장(Campus Martius)에서 치러졌다. 그는 오늘날에도 거기에 묻혀 있다.

24

카이사르의 군대는 그 수가 너무 많아 겨울 야영지를 여러 곳으로 분산하지 않을 수 없었다. 그러는 동안 카이사르는 여느 때처럼 이탈리아로 발길을 돌렸다. 그러자 모든 갈리아족이 또다시 반란을 일으켜 많은 군사가 이탈리아의 참호를 공격하고 겨울 야영지를 쳐부수려 했다. 수도 가장 많고 강력한 반란군은 아브리오릭스[Abriorix, 카이사르는 암비오릭스(Ambiorix)라고 불렀다]의 지휘를 받고 있었다.

아브리오릭스는 티투리우스(Titurius)와 코타(Cotta)의 군대를 격파하고 6만 명의 병력으로 키케로의 아우 퀸투스 툴리우스 키케로(Quintus Tullius Cicero)를 포위했다. 폭풍 같은 공격을 받은 퀸투스 키케로는 겨우 적진을 뚫고 도망쳤지만, 병사들은 모두 부상을 입으면서도 인간의 한계를 뛰어넘는 용맹으로 자신들을 지켰다. 이러한 소식을 들은 카이사르는 멀리 여행하고 있었으나 재빠르게 말 머리를 돌렸다. 그는 병사 7천 명을 모아 키케로를 구출하고자 서둘러 떠났다. 그러나 키케로를 포위한 적군은 카이사르가 오고 있다는 사실을 알면서도 그의 병력이 적은 것을 가볍게 생각하여, 카이사르의 군대를 섬멸할 목적으로 그를 대적하고자 떠났다.

번번이 전투를 회피함으로써 적군을 속이던 카이사르는

적은 병사로써 많은 군사와 싸우기에 적합한 곳에 이르자 숙영지에 요새를 쌓았다. 그리고 모든 병사에게 전투를 회피하면서 마치 겁에 질린 것처럼 방책과 성문의 방어물을 높이 쌓도록 했다. 적군이 자신들을 얕잡아 보게 만들기 위해서였다. 마침내 만용에 빠진 적군이 대오를 흩뜨리며 공격해 오자 카이사르는 병력을 이끌고 나가 그들을 섬멸했다.

25

이 승리로 갈리아에서 일어났던 여러 반란이 진압되었다. 카이사르가 겨울 동안 사방으로 다니며 평화를 파괴하는 무리를 가까이에서 감시한 것도 큰 도움이 되었다. 그가 잃은 병력을 보충하고자 3개 군단이 왔는데, 2개 군단은 폼페이우스가 자신의 예하 부대 가운데에서 빌려준 것이고, 다른 1개 군단은 파두스강 주변의 갈리아에서 새롭게 모은 병력이었다.

그러나 이탈리아에서 멀리 떨어져 있는 지역에서는 가장 거대하고 가장 위험한 전쟁의 씨앗이 싹트기 시작했다. 그 씨앗은 오랫동안 호전적인 부족들 사이에서 가장 영향력 있는 사람들의 손에 의해 뿌려지고 가꾸어져 오다가, 로마가 손대기 어려운 도시와 지방들이 막대한 자금을 모아 주고 사방에서 무장을 갖춘 젊은이들이 몰려들면서 큰 힘을 얻었다.

겨울철이어서 강은 얼어붙고 숲은 눈에 덮였으며 평야는 겨울 장마로 호수가 되어 있었다. 어느 곳에서는 쌓인 눈 때문에 길이 보이지 않고, 어떤 곳에서는 늪과 냇물로 길이 사라졌다. 이 모든 조건으로 미루어 볼 때 카이사르는 반란군의 계획을 깨뜨릴 수 없을 듯했다.

그래서 더 많은 부족이 반란을 일으켰고, 아르베르니(Arverni)족과 카르누테스(Carnutes)족이 반란의 앞장을 섰다. 이 전쟁을 총지휘하는 인물은 베르겐토릭스(Vergentorix)였는데, 그의 아버지는 갈리아 사람으로 독재자가 되려고 마음먹었다가

카이사르

동족의 손에 죽음을 맞았다.

26

베르겐토릭스는 군대를 여러 부대로 나누어 장군들에게 맡기고, 멀리 아라르강 주변에 이르기까지 모든 지역을 싸워서 차지했다. 그는 로마에서 카이사르에 반대하는 무리가 연합 전선을 이룬 이때를 틈타 모든 갈리아족을 일깨워 전쟁을 일으키고자 했다. 만약 베르겐토릭스가 시간을 조금 늦춰 카이사르가 내전에 빠져 있을 때 이런 공격을 해 왔더라면, 이탈리아는 지난날 킴브리족의 공격을 받았을 때에 못지않게 공포의 도가니에 빠졌을 것이다.

그러나 그 뒤의 사실이 보여 주듯이, 모든 전술을 가장 잘 이용하는 재주를 타고난 데다가, 결정적인 순간에는 더욱 강인해졌던 카이사르는, 반란 소식을 듣자마자 그가 앞서 돌아왔던 길을 따라 진군했다. 그토록 냉혹한 겨울을 맞아서도 카이사르의 용맹과 신속함은 꺾이지 않았으며, 그가 이끄는 무적의 군대가 다가온다는 사실을 이방 민족에게 보여 주었다. 그는 전령이나 서신조차 미처 다다르지 못했을 짧은 시간에 군대를 이끌고 나타나, 곧 영토를 유린하고 반란군의 근거지를 파괴하고 도시를 점령하며 자기편으로 귀순한 무리를 받아들였던 것이다.

그런데 그 순간에 아이두이(Aedui)족이 반란에 참여했다. 그들은 이제까지 자신들을 로마인의 형제라고 부르며 눈에 띌 정도로 우대를 받아 왔는데도 반란군에 참여함으로써 카이사르의 군대를 크게 낙담시켰다. 그 결과, 카이사르는 그곳에서 물러나 자기들의 우방이요 이탈리아와 갈리아 사이에서 방호벽 구실을 하던 세콰니족의 영토로 가고자 링고네스(Lingones)족의 영토를 가로질러 갔다. 그런데 그곳에서 적들이 덮쳐 와 몇십만 명이 자신들을 포위하자 카이사르는 여기에서 결전을 치르기로 작정했다.

이 전투에서 카이사르는 대승을 거두고 오랜 시간에 걸쳐 이방 민족을 학살했다. 그러나 처음에는 카이사르가 조금 밀렸던 것 같다. 아르베르니족은 지금도 신전에 걸려 있는 단도를 보여 주며 카이사르에게서 빼앗은 것이라고 말한다. 뒷날 카이사르는 그 칼을 보고 빙긋이 웃었다. 막료가 칼을 회수하겠다고 주장하자, 카이사르는 이미 성전에 바친 물건이라는 이유를 들어 회수하는 것을 허락하지 않았다.

27

그러나 그 무렵 이방 민족은 대부분 그들의 왕 베르겐토릭스와 함께 알레시아(Alesia)로 피신했다. 방위 병력의 수나 성벽의 웅장함 때문에 도저히 깨뜨릴 수 없는 곳으로 여겨지던 이 도시를 카이사르가 공격할 때, 성 밖에서는 말로 표현할 수 없는 재난이 그들을 덮쳤다. 갈리아족 가운데 가장 강력한 병사들 30만 명이 무장하고 알레시아로 짓쳐 오고 있었다.

성안에서 항쟁하는 병사도 17만 명을 넘었다. 이렇게 거대한 병력 사이에 낀 카이사르는 보호벽을 두 개나 쌓아야 했다. 하나는 성안에 있는 적군을 막는 벽이었고, 다른 하나는 그들을 구원하러 성 밖에서 오는 적군을 막는 벽이었다. 만약 두 부대가 합류하면 자신은 완전히 패배할 것이라고 카이사르는 생각했다. 여러 가지 이유로, 카이사르가 알레시아에서 겪은 고난은 유명해질 수밖에 없었다. 그 전투에서 그는 앞서 겪었던 어느 전투에서보다도 노련하고 과감했기 때문이다.

그러나 무엇보다도, 그가 성안에 있는 적군도 모르게, 아니 그 도시와 마주한 방벽을 지키던 로마 병사들조차 모르게 성 밖에 있던 적군 몇만 명을 정복한 사실에 대하여 우리는 놀라지 않을 수 없다. 알레시아 사람들은 로마 병사들이 알레시아 진영에 있는 금은으로 장식한 방패와 피로 얼룩진 가슴받이와 술잔과 갈리아 양식의 천막들을 자기 진영으로 옮겨 가는 것을 보고서야 자신들이 진 것을 알았으며, 로마 병사들은 남성들이 통곡하고 여성들이 탄식하는 것을 보고서야 자신들이 이긴 것을 알았다.

알레시아 병사 대부분이 선사람으로써 그토록 많은 병사가 마치 꿈이나 환영(幻影)처럼 빠르게 눈앞에서 사라졌다. 알레시아를 지키던 사람들도 자신들과 카이사르에게 적지 않은 고통을 준 다음에 마침내 항복했다. 전쟁의 책임자인 베르겐토릭스는 아름다운 갑옷에 멋지게 치장한 말을 타고 성문으로 나왔다. 그는 앉아 있는 카이사르의 둘레를 한 바퀴 돌더니 말에서 뛰어내려 갑옷을 벗고 카이사르의 발아래 앉아 움직이지 않았다. 카이사르는 개선식에 쓰고자 그를 끌고 가 감옥에 가두었다.

28

이제 카이사르는 폼페이우스를 제거하기로 마음먹었고, 그와 꼭 같이 폼페이우스도 카이사르를 제거하기로 이미 오래전에 작정한 터였다. 두 사람의 싸움에서 누가 이기나 지켜보던 크라수스가 [기원전 53년 6월 9일에] 파르티아족의 손에 죽으면서 권력을 차지하려는 이들의 경기장은 좀 더 깨끗해졌다. 이제 정상에 올라가려는 무리는 지금 정권을 잡고 있는 무리를 몰아내야 했다.

현재 정권의 정상에 있는 무리가 거기에 계속 머물러 있으려면, 너무 늦지 않게 자신이 두려워하는 무리를 없애 버려야 한다. 폼페이우스가 두려움을 느끼기 시작한 것은 최근의 일이었다. 얼마 전까지만 해도 폼페이우스는 카이사르를 우습게 생각했고, 자기가 키운 카이사르를 제거하는 것은 쉬운 일이라고 생각했다. 그러나 카이사르는 처음부터 폼페이우스를

제거할 마음을 품고 있었다.[11]

그래서 카이사르는 정적에게서 멀찌가니 떨어져, 마치 운동하듯이 갈리아족과 전투를 벌이며 신체를 단련하고 자신의 군대를 훈련시켰고, 폼페이우스의 성공에 견줄 만큼 업적을 이룩하여 자신의 위치를 높임으로써 명성을 쌓았다.

카이사르가 높은 자리에 오르기까지는 부분적으로 폼페이우스가 힘을 실어 주었고, 부분적으로는 운명의 시류와 로마에서 벌어지던 정치의 타락이 빌미를 제공했다. 이 무렵 공직에 출마한 후보자들은 아예 거리에 돈 상자를 내다놓고 아무런 부끄러움도 없이 민중에게 뇌물을 건넸다.

민중은 그런 돈을 받고 광장으로 몰려갔다. 그러고는 자기들에게 돈을 준 사람들을 투표로써 도와주는 것이 아니라, 활과 창과 돌팔매질로 도왔다. 민중은 흩어지기 전에 시체와 피로 거리를 물들임으로써 키잡이 없는 배처럼 도시를 무정부 상태에 빠뜨렸다.

민중이 그토록 미친 듯이 몰아붙이자 지각 있는 사람들은 사태가 군주정으로 돌아가지 않는 것만으로도 다행이라고 생각했다. 많은 사람이 군주정만이 이 나라의 질병을 고칠 수 있다고 군중에게 호소하면서 이는 마치 훌륭한 의사만이 질병을 치료할 수 있는 것과 같다고 말했는데, 이는 폼페이우스를 두고 한 말이었다.

이러한 때에 폼페이우스는 말로는 그러한 영예를 사양하는 듯하면서도 실제로는 자신이 누구보다도 독재관(Dictator)으로 임명되도록 노력하며 영향력을 미쳤다. 이에 폼페이우스의 꿈을 알아차린 카토는 그를 단독 집정관으로 임명하도록

---

11   폼페이우스가 한때 카이사르의 사위였다는 점을 고려하면 카이사르가
      처음부터 폼페이우스를 제거하려 했다고 보기는 어렵다. 아마 자신의 딸
      이 폼페이우스에게 시집갔다가 산고(産苦)로 죽고 외손주마저 죽은 뒤
      에 그는 폼페이우스를 제거하기로 마음먹었을 것이다.

원로원을 설득했다.

이는 폼페이우스를 좀 더 합법적인 군주가 되는 데 만족하게 함으로써 독재자의 길로 가는 것을 막으려는 카토의 계산이었다. 아울러 원로원은 폼페이우스가 다스리는 지역의 임기도 연장해 주었다. 폼페이우스는 스페인과 아프리카에 부관(legatus)과 군대를 보내 다스렸으며, 해마다 1천 탈렌트의 공금을 지원받았다.

29

일이 이렇게 되자 카이사르는 부하들을 로마로 보내 자신의 집정관 선거를 유세하도록 하는 한편, 폼페이우스와 마찬가지로 자기가 다스리는 지방의 임기를 연장해 달라고 요구했다. 이에 대해 폼페이우스는 처음에는 조용했다. 그러나 키케로와 폼페이우스의 친구이자 집정관인 마르켈루스(Caius Marcellus)와 렌툴루스가 카이사르의 요구에 반대하고 나섰다.

그들은 서로 다른 까닭으로 카이사르를 미워했는데, 카이사르의 명예를 떨어뜨리고 비난하는 일에는 정도를 넘어섰다. 이를테면 그들은 최근에 카이사르가 갈리아 지방에 개척한 식민지인 신도시(Novum Comum) 주민들의 시민권을 박탈했다. 그리고 마르켈루스는 신도시에서 파견한 원로원 의원들을 매질해 보내면서 그에게 이렇게 말했다.

"그대 의원들이 로마 시민이 아님을 증명하고자 매 자국을 남기는 것이니 돌아가서 이를 카이사르에게 보여 주어라."

마르켈루스의 집정관 임기가 끝나자 카이사르는 갈리아에서 번 돈을 로마 공직자들에게 물 쓰듯이 쏟아부었다. 카이사르는 호민관 쿠리오의 많은 빚을 갚아 주고, 집정관 파울루스(Paulus)에게 1천5백 탈렌트를 보내 풀비아(Fulvia)에 세워진 유명한 기념물인 바실리카(Basilica) 회당의 광장을 새롭게 단장했다. 이러한 상황에서 폼페이우스는 카이사르와 로마에 있는 정치인들이 손을 잡는 것에 놀라, 공개적으로 동지들의 힘을 빌려 카이사르의 후임을 임명하려고 노력했다.

아울러 폼페이우스는 갈리아 정복을 위해 빌려주었던 병사를 돌려보낼 것을 카이사르에게 요구했다. 카이사르는 폼페이우스의 요구대로 병사를 돌려보내면서 병사마다 250드라크마씩 주었다. 카이사르의 돈을 받은 장병들은 로마에 돌아와 터무니없는 소문을 퍼뜨림으로써 폼페이우스가 헛된 희망을 품게 했다. 그들은 폼페이우스에게 이렇게 말했다.

"저희는 모두 장군님을 그리워했습니다. 카이사르는 질병처럼 곪아 터진 정치판에서 문제를 해결하는 데 어려움을 겪고 있습니다. 또한 그곳 병사들은 장군님에게 충성을 바칠 준비가 되어 있어, 이탈리아로 진입하기만 하면 곧 장군님 편에 설 것입니다. 카이사르의 병사들은 너무 많은 전쟁을 치러 이제 진저리를 치고 있으며, 그가 왕이 되려 한다는 의심을 품고 있습니다."

이러한 보고는 폼페이우스를 자만하게 만들었다. 이에 폼페이우스는 카이사르에 대한 두려움이 사라지면서 병력 준비에 소홀해졌다. 그는 그저 원로원에서 연설을 하고 결의문을 낭독하는 것만으로도 충분히 카이사르를 제압할 수 있다고 생각했다.

폼페이우스는 카이사르가 발의한 법안을 부결시켰지만, 이미 그 사실을 예상했던 카이사르는 아무런 영향을 받지 않았다. 들리는 바에 따르면, 그때 카이사르가 로마에 파견한 백인대장 한 명은 원로원 문 앞에 서 있다가 원로원이 카이사르의 임기를 연장해 주지 않기로 했다는 소식을 듣자 자신의 칼을 쓰다듬으며 이렇게 말했다고 한다.

"그렇다면 이것으로 연장해 주면 되지……."

30

그러나 겉모양만 보았을 때 카이사르의 요구는 분명히 공정
했다. 이를테면 만약 자신이 무장을 해제하면 폼페이우스도
꼭 같이 해야 하고, 그런 다음 두 사람이 모두 개인 신분으로
돌아가 민중이 누구를 더 좋아하는지를 알아야 한다는 것이
카이사르의 주장이었다. 만약 민중이 자신에게만 무장 해제를
요구하고 폼페이우스는 여전히 무장을 갖추도록 한다면, 누구
는 독재자가 되고 싶어 한다는 이유로 비난하면서 다른 사람
을 독재자로 만들어 주는 것과 같다고 카이사르는 주장했다.

쿠리오가 카이사르 편에 서서 민중에게 카이사르의 제안
을 제시하여 우레와 같은 갈채를 받았다. 어떤 사람들은 마치
쿠리오가 우승한 운동선수라도 되는 것처럼 그에게 꽃다발을
던졌다. 호민관 안토니우스도 이와 관련하여 카이사르에게 받
은 편지를 가지고 나와 집정관들의 제지를 받으면서도 큰 소
리로 읽었다.

원로원에서는 폼페이우스가 새장가를 들면서 그의 장인
이 된 스키피오(Scipio)[12]가 나서서, 만약 정해진 날짜까지 카이
사르가 무장을 해제하지 않으면 카이사르를 공적(公敵)으로
선언해야 한다는 의안을 제출했다. 그리고 집정관들이 두 사
람 가운데 누가 무장 해제를 해야 할 것인가를 물었을 때, 몇
사람을 빼고는 모든 사람이 카이사르가 무장 해제를 해야 한
다는 의견에 찬성했다.

그러자 이번에는 안토니우스가 나서서 두 사람 모두 무
장 해제를 요구했고, 사람들이 하나같이 찬성했다. 그러나 스
키피오는 이를 맹렬히 반대했으며, 집정관 렌툴루스는 강도를

[12] 카이사르의 딸이자 폼페이우스의 아내인 율리아가 죽자 폼페이우스는
크라수스(Publius Crassus)의 젊은 아내였으며 스키피오의 딸인 코르넬
리아를 아내로 맞아들였다.

몰아내는 데에는 무기가 필요하지 투표가 필요한 것이 아니라고 소리쳤다. 이에 원로원은 해산하면서 의견 일치를 보지 못한 것을 보여 주는 뜻에서 상복(喪服)을 입었다.

31

그 무렵에 카이사르에게서 온 편지를 보면, 그는 지난날보다 더 온건해져 모든 것을 양보하되 다만 자신이 두 번째로 출마할 때까지 알프스 남쪽 갈리아 지역과 일리리쿰에서 2개 군단을 거느리고 주둔할 수 있도록 해 달라고 요구했다.

킬리키아 총독인 웅변가 키케로가 마침 돌아와 두 사람의 의견을 조정하는 문제로 바빴다. 키케로는 폼페이우스의 주장을 바꾸려고 노력했다. 그러나 폼페이우스는 모두 양보할 수 있지만 카이사르에게서 군대를 빼앗는 문제만큼은 양보할 수 없다고 주장했다.

키케로는 또한 카이사르의 동료들에게 그가 위의 두 지역에서 머무르되 군대는 6천 명으로 줄이라고 애써 설득했다. 이정도 병력에 대해서는 폼페이우스도 양보할 준비가 되어 있었다. 그러나 집정관 렌툴루스는 폼페이우스에게 그러한 타협안을 받아들이지 않도록 했고, 안토니우스와 쿠리오를 모욕적으로 원로원에서 쫓아냈다.

렌툴루스는 명망 있고 지위도 높은 인물들이 노예의 옷을 입고 마차를 타고 로마를 빠져나가는 모습을 보여 줌으로써 카이사르가 자신의 병사를 선동해 로마로 진입할 수 있는 구실을 제공했다. 실제로 안토니우스와 쿠리오는 그런 모습으로 겁에 질려 로마를 몰래 빠져나갔다.

32

이제 카이사르에게는 3백 명도 채 못 되는 기병과 5천 명의 군단 병력밖에 없었다. 나머지 군대는 알프스 북쪽에 두고 왔기 때문이었다. 카이사르는 장군들을 보내 그들을 데려올 작정이었다. 그러나 지금 상황에서 보면, 이런 일은 처음부터 대규모 병력이 필요하다기보다는 놀랄 만한 담대함과 빠른 속도를 이용해 황금 같은 기회를 잘 이용해야 한다는 것을 카이사르는 잘 알고 있었다.

카이사르는 앞서도 대군을 몰고 가 적군을 쓰러뜨리기보다는 예측하지 못한 일격으로 적군을 공포에 빠뜨려 좀 더 쉽게 이길 수 있었다. 그러므로 카이사르는 백인대장과 장군들에게 다른 무기를 사용하지 않고 오직 칼만으로 갈리아족의 거대 도시인 아리미눔(Ariminum, Rimini)을 점령하게 함으로써 되도록 소란과 유혈을 피하고자 했다. 그는 퀸투스 호르텐티우스(Quintus Hortentius)에게 그 지휘를 맡겼다.

카이사르 자신은 검투사들의 연습 경기를 보는 등 민중과 하루를 보낸 뒤, 해가 지기에 앞서 목욕을 하고 정장을 입은 다음 연회장으로 갔다. 이곳에서 카이사르는 저녁 식사에 초대된 사람들과 담소를 나누다가 날이 어두워지자 자리에서 일어나 손님들에게 매우 정중하게 인사하면서 자기가 돌아올 때까지 기다려 줄 것을 부탁하고 길을 떠났다. 그러나 몇몇 막료에게는 자기를 따르도록 미리 말해 두었고, 어떤 사람은 이 길로, 어떤 사람은 저 길로 가도록 지시했다.

카이사르 자신은 빌려 온 마차를 타고 처음에는 엉뚱한 길로 출발했다가 아리미눔으로 말 머리를 돌렸다. 그리고 알프스 남쪽 갈리아와 이탈리아 북쪽을 가로지르는 루비콘강에 이르렀을 때, 카이사르는 지금 자신이 끔찍한 발걸음을 내딛고 있으며, 그 모험의 규모가 감당하기 어려울 정도로 커지고 있다는 생각을 하면서 잠시 속도를 늦추었다.

카이사르는 가던 길을 멈추고, 자신의 결정이 이리저리 흔들리면서 목표가 계속 뒤바뀌는 모습을 바라보며 말없이 오랫동안 자신과 대화를 나누었다. 카이사르는 또한 자리에 함께 있던 막료들과 함께 자신의 혼란스러움에 대하여 긴 시간 동안 논의했다.

카이사르의 막료 가운데에 유명한 웅변가 아시니우스 폴리오(Asinius Pollio)가 있었다. 그는 그들이 루비콘강을 건넜을 때 인류에게 따라올 재앙은 무엇이며, 그들이 인류의 번영을 위해 남길 수 있는 명성은 무엇인가를 평가했다. 마침내 카이사르는 마치 모든 계산을 버리고 자신을 미래에 내던지는 듯한 격정에 빠져, 절망적인 운명을 향하여 사람들이 흔히 탄식할 때 쓰는 말을 읊조렸다.

"주사위는 던져졌다(*Alea iacta est ; Let the die be cast*)."[13]

그리고 서둘러 강을 건넌 카이사르는 남은 시간 동안 전속력으로 달려 날이 새기에 앞서 아리미눔에 도착하여 그곳을 함락했다. 들리는 바에 따르면, 카이사르는 강을 건너기 전날 밤에 괴이한 꿈을 꾸었다고 하는데, 내용인즉 그가 어머니와 근친상간을 했다는 것이다.[14]

33

아리미눔이 함락되자 마치 온 세상의 땅과 바다를 뒤덮을 듯한 거대한 전쟁의 문이 열렸다. 국경이 무너지고 나라의 법도 무너졌다. 다른 시대 같았으면 남녀 모두 놀라 도시를 벗어나는 정도였겠지만, 이제는 그런 수준을 넘어 도시 전체가 일어나 도망쳤다. 로마는 가정을 버리고 도망쳐 들어오는 이웃 도시의 주민들로 가득 차서 곧 침몰할 것 같았다.

---

13 이 말은 본디 메난드로스의 시에서 따온 것으로, 실제 카이사르가 했다는 말을 직역하면 "주사위를 던져라" 또는 "던져진 주사위이다"에 가깝다. 당시 주사위는 도박에 쓰이는 도구였다.

14 해몽가들의 설명에 따르면, 어머니는 대지(earth)이므로 카이사르가 어머니를 상간(相姦)한 것은 땅을 차지한다는 뜻이었다고 한다.(B. Perrin, Vol. VII, p. 523, 각주 2; 수에토니우스, 『카이사르전』, §7)

관리의 명령도 따르지 않고 이성의 목소리도 듣지 않은 채 거대한 풍랑에서 겨우 빠져나온 민중은 이제는 내부에서 벌어지는 선동으로 뒤집혔다. 감정과 감정이 부딪히고 폭력이 뒤따르는 난동이 도시 전체를 휩쓸었다. 대도시에서 으레 그렇듯이, 그런 사태를 즐기는 사람들은 자신들의 미래에 대한 확신으로 가득 차 있었고, 두려움과 절망에 빠진 사람들을 만나면 아무렇게나 싸움을 걸었다.

그러는 동안 공포에 싸인 폼페이우스는 사방에서 어려움을 겪었다. 어떤 사람들은 폼페이우스가 자신과 국가의 최고 권력에 도전할 수 있도록 카이사르의 힘을 키워 준 것을 비난하고, 어떤 사람들은 카이사르가 머리를 굽히면서 문제를 해결할 수 있는 합리적인 조건을 제시했을 때 이를 받아들이지 않고 오히려 렌툴루스가 카이사르를 모독하도록 허락한 것을 비난했다.

화보니우스는 폼페이우스에게 발로 땅을 굴러 보라고 했다. 언젠가 폼페이우스가 원로원에서 전쟁을 걱정하지 말라는 내용으로 오만한 연설을 했는데, 그때 그는 만약 전쟁이 일어나면 자기가 땅을 발로 구르기만 해도 이탈리아 전체가 군대로 가득 찰 것이라고 말했던 것이다.

그러나 이때까지만 해도 폼페이우스의 군대는 카이사르의 군대보다 많았다. 그럼에도 누구 하나 폼페이우스가 자신의 판단대로 처리하도록 내버려 두지 않았다. 더욱이 거짓 소문이 떠돌고 끔찍한 소식이 들려오면서 이제 전쟁이 끝날 날이 머지않았다는 믿음이 퍼지자 폼페이우스는 자신의 욕망을 포기하고 대세에 휩싸였다. 그는 국가가 무정부 상태임을 선언하는 포고문을 발표한 다음 도시를 버리고 떠나면서 원로원에는 자신을 따르도록 지시하고, 독재 정치보다 이 나라와 자유를 사랑하는 사람들은 로마를 떠나도록 지시했다.

이에 따라 집정관들은 길을 떠나기에 앞서 관습적으로 올리던 제사도 바치지 않고 도망쳤다. 원로원 의원들도 대부분 마치 강도질이라도 하듯이 손에 닥치는 대로 물건을 들고 도망치는데 그 모습이 마치 남의 물건을 훔치는 듯했다.

심지어 카이사르의 명분을 열렬히 지지하던 사람들조차, 자신들은 전혀 그럴 필요가 없음에도 이 거대한 물결에 휩쓸려 분별을 잃고 피난 행렬에 합류했다. 이처럼 로마는 거대한 폭풍을 맞으며 처량한 존재로 변했다. 마치 키잡이가 없는 배처럼, 앞에 놓인 모든 것들과 부딪히게 될 운명을 맞이한 것이다.

떠나가는 그들의 모습은 처량했지만, 폼페이우스 편에 있던 사람들은 망명하는 곳이 자기의 조국이라고 생각했고, 로마는 카이사르의 병영에 불과하다고 여겼다. 더욱이 카이사르가 가장 신임하던 막료로서 부관을 지냈고 갈리아와 벌였던 전투마다 카이사르와 함께 대담하게 전쟁을 치렀던 라비에누스조차 카이사르를 버리고 폼페이우스를 따라갔다.

그러나 카이사르는 라비에누스가 남기고 간 짐과 돈을 그에게 보내 주었다. 카이사르는 30코호르트의 병력으로 코르휘니움(Corfinium)을 지키던 도미티우스 아헤노바르부스(Domitius Ahenobarbus)를 향해 쳐들어가 그 가까운 곳에 진영을 차렸다.

자신의 앞날이 절망적이라고 생각한 도미티우스는 노예인 의사에게 독약을 부탁했다. 노예에게서 약을 받아 든 그는 죽을 생각으로 약을 마셨다. 그러나 조금 뒤에 카이사르가 포로들에게 놀랄 만큼 너그럽다는 말을 들은 도미티우스는 자신의 운명을 한탄하면서 경솔하게 약을 마신 자신을 원망했다.

그때 의사가 도미티우스를 기쁘게 해 주었다. 그가 마신 것은 독약이 아니라 수면제였다는 것이었다. 도미티우스가 기쁜 마음에 벌떡 일어나 카이사르에게 달려가니 카이사르는 오른손을 그의 어깨에 얹고 용서해 주었다. 그러나 도미티우스는 그 뒤에 다시 배신하여 폼페이우스에게 돌아갔다. 이런 소문들이 로마에 들려오자 민중은 더욱 기뻐하였으며 도망자들 가운데 몇 사람은 되돌아왔다.

35

카이사르는 도미티우스의 군대뿐만 아니라 다른 도시들까지 기습해서 폼페이우스의 다른 병사들까지 자기편으로 끌어들였다. 카이사르는 자신의 병력이 늘고 위세 또한 높아지자 폼페이우스를 향해 진격했다.

그러나 폼페이우스는 카이사르의 군대가 다가올 때까지 기다리지 않았다. 그는 자기보다 먼저 집정관들이 군대를 이끌고 디라키움(Dyrrhachium)으로 가게 하고, 자신은 남쪽의 브룬디시움으로 도망하였다가 조금 뒤에 카이사르가 가까이 진격해 오자 배를 타고 도망했다. 그 뒤 그의 생애에 대해서는 「폼페이우스전」에서 자세히 다룰 것이다.

카이사르는 곧장 폼페이우스를 추격하고 싶었지만, 그에게는 배가 없었기 때문에 로마로 돌아왔다. 그리고 60일 만에 피 한 방울 흘리지 않고 이탈리아의 지배자가 되었다. 카이사르는 자신이 예상했던 것보다 로마가 더 안정되어 있을 뿐만 아니라, 많은 원로원 의원이 그대로 로마에 남아 있음을 알았다. 이에 카이사르는 정중하고 친절하게 그들이 폼페이우스에게 사람을 보내 적절한 조건으로 강화하도록 권고했다.

그러나 원로원 의원들은 카이사르의 말에 귀를 기울이지 않았다. 아마 자신들이 버린 폼페이우스가 두려웠거나, 카이사르가 진심을 말하지 않고 겉으로만 그럴듯하게 말한다고 생각했기 때문이었을 것이다. 카이사르가 국고에서 돈을 꺼내 쓰려고 하자 호민관 메텔루스가 이런저런 법을 내세우며 막으려 했다. 이에 카이사르가 이렇게 꾸짖었다.

"군대와 법은 시기에 따라 그 쓰는 방법이 다르다오. 내가 하는 일이 그대의 마음에 들지 않는다면 지금 떠나시오. 전쟁은 입으로 하는 것이 아니기 때문이오. 나중에 내가 강화 조약을 체결하고 무기를 내려놓으면 그때 가서 하고 싶은 말을 늘어놓으시오. 지금 내가 이렇게 말하는 것 자체가 내 정당한 권리를 포기하는 것이오. 왜냐하면 그대는 내 포로이고, 나를 반대했던 사람들 모두가 내 포로이니, 나는 사실 당신에게 이런 설명을 할 필요조차 없었던 것이오."

메텔루스에게 이렇게 말한 뒤 카이사르는 금고 문으로 걸어갔다. 그런데 열쇠가 없는 것을 알고 대장장이를 불러와 문을 부수도록 명령했다. 메텔루스가 다시 한번 카이사르의 처사에 반대하자 몇몇 사람이 메텔루스의 행동에 감동했다. 그러나 카이사르는 목소리를 높여 이런 식으로 자꾸 성가시게 간섭하면 죽여 버리겠다고 위협했다. 그리고 이렇게 말했다.

"젊은이, 똑똑히 알아 두게. 나는 말하는 것보다 행동을 더 쉽게 생각하네."

카이사르의 말을 들은 메텔루스는 놀라 도망쳤고, 그 뒤로는 전쟁을 위한 일들이 모두 빠르고 손쉽게 진행되었다.

36

그런 뒤에 카이사르는 스페인으로 진격하여 먼저 폼페이우스의 부관인 아프라니우스(Afranius)와 바로(Varro)를 물리치고 그들의 군대와 그들이 다스리던 지방을 접수했다. 카이사르는 자신의 배후에 적군을 남기지 않은 채 폼페이우스가 있는 곳으로 방향을 돌렸다. 적군의 매복을 만나 목숨이 위태로운 적도 있었고, 병사가 굶주려 어려운 적도 있었으나 그는 추격을 멈추지 않았다. 그렇게 카이사르의 주력 부대는 적군의 병영과 병사를 제압했다. 그러나 그곳의 지휘관들은 이미 폼페이우스에게로 도망하고 없었다.

카이사르

카이사르가 로마로 돌아오자, 그의 장인 피소는 폼페이우스에게 사신을 보내 휴전을 제안하라고 카이사르에게 강력히 요구했다. 그러나 푸블리우스 세르빌리우스 이사우리쿠스는 카이사르의 비위를 맞추려고 휴전에 반대했다.

원로원이 카이사르를 독재관으로 선출하자 카이사르는 망명자들을 조국으로 불러들이고, 술라 정권 아래에서 고생하던 사람들의 자녀에게 시민권을 회복시켜 주고, 이자율을 어느 정도 조정하여 채무자들의 짐을 덜어 주었으며, 그런 방식의 공공 정책을 몇 가지 더 시행했다. 이런 일이 있은 뒤 열하루 만에 카이사르는 독재관 자리를 내놓으며, 이사우리쿠스와 자신이 집정관이 되었음을 선언하고 원정을 떠났다.

행군을 강행한 카이사르는 나머지 부대를 뒤로 처지게 하고, 자신은 정예 기병대 6백 명과 5개 군단을 거느리고 그리스 달력으로 포세이데온월(Poseideon月)에 해당하는 1월 초순 동지에 바다로 나갔다. 카이사르는 이오니아해를 지나 오리코스(Orikos, Oricum)와 아폴로니아(Apollonia)를 점령한 다음, 브룬디시움으로 수송선을 보내 행군에서 뒤처진 병사를 실어 오게 했다. 오랜 행군으로 지친 병사들은 체력이 떨어진 채로 여러 차례 전쟁을 치르면서 녹초가 되어 카이사르에 대한 불평을 수군거렸다.

"맙소사, 도대체 이 사람은 우리를 어디까지 데려갈 참인가! 우리를 지치지도 않고 목숨도 없는 물건처럼 몰아붙이는군. 칼도 여러 번 쓰면 무뎌지고 방패나 가슴받이도 오래 쓰고 나면 잠시 쉬게 하는 법인데……. 카이사르는 우리의 다친 몸을 보고서도 자신이 영원히 살 수 없는 무리를 지휘하고 있다는 사실을 모르고, 우리가 고통을 겪으며 죽어 간다는 것을 믿지 않는 모양이지? 이 겨울바람이 몰아치는 바다에서는 분명히 신도 견뎌 내기 어려울 거야. 이 사람은 지금 자기가 적군을 쫓는 것이 아니라 마치 적군에게 쫓기는 사람처럼 모험을 하고 있어."

이런 얘기를 나누며 병사들은 느릿느릿 브룬디시움으로 행군했다. 그러나 자신들이 그곳에 도착했을 때 카이사르가 이미 바다로 나갔음을 알게 된 그들은 곧 마음을 고쳐먹고 자신들이 대장군을 의심한 것을 한탄했다. 그들은 또한 지휘관들이 행군을 재촉하지 않았다고 타박했다. 병사들은 벼랑에 앉아 너른 바다와 에페이로스를 바라보며 자신들을 싣고 사령관에게 데려다줄 배가 오기만을 기다렸다.

38

아폴로니아로 진출한 카이사르는 자신이 데려온 병사가 적군을 감당하지 못하고, 또 바다 건너편에 있는 군대가 제때 도착하지 않고 늦어지자 심란했다. 중무장한 적군이 바다를 지키고 있음에도, 카이사르는 아무도 모르게 열두 명이 노를 젓는 배를 타고 브룬디시움으로 건너간다는 위험한 계획을 세웠다. 그런 다음 한밤에 노예 옷으로 위장하고 배에 올라 대단치 않은 사람인 것처럼 조용히 앉아 있었다.

아우스(Aous)강이 배를 바다로 떠내려 보내기 시작했다. 이른 아침의 바람은 평소 같으면 파도를 밀어내어 강어귀가 고요했을 터인데, 하필 그때는 바다에서 밤새도록 거센 바람이 불어오는 탓에 강물이 소용돌이쳤다. 강물은 역류에 휩쓸려 반대쪽으로 밀려갔다. 바다는 거칠어졌다. 요란한 소리와 함께 거대한 소용돌이에 휘말려 배가 뒤로 밀려갔다.

이제 더 이상 앞으로 나아가기가 불가능하다고 판단한 선장은 선원들 앞에서 진로를 바꾸어 돌아가라고 명령했다. 이를 본 카이사르는 선장에게 자신의 정체를 드러냈다. 그는 선장의 손을 잡고, 자신을 바라보며 겁에 질려 있는 그에게 이렇게 말했다.

179   카이사르

"여보게 친구, 겁내지 말고 용기를 내게. 그대는 지금 이 배에 카이사르와 그의 운명을 싣고 있다네."(디온 카시오스,『로마사』, XLIX : 46)

이에 선장은 폭풍우가 쏟아지는 것도 잊은 채 노를 잡고 온 힘을 다해 하류로 내려가려고 애썼다. 그러나 강의 입구에서 거대한 파도를 만나 더 나아갈 수가 없었다. 카이사르는 몹시 내키지 않았지만, 선장이 하는 대로 맡겨 두었다.

카이사르가 본진으로 돌아오자 병사들이 몰려나와 일이 실패한 것을 알고 카이사르에게 불쾌한 감정을 드러냈다. 자기들만으로도 적군을 정복할 수 있다는 것을 그가 믿지 않았기 때문이었다. 카이사르는 어려움을 겪으며 목숨을 거는 모험을 시도했지만, 병사들의 눈에는 마치 그가 함께 있는 병사를 믿지 못하는 것처럼 보였다.

39

이런 일이 있은 뒤, 안토니우스가 군대를 이끌고 브룬디시움에서 도착하자 카이사르는 폼페이우스와 싸울 용기를 얻었다. 폼페이우스는 유리한 곳에 진영을 차리고 바다와 육지에서 보급품을 모자람이 없이 받았다. 그에 견주어 카이사르는 처음부터 보급이 넉넉하지 못했고, 그 뒤에도 전혀 나아지지 않아 사정이 매우 어려웠다. 그런 가운데 카이사르의 병사가 어떤 나무의 뿌리를 캐어 우유와 섞어 먹었다.

곧 병사들은 그것으로 빵을 만들어 적군의 전초 기지로 달려가 적진 안으로 던지기도 하고 자기들끼리 주고받기도 하며, 땅에서 이런 뿌리가 나는 한, 자신들은 폼페이우스를 공격하는 일을 멈추지 않을 것이라고 말했다. 그런 정보를 들은 폼페이우스는 그 말이 자신의 군대 본진에 들어가지 못하도록 했다. 그렇지 않아도 폼페이우스의 병사들은 야수처럼 보이는 카이사르 병사들의 용맹함과 강인함을 보고 겁에 질려 움츠러들어 있었기 때문이었다.

폼페이우스의 요새를 공격하는 소규모 전투가 이어졌다. 이 전투에서 카이사르는 번번이 우세했다. 그러다가 단 한 번, 그의 병사가 대패하여 본진을 빼앗길 위험에 빠졌다. 폼페이우스가 공격해 오자 카이사르 군대는 항전하지 못했고, 해자(垓字)는 시체로 가득했으며, 살아남은 병사들은 자신들의 성채로 곤두박질치듯이 쫓겨 들어왔다. 카이사르가 도망쳐 오는 병사들을 전쟁터로 돌려보내려 했지만 소용없었다. 오히려 카이사르가 깃발을 잡으려 하자 기수가 그것을 던져 버려 32개의 군기를 적군에게 빼앗겼다.

카이사르 자신도 겨우 죽음을 모면했다. 키가 크고 우람한 병사 한 명이 자기 앞을 지나 도망치는 것을 본 카이사르가 그의 손을 잡고 적군을 향해 적군과 싸우라고 명령했다. 그런데 위협적인 위험에 넋이 나간 그 병사는 카이사르를 찌르려고 칼을 빼 들었다. 그러나 그가 칼을 휘두르기에 앞서 카이사르의 호위병이 먼저 그의 팔을 베어 버렸다.

그러나 폼페이우스의 조심성이 지나쳤는지, 아니면 우연이었는지, 그는 카이사르가 완패했는데도 승리의 여세를 몰아붙이지 않고 적군을 성안으로 몰아넣은 다음 철수해 버렸다. 카이사르는 그의 막료 곁을 떠나며 이렇게 말했다.

"만약 오늘 적군 쪽에 승리할 줄 아는 장군이 있었더라면 저들이 승리했을 것이다."

그런 일이 있은 뒤 카이사르는 막사로 돌아가 누워 밤새 헛된 상상을 하며 가장 처참한 밤을 보냈다. 그는 자신의 지휘가 잘못되었다고 확신했다. 그는 자기를 기다리는 기름진 땅, 즉 마케도니아와 테살리아의 풍요로운 도시들 쪽으로 진격하는 대신에 적군이 함대로 지키고 있는 바다를 공격했고, 결국 적군을 함락시키기는커녕 굶주림에게 포위당하고 말았던 것이다.

자신의 처지가 그토록 어렵고 당황스러워 크게 낙심한 카이사르는 침상에서 뒤척거리며 잠을 이루지 못했다. 아침이 되자 그는 막사를 헐고 폼페이우스의 장인 스키피오를 치고자 마케도니아로 진격하기로 결심했다. 만약 폼페이우스가 따라오면 그를 내륙으로 유인함으로써 물사를 보급받는 해안에서 떨어뜨릴 수 있었고, 따라오지 않는다면 스키피오를 고립시켜 타도할 수 있었기 때문이다.

40

이러한 상황은 마치 카이사르가 도주하는 것처럼 보임으로써 폼페이우스의 군대를 고무시켰다. 폼페이우스의 장군들은 카이사르를 바짝 추격했다. 그들은 카이사르가 패배하여 도주하는 것으로 생각했다. 그러나 폼페이우스는 엄청난 모험을 하면서까지 전쟁을 치르지 않으려고 조심했다.

장기전에 필요한 보급품이 넉넉했던 폼페이우스는 이대로 전쟁을 질질 끌어 적군이 용기를 잃게 만들면 이길 수 있으리라고 생각했다. 카이사르의 병사들은 경험이 많아, 목숨을 걸고 덤벼들면 이길 상대가 없는 것이 사실이었다.

그러나 오랜 행군과 잦은 진지 작업과 점령과 야간 경비로 말미암아 카이사르의 병력은 노쇠했고, 노역에 시달렸으며, 몸이 쇠약하여 싸울 의지도 잃었다. 그 무렵에 또한 물을 갈아 마신 탓에 카이사르의 진중에 전염병이 돌았다는 소식도 들려왔다. 그러나 무엇보다도, 폼페이우스는 이제 카이사르가 전쟁 비용과 보급품의 부족으로 머지않아 스스로 무너지리라고 예상하고 있었다.

41

이러저러한 이유로 폼페이우스는 전쟁을 하고 싶지 않았다. 그리고 카토만이 폼페이우스의 노선을 따랐다. 카토는 자신을 따르는 민중의 목숨을 지키고 싶었다. 그는 전쟁에서 죽어 가는 1천여 명의 적군을 보자 얼굴을 가리고 눈물을 흘리며 떠났다. 그러나 그 밖의 사람들은 모두 폼페이우스가 전쟁을 회피한다고 비난했다.

주변 사람들은 폼페이우스를 전신(戰神) 아가멤논이라느니 왕중왕이라느니 하면서 그를 부추겼다. 또한 그의 정적들은 사실 폼페이우스가 바라는 것이라고는 최고 권력을 행사하면서 수많은 장군을 주변에 거느리고 그들이 끊임없이 자기 막사를 찾아오게 하려는 것뿐이라며 비난했다.

카토의 대담한 연설에 용기를 얻은 화보니우스는 폼페이우스가 권력을 즐기느라 진격하지 않음으로써 올해에 고향 투스쿨룸(Tusculum)으로 돌아가 무화과 맛을 보기는 틀렸다고 미친 사람처럼 불평했다. 스페인에서 군대 지휘에 실패하고 최근에 돌아온 아프라니우스는 뇌물을 받고 군대를 배신했다는 이유로 기소되자, 이렇게 물었다.

"그렇다면 당신들은 왜 내 땅을 돈으로 사려 했던 상인들을 무찌르지 않는가?"

이와 같은 끈덕진 성화에 못 이겨 폼페이우스는 내키지 않았지만 카이사르와 전투를 벌이기로 했다. 카이사르의 행군은 힘든 일이었다. 누구도 그에게 보급품을 팔려 하지 않았고, 최근에 겪은 패배로 말미암아 그를 얕잡아 보았다. 그러나 테살리아의 곰포이(Gomphoi, Gomphi)를 점령한 뒤로 카이사르는 군수품을 넉넉히 얻었으며, 뜻하지 않게 병사들의 전염병도 모두 나았다. 병사들은 많은 포도주를 얻어 한껏 마시고 취하여 흥청거리며 소란스럽게 행군했는데, 그때 마신 술로 말미암아 체질이 바뀌면서 병이 나았던 것이다.

42
그러나 양쪽 군대가 화르살로스(Pharsalos) 평원에 이르러 진영을 차렸을 때 폼페이우스의 마음은 다시 바뀌었다. 그뿐만 아니라 지난밤의 꿈자리도 뒤숭숭했다. 그 꿈에서 그는 자신이 세운 극장으로 들어갔고, 로마의 군중이 그에게 갈채를 보냈다.[15] 그러나 폼페이우스 주변에 있던 사람들은 승리를 믿어 의심치 않았고, 또 그러기를 바랐다.

이를테면 도미티우스 아헤노바르부스와 스핀테르(Spin-ther)와 스키피오는 카이사르가 차지했던 대사제 직책을 서로 차지하려 다투었고, 많은 사람이 전쟁이 끝나면 자신들이 법정관과 집정관을 차지하리라 예측하고 그에 걸맞은 집을 빌리거나 사들이고자 대리인을 로마로 보냈다.(『갈리아 전기』, III : 82)

그 가운데서도 홀로 폼페이우스의 기병대는 빨리 전쟁을 치르고 싶어 안달이었다. 찬란하게 빛나는 갑옷에 잘 먹인 말을 타고 있는 그들의 모습은 당당했다. 그들은 또한 병력의 수도 많아 사기가 충천했다. 카이사르의 기병대가 1천 명인 데 견주어 폼페이우스의 기병대는 7천 명이었다. 보병 수를 보면 자기들이 4만 5천 명인데 카이사르의 보병은 2만 2천 명이어서 비교가 되지 않았다.

43

카이사르는 병사를 한자리에 모아 놓고, 재무관 코르니휘키우스(Quintus Cornificius)가 2개 군단을 거느리고 가까이 와 있으며, 법정관 칼레누스(Quintus Calenus)가 지휘하는 15개 코호르트가 아테네와 메가라(Megara)에 주둔해 있다는 사실을 알리면서, 병사들에게 그들이 올 때까지 기다릴 것인지 스스로의 힘으로 위험을 감수할 것인지를 물었다.

15 그날 밤 꿈에 폼페이우스는 베누스(Venus)의 꿈을 꾸었다고 한다. 로마 시민이 갈채를 보냈음에도 그가 불길하게 여긴 것은 꿈에 본 여신 베누스가 카이사르의 선조로 알려져 있었기 때문이었다.(제22장 「폼페이우스전」, § 68 참조)

병사들은 지원군이 오기를 기다리지 말고 될 수 있는 한 빨리 적진으로 가까이 갈 전략을 세우라고 큰 소리로 간청했다. 카이사르가 몸을 정화(淨化)하는 의식을 치른 다음 병력을 점검하고, 신전에 첫 번째 제물을 바치니 제사장이 곧바로 사흘 안에 결정적인 전투가 있을 것이라고 말했다. 그리고 제물에서 전쟁의 좋은 징조가 보이느냐고 묻자 제사장은 이렇게 말했다.

"이 문제에 대해서는 장군 스스로가 더 잘 알고 계십니다. 신들은 현재의 상황에서 벌어지는 변화와 혁명의 흐름이 정반대로 바뀔 것이라고 알려 주었습니다. 그러므로 지금 장군께서 상황이 나쁘다고 생각하면 상황이 좋아질 것이고, 상황이 좋다고 생각하면 상황이 나빠질 것입니다."

더욱이 전쟁이 벌어지기 전날 밤에 카이사르가 야간 순찰을 돌고 있을 때, 하늘에서 찬란한 불빛이 보이며 자신의 병영으로 떨어지더니 폼페이우스 진영으로 날아갔다. 그리고 아침 정찰 때에는 적진에서 엄청난 혼란이 일어나는 것이 보였다. 그러나 카이사르는 그날[기원전 48년 8월 9일]은 싸우지 않을 셈이었고, 스코투사(Skotussa)로 진지를 옮기고자 막사를 해체하기 시작했다.

44

그러나 막 천막을 걷으려 하는데 초병이 말을 타고 달려와 적군이 평야로 달려온다고 보고했다. 그 소식을 들은 카이사르는 너무도 기뻤다. 그는 신에게 기도를 드리고 맹세한 뒤 부대를 3개 편대로 나누어 중앙은 도미티우스 칼비누스(Domitius Calvinus)에게 맡기고, 왼쪽 날개는 안토니우스에게 맡기고, 자신은 오른쪽 날개를 맡아 제10군단을 지휘하여 싸울 계획을 세웠다.

그러나 그 지점에서 폼페이우스 기병대의 대오를 보고 그

카이사르

웅대함과 수에 놀란 카이사르는 전방에 있던 6개 코호르트를 뒤로 물러나게 했다. 그리고 이 부대들을 오른쪽 날개 뒤쪽으로 숨긴 다음, 그들에게 폼페이우스의 기병대가 쳐들어오면 어떻게 대응해야 할지를 지시했다.

폼페이우스 진영에서도 폼페이우스 자신이 오른쪽 날개를 맡고, 도미티우스 아헤노바르부스에게 왼쪽 날개를 맡기고, 장인 스키피오에게는 중군을 지휘하도록 했다. 폼페이우스의 기병대는 왼쪽 날개에 몰려 있었는데, 카이사르가 맡은 오른쪽 날개를 섬멸하고자 함이었다. 아무리 강하다 한들 어떤 군단의 대오도 자신의 기병대를 막을 수 없으며, 이토록 많은 기병대가 한꺼번에 돌진하면 적군은 완전히 무너질 것이라고 폼페이우스는 생각했다.

양쪽 군대에서 개전 나팔을 불려고 할 즈음, 폼페이우스는 자신의 군단에 무기를 준비하고 밀집 대형을 이룬 다음 적군이 투창의 사정거리 안에 들어올 때까지 기다리도록 명령했다. 그러나 카이사르가 [『갈리아 전기』, III : 92에서] 지적하는 바에 따르면, 여기에서 폼페이우스는 실수했다고 한다. 앞선 부대가 달려 나가는 힘으로 초반에 승기를 잡아야 적군을 일격에 무찌르고 자신들의 용기에도 불이 붙어 모든 것을 날려 버리는 법인데, 폼페이우스는 이를 몰랐다는 것이다.

카이사르가 막 군단의 대오를 움직여 나아가려 할 때 백인대장 한 명이 눈에 띄었다. 전쟁 경험이 많고 믿음직한 그는 자신의 부대를 격려하며 사기를 끌어올리고 있었다. 카이사르는 그의 이름을 부르며 이렇게 말했다.

"카이우스 크라시니우스(Caius Crassinius)[16]여! 우리의 희망이 어떤가? 그대는 우리의 믿음에 어떻게 보답하려는가?"

---

16   카이사르는 『갈리아 전기』(III : 91, 99)에서 그의 이름을 크라스티누스 (Crastinus)로 기록했다.

그러자 크라시니우스는 카이사르를 향해 오른손을 추어올리며 큰 소리로 대답했다.

"카이사르 장군이시여, 우리는 영광스러운 승리를 쟁취할 것입니다. 그리고 제가 죽든 살든, 장군께서는 오늘의 저를 칭송할 것입니다."

대답을 마치자 그는 병사 120명을 이끌고 전속력으로 적진을 향해 돌진하여 최전방을 뚫고 나가며 많은 적군을 죽였다. 그러는 사이에 적병의 칼이 그의 입을 관통했고, 그 칼끝은 뒷덜미까지 삐져나왔다.

45

이렇게 보병들이 중앙으로 모여 돌격하며 전투를 벌이자, 폼페이우스의 기병대는 자신만만하게 왼쪽 날개에서부터 진격하여 적의 오른쪽 날개를 둘러싸고자 진형을 펼쳤다. 그런데 그들이 공격하기에 앞서 카이사르가 숨겨 두었던 부대들이 뛰쳐나왔다. 게다가 그들은 여느 때처럼 창을 던지거나 창으로 적군의 허벅지나 다리를 공격하지 않고, 상대의 눈을 겨누면서 얼굴을 공격했다. 카이사르가 앞서 그들에게 지시한 작전이 바로 그것이었다.

일반 군인이라면 전쟁에서 상처를 입는 것쯤은 대수롭지 않게 여기겠지만, 자신의 아름다움을 자랑스럽게 여길 젊은 병사들은 얼굴의 상처를 몹시 두려워할 것이고, 특히 전쟁 경험이 없는 젊은이들은 얼굴에 흉터를 남기고 싶지 않아 적군과 싸우려는 마음이 꺾이리라고 카이사르는 예상했다. 이제 그런 일이 실제로 벌어졌다. 폼페이우스의 병사들은 위로 찔러 오는 창을 견디지 못했고, 더욱이 얼굴을 향해 내뻗는 창을 바라볼 용기가 없었다.

마침내 혼란에 빠진 폼페이우스의 병사들이 등을 돌려 수치스럽게 도망하면서 모든 것이 무너졌다. 이에 곧바로 카이사르의 기병대는 폼페이우스의 보병을 에워싸고 후방을 공격하며 살육하기 시작했다. 한편, 자신의 기병대가 흩어져 도망치는 것을 본 폼페이우스는 제정신이 아니었다.

폼페이누스는 자신이 '마그누스 폼페이우스(Magnus Pompeius)'의 칭호를 듣는다는 것도 잊은 채, 마치 하늘에 새능을 모두 빼앗긴 사람처럼 보였다. 그는 말없이 막사로 돌아와 자신의 군대가 무너지고 적군이 자신의 성채를 공격하며 자신의 근위병들과 싸울 때까지 넋을 놓고 자리에 앉아 있었다. 제정신이 돌아오자 그는 이렇게 외쳤다고 한다.

"적군이 내 막사까지 이르렀다는 말인가?"

폼페이우스는 장군 전투복을 벗어 던지고 도망병의 행색으로 바꿔 입은 다음 도둑처럼 빠져나갔다. 그 뒤로 그에게 무슨 일이 일어났으며, 그가 어떻게 이집트인들의 손에 들어가 죽었는지에 대해서는 「폼페이우스전」에서 말한 바 있다.

46

카이사르는 폼페이우스의 진지에 이르러 이미 죽은 사람과 죽어 가는 사람들을 바라보면서 신음하듯이 이렇게 말했다.

"이는 그들이 바라던 바대로이다. 그들이 나를 이렇게 하도록 만들었다. 만약 나 카이우스 카이사르가 위대한 전쟁들을 승리로 이끈 뒤 군대를 해산했더라면, 나는 그들의 법정에 기소되었을 것이다."(수에토니우스, 『카이사르전』, § 30)

카이사르와 같은 시대를 살았던 위대한 웅변가이자 역사가인 아시니우스 폴리오의 말에 따르면, 그 당시에 카이사르는 라틴어로 이 말을 했으나 그 뒤에 그리스어로 이를 기록해 두었다고 한다. 또 폴리오의 말에 따르면, 진지를 정복할 때 죽은 무리의 대부분은 노예들이었으며 죽은 병사의 수는 6천 명을 넘지 않았다고 한다.

카이사르에게 생포된 병사 대부분은 그의 군단에 편입되

어 협조했으며, 많은 우수한 병사가 사면을 받았다. 뒷날 카이사르를 죽인 브루투스(Albinus Brutus)[17]도 그 가운데 하나였다. 들리는 바에 따르면, 폼페이우스의 군대가 무너졌을 때 브루투스가 보이지 않아 낙심했던 카이사르는 그가 멀쩡한 몸으로 잡혀 오자 이루 말할 수 없이 기뻐했다고 한다.

47

그날 카이사르가 승리하리라는 전조(前兆)는 많았지만 그 가운데 가장 눈에 띄는 기록은 트랄레스(Tralles)에서 나타난 일이었다. 그 도시에 있는 승리의 신전(Templum Victoriae)에는 카이사르의 동상이 서 있었는데, 그 터가 본디 단단한 데다 무거운 돌을 깔아 놓았다. 그런데 들리는 바에 따르면, 그 터에서 종려나무가 돋아났다는 것이다.

파타비움(Patavium, Padova)의 명망 높은 예언자이자 역사가인 리비우스(Titus Livius)와 동향 사람으로 그와 잘 알고 지내던 카이우스 코르넬리우스(Caius Cornelius)가 우연히 점집에 앉아 있었다. 리비우스의 기록에 따르면, 그는 전투가 벌어질 시간을 알아맞혀 곁에 있던 사람들에게 지금 전투가 시작되어 병사가 투입되었다고 말했다. 그러고 나서 점괘를 들여다보던 코르넬리우스는 벌떡 일어나 황홀경에 빠져 이렇게 소리쳤다.

"오, 카이사르여, 승리는 그대의 것이군요."

주위에 있던 사람들이 놀라자 코르넬리우스는 머리에서 화관을 벗으며 자신의 예언이 사실로 밝혀질 때까지 화관을 쓰지 않겠다고 맹세 조로 선언했다. 어쨌거나 리비우스는 이 일이 사실이라고 주장했다.(리비우스, 『로마사』, 111)[18]

---

17   브루투스가 마르쿠스 유니우스 브루투스(Marcus Junius Brutus)라는 이름을 얻은 것은 그 뒤의 일이다.

18   리비우스, 『로마사』, (XI. 이 부분은 지금 남아 있지 않다.)

48

카이사르는 승리를 축하하는 뜻에서 테살리아인들에게 자유를 주고 이어 폼페이우스를 추격했다. 그는 소아시아에 이르러 우화(寓話)를 수집하는 테오폼포스를 기쁘게 해 주고자 그의 고향인 크니도스(Cnidos)를 해방시켜 주었으며, 소아시아의 모든 주민에게 세금의 3분의 1을 탕감해 주었다.

폼페이우스가 죽은 바로 뒤에 알렉산드리아에 도착한 카이사르는 사모스의 수사학자인 테오도토스(Theodotos)가 폼페이우스의 목 잘린 머리를 바치자 끔찍해하며 고개를 돌렸다. 그러나 그는 폼페이우스가 끼고 있던 인장 반지를 받으면서 눈물을 흘렸다. 그뿐만 아니라 이집트를 떠돌다가 그 나라 왕에게 잡혀 있던 폼페이우스의 막료와 근신들에게 온정을 베풀어 자기편으로 삼았다. 카이사르가 로마에 있는 친구들에게 보낸 편지에서 밝힌 바에 따르면, 그는 때때로 자기에게 대항하여 싸웠던 적군의 목숨을 살려 준 것이 그가 전쟁의 승리에서 얻은 가장 크고 아름다운 소득이었다고 생각했다.

어떤 사람들은 이집트에서 벌인 전쟁을 기록하면서 그 전쟁은 필요하지 않은 원정이었으나 클레오파트라(Cleopatra)에 대한 카이사르의 연정 때문에 일어난 일이었다고 하고, 또 어떤 이는 그 전쟁이야말로 불명예스럽고 위험한 짓이었다고 기록했다. 또 어떤 사람들은 그 전쟁에 관해 이집트 왕의 측근을 비난하는데, 그 가운데 이집트 궁정에서 가장 강력한 영향력을 행사하면서 폼페이우스를 죽인 내시 포테이누스(Potheinus)가 가장 큰 비난을 받았다. 포테이누스는 일찍이 클레오파트라를 그 나라에서 몰아냈으며, 그때는 카이사르를 죽일 음모를 남몰래 꾸미고 있었다.

들리는 바에 따르면, 그런 까닭으로 카이사르는 자신을 보호하고자 술자리에서 밤을 지냈다고 한다. 그러나 포테이누스는 자기 성질을 참지 못하고 공개적으로 카이사르의 심기를 건드리며 모욕하는 언행을 많이 했다.

　이를테면 그는 로마 병사들에게 오래 묵어 형편없는 곡식을 지급하여 원성이 자자하자 남의 것을 얻어먹는 주제에 그대로 참으라고 말했다. 그는 또한 궁중 식사 때 나무 그릇과 질그릇을 쓰면서 카이사르에게 빚을 갚느라 금은을 모두 바쳤기 때문에 이런 일이 일어났다고 변명했다.

　당시 이집트 왕의 아버지는 카이사르에게 1,750만 드라크마를 빚졌다. 카이사르는 이미 그의 자손들에게 그 빚의 일부를 탕감해 주었으나, 그 당시에는 자신의 병사를 위해 나머지 1천만 드라크마를 갚으라고 요구했다.[19]

　포테이누스는 카이사르에게 지금 이집트를 떠나 더 큰일을 해 보라고 간청했다. 그러면 뒷날 감사의 뜻을 담아 빚을 갚겠다는 것이었다. 그러나 카이사르는 이집트인들의 충고를 들을 필요는 없다고 대답했다. 그리고 그는 클레오파트라를 이집트로 불러오도록 몰래 사람을 보냈다.

49

그리하여 클레오파트라는 시킬리아 출신의 측근인 아폴로도로스(Apollodoros)만 데리고 작은 배를 탔다. 그들이 궁정에 이르렀을 때는 이미 날이 어두워지고 있었다. 사람들의 눈을 피할 수 없게 된 클레오파트라는 침낭에 들어가 길게 누웠고, 아폴로도로스가 이를 끈으로 묶어 카이사르의 숙소로 들고 들어갔다. 이것은 클레오파트라의 생각이었다.

　들리는 바에 따르면, 클레오파트라의 대담한 교태를 본 카이사르는 첫눈에 반했다고 한다. 관계가 깊어지면서 그의

19　기원전 59년에 카이사르가 집정관으로 재직할 무렵 이집트 왕 프톨레마이오스 12세(Ptolemaios XII Auletes)는 로마와 우호 동맹을 맺고 자신의 왕위를 지키고자 로마에 많은 돈을 주기로 약속한 바 있었다.

매력에 빠져든 카이사르는 그에게 동생과 화해하고 왕권을 나누어 행사하도록 했다. 그 뒤 클레오파트라와 그의 동생이 화해한 것을 축하하고자 그들은 날마다 잔치를 열었다.

그때 카이사르에게는 한 노예 이발사가 있었다. 그는 매우 겁이 많아서, 자신이 발견한 어떤 징후도 그냥 넘어가는 법이 없었다. 그는 늘 이곳저곳에 귀를 기울이다가 폼페이우스의 근위병이었던 아킬라스(Achillas) 장군과 내시 포테이누스가 카이사르를 암살하려는 음모를 꾸미고 있다는 것을 알게 되었다.

사실을 확인한 카이사르는 연회장에 호위병을 배치해 두었다가 포테이누스를 죽였다. 아킬라스는 그의 병영을 벗어나 도주하여 카이사르에게 대항하는 전쟁을 일으켰다. 이 전쟁은 카이사르에게 매우 비통하고도 어려운 일이었다. 그토록 적은 병력으로 그토록 큰 도시와 많은 병력에 맞서 싸워야 했기 때문이었다.

전쟁이 시작되면서 첫째로, 적군이 수로를 막아 버렸기 때문에 카이사르는 물이 부족하여 위험에 부딪혔다. 둘째로, 적군이 그의 함대를 섬멸하려 하자 카이사르는 불로써 공격하여 그들의 공격을 막아야만 했는데, 그러는 가운데 불길이 조선소에 옮겨붙어 [기원전 283년에 프톨레마이오스가 세운] 알렉산드리아 도서관 일부를 불태웠다.

셋째로, [기원전 47년 7월에] 알렉산드리아 앞바다에 있는 파로스섬에서 전투가 벌어졌을 때 카이사르는 방파제에서 뛰어내려 작은 배를 타고 전투를 벌이던 부하들을 도우려고 배를 저어 나갔다. 그때 이집트인들이 사방에서 배를 몰고 달려들자 그는 바다에 뛰어들어 헤엄쳐 도망함으로써 죽을 고비를 넘겼다.

들리는 바에 따르면, 그는 화살이 날아오고 물에 반쯤 잠긴 상태로도 한 손에 들고 있던 서류를 놓치지 않으려고 애썼

다고 한다. 카이사르는 서류를 잡은 손을 물 위로 치켜든 채 헤
엄쳐 건너편으로 건너갔다. 그의 배는 애초에 가라앉았다.

드디어 이집트 왕마저 적군이 되자 카이사르는 이들을 추
격하면서 싸워 많은 적군을 죽였는데, 왕의 자취는 보이지 않
았다. 그런 일이 있고 나서 카이사르는 클레오파트라에게 왕
위를 넘겨주고 시리아로 떠났다. 얼마 뒤에 클레오파트라는
카이사르의 아들을 낳았는데, 이집트인들은 그를 카이사리온
(Caesarion)이라고 불렀다.

50

[기원전 47년 7월에] 시리아를 떠나 소아시아를 가로질러 가던
길에 카이사르는 도미티우스 칼비누스가 미트리다테스(Mi-
thridates)의 아들 파르나케스(Pharnaces)에게 패배하여 부하들
과 함께 폰토스(Pontos)를 떠나 도주했다는 소식을 들었다. 카
이사르는 또한 파르나케스가 그때의 승리를 이용해 머뭇거리
지 않고 비티니아와 카파도키아를 점령했다는 소식도 들었다.

그 뒤에 카이사르는 파르나케스가 소아르메니아(Lesser
Armenia)로 알려진 나라를 정복하려는 목표를 세우고 그곳의
대공(大公)과 제후들이 반란을 일으키도록 부추기고 있다는
소식도 들었다. 이에 카이사르는 곧 3개 군단을 이끌고 파르나
케스를 추격하여 젤라(Zela) 근처에서 큰 접전을 벌인 끝에 파
르나케스를 폰토스에서 몰아내고 그의 군대를 섬멸했다. 카이
사르는 이 전투의 신속함과 치열함을 로마에 있던 친구 아만
티우스(Amantius)에게 편지로 알리면서 이렇게 썼다.

"왔노라, 보았노라, 이겼노라."(수에토니우스, 『카이사르전』, §
37)

이 말을 라틴어로 쓰면 'veni, vidi, vici'인데, 그 어두와 어미
가 모두 같고 단어도 간결하여 매우 인상 깊다.

51

이런 일이 있은 뒤, 이탈리아로 돌아온 카이사르는 이제 로마
로 향했다. 이해[기원전 47년]가 저물어 갈 무렵에 그는 [화르살
로스 전투에서 승리한 공로로] 두 번째로 독재관에 선출되었는데,
그 이전에는 1년 임기를 꽉 채운 사람이 없었다. 그 이듬해에
원로원은 그를 집정관으로 선언했다.

이때 사람들은 카이사르를 좋게 말하지 않았다. 카이사르
의 부하들이 법정관 갈바(Galba)와 코스코니우스(Cosconius)를
죽였을 때, 그는 부하들을 나무랄 때 '군인'으로 부르지 않고
'시민(Quirites)'이라 불렀을 뿐만 아니라 그들 각자에게 1천 드
라크마의 돈과 이탈리아의 넓은 땅을 주었기 때문이었다.

게다가 그의 부관인 돌라벨라는 정신 나간 짓을 하고, 아
만티우스는 게걸스레 욕심을 부리고, 안토니우스는 술주정을
부리고, 코르휘니우스(Corfinius)는 살기에 불편하다는 이유로
폼페이우스가 살던 집을 마음대로 증축하여 가구를 다시 들여
놓았다. 카이사르는 이런 부하들로 말미암아 비난을 들었다.
로마 시민은 이 모든 일을 언짢게 생각했다. 사실 카이사르도
그들을 좋아하지 않았지만, 정치적인 상황 때문에 그들의 도
움을 받지 않을 수 없었다.

52

화르살로스에서 전투를 치른 카토와 스키피오는 아프리카로
도망하여 유바(Juba)왕의 도움을 받아 많은 군사를 모집했다.
그러자 카이사르는 원정을 떠나 그들을 쳐부수기로 결심했다.
그해 동지 무렵에 시킬리아로 건너간 카이사르는 장군들이 그
가 그곳에서 지체하며 오래 머물 것이라는 희망을 품지 않기
를 바라면서 자신의 막사를 해변에 설치했다.

순풍이 불자 카이사르는 보병 3천 명과 기병 몇 명을 싣
고 바다로 나갔다. 이들을 아무도 모르게 아프리카에 상륙시

킨 카이사르는 뒤에 남겨 둔 본진이 걱정스러워 바다로 다시 나갔다가 이미 출항한 그들을 만나자 함께 아프리카로 돌아와 모두 막사에 들어가도록 했다.

그 무렵에 아프리카에서는 성씨가 스키피오(Scipio)인 인물이 전쟁을 하면 반드시 이긴다는 고대의 신탁이 있었고, 이로 말미암아 그곳 사람들이 매우 고무되어 있다는 것을 카이사르는 잘 알고 있었다. 스키피오가 아프리카 병사의 지휘를 맡고 있다는 소식을 들은 카이사르가 우스갯소리로 듣고 흘려 넘겼는지 아니면 그 신탁을 믿고 진지하게 노력했는지는 알 수 없다.

그런데 카이사르의 부대에도 스키피오라는 인물이 있었다. 그러나 그는 스키피오 아프리카누스(Scipio Africanus) 가문 출신이라는 것 말고는 아무것도 내세울 것 없는 인물이었다. 그의 이름은 스키피오 살루스티오(Scipio Sallustio)였다. 카이사르는 그가 마치 사령관인 것처럼 그를 전방에 투입하여 자주 적군을 공격하고 전쟁을 치르도록 할 수밖에 없었다.

병사들의 식량도 넉넉하지 않았고, 짐을 나르는 말의 사료도 없었다. 그래서 그들은 해초에서 소금기를 씻어 낸 다음 맛을 좋게 하려고 풀을 조금 섞어서 말을 먹였다. 누미디아인은 모든 곳에서 수적으로나 속도에서 우세를 보이며 전역을 지배했다.

언젠가는 카이사르의 기병대가 근무를 벗어나 리비아인의 축제를 즐기고 있었다. 어떤 리비아인이 춤추는 법과 피리 부는 방법을 보여 주었는데, 그 방법이 놀라워 카이사르의 기병대는 노예들에게 말을 맡기고 땅바닥에 앉아 즐겁게 이를 보고 있었다. 그때 갑자기 적군이 쳐들어와 기병대를 둘러싸고 공격하여 어떤 사람들은 그 자리에서 죽고 나머지 사람들은 적군의 추격을 받아 곤두박질치듯이 본진으로 쫓겨 왔다.

그때 만약 카이사르가 아시니우스 폴리오와 함께 그들을

돕고자 성채를 나와 독려하지 않았더라면 전쟁은 거기에서 끝났을지도 모른다. 언젠가는 또 다른 전투에서 적군이 우세했는데, 들리는 바에 따르면, 카이사르가 도망하는 기수의 멱살을 잡고 돌려세우며 이렇게 말했다.

"적군은 저쪽이야!"

53

[기원전 46년 4월] 적군 쪽의 스키피오는 결정적인 전투에서 유리해지자 용기가 솟아 아프라니우스와 유바로 하여금 조금 떨어진 곳에 나누어 병영을 설치하게 하고 자신은 탑수스(Tapsus)에서 가까운 호수 건너편에 병영을 짓기 시작했다. 이 병영은 기습전의 출발지로 쓰거나 퇴각할 때 전군이 사용하도록 할 생각이었다. 그러나 스키피오가 그런 작업을 하느라고 바쁠 때 카이사르는 시야를 가려 주는 수풀을 놀라울 만큼 빠른 속도로 통과하여 적군의 측면을 공격하고 다른 병력으로는 적군의 전방을 공격했다.

카이사르는 이들을 섬멸한 다음 승리의 여세를 몰아 먼저 아프라니우스의 병영을 장악한 뒤, 유바가 도망치고 없는 누미디아인들의 병영을 약탈했다. 그 과정에서 카이사르에게 행운도 따라 주었다. 이와 같이 한나절 만에 그는 적진 세 곳을 빼앗고 적군 5만 명을 살육했는데, 그때 그가 잃은 병력의 수는 50명이었다.

이 기록들은 몇몇 전사(戰史)에 나오지만, 다른 사람들의 말에 따르면, 카이사르는 이 전투를 직접 지휘하지 않았다고 한다. 그가 군대를 사열하고 열병할 때 지병(持病)이 도졌다. 카이사르는 지병이 시작되는 것을 알고 가물거리는 의식이 모두 사라지면서 병으로 완전히 쓰러지기에 앞서 가까운 탑으로 자리를 옮겨 전투하는 동안 조용히 안정을 취했다고 한다. 전투를 치르는 동안에 도망쳤던 몇몇 집정관과 법정관들은 잡히는 순간에 자살했고, 다른 무리는 포로가 된 뒤 카이사르의 명령에 따라 처형되었다.

54

카토를 사로잡고 싶었던 카이사르는 우티카(Utica)로 진격했다. 그곳에서 카토는 도시를 지키며 전쟁에는 참여하지 않았다. 그러나 카토가 스스로 목숨을 끊었다는 소식을 들은 카이사르는 크게 화를 냈는데, 그 이유는 알 수 없다. 어쨌거나 그는 이렇게 중얼거렸다.

"나는 그대가 이렇게 죽은 것이 안타깝소. 그대는 내가 그대의 목숨을 살려 줄 기회를 빼앗았기 때문이오."

카토가 죽은 뒤에 카이사르가 카토를 비난하는 글을 썼던 것으로 보아, 카이사르가 평정을 되찾았다거나 카토와 화해할 분위기였던 것으로 보이지는 않는다. 카토가 죽은 뒤에도 그토록 분노했던 카이사르가 어떻게 살아 있는 카토를 아낄 수 있었겠는가? 그러나 카이사르가 키케로와 브루투스를 비롯하여 자신과 맞서 싸운 정적들에게 베푼 깊은 배려로 미루어 볼 때, 그 글도 카토에 대한 미움에서 우러나온 것이 아니라 카이사르의 정치적 야심에서 비롯한 것이라고 볼 수 있다.

키케로는 '카토(Cato)'라는 제목으로 카토를 찬양하는 글을 썼다. 이 글은 가장 고상한 주제에 관하여 가장 훌륭한 웅변가가 썼기 때문에 당연하게도 많은 사람이 읽었다. 그러나 이 글은 카이사르를 언짢게 만들었다. 죽은 카토에 대한 키케로의 찬사가 자신을 비난하는 것이라고 카이사르는 생각했기 때문이다.

이로 말미암아 카이사르는 카토를 비난하는 수많은 자료를 모아 '반(反)카토론(Anti-Cato)'이라는 제목으로 책을 펴냈다. 카토에 대한 관심에 못지않게 카이사르에 관한 관심도 높았기 때문에, 「카토」와 『반카토론』은 오늘날에도 많이 읽힌다.

55

다시 카이사르의 행적으로 돌아가, 아프리카에서 로마로 돌아온 그는 자신의 승리와 관련하여 민중 앞에서 오만한 어조로 연설했다. 그 내용을 들어 보면, 자신이 정복한 땅은 해마다 국가 재정에 20만 부셸의 양곡과 약 1만 3천 6백 톤의 올리브유를 공급할 만큼 넓다는 것이었다.

그다음으로 카이사르는 [기원전 47년 9월 20일부터 10월 1일까지 3회에 걸쳐] 개선식을 치렀는데, 이집트와 폰토스와 아프리카에서 승리한 일을 기념하는 행사였다.[20] 마지막 아프리카에서 승전한 것은 스키피오에 대한 승리를 축하하는 것이 아니라 겉으로는 유바왕에 대한 승리를 축하하는 것이었다.

이 행사에는 유바왕의 어린 아들도 끌려 나왔는데, 그 아이로서는 매우 운 좋은 포로 생활이었다. 왜냐하면 그 아이는 야만적인 누미디아인의 생활에서 벗어나 뒷날 그리스에서 가장 훌륭한 교육을 받은 역사학자의 반열에 올랐기 때문이다. 그러한 승리에 뒤이어 카이사르는 병사들에게 많은 선물을 주고, 성대한 잔치를 베풀고 공연을 보여 주었다. 이 잔치에는 식탁 2만 석이 마련되었고, 공연에는 오래전에 죽은 그의 딸이자 폼페이우스의 아내였던 율리아를 추모하는 해상 전투를 시연(試演)했다.

공연이 끝난 뒤에 인구 조사가 실시되었는데, 지난번 조사에서 32만 명이었던 인구가 15만 명으로 줄어들었다. 이는 전쟁이 가져온 피해가 얼마나 가혹했으며 로마 민중이 얼마나 많이 사라졌는가를 보여 준다.[21] 이탈리아가 이러하였으니 이

---

20 사실은 갈리아에서 승전한 일까지 합쳐 네 번의 개선식이 있었다.

21 수에토니우스의 기록(『카이사르전』, § 41)에 따르면, 이때의 인구 조사는 이탈리아의 모든 시민을 대상으로 실시된 것이 아니라 정부에서 구호양곡을 받는 가난한 시민의 수를 조정하고자 실시한 것이었다고 한다. 따라서 정확도가 많이 떨어진다.

탈리아의 다른 지역과 속주(屬州)가 입은 피해는 더 말할 것도 없다.

56

이런 일이 있고 나서 네 번째로 집정관에 오른 카이사르는 아직도 살아 있는 폼페이우스의 아들들을 정벌하고자 스페인으로 출병했다. 그들은 아직 젊었지만 놀랄 만한 수의 군대를 모아 자신들의 지휘권 요구를 정당화함으로써 카이사르를 매우 위험한 경지로 몰아넣었다. 격렬한 전투가 문다(Munda) 근처에서 벌어졌다. 이 전투에서 카이사르는 부하들이 크게 밀리며 나약하게 저항하는 것을 보자 무장한 병사들 사이를 뚫고 지나가면서 이렇게 소리쳤다.

"나를 저 애송이들의 손에 넘겨주면서 부끄러운 줄 모르느냐?"

매우 어렵고도 힘겨운 노력 끝에 카이사르는 적군을 물리치고 3만 명이 넘는 적군을 살육했지만, 자신도 매우 뛰어난 병사 1천 명을 잃었다. 전쟁이 끝난 뒤 그곳을 떠나면서 카이사르는 막료에게 이렇게 말했다.

"이제까지 나는 많은 전투에서 승리를 얻으려고 싸웠지만 이번 전투에서는 목숨을 건지려고 싸웠다."

그 전쟁에서 승리한 날은 주신(酒神) 바코스의 축제가 벌어진 날[기원전 45년 3월 17일]이었다. 들리는 바에 따르면, 그날은 대(大)폼페이우스가 전쟁에 나간 날이었다고 한다. 폼페이우스의 아들들 가운데 둘째 아들은 도망했지만, 며칠이 지난 뒤 데이디우스(Deidius)가 큰아들의 목을 베어 가지고 왔다.

이 전쟁은 카이사르가 치른 마지막 전쟁이었다. 승전을 축하하는 개선식은 로마인들을 고통스럽게 만든 것 말고는 아무것도 없었다. 외국의 장군이나 이방 민족을 상대하여 얻은 승리가 아니라 불운한 로마 명장 한 명의 아들과 가족을 섬멸하고자 일으킨 전쟁이었기 때문이었다. 조국에 재앙만 안겨 준 전쟁의 승리를 축하하고 자신을 자랑하고자 카이사르가 개선식을 치른 것은 올바른 처사가 아니었다.

카이사르가 신과 인간 앞에 내세울 변명이라고는 그것이 어쩔 수 없는 일이었다는 것밖에는 없었다. 지난날 내전 때에도 카이사르는 전쟁에 이겼다고 공식적으로 알리고자 사절이나 편지를 보낸 적이 없었다. 그때 그러한 승전을 축하받는 것을 오히려 부끄러워하는 듯한 인상을 주었던 카이사르가 그토록 오만한 개선식을 치렀다는 점에서 그의 처사는 온당하지 않았다.

57

그러나 로마인들은 카이사르의 행운 앞에 항복하고 그가 건넨 재갈을 받아물었다. 또다시 내전에 빠지기보다는 군주정을 받아들이는 것이 잠시 숨을 고르는 길이라고 생각했기 때문이었다. 그리고 그들은 카이사르를 종신 독재관으로 뽑았다. 이것이 전제 정치임은 의심할 나위가 없었다. 군주제는 그에게 무소불위의 권력을 부여했고, 종신 임명은 곧 그를 영구 집권자로 만드는 것이었다.

원로원에서 카이사르에게 최고의 영예를 주자고 제안한 사람은 키케로였다. 그 정도에서 그쳤다면 이는 한 인간에게 지나친 영예라고 할 것도 아니었다. 문제는 다른 사람들도 카이사르에게 더 많은 영예를 주자고 앞다투어 제안했다는 점이었다. 그들은 그렇게 함으로써 중도적인 시민에게조차 혐오감과 불쾌감을 불러일으켰다. 카이사르에게 그러한 영예를 준 것은 가식이며 과분한 짓이었다.

내가 생각하기에, 카이사르에게 아첨하는 사람들에 못지 않게 카이사르의 정적들도 그와 같은 일에 가담했다. 그들은 과도한 명예를 부여함으로써 카이사르를 제거할 구실을 더 많이 만들고, 그를 죽이는 데 필요한 최선의 명분을 찾을 수 있다고 생각했다. 모든 측면에서 볼 때 내란이 끝난 뒤로는 카이사르가 비난받을 짓을 하지 않았기 때문에 정적들은 오히려 더 당황하고 있었다. 당시 그의 정책은 워낙 온화해서, 그에게 관용의 여신(Clementia)에게 바치는 신전을 짓도록 요구하는 법령이 상정되자 민중이 다들 수긍할 정도였다.

카이사르는 자신에게 맞서 싸웠던 많은 사람을 용서하고, 오히려 어떤 사람에게는 영예와 관직을 주었다. 이를테면 뒷날 그에게 칼을 겨눈 브루투스와 가이우스 카시우스(Gaius Cassius)를 법정관으로 임명한 것이 그러한 사례이다. 카이사르는 또한 쓰러졌던 폼페이우스의 동상을 다시 세웠는데, 이를 본 키케로는 이렇게 말했다.

"카이사르는 폼페이우스의 동상을 일으켜 세움으로써 자신의 동상을 더욱 굳게 세웠다."

카이사르의 막료들은 그가 호위병을 두는 것이 좋겠다고 생각했고, 스스로 그 일을 맡겠노라고 나서는 사람도 많았지만, 카이사르는 이를 받아들이지 않고 이렇게 말했다.

"늘 죽음을 걱정하며 사는 것보다는 단박에 죽는 것이 더 낫다."

민중의 호의로 둘러싸이는 것이 가장 공의롭고도 안전한 보호라고 생각했던 카이사르는 다시 그들에게 잔치를 베풀고 곡식을 나누어 주었으며, 병사들에게는 새로 개척한 식민지를 나누어 주었다. 그 가운데 가장 주목할 만한 곳이 곧 카르타고와 코린토스였다. 그 두 도시는 지난날 [기원전 146년에] 멸망할 때도 같은 때에 함께 망하더니, 이제는 재건되는 시기[기원전 44년]도 같았다.

58

귀족들과의 관계를 말하자면, 카이사르는 그들 가운데 몇몇

카이사르

사람에게 앞으로 집정관과 법정관 자리를 주겠노라 약속하고, 다른 사람들에게도 이런저런 권력과 영예를 주고 달램으로써 모든 사람에게 희망을 안겼는데, 이는 민중이 스스로 자기에게 복종하도록 만들고 싶었기 때문이었다.

따라서 집정관 화비우스 막시무스가 임기 하루를 남겨두고 죽자 카이사르는 그 후임으로 카니니우스 레빌리우스(Caninius Revilius)를 임명했다. 들리는 바에 따르면, 여러 사람이 그의 취임을 축하하고 호위하러 달려가는 모습을 본 키케로는 이렇게 말했다.

"레빌리우스의 임기가 끝나기 전에 서둘러 갑시다."

그러나 카이사르는 그토록 많이 승전하고서도 타고난 공명심과 야망으로 말미암아 그토록 힘들게 이룩한 업적을 즐기지 못했다. 그것은 오히려 앞날의 공업(功業)을 불태우는 연료와 동기가 되었다. 마치 지난날에 이룩한 공업은 이미 다 써 버렸다는 듯이, 그는 더 위대한 행적과 새로운 영광을 얻고자 열정을 쏟았다.

이처럼 카이사르는 마치 자신을 남인 것처럼 여겼고, 그의 가슴속에 남은 것은 자기 자신과 경쟁하는 일뿐이었다. 카이사르는 앞으로 이루고자 하는 업적이 지난날 이루어 놓은 것을 앞질러야 한다고 생각하는 듯했다.

카이사르는 다시 파르티아 원정을 계획하고 준비에 들어갔다. 그는 이곳을 정복한 다음 히르카니아의 길을 따라 흑해와 카스피해와 카우카소스(Kaukasos)로 진격하고, 이어서 스키티아를 침략할 계획이었다. 그런 다음에 게르마니아와 그 주변 나라들을 정복하고 갈리아의 길을 따라 이탈리아로 돌아오면 그의 제국은 대양으로 사방이 둘러싸인 원형 둘레의 대국이 되는 것이다. 그는 이러한 원정 동안에 코린토스 지협(地峽)을 뚫어 운하를 만들었는데, 이 공사는 이미 아니에누스(Anienus)가 맡아 진행하고 있었다.

카이사르는 또한 로마 바로 밑에 있는 티베리스(Tiberis)강을 더 깊이 파서 키르케이이(Circeii)로 굽어지게 한 다음 타라키나(Tarracina)의 대양으로 빠지게 만들어 해상(海商)들이 안전하고 쉽게 로마에 이르도록 계획했다.

그 밖에도 카이사르는 포메티아(Pometia)와 세티아(Setia) 부근의 늪지대를 평야로 만들어 몇천 명이 농사를 지을 수 있게 했다. 또한 더 나아가 로마에서 가장 가까운 바다에 방파제를 만들어 방어하고, 오스티아(Ostia) 해안에 있는 암초들을 제거하여 이곳을 찾아오는 거대한 함선들이 머물 수 있도록 항구와 정박장을 만들기로 했다. 이 모든 일이 차질 없이 착착 준비되었다.

59

카이사르는 달력을 조정하고 불규칙한 시간 계산을 바로잡는 일을 연구하여 완성했는데, 그 결과가 매우 정확하다는 것이 입증되었다. 당시 로마인들 사이에서는 양력과 음력 사이에 커다란 혼란이 일어나 제의와 축제 날짜가 점차로 달라지더니 마침내 여름의 축제가 겨울에 벌어지는 일까지 생겼다.

카이사르의 시대에는 시민이 실제로 양력을 계산할 수 있는 길이 없었고 사제들만이 시간을 말할 수 있었는데, 그들은 느닷없이 메르케도니우스(Mercedonius)라는 이름으로 윤달을 끼워 넣어 사람들을 모두 놀라게 했다.[22]

들리는 바에 따르면, 누마(Numa)왕이 처음으로 윤달을 실시하여 별들의 운행 차이로 시간이 어긋나는 일을 고치려 하였으나 그 성과는 미미했다. 윤달로 추가한 시간은 오랜 누적

---

22 실제로 그 무렵의 양력은 실제 운행보다 2개월이 더 빨랐다. 따라서 기원전 46년에 카이사르가 양력을 바로잡으면서 2개월 뒤로 물리다 보니 역사에서 2개월이 중복되었다.

카이사르

으로 말미암은 시차를 극복할 수 없었던 것이다. 이에 관해서는 「누마전」(§ 18)에 언급한 바 있다. 그러나 카이사르는 이 문제를 유명한 철학자와 수학자들에게 맡겨 누마가 결정하여 사용하던 역법(曆法)을 바로잡고자 여러 방법을 혼합하였는데, 그것이 다른 어느 역법보다도 정확했다.

로마인들은 지금까지도 그 역법을 쓴다. 그때부터 양력과 음력 사이에 존재하던 불규칙성이 훨씬 줄었다고 로마인들은 생각하고 있다. 그러나 카이사르를 시기하고 그의 권력을 싫어하던 사람들은 이런 치적조차 비난할 구실로 삼았다. 어쨌거나 들리는 바에 따르면, 어떤 사람이 내일 아침에 거문고자리가 든다고 말하자 이를 들은 웅변가 키케로가 이렇게 빈정거렸다.

"칙령에 따르면 그렇다는 뜻이겠지요."

이는 민중이 이러한 제도조차도 마지못해 받아들이고 있었음을 암시한다.

60

카이사르가 가장 끔찍하고도 공개적으로 증오의 대상으로 몰린 것은 그가 왕이 되려 했을 때였다. 이것은 민중의 증오를 일으키는 첫 번째 원인이 되었다. 이제 카이사르의 욕심은 오랫동안 증오를 누르며 살아온 그들이 증오를 표출할 구실을 만들어 주었다.

그때까지도 카이사르에게 영예를 주어야 한다고 주장하던 사람들은 『시빌라의 예언서』를 들먹이며, 그 예언에 따르면 로마인들이 왕을 추대해야만 파르티아를 정복할 수 있고, 그렇지 않으면 정복할 수 없다는 소문을 시민들 사이에 널리 퍼뜨렸다. 그들은 카이사르가 알바(Alba)에서 돌아와 로마에 입성할 때 그를 왕이라 부르며 환호했다. 그러나 이때 민중이 당황하자 카이사르는 심리적으로 혼란스러워하며 이렇게 소리쳤다.

"나는 왕이 아니라 카이사르요."

이 말을 들은 민중이 아무런 반응도 보이지 않고 침묵하자 그들의 환호를 기대했던 카이사르는 유쾌하지 않은 표정을 지으며 지나갔다. 더욱이 원로원에서는 이러저러하게 과분한 영예를 부여했다. 언젠가는 그가 연단에 앉아 있는데 집정관들이 들어오고 원로원 의원들이 모두 그들의 뒤를 따라 들어왔다. 그때 카이사르는 마치 사사로운 사람들을 만나기라도 하듯이 자리에서 일어나지도 않은 채, 자신에 대한 영예는 이제 줄여야 하고 더는 늘리지 말라고 대답했다.

카이사르의 이러한 처사는 원로원뿐만 아니라 민중을 분노하게 했다. 그들이 느끼기에, 이는 원로원을 모욕한 것이 아니라 국가를 모독한 것이었다. 이렇게 크게 마음이 상한 그들은 모두 자리를 떠났다. 그들로서는 그 자리에 더 앉아 있고 싶지 않았다. 카이사르도 자신이 실수한 것을 알고 곧바로 집으로 돌아와 목에서 외투를 벗어 던지며 그의 막료에게 크게 소리쳤다.

"나를 죽이고 싶은 인간들에게 나는 언제든 내 목을 내줄 준비가 되어 있소. 그리고 몸이 아픈 사람들은 병이 도지면 군중 앞에 설 때 갑자기 몸이 떨리거나 흔들려 머리가 어지러워지고 이성을 차릴 수 없는 법이오."

그는 그렇게 말함으로써 자신이 앉아 있었던 것을 지병 탓으로 돌렸지만 그 말은 사실이 아니었다. 사실 그는 자리에서 일어나 원로원 의원들을 맞이하고 싶었다. 그러나 들리는 바에 따르면, 그때 그의 막료 가운데 아첨꾼으로 소문난 코르넬리우스 발부스(Cornelius Balbus)가 그를 잡고 끌어 앉히며 이렇게 말했다고 한다.

"장군님이 카이사르라는 것을 잊지 마십시오. 장군님은 윗사람으로서 예우를 받아들여야 합니다."

61

이러한 카이사르의 행동은 점점 심해졌고, 심지어 그가 호민관을 모욕하는 일이 루페르칼리아(Lupercalia) 축제에서 벌어졌다. 많은 사람의 기록에 따르면, 이 축제는 옛날부터 목자들이 즐기던 것으로서 아르카디아 지방의 리카이아(Lycaea) 축제와 어떤 관련이 있었다고 한다.

이 축제가 열리면 귀족과 고관의 자제들이 벌거벗은 채 거리를 뛰어다니며 운동과 장난 삼아 그들이 만나는 사람들을 털이 달린 가죽띠로 때렸다. 귀족 부인들도 마음먹고 거리로 나와, 학교에서 아이들이 그러듯이, 손을 내밀어 그 가죽띠로 맞았다. 그렇게 하면 아이를 가진 산모는 아기를 쉽게 낳고, 아기를 낳지 못하는 여인들은 임신한다고 믿었기 때문이었다.

어느 날 카이사르는 황금으로 만든 의자에 앉아 왕들이나 입는 개선장군 복장을 하고 축제를 구경하면서 군대를 열병(閱兵)하였는데 안토니우스도 집정관 자격으로 그 성스러운 대열에 참가했다. 안토니우스가 광장으로 달려 나오자 군중이 비켜섰다. 그는 꽃으로 장식한 월계관을 가져와 카이사르에게 바쳤다. 그러자 박수 소리가 들려왔는데, 이미 계획해 둔 그 박수는 우렁차지도 않고 시들했다.

카이사르가 사양하는 뜻으로 월계관을 밀쳐 버렸다. 그러자 커다란 박수 소리가 들렸다. 안토니우스가 월계관을 다시 바치자 박수 소리는 작아졌고, 카이사르가 또 한 번 거절하자 사람들이 모두 환호했다. 이처럼 자신이 짜 놓은 실험이 실패로 끝났음을 안 카이사르는 월계관을 신전의 언덕에 가져다 바치라고 명령한 뒤 자리에서 일어났다.

그 무렵에 카이사르의 조상(彫像)에 왕관이 걸려 있었다. 그것을 본 호민관 플라비우스(Flavius)와 마릴루스(Maryllus)는 거기에 올라가 왕관을 치웠고, 카이사르를 향하여 왕이라 부르면서 환호했던 사람들이 거기에 있는 것을 보고는 그들을 끌고 가 감옥에 가두었다.

더욱이 민중은 두 호민관을 따라가며 그들이야말로 브루투스(Brutus)라고 환호했다. 브루투스는 지난날 혈통에 따른 왕위 계승을 종식하고 독재자 한 명에게서 권력을 빼앗아 원로원과 민중에게 돌려준 사람이기 때문이었다.[23] 이 일로 몹시 화가 난 카이사르는 마릴루스와 플라비우스를 파면시키고, 아울러 그들을 비난함으로써 민중을 모욕했다. 그리고 그것만으로는 부족했는지 두 사람을 브루투스(Brutus)나 쿠마이(Cumae) 사람이라 부르며 모욕했다.[24]

62

이와 같은 상황에서 민중은 마르쿠스 브루투스(Marcus Brutus)에게 눈길을 돌렸다. 브루투스의 아버지 쪽 혈통은 독재를 끝낸 노(老)브루투스에 이어져 있었고, 어머니 쪽 혈통은 또 다른 명문인 세르빌리우스(Servilius) 가문에 이어져 있었다. 세르빌리우스는 또한 소(小)카토의 사위이자 조카였다. 브루투스가 독자적으로 이루고 싶은 꿈은 군주 정치의 폐지였다.

그러나 브루투스는 카이사르에게 받은 후의(厚誼)와 영예가 마음에 걸려 차마 그럴 수가 없었다. 폼페이우스가 몰락한 뒤에 카이사르는 화르살로스에서 브루투스의 목숨을 살려 주었을 뿐만 아니라 그가 간청한 여러 사람의 목숨도 살려 주었다. 그는 또한 카이사르의 깊은 신임을 받았다.

이때 브루투스는 법정관으로서 카이사르에게 최고의 영예를 받았으며, 3년 뒤에는 정적인 카시우스를 물리치고 집정

---

23   이때의 브루투스는 뒷날 카이사르를 죽인 그 브루투스(Marcus Brutus)가 아니라 고대사에 나타나는 민주주의의 아버지인 브루투스(Lucius Brutus)를 뜻한다.(제6장 「푸블리콜라전」, § 1~10 참조)
24   브루투스는 라틴어로 '멍청하다'는 뜻이고, 쿠마이 사람들은 바보스러운 데가 있었다고 한다.

관이 되었다. 들리는 바에 따르면, 카시우스가 집정관 자리를 요구하는 논리가 더 정당했지만, 카이사르는 자신을 위하여 브루투스를 밀어낼 수가 없었다고 한다.

언젠가 몇몇 사람이 그에게 브루투스를 험담하면서 카이사르에 반대하는 음모가 이미 턱 앞에까지 이르렀다고 말했지만, 카이사르는 그들의 말에 귀 기울이지 않고 자신의 몸을 가리키며 이렇게 말했다.

"브루투스는 이 몸의 피부가 쭈글쭈글해질 때까지 기다릴 거요."

카이사르가 이 말로 전달하고자 했던 것은, 브루투스는 높은 덕망으로 정권을 잡을 사람이지 정권을 잡으려고 배은망덕한 짓을 할 사람이 아니라는 뜻이었다. 그러나 혁명을 원했던 자들은 오직 브루투스만을 바라보고 있었다. 그들은 감히 브루투스에게 직접 말을 건네지는 못하고, 밤에 브루투스의 자리에 있는 의자에 다음과 같은 글을 써서 붙였다.

"브루투스여, 그대는 잠자고 있는가?"

"그대는 브루투스가 아니오?"

이와 같은 일들로 말미암아 브루투스의 야심이 태동했음을 알아차린 카시우스는 지난날보다도 더 열정적으로 브루투스를 자극했고, 그가 카이사르를 미워할 수 있는 사사로운 근거들을 건네주었다. 이에 관한 자세한 얘기들을 나는 「브루투스전」(§ 8~11)에 적었다. 그 즈음, 카이사르는 카시우스를 의심하면서 자신의 막료에게 이렇게 말했다.

"카시우스가 무슨 생각을 하고 있을까? 나는 저 인간이 아주 싫네. 그는 얼굴이 너무 창백해."

그리고 들리는 바에 따르면, 어떤 사람이 카이사르를 찾아와 안토니우스와 돌라벨라가 혁명을 모의한다고 비난하자 카이사르는 이렇게 대답했다.

"내가 걱정하는 것은 저 뚱뚱하고 머리 긴 녀석들이 아니라 얼굴이 창백하고 메마른 저 녀석들이라네."

이는 브루투스와 카시우스를 가리킨 말이었다.

63

그러나 운명은 예상하지 못한다기보다는 피할 수 없이 다가오는 것처럼 보인다. 어떤 사건이 일어나기에 앞서, 꼭 놀라운 징조나 유령이 보이기 마련이라고 사람들은 말한다. 하늘에서 불빛이 번쩍거리거나, 밤에 사방에서 무엇이 깨지는 소리가 들리고, 불길한 새가 광장에 떨어지는 따위의 징조들은 이 당시 있었던 일에 비하면 아무것도 아니었다.

그리스의 저명한 지리학자이자 철학자인 스트라본(Strabon)의 『역사 평론(*Historical Commentaries*)』에 따르면, 많은 사람이 불길에 싸여 달려가는 것이 보였고, 어떤 군인의 노예가 그의 손에서 훨훨 타는 불길을 던져 구경꾼들에게 불이 옮겨붙었으나 불길이 꺼졌을 때 사람들은 전혀 데지 않았다고 한다.

더욱이 스트라본의 말에 따르면, 카이사르가 신전에서 제사를 드리는데 희생 제물의 심장이 보이지 않았다. 그러자 천재적인 머리를 가진 카이사르도 무서워했다고 한다. 자연의 이치로 보더라도 심장 없는 동물은 없기 때문이다. 많은 사람의 말에 따르면, 어떤 예언자가 카이사르에게 3월 보름에 큰 위험이 있을 터이니 대비하라며 경고했다고 한다. 로마인들은 보름을 이두스(Idus)라고 부른다.

그날이 오자 카이사르는 원로원으로 가다가 그 예언자를 만나 인사하고 농담 삼아 이렇게 말했다.

"자, 오늘이 그 3월 보름이군요."

그러자 예언자가 부드러운 목소리로 이렇게 대답했다.

"예, 오늘이 그날이군요. 그러나 아직 오늘이 다 지나지는 않았습니다."

카이사르가 죽기 전날 밤, 마르쿠스 레피두스(Marcus Lepidus)가 카이사르에게 저녁 식사를 대접했다. 그는 평소에 하던 버릇대로 긴 의자에 눕듯이 앉아 서류에 결재를 하였는데, 어쩌다 화제가 죽음의 문제로 옮겨 갔다. 어떤 죽음이 가장 좋을까 하는 얘기가 나오자 다른 사람들이 말하기에 앞서 카이사르가 소리치듯이 이렇게 대답했다.

"갑작스러운 죽음이 가장 멋지지."

이런 일이 있고 나서 카이사르는 집으로 돌아와 평소에 하던 대로 아내 옆에서 잠자리에 들려고 하는데 갑자기 방의 문과 창이 모두 한꺼번에 열렸다. 그는 문 열리는 소리와 자신에게 쏟아지는 달빛에 놀라 아내 칼푸르니아를 바라보았다. 아내는 깊은 잠에 빠져 무슨 뜻인지 알아들을 수도 없는 말로 신음처럼 웅얼거리고 있었다.

나중에 들어 보니, 칼푸르니아는 그때 시체가 된 남편을 잡고 통곡하는 꿈을 꾸었다고 한다. 그러나 다른 사람들의 말을 들어 보면, 그 아내는 그런 꿈을 꾸지 않았다고 한다.

역사학자 리비우스의 기록에 따르면, 칼푸르니아의 꿈은 다음과 같았다. 카이사르의 집은 원로원의 결의에 따라 남다르게 치장하고자 박공(博栱)[25]을 둘렀는데, 칼푸르니아는 그것들이 뜯겨 나가는 것을 보고 눈물을 흘리며 통곡했다는 것이다.

이런저런 일이 있은 뒤에 날이 밝자, 그의 아내는 될 수 있으면 오늘은 밖에 나가지 말고 원로원 회의도 뒤로 늦출 것을 간청했다. 그리고 만약 자신의 꿈이 대수롭지 않게 여겨지면 제사를 지내든가 앞날을 위해 제물을 바치라고 간청했다.

카이사르도 어딘가 미심쩍어하고 두려워했던 것으로 보인다. 예전에는 아내가 그토록 소심하고 미신을 따지는 일이 없었는데, 오늘따라 몹시 겁에 질려 있었기 때문이었다. 그래

---

25 박공은 맞배지붕의 양쪽 처마에 널빤지를 덧대어 이은 부분을 말한다.

서 몇 번 제사를 지낸 뒤에 예언자들이 징조가 좋지 않다고 말하자 그는 안토니우스를 원로원으로 보내 회의를 뒤로 미루기로 결정했다.

64

그 무렵에 별명이 알비누스(Albinus)인 데키무스 브루투스(Decimus Brutus)라는 사람이 있었는데, 카이사르의 신임이 두터워 그의 두 번째 상속자로 유언장에 들어 있었다. 그는 마르쿠스 브루투스와 카시우스의 음모에 가담하고 있었다. 그는 오늘 카이사르가 위기를 벗어나면 자신들의 음모가 세상에 알려지는 것이 두려웠다. 그리하여 그는 예언자들의 말을 비웃으며 카이사르에게 이렇게 종용했다.

"장군께서 원로원에 참석하지 않으면 원로원이 스스로 무시당했다고 불쾌하게 생각하여 악의적으로 비난할 터이니, 그런 빌미를 만들지 않도록 원로원에 참석하시지요."

이날 카이사르의 요청으로 소집된 원로원은 카이사르가 이탈리아 밖의 영지에서도 왕임을 선언하고, 그가 바다든 육지든 왕관을 쓰고 다닐 수 있도록 선언할 준비가 되어 있었다. 브루투스는 그 사실을 전하며 말을 계속했다.

"오늘은 집에 돌아갔다가 뒷날 카이사르의 아내가 좋은 꿈을 꾸었을 때 다시 모이자고 말한다면 정적들이 무어라고 떠들 것이며, 이런 일이야말로 압제자나 독재자가 하는 행동이 아니냐고 말한다면 그의 막료가 아무리 변명한들 누가 귀를 기울이겠습니까? 만약 정말로 오늘 일이 내키지 않는다면 장군께서 몸소 원로원에 나가 오늘 일을 미루자고 말하는 것이 좋겠습니다."

말을 마친 '알비누스' 브루투스는 카이사르의 손을 끌고 앞으로 나가기 시작했다. 카이사르가 문을 나와 몇 발짝 옮겼을 때 어느 집 노예가 카이사르에게 다가가려 했지만 그를 둘

211   카이사르

러싼 사람들에 밀려 접근할 수 없었다. 노예는 어쩔 수 없이 카이사르의 집으로 들어가 카이사르의 아내 칼푸르니아의 손에 자신을 맡기며, 자기에게는 카이사르에게 알려야 할 중요한 일이 있으니 그가 집에 돌아올 때까지 자신을 안전하게 보호해 달라고 간청했다.

65

크니도스 태생으로 그리스 철학을 가르치는 선생이었던 아르테미도로스(Artemidoros)는 그 무렵에 브루투스의 추종자들과 가까이 지내던 터여서 그들이 무슨 일을 꾸미고 있는지 그 내막을 잘 알았다. 그는 지금 자기가 하려는 일을 기록한 두루마리를 가지고 카이사르에게 다가갔다. 그러나 카이사르가 다른 사람들에게 받은 두루마리를 모두 자신의 하인들에게 넘겨주는 것을 보고 그는 가까이 다가가 이렇게 말했다.

"카이사르여, 이 글을 손수 빨리 읽어 보십시오. 이는 대단히 중요하고 그대와 관련 있는 일입니다."

그래서 카이사르는 두루마리를 받아 들고 읽으려 했으나 그의 주의를 끌고자 하는 사람들 때문에 읽을 수가 없었다. 그는 그 글을 읽으려고 여러 번 애쓰면서 그 두루마리를 손에 쥐고 원로원 안까지 들고 들어갔다. 그러나 다른 사람들의 말에 따르면, 두루마리를 그에게 준 사람은 아르테미도로스가 아니며, 그는 카이사르에게 접근하지도 못한 채 군중에 휩쓸려 따라가기만 했다고 한다.

66

아마도 이와 같은 일들은 우연히 일어난 것일 수도 있다. 원로원 회의가 열린 장소에서 투쟁과 살육이 벌어졌다는 점을 생각해 보면, 어느 정도 하늘의 힘이 그들의 행동을 불러 이끌었던 듯하다. 원로원에는 폼페이우스의 조상(彫像)이 서 있었고,

그 건물은 폼페이우스가 지은 극장이었기 때문이다.

들리는 바에 따르면, 카시우스는 초자연적인 존재를 믿지 않는 에피쿠로스학파의 가르침에 기울어 있었음에도 카이사르를 공격하기에 앞서 폼페이우스의 조상으로 눈을 돌려 조용히 음우(陰佑)를 빌었다. 끔찍스러운 음모의 시간이 다가오자, 그를 장악한 긴장감은 지난날의 냉정하던 그의 판단력을 하늘의 뜻으로 대체해 버린 것처럼 보였다.

그 무렵 카이사르의 막료로서 몸집이 우람한 안토니우스는 원로원으로 들어오다가 알비누스 브루투스를 만났다. 알비누스가 건물 밖에서 안토니우스를 붙잡고 장황하게 이야기를 늘어놓은 까닭에 안토니우스는 회의장에 들어오지 못하고 있었다.[26] 카이사르가 안으로 들어가자 원로원 의원들은 자리에서 일어나 그를 찬양했다. 브루투스 일당 가운데 몇 사람은 카이사르의 의자 뒤로 둘러앉았다.

그러는 동안에 다른 사람들은 카이사르에게 접근했다. 그들은 킴베르(Tillius Cimber)[27]가 추방된 형들을 사면해 달라고 제출한 청원서를 지지하는 것처럼 하면서 청원인과 함께 카이사르의 의자로 다가갔다. 자리에 앉은 카이사르가 계속하여 청원을 거절했음에도 그들은 끈덕지게 그에게로 몰려갔다. 마침내 카이사르는 화를 내기 시작했다.

그때 킴베르가 두 손으로 카이사르의 겉옷을 목에서부터 벗겨 내렸다. 이것이 공격 신호였다. 단검으로 카이사르를 먼저 공격한 사람은 카스카(Casca)였다. 그는 카이사르의 목을 겨

26　이 대목과 관련하여 플루타르코스는 착오한 듯하다. 제26장 「브루투스전」(§ 17)에는 안토니우스를 잡고 장황하게 이야기를 늘어놓은 사람이 알비누스 브루투스가 아니라 카이우스 트레보니우스(Caius Trebonius)라고 기록했기 때문이다. 아마도 트레보니우스가 맞을 것이다.[아피아노스, 『로마사(5) : 내전사』, II : 117; Perrin, VII, p. 597의 각주 2 참조]

27　여기에서 Tillius Cimber라 한 것은 플루타르코스의 착오로서 제26장 「브루투스전」(§ 17)에 등장하는 Tullius Cimber와 같은 인물이다.

넣으나 깊이 찌르지 않아 치명적이지 않았다. 너무 긴장했기 때문이었다. 그가 큰일을 시작하면서 당황한 것은 자연스러운 일이었다. 카이사르는 돌아서서 카스카의 칼을 잡고 놓지 않았다. 거의 같은 시간에 두 사람이 소리를 질렀는데, 칼에 찔린 사람은 라틴어로,

"저주받을 놈 카스카야, 이게 무슨 짓이냐?"

라고 소리쳤고, 칼로 찌른 사람은 그리스어로 자기 형을 향해,

"형, 도와줘요."

라고 소리쳤다.

이렇게 살육이 시작되자 음모에 가담하지 않은 사람들은 눈앞의 광경에 당황하고 겁에 질려 감히 달아나지도 못했고, 그렇다고 해서 카이사르를 도우러 단상으로 올라가지도 못했다. 아니, 그들은 아무 말도 못 했다. 카이사르를 죽이기로 작정한 무리는 각기 칼을 빼 들었다.

정적들로 둘러싸인 카이사르가 사방을 둘러보니, 자신의 얼굴과 눈을 향해 칼이 날아오면서 마치 들짐승처럼 자기를 몰아붙이고 있었다. 카이사르는 이제 옴짝달싹할 수 없을 정도로 살인자들의 손에 갇히고 말았다. 이 제사에 참여한 모든 사람이 피 맛을 보아야 했다.

그때 브루투스가 카이사르의 사타구니를 찔렀다. 어떤 작가들의 기록에 따르면, 카이사르는 다른 사람들의 공격에는 소리를 지르고 자신을 방어하면서 길을 열려고 했지만, 브루투스가 칼을 빼 든 것을 보고는 겉옷을 머리에 덮어쓰고 폼페이우스의 조상이 서 있는 좌대에 주저앉았다고 한다. 그 행동이 그의 선택이었는지, 아니면 살인자들에게 떠밀려 그렇게 되었는지는 알 수 없다.

좌대는 그의 피로 흥건했고, 수없이 많은 칼을 맞은 카이사르는 벌벌 떨며 그 위에 엎어졌다. 그 모습을 본 사람들은 마치 폼페이우스가 이 모든 복수극을 연출했다고 생각했을지도

모른다. 들리는 바에 따르면, 카이사르는 스물세 번 칼에 찔렸다고 한다. 살인자들도 한 사람만 공격하다 보니 서로 찔려 여럿이 다쳤다.

67

카이사르가 이렇게 죽자 자신이 저지른 일에 대해 뭔가 말하려는 듯 브루투스가 앞으로 나왔다. 그러나 원로원 의원들은 그의 말을 들으려 하지 않고 문밖으로 뛰쳐나갔다.

거리에는 혼란과 걷잡을 수 없는 두려움에 빠진 군중으로 가득했다. 어떤 사람들은 대문을 닫아걸고, 어떤 사람들은 무슨 일이 벌어졌는지를 먼저 보려고 계산대와 가게를 그대로 둔 채 달려가 상황을 살펴본 다음 그곳을 떠났다. 카이사르의 지위 높은 막료였던 안토니우스와 레피두스는 몰래 달아나 다른 사람의 집에 숨었다.

그러나 브루투스와 그의 일파는 아직 식지도 않은 피가 흐르는 칼을 빼 들고 자랑이라도 하듯이 떼를 지어 원로원을 빠져나와 신전의 언덕으로 달려갔다. 얼굴에 기쁜 표정을 지으며 확신에 차 있었던 그들은 도망자처럼 보이지 않았다. 그들은 민중에게 자유를 외치고, 길에서 만나는 귀족들에게는 자신들의 편에 들어오라고 소리쳤다. 그들에게 합류한 몇몇 사람은 마치 이번 거사에 자신들도 참여한 양 뻐기며 신전의 언덕으로 올라갔다.

그들은 이번의 영광스러운 거사에 자신들도 참여했다고 주장했는데, 그 가운데에는 안토니우스[28]와 지난날의 집정관

---

28 이 부분은 판본마다 매우 혼란스럽다. 페린의 판본에는 안토니우스와 레피두스가 배신한 것으로 되어 있고, 워너(Warner)의 판본에는 카이우스 옥타비우스(Caius Octavius)와 레피두스가 배신의 대열에 선 것으로 되어 있다. 이 부분을 정리하자면, 안토니우스는 본디 카이사르의 양자로서 카이사르가 죽은 뒤에 몸을 사리고 있다가 민중이 카이사르에게 동정

이었던 렌툴루스 스핀테르(Lentulus Spinther)도 있었다. 그 뒤 그들은 브루투스의 추종자들에게 신임을 얻지 못했고, 목숨을 걸고 얻은 명성을 누려 보지도 못한 채 안토니우스와 소(少)카이사르(Younger Caesar)[29]의 손에 죽음으로써 명예를 사칭(詐稱)한 대가를 톡톡히 치렀다. 그들을 응징한 사람들은 그들이 음모를 실행해서 응징한 것이 아니라, 음모를 실행하지 않고도 그 대열에 동참하고자 했기에 응징한 것이다.

다음 날 신전의 언덕에서 내려온 브루투스는 자신의 거사를 토론했고, 민중은 그의 처사에 대하여 분노하지도 않고 그렇다고 칭찬하지도 않으면서 그의 말을 듣기만 했다. 그들은 깊은 침묵에 빠져 있었는데, 이는 그들이 카이사르를 동정하면서도 브루투스를 존경했음을 보여 준다.

원로원은 사면령을 내리고, 카이사르에게 신의 의미를 부여하는 결의를 했으며, 카이사르가 재임하는 동안에 채택했던 정책 가운데 아주 미미한 것조차도 바꾸지 않았다. 원로원이 또한 브루투스와 그의 일당에게 속지(屬地)와 영예를 부여하자, 모든 사람이 이번 일은 다 잘 마무리되었다고 생각했다.

을 보이자 반(反)브루투스 진영에 서서 카이사르 암살에 보복하는 일에 참여했다. 카이사르의 종손(從孫)인 옥타비우스는 카이사르에게 호의적이지 않았으나 그의 유언장에서 자신이 상속자임이 밝혀지자 안토니우스와 손을 잡고 카이사르를 암살한 자들에게 복수하려는 무리를 지휘한 것으로 볼 수 있다. 워너의 판본에 등장하는 카이우스 옥타비우스는 옥타비우스 카이사르와는 다른 사람이다.

29 소(少)카이사르는 뒷날의 아우구스투스(Augustus)이다. 이 부분은 설명이 복잡하다. 흔히 카이사르라고 불린 소카이사르와 옥타비우스와 아우구스투스는 같은 인물이기 때문이다. 본디 이름이 옥타비우스인 그는 카이사르의 누이의 손자로서, 카이사르의 유언장에 자신이 후계자임을 알고 이름을 카이사르로 고친 뒤 그의 상속자가 되어 아들 행세를 하면서 반(反)카이사르파를 숙청한 다음 삼두 정치를 거쳐 로마 황제로 등극했으며, 그 뒤에는 아우구스투스라는 황제의 칭호를 썼다. 일부 그의 이름을 옥타비아누스(Octavianus)라고 쓴 저술도 있다.

그러나 카이사르의 유언이 공개되자 그가 로마 시민 모두에게 막대한 유산을 나누어 주려 했다는 사실이 밝혀졌다. 게다가 그의 시신이 광장을 지날 때 온몸이 칼로 난자당한 것을 본 군중은 더 이상 질서를 지키며 자제할 수가 없었다. 그들은 장터에서 가져온 의자와 난간과 탁상을 시신 둘레에 쌓고 불을 질러 시신을 화장했다.

그런 다음 군중은 횃불을 높이 들고 살인자의 집을 불태우러 찾아갔으며, 어떤 사람들은 그들을 붙잡아 찢어 죽이고자 이곳저곳 찾아 나섰다. 그러나 살인자 가운데 누구도 보이지 않았다. 모두 방책 뒤에 숨어 버렸기 때문이었다.

이때 로마에는 카이사르의 막료 가운데 킨나(Cinna)라는 사람이 있었다. 들리는 바에 따르면, 그는 전날 밤에 이상한 꿈을 꾸었다. 그는 꿈속에서 카이사르의 저녁 식사에 초대를 받았다. 그는 그 자리에 가지 않으려 했지만 카이사르가 손을 잡아끌었다. 그래도 그는 가고 싶지 않아 거절하는 꿈이었다. 날이 밝아 군중이 광장에서 카이사르의 시신을 태우고 있다는 말을 들은 그는 꿈자리도 뒤숭숭하고 마침 몸에서 열이 났음에도, 카이사르에 대한 존경심 때문에 몸을 추슬러 광장으로 나갔다.

킨나를 본 군중 가운데 한 사람이 그가 누구냐고 묻자 옆 사람이 그의 이름을 알려 주었다. 그 말은 곧 입을 타고 여러 사람에게 알려졌고, 끝내는 그가 살인자 가운데 한 사람으로 군중에게 알려졌다. 살인자 가운데 실제로 킨나라는 동명이인이 있었는데, 군중은 그가 이 사람인 줄 잘못 알고 달려들어 군중이 지켜보는 가운데 찢어 죽였다.

이런 사실에 겁을 먹은 브루투스와 카시우스는 오래지 않아 로마를 떠났다. 그들이 죽기에 앞서 무슨 일을 했고, 무슨 일을 겪었는지를 나는 「브루투스전」(§ 21)에 기록했다.

카이사르는 죽을 무렵에 만 56세였으니 폼페이우스보다 4년 밖에 더 살지 못했다. 그는 모든 생애에 걸쳐 그토록 많은 위험을 겪으며 추구하던 권력을 마침내 겨우 손에 넣었지만, 그가 얻은 결실은 없었다. 남은 것은 오직 이름뿐이요, 그를 따르던 시민의 질투만을 불러일으킨 영광뿐이었다.

그러나 모든 생애에 걸쳐 카이사르를 도와주던 위대한 수호신은 그가 죽은 뒤에도 복수하듯이 육지와 바다 모든 곳에서 단 한 사람도 남기지 않고 암살자들을 처단했는데, 그 음모에 잠시 손을 댄 사람이든 적극 가담한 사람이든 가리지 않았다.

그 가운데 가장 놀라운 사건은 카시우스의 죽음이었다. 필리포이 전투에서 진 그는 카이사르를 죽인 바로 그 칼로 자살했다. 하늘도 무심하지 않아 카이사르가 죽은 뒤 커다란 혜성이 나타나 7일 밤 동안 찬란하게 비치다 사라졌고, 해도 빛을 잃어 희미했다. 그해 내내 햇무리가 나타나 빛을 내지 못하자 기온이 내려가고 제구실을 못 하여 공기의 순환이 눅눅하고 침침했다. 공기가 찬 까닭에 과일은 익지 않거나 반쯤 익어 시들거나 쭈글쭈글해졌다.

무엇보다도 브루투스에게 나타난 유령은 신들도 카이사르의 암살자들을 싫어했음을 보여 주었다. 브루투스가 군대를 이끌고 소아시아의 아비도스(Abydos)에서 바다 건너 대륙으로 이동할 때였다. 밤이 되자 그는 평소처럼 막사에 누웠지만, 잠이 오지 않아 앞날을 생각하며 뒤척거리고 있었다.

들리는 바에 따르면, 브루투스는 장군들 가운데 가장 잠이 적은 사람이어서 누구보다도 깨어 있는 시간이 길었다고 한다. 그때 문에서 무슨 소리가 들리는 것 같아 등잔을 바라보니 불빛이 사그라지며 천천히 꺼지고 있었다. 이어서 그는 엄청나게 크고 험악한 모습을 한 무서운 환영을 보았다. 처음에 그는 몹시 두려웠으나, 그 유령이 아무 짓도 하지 않고 아무 말도 없이 조용히 의자에 앉자 물었다.

"너는 누구냐?"

그러자 그 유령이 이렇게 대답했다.

"브루투스여, 나는 너에게 원한 맺힌 유령이다. 너는 필리포이에서 나를 보게 될 것이다."

그러자 브루투스는 담담하게 이렇게 대답했다.

"그러지."

그리고 저승사자는 곧 사라졌다. 그 뒤에 브루투스가 필리포이에서 안토니우스와 옥타비우스를 만났을 때, 첫 전투에서 그는 전선에 나서 그들을 무찔러 정복하고 옥타비우스의 병영을 짓밟았다.

두 번째 전투를 하던 날, 그 유령이 다시 나타났다. 유령은 브루투스에게 아무 말도 하지 않았지만, 브루투스는 자신의 운명을 알고 적진으로 곤두박질치듯 쳐들어갔다. 브루투스는 이 전투에서 전사한 것이 아니라 자신의 군대가 패주하자 산마루로 물러나 칼로 자신을 찔렀다. 들리는 바에 따르면, 그때 어떤 친구가 칼이 심장을 찌르도록 도와주었다고 한다. 브루투스는 그렇게 죽었다.

카이사르가 들어야 할 칭찬만으로도
책 한 권이 넉넉할 것이다.
— 뒤 아이양

인간이 살다 보면 무너질 수 있다.
그러나 그것은 오직 한 번이어야 한다.
— 카이사르

1

알렉산드로스와 카이사르를 비교하면서 이런저런 이야기를
하기도 쉽고, 또 이를 입증하는 것도 어렵지 않다. 이를테면 그
들은 모두 용맹한 전사들이었으며, 그런 점에서 역사에 기록
될 만하다. 그들은 전쟁을 탁월하게 치러 냈다는 점에서 많이
닮았다. 그들은 또한 명문가에서 태어나 훌륭한 교육을 받았
고, 웅변에 뛰어났으며, 너그러웠다.

알렉산드로스와 카이사르는 온건한 성품을 타고났으며,
막료와 시종들을 몹시 아꼈고, 자기 군대의 장군과 사병들을
조직하여 충성을 받았고, 적군에게 자비로웠다. 그들의 용맹
은 젊은 시절부터 촉망을 받았으며, 그들의 전과(戰果)는 모두
찬란했다. 그들이 치른 전쟁이 짧게 끝났다는 점과 그들이 거

---

[1]   이 부분은 원문이 없어진 것을 프랑스의 주교인 아미요(J. Amyot)가 프랑
    스어판을 출판하면서 그의 후학인 뒤 아이양(Bernard de Girard du Hail-
    lan)에게 써넣게 한 것이다. 여기서는 그 프랑스어판을 대본으로 한 노스
    경(Sir Thomas North)의 영문판 제7권을 이용했다. 노스의 판본에는 분
    절(分節) 번호가 없지만, 여기에서는 아미요의 판본에 따라 적어 넣었다.

쳐 간 나라의 영토가 광대하다는 점에서 보더라도, 그들의 기율(紀律)은 기적에 가까울 정도로 놀라웠다.

두 사람은 자신들이 멸망시킨 적군과 자신들이 정복한 도시와 지방을 현명하게 처리했다. 지혜와 용맹을 발휘하면서 늘 자신들의 손으로 승리를 쟁취한 그들은 남들의 질투를 불러일으킬 여지를 주지 않았다. 이처럼 그들의 용맹함은 그들이 가고자 하는 앞날에 오직 도움만을 주었다.

두 사람 모두 개인적으로 엄청난 위험을 겪었다. 알렉산드로스는 [기원전 326년에] [아제르바이잔의] 말리(Malli)에서 싸우면서 위험한 고비를 넘겼고, 카이사르는 스페인에서 폼페이우스의 아들과 싸우면서 그런 일을 겪었다. 두 사람 모두 그들이 사랑하고 존경했던 예언자에게서 죽음에 대한 예언을 분명히 들었다. 두 사람은 그럴 만한 가치도 없는 곳에서 맹목적으로 위험에 빠졌지만, 사람들은 그들을 구원해 주려 했다.

2

그러나 단순히 두 사람의 생애만 들여다본 독자는 마치 끝이 보이지 않는 들판에 서 있는 것처럼 어디를 바라보아야 할지 모른 채, 자신의 눈앞에 펼쳐진 여러 일을 한꺼번에 보게 된다. 만약 독자가 두 사람 가운데 어느 한 사람을 지지해야 한다면, 그는 광막한 논쟁의 바다에 빠져들어 두 사람 가운데 누구를 선택할지 망설이게 될 것이다. 마치 짐을 실은 배처럼, 저 사람을 실으려면 이 사람을 내려놓아야 하는 것이다.

어떤 사람을 바다로 나가도록 격려하려면 우리가 먼저 바다로 나가 배를 저어야 한다. 비유 없이 솔직히 말하건대, 이와 마찬가지로, 독자들이 나의 기록을 보고 자유롭게 판단하도록 하려면 내가 먼저 이 사람과 저 사람을 견주어 서로 어떤 점이 더 뛰어났는지를 보여 주어야 한다. 지금 나는 두 사람의 소년 시절과 전쟁 수행, 미덕과 허물, 죽음의 모습, 그들의 죽음 뒤에 일어난 일들을 짧게 써 보고자 한다.

3

먼저 알렉산드로스를 이야기하면서 그의 혈통이나 아름다움이나 육체적 매력과 같이 남들이 흔히 하는 이야기를 하지 않았다는 점에 대해 양해를 구하고자 한다. 그와 같은 것들은 그의 덕망과 관련하여 아무런 가치가 없는 소재이기 때문이다. 다만 여성에 대한 그의 자제력과 몸을 함부로 굴리지 않은 점은 높이 살 만하다. 그는 젊은 날에는 방탕하고 나약하였으나 일생을 망칠 정도는 아니었고, 장성한 뒤부터는 여성에 대해 자제력을 보여 주었으며 방종한 모습을 보이지 않았다.

그와 달리 카이사르는 망신스러운 꼴을 겪었고, 그것이 그의 허물이 되었다. 그와 달리 알렉산드로스의 야망은 그의 고결한 기백에서 우러나왔다. 그가 올림픽 경기에 출전하여 달리기를 한 이야기, 페르시아 사절과 나눈 대화, 아버지가 자기에게 정복할 땅을 남겨 주지 않는다고 불평한 사실을 보면 그런 점을 잘 알 수 있다.

그런가 하면, 카이사르는 비티니아와 그리스에서 얼마 동안 머문 뒤에 로마로 돌아와 너그러운 마음으로 로마 시민의 마음을 얻고자 연설하고, 더 큰 것을 얻으려고 작은 공직을 요구함으로써 시민의 팔에 스스로 몸을 던졌다.

요컨대 카이사르의 처사는 알렉산드로스가 보여 준 삶의 방법과는 매우 달랐다. 알렉산드로스는 덕망을 쌓으려고 위대한 제왕의 길을 걸어가다 보니 어느 날 세상의 명예를 얻었으며, 모든 사람 가운데에서 가장 학식이 높은 아리스토텔레스를 스승으로 모심으로써 자신이 그의 가장 소중한 제자임을 보여 주었다.

그러나 카이사르는 배움으로써 덕망을 닦은 것이 아니라 타고난 재능과 그 시대의 전제적(專制的)인 방법으로 세상을 돌파해 나갔다. 그는 아집과 야망이라는, 용서받을 수 없는 악덕에 사로잡혀 끝내는 그 때문에 목숨까지 잃었는데, 이는 시대가 카이사르 자신과 조국에 불행한 시기였음을 뜻한다.

알렉산드로스는 어려서부터 학문을 사랑하고 위대한 학자를 존경함으로써 어떤 다른 군주보다도 더 자신을 훌륭하게 만들었다. 위대한 시인 호메로스에 대한 그의 찬양은 그 자신에게로 돌아왔다. 또한 견유학파(犬儒學派, Kynismos)의 디오게네스와 철학자 크세노크라테스와 그 밖의 철학자들에게 보여 준 그의 정중함과 너그러움은 얼마나 훌륭한가!

그러나 이와 달리 카이사르는 자기만 생각하고 다른 사람을 배려하는 모습을 보여 주지 않았다. 만약 그가 다른 사람을 배려한 적이 있거나 금은을 넉넉히 준 적이 있었다면, 이는 그 사람을 배려해서가 아니라 그들의 마음을 사로잡고자 함이었다. 그들에게서 되돌아올 보상이 어느 정도인지 예상하고 그만큼의 혜택을 베풀어 주었던 것이다.

4

이제 두 사람을 서로 비교하여 말하자면, 카이사르는 "남과 대화하면서 지혜로웠고 전투에서 용맹했다." 정직하게 말해서, 명예라는 단어야말로 그들에게 진정 합당한 찬사였으며, 이런 점에서 두 사람은 그들보다 앞선 시대의 어떤 영웅들보다도 유리했다. 다만 알렉산드로스를 조금은 높이 평가하자면, 그리스 비극 시인 아이스킬로스의 말처럼, 그는

거친 전사였고,
다치는 것을 두려워하지 않았으며,
무장한 적군에게는 무서운 존재였다.

아버지 필리포스왕이 죽은 뒤에 그가 아시아에서 겪은 전쟁은

알렉산드로스와 카이사르의 비교

엄청난 것이었다. 그는 폭풍과 높은 산과 쳐다보기도 어려울 만큼 거대한 짐승과 야만적인 인간들과 반역과 반란과 싸운 것이다. 그가 전쟁을 시작할 무렵, 그리스인들은 필리포스왕이 치른 전쟁을 회상하며 머리를 맞대고 의논했다. 다른 국가들도 모두 마찬가지였다. 마케도니아도 그 흐름을 타고 자신들만의 성과를 이루려 했다. 이렇게 서로 다른 마음을 먹은 여러 민족은 이웃 나라들이 어떻게 하려나 지켜보고 있었다.

　페르시아의 금과 은이 정치인들의 지갑 속으로 들어왔고, 민중의 지배자들은 펠로폰네소스를 고무했다. 반면에 필리포스왕의 금고는 비었으며 빚은 더욱 늘었다. 이처럼 사정이 어려워지고 곤란한 가운데 갓 성년이 되어 왕위에 오른 알렉산드로스는 아시아를 정복할 생각을 하고 있었다. 아니, 아마도 그는 세계 제국을 꿈꾸고 있었을 것이다.

　알렉산드로스의 병력은 보병 3만 명에 기병 5천 명이었다. 다른 사람의 기록에 따르면, 그의 병력은 보병이 4만 5천 명이었고 기병이 5천5백 명이었다고도 한다. 그가 마련한 군자금은 5만 2천 크라운(crown)[2]이었다는 기록도 있지만, 사모스 출신 역사학자인 도리스의 기록에 따르면, 그때 준비된 식량과 군자금은 30일분에 지나지 않았다고 한다.

5

그러나 알렉산드로스의 진짜 자산은 담대함과 절제심과 지혜와 용맹이었다. 그는 전쟁을 벌이는 곳에서 군수품을 보급받았는데, 이 방법은 그가 아버지 필리포스왕에게 배운 것이라기보다는 스승인 아리스토텔레스에게서 배운 것이었다. 알렉

2　1크라운은 5실링이다. 노스의 첫 번째 판본이 출간될 당시(1549년) 1기니 (21실링)는 현재 가치로 약 350파운드가량이므로, 5만 2천 크라운은 약 430만 파운드가량(2019년 6월 말 현재 환율로 약 63.5억 원)이다.

산드로스는 페르시아와 전쟁을 벌여 얻은 전리품으로 자신의 부대를 무장했다. 페르시아는 그리스와 같은 하늘 밑에 살 수 없는 원수로서 그리스에 숱한 잘못과 해코지를 했다.

알렉산드로스의 도량과 용맹함은, 치열한 전투이든 침략 전쟁이든 아니면 도시를 함락하든, 그의 모든 전투에서 나타났다. 그는 자신의 몸을 사리지 않아 온갖 전투에서 깊은 상처를 입었다. 말리의 전투에서는 무서운 용맹을 보여 주었으며, 그토록 많은 이방 민족과 전투하면서 홀로 싸운 적도 있었다. 그는 자신의 가슴에 박힌 화살을 빼는 의사를 얼마나 높은 자제력으로 격려했던가? 그는 이렇게 말했다.

"어느 누구도 그렇게 심약하고 비겁하지 않도록 하라. 생사가 문제 되지 않는다면, 설령 사람들이 나를 걱정하여 그런다 해도, 나는 사람들이 내가 죽음을 두려워했다고 믿는 것을 도저히 용납할 수 없다."

한 인간으로서 12년이 채 못 되는 기간에 이런 일을 하면서 세상 곳곳을 정복자로 유랑한 것은 인간의 이해(理解)를 넘어서는 찬사를 받고 있다.

그러나 이런 점에서 카이사르는 알렉산드로스와 달랐다. 카이사르는 오랫동안 전쟁 물자를 준비했으며, 다행히도 자신의 빚을 갚아 줄 크라수스를 만났으나 이 만남은 끝내 로마를 부패하게 했다. 그 뒤로 그는 폼페이우스와 위험한 동맹을 맺고 갈리아로 쳐들어갔다. 이곳에서 그는 교활한 지혜를 활용하여 공업을 이루었다. 이처럼 그는 불리한 상황조차 승리로 이끌 능력이 있었는데, 바로 그 능력으로 말미암아 그는 로마 제국의 모든 정체(政體)를 무너뜨렸다.

6

알렉산드로스가 자신의 기량만으로 적군을 무찔렀다는 이유로 그렇게 칭송받는 것은 아니다. 그는 전쟁을 치르며 놀라울 정도로 지혜롭고 덕망 높은 태도를 유지함으로써 자신이 용사이기에 앞서 완전한 철학자라는 사실을 잘 보여 주었다. 그와 관련하여 이 젊은 군주가 카이사르를 뛰어넘는 덕망을 지녔던 사실에 대한 몇 가지 사례를 들어 보는 것도 좋을 듯싶다.

우리는 알렉산드로스의 능력에서 공의로움, 따뜻한 기질, 뛰어난 관용, 조리 정연하고 섬세한 지혜가 함께 따르고 있음을 볼 수 있다. 이런 자질은 모두 신중함과 성숙한 판단을 기초로 하고 있다. 그는 자신에게 주어진 문제를 처리할 때면 언제나 용맹함과 인간미와 인내심을 발휘했다. 알렉산드로스의 모든 원정에서 온갖 덕망이 함께하지 않은 순간은 한 번도 없었다.

그러므로 알렉산드로스의 모든 행동에는 누구보다도 훌륭한 덕망의 요소가 담겨 있는 것이 사실이다. 우리는 그의 행동에서 정중한 용맹함과 용맹한 정중함을 볼 수 있다. 그는 너그럽고 절약하며, 짜증을 곧 멈추고, 온화하게 사랑하며, 게으르게 시간을 보내지 않으며, 우아하게 여행했다. 세상에 다른 누가 잔치와 전쟁을 함께하고, 전쟁과 운동을 함께할 수 있었을까? 도시를 정복하는 과정에서 그와 같은 조화를 이룰 수 있는 사람이 있었을까? 오직 알렉산드로스만이 전투와 운동 경기와 잔치와 결혼식까지 아우르며 조화를 이룰 줄 알았다.

한편, 자신에게 해코지를 한 사람마저 더없이 정중히 대하는 사람을 정적으로 삼을 수는 없을 것이다. 애원하는 적들조차 공의롭게 대해 주는 사람을 어떻게 잔인하게 대하겠는가? 알렉산드로스가 바로 그런 사람이었다.

이와 관련해서는 포로스의 예를 들어 보자. 포로스를 사로잡은 알렉산드로스가 어떻게 대우해 주기를 바라느냐고 그에게 물었을 때 그는 이렇게 대답했다.

"제왕답게."

그 밖에 더 바라는 것이 없느냐고 알렉산드로스가 묻자 그는 이렇게 대답했다.

"그 '제왕답게'라는 말 속에 다 들어 있소."

알렉산드로스는 막료와 적군을 막론하고 처음부터 죽을 때까지 그런 식으로 대했다. 그래서 그를 평가하는 데에는 이런 말이 적당할 것이다.

"현자(賢者)답게."

알렉산드로스의 삶은 어떠했는가? 현자다웠다. 그는 어떻게 그 많은 전쟁을 치렀는가? 현자답게 치렀다.

7

알렉산드로스가 공적으로나 개인적으로 사람들을 만나 이야기를 나눌 때 어떠했는가? 현자다웠다. 그 또한 자신의 행동에서 몇 가지 실수를 저질렀고, 우리는 그 이야기를 잊을 수 없다. 그러나 모든 법에는 예외가 있듯이, 그 모든 실수를 일일이 지적할 수는 없다. 얼굴에 뾰루지나 사마귀가 생겼다고 해서 잘생긴 얼굴 전체에 얼룩이 지는 것은 아니다. 그러므로 알렉산드로스의 실수나 완전하지 못했던 행동 때문에 현자로서 누린 명예가 모두 사라지는 것은 아니다.

알렉산드로스의 현자와 같은 특성은 다른 사례로도 알 수 있다. 바로 당대의 수많은 유명 작가들이 알렉산드로스에게서 교훈적이고도 짤막한 경구들을 수없이 얻어다 기록해 놓았다는 사실이다. 그 시대의 작가들은, 마치 그리스 장군 크세노폰 (Xenophon)이 키로스에게 한 일들을 평가하듯이, 알렉산드로스의 삶에서 있었던 일들을 기록했다. 이 작가들은 이처럼 모든 덕망을 갖춘 완벽한 군주의 삶이 어떠했는가를 민중 앞에 늘어놓았다.

그에 견주어 보면 카이사르는 조국을 지배하려고 끝없이 폭력을 행사하여 자신의 삶을 얼룩지게 했다. 그는 마지막 전투에서도 큰 실수를 저지름으로써 삶의 마지막 순간을 맞이했는데, 그 실수는 그가 어머니를 속인 것보다 더 나쁜 짓이었다.

알렉산드로스와 카이사르의 비교

카이사르가 조국 로마의 자유를 유린하고자 이탈리아로 쳐들어가기 전날 밤에 꾼 그 끔찍한 꿈은 그에게 큰 고통을 안겨 주었다.

알렉산드로스는 위대한 군주로서 개전(開戰)할 가치가 있다고 여겨질 때만 전쟁을 일으킴으로써, 공덕을 이루는 일이 아니라면 남을 공격하지 않았다. 그는 그리스의 목을 조이려고 전쟁을 일으킨 것이 아니라 세상에 평화롭고 행복한 정치를 구현하고자 전쟁을 시작했다. 알렉산드로스의 전쟁으로 말미암아 그리스가 눈물을 흘리지는 않았다. 그러나 카이사르는 온 나라를 불길과 눈물로 가득 채웠다.

알렉산드로스는 그의 병사들에게 충성을 받았다. 알렉산드로스의 부하들 가운데 질서를 문란하게 만드는 무리는 없었다. 알렉산드로스는 막료의 도움을 받아 야만족들조차도 문명인으로 만들었다. 그러나 카이사르는 자신의 막료를 방종하게 버려두었으며, 그들은 끝내 카이사르를 저버렸다. 그는 무례한 무리로 로마를 가득 채우고, 끊임없이 혼란의 씨를 뿌림으로써 끝내 스스로를 피투성이로 만들었다.

8

알렉산드로스의 자제심은 어떠했는가? 그는 모든 것을 자신의 소유로 만들려 하지 않았다. 그는 한창나이의 꽃다운 청춘이었지만, 잡혀 온 여인들을 자신의 용맹으로 얻은 전리품으로 보지 않고 자제심을 발휘하여 그들의 정복자가 된 것으로 만족했다. 알렉산드로스는 자기 앞에 나타난 여인들을 처음 보는 여인 이상으로 여기지 않았다.

알렉산드로스는 모든 사람에게 품위를 지킴으로써 자신이 예상 밖으로 공의로운 사람이라는 것을 보여 주었다. 알렉산드로스가 아내 록사나와 스타테리아를 사랑한 것은 그들이 정실부인이었고, 그렇게 하는 것이 자신의 공무 집행에도 좋은 일이기 때문이었다. 그러나 카이사르는 그렇지 않았다. 그는 여자 문제에서 자신의 분수를 지키지 않았다.

알렉산드로스가 더욱 칭송받아야 할 점은, 그가 승리를 훔치지 않았다는 것이다. 다레이오스왕의 강화 제안을 받아들이지 않고, 자신이 필요하다고 생각했을 때 그리스가 아시아를 제패하게 만든 그의 용기는 실로 대단한 것이다. 또한 그는 실제로 전쟁에 돌입해 적군을 추격하고 응징할 때도 언제나 최선을 다했다. 만약 그가 그렇게 하지 않았더라면, 베소스의 손에 죽은 다레이오스는 자신의 덧없는 죽음을 더욱 가슴 아프게 여겼을 것이다.

알렉산드로스가 지난날 보여 준 처사는 그가 제왕으로서의 풍모를 훌륭히 갖추었음을 잘 증명하고 있다. 알렉산드로스는 배신자나 반역자를 용서하지도 않았지만, 명예를 위한 일이 아니면 그들을 정복하지도 않았다. 그러나 카이사르는 개인적인 이유로 폼페이우스를 추격했다. 그들이 자기를 죽일 음모를 꾸미고 있다는 사실을 알고 응징한 것이다.

9

이제 알렉산드로스에 관한 이야기를 결론지어 보자. 그의 일생에 관한 글을 읽어 보면, 하늘은 이 왕에게 그리스와 로마의 어느 귀족보다도 더 분명한 덕망을 선물로 내려 주었음을 알 수 있다. 역경 속에서도 연민과 공의로움과 평등을 마음속에 간직한 것 말고도, 그는 희망으로써 자신을 강건하게 만들었다.

알렉산드로스의 세력이 번창했을 때, 그는 아첨꾼들에게 둘러싸여 있으면서도 자신이 위대하다는 생각에 도취하지 않았고, 인간이란 언젠가는 사라져야 할 존재임을 알고 있었으며, 모든 일에 겸손했다. 그는 엄청난 인내심으로 가까운 사람들의 지나친 말을 견뎌 냈으며, 그런 말을 하는 사람들에게 복수하려고 글로나 말로 표현하지 않았다.

왕이 고언(苦言)을 듣는 것은 가치 있는 일이며, 그런 말을 듣는 것이 훌륭한 일이라고 알렉산드로스는 생각했다. 그는 막료들에게 가슴에서부터 우러나오는 우정과 존경을 보여 주었으며, 그들을 위해 자신에게 필요한 것들을 삼갔으며, 우정 어린 편지를 쓰고, 그들의 신상에 특별히 관심을 보였다. 그는 군인에게 지불하기로 되어 있던 금화 6백만 닢을 노예의 몸값으로 채권자들에게 지불했다. 또한 그는 페르시아인들이 파괴한 곳에 그리스 신전을 짓고자 아시아에서 그리스로 많은 돈을 보냈다.

요컨대 알렉산드로스는 자기 일을 처리하면서 열망과 불굴의 용맹을 보여 주었으며, 어떤 위험에 빠져도 마음을 나약하게 먹지 않았다. 그런 점에 견주어 본다면 카이사르는 많은 일을 이기적으로 처리했는데, 이제 그런 문제들을 살펴보고자 한다. 알렉산드로스는 늘 이런 문제를 가슴에 담아 둠으로써 악행을 저지르지 않았고, 다른 사람들처럼 자신의 덕망에 흠집 내는 일을 하지 않았다.

10

어떤 사람들은 알렉산드로스가 술을 많이 마셨고 성격이 불같았다고 비난하면서, 이를 그의 부덕함이라고 지적한다. 나는 그러한 허물을 변명할 생각이 없다. 그러나 분노에 관하여 말하자면, 군주 가운데 화를 낸 다음 곧바로 자신의 실수를 고백할 만큼 솔직한 사람은 없었다. 알렉산드로스의 분노는 어느 정도 타고난 측면이 있다.

알렉산드로스가 분노를 표출했던 인물로는 그의 손에 죽은 클레이토스('Black' Cleitos)와 아리스토텔레스의 조카였던 칼리스테네스와 그 밖의 몇몇 사람이 있는데, 이들은 스스로가 알렉산드로스의 분노를 불러일으킨 인물들로서 왕의 분노에는 일차적으로 그들에게 책임이 있었다.

사실대로 말하자면, 지체 높은 주인을 둔 신하들이 과하게 행동할 이유는 없다. 그러나 그들은 지난날 같았으면 말을 참으며 피할 수 있었던 일도 견디지 못하고 마치 바위에 머리를 부딪히듯이 달려들거나, 지금 같으면 저지르지 않았을 분노로 치달았다.

많은 사람이 알렉산드로스가 고향을 벗어나 자기편으로 찾아온 인도 군인들을 잘못 썼다고 비난할 것이다. 철학자들은 알렉산드로스가 조국을 위해 좀 더 긴 시간 동안 봉사할 수 있도록 원정을 자제했어야 하며, 세력이 강한 적국의 분노를 돋우지 말았어야 했다고 지적할 수도 있다. 또 알렉산드로스는 자신의 막료였던 헤파이스티온 장군의 죽음을 애도하고자 코사이오이족을 끔찍하게 죽였다. 이는 아무리 해도 도저히 변명할 수 없는 실수였다.

11

그러나 알렉산드로스는 인도 왕 타크실레스와 포로스와 그 밖에 자기에게 복속한 많은 민족과 자신이 함락한 많은 도시에 자비를 베풀었다. 그는 자신의 장군들에게도 여러 영예를 나누어 주었다. 알렉산드로스는 일상에서 매우 자비로웠다. 자신의 사려 깊지 않은 행위로 말미암아 상처 입은 사람들에게는 연고를 발라 주듯이 쓰다듬어 주었고, 자기가 좋아하는 사람들의 죽음에 대해서는 지나칠 정도로 슬퍼했다.

카이사르는 자신의 가슴속에 알 수 없는 증오를 숨기고 있었는데, 그 증오는 때와 상대에 따라 다른 방식으로 표출되었다. 또한 카이사르는 전쟁에서 승리하기 전후에는 몇 사람에게 자비를 베풀었는데, 이 역시 자신의 입신(立身)을 위한 것이었지 그들에게 호의를 품어서가 아니었다.

아프리카에서 카이사르는 자신이 의심하는 사람들을 많이 죽였으며, 그 가운데에서도 카토의 경우에는 죽은 뒤에도 그대로 두지 않았다. 또한 그는 폼페이우스의 시체에서 빼 온 인장 반지를 받을 때 눈물을 흘리면서 목 잘린 그의 머리를 바라보지 않았지만, 그것을 들고 온 테오도토스의 얼굴은 외면하지 않았다.

그러면서도 카이사르는 죽은 노예와 막료에게는 호의를 보였는데, 그 무렵의 사람들은 이를 "죽은 적군에 대한 입맞춤"이라고 불렀다. 카이사르의 행동은 이렇게 이율배반적인 데가 있었다.

사악하기로 친다면 폼페이우스의 목을 자른 테오도토스가 다레이오스를 죽인 베소스에 못지않다. 그러나 카이사르는 알렉산드로스와 같지 않았다. 그는 자신의 입신에 도움이 되지 않는다고 판단하여 이집트로 진격하지 않았다. 폼페이우스가 몰락하면서 이집트로 진격하려던 목표가 이미 달성되었다고 생각했기 때문이었다.

12

알렉산드로스의 술버릇에 대해 말하자면, 그는 그렇게 많이 마시지 않았고 술자리가 생겼을 때만 오래 마셨으며, 막료들과 이야기를 나누면서 시간을 보낸 것뿐이라며 옹호하는 사람들이 있다. 그와 달리, 또 어떤 사람들은 그가 말년의 카토처럼 술좌석에서 새벽이 올 때까지 밤새 마셨다고 한다.

또 어떤 사람들의 말에 따르면, 알렉산드로스의 술자리는 그가 온종일 매달렸던 공무 때문이었다고 한다. 그런 탓으로 그는 밤이 되어서야 학자들과 술자리에서 대화를 나누는 것을 기쁨으로 여겼다는 것이다.

그러나 알렉산드로스가 제국의 공무로 그토록 고생한 뒤에 즐거움을 누리고자 장군들과 함께 자유롭게 술을 마셨다 해도, 그것이 간단히 끝나지는 않았던 것으로 보인다. 나는 알렉산드로스가 창녀 라이스(Lais)[3]와의 관계에서 저지른 실수나, 장군 6백 명에게 명예의 관을 씌워 주겠다고 약속하면서 엄청나게 술을 마시게 한 일을 변명하고 싶은 생각이 없다. 그때 그들이 작은 잔으로 술을 마시지 않은 것은 그들이 건장했음을 보여 준다. 이 자리에서 폭음했던 장교 41명이 그로 말미암아 죽었다.

실제로 알렉산드로스는 시종 메디오스의 초청을 받고 가벼운 마음으로 가서 밤을 새워 가며 다음 날 아침까지 술을 마신 적이 있다. 그때 그는 쓰러져 더 마실 수 없었다. 그리고 열이 오르더니 떨어지지 않았다. 어떤 사람들은 그때 술에 독이 섞여 있었다고 말하지만, 근거가 없다.

알렉산드로스는 술이 지나쳤지만, 그렇다고 해서 그것이 평화로울 때나 전쟁이 일어났을 때 그를 빛나게 해 준 수많은 미덕을 묻어 버릴 수는 없다. 그와 달리 카이사르는 쾌락을 자제하지 못했고, 야망에 끝이 없었다. 그 정도가 너무 지나치고 위험하여, 알렉산드로스가 불같이 화를 내고 술이 지나친 것과는 견줄 수가 없다.

13

알렉산드로스의 영광은 순수하고 흠이 없어, 전성기에도 시샘하는 사람이 없었다. 그가 죽은 뒤에도 그의 영광은 평소처럼 이어져 그리스와 유럽의 군인들이 모두 그를 애도했다. 그의 예하 장군들 가운데에서 여러 왕실이 생겼고, 네 명의 장군이 제국을 나누어 지배한 뒤로 그 후손들이 오랫동안 자기 땅에서 왕업(王業)을 이었다.

카이사르도 알게 모르게 수많은 역경과 고난을 극복했다. 그러나 그가 남긴 것은 부끄러운 영광뿐이었다. 그는 제국의 지배자들에게 증오만을 불러일으켰다. 그는 짧은 시간에 몰락

---

3   이 부분은 뒤 아이양이 타이스(Thais)를 착각한 것이다.

했으며, 좋은 법과 재산을 사랑하는 사람들은 그의 죽음을 슬퍼하지 않았다.

카이사르의 죽음은 세상을 내란의 소용돌이로 몰아넣었고, 권력은 그의 조카4[아우구스투스]에게 넘어갔다. 하늘과 땅의 그 누구보다도 세상을 바라보는 데 탁월했던 신의 섭리는 아우구스투스에게 세상의 권력을 넘겨주기로 결심했던 것이다.

그와 달리 알렉산드로스는 바빌로니아에 머무는 동안 행복하게 살았다. 그곳에서 그는 신탁을 받았는데, 그때 이미 신은 그에게 믿음직한 예언을 내림으로써 그의 나약해진 정신력을 북돋아 주었고, 그가 자신의 지혜에 따라 공의로운 판단을 할 수 있도록 기꺼이 도와주었다.

그러나 로마 제국은 아우구스투스가 등장한 뒤로 다시 새로운 불행에 빠졌고, 이때부터 갈피를 못 잡고 방황하다가 제무게에 눌려 주저앉았다. 알렉산드로스의 후계자들에게도 그와 같은 일이 벌어졌으나 이는 알렉산드로스의 실수가 아니었으며, 후손들의 방황은 그를 더욱더 훌륭한 인물로 기억하게 만들었다. 앞에서 말한 것들이 내가 알렉산드로스에 대해 알고 있는 사실들이다.

14

이제 카이사르에 대하여 좀 더 이야기하고자 한다. 이 글을 쓰면서 내가 마치 그에 관해 세상에 떠도는 이야기들보다 더 많은 것을 아는 체하지는 않을 것이다. 그렇게 하려면 나보다 더 훌륭한 역사가가 있어야 할 것이다.

카이사르는 어느 날 책에서 알렉산드로스 이야기를 읽다가 그와 자신을 비교하면서 눈물을 흘리며 그의 용맹스러운

4   이 부분은 옥타비우스[아우구스투스]를 뜻하는 것으로 보이는데, 그는 카이사르의 조카가 아니라 종손(從孫)이었다.

원정을 부러워했다고 한다. 그러므로 나는 그가 알렉산드로스와 비슷한 처신을 한 적이 있는지, 알렉산드로스보다 빼어난 무엇이 있는지를 찾아보고자 한다.

무엇보다도 먼저, 나는 젊은 날의 알렉산드로스에 관한 글에서 나타나는 고결한 행동과 견줄 만한 사건으로, 카이사르가 해적을 만났던 이야기를 다루고 싶다. 그때 그는 자신이 해적의 포로가 아니라 해적들이 자신의 포로인 것처럼 처신했다. 이 사건에서 그는 일종의 몸값을 지불했지만, 해적들이 이 흥정을 진행한 것을 곧 후회하도록 만들었다. 시간이 지나 카이사르에게 붙잡힌 해적들은 애초에 이 젊은이가 자신들을 한 수 아래의 인간으로 보았음을 깨달았다.

이 사건은 카이사르의 일생에서 벌어진 하나의 사건에 지나지 않았지만, 그가 어느 누구와도 동료 관계를 유지할 수 없는 인물이며, 남을 지배하지 않고서는 견딜 수 없을 만큼 큰 인물로 태어났음을 보여 주고 있다. 그는 자신이 세상에서 가장 드물고 가장 고결한 일에 뛰어나다는 사실 말고는 기뻐하는 일이 없었다. 그가 공화정의 지배자로 삶을 마치는 날까지 보여 준 행동으로 그러한 성품을 잘 알 수 있다.

15

그렇다 하더라도 카이사르의 웅변술을 낮게 평가할 수는 없다. 그의 웅변술은 어려운 일에 맞닥뜨릴 때마다 큰 도움을 주었다. 그의 생활 방식이 우리가 생각하는 것처럼 그렇게 빼어나고 우아했는지는 의문이지만, 그는 모든 일을 멋지게 표현했다. 가장 부드러운 음악의 신조차도 카이사르보다 더 감미롭게 말하려면 무척 애써야 했을 것이다.

그러나 우리는 지금 훌륭한 말보다는 훌륭한 처신에 더 주목하고 있기 때문에, 언행에 관한 이야기를 더는 하지 않기로 하고, 그들의 처신을 조금 더 살펴보고자 한다.

알렉산드로스와 카이사르의 비교

카이사르는 인류 역사에서 가장 위대한 사령관이었다. 그런가 하면 알렉산드로스는 남다른 수단을 갖추지 못한 채로도 위대한 제국의 군주가 되었다. 그와 마찬가지로, 카이사르도 이렇다 할 유산도 없고, 돈도 없고, 인맥도 없었지만, 인간이 상상할 수 있는 가장 위대한 업적을 남겼다.

16

카이사르는 대여섯 차례가 아니라 50여 차례가 넘게 전쟁을 치렀다. 수적으로는 열세였으나 군대는 잘 조직되어 있었고, 뛰어난 용맹으로 결코 지지 않았으며, 늘 승리를 거두었다.

카이사르는 마지막 날까지 싸우면서 자기 부대의 가장 낮은 병졸처럼 거침없이 몸뚱이를 던졌지만, 그러면서도 결코 다치지 않았다. 카이사르는 알렉산드로스보다 더 훌륭하게 자신의 임무를 잘 수행했고, 격류처럼 위험에 몸을 던져 닥쳐오는 것들에 냉정하게 맞섰다. 그리하여 그가 인생의 황금기에 이르렀을 때는 판단력이 원숙했으며, 나이가 들수록 더욱 그랬다. 그가 전장에서는 장군으로서 참으로 위대했음을 칭송하고자 하는 말이다.

카이사르는 곤두박질치듯이 위험에 몸을 던졌고, 장군과 병졸을 대할 때 차별을 두지 않았다. 그런 까닭에 나는 독자들이 알렉산드로스보다 카이사르를 더 아끼는 것을 볼 수 있는데, 이는 알렉산드로스가 급박하게 필요한 때가 아니면 지나치게 앞서 나가지 않았기 때문이었다.

17

카이사르는 적군을 몇백만 명이나 죽였고, 이방 민족을 몇백만 명이나 무찔렀고, 수많은 사람을 그 나라에서 쫓아냈다. 그가 갈리아족과 전쟁을 치른 기간은 10년이 넘지 않았지만, 그는 그동안 8백 개의 도시를 함락하고, 3백 개의 부족을 복속시켰다. 내가 만약 그가 치른 전쟁을 말해야 한다면, 그가 들어야 할 칭찬만으로도 책 한 권이 넉넉할 것이다.

카이사르는 켈트족, 게르만족, 갈리아족, 로마인, 이집트인, 아프리카인을 정복했고, 많은 적군을 무찌른 다음 개선식을 다섯 차례나 치를 정도로 막강했고, 불굴의 기상을 보여 주었고, 용맹했으며, 전쟁을 치르는 족장들에게 군수 물자를 넉넉히 제공했다.

카이사르의 덕망과 그가 누린 행복은 그가 어떤 사람인가를 가르쳐 주는 교사와 같았다. 그는 용맹한 장군과 병사가 베푸는 호의 속에 전 세계를 원정하였으며, 그들을 훌륭하게 지휘하여 자신이 추구하던 바를 이루었다. 또한 그들의 공적에 걸맞게 노획품을 마차 가득 보내 주었으며, 그들을 천하무적의 군대로 만들었다.

카이사르는 온갖 어려움 속에서도 책을 읽고, 명상하고, 부하들과 대화를 나누고, 훌륭한 책을 써서 후세에 남긴 군인이자, 음악을 즐기고 악기를 손수 다룰 줄 아는 사람이었다. 그의 연설은 오랜 시간 동안 로마인들 사이에서 찬사를 받았다. 이는 그가 지식인과 용맹한 사람과 덕망 높은 사람들을 존경한 덕분이었다. 카이사르는 자신이 그러한 인물들을 받아들이지 않았던 일이 있었다면 자신의 잘못이라고 자책했다.

알렉산드로스가 겪은 위험도 대단한 것이었지만 사람들은 카이사르가 겪은 위험을 더 높이 평가한다. 갈리아족과 폼페이우스의 부하들처럼 용맹한 적군이 수없이 그를 둘러싸고 있지 않았던가? 그의 동포 가운데 몇몇 사람이 그에게 추악한 일을 많이 저질렀지만, 그는 그들을 무시하지 않았던가?

오히려 카이사르는 그런 무리를 내버려 두었다. 그는 자신과 뜻이 다른 사람에게도 노획물을 실은 마차와 금품을 보내 주었다. 또한 그는 적군이 저항하지 않으면 늘 그들을 존중하고 영예롭게 해 주었다. 폼페이우스와 싸우기에 앞서 그에

알렉산드로스와 카이사르의 비교

합당한 대우를 제공한 것처럼 말이다.

18

일단 전쟁에 돌입하면 카이사르는 엄청난 빚을 감수하면서도 로마에 있는 정적들에게 값진 것들을 안겨 주며 희망을 불러 일으켰다. 카이사르는 나라 바깥에 있는 적군과 전투가 벌어질 때마다 늘 몸소 나섰으며, 여론을 무시하고 로마의 주권을 세울 수 있는 길을 갔다. 그 길을 가려면 여러 소영주가 아니라 강력한 지도자가 필요하다는 사실을 그는 잘 알았다.

카이사르의 탁월한 예지력은 그의 길 앞에 놓인 장애물을 없애 줌으로써 모든 일마다 그를 도와주어, 그가 처음에 바라던 것보다 더 많은 것을 선사했다. 또한 그의 솔선수범은 사람들이 그에게서 찾아낸 미덕 가운데 가장 값진 것이다. 그는 자신이 지휘하는 모든 전투에 직접 참전하였으며, 결코 부관에게 떠맡기는 일이 없었다.

카이사르와 폼페이우스가 전투를 펼쳤을 때, 잠시 폼페이우스가 우세한 적이 있었다. 그러나 이를 두고 폼페이우스가 더 훌륭했다고 말할 것은 못 된다. 폼페이우스는 결국 승리를 쟁취하지는 못했기 때문이다. 그때 카이사르가 수많은 공격을 받으면서 한 번도 상처 입지 않았다는 것은 하늘이 그에게 매우 커다란 행운을 베풀었다는 뜻이다.

카이사르가 전쟁에 나가기에 앞서 동료 집정관이었던 크라수스에게 호의를 요구했다는 것이 비난받을 일은 아니다. 카이사르 자신은 늘 동료들에게 넉넉히 호의를 베풀었고, 설령 정적이 공격해 오더라도 그들이 이성적으로 행동하도록 이끌어 주었기 때문이다.

19

알렉산드로스가 늘 정의를 따랐고, 그 태도는 모나지 않고 정중했으며, 승리를 거두어도 겸손했고, 자신의 목표를 추구하면서 지혜롭고 신중했다면, 그에 견주어 카이사르에 대해서는 뭐라고 말할 수 있을까? 카이사르의 지난날은 매우 힘겨웠다. 그는 정계에 들어가 정무를 다루기 시작한 뒤로 열정을 다했으며, 여흥을 즐긴 일이 없고, 막료나 가까운 사람들과 즐거운 이야기를 나누면서 시간을 보낸 적이 없었다.

그러나 카이사르는 비뚤어지지 않고, 전쟁에 임할 때는 나름의 정의에 따랐다. 그는 자신에게 맞서려는 자들을 쓰러뜨림으로써 불필요한 전쟁의 싹을 없애 버린 사람이었다. 그러면서도 그는 저항하지 않고 항복하는 적군에게는 너그러웠다.

사람들이 말하는 것처럼 카이사르는 단 한 번 사자의 탈을 쓰고 여우 노릇을 한 적이 있지만,[5] 그는 대체로 신뢰할 만하고 지혜롭고 용맹하고 용기가 뛰어난 사람이었다. 그는 승리를 얻고자 온갖 수단을 가리지 않는 사람이 아니었다. 그는 멋지게 적군을 공격하여 하나씩 무너뜨렸지만, 그러면서도 선현(先賢)들의 훌륭한 가르침을 지키려 노력했다.

20

카이사르는 대단한 야심가였지만, 알렉산드로스의 실수를 반복하지는 않았다. 카이사르는 루비콘강을 건너면서 몇 마디 말을 남김으로써 아테네인들의 격찬을 듣고 싶었다. 그러나 인도에 쳐들어간 알렉산드로스가 자신의 명예를 오래 남기고 싶은 마음에 있지도 않은 일을 꾸며 댔을 때, 세상 사람들은 그가 이룰 수도 없는 허영심으로 가득한 인물이었음을 알아보지 않았던가?

그래서 카이사르는 떠드는 대신에 열정을 가지고 일했으

---

5 마키아벨리는 이 대목을 인용하여, 지도자는 "사자의 용맹과 여우의 간교함"을 갖추어야 한다는 명언을 남겼다.(『군주론』 제18장 참조)

알렉산드로스와 카이사르의 비교

며, 한번 시작하면 끝까지 해냈다. 그의 처신은 놀라울 만큼 우아했고, 단호하리만큼 정중했다. 그는 매우 너그러웠으며, 언제나 상대가 기대한 것보다 큰 선물을 주었다. 카이사르는 늘 그막에 즐겁게 살려고 전쟁에서 재산을 모으지는 않았다. 이는 가치 있는 일을 한 사람들을 보상해 주고, 훌륭했던 군인들이 늙고 부상하여 고향에 돌아간 뒤에도 정직하게 살도록 도와주어야 한다고 스스로 다짐했기 때문이었다.

또한 카이사르는 알렉산드로스보다 더 나이가 많았고 야위었으며 왜소했고 간질을 앓았지만, 그렇다고 해서 그가 게으르게 산 것은 아니었다. 그는 늘 몸을 단련함으로써 육체적 약점과 싸우며 몸을 튼튼히 만들었는데, 이는 믿을 수 없을 정도로 바르고 부지런한 삶을 사는 데 큰 도움이 되었다.

게다가 카이사르는 대단한 활동력을 보여 주었다. 그는 갈리아족과 싸우던 프랑스를 떠나 폼페이우스를 추격하여 브룬디시움까지 내려갔다. 그가 이탈리아 전역을 장악하는 데는 20일도 걸리지 않았다. 브룬디시움에서 이탈리아로 돌아온 그는 스페인 중심부로 들어가 폼페이우스의 부관으로 완강하게 저항했던 아프라니우스와 페트레이우스(Petreius)[6]를 무찌르고 마실리아(마르세유)를 오랫동안 지배했다.

그곳에서 다시 마케도니아로 돌아온 카이사르는 화르살로스 전투에서 폼페이우스를 무찌르고 그를 추격하여 이집트로 들어가 그곳을 정복했다. 그 뒤로 그는 시리아와 폰토스 왕국으로 쳐들어가 파르나케스를 무찌르고 그곳에서 아프리카로 건너가 스키피오와 유바를 무찔렀다. 그러고 나서 다시 이탈리아를 거쳐 스페인으로 돌아온 그는 폼페이우스의 아들을 무찔렀다.

이제 카이사르의 여행과 전투와 정복과 원정을 알렉산드

6   제32장 「카이사르 전」(§36)에는 이 사람이 바로(Varro)로 쓰여 있다.

로스와 견주어 보자. 알렉산드로스에 견주어 카이사르가 거둔 전과가 훨씬 더 많다. 갈리아족과 벌인 전투만 하더라도 알렉산드로스가 아시아와 인도에서 치른 정복 전쟁을 합친 것보다 더 위험했다. 카이사르의 원정은 경비가 허술한 강이나 산을 넘는 문제가 아니라 인간과 벌인 싸움이었으며, 교활하고 강력한 적군을 무찌르는 일이었다.

21

독자들에게 묻건대, 아폴로니아에서 브룬디시움으로 가는 쪽 배를 탄 카이사르가 그 배의 선장에게 한 말이 그날의 바다보다도 더 마음을 일렁이게 만들지 않는가? 그는 선원들에게 이렇게 말했다.

"여보게 친구, 겁내지 말고 용기를 내게. 그대는 지금 이 배에 카이사르와 그의 운명을 싣고 있다네."

또한 그가 이탈리아로 들어가려고 루비콘강을 건너면서 한 말이 있다.

"인간이 살다 보면 무너질 수 있다. 그러나 그것은 오직 한 번이어야 한다."

카이사르는 이 말에서 얼마나 많은 용기를 보여 주었던가? 사실상 이때부터 카이사르는 적군과 타협하지 않으면 곧 자신이 죽는다는 사실을 알았으나 디는 타협하지 않았다. 알렉산드로스가 원정에서 보여 준 업적을 접했던 카이사르는 지혜로운 해결책을 이미 알고 있었을 것이다. 말하자면 알렉산드로스는 전쟁보다는 타협에 따른 승리를 더 좋아했다. 내가 아는 바에 따르면, 알렉산드로스는 빼어난 덕망으로 칭송을 받았고, 악행으로 상처를 입는 경우는 거의 없었다.

그런 점에서 알렉산드로스는 카이사르와 그 밖의 많은 영웅들의 이상적인 모습을 규격화했다. 물론 알렉산드로스가 아첨꾼이나 여인들에게 이끌렸던 일을 숨길 수는 없다. 그가 창

알렉산드로스와 카이사르의 비교

녀 타이스나 아랫것들의 부추김을 받은 바 있음이 역사에 기록되어 있기 때문이다. 또한 그의 행동은 자주 흔들려 모든 사람을 위험에 빠뜨리는 잘못을 저지르기도 했다. 반면에 카이사르는 그런 부도덕한 문제에서는 좀 더 자유로울 수 있다.

22

만약 우리가 좋은 뜻으로 카이사르를 드러내 보이려 한다면 그의 정신력, 판단, 행실, 해박한 지식, 웅변, 강인함, 용맹함, 엄청난 위험에 빠졌을 때 보여 준 초인적인 용기, 정중함, 공손함, 너그러움, 타고난 행운 등을 두고 할 말이 많다.

그러나 이와 같은 호감에 반대하는 사람들도 있다. 원로원 의원과 폼페이우스 편에 섰던 사람들이 그랬다. 카이사르는 그들이 자기를 더 해코지하지 못하도록 다독거렸으며, 자기 뜻대로 다룰 수 없다고 여겨지는 사람들을 아프리카로 끌고 가 처리했다.

만약 카이사르의 정적들이 조금만 더 참으면서 함께 지냈더라면 그가 죽은 뒤에 나라가 그토록 전란에 빠지지 않았을 것이다. 그들은 자연스럽게 카이사르의 권력을 이어받아 그 위대한 정치가의 꿈을 커다란 열매로 만들 수 있었을 것이다.

23

그러나 이 문제는 생각보다 복잡하다. 카이사르는 발부스나 안토니우스와 같은 아첨꾼에 둘러싸여 원로원을 우습게 보았고, 황제의 존엄을 표시하는 문장(紋章)을 끊임없이 탐냈다. 이로 말미암아 사악한 바람이 폭풍처럼 몰아치고, 위험한 풀무질이 그의 가슴에 몰아쳤다. 그러나 역사에는 이런 인물이 많으므로, 카이사르만을 비난할 수는 없다. 사람들은 그가 첫 번째 스페인 원정에서 이미 드러냈던 열망을 너무 비난해서는 안 된다. 그때 카이사르는 어느 한적한 마을을 지나면서 그곳을 로마보다 더 부러워했다.

카이사르의 열정은 더욱 커져 그의 삶의 나머지 모든 부분을 지배했으며, 그의 마음을 너무 강력하게 밀어붙였다. 그의 열정은 조국과 자신을 돌보지 않은 채 질주를 멈추지 않아, 끝내 난폭한 말[馬]이 그를 땅바닥에 떨어뜨려 목을 부러뜨린 꼴이 되었다.

카이사르는 너무 많은 승리와 개선식을 치르느라 쉴 틈이 없었다. 알렉산드로스는 마지막으로 앓았던 때와 죽기 얼마 앞서까지 대양을 오르내리며 항해했지만, 카이사르는 말년에 오히려 지난날보다 더 많은 전쟁을 치렀다. 또한 그는 달력을 다시 만들었고, 제국을 위해 많은 건축과 토목 공사를 했으며, 지난날보다 더욱 겸손해졌다.

여자 문제에서는, 설령 그런 일이 있었다 하더라도, 고결한 사람들을 바라보면서 그들의 부덕함을 들춰냄으로써 결코 아름답지 않은 이야기에 만족하기보다는, 차라리 입을 다물고, 남자의 삶이 완전하지 못함을 부끄럽게 한탄하는 것이 좋을 것이다.

카이사르는 자신의 야망으로 말미암아 말할 수 없는 상처를 입고 나서야 여인의 뒤에 따라오는 부덕함을 물리치고자 싸웠다. 그 결과 그는 유령처럼 따라붙는 여자 문제를 재빨리 떨쳐 버림으로써 죽는 날까지 그러한 쾌락에 한시도 곁눈질하지 않았고, 자신의 명예를 높일 기회에서 한 발짝도 물러서지 않았다.

24

카이사르의 죽음은 그야말로 폭력에 따른 것이었다. 그를 죽인 사람들은 그가 목숨을 건져 준 사람들이었다. 자객들도 카이사르가 죽은 뒤에 오래 살지 못했다. 노획물을 실은 카이사르의 높다란 짐마차가 그의 죽음을 부른 것은 사실이다. 그러

알렉산드로스와 카이사르의 비교

나 그는 자신의 행복에 대해서는 아무것도 바라지 않았다. 다만 조국을 사랑하고 원로원과 인민을 즐겁게 해 줄 수 있도록 조심하는 일만이 필요했다.

카이사르가 다섯 번의 개선식을 치른 뒤 모든 사람을 용서하자, 제국의 공직을 맡으려는 사람들이 여기저기에서 일어나고 폼페이우스의 동상을 다시 세웠다. 그 와중에 아직도 더 위대해지고 싶은 처절한 욕망에 빠져 있던 카이사르도 스스로 많은 상처를 입었다. 가해자들은 물 밑에 숨어 그를 공격했는데, 이는 어느 한 사람이 혼자서 쉽게 피할 수 없는 일이었다. 그런 상황에서도 카이사르는 알렉산드로스보다 더 많은 것을 바랐고, 끝내 그 욕망이 죽음으로 되돌아왔다.

그와 달리 알렉산드로스의 어머니와 아내들과 자녀들은 가난하게 삶을 마쳤으며, 그의 병사들은 머리 없는 몸통처럼 남았다. 그러므로 알렉산드로스의 영광은 마치 오디세우스(Odysseus)에게 눈을 빼앗긴 외눈박이 폴리페모스(Polyphemos)와 같았다.[7] 알렉산드로스가 죽은 뒤 그의 장군들과 후계자들은 욕망에 사로잡혀 오랫동안 전투를 치렀다.

그러나 카이사르는 온갖 어려움 끝에 세계를 정복하고 왕국을 세운 후계자 아우구스투스의 모습 속에서 살아 있었다. 로마는 숱한 폭풍을 겪으면서도 몇백 년 동안 이어졌다. 카이사르의 이름은 뒤이어 로마 제국을 다스린 후계자들에게 특별한 존재로 남았다. 그의 용맹함은 예나 이제나 모든 사람이 바라는 바이다. 사람들은 용맹한 공업을 이룸으로써 자신의 이름이 영원히 영광스러운 칭송을 받기를 바라기 때문이다.

---

7   오디세우스는 시킬리아섬에 들렀다가 외눈박이 폴리페모스에게 잡혔다. 괴물이 오디세우스를 가두고 그의 부하들을 잡아먹자 오디세우스는 괴물에게 술을 먹인 다음 그가 잠든 틈에 그의 눈을 빼어 버리고 섬을 탈출했다.

에우메네스[1]
EUMENES

기원전 362~316

[1] 대부분의 판본에는 세르토리우스가 제33장으로 실려 있고 에우메네스가 제34장으로 실려 있다. 이는 그리스인을 먼저 기록한다는 플루타르코스의 본래 집필 방침과 다르다. 이렇게 된 것이 플루타르코스의 착오였는지, 에우메네스가 태어난 케르소네소스가 마케도니아 변방(지금의 흑해 북부 지방)으로서 그리스 문화권이지만 그리스는 아니었기 때문인지, 아니면 후대 편집인들의 착오였는지 알 수 없다. 다만 플루타르코스가 「에우메네스와 세르토리우스의 비교」에서 분명히 에우메네스를 먼저 언급한 것을 보면 에우메네스와 세르토리우스의 순서가 바뀐 것은 플루타르코스의 뜻이 아니었을 것이다. 따라서 이 번역본에서는 그리스인을 먼저 기록한다는 플루타르코스의 원래 방침에 따라 에우메네스를 제33장으로 하고, 세르토리우스를 제34장으로 편집했다.(제27장 「파울루스전」의 각주 1 참조)

세상 사람들은 남을 다스리려다
제 목숨 잃는 것도 모른다.
— 마케도니아 격언

삶이 풍성해지면
지체 낮은 사람도 생각을 높이 갖는다.
— 플루타르코스

1

고대 그리스 역사학자 도리스의 기록에 따르면, 카르디아
(Cardia)[2]의 에우메네스는 트라키아(Thracia, Macedonia) 지방의
케르소네소스(Chersonesos)에서 가난한 마부의 아들로 태어났
다고 한다. 그럼에도 그는 인문학과 체육 분야에서 훌륭한 교
육을 받았다.

　도리스의 기록에 따르면, 그가 어렸을 적에 마케도니아
왕 필리포스가 그곳을 지나다가 잠시 쉬는 시간에 카르디아
청소년들이 격투기(pankration)[3]를 하는 모습을 볼 기회가 있었
는데, 무리 가운데 에우메네스가 돋보였고, 지성과 무술을 함
께 갖춘 모습이 대견하여 기뻐하며 시종으로 데려갔다고 한
다. 그러나 내가 본 믿을 만한 기록에 따르면, 필리포스왕과 그
아버지 사이의 친분[xenos][4]으로 왕이 에우메네스를 등용했다

2　　"카르디아의 에우메네스"라고 플루타르코스가 표현한 것은 그가 카르디
아[지금의 터키 동북부 카르디(Cardi)] 출신이라는 뜻이 아니라 그의 활
동 무대가 그곳이었다는 뜻이다.
3　　여기서는 권투와 레슬링을 겸한 고대 그리스의 격투기를 뜻한다.
4　　그리스어에서 크세노스라 함은 본디 '거리가 있는'이라는 뜻이었다. 따
라서 '외지인(外地人)'이라는 뜻이지만 그럼에도 우정과 손님의 성격을
띠고 있다. 영어나 우리말로는 한 단어로 설명이 어렵다. 여기에서 외국
인 기피증(xenophobia)과 외국인 선호증(xenophilia)이라는 용어가 파
생되었다.

　　　　　　　　　　　　　　에우메네스

고 한다.

필리포스왕이 죽은 뒤에도 에우메네스는 알렉산드로스 대왕을 섬겼는데, 신하 가운데 가장 총명하고 충직했지만 벼슬은 시종장(侍從長)에 지나지 않았다. 그러나 그는 왕의 가장 가까운 신하이자 막료로서 인도 원정 무렵에는 기병대를 지휘했다.[5] 본디 기병대장은 헤파이스티온이었는데, 그가 죽자 페르디카스가 기병대를 지휘했다가 다시 에우메네스로 이어졌다. 알렉산드로스 대왕이 죽은 뒤에 보병대장인 네오프톨레모스(Neoptolemos)가 에우메네스에게 빈정거리며 이런 말을 했다.

"나는 방패와 창을 들고 왕을 모셨는데, 에우메네스는 필기구와 서판으로 왕을 모시는군."

그 말을 들은 마케도니아의 많은 사람이 네오프톨레모스를 비웃었다. 게다가 시민들은 에우메네스가 알렉산드로스 대왕과 혼맥이 있다는 사실을 잘 알고 있었다. 페르시아인 아르타바조스의 딸 바르시네는 알렉산드로스가 아시아 원정에서 처음 알게 된 여인으로, 왕은 그를 아내로 삼아 아들 헤라클레스(Heracles)를 낳았다.

바르시네에게 여동생이 둘 있었는데, 알렉산드로스는 큰동생 아파마(Apama)를 프톨레마이오스에게 시집보내고, 다른동생 바르시네를 에우메네스에게 시집보냈다. 그 무렵은 알렉산드로스가 페르시아 여인들을 장군들에게 애첩(consort)으로 주던 시절이었다.

2

그러나 에우메네스는 알렉산드로스와 부딪치는 일이 잦았다. 왕이 총애하던 헤파이스티온 때문이었다. 언젠가 헤파이스티온은 그의 하인이 차지한 땅을 에우메네스에게 주기로 했다가

---

5   아리아노스, 『알렉산드로스 대왕 원정기』, V : 24.

자신의 피리 연주자인 에우이오스(Euios)에게 준 적이 있었다. 이에 화가 치민 에우메네스는 친구인 멘토르(Mentor)와 함께 왕을 찾아가 이렇게 말했다.

"이제 저는 무기를 버리고 차라리 피리 연주자나 비극 배우가 되는 것이 더 좋을 것 같습니다."

에우메네스의 말에 알렉산드로스는 그의 분노를 이해한다는 듯이 헤파이스티온의 처사를 비난했다. 그러다가 알렉산드로스는 곧 마음을 바꾸어 에우메네스에게 화를 냈다. 알렉산드로스가 생각하기에, 이번 에우메네스의 처사는 헤파이스티온에 대한 용기 있는 발언이라기보다는 왕에게 무례를 저지르는 행동이었기 때문이었다.

또 언젠가 알렉산드로스는 국고가 바닥나자 네아르코스에게 함대를 이끌고 바다로 나가 막료들에게 줄 돈을 마련해 오라고 지시한 적이 있었다. 그러면서 에우메네스에게도 3백 탈렌트를 기부하라고 지시했다. 그러나 에우메네스는 1백 탈렌트만 왕에게 바치면서, 이나마도 하인들이 겨우 어렵게 장만한 것이라고 말했다. 그러자 알렉산드로스는 그를 비난하지도 않고 돈을 받지도 않은 채 시종들을 시켜 에우메네스의 막사에 불을 지르라고 은밀히 지시했다.

불이 나면 재산이 드러날 것이고, 그렇게 되면 에우메네스가 거짓말했음이 밝혀질 것이라고 알렉산드로스는 생각했던 것이다. 그러나 막사가 타기에 앞서 그 안에 있던 중요한 문서들이 먼저 타 없어지자 왕은 곧 후회했다. 그런데 불을 끄고 나니 그 안에는 녹아서 한 덩어리가 된 금은이 1천 탈렌트어치나 나왔다. 왕은 그 돈을 받지 않고, 각지의 태수와 장군들에게 불타 없어진 서류를 다시 작성하여 보내도록 지시한 다음 에우메네스가 그들을 관리하도록 했다.

또 언젠가 에우메네스가 선물 문제를 둘러싸고 헤파이스티온과 몹시 다투면서 심한 말이 오간 적이 있었다. 그 다툼에

　　　　　　　　에우메네스

서 에우메네스는 지난날보다 더 불리하지는 않았다. 그러다가 오래지 않아 헤파이스티온이 죽자 알렉산드로스는 슬픔에 빠져, 그가 살아 있을 적에 왕의 총애를 받는 것을 질투했거나 그의 죽음을 고소하게 생각하리라고 여겨지는 사람들을 몹시 박해했다.

그런 가운데에서도 에우메네스에 대한 감정이 누구보다 나빠, 그가 지난날에 헤파이스티온과 싸운 일이며, 싸울 때 심한 말을 한 것까지 들춰내면서 몹시 비난했다. 그러나 약삭빠르고 처세에 밝았던 에우메네스는 이를 전화위복의 기회로 만들었다. 헤파이스티온에 대한 왕의 총애가 지극한 것을 알고 있던 에우메네스는 이 기회를 이용하여, 고인을 가장 훌륭하게 추모하는 방법으로 그에게 명예를 추서(追敍)하자고 제안하면서 그의 장례를 호화롭게 치를 수 있도록 조위금(弔慰金)을 많이 기부했다.

3

[기원전 323년 6월 13일에] 알렉산드로스 대왕이 죽은 뒤 마케도니아의 보병 지휘관들과 왕의 동료들, 그리고 기병 지휘관 사이에 왕위 계승 문제를 둘러싸고 분쟁이 일어났을 때[6] 에우메네스는 기병 지휘관의 편에 섰지만 이렇게 말했다.

"나는 양쪽 모두에게 가까운 친구여서 이번 싸움의 어느 쪽에도 서고 싶지 않다. 나는 또한 마케도니아 출신이 아니므

6 알렉산드로스 대왕이 죽은 뒤에 왕위 계승을 둘러싸고 분쟁이 일어나자 기병대의 지원을 받고 있던 지휘관들은 알렉산드로스 대왕과 록사나 사이에 태어날 유복자가 왕위를 승계하고 페르디카스 장군이 섭정해야 한다고 주장했고, 보병 지휘관들은 알렉산드로스 대왕의 서출(庶出) 동생인 아리다이오스가 즉위해야 한다고 주장했다. 결국 이 문제는 아리다이오스를 왕으로 하고 페르디카스가 총사령관을 맡되 만약 앞으로 태어날 유복자가 아들이면 그가 공동 왕위에 오르는 것으로 타협을 보았다.(제 31장 「알렉산드로스전」, § 77 참조)

로 그들의 내전에 개입하는 것은 내가 할 일이 아니다."

더욱이 근위대가 바빌로니아에서 철수했을 때에도 에우메네스는 후방에 남아 중무장 보병들을 달래며 영토 분쟁을 해결하는 데 도움을 주었다. 지휘관들이 이에 타협하여 첫 번째 분규가 종식되고 영토 분할과 태수 임명이 시작되었는데, 이때 에우메네스는 카파도키아와 파플라고니아와 트라페조스(Trapezos)에 이르는 흑해 남쪽 지방을 받았다.

그 무렵 이 땅들은 아나톨리아(Anatolia) 왕 아리아라테스(Ariarathes)의 지배를 받았기 때문에 마케도니아 영토라고 할 수 없었다. 그러나 병권을 장악한 레온나토스 장군과 안티고노스왕은 에우메네스를 그곳 태수로 임명하여 보내려 했다.

안티고노스는 이미 자기 나름의 야망이 있었을 뿐만 아니라 다른 동료 장군들을 우습게 여겨 페르디카스 장군의 훈령을 따르지 않았다. 그러나 레온나토스 장군은 에우메네스를 돕고자 군대를 이끌고 내륙에서부터 프리기아로 진격했다.

그 무렵 카르디아의 참주 헤카타이오스(Hecataios)는 레온나토스를 만나자 에우메네스를 도우러 가기보다는 차라리 라미아(Lamia)에서 포위된 안티파트로스와 마케도니아인들을 지원하러 가자고 말했다.[7] 그리하여 레온나토스는 그리스로 가기로 마음먹고 에우메네스에게 함께 갈 것을 제안하면서 그가 헤카타이오스와 화해할 수 있도록 노력했다.

헤카타이오스와 에우메네스는 정치적 입장이 달라 서로를 믿지 않았다. 헤카타이오스가 폭정을 할 때, 에우메네스가 알렉산드로스 대왕에게 카르디아에 자유를 찾아 주어야 한다고 주장했던 것은 세상이 다 아는 일이었다.

---

7   알렉산드로스 대왕이 죽자 그리스인들은 마케도니아에 반기를 들어 안티파트로스 총독과 그의 병력을 테살리아 남쪽에 있는 라미아로 몰아넣고 포위했다.

그 무렵에 에우메네스는 그리스 원정에 참가하고 싶지 않았다. 자기를 미워하는 안티파트로스가 헤카타이오스를 즐겁게 해 주려고 자기를 죽이지나 않을까 두려웠기 때문이었다. 그러자 레온나토스는 본심을 털어놓으면서 본디의 목적을 설명했다. 곧 자기가 안티파트로스를 도우러 가는 것은 원정의 구실에 지나지 않으며, 자기는 그리스로 건너가자마자 마케도니아의 왕권을 손에 넣을 생각이라고 설명한 다음 알렉산드로스의 여동생인 클레오파트라의 편지를 보여 주었다. 편지에는 레온나토스에게 고도(古都) 펠라(Pella)로 와서 자기와 결혼하자는 내용이 있었다.[8]

그러나 안티파트로스가 두려웠던지, 레온나토스가 변덕스럽고 무모하여 믿을 사람이 못 된다고 생각해서였는지는 알 수 없으나 에우메네스는 짐을 싸 밤에 도망했다.[9] 그는 기병 3백 명과 무장병 2백 명을 거느리고 있었고, 5천 탈렌트어치의 금이 있었다. 이들을 이끌고 페르디카스를 찾아간 에우메네스는 레온나토스의 계획을 모두 알려 주어 두터운 신임을 받으면서 그에게 큰 영향력을 끼치게 되었고 막료 회의의 일원이 되었다.

곧이어 페르디카스가 군대를 이끌고 카파도키아를 정벌하러 갈 때 에우메네스도 함께 종군했다. 페르디카스는 아리아라테스를 생포한 다음 그곳을 정복하고 에우메네스를 카파도키아 태수로 임명했다. 에우메네스는 그곳의 여러 도시를 막료에게 맡기고 수비대장을 임명했으며 자기 뜻대로 재판관

8   알렉산드로스 대왕의 여동생인 클레오파트라는 에페이로스의 왕비로서 그때는 과부였는데, 예닐곱 명의 장군이 그에게 청혼했다. 알렉산드로스 대왕의 애첩 이름도 클레오파트라여서 혼동이 일어나고 있다.

9   네포스가 쓴 『에우메네스전(Eumenes)』(I : 4)에 따르면, 레온나토스는 에우메네스를 붙잡으려 했으나 말을 듣지 않자 죽이려 했기 때문에 그가 탈출했다고 한다.

과 행정관을 임명했지만 페르디카스는 이에 대해 아무런 간섭도 하지 않았다. 그러면서도 에우메네스는 페르디카스를 따라다니며 존경을 표시함으로써 자신이 왕실과 멀어지지 않으려고 애썼다.[10]

4

그러나 스스로 원정에 나서겠다고 결심한 페르디카스는 자신이 떠나온 조국 마케도니아에 능력 있고 믿을 만한 후견인이 필요하다고 생각하여 킬리키아에 머무르던 에우메네스를 불러 고국으로 보냈는데, 명목상으로는 자신의 영지에 태수로 임명한 것이었다.

그러나 사실은 아르메니아 태수 네오프톨레모스로 말미암아 혼란에 빠진 그 주변 지역을 장악할 속셈이었다. 비록 네오프톨레모스가 허풍스럽고 헛된 야망에 사로잡혀 있는 인물이라는 것을 모르지 않았지만, 에우메네스는 상관인 페르디카스의 뜻에 따라 네오프톨레모스를 사사로이 만나 자제시키려고 노력했다.

그 뒤에 마케도니아의 중보병 부대가 자만심 강하고 용맹하다는 사실을 알게 된 에우메네스는 기병대에 가입할 수 있는 본국인에게는 세금을 면제해 주고, 자기를 따르는 이들 가운데 신임할 만한 사람에게는 자신이 사 두었던 말을 선사함으로써 자기 나름의 기병대를 편성하여 네오프톨레모스의 대항 세력으로 삼았다. 그는 또한 명예와 상금으로 그들을 고무했을 뿐만 아니라 훈련으로 체력을 단련시켰다. 그리하여 그가 그토록 짧은 시간에 6천3백 명이 넘는 기병을 모으는 것을

---

10 이 무렵에는 알렉산드로스 대왕의 유복자가 아들로 태어나 페르디카스의 섭정을 받으며 그의 서출 삼촌인 아리다이오스와 공동 왕위에 있었기 때문에 에우메네스는 페르디카스를 섬김으로써 왕실의 정통 신하로 대접받았다.

본 마케도니아인들 가운데 어떤 이는 놀라고, 또 어떤 이는 용기를 얻었다.

5

알렉산드로스 대왕의 유능한 장군이었던 크라테로스와 안티파트로스가 [기원전 322년의] 라미아 전투에서 그리스를 무찔렀고, 그 이듬해에는 페르디카스를 치고자 아시아로 진격하면서 카파도키아를 침공하리라는 소식이 들려왔다. 이에 이집트 군주 프톨레마이오스를 정복하려고 원정에 오른 페르디카스는 에우메네스를 아르메니아와 카파도키아의 총괄 사령관으로 임명한 다음, 자신의 동생 알케타스와 네오프톨레모스에게 편지를 보내 에우메네스의 지시를 받도록 하고, 에우메네스에게는 스스로 최선이라고 판단한 대로 작전을 수행하도록 권한을 위임했다.

형의 편지를 받은 알케타스는 마케도니아 군대가 에우메네스의 지휘를 받으면서 안티파트로스에게 대적하는 일은 부끄러운 일이며, 자기들은 이미 크라테로스 장군을 지지하여 싸울 준비가 되어 있다는 답변을 보냄으로써 형의 지시를 거절했다. 그리고 오래전부터 에우메네스에 대한 반란을 준비하던 네오프톨레모스는 자신의 음모가 드러나자 페르디카스의 소집 명령을 거부하고 반란을 일으켰다.

이때 에우메네스는 처음으로 자신의 예지와 준비의 결실을 보게 되었다. 곧 그의 보병대는 패배했지만, 기병대는 네오프톨레모스를 무찌르고 군수품을 노획했으며, 네오프톨레모스가 추격을 받아 흩어지자 기병대 병력을 모두 이끌고 그들을 압박하여 충성을 받아 냈다. 병사들이 에우메네스에게 항복하자 네오프톨레모스는 적은 수의 패잔병을 모아 크라테로스와 안티파트로스를 찾아갔다. 그러나 네오프톨레모스가 도착하기에 앞서 이미 크라테로스와 안티파트로스는 에우메네스에게 사절을 파견하여 다음과 같이 제안했다.

"우리는 그대가 우리 편이 되어 주기를 바랍니다. 그러면 그대는 지금의 태수 자리를 유지하면서 더 많은 병력과 영지를 받을 것이고, 안티파트로스와는 적이 아닌 동지가 될 것이며, 안티파트로스의 동지인 크라테로스와도 적대 관계를 청산하게 될 것입니다."

그와 같은 제안을 받은 에우메네스는 이렇게 대답했다.

"내가 안티파트로스와 싸운 것은 이미 오래전부터의 일이며, 지금도 그가 내 동지를 적으로 여기는 상황에서 내가 그의 동지가 될 수는 없습니다. 나는 공의롭고 공평한 조건에서 크라테로스와 페르디카스를 화해시켜 동맹을 맺게 할 수 있습니다. 그러나 만약 그 두 사람이 페르디카스에게 상처를 준다면, 나는 내 목숨이 붙어 있는 날까지 상처 입은 그를 도울 것이고, 명예를 잃기보다는 목숨을 버릴 것입니다."

6

에우메네스의 편지를 받고 크라테로스와 안티파트로스가 전체적인 상황에 관해 깊이 상의하고 있을 때 전쟁에서 패배한 네오프톨레모스가 찾아와 이렇게 말했다.

"제가 전쟁에서 졌습니다. 가능하다면 두 분께서 저를 도와주시되, 두 분 다 올 수 없다면 크라테로스 장군이라도 와 주시기를 바랍니다. 마케도니아인들은 장군을 몹시 존경하여 그 투구를 보거나 그 목소리만 들어도 무기를 들고 나와 장군을 맞이할 것이기 때문입니다."

실제로 크라테로스의 명성은 그들에게 너무도 잘 알려져 있어, 알렉산드로스 대왕이 죽었을 때 그들은 크라테로스가 장군 직책을 맡아 주기를 바랐다. 알렉산드로스 대왕은 살아 있을 적에 페르시아의 풍속을 좋아하여 사치와 낭비가 퍼지면서 민중의 미움을 사자, 크라테로스가 왕의 심한 노여움을 무립쓰고 마케도니아의 미풍양속을 지켜야 한다고 여러 차례 간언한 사실을 민중은 또렷이 기억했다.

다시 이야기를 되돌리면, 크라테로스는 페르디카스의 공격을 받고 있던 소아시아의 킬리키아를 돕고자 안티파트로스를 파병하는 한편, 자신은 네오프톨레모스와 함께 대군을 이끌고 에우메네스를 향해 진군했다. 크라테로스는 지금쯤 에우메네스가 전쟁에서 이긴 자만심으로 말미암아 경비를 소홀히 하고 있을 것이며 병사들은 무질서하게 흥청거릴 것으로 생각했다. 그러나 에우메네스는 크라테로스가 쳐들어오리라는 사실을 정확히 알았으니, 장군으로서 당연히 해야 할 일이어서 특별히 잘한 행동이라고는 할 수 없어도 어쨌든 명석한 장군의 모습을 보여 주었다고 할 수 있다.

에우메네스는 자신에게 불리할 듯한 정보를 적군에게 숨기는 한편, 자신의 병사들에게도 싸워야 할 상대가 크라테로스라는 사실을 숨긴 채 돌격 명령을 내렸는데, 내가 보기에 이 점에서 그는 탁월한 장군이었음을 보여 주었다. 그는 네오프톨레모스가 피그레스(Pigres)와 함께 다시 쳐들어올 것이며, 병력은 파플라고니아와 카파도키아의 기병대가 될 것이라고만 말했던 것이다. 그날 밤, 그는 철수 계획을 세운 다음 잠자리에 들었는데 이상한 꿈을 꾸었다.

곧 꿈속에서 알렉산드로스 대왕이 두 명 나타나 각기 양쪽 밀집 대형을 지휘했다. 그때 제우스의 딸인 군신(軍神) 아테나(Athena)가 나타나 한쪽을 돕고 농업의 신 데메테르(Demeter)가 다른 한쪽을 도우며 격전이 벌어졌는데, 아테나 여신 쪽이 지고 데메테르가 이삭을 뽑아 화관을 만들어 승자의 머리에 얹어 주었다. 잠에서 깬 에우메네스는 이 꿈이 자기에게 상서롭다고 생각했다. 왜냐하면 지금 자기는 기름진 땅을 차지하고자 싸우는데, 바로 그 땅 위의 곡식들이 풍성하게 영글고 있었기 때문이었다. 평야에는 씨를 뿌려 곡식이 무성하고, 농민들은 평화를 노래했다.

　적군의 묻는 암호가 '아테나'이고 대답하는 암호가 '알렉산드로스'라는 것을 알았을 때 에우메네스는 자신의 승리에 더욱 강한 확신을 얻었다. 따라서 에우메네스는 자기 부대의 묻는 암호를 '데메테르'로 하고 대답하는 암호를 '알렉산드로스'로 결정한 다음 모든 병사에게 이삭으로 화관을 만들어 쓰고 무기를 위장하도록 했다. 그는 자신의 가까운 부하들에게 지금 대적하는 적군의 장수가 누구인가를 더 이상 숨기지 않고 말해 줄까 생각도 해 보았지만, 처음 결심한 대로 비밀을 지킴으로써 자신의 판단이 위기에 도움이 되었음을 입증했다.

　　7

그러나 에우메네스는 크라테로스를 대적할 때 마케도니아 병사 대신 페르시아 출신인 아르타바조스의 아들 파르나바조스(Pharnabazus)와 테네도스(Tenedos) 출신의 포이닉스(Phoinix)를 투입했다. 에우메네스는 그들에게 적군이 보이는 대로 전속력으로 진격하여 접근전을 치르되, 그들에게 후퇴할 기회나 말할 기회도 주지 말고 저쪽에서 사절을 보내도 만나지 말라고 엄중히 지시했다. 마케도니아 병사가 크라테로스를 알아보고 그에게 귀순할까 두려웠기 때문이었다.

　그런 다음 에우메네스 자신은 정예 기병 3백 명을 이끌고 오른쪽 날개를 공격하여 네오프톨레모스를 무찌르고자 했다. 에우메네스의 병력이 가운데 놓인 언덕을 넘어 빠르게 짓쳐 오자 크라테로스는 할 말을 잊었다. 그는 마케도니아 병사가 자신의 투구만 보아도 마음을 바꾸리라던 네오프톨레모스의 말이 사실이 아니었음을 알고 그에 대한 분노가 치솟았다. 그러나 그는 병사들에게 용맹하게 싸우라고 독려하면서 적군을 향해 달려 나갔다.

　첫 전투는 치열했다. 양쪽 병사들은 창이 부러지자 칼로 싸우기 시작했다. 이 전투에서 크라테로스는 알렉산드로스 대왕의 명예를 더럽히지 않았다. 그는 수많은 적군을 죽이면서 쉽게 적진을 흩어 놓았다. 그러나 그는 트라키아 병사가 휘두른 창에 옆구리를 찔려 말에서 떨어졌다. 크라테로스가 땅 위에 엎드려 있자 적군은 그가 누구인지를 몰라 그냥 지나쳤으나, 에우메네스의 장교인 고르기아스(Gorgias)가 그를 알아보고 적장이었음에도 말에서 내려 죽어 가는 그의 몸을 지켰다.

그러는 동안에 에우메네스는 네오프톨레모스와 맞닥뜨렸다. 그들은 서로 죽이고 싶을 만큼 미워하는 사이였지만 투구에 가려 두 번을 맞붙어 싸우면서도 상대가 누구인지를 모르다가 세 번째로 마주쳐서야 알아보았다. 둘은 칼을 빼 들고 큰 소리를 외치며 격돌했다.

두 사람은 마치 함선 두 척이 마주치듯이 말을 몰고 달려들어 투구를 벗기고 어깨에서 가슴받이를 떼어 놓으려고 애를 썼다. 그들이 싸우는 동안 말은 달아나고, 땅 위에 떨어진 둘은 육박전을 벌였다. 네오프톨레모스가 먼저 땅에서 일어서려는 모습을 본 에우메네스가 그의 허벅지를 찌르고, 그가 손을 쓰기에 앞서 다리를 걸어 넘어뜨렸다.

네오프톨레모스는 한쪽 다리를 다쳐 외다리로 버티면서 밑에 깔린 채 용맹스럽게 저항했다. 그러나 네오프톨레모스는 에우메네스를 죽이기는커녕 먼저 목에 칼을 맞고 땅에 엎어졌다. 그는 끝내 칼을 놓지 않았다. 분노와 증오를 견디지 못한 에우메네스는 네오프톨레모스에게 달려들어 갑옷을 벗기며 욕을 퍼부었다.

그때 죽은 줄로만 알았던 네오프톨레모스가 칼을 들어 에우메네스의 사타구니를 찔렀다. 그러나 그는 이미 힘이 빠져 깜짝 놀라게 했을 뿐, 치명적인 상처를 안기지는 못했다. 에우메네스가 네오프톨레모스의 시체에서 갑옷을 벗기고 보니 팔과 다리가 온통 상처투성이였다.

에우메네스는 적장을 죽였음에도 다시 말을 타고 아직 항전한다고 여겨지는 적군의 다른 쪽 날개를 향해 달려갔다. 그러나 크라테로스가 전사했다는 소식을 듣고는 다시 그가 누워 있는 곳으로 달려갔다. 크라테로스는 아직 죽지 않았고 의식이 있었다. 에우메네스는 말에서 내려 그의 손을 잡고 흐느끼면서 두 사람 사이를 갈라놓은 네오프톨레모스를 욕하며 크라테로스의 비극적 운명을 한탄했다. 그는 친구이자 막료였던 두 사람이 서로를 죽여야 하는 처지를 슬퍼했다.[11]

8

이번 전투는 지난번 전투(§5)가 벌어지고 나서 열흘 뒤의 일이었다. 에우메네스는 용기와 지혜로 두 번의 전투를 승리로 이끌면서 높은 명성을 얻었다. 그러나 그는 적군에게 받은 것만큼이나 동맹에도 많은 질투와 미움을 받았다. 마케도니아 본토 출신도 아닌 이방인이 마케도니아의 무기와 병력을 이용하여 세상에서 가장 강력하다고 알려진 적군을 무찌른 것이 그들로서는 달갑지 않았다.

만약 페르디카스가 크라테로스의 죽음을 제때 알았더라면 페르디카스는 자신이 마케도니아에서 가장 위대한 인물이되었다고 뽐냈을 것이다. 그러나 그는 이번 전투 소식을 듣기 이틀 앞서 이집트에서 일어난 군인들의 반란으로 죽었다. 그런 까닭에 마케도니아 병사들은 에우메네스를 죽일 듯이 미워했다.

이런 상황에서 안티고노스가 안티파트로스와 연합하여 에우메네스를 징벌하는 전쟁의 사령관으로 임명되었다. 당시

II 네포스가 쓴 『에우메네스전』(IV : 4)에 따르면, 에우메네스는 크라테로스의 장례를 성대하게 치른 다음 그의 유해를 마케도니아에 있는 아내와 자녀들에게 보내 주었다고 한다.

에 에우메네스는 이다(Ida)산을 지나다가 그곳에서 방목하던 왕실의 말을 필요한 만큼 징발하면서 감독관에게 그 수를 정확히 알려 주는 문서를 작성했는데, [다음 기회에 갚겠다는 뜻을 전달했다.] 들리는 바에 따르면, 그 소식을 들은 안티파트로스는 크게 웃으면서 이렇게 말했다고 한다.

"자기가 왕실의 물품을 갚아야 할 사람인지 받아야 할 사람인지 아는 것을 보니 에우메네스가 그래도 생각이 깊은 사람이기는 한가 본데, 말을 갚기에 앞서 제가 먼저 죽을 줄은 모르고 있군."[12]

자신이 기병에서 우세하다고 생각한 에우메네스는 사르디스 근처인 리디아의 평원에서 싸우고 싶었다. 아울러 그에게는 이번 전투에서 자신의 능력을 클레오파트라 공주에게 보여 주고 싶은 야심도 있었다. 그러나 그렇게 되면 안티파트로스에게 불평을 들을까 걱정하는 공주의 요구에 따라 에우메네스는 북부 프리기아(Upper Phrygia)로 가 켈라이나이(Celaenae)에서 겨울을 보냈다. 이곳에서는 알케타스와 폴레몬(Polemon)과 도키모스(Dokimos)가 에우메네스의 통수권에 강력하게 도전해 왔다. 그러자 에우메네스가 이렇게 말했다.

"'세상 사람들은 남을 다스리려다 제 목숨 잃는 것도 모른다'는 옛말이 생각나는군."[13]

에우메네스는 부하들에게 사흘 안에 밀린 봉급을 주겠노라고 약속한 다음, 노예와 가축이 많은 주변 주택과 성채를 팔았다. 이에 장교들과 용병 지휘관들이 그 매물(賣物)들을 사들이자 에우메네스는 그들에게 무기와 공성기(攻城機)를 사 주고 적군을 공략하게 했다. 그리고 모든 병사가 노획물로써 밀린

---

12   이 문장은 판본마다 다르다. 이 책에서는 스튜어트와 롱의 판본(VI : 8, p. 138)에 따랐다.

13   이 문장은 판본마다 다르다. 이는 스튜어트와 롱의 판본(VI : 8, p. 138)에 따른 것이다.

봉급을 받았다. 이 일로 에우메네스의 명성은 더욱 높아졌다.

그러는 사이에 에우메네스의 막사에서 적군 장교들이 뿌린 격문이 발견되었다. 격문에는 에우메네스를 죽이는 사람에게 상금 1백 탈렌트와 명예를 주겠노라고 적혀 있었다. 이를 본 에우메네스의 병사들은 크게 분노하여, 유능한 병사 1천 명을 그의 호위병으로 삼아 그가 외국으로 나갈 때나 잠을 잘 때 곁에서 지키도록 하는 훈령을 제정했다. 이 훈령이 발표되면서 그의 선택을 받은 사람들은 마치 왕의 서훈을 받은 막료처럼 기뻐했다. 그는 막료에게 자주색 모자와 군복을 하사했는데, 이는 마케도니아 왕실에서 내려 주던 특별 선물이었다.

9

삶이 풍성해지면 지체 낮은 사람도 생각을 높이 갖는다. 따라서 그들이 높은 위치에서 내려다볼 때면 아랫사람들의 눈에는 그가 고결한 품위와 위대함을 갖춘 인물로 보인다. 그러나 진실로 고결하고 한결같은 정신력을 가진 사람은 재난을 겪을 때 참모습이 더 잘 나타난다. 에우메네스가 바로 그런 인물이었다. 처음 [기원전 320년 연초에] 에우메네스는 카파도키아의 오르키니이(Orkynii)에서 아군의 배신으로 말미암아 안티고노스에게 패전한 적이 있었는데,[14] 이번에는 그 반역자가 도주하는 것을 그대로 용서하지 않고 붙잡아 목을 매달아 죽였다.

그런 뒤에, 에우메네스는 적군이 추격해 오는 방향으로 되돌아가다가 도중에 길을 바꾸어 적군을 따돌린 다음 전투가 벌어졌던 곳으로 다시 돌아갔다. 그곳에서 그는 병영을 차리고 부하들의 시신을 수습하여 이웃 마을에서 얻어 온 나무 문

---

14 그때 안티고노스는 에우메네스의 기병대장 아폴로니데스(Apollonides)를 매수하여 병력과 함께 그를 자기편으로 만들면서 비겁하게 에우메네스를 이긴 적이 있었다.

짝을 태워 화장한 다음, 장교와 사병의 유골을 각기 수습하여 무덤을 만들어 주고 그곳을 떠났다. 뒤늦게 이곳에 도착하여 그 무덤을 본 안티고노스는 에우메네스의 용맹함과 도량을 칭송했다.

에우메네스는 언젠가 안티고노스의 병참 부대를 만나 많은 자유민과 노예를 사로잡고 전리품을 약탈할 수도 있었다. 그러나 그는 부하들이 전리품을 너무 많이 노획하면 재빨리 움직일 수 없고, 또 용병이 너무 배가 부르면 고통이나 지루함을 참지 못하고 탈주하리라는 점을 걱정했다.

시간이 흐르면서 안티고노스도 이제 군대를 철수하리라는 생각이 들자 에우메네스 자신도 전쟁을 멈추고 싶었다. 그러나 그로서는 눈앞의 보물에 눈이 먼 마케도니아 군사들의 욕심을 말리기가 어려웠다. 그리하여 에우메네스는 진군하기에 앞서 잠시 쉬면서 부하들에게 말을 먹이라고 지시한 다음, 적군의 병참을 맡고 있는 메난드로스에게 은밀히 사람을 보내 이렇게 알려 주었다.

"그대와 나는 오랜 전우였소. 그래서 충고하건대, 경비를 강화하고 병력을 낮은 곳에서 높은 곳으로 옮겨 내 기병대에 포위되어 공격당하는 일이 없기를 바라오."

메난드로스는 자신이 위험에 빠졌음을 깨닫고 재빨리 병력을 이동했다. 그제야 에우메네스는 척후병을 내보내고 병사들과 기병대에 무장을 갖추라고 지시하면서 곧 적진을 향해 출동할 듯이 병사들이 무기를 들고 말에 고삐를 채우도록 했다. 그때 척후병이 돌아와 메난드로스는 이미 안전한 곳으로 후퇴하여 공격하기가 어렵다고 보고했다.

이에 에우메네스는 몹시 화를 내는 척하면서 병력을 물렸다. 들리는 바에 따르면, 메난드로스가 이 사실을 안티고노스에게 알렸다고 한다. 그 말을 들은 마케도니아 병사들은 에우메네스가 자신들의 아내와 자식들을 노예로 만들 수 있었음에도 그러지 않고 살려 보낸 것을 감사히 여겼다. 그 말을 들은 안티고노스가 이렇게 말했다.

"이 순진한 사람들아, 사실은 그게 아니라네. 에우메네스가 여러분을 무사히 보내 준 것이 아니라 그의 부하들이 전리품을 두둑하게 챙기고 나면 짐이 무거워 재빨리 도주할 수 없어 그런 것이라네."

10

그런 일이 있은 뒤에 에우메네스는 적군을 피해 떠돌면서 부하 대부분을 설득하여 떠나도록 했고, [디오도로스에 따르면, 상당수가 안티고노스에게로] 돌아섰다. 에우메네스가 부하들의 장래를 걱정해서였거나, 그의 부대가 전투하기에는 너무 적고 도주하기에는 너무 많았기 때문이었을 것이다.

에우메네스는 기병 5백 명과 중무장 보병 2백 명을 거느리고 리카오니아(Lykaonia)와 카파도키아의 접경에 있는 요새 노라(Nora)에 피신해 있었는데, 부하들이 장소와 식사의 열악함으로 말미암아 군대를 떠나고자 할 때면 따뜻한 마음으로 보내 주었다. 그 무렵에 안티고노스가 그곳까지 따라와 전투를 벌이기에 앞서 회담을 하자고 제안했다. 그때 에우메네스는 이렇게 말했다.

"지금 그대에게는 따르는 장군들이 많지만, 나에게는 내가 떠난 다음에 군대를 지휘할 장군이 없소. 그러므로 그대가 나와 회담하고자 한다면 내 귀환을 보장할 수 있도록 인질을 보내 주기 바라오."

더욱이 안티고노스가 마치 에우메네스의 상관이나 되는 듯이 말하자 에우메네스는 이렇게 대답했다.

"내 손에 칼이 들려 있는 한, 내 상관은 없소."

그럼에도 안티고노스는 에우메네스가 요구한 대로 조카 프톨레마이오스를 인질 삼아 성채로 보냈고, 에우메네스도 진

에우메네스

지에서 내려왔다. 그들은 서로 껴안으며 지난날 절친했던 동지로서 우정을 표시했다. 긴 회담을 거쳐 에우메네스는 자신의 신변 안전이나 강화에 대한 말은 한마디도 하지 않고, 자신이 태수 직책을 계속해야 한다는 점과 자기가 받은 영지를 되찾아야 한다는 말만 했다. 곁에 있던 사람들이 놀라면서 그의 고결한 정신력과 확신에 찬 언행을 칭송했다.

그러는 동안에 도대체 에우메네스가 어떤 인물인가를 보고 싶어 하는 무리가 그의 주변에 몰려들었다. 크라테로스가 죽은 뒤로 군인으로서 에우메네스만큼 세상 사람들의 입에 오르내린 인물이 없었다. 에우메네스의 신변을 걱정한 안티고노스는 먼저 병사들이 그에게 가까이 오지 못하도록 소리를 지르다가, 그럼에도 사람들이 달려들자 그들을 향해 돌멩이를 던졌다. 안티고노스는 끝내 에우메네스의 주변을 경호원으로 둘러싼 다음 군중에게서 빠져나와 소란 끝에 안전한 곳으로 피할 수 있었다.

11

그런 일이 있은 뒤에 안티고노스는 에우메네스가 갇혀 있는 성채 노라 둘레에 성벽을 쌓고 병력을 남겨 두어 탈출하지 못하도록 지키게 한 다음 그곳을 떠났다. 에우메네스는 성채에 갇혀 지냈는데, 양식과 물과 소금은 넉넉했지만 그 밖에 먹을 것이나 즐길 수 있는 일이 없었다.

그러자 에우메네스는 가진 것만으로도 병사들에게 활기를 불어넣어 주려고 번갈아 식사에 초대하여 음식을 먹으면서 즐겁고 우정 어린 대화를 나누었다. 그의 얼굴은 늘 즐거웠으며, 전쟁에 지친 노장의 모습은 보이지 않고, 언행은 재치 있고 젊은이다웠다. 몸매는 팔다리가 균형 잡혀 있어 예술적 구성을 이루었으며, 웅변가는 아니었지만 오늘날 그가 남긴 글에서 볼 수 있듯이 그의 말은 설득력 있고 의미가 깊었다.

에우메네스의 병사들에게 가장 큰 어려움은 성채가 너무 비좁다는 사실이었다. 집은 작고 성채 둘레는 2훠롱에 지나지 않아서 훈련을 하기는커녕 밥을 제대로 먹을 수조차 없었다. 따라서 에우메네스는 훈련 부족으로 나타나는 허약함과 나른함을 이기고, 무엇보다도 병사들의 전투력을 키우고자 그들을 길이가 14큐빗에 이르는 가장 큰 방에 모아 놓고 걷게 함으로써 행군 실력을 조금씩이라도 높이려 했다.

말을 훈련시키는 모습을 살펴보면, 먼저 말에 목살을 매어 천장에 매달고 도르래로 끌어 올리는데, 그러면 말은 뒷다리로 땅에 버텨 서서 앞발을 땅에 내려놓으려고 발버둥을 친다. 이때 말은 소리를 지르며 허우적거린다. 분노에 찬 말이 뒷발로 껑충껑충 뛰면서 앞발을 휘젓는 동안 운동 효과를 일으켜 온몸이 땀에 젖고 게거품을 뿜는데, 이런 훈련은 말의 속도와 힘을 기르는 데 나쁘지 않은 방법이다. 그런 다음 말에게 삶은 귀리를 얼른 먹이면 소화도 잘되었다.

12

그러나 갇혀 있는 기간이 길어지고, [기원전 320년에] 마케도니아에서 안티파트로스가 죽었으며, 그 아들 카산드로스와 폴리스페르콘(Polysperchon) 장군 사이에 싸움이 벌어졌다는 소식이 들려오자 안티고노스는 이제 자기가 더 이상 겸손하게 지낼 이유가 없다고 생각했다. 온 제국을 자기 품에 껴안고 싶었던 그는 에우메네스가 막료이자 동지로 자기와 함께 일해 주기를 바랐다. 따라서 안티고노스는 에우메네스에게 히에로니모스(Hieronimus)를 보내 강화 조건에 서명하고 동의해 달라고 요청했다.

강화 조건 문서를 받아 본 에우메네스는 이를 수정한 뒤 자기와 함께 포위되어 있는 마케도니아인들에게 보여 주며 어느 것이 더 공정한가를 물었다. 수정된 강화 문서를 받아 본 안티고노스는 형식적으로 문서 첫머리에 두 왕(§ 3)에 대해 언급한 다음 자기 이야기만 늘어놓았다.

그러나 에우메네스는 문서 첫머리에 필리포스왕의 아내이자 알렉산드로스 대왕의 어머니인 올림피아스와 두 왕에 대한 선서를 담고, 그다음으로 그의 적군과 막료에게도 함께 서약할 것을 제안했다. 마케도니아 시민은 에우메네스의 서약이 더 옳다고 생각했기 때문에 포위를 뚫고 안티고노스에게 사람을 보내 그도 에우메네스의 서약을 따르도록 요구했다.

그러는 동안에 에우메네스는 노라에 억류하고 있던 카파도키아 인질들을 모두 돌려보냈고, 그들은 돌아가면서 자기들이 가지고 왔던 말과 우마차와 막사를 에우메네스에게 선물로 주었다. 그가 흩어져 있던 병사를 모으니 그 수가 1천 명에 이르렀다.

에우메네스는 안티고노스를 믿지 않았기 때문에 그들을 이끌고 도주의 길에 올랐다. 실제로 안티고노스는 마케도니아인들에게 다시 명령을 내려 에우메네스를 성안에 가두고 포위한 다음 공격하라고 지시했을 뿐만 아니라, 에우메네스가 수정한 문서를 받아들인 자들을 몹시 꾸짖었다.

13

에우메네스가 도주하는 동안에 안티고노스의 세력이 너무 커지는 것을 두려워하던 마케도니아 사람들이 에우메네스에게 도움을 요청하는 편지를 보냈다. 그 가운데 알렉산드로스의 모후 올림피아스의 편지에는 다음과 같은 내용이 있었다.

"에우메네스 장군께서는 어서 달려와 알렉산드로스 대왕의 아들인 어린 왕을 보살펴 주기 바랍니다. 지금 왕을 해치려는 음모가 진행되고 있습니다."

그리고 폴리스페르콘 장군과 어린 왕의 서삼촌인 아리다이오스왕도 에우메네스에게 다음과 같은 명령서를 보냈다.

"카파도키아 사령관 에우메네스 장군은 안티고노스를 무찌르고, 퀸다(Quinda)에 보관한 5백 탈렌트의 보물[15]을 처분하여 손실을 충당하고 전쟁에 필요한 만큼 쓰도록 하시오."

폴리스페르콘 장군은 또한 그 보물을 관리하는 은방패 부대(Argyraspides)의 지휘관인 안티게네스(Antigenes)와 테우타모스(Teutamos)에게 편지를 보내 에우메네스에게 협조할 것을 지시했다. 폴리스페르콘의 편지를 받은 두 사람은 겉으로는 에우메네스에게 호의적인 것처럼 처신했지만 그에게 경쟁심을 느끼면서 이인자로 무시당한 불쾌감으로 속을 끓이고 있었다.

그러자 에우메네스는 마치 자기에게는 자금이 필요하지 않다는 듯 돈을 거절함으로써 안티게네스와 테우타모스 두 장군의 시샘을 달래는 한편, 그들이 지휘할 능력이 없으면서도 지휘권을 빼앗긴 데 대해 심술을 부리는 것을 보면서 미신을 쓰기로 했다. 곧 그는 부하들에게 이렇게 말했다.

"어젯밤 꿈에 알렉산드로스 대왕이 나타나셨는데, 막사 안에 곤포(袞袍)를 입으시고 어좌에 앉아 내게 말씀하시기를, '그대들이 이곳에 앉아 회의를 열어 국사를 논의한다면 내가 그대들과 함께 있으면서 그대들이 내 이름으로 처리하는 일과 계획을 모두 도와줄 것이오'라고 했습니다."

안티게네스와 테우타모스는 에우메네스의 말을 그대로 믿었다. 그들은 알렉신드로스 대왕의 발대로라면 자기들도 에우메네스와 같은 반열에 오른다고 믿었기 때문에 기꺼이 그와 함께 일하리라고 생각했다. 그리하여 그들은 왕실이 쓰는 군막을 세우고 그 안에 옥좌를 만든 다음 '알렉산드로스 대왕의 옥좌'라고 부르면서 그 앞자리에 앉아 중요한 문제들을 토의

---

15   퀸다는 킬리키아에 있는 요새로서 아나자르보스(Anazarbos)로 더 잘 알려진 곳인데, 안티게네스와 테우타모스가 수사에 있던 왕실의 보물들을 이곳에 옮겨 보관했다.

하여 처리했다.

에우메네스의 무리는 [기원전 317년에] 안티고노스가 자리 잡았던 메소포타미아 지방으로 진군하다가 알렉산드로스 대왕의 유능한 장군이었던 페우케스타스를 만났다. 그는 에우메네스의 오랜 막료로서 다른 지방의 태수였다.

그들이 우수한 무기를 들고 합세하면서 마케도니아 병사들의 사기가 충천했다. 그러나 알렉산드로스 대왕이 죽은 뒤로 장군들은 부하들을 제대로 통솔하지 못했고 권력은 무뎌졌다. 그들은 폭군의 기질을 드러냈고, 야만족의 오만함에 젖어 거칠어지고 서로 화목하지 않았다.

더욱이 페르시아의 장군들은 마케도니아 병사들에게 자주 잔치와 제사를 베풀어 흥청거리고 타락하게 했으며, 짧은 시간에 병영을 술집으로 만든 뒤에 장군도 투표로 뽑자는 식의 민중 정치로 이끌어 가려고 유혹했다. 그러나 에우메네스는 그들이 서로 무시하면서도 자기를 무서워하여 기회가 오면 죽이려 한다는 사실을 알아차렸다.

그리하여 에우메네스는 자기를 가장 미워하는 사람들에게서 엄청나게 많은 돈을 빌렸다. 이제 채권자가 된 정적들은 혹시라도 돈을 못 받게 될지 모른다는 생각에 그를 죽일 계획을 포기했다. 그 결과 정적들의 재산이 그의 호위병이 되었다. 사람들은 보통 남에게 베풀면서 자신을 지키지만, 에우메네스는 남들에게 받은 것으로 자신을 지켰다.

14

그러나 전쟁이 없을 때면 마케도니아 병사들은 아첨꾼들에게 뇌물을 받거나, 경호병들을 거느리고 거들먹거리며 장군이 되고 싶어 하는 무리의 대문 앞을 어정거렸다. 그러다가 안티고노스가 대군을 거느리고 가까운 곳에 진영을 차리면서 진정한 장군이 필요한 지경이 되자, 병졸들뿐만 아니라 평화로울 때는 흥청거리고 으스대던 장군들까지도 에우메네스를 찾아와 그가 맡기는 업무를 군말 없이 수행했다.

안티고노스가 북(北)티그리스(Pasitigris)강을 건너려 할 때 그를 지켜보던 장군 가운데 어느 누구도 그가 어떤 작전을 펼치려는지 알지 못했고, 오직 에우메네스만이 그의 작전을 간파했다. 이렇게 전쟁을 치르고 나니 적군의 시체가 강을 메우고 포로가 4천 명이 되었다.

그러다가 에우메네스가 병에 걸렸다. 다른 장군들은 흥청거리며 잔치를 치르는 데는 능숙했지만, 전쟁을 치를 인물은 오직 에우메네스뿐이라는 사실을 마케도니아 병사들은 분명히 알았다. 그러나 페우케스타스 장군은 페르시스에서 성대하게 잔치를 벌이고 제사에 제물로 바칠 고기를 부하들에게 나누어 주면서 자신이 총사령관이 될 줄 알았다.

그 뒤로 며칠이 지나 마케도니아 병사가 적군을 향해 진군할 때, 공교롭게도 에우메네스는 몸이 아파 대오에서 조금 떨어져 가마를 타고 따라갔다. 행군이 조용하여 그는 잠시 눈을 붙였다. 그렇게 얼마를 가는데 갑자기 앞의 언덕에서 적군이 평야로 달려 내려왔다. 대오를 이뤄 언덕을 내려오는 그들의 황금 갑옷은 햇빛을 받아 눈부시게 반짝이고, 등에 안장과 자줏빛 마구를 실은 코끼리 부대 병사들은 당당하게 보였다.

이에 앞서가던 마케도니아 병사가 행진을 멈추고 서서 에우메네스를 부르더니 그가 지휘를 맡지 않으면 전진하지 않겠노라고 말했다. 그들은 무기를 땅바닥에 내려놓고 행군을 멈추라고 소리치면서 이를 장교들에게 알렸다. 그들은 에우메네스가 오지 않으면 전투를 하지도 않을 것이요 적군을 향해 앞으로 나아가지도 않을 것이라고 말했다.

이 말을 들은 에우메네스는 서둘러 가마를 달려 그들에게 이른 뒤, 가마의 양쪽 휘장을 열고 기쁜 얼굴로 손을 흔들어 보였다. 에우메네스를 본 병사들은 마케도니아어로 그의 이름을 연거푸 부르며 장군이 그들과 함께 있다는 확신에 용기를 얻어 창과 방패를 부딪치며 함성을 올렸다.

15

에우메네스가 병들어 가마를 타야 할 정도로 상태가 나쁘다는 말을 포로에게서 들은 안티고노스는 그 밖의 다른 장군들은 걱정할 것 없다고 생각하여 서둘러 전장으로 떠났다. 그러나 적진의 대오가 엄정하고 진세(陣勢)가 정연한 모습을 말 위에서 바라본 안티고노스는 놀라 잠시 말을 멈추었다. 그때 가마 한 채가 이쪽 날개에서 저쪽 날개로 옮겨 다니고 있었다. 그 모습을 지켜보던 안티고노스는 늘 그렇듯 하늘을 바라보고 크게 웃으면서 이렇게 말했다.

"우리가 싸워야 할 상대는 바로 저 가마인 것 같군."

안티고노스는 돌아와 곧 진지를 구축했다. 그러자 에우메네스의 부대는 다시 해이해졌다. 잠시 쉰 그들은 다시 변덕을 부리며 장군을 무시하기 시작했다. 그들은 갑자기 가베네(Gabene)에서 겨울을 보내자고 소란을 피우더니, 뿔뿔이 흩어지면서 부대별 간격이 1천 훠롱까지 벌어졌다.

적군의 형편이 그처럼 어렵다는 사실을 확인한 안티고노스는 그들을 급습하기로 결정했다. 안티고노스는 험난한 지름길을 이용해 재빨리 접근해서 에우메네스를 공격하면 서로 멀리 떨어져 있는 상대편 부대들이 쉽게 서로를 도울 수 없으리라고 생각했다.

그러나 안티고노스의 부대가 황무지에 들어섰을 때 바람이 거세고 서리가 내려, 병사들이 더 이상 나아갈 수가 없었다. 그리하여 그들은 어쩔 수 없이 불을 피웠는데, 이것이 그들의 위치를 에우메네스에게 알려 주는 신호가 되었다.

근처 산속에 살던 원주민이 사람도 살지 않는 벌판에 불빛이 여럿 보이자 낙타를 타고 페우케스타스에게 달려가 그 사실을 알렸다. 그 소식을 들은 페우케스타스는 놀라 어쩔 줄 모르다가 같은 생각을 품고 있는 장군들과 함께 길을 따라 숙영하던 병사들과 도주하기로 했다.

그러나 에우메네스는 적군의 진격을 예상보다 3일 정도 늦출 수 있다고 약속하며 두려워 당황하고 있는 병사를 진정시켰고, 그들이 납득하자 주위에서 겨울을 나고 있는 병사들이 서둘러 집결하도록 전령을 보냈다.

아울러 에우메네스는 장군들을 이끌고 일부러 벌판 건너편에서도 보이는 곳을 차지한 다음, 마치 병영을 차린 것처럼 일정한 거리를 두고 횃불을 올리도록 지시했다. 멀리서 이를 바라본 안티고노스는 자기가 오는 것을 미리 알고 에우메네스가 대비한 것으로 지레짐작하여 몹시 낙담했다.

자신의 병력은 밤새도록 달려와 지쳐 있는데, 적군은 겨울 휴식에 들어가 전쟁을 준비하고 있었으니 지금 상황에서 전투를 벌이는 것은 좋지 않다고 판단한 안티고노스는 병력을 이끌고 길을 따라 마을로 들어가 쉬기로 했다.

그러나 그가 마을로 들어갈 때 누구도 막는 사람이 없어서로 얼굴만 바라보았다. 이상히 여겨 원주민들에게 물어보았더니 자기들도 에우메네스의 병력을 본 적이 없고 빈터에 횃불만 타오르고 있다고 대답했다. 그제야 자신이 에우메네스의 공성계(空城計)[16]에 속은 것을 알아차린 안티고노스는 크게 한탄하면서 그를 맞아 싸우고자 진격을 재개했다.

16 공성계라 함은 성을 비우는 작전을 뜻하는데, 여기에는 두 가지가 있다. 하나는 실제로 병력을 튼튼히 갖추고 있으면서도 허술한 듯이 꾸며 적군을 유인한 뒤 무찌르는 방법이고, 다른 하나는 실제로 성이 비어 있음에도 무장이 튼튼한 것처럼 보임으로써 적의 공격을 주춤하게 만드는 방법이다.

에우메네스

그러는 사이에 에우메네스는 병사를 모았다. 그들은 에우메네스를 칭송하면서 그가 장군을 맡아야 한다고 요구했다. 그러자 에우메네스 휘하 은방패 부대의 안티게네스와 테우타모스 장군은 에우메네스에 대한 분노와 질투에 사로잡혀 그를 죽일 계략을 꾸몄다. 태수와 장군들 대부분이 모이자 그들은 어떻게 에우메네스를 죽일지 논의했다. 그들은 이번 전투에서 그를 충분히 이용하여 일단 전투에서 이긴 다음 전투가 끝나자마자 죽이기로 합의했다.

그러나 코끼리 부대의 지휘관 에우다모스(Eudamos)와 파이디모스(Phaidimos)가 은밀히 에우메네스를 찾아와 암살 음모를 일러 주었다. 그들이 에우메네스에게 비밀을 알려 준 것은 호의나 친절 때문이 아니라, 앞서 말했듯이 빌려준 돈을 받지 못할 수도 있다는 걱정 때문이었다. 에우메네스는 그들에게 작전을 지시한 다음 막사로 돌아가 막료에게 이렇게 말했다.

"내 둘레에는 지금 짐승들이 우글거리고 있구나."

에우메네스는 유언장을 쓴 다음 문서를 모두 없애 버렸다. 그는 자기가 죽은 다음에라도 그 문서들로 말미암아 자기와 가까운 사람들이 다치는 것을 바라지 않았다.

일을 마친 에우메네스는 적군에게 항복할까, 아니면 메디아나 아르메니아로 도피했다가 카파도키아로 쳐들어갈까 생각했다. 그는 막료와 함께 있으면서도 아무런 결정을 내리지 않았다. 그는 이제까지 자신을 이끌어 온 운명이 참으로 변덕스럽다고 생각하면서 어느 길을 가야 할지 고민했다.

에우메네스는 그리스 병사들과 원주민 병력을 이끌고 전선으로 나갔다. 그는 휘하의 밀집 보병과 은방패 부대를 격려했다. 그들은 어떤 적군도 자기들을 대적할 수 없으리라고 확신했다. 그들은 지난날 필리포스왕과 알렉산드로스 대왕을 모신 역전의 용사들로서 수많은 승리를 거둔 사람들이었지만,

이제는 모두 일흔 살이 된 노인들로 예순 살 아래가 없었다. 그들은 안티고노스의 병사들이 쳐들어오자 이렇게 소리쳤다.

"저런 불한당 같은 놈들이라니……. 제 아비뻘에게 창을 겨누는구나."

에우메네스의 노병들은 분노하며 적군의 밀집 대형을 향해 돌진해 나갔다. 백병전에서 적군은 살아남은 무리가 없이 모두 죽음을 맞았다. 이 전투에서 안티고노스의 보병은 무참하게 졌지만, 그의 기병대는 승리를 거두었다. 에우메네스 편에서는 페우케스타스가 무기력하게 싸운 탓에 안티고노스에게 군량미를 모두 빼앗겼다.

안티고노스는 위험 앞에 냉정했고 지형지물의 이점을 잘 이용했다. 그들이 전투를 벌인 평야는 넓고, 흙이 다져지지 않았으며, 바짝 마른 모래에는 소금기가 섞여 있었다. 그곳에서 전투가 벌어지면서 말과 병사가 밟고 지나가자 석회처럼 먼지가 일어나 에우메네스의 병사들은 앞을 볼 수 없었다. 그 덕분에 안티고노스는 에우메네스 병사들의 저항을 받지 않고 군량미를 빼앗을 수 있었다.

17

전투가 끝나자 에우메네스의 부장 테우타모스는 안티고노스에게 전령을 보내 식량을 돌려달라고 요청했다. 이에 안티고노스에게서 답장이 왔다.

"만약 그대들이 에우메네스를 잡아 나에게 보낸다면 은방패 부대에 양곡을 보내고, 그대들의 안전도 지켜 줄 것이다."

그렇게 되자 배신자들은 먼저 에우메네스의 주변을 둘러싸고 그가 눈치채지 못하도록 감시하면서, 누구는 식량이 떨어졌다고 투덜거리고, 누구는 승리했다고 그에게 치하하고, 누구는 다른 사령관을 비난하는 등 수선을 떨었다. 그러다가 그들은 갑자기 에우메네스를 덮쳐 칼을 빼앗고 손을 묶었다.

　　　　　　　　　　　에우메네스

안티고노스가 보낸 니카노르(Nicanor)가 에우메네스의 신병을 인도받아 마케도니아 병사들 가운데로 지나갈 때, 에우메네스는 발언 기회를 요청했다. 그는 목숨을 구걸할 뜻이 없으며, 단지 그들을 위해 조언해 주고 싶다고 말했다. 침묵이 흐르는 가운데 에우메네스는 조금 솟아오른 언덕에 올라 손이 묶인 채로 이렇게 말했다.

"이 세상에서 가장 비열한 마케도니아 병사들이여, 그대들이 안티고노스에게 그가 그토록 바라던 그대들의 장군을 넘겨준 대가로 그대들의 머리에 어떤 월계관이 씌워지리라고 기대하는가? 승리를 거두고서도 겨우 식량을 빼앗겼다고 마치 패배한 듯이 생각하면서 그 생각을 부끄러워하지 않으니, 그대들의 승리란 무기에 달려 있는 것이 아니라 돈에 달려 있음을 알겠고, 그대들이 식량을 사는 값으로 그대들의 장군을 넘겨주게 되었음을 알겠도다. 그대들은 나를 불패의 길로 이끌었고, 적들을 물리치고 승자가 되게 하였으며, 이제 부하들에게 희생당한 자로 만들어 주었다.

이제 그대들에게 잡힌 몸이 된 내가 군대를 가호하시는 제우스와 맹세를 관장하는 모든 신들의 이름으로 부탁하노니, 그대들이 손수 나를 죽여 주기 바란다. 내가 그대들의 손에 죽는 것은 안티고노스의 손에 죽는 것만 못지않으리라. 그리고 안티고노스도 그대들을 탓하지는 않을 것이다. 그도 시체가 된 나를 보고 싶어 하지, 살아 있는 나를 보고 싶어 하지는 않을 것이다.

만약 그대들이 나를 죽이고 싶지 않다면 내가 자살할 수 있도록 손 하나만 풀어 주기 바란다. 만약 그조차도 싫다면 나를 이대로 묶인 채 코끼리의 발아래 밟혀 죽도록 해 주기 바란다. 그렇게만 해 준다면 나는 그대들의 죄를 용서해 줄 것이며, 그대들은 그대들의 장군을 죽이면서 가장 정의롭고 온당했다고 말하리라."

18

에우메네스의 말이 끝나자 병사들이 모두 슬픔에 젖었다. 어떤 병사는 흐느껴 울었다. 그러나 은방패 부대원 병사들이 소리쳤다.

"그 사람을 끌고 가시오. 그의 허접스러운 말은 들은 필요도 없소. 케르소네소스에서 날아온 병마(病魔) 같은 놈이 마케도니아 병사를 끝없는 전쟁으로 몰아넣어 이토록 비참한 지경에 이르게 했소. 우리야말로 필리포스왕과 알렉산드로스 대왕의 정예 부대로서 피땀 흘려 싸웠으나, 이제 몸은 늙어 상금도 받지 못한 채 남들에게 양곡이나 얻어먹게 되었고, 우리 아내들은 적군의 무기에 둘러싸여 벌써 사흘이나 보내고 있으니 그를 적군에게 넘기는 것이 불쌍할 것도 없소."

말이 끝나자 은방패 부대 병사들은 에우메네스를 서둘러 끌고 갔다. 그가 붙잡혀 왔다는 소식을 들은 안티고노스는, 병사들이 병영에서 모두 뛰어나오자 그들의 소란이 걱정되어 가장 튼튼한 코끼리 열 마리와 메디아인과 파르티아인들을 보내 군중을 해산시켰다. 그는 지난날 절친한 전우였던 에우메네스의 얼굴을 차마 볼 수가 없었다. 에우메네스를 붙잡아 온 부하들이 안티고노스에게 물었다.

"에우메네스를 어떻게 감시할까요?"

이에 안티고노스가 이렇게 대답했다.

"코끼리나 사자를 지키듯 해라."

그러나 조금 시간이 지나자 안티고노스는 에우메네스가 안쓰럽다는 생각이 들어 그의 무거운 족쇄를 풀어 주고 그의 몸에 향유를 발라 주도록 한 다음, 그의 막료들 가운데 그와 함께 지내고 싶어 하는 사람이 있으면 그가 필요한 물건을 가지고 들어가 함께 시간을 보내도록 허락했다.

안티고노스는 에우메네스를 어떻게 처리할까 여러 날 동안 고민했다. 그리하여 부하들을 모아 놓고 의견을 물었을 때 안티고노스의 아들 데메트리오스와 크레타 출신의 네아르코스(Nearchos)는 그를 살려야 한다고 강력히 주장했고, 그 밖의 사람들은 모두 그를 죽여야 한다고 주장했다.

들리는 바에 따르면, 감옥에 갇힌 에우메네스는 간수 오노마르코스(Onomarchos)에게 이렇게 말했다고 한다.

"도대체, 안티고노스는 그토록 미워하던 적장을 잡았으면 빨리 죽이든가 살려 보내든가 해야지, 이게 무슨 경우인가?"

그러자 간수가 무례하게 이렇게 말했다.

"그대가 용맹스럽게 죽음을 마주하고 싸웠던 곳은 과거의 전쟁터였지, 지금 이곳이 아니오."

그러자 에우메네스가 이렇게 대답했다.

"제우스 신을 두고 맹세하건대, 그대 말이 맞네. 나는 전쟁터에서 용맹했다네. 나와 싸웠던 사람들에게 물어보게. 내가 알기로는, 내가 만난 사람들 가운데 나보다 더 훌륭하게 싸운 사람은 없었다네."

이에 오노마르코스가 다시 대꾸했다.

"그랬겠지요. 그러나 그대는 그대보다 더 강력한 안티고노스 장군을 만난 지금, 어찌하여 그가 결정지을 때까지 기다리지 않소?"

19

에우메네스를 죽이기로 결심한 안티고노스는 [차마 그를 자기 손으로 죽일 수 없어 굶겨 죽일 생각으로] 그에게 음식을 주지 말라고 지시했다. 그렇게 하루 이틀이 지나면서 에우메네스는 점점 죽음에 가까이 이르렀다. 그러던 터에 갑자기 부대를 이동할 일이 생겨 안티고노스는 사람을 보내 그를 죽였다.[17] 안티

---

17   네포스의 『에우메네스전』(§ 12)에 따르면, 간수가 안티고노스도 모르게 목을 졸라 죽였다고 한다.

고노스는 시체를 그의 막료에게 보내 화장시키고, 그 유해를 은합(銀盒)에 담아 그의 아내와 자식들에게 보내 주었다.

에우메네스는 그렇게 죽었다. 그러나 하늘은 다른 사람이 아닌 바로 안티고노스가 그를 배신한 무리에게 벌을 내리도록 했다. 안티고노스는 그 짐승만도 못한 은방패 부대를 파르티아에 있는 아라코시아(Arachosia) 총독 시비르티우스(Sibyrtius)에게 보내면서, 총독에게는 무슨 수를 쓰든 그들을 천천히 말려 죽이라고 지시했다.[18] 그리하여 은방패 부대의 어느 병사도 마케도니아로 돌아가거나 그리스 바다를 보지 못하고 죽었다.

---

18   안티고노스는 은방패 부대의 대장 안티게네스를 산 채로 묻어 죽이도록 지시했으며, 그 밖에 테우타모스와 켈바노스(Kelbanos)와 다른 무리도 그런 운명을 겪었다.(랭혼 판본, p. 390의 각주 참조)

세르토리우스
SERTORIUS

기원전 126~73

나는 지금 시간을 사고자 한다.
위대한 과업을 수행하는 데에는
시간보다 더 소중한 것이 없다.
시간은 기다리는 무리의 편이며
분별없이 서두르는 무리의 적이다.
― 세르토리우스

장군은 장군처럼 죽어야지
사병처럼 죽어서는 안 된다.
― 테오프라스토스

1

운명의 여신은 한없이 변덕스럽고, 역사는 유구하다 보니 역사에서 꼭 같은 사건이 여러 차례 일어나는 것도 이상한 일이 아니다. 역사를 지어내는 소재가 무한하다면 운명의 여신은 새로운 사건을 계속 만들 수 있을 것이다.

그와 달리 사건을 엮어 낼 수 있는 소재에 한정이 있다면, 비슷한 사건이 계속 반복되다가 어떤 때에는 같은 시대에 같은 사건이 되풀이될 수도 있다. 이런 상황은 우연히 일어나지만, 마치 운명의 여신이 계산한 일처럼 느껴진다. 어떤 사람들은 이런 이야기들만 따로 수집하기도 한다.

이를테면 이름이 아티스(Attis)였던 사람이 둘 있었는데, 하나는 시리아인이었고 다른 하나는 아르카디아(Arcadia)인이었다. 그런데 두 사람 모두 멧돼지에게 물려 죽었다. 두 명의 악타이온(Aktaion)이라는 사람이 있었는데, 하나는 제우스의 딸 아르테미스가 목욕하는 모습을 훔쳐보다 사슴으로 변하여 개에게 물려 죽었고, 다른 하나는 코린토스의 애인 아르키아스(Archias)에게 찢겨 죽었다. 두 사람의 스키피오(Scipio)가 살았는데, 먼저의 스키피오(Publius Scipio)는 카르타고를 정복하여 가지를 부러뜨렸고, 나중의 스키피오(Scipio Africanus)는 카르타고를 정복하여 뿌리를 뽑아 버렸다.

트로이[Ilium]는 세 번 멸망했는데, 첫 번째는 라오메돈(Laomedon)왕이 주기로 약속한 천마(天馬)를 주지 않아 헤라클레스에게 멸망했고, 두 번째는 목마(木馬)를 타고 온 아가멤논의 손에 멸망했고, 세 번째는 성문 앞에서 말이 넘어져 문을 일찍 닫지 못하게 되면서 그리스 용병대장 카리데모스(Charidemos)의 침략을 허용했다.

그리스에는 매우 향기로운 식물로 유명한 두 도시가 있는데, 하나는 제비꽃으로 유명한 이오스(Ios)이고 다른 하나는 몰약(myrrh)으로 유명한 스미르나(Smyrna)이다. 그런데 공교롭게도 스미르나는 호메로스가 태어난 곳이고, 이오스는 그가 죽은 곳이다.

나는 이러한 역사의 되풀이에 관하여 몇 가지 이야기를 덧붙이려 한다. 가장 위대한 장군으로서 전략과 무용(武勇)에 뛰어난 인물들, 곧 마케도니아의 필리포스왕과 마케도니아의 안티고노스왕과 카르타고의 한니발, 그리고 이 장(章)의 주인공인 세르토리우스는 모두 외눈박이였다. 세르토리우스는 여색을 멀리하기로는 필리포스왕보다 더 엄격했고, 막료에 대한 신뢰심은 안티고노스보다 더 두터웠으며, 적군에 대한 자비심은 한니발보다 더 컸다.

세르토리우스는 타고난 운명이라는 점에서는 그 세 사람보다 불운했다. 그는 무척 명석했음에도 불구하고, 운명의 여신을 다루는 일은 원수를 다루기보다 더 힘들었다. 세르토리우스는 전투 경험에서는 명장 메텔루스(Pius Metellus)와 맞먹었고, 용맹하기로는 폼페이우스와 맞먹었고, 행운이라는 면에서는 술라와 맞먹는 로마의 지도자였지만, 조국에서 추방되어 이방 민족을 지휘하다 일생을 마쳤다.

그리스인들 가운데 세르토리우스와 견줄 만한 인물로는

카르디아의 에우메네스가 있다. 두 사람 모두 천성이 군인이었고 탁월한 전략가였다. 또한 두 사람 다 외국으로 추방되어 외국 군대를 지휘하다가 죽음이 임박해서는 운명의 여신이 얼마나 가혹하고 공정하지 못한가를 경험했다. 그 두 사람은 꼭같이 자신과 함께 적들을 정복하던 아군에게 살해되었다.

2

퀸투스 세르토리우스(Quintus Sertorius)는 사비니족의 도시인 누르시아(Nursia)에서 명문거족의 아들로 태어났다. 아버지가 세상을 떠난 뒤 그는 홀어머니 밑에서 훌륭한 교육을 받았다. 들리는 바에 따르면, 그는 어머니 레아(Rhea)를 지극히 사랑했다고 한다. 열심히 공부해 변호사가 된 그는 어린 나이에 이미 재판 절차에 숙달해 있었으며, 웅변 솜씨로 로마에서 영향력 있는 인물이 되었다. 그러나 그는 전쟁에서 탁월한 공로를 이루고자 그 길로 나가기로 결심했다.

3

세르토리우스가 젊었을 적[기원전 105년]에 킴브리족과 튜턴족이 갈리아 영토를 침공했다. 그러자 그는 카이피오(Caepio) 장군을 따라 참전했다. 이 전쟁에서 로마군이 패배하여 도망하자 그는 말을 잃고 상처를 입었음에도 방패와 가슴받이와 무기를 모두 착용하고 로다누스강을 거슬러 건너갔다.

이는 세르토리우스가 평소에 강인한 훈련으로 몸을 단련했음을 보여 준다. 그 뒤 [기원전 102년에] 그들이 엄청나게 많은 병력을 이끌고 무서운 기세로 다시 쳐들어왔을 때, 로마군은 각자 위치를 지키면서 장군의 명령을 수신하는 데 어려움을 겪고 있었다.

이때 세르토리우스는 마리우스 휘하에서 적군에 침투하는 첩자 임무를 맡았다. 그는 켈트족 복장을 하고 필요한 일상

세르토리우스

용어를 익힌 다음 적진으로 숨어들어 갔다. 그리고 적군들끼리 나누는 중요한 사항들을 보고 들은 다음 마리우스에게 돌아왔고, 그 공적으로 상을 받았다. 그 뒤를 이어 벌어진 전투에서 그는 정확한 판단으로 용감하게 투쟁하며 장군에게 칭찬과 신임을 받았다.

킴브리족과 튜턴족을 상대로 한 전쟁이 [기원전 97년에] 일어나자 세르토리우스는 스페인의 법정관 디디우스(Didius)의 명령으로 군무 위원이 되어 켈트-이베리아인(Celtiberia)의 도시인 카스툴로(Castulo)에서 겨울을 보냈다. 이곳에서 로마 병사들은 넉넉한 생활을 하며 훈련을 소홀히 하고 술에 취해 살았는데, 이들을 우습게 여긴 그곳 주민들이 이웃에 사는 오리타니아(Oritania)족의 도움을 받아 그들을 습격하여 죽였다.

이때 세르토리우스는 몇몇 병사와 함께 부대를 빠져나온 뒤 도주하는 병사를 모아 다시 그 도시를 포위했다. 이방 민족이 숨어들어 간 성문이 열려 있음을 발견한 그는 지난날의 실수를 거듭하지 않으려고 문 앞에 보초병을 세워 주민들이 빠져나가지 못하게 했다. 이어서 그는 도시의 병영을 장악하고 무기를 들 수 있는 나이의 남자들을 모두 죽였다.

살육이 끝나자 세르토리우스는 병사들에게 로마의 무기와 복장을 버리고 원주민 옷으로 갈아입게 한 다음, 지난번에 밤을 틈타 자신들을 습격한 자들이 살던 도시로 진격해 갔다. 자기들과 꼭 같은 복장을 하고 들어오는 로마 병사가 자기 편인 줄로 속은 적군은 동료들이 작전에서 성공하고 돌아오는 것으로 알고 문을 열고 나와 환영했다. 세르토리우스는 성문 앞에서 그들을 죽인 다음 항복한 무리를 노예로 팔았다.

4

이 전투를 치른 뒤에 세르토리우스의 명성이 스페인에 널리 퍼졌다. 로마로 돌아오자마자 그는 그 중요한 시기에 알프스

남쪽 갈리아(Gallia Cisalpina)의 재무관이 되었다. 이때는 바야
흐로 동맹국인 마르시(Marsi)족과 로마 사이에 벌어진 내란의
시기[기원전 90~88년]로서, 그는 징병과 무기 조달의 책임을 맡
았다.

　　다른 젊은이들이 게으름을 피우며 늑장을 부릴 때 세르토
리우스는 자기의 직무를 성실히 수행함으로써 앞으로 큰일을
할 인물이라는 평판을 들었다. 그는 지휘관의 위치에 올라서
도 사병 못지않게 열심히 일했으며, 전투에 나아가서는 몸을
아끼지 않고 용맹하게 싸우다가 마침내 한쪽 눈을 잃었다. 그
는 이와 같은 부상을 평생토록 자랑스럽게 여기면서 이렇게
말했다.

　　"다른 장군들은 용맹의 대가로 받은 훈장들, 이를테면 목
걸이나 창이나 화관을 몸에 지니고 다닐 수 없다. 그러나 나는
용맹의 훈장인 이 외눈을 늘 지니고 다닐 수 있다. 사람들은 이
외눈을 보면서 내 용맹했던 젊은 날의 증거로 여길 것이다."

　　민중도 세르토리우스에게 합당한 명예를 바쳤다. 세르토
리우스가 극장에 들어서면 박수를 치고 그의 이름을 외침으로
써 젊은 날에 쌓은 그의 명예가 쉽게 이루어진 것이 아님을 보
여 주었다.

　　그와 같은 명성을 누리고 있음에도, 세르토리우스는 호민
관에 출마하였다가 술라의 방해로 낙선했다. 그런 이유로 세
르토리우스는 술라의 정적이 되었고, [기원전 88년에] 마리우스
가 술라에게 진 뒤에 망명했다.

　　그 무렵, 술라가 다시 [기원전 87년에] 폰토스(터키 북동부)의
미트리다테스 6세(Mithridates VI)와 전쟁을 벌였다. 이 무렵 집
정관 가운데 하나인 옥타비우스(Octavius)는 술라 편에 섰다.
그러나 다른 집정관 킨나가 무너져 가는 마리우스의 무리를
모아 혁명을 일으키려 하자 세르토리우스는 킨나 편에 섰다.

　　세르토리우스가 보기에 옥타비우스는 너무 박력이 없고,

마리우스의 막료는 믿을 만한 사람이 아니었기 때문이었다. 로마 시내의 광장에서 두 집정관 사이에 시가전이 크게 벌어져 옥타비우스가 이기고, 킨나와 세르토리우스는 1만 명의 병력을 잃고 도피의 길에 올랐다. 그러나 그들은 이탈리아에 흩어져 있던 병력 대부분을 규합하여 [기원전 87년이 되자] 옥타비우스에 맞서게 되었다.

5

그 무렵에 마리우스가 리비아 망명 생활을 마치고 귀국하여 집정관 킨나에게 그의 휘하에 들어가 복무하고 싶다고 말했다. 킨나의 부하들은 대부분 마리우스를 받아들여야 한다고 생각했지만, 세르토리우스는 반대했다.

마리우스처럼 전쟁 경험이 많은 사람이 킨나의 측근이 되면 자신에 대한 관심이 줄어들기 때문이라고 생각해서 그랬는지, 마리우스의 거친 성격이 두려워서였는지, 거칠 것 없는 그의 성격이 매사를 어지럽게 만들고 승리의 명예를 빙자하여 정의를 무너뜨릴 것이 걱정되었기 때문이었는지는 알 수 없다. 어쨌거나 세르토리우스는 이렇게 말했다.

"우리가 전쟁에서 승리한 지금, 술라의 군대가 할 일은 없습니다. 그뿐만 아니라 우리가 그를 받아들일 경우 그는 권력과 영광을 가로채려 할 것입니다. 왜냐하면 권력이란 나누어 가질 수 없는 것이라는 점을 그는 잘 알고 있으며, 또한 그는 믿을 수 없는 사람이기 때문입니다."

세르토리우스의 말에 킨나가 이렇게 대답했다.

"세르토리우스의 걱정은 옳소. 그러나 나로서는 이미 그에게 함께 일하자고 초청했는데, 이제 와서 거절한다는 것이 당혹스럽소."

그러자 세르토리우스가 다시 입을 열었다.

"저는 마리우스가 자기 의사에 따라 이탈리아로 돌아왔

다고 생각하여, 그가 돌아온 것이 우리에게 얼마나 유리한지 알아보려고 했습니다. 그러나 듣고 보니 그는 장군의 부탁을 받고 온 것이라 하는데, 그가 이미 온 지금 이를 놓고 이러니저러니 논의하는 것은 옳지 않은 일입니다. 그러므로 장군께서는 그를 받아들이시어 쓰시는 것이 옳습니다. 이미 약속한 바를 재론할 수는 없기 때문입니다."

그리하여 킨나는 마리우스를 받아들인 다음 병사를 셋으로 나누어 각기 지휘했다. [기원전 84년에] 전쟁이 이들의 승리로 끝나고 나서 킨나와 마리우스가 교만에 빠져 포악해지자, 로마인들은 차라리 전쟁을 치르던 때가 태평의 황금시대였다고 생각했다.

그러나 들리는 바에 따르면, 세르토리우스만은 분노에 차 사람을 죽이는 일이 없었고 승리에 교만하지 않았으며, 실제로 마리우스를 비난하고, 개인적으로는 킨나를 만나 절제된 삶을 살도록 간청했다고 한다.

그러다가 드디어 전쟁 동안에 마리우스의 노예로 일하다가 이제는 그의 경호원이 된 무리에게 문제가 생겼다. 그들은 부분적으로는 마리우스의 허락을 받고, 또 부분적으로는 상전을 불법적이고도 폭력적인 방법으로 압박하여 권력과 재산을 거머쥐었다.

마리우스의 부하들은 상전을 죽이고, 상전의 아내를 겁탈하고, 그 자녀들을 학대하여 민중의 분노를 샀다. 세르토리우스는 그러한 상황을 견딜 수 없어 [기원전 82년] 어느 날 그 노예들이 모여 있는 곳을 습격하여 모두 창으로 찔러 죽였는데 그수가 4천 명에 이르렀다고 한다.[1]

I   제40장 「마리우스전」, § 43~44 참조. 그 무렵 이 노예들은 바르디아이이 (Bardyaei)라고 불렸다. 그들은 스페인에 살고 있던 이방 민족이었다.

세르토리우스

6

[기원전 86년에] 마리우스가 죽고 곧이어 [기원전 84년에] 킨나가 살해되자 소(小)마리우스가 [기원전 82년에] 세르토리우스의 바람과는 달리 법을 어기면서 집정관에 당선되었다. 그 무렵에 카르보(Carbo)나 노르바누스(Norbanus)나 스키피오는 로마로 쳐들어오는 술라를 막을 수 없었다. 민중파가 명분을 잃은 것은 장군들의 비겁함과 무능 때문이기도 했고, 그들의 배신행위 때문이기도 했다.

국가의 지도적 위치에 있는 사람들의 잘못된 판단으로 말미암아 나랏일이 더욱 어려워지고 있음을 본 세르토리우스로서는 로마에 남아 있어야 할 이유가 없었다. 그 무렵에 스키피오의 부대 곁에 진영을 차린 술라는 우호적인 태도를 보이면서 병사들을 매수하기 시작했다. 세르토리우스는 이러한 사실에 대해 스키피오에게 분명히 경고했지만 그는 들으려 하지 않았다.

그리하여 로마의 장래를 대비하여 세르토리우스는 스페인으로 떠났다. 그는 이곳에서 세력을 키워 로마에서 박해받는 동지들의 피신처로 만들고자 했다. 그들은 길을 가다가 무서운 폭풍을 겪은 뒤 어느 계곡에 이르렀는데, 이때 원주민들이 통행세를 요구했다.

화가 난 세르토리우스의 막료는 로마의 부집정관이 이 야만의 땅에서 무뢰배들에게 통행세를 지불한다는 것은 참으로 치욕스러운 일이라고 생각했다. 그러나 세르토리우스는 막료가 치욕이라고 생각하는 것에 반대하면서 이렇게 말했다.

"나는 지금 시간을 사고자 한다. 위대한 과업을 수행하는 데에는 시간보다 더 소중한 것이 없다."

그리하여 세르토리우스는 돈으로 원주민을 달랜 다음 서둘러 진군하여 스페인을 장악했다. 세르토리우스가 살펴보니 그곳에는 인구도 많고 군인으로 뽑을 젊은이도 많았다. 그러나 때때로 그곳에 파견된 로마 관리들의 탐욕과 오만으로 말미암아 주민들은 모든 측면에서 로마에 적대적이었다. 이에 세르토리우스는 족장들과 개인적으로 접촉하여 가까워지고, 민중에게는 세금을 감면해 주는 것으로써 마음을 얻었다.

세르토리우스가 무엇보다도 그곳 주민들의 환심을 살 수 있었던 것은 징집 할당제를 없앴기 때문이었다. 세르토리우스는 병사들의 겨울 막사를 각 도시 교외에 짓도록 하고 스스로 먼저 막사를 지음으로써 모범을 보였다.

그리고 세르토리우스는 원주민들의 호의에만 의존하지 않고 징집 적령기에 이른 로마 정착민들을 모두 무장시켰다. 그뿐만 아니라 온갖 군용 시설과 함선을 건조하고 도시들을 모두 장악하여 내정을 안정시키면서 적군에 대해서도 가공할 만큼 튼튼하게 준비했다.

7

[기원전 82년에] 술라가 로마를 장악하면서 마리우스와 카르보가 무너지자, 세르토리우스는 곧 어느 장군이든 스페인으로 파견되어 자신과 전쟁을 벌이리라는 사실을 정확히 알았다. 그는 율리우스 살리나토르(Julius Salinator)에게 6천 명의 병력을 이끌고 가 피레네산맥의 협곡을 지키도록 했다. 그리고 오래지 않아 술라는 카이우스 안니우스(Caius Annius)를 원정군으로 파견했다.

그러나 살리나토르를 쉽게 무너뜨릴 수 없음을 안 안니우스는 굳이 할 일도 없어 산기슭에서 빈둥거리고 있었다. 그러던 터에 별명이 라나리우스(Lanarius)라고 하는 칼푸르니우스(Calpurnius)가 살리나토르를 배신하여 죽이자 그의 병사들은 지키고 있던 피레네의 협곡을 버리고 도주했다. 이에 안니우스는 협곡을 넘어 많은 병력을 이끌고 진격해 왔다. 이제 그들을 대적할 수 없게 된 세르토리우스는 3천 명의 병력을 이끌고

세르토리우스

신(新)카르타고(Carthago Nova, New Cantago)[2]로 도주했다.

이곳에 병영을 차린 세르토리우스는 다시 바다를 건너 아프리카의 마우리타니아(Mauritania)에 상륙했다. 그러나 이곳에서 병사가 물을 찾느라 경비를 소홀히 한 틈을 노린 원주민의 기습을 받아 많은 병력을 잃은 세르토리우스는 배를 타고 스페인으로 돌아왔다. 이곳에서도 그는 원주민의 공격을 받았다. 그 뒤 세르토리우스는 킬리키아 해적들과 연합하여 피티우사(Pityussa)섬을 공격하여 안니우스가 남겨 둔 수비대를 무찌르고 상륙하는 데 성공했다.

그러나 곧이어 안니우스가 많은 함선과 5천 명의 병력을 이끌고 반격해 왔다. 세르토리우스는 이들과 바다에서 결전을 벌이리라 생각했지만 자기가 거느린 함선은 전투용이라기보다는 속도를 내고자 가볍게 만든 함선이었다.

그때 강력한 서풍으로 파도가 높이 일었고, 세르토리우스 함대의 대부분은 가벼웠던 탓에 바위투성이 해안으로 밀려갔다. 그러는 사이에 그는 폭풍에 밀려 배 몇 척과 함께 넓은 바다로 떠내려갔다. 육지에서 적군에 밀려 바다로 나온 그의 병력은 열흘 동안 높은 풍랑과 파도 때문에 온갖 고초를 겪었다.

8

풍랑이 멎자 세르토리우스는 여기저기 흩어져 있는 섬을 헤매다가 물도 없는 어느 섬에 상륙하여 하룻밤을 보냈다. 그 섬을 빠져나온 세르토리우스는 지브롤터 해협을 지나 오른쪽으로 스페인 해안을 끼고 올라가다 바이티스(Baetis)강의 어구에 상륙했다. 이 강은 대서양으로 흐르고 있었는데, 강 이름을 따 스페인 연안을 바이티스라고 불렀다. 이곳에서 세르토리우스는

---

2   신(新)카르타고라 함은 기원전 235년에 제1차 포에니 전쟁을 치른 뒤 스페인에 세운 신도시를 뜻한다.

최근에 대서양의 어느 섬[3]에서 왔다는 뱃사람들을 만났다.

　이 두 섬은 대륙과 매우 가까워 그 거리가 1만 휘롱 정도인데, 그곳 주민들은 그곳을 '축복의 땅(makaron nesoi)'이라고 부른다. 뱃사람들의 말에 따르면, 이 섬에는 시간 차이를 두고 비가 적절히 내리며, 바람은 부드럽고 이슬도 촉촉하여 토양이 비옥한 터여서 농사짓기에 아주 좋은 데다가 먹기 좋은 과일도 풍성하여 애써 노력하지 않아도 즐겁게 살아간다고 한다. 더욱이 계절의 변화도 온화하고 공기가 좋다.

　거세게 불어오는 북풍과 동풍은 먼 곳에서부터 불어오다 보니 이곳에 이르기에 앞서 힘을 잃고 사그라든다. 바다에서 불어오는 서풍은 적절한 간격을 두고 비를 뿌리고, 습기를 담은 산들바람은 날씨를 부드럽게 해 줄 뿐만 아니라 토지를 적셔 준다. 그 때문에 이방 민족조차도 이 섬이야말로 호메로스가 『오디세이아』(IV : 563~568)에서 말한 축복의 땅 엘리시온(Elysion)이라고 굳게 믿었다.

9

뱃사람들의 이야기를 들은 세르토리우스는 이 섬에서 조용히 살며 그치지 않는 폭정과 전쟁을 겪지 않는 여생을 보내고 싶었다. 그러나 평화스럽고 조용한 삶보다는 재산과 전리품을 갖고 싶었던 킬리키아인들은 세르토리우스의 꿈을 알게 되자 이프타(Iphtha)의 아들 아스칼리스(Ascalis)를 마우리타니아의 왕위에 다시 올리려고 아프리카로 떠났다. 그럼에도 세르토리우스는 상심하지 않고 아스칼리스에 맞서 싸우는 사람들을 돕기로 결심했다.

3　연구자들은 이 섬이 대륙에서 약 64킬로미터 떨어져 있는 마데이라(Madeira)와 포르토 산토(Porto Santo)로 추정하고 있다.(페린, VIII, p. 21 각주 1 참조)

세르토리우스는 그렇게 함으로써 자기 부하들이 희망과 새로운 목표를 품고 사업을 시작하면서 어려움이 있을지라도 흩어지지 않고 함께 지내기를 바랐다. 세르토리우스가 찾아오자 마우리타니아 사람들은 크게 기뻐하며 그와 함께 아스칼리스를 무찌르고 그를 포위했다.

더욱이 술라가 아스칼리스를 도우려고 파키아누스(Paccianus)를 장군으로 삼아 많은 군대를 보내자 세르토리우스는 파키아누스를 맞아 싸워 죽였다. 그들을 격파한 세르토리우스는 아스칼리스가 도망해 들어간 탕헤르(Tingis, Tangier)를 점령했다.

세르토리우스가 탕헤르에 들어가니 리비아인들이 이곳에 포세이돈(Poseidon)의 둘째 아들 안타이오스(Antaios)가 묻혀 있다고 말했다. 세르토리우스는 무덤이 너무 커 원주민들의 말을 믿지 못했다. 그러나 무덤을 파 보니 시체는 주민들의 말처럼 60큐빗에 이르렀다. 너무 놀라 말문이 막힌 그는 무덤을 다시 덮고 전통에 따라 예의를 갖추어 제사를 지냈다. 오늘날까지 전승해 내려오는 팅기스족 신화에 따르면, 안타이오스가 [헤라클레스의 손에] 죽자 그의 아내 팅가(Tinga)는 헤라클레스와 살며 아들 소확스(Sophax)를 낳았다고 한다.

소확스는 그 나라 왕이 되어 어머니의 이름을 따 그 도시의 이름을 탕헤르라 지었다. 소확스에게는 아들 디오도로스(Diodoros)가 있었다. 그는 헤라클레스가 그리스인들을 정착시킨 곳에서 올비아(Olbia)족과 미케나이(Mycenae)족의 군대를 거느리고 지냈기 때문에 리비아인들이 그를 섬겼다고 한다. 그러나 이 이야기는 여러 왕 가운데에서도 역사학에 가장 조예가 깊었던 마우리타니아의 유바(Juba)왕을 숭모하고자 하는 마음에서 나온 것임이 틀림없다. 유바왕의 조상이 곧 소확스와 디오도로스의 후손이었기 때문이다.

그런 일이 있고 나서 세르토리우스는 마우리타니아의 지

배자가 되자, 유바왕을 섬기며 간청하는 이들에게 해가 되는 일을 전혀 하지 않음으로써 그들의 신임을 받았다. 세르토리우스는 그 나라 주민들에게 재산과 도시를 되찾아 주고 민주 정치를 세워 주었으며, 그들이 스스로의 의지에 따라 바치는 공의로운 선물만 받았다.

10

세르토리우스가 앞으로 무슨 일을 할까 생각하고 있을 때 루시타니아(Lusitania, Portugal)인이 사신을 보내 그를 지도자로 모시겠노라고 초빙했다. 로마 병력 앞에 늘 두려움을 느끼고 있던 그들은 명망과 경험이 풍부한 장군을 필요로 하던 터에, 그와 함께 지낸 적이 있는 사람들에게서 그의 덕망에 관한 이 야기를 듣고 세르토리우스만이 자기들의 지도자가 될 수 있는 인물이라고 믿었다.

들리는 바에 따르면, 세르토리우스는 환락이나 공포에 쉽게 빠지지 않았으며, 태어날 때부터 위험을 두려워하지 않았고, 매우 겸손한 사람이었다고 한다. 세르토리우스는 정면 승부에서 그 시대의 어느 장군보다도 용맹스러웠으며, 군사 작전을 펼칠 때는 유리한 지역을 잘 장악했고, 병력을 빠르고도 조용히 이동시키는 데 귀재였으며, 필요할 경우 위계(僞計)를 쓰는 데 탁월한 전략가였다.

그뿐만 아니라 세르토리우스는 용맹한 장병에게는 상을 넉넉히 주고 형벌을 가볍게 했다. 뒤(§ 25)에서 보이듯이, 그가 말년에 인질들을 잔혹하게 처치한 것을 보면 그의 인자함이 본디 그의 성품이 아니었을 수도 있다. 그는 필요할 때면 앞뒤를 계산하여 인자한 가면을 썼다.

그러나 내가 생각하기에, 진지하고도 이성에 기초한 덕망은 운명에 따라 뒤바뀌지 않겠지만, 너무 끔찍하고 부당한 재앙에 부딪히면 일생을 지배하던 천품이 바뀌면서 탁월한 원칙이나 천성도 바뀔 수 있다. 운명의 여신이 세르토리우스를 흔들기 시작한 때가 바로 그런 경우에 해당한다고 나는 생각한다. 자신의 명분에 대한 희망을 잃었을 때 그는 자기를 해코지한 인물들에게 잔혹하게 행동했다.

11

그 무렵에 세르토리우스는 루시타니아인들의 초청을 받고 아프리카로 갔다. 곧 군대를 정비하여 전권을 위임받은 장군 자격으로 진군한 그는 스페인에 인접한 도시들을 정복했다. 그가 가는 곳마다 민중 대부분은 그의 온화함과 능력을 믿고 그의 편에 섰다. 그러나 때때로 그는 민중을 속이거나 그들에게 매력을 느끼도록 하려고 교활한 속임수도 썼는데, 그 가운데 하나가 암사슴 이야기이다.

그 나라에 스파노스(Spanos)라는 평민이 살았다. 그는 이제 갓 태어나 사냥꾼에게 쫓기던 사슴을 데리고 세르토리우스를 찾아왔다. 그는 어미를 놓치고 새끼만 잡았는데, 털빛이 새하얬다. 마침 그 무렵에 세르토리우스가 그곳을 장악하고 병영을 차렸다. 그가 주민들이 사냥했거나 기른 동물들을 선물로 받으면 기쁜 마음으로 보답한다는 말을 들은 스파노스는 새끼 사슴을 들고 장군을 찾아갔다.

처음 그것을 받았을 때 세르토리우스는 그저 흔한 선물로 알고 별달리 기뻐하지 않았다. 그러나 시간이 흐르면서 사슴 새끼가 사람을 잘 따르고 모습도 아름다운 데다가, 부르면 오고 그와 함께 걸어 다니면서 민중이나 병사들을 피하지 않자 그는 사슴에게 종교적 신성(神聖)을 부여하려 했다. 곧 원주민들이 미신을 잘 믿는다는 사실을 알고 있던 세르토리우스는 새끼 사슴이 달[月]의 여신 디아나(Diana)의 선물로서 신비스럽게도 자기에게 숨겨진 일들을 가르쳐 준다고 말했다.

그러면서 세르토리우스는 적군이 자신의 영역을 침범하

거나 어느 지역이 자기에게 반란을 일으키려 한다는 정보가 들어오면 그 사슴이 꿈에 나타나 그와 같은 일들을 귀띔해 준다고 말했다. 또 자기의 장군들이 승리했다는 소식이 들어오면 그 소식을 알리러 온 전령을 숨긴 다음, 사슴에게 화관을 씌우고 기쁜 소식이 오리라고 하면서 신에게 제물과 찬사를 드림으로써 좋은 소식을 들을 것이라고 확신하게 했다.

12

그런 방법으로 민중이 자신을 따르도록 만든 세르토리우스는 자신의 계획에 맞게 그들을 부리는 데 성공했다. 그곳 주민들은 자신들이 어느 외국인의 인간적인 지혜를 따라가는 것이 아니라 신의 인도를 받고 있다고 믿었다. 공교롭게도 세르토리우스의 비상한 능력으로 말미암아 그런 확신을 더욱 굳게 해 주는 사건들이 일어났다.

이를테면 세르토리우스는 자신이 로마에서 소집한 보병 2천6백 명과 그와 함께 루시타니아로 건너온 리비아의 혼성 부대 7백 명과 루시타니아 출신 방패병 4천 명과 기병 7백 명으로써 네 명의 장군이 거느리는 보병 20만 명과 기병 6천 명과 궁수 및 투석병 2만 명을 상대로 싸워야 했다. 적군이 장악한 도시는 수없이 많은데 그는 오직 스무 개의 도시만을 차지하고 있었다.

이처럼 세르토리우스는 미약하고 보잘것없이 출발했음에도 거대한 민족과 수많은 도시를 정복하였을 뿐만 아니라 그를 정복하러 오는 장군들을 무찔렀다. 이를테면 그는 멜라리아 (Mellaria) 가까운 해협에서 로마 정치인 코타(Gaius Aurelius Cotta)를 무찔렀으며, 바이티스강 변에서 바이티카(Baetica) 총독 푸휘디우스(Fufidius)를 무찌르고 그가 거느린 로마 병사 2천 명을 죽였다.

그뿐만 아니라 세르토리우스는 부하 재무관을 보내 서

(西)스페인 부총독인 루키우스 도미티우스(Lucius Domitius)를 무찔렀고, 메텔루스가 보낸 지휘관 토라니우스(Thoranius)를 죽임으로써 그 시대 최고의 지도자로서 명망이 높았던 메텔루스를 수없이 궁지에 몰아넣었다. 메텔루스를 돕기 위해 루키우스 만리우스(Lucius Manlius)가 갈리아 나르보넨시스(Gallia Narbonensis)에서부터 달려오고, 폼페이우스가 서둘러 지원군을 보낸 일도 있었다.

이제 메텔루스는 더 이상 어찌할 줄을 몰랐다. 자신이 싸우는 상대인 세르토리우스는 탁 트인 전장에서 신속하게 움직이며 작전 변경에 능란했기 때문이었다. 그뿐만 아니라 세르토리우스의 병력이 쓰는 무기는 가벼웠고 스페인 병사들은 민첩했다.

그러나 메텔루스는 중무장을 갖추고 잘 움직이지 못하는 밀집 대형의 전술에 따라 부하들을 지휘하고 있었다. 그들은 접근전을 잘 수행하도록 훈련을 받았지만, 산악을 기어오르거나 바람처럼 가볍게 추격전을 펼치거나 배고픔을 참으면서 불 없이 노숙하는 데는 상대만큼 뛰어나지 못했다.

13

더욱이 그 무렵 메텔루스는 나이가 들어 편하게 살고 싶었고, 이제까지 숱한 승리를 겪은 터라 삶이 사치스러웠다. 그러나 아직 청년에 속했던 세르토리우스는 용맹스러웠고, 힘과 속도와 불편한 삶에 잘 적응되어 있었다.

세르토리우스는 평소에도 지나치게 술을 마시는 법이 없었고, 강인한 훈련과 긴 행군, 며칠 동안 밤을 새우고 거친 음식을 먹는 데 익숙했다. 세르토리우스는 시간이 있을 때면 산으로 사냥하러 다니면서 전쟁에 졌을 때 도주할 길과, 적군을 추격할 때나 포위했을 때 사용해야 할 길을 각각 잘 파악해 두었다.

이 때문에 메텔루스는 싸우고 싶어도 싸울 수가 없어 늘 패잔병이 겪는 피해를 보았다. 그런가 하면 세르토리우스는 도주하면서도 추격자와 같은 이점을 누렸다. 적군의 물과 식량의 보급로를 끊을 수 있었기 때문이다. 그는 메텔루스의 병력이 진격하면 길을 막아서고, 병영을 차리면 괴롭혔다. 메텔루스의 병력이 어느 곳을 포위하면 세르토리우스가 나타나 보급품을 빼앗고 오히려 적군을 포위했다.

그리하여 메텔루스의 부대는 끝내 절망에 빠졌다. 그때 세르토리우스가 장군은 장군끼리 사병은 사병끼리 일대일로 싸워 보자고 제안했으나 메텔루스는 이를 거절했다가 놀림만 받았다. 메텔루스는 상대의 놀림을 웃음으로 받아넘겼는데, 이는 그가 잘한 일이었다. 그리스 철학자 테오프라스토스는 다음과 같이 말한 바 있다.

장군은 장군처럼 죽어야지,
사병처럼 죽어서는 안 된다.

메텔루스가 살펴보니 세르토리우스를 도와주던 랑고브리타이(Langobritae)에는 샘이 하나뿐이어서 물이 부족했다. 따라서 그들이 물을 공급받고 있는 성 밖의 시냇물을 장악하면 주민들이 더 이상 저항하지 못할 것이요, 전투는 이틀이면 끝날 것이라고 계산한 메텔루스는 병사들에게 닷새 치의 양곡을 주고 그곳으로 진격했다.

그러나 세르토리우스는 재빨리 그곳 주민들을 위해 병사들에게 물 자루 2천 개를 들려 인근 지역으로 보냈고, 사람들이 물 한 자루를 채워 줄 때마다 넉넉한 상금을 주었다. 스페인인과 마우리타니아인들 여럿이 그 일에 자원했다.

세르토리우스는 몸이 튼튼하고 발이 빠른 사람들을 뽑아 랑고브리타이에 물을 나르도록 하면서 전투에 참가할 수 없는

세르토리우스

무리를 몰래 빼내 옴으로써 물의 소비를 줄이라고 지시했다. 이러한 사실을 알게 된 메텔루스는 이미 식량이 떨어졌기 때문에 몹시 당황했다. 그는 아퀴노스(Aquinos)에게 식량을 얻어 오도록 지시했다.

그런 정보를 얻은 세르토리우스는 아퀴노스가 돌아가는 길목에 3천 명의 병사를 매복해 두었다. 매복병은 으슥한 계곡에서 기다리고 있다가 아퀴노스의 후미를 공격하였고, 세르토리우스 자신도 그들을 공격하여 죽이거나 사로잡았다. 아퀴노스는 갑옷과 말을 버리고 메텔루스에게 돌아갔다. 이에 메텔루스는 수치스럽게 병력을 물림으로써 스페인인들의 놀림을 받았다.

14

이번 전쟁의 승리로, 세르토리우스는 원주민들에게 많은 찬사와 칭송을 받았다. 더욱이 그는 원주민들에게 로마의 무기와 군제(軍制)와 신호 체계를 알려 주어 그들의 만용(蠻勇)을 누그러뜨리고 산적과 같은 그들의 삶을 정규 군인처럼 바꾸어 놓았다. 그는 또한 녹슬지 않는 금은으로 투구와 방패를 장식하고, 외투를 꽃으로 장식하도록 가르쳤으며, 거기에 들어가는 비용을 장만해 주고, 명예로운 경쟁심을 키워 줌으로써 그들의 마음을 샀다.

그러나 그 무엇보다도 세르토리우스가 그들의 마음을 사로잡은 것은 그들의 자녀에 대한 정책이었다. 이를테면 그는 여러 부족 가운데 훌륭한 가문의 자제들을 뽑아 대도시 오스카(Osca)로 보내 그리스와 로마의 문화를 가르쳤는데, 겉보기에는 그 소년들을 가르친 것처럼 보이지만 실상은 그들을 인질로 만드는 작업이었다. 그래도 그들이 성인이 되면 함께 정치를 할 수 있으리라고 세르토리우스는 확신했다. 자신의 아이들이 자주색 단(緞)을 댄 외투를 입고 화려한 모습으로 학교에 가는 모습을 보며 부모들은 한없이 기뻐했다.

세르토리우스는 그 아이들에게 학비를 대 주고 자주 시험을 보도록 하였으며, 로마인들이 불라(*bulla*)라고 부르는 황금 목걸이를 상으로 주었다. 스페인에는 군인이 주군을 모시다가 주군이 죽으면 그와 함께 죽는 풍습이 있었는데, 이를 '봉헌(奉獻, consecratio)'이라고 불렀다. 다른 장군들은 방패병과 시종이 몇 명 되지 않았지만, 세르토리우스에게는 몇천 명이 그와 함께 죽기로 결심하고 따랐다.

들리는 바에 따르면, 어느 전투에서 세르토리우스가 지고 적군이 그를 둘러싸자 스페인 병사들은 자신의 몸도 돌보지 않고 그를 구출하여 어깨에 멘 채 성을 넘어 안전하게 피신시킨 다음에야 자신을 돌보았다고 한다.

15

스페인 군대뿐만 아니라 이탈리아에서 온 병사들도 세르토리우스 휘하에 들어가기를 간절히 바랐다. 세르토리우스와 같은 정파에 있던 페르펜나 벤토(Perpenna Vento)가 많은 군자금과 병력을 이끌고 스페인으로 와 메텔루스와 전투를 벌이려 했을 때, 벤토의 부하들이 즐거워하지 않으면서 세르토리우스의 이야기만 입에 올리자 가문과 재산에 대한 자부심이 컸던 벤토는 부아가 치밀었다.

이때 폼페이우스가 피레네산맥을 넘어오고 있다는 소식이 들리자 벤토의 부하들은 무기를 들고 깃발을 흔들면서 자기들을 세르토리우스의 부대로 보내 달라고 소리치며, 만약 보내 주지 않는다면 벤토를 버리고 세르토리우스를 찾아가 자기들의 목숨을 건지겠노라고 위협했다. 벤토는 그 요구에 굴복하여 그들을 세르토리우스에게 보냈는데, 그 규모가 53개 코호르트였다.

16

이베르(Iber)강 안쪽의 부족들이 모두 세르토리우스의 뜻을 따르자 병사가 물밀듯이 그의 병영으로 몰려들어 군대의 규모가 엄청나게 커졌다. 그러나 병사들은 이방 민족 출신이어서 군기(軍紀)가 문란하고 교만에 빠져 있었다. 그들은 전투가 늦어지는 것을 참지 못하고 어서 나가 싸우자며 큰 소리로 요구하여 세르토리우스는 그들을 달래느라 많은 애를 먹었다.

그러나 그들이 더 이상 참지 못하고 분별없이 나가 싸우려 하자 세르토리우스는 그들의 뜻대로 내버려 두기로 작정했다. 세르토리우스는 그들이 완전히 깨지기를 바라지는 않았지만, 이번 기회에 한 번 깨달아 자기 뜻에 복종하기를 바랐다. 결과는 세르토리우스가 예상한 대로였다. 병사들이 패배하자 세르토리우스는 도주하는 그들을 구출하여 자기 진영으로 무사히 돌아왔다.

이제 세르토리우스는 낙심한 병사를 어루만지고자 했다. 며칠 뒤 세르토리우스는 장병들을 한곳에 모아 놓고 말을 두 마리 끌고 오도록 했다. 한 마리는 늙고 여위었으며, 한 마리는 크고 강인하며 꼬리 숱이 놀랄 만큼 많고 아름다웠다. 그는 약한 말 곁에 크고 힘센 병사를 세우고 강한 말 곁에는 작고 연약한 병사를 세운 뒤 두 병사에게 꼬리털을 뽑으라고 지시했다. 신호가 떨어지자 힘센 병사는 두 손으로 말꼬리를 잡고 마치 뜯어 버리려는 듯 온 힘을 다해 두 손으로 털을 뽑았다.

그러나 약한 병사는 털을 한 올씩 잡고 뽑기 시작했다. 그리하여 힘센 병사는 목적을 이루지 못하고 관중의 웃음거리가 된 채 포기했지만, 약한 병사는 빠른 시간 안에 별 어려움 없이 털을 뽑았다. 이때 세르토리우스가 일어서서 병사들에게 이렇게 말했다.

"병사들이여, 보시다시피 인내는 폭력보다 더 효과적입니다. 단번에 무너뜨릴 수 없는 것도 조금씩 공격하면 이길 수 있습니다. 꾸준한 노력 앞에는 그 무엇도 견딜 수가 없습니다. 그와 같은 기다림으로써 시간은 모든 힘을 정복합니다. 시간은 기회를 기다리며 꾸준히 일하는 사람의 편이지만, 분별없이 서두르는 사람에게는 가장 쓰라린 적입니다."

세르토리우스는 이렇게 시간이 있을 때마다 원주민들을 설득하여 기회를 기다리도록 가르쳤다.

17

세르토리우스의 원정 가운데 카라키타니(Characitani) 부족과 벌인 전쟁은 어느 전투보다도 칭송받고 있다. 그들은 타고니우스(Tagonius)강 건너편에 사는 부족으로서 도시나 마을을 이루고 사는 것이 아니라 북쪽을 향해 뚫린 바위 절벽의 동굴 속에 살았다. 언덕 아래의 평야는 잘 부서지는 화강암 가루로 온통 덮여 있었다. 그 알갱이들은 밟기만 해도 부서지고 조금만 휘저어도 휘날리는 석회 가루 같았다.

전쟁이 두려우면 그 이방 부족은 전리품을 들고 굴속으로 들어가 조용히 살기 때문에 정복할 수가 없었다. 세르토리우스가 메텔루스와 전투를 벌이다가 물러나 언덕 밑에 병영을 차리자 카라키타니족은 세르토리우스를 패잔병으로 여겨 무시하는 모습을 보였다. 이에 세르토리우스는 화가 나서 그랬는지 패잔병처럼 보이고 싶지 않아서 그랬는지는 알 수 없으나, 날이 밝자 말을 타고 그곳 지형을 돌아보았다.

어디를 보아도 공격할 방법이 없었다. 그는 마치 별 뜻 없이 위협이나 하려는 것처럼 돌아보다가, 바닥에서 엄청나게 많은 흙먼지가 일어나 바람을 타고 동굴 쪽으로 날아간다는 사실을 알았다. 동굴은 북쪽을 향해 있었는데, 그들이 카이키아스(Caecias)라고 부르는 바람이 동굴의 입구를 향해 계속 불고 있었다. 물기 많은 평원과 눈 덮인 북쪽 산을 스쳐 오는 이 바람은 한여름이 되면 녹은 눈의 냉기를 받아 사람과 동물을 시원하게 해 주었다.

이웃 주민들에게 그와 같은 정보를 얻은 세르토리우스는 여러 가지로 생각하다가 부하들에게 흙가루를 반대편 언덕에 쌓도록 지시했다. 이방 민족은 적군이 자기들을 공격하려는 줄 알았지만 별일 아닌 듯이 비웃었다. 세르토리우스의 병사들은 밤늦게까지 일한 다음에 병영으로 돌아왔다.

다음 날이 되자 바람이 불면서 쌓아 두었던 흙더미가 왕겨처럼 날리기 시작했다. 마침 해가 뜨자 카이키아스가 세차게 불어 먼지가 언덕을 뒤덮었다. 이때 병사들이 흙더미에 올라가 들쑤시고 어떤 병사는 발로 밟아 흙덩이를 가루로 만들었다. 이에 더하여 세르토리우스는 병사들에게 말을 타고 이리저리 달리면서 부서진 흙가루를 날려 보내도록 지시했다.

흙가루는 바람을 타고 마치 기다리기라도 한 듯 입을 벌리고 있는 동굴로 빨려 들어갔다. 바람이 불어오는 방향 말고는 통풍구가 없는 동굴 속의 카라키타니족은 곧 눈을 뜰 수가 없었고, 질식할 것만 같아 숨을 쉬려고 해도 들이마시는 것은 거친 가루뿐이었다.

그리하여 온갖 고생을 하면서 이틀을 버티던 이방 민족은 마침내 사흘 만에 항복했다. 이 사건으로 세르토리우스의 세력이 더 커진 것은 아니지만, 누구도 정복할 수 없다던 이방 민족을 정복함으로써 그의 명성은 더욱 높아졌다.

18

세르토리우스가 메텔루스와 싸울 때만 하더라도 메텔루스는 이미 늙고 굼뜬 사람으로서 정규군이라기보다는 산적 떼를 이끌고 온 용장 세르토리우스를 감당하지 못할 것이라고 사람들은 생각했다.

그러다가 [기원전 76년에] 폼페이우스가 피레네산맥을 넘어와 세르토리우스와 마주했고, 이 둘은 서로 장군으로서 모든 지략을 동원하여 싸웠다. 이 전투에서 세르토리우스가 접전을 펼치자 로마에서는 세르토리우스야말로 그 시대에 가장 유능하게 전쟁을 치를 장군이라는 소문이 퍼졌다.

명성이라는 점에서는 어느 모로 보아도 폼페이우스가 만만한 인물이 아니었다. 오히려 그 시대에 폼페이우스는 술라를 도와 큰 위업을 세움으로써 '마그누스 폼페이우스(Magnus Pompeius)'라는 칭호를 들었고, 수염도 나기에 앞서 개선식을 치른 인물이었다.

이 때문에 세르토리우스에게 복종했던 여러 도시가 폼페이우스에게로 눈길을 돌려 그에게 충성을 바칠 기회를 찾았다. 그러나 사람들의 예상과 달리 라우론(Lauron)에서 벌어진 전투에서 세르토리우스가 폼페이우스를 무찌르면서 사람들은 폼페이우스에 대한 충성심을 버리기 시작했다.

세르토리우스가 라우론을 포위하고 공격했을 때 폼페이우스는 자신의 병력을 모두 이끌고 라우론을 지원하러 왔다. 그 도시 부근에 사방을 내려다보기 좋은 언덕이 있었는데, 세르토리우스가 이곳을 먼저 차지하려고 하자 폼페이우스도 이를 저지할 길을 찾았다.

그러나 세르토리우스가 먼저 그곳에 도착했다. 이를 본 폼페이우스는 진지를 구축하면서, 세르토리우스가 자신의 병력과 도시 사이에 자리 잡은 것을 보며 그가 자신에게 포위된 것이나 다름없다고 믿고 기뻐했다.

폼페이우스는 또한 라우론 주민들에게 사람을 보내, 성 위에 올라가 자기가 세르토리우스를 무찌르는 광경을 즐기라고 말했다. 그 말을 들은 세르토리우스는 웃으면서 이렇게 대꾸했다.

"내가 술라의 제자에게 한 수 가르쳐 주마. 장군은 모름지기 앞만 보지 말고 뒤도 돌아보아야 한다는 것을."

세르토리우스가 폼페이우스를 '술라의 제자'라고 부른 것은 폼페이우스를 조롱하고자 함이었다. 세르토리우스는 그렇게 말하면서 먼 곳을 가리켰다. 그곳에서는 그가 앞서 있던 진지에 남겨 둔 중무장 보병 6천 명이 거침없이 다가오고 있었다. 폼페이우스가 언덕에 구축한 세르토리우스의 본진을 향해 진격해 나가자 뒤에 남아 있던 그들이 폼페이우스의 후미를 공격했다.

폼페이우스가 이들의 공격을 알았을 때는 이미 너무 늦었다. 폼페이우스는 후미가 포위당하는 것이 두려워 감히 공격을 감행하지 못하고 수치스럽게 물러나 라우론 주민들이 위험에 빠져 무너지는 것을 조용히 바라볼 수밖에 없었다.

원주민들은 모든 희망을 버리고 세르토리우스에게 항복했다. 세르토리우스는 주민들의 목숨만은 살려 주어 어디로든 가고 싶은 곳으로 가도록 허락했다. 그러나 그는 라우론을 모두 불태웠다. 이는 그가 잔인해서도 아니요, 폼페이우스를 미워해서도 아니었다. 세르토리우스는 어느 장군보다도 그러한 감정을 잘 다스렸던 듯하다.

그러면서도 세르토리우스가 그토록 잔인하게 그 도시를 응징한 것은 폼페이우스를 추종하는 무리에게 부끄러움과 혼란을 안겨 주고 싶었기 때문이었다. 세르토리우스는 그렇게 함으로써 폼페이우스라는 인물은 가까이 있으면서도 동맹국의 도시가 불타는 것을 바라보며 자기 몸만 걱정했을 뿐, 달려와 동맹국을 구원하지 않았다고 소문내려 했다.

19

세르토리우스가 몇 차례 전투에서 진 것은 사실이지만, 그럴 때도 그는 자기 부대를 지키면서 다른 장군들이 지휘하는 부대를 도와주었다. 그는 부하 장군들이 패배를 겪은 전투를 승리로 바꿈으로써 적장들이 그저 승리했을 때보다 더 큰 명성을 얻었다. 수크로(Sucro)강 변에서 폼페이우스와 벌인 전투와,

투리아(Turia) 부근에서 폼페이우스와 메텔루스 연합군을 상대로 벌인 전투가 그런 사례에 든다.

수크로강 변에서 벌어진 전투는 폼페이우스가 먼저 도발해 왔다. 폼페이우스는 메텔루스에게 전공을 빼앗기지 않으려 전투를 서둘렀고, 세르토리우스도 메텔루스가 도착하기에 앞서 전투를 치르는 것이 유리하다고 생각하여 날이 어두워진 뒤에도 전투는 계속 이어졌다. 어차피 적군은 이곳이 낯설고 지리도 익숙하지 않기 때문에, 적군은 도주하든 진격하든 불리해질 것이라고 세르토리우스는 판단했다.

그런데 날이 어두웠던 탓에 앞이 잘 보이지 않아, 알고 보니 세르토리우스는 폼페이우스의 본진과 싸우는 것이 아니라 폼페이우스의 왼쪽 날개를 맡은 아프라니우스와 싸우고 있었다. 자기 진영에서 보았을 때 그는 오른쪽에 있었던 것이다. 그러다가 폼페이우스와 싸우던 부대가 밀리면서 전세가 불리하다는 소식을 들은 그는 자신의 오른쪽 날개를 다른 장군에게 맡기고 자기는 밀리는 쪽으로 이동했다.

세르토리우스는 밀리던 부하들을 모으고 아직 남아 싸우는 병사를 고무하면서 폼페이우스의 본진으로 돌격했다. 이에 폼페이우스는 크게 패배하여 거의 죽을 정도로 상처를 입고 가까스로 도주했다.

세르토리우스와 함께 진격했던 리비아 병사가 폼페이우스의 말을 잡았다. 말은 온통 금과 온갖 패물로 장식되어 있었고, 병사들은 이를 약탈하는 데 정신이 팔려 폼페이우스를 쫓는 것도 잊었다. 결국, 세르토리우스가 지원군을 이끌고 다른 쪽 날개를 구출하자마자 아프라니우스는 그 틈을 타 세르토리우스의 본진을 크게 무찔렀다.

패잔병들을 뒤쫓아 세르토리우스의 진영까지 쳐들어온 아프라니우스는 날이 어두워지자 약탈을 시작했다. 아프라니우스는 폼페이우스의 본진이 무너진 줄도 몰랐고, 부하들의 약탈을 막을 힘도 없었다. 그러는 사이에 다른 쪽 날개에서 승리를 거둔 세르토리우스가 돌아와 약탈에 눈이 멀어 혼란에 빠진 아프라니우스의 부대를 공격하여 엄청나게 많은 병사를 죽였다.

날이 밝자 세르토리우스는 다시 병사를 부상시켜 전투를 벌였다. 그때 메텔루스가 지원군을 이끌고 가까이 왔다는 사실을 안 세르토리우스는 진지를 뒤로 물리면서 이렇게 말했다.

"저 할망구 같은 늙은이만 오지 않았으면, 이 애송이 녀석을 호되게 때려 로마로 보낼 수 있었는데……"

20

그 무렵에 세르토리우스는 앞서(§ 11) 말한 사슴을 잃고 크게 상심해 있었다. 그로서는 그때 원주민들에게 용기를 불어넣어 줄 놀라운 속임수가 필요했기 때문이었다. 그러던 터에 어떤 사람이 한밤에 다른 일로 어정거리며 돌아다니다가 그 사슴의 색깔을 알아보고 잡아 왔다.

그 소식을 들은 세르토리우스는 이 이야기를 비밀로 부쳐 주면 큰돈을 주겠노라고 약속한 뒤에 그 사슴을 숨겨 두었다. 며칠이 지나자 그는 즐거운 표정으로 회당에 나타나 원주민 족장에게 이렇게 말했다.

"어젯밤 꿈에 신이 나타나 내게 좋은 일이 있을 것이라고 예언하였다오."

그리고 세르토리우스는 회당에서 탄원자들을 상대했다. 그러면서 사슴을 관리하던 하인에게 그것을 풀어놓게 했다. 주인을 알아본 사슴은 한달음에 달려와 마치 지난날에도 그랬다는 듯이 주인의 무릎에 머리를 묻고 손등을 핥았다. 세르토리우스는 그와 같은 상황에 어울리게 사슴을 껴안고 눈물까지 흘렸다.

이를 지켜보던 사람들은 처음에는 놀랐으나 그다음에는

그가 대단히 훌륭한 사람으로서 신의 가호를 받는 인물이라고 굳게 믿어, 환호하고 박수를 치며 집으로 모시고 내려왔다. 그들은 승리에 대한 확신과 희망에 부풀었다.

21

사군툼(Saguntum) 전투에서 적군을 엄청난 곤경으로 몰아넣은 세르토리우스는 적군이 약탈하며 식량을 얻으러 나오자 치열한 전투를 벌였다. 폼페이우스 휘하에서 가장 용맹스러웠던 멤미우스(Memmius)가 격전을 벌이다 죽자 세르토리우스는 전군을 거느리고 나가 아직 항전하던 적군을 많이 죽이고 곧장 메텔루스를 향해 진격했다.

진지를 지키던 메텔루스는 나이도 잊은 채 용맹스럽게 싸우다가 창에 찔렸다. 그 장면을 보았거나 그가 다쳤다는 소식을 들은 로마 병사들은 사령관이 무너졌다는 사실에 부끄러움을 느끼면서 적군에 대한 분노에 사로잡혔다. 그들은 방패로 장군을 둘러싸며 구출한 다음 위험에서 벗어나자 무서운 기세로 스페인 병사를 물리쳤다.

이제 승리의 여신이 편을 바꾸었다. 세르토리우스는 부하들을 안전하게 철수시키고자 조용히 남은 병력을 모으면서 산속에 있는 견고한 도시로 물러나 성을 수리하고 성문을 강화했는데, 이는 성을 지키려 한다기보다는 다른 목적 때문이었다. 그것은 바로 적군을 속이는 일이었다. 적군이 앉아서 성을 바라보며 이제 어려움 없이 곧 성을 함락할 수 있으리라고 기대하는 동안에 세르토리우스는 추격당하지 않으면서 도주할수 있었다.

그러면서 세르토리우스는 적군의 방해를 받지 않고 병력을 다시 모았다. 병력을 모으는 일이 끝나자 세르토리우스는 전령을 시내로 들여보내 그곳에서도 병력 모집이 끝나면 바로 알리라고 지시했다. 그러던 터에 시내에서 병력 모집을 완료

했다는 소식이 오자 세르토리우스는 어려움 없이 적진을 뚫고 새로 모집한 병력과 합세했다.

세르토리우스는 대규모 병력으로 다시 적진을 공격하는 한편, 매복과 정면 공격 또는 산발적인 공격으로 육지의 보급로를 끊고, 해적선을 이용하여 해안 보급로도 끊었다. 이 때문에 로마군은 흩어져 메텔루스는 갈리아 쪽으로 물러나고, 폼페이우스는 바카이아(Vaccaia) 쪽으로 물러나 겨울을 보내야 했다.

폼페이우스는 이곳에서 군량미가 부족하자 원로원에 편지를 보내, 자기는 이미 이탈리아를 지키고자 개인적인 돈까지 모두 써 버린 상태이므로, 본국에서 군자금을 보내 주지 않는다면 군대를 이끌고 귀국할 수밖에 없다고 통보했다.

그렇게 되자 이러다가는 폼페이우스보다 세르토리우스가 먼저 로마에 들어오는 것이 아닌가 하고 로마인들은 걱정하게 되었다. 그 시대에 가장 유능하다는 장군들도 세르토리우스의 그와 같은 전술에 고통을 겪었다.

22

메텔루스도 세르토리우스를 두려워하며 그를 위대한 지도자로 생각했음이 명백하다. 곧 메텔루스는 로마인으로서 누구든 세르토리우스를 죽이면 은화 1백 탈렌트와 땅 약 8천 제곱킬로미터를 줄 것이요, 그가 망명자라면 귀국할 수 있는 자유를 주겠노라고 방문을 써 붙였다. 이는 누구든 세르토리우스를 암살해 주기 바라는 그의 절망감을 잘 보여 주었다.

그뿐만 아니라 언젠가 메텔루스가 세르토리우스를 이겼을 때, 그는 너무도 기쁘고 우쭐하여 부하들에게 자기를 '대장군(Imperator)'이라 부르도록 했고, 각 도시에는 자신이 방문할 때 제단을 쌓고 제사를 드리도록 지시했다.

들리는 바에 따르면, 이때 메텔루스는 손님으로 초대받으면 사람들이 화관을 쓰고 국빈(國賓)에 이르는 잔치를 차리도록 하고, 자신은 승리의 예복을 입고 포도주를 마셨다. 그러면 기계로 만든 승리의 여신상이 머리 위에서 내려와 그에게 황금으로 만든 상패를 바치고 화관을 씌워 주고, 소년과 여인들이 그를 찬양하는 송가(頌歌)를 불렀다고 한다.

메텔루스가 세르토리우스와 벌인 전쟁에서 이겨 한때 세르토리우스가 후퇴한 적이 있었는데, 메텔루스는 이 사건으로 너무도 기쁘고 우쭐하여 세르토리우스를 가리켜 "술라에게 쫓겨난 종놈"이니 "카르보의 패잔병 찌꺼기"라고 불러 세상 사람들은 당연히 메텔루스를 비웃지 않을 수 없었다.

그러나 세르토리우스는 첫째로, 로마에서 망명한 원로원 의원들을 의원으로 대접하고, 재무관과 법정관도 그 수대로 뽑고, 로마의 관례에 따라 모든 일을 처리함으로써 자신의 고결함을 보여 주었다. 둘째로, 그는 스페인인들의 무기와 재산과 도시를 이용하면서도 그들에게 자신의 대권을 전혀 양보하지 않고, 로마 장군들을 지휘관으로 임명함으로써 로마인들에게 자유를 찾아 주고 원주민들이 로마인을 얕보지 못하게 했다.

이는 세르토리우스가 조국을 사랑했고, 언젠가는 조국으로 돌아가고 싶었기 때문이었다. 그는 불행을 겪으면서도 용기를 잃지 않았고, 적군 앞에서 초라한 모습을 보이지 않았다. 전쟁에 이길 때면 세르토리우스는 메넬루스와 폼페이우스에게 사람을 보내 언제라도 자신은 무기를 버리고 평민이 되어 조국에서 남은 생애를 살고 싶다는 뜻을 전달했다. 세르토리우스는 평소에 이렇게 말했다.

"나는 조국에서 추방당한 몸이 되어 세상 사람들에게 최고 지도자라는 칭송을 들으며 살기보다는 보잘것없는 시민이 되어서라도 조국에서 살고 싶다."

들리는 바에 따르면, 세르토리우스가 그토록 조국을 그리워한 것은 어머니에 대한 사랑 때문이었다고 한다. 아버지가

세르토리우스

세상을 떠난 뒤에 홀어머니 밑에서 자란 그는 어머니에 대한 효성이 지극했다. 스페인에 있던 그의 동료가 세르토리우스를 초청하여 그곳의 통치를 맡아 달라고 부탁했을 때, 어머니가 세상을 떠나자 그는 깊은 슬픔에 빠져 자신도 죽으려 했다. 그는 이레 동안 막사에 누워 군호(軍號)도 정해 주지 않고 막료를 만나지도 않았다.

마침내 어려움을 겪던 막료와 고위 장교들이 세르토리우스의 막사를 둘러싸고 장군을 밖으로 끌어내어 부하들을 만나게 하고 정무를 처리하도록 강요한 뒤에야 업무가 진행되었다. 그리하여 세상 사람들은 세르토리우스가 원래는 점잖고 부드러운 인격을 지녔으며 조용한 삶을 살고 싶어 하는 사람이라고 생각했다. 그 스스로는 자기 뜻과 달리 군인의 길로 들어서서 일신의 평안을 지키지도 못하면서 어쩔 수 없이 무기를 들게 되었고, 이제는 자신을 지키고자 군인의 길을 걸을 수밖에 없다고 본 것이다.

23

세르토리우스는 폰토스의 미트리다테스왕과 협상하면서도 그의 위대함을 보여 주었다. 술라로 말미암아 몰락했던 미트리다테스가 다시 일어나 아시아 지방에서 세력을 떨칠 무렵, 세르토리우스의 명성은 이미 그곳까지 알려져 있었다. 서방에서 오는 무역상들은 그곳의 진기한 물품과 함께 세르토리우스에 관한 이야기로 폰토스를 가득 채웠다. 그러자 미트리다테스는 그에게 사절을 보내고 싶어 하던 터에 그에게 아첨하는 무리의 말에 귀가 솔깃했다.

미트리다테스의 아첨꾼 사절들은 세르토리우스를 카르타고의 한니발에 견주고 미트리다테스를 그리스의 명장인 피로스(Pyrrhos)에 견주면서 세르토리우스와 미트리다테스 같은 두 명장이 손을 잡고 동맹군을 결성하여 공격한다면 로마도 견디기 어려울 것이라고 장담했다. 그리하여 미트리다테스는 스페인으로 사절을 보내 말과 글로 다음과 같이 제안했다.

"나는 세르토리우스 장군에게 전쟁 비용과 함선을 제공할 것을 약속하며, 대신에 그대는 내가 지난날 술라와 조약을 맺으면서 잃은 아시아 영토를 모두 나에게 돌려주는 데 동의해 주기를 바랍니다."

사신을 맞이한 세르토리우스는 그 나름대로 모양을 갖추었던 원로원을 소집하여 의견을 물었다. 어떤 사람들은 미트리다테스의 제안을 받아들일 것을 주장했다. 어차피 이제는 로마 영토가 아닌 곳의 소유권을 주는 일은 전혀 어려울 것이 없지만, 그 대가로 그들이 자신들에게 주려는 도움은 가장 절실하고 현실적인 문제라는 것이었다. 그러나 세르토리우스는 그들의 주장을 받아들이지 않고 이렇게 말했다.

"나는 로마와 아무런 관련도 없는 비티니아나 카파도키아를 미트리다테스가 차지하는 데 반대할 이유가 없습니다. 그러나 핌브리아(Fimbria)는 로마가 정당한 방법으로 차지한 땅으로서 미트리다테스가 술라와의 조약에 따라 포기했던 것인데, 이제 와서 그가 다시 차지하려는 것을 받아들일 수 없습니다.

내 능력으로 로마 영토가 늘어나는 일은 있을지언정 로마를 희생하여 내 권세를 늘릴 수는 없습니다. 명예를 가져오는 승리는 고결한 정신을 갖춘 무리에게 바람직하지만, 그 승리가 치욕을 가져온다면 나는 목숨을 잃더라도 받아들일 수 없습니다."

24

들리는 바에 따르면, 이 소식을 들은 미트리다테스는 막료들에게 이렇게 말했다고 한다.

"맙소사, 세르토리우스는 지금 쫓기는 몸으로 대서양 해안을 떠돌면서 우리가 아시아를 공격하면 안 된다고 위협하고 있다. 그런 그가 팔라티누스 언덕(로마 황제의 궁전)에라도 들어간다면 과연 우리에게 무슨 조건을 제시할까?"

그런 생각을 한 미트리다테스가 끝내 양보함으로써 조약이 이루어졌다. 그 조약에 따르면, 미트리다테스는 카파도키아와 비티니아를 차지하고, 세르토리우스는 장군과 병력을 보내 그를 지원하며, 미트리다테스는 군자금 3천 탈렌트와 함선 40척을 세르토리우스에게 지원하기로 했다.

이에 따라 세르토리우스는 마르쿠스 마리우스(Marcus Marius)를 아시아에 파견했다. 마리우스는 지난날 원로원 의원이었으나 지금은 세르토리우스와 함께 스페인에 망명해 있었다.

마리우스는 미트리다테스의 도움을 받아 몇 개의 도시를 함락했는데, 그가 장군의 상징인 부월(斧鉞)을 가지고 입성할 때 미트리다테스는 개인 자격으로 그를 따름으로써 스스로 봉신국의 왕으로서 이인자임을 표시했다. 마리우스는 그 도시들을 해방시켜 주고 세르토리우스의 은혜로 세금을 감면해 준다고 발표했다. 이로써 세리(稅吏)와 그곳에 주둔해 있던 군대의 탐욕과 오만으로 고통받던 주민들은 새로운 희망을 품으면서 정권이 바뀌기를 기대했다.

25

그러나 스페인에 있던 원로원 의원이나 세르토리우스와 비슷한 지위에 있던 사람들은 이제 자기들이 적군과 맞설 정도가 되었으므로 두려워할 것이 없다는 확신을 갖고 세르토리우스에게 질투를 품기 시작했다. 그 가운데에서도 명문가 출신으로 사령관이 되고 싶은 헛된 꿈에 사로잡혀 있던 페르펜나(Perpenna)가 앞장서서 세르토리우스에 대한 반감을 부추기며 동지들 사이에 악의적인 말을 비밀스럽게 퍼뜨렸다. 그는 이렇게 말했다.

"세상에, 우리에게 무슨 악귀가 씌었기에 날이 갈수록 더 어려워지는가? 우리는 술라가 육지와 바다를 지배할 때 조국 땅에서 그에게 더 이상 굽실거릴 수 없어 자유롭게 살고 싶은 희망을 품고 이 황량한 땅에 왔건만, 지금은 오히려 우리와 마찬가지로 망명객 신세인 세르토리우스의 호위병이자 노예로 살고 있다. 우리가 명색이 원로원 의원인데, 스페인인이나 루시타니아인보다 더한 수모를 받고 명령에 굴종하면서 고생한다."

페르펜나의 말을 들은 사람들은 이에 공감하면서도 세르토리우스의 권세가 두려워 드러내 놓고 그를 비난하지 못했으나, 은밀히 그의 정책을 훼방하면서 그의 지시라는 거짓 핑계를 들어 원주민들을 가혹하게 처벌하거나 수탈했다. 그런 탓에 여러 도시에서 무장 폭동과 소요가 일어났다.

이와 같은 소란을 진정시키려고 파견된 관리들은 일을 해결하기는커녕 더 큰 소란을 일으켜 일을 키웠다. 이에 화가 난 세르토리우스는 지난날 자비롭고 온유하던 정책을 버리고, 앞서 말했듯이(§14) 오스카에서 공부하던 스페인 소년들을 불러들여 죽이거나 노예로 팔아 버리는 불의를 저질렀다.

26

그렇게 되자 세르토리우스를 죽이려는 공모자들이 페르펜나에게 더 많이 몰렸고, 페르펜나는 고위 지휘관인 만리우스와 손을 잡았다. 그런데 만리우스는 미소년과의 연애에 빠져 있었다. 만리우스는 자기가 그 소년을 얼마나 사랑하는지 보여 주고자 자신이 꾸미고 있는 음모를 소년에게 모두 털어놓은 뒤, 소년에게 다른 남자들과 사귀지 말고 자기만 사랑해 달라고 애걸하면서 며칠 안에 자기는 대단히 높은 사람이 될 것이라고 말했다.

그러나 그 소년은 자신이 만리우스보다 더 사랑하던 아우휘디우스(Aufidius)에게 이 사실을 일러바쳤다. 그 말을 들은 아

세르토리우스

우휘디우스는 기절할 듯이 놀랐다. 그 자신도 세르토리우스의 암살 음모에 가담하긴 했지만, 만리우스도 거기에 가담한 줄은 몰랐기 때문이었다. 그 소년은 페르펜나뿐만 아니라 그라키누스(Gracinus)와 그 밖에 별로 대단치 않은 공범 이름도 발설했다.

이에 더욱 놀란 아우휘디우스는 소년에게 그리 대단치 않은 일인데 만리우스가 허풍을 떨었다고 말한 뒤, 서둘러 페르펜나에게 달려가 사태의 심각함을 알리면서 만리우스보다 먼저 거사를 서두르자고 말했다.

이에 암살자들은 마치 심부름꾼처럼 꾸민 사람을 세르토리우스에게 보내, 세르토리우스의 휘하에 있는 장수 한 명이 크게 이겨 적군을 많이 죽였다고 거짓으로 보고하게 했다. 그 소식에 마음이 즐거워진 세르토리우스가 감사의 제사를 드리도록 했다.

페르펜나는 그 기간에 잔치를 열기로 하고 암살 음모에 가담했던 세르토리우스의 막료를 정중히 초청했다. 세르토리우스가 잔치에 참석하자 늘 그렇듯 엄숙하고 조리 있게 모임이 진행되었다. 세르토리우스는 평소에 품위 없이 처신하는 것을 보거나 듣는 것을 싫어했고, 자신의 막료에게 점잖게 웃으며 담소하도록 가르쳤기 때문이었다.

그러나 그날따라 손님들은 술을 많이 마시고 서로 시비를 걸면서 말이 거칠어지고 술에 취한 체하며 무례를 저질러 세르토리우스를 화나게 했다. 세르토리우스가 무질서한 술자리에 화가 났는지, 아니면 자기 뜻과 달리 말이 거칠어지는 그들의 행동을 보고 무슨 일인가 벌어지고 있다고 눈치를 챘는지는 알 수 없으나, 그는 긴 의자에 드러누운 채 그들의 말을 듣고 싶지도 않고 보고 싶지도 않다는 듯이 등을 돌렸다.

그때 페르펜나가 술잔을 들어 마시다가 떨어뜨렸고, 이를 신호로 안토니우스(Antonius)[4]가 그를 덮치면서 칼로 찔렀다. 세르토리우스는 돌아누우며 옆 사람의 부축을 받아 일어나려 했지만 안토니우스가 세르토리우스의 가슴 위에 올라타 두 손을 붙잡고 저항하지 못하게 하니 다른 사람들이 달려들어 그를 찔러 죽였다.

27

이런 일을 겪은 뒤 스페인인들은 곧 흩어져 폼페이우스와 메텔루스에게 사절을 보내 항복했다. 그러나 페르펜나는 남은 무리를 이끌고 뭔가 일을 꾸며 보려고 노력했다. 그는 세르토리우스가 남긴 무기들을 이용하려 했다.

그러나 페르펜나는 초라한 모습을 보이며 스스로가 남을 지휘할 인물도 못 될 뿐만 아니라 남에게 충성을 바칠 인물도 못 된다는 것을 보여 주었다. 그는 폼페이우스를 공격했지만, 곧 패배하여 포로가 되었다. 그는 또한 이런 극단적인 상황에서도 지도자로서의 체면을 지키지 못했다.

페르펜나는 세르토리우스가 지니고 있던 문서를 들고 폼페이우스를 찾아갔다. 그러고는 세르토리우스와 내통하며 그를 로마로 불러들여 정권을 뒤집으려 한 집정관급 고위 정치인들의 명단과 편지를 보여 줄 터이니 자기를 살려 달라고 부탁했다. 그러나 이런 상황에서 폼페이우스는 지난날과 같이 철부지 젊은이로 처신하지 않았다.

이제 정치인으로 성숙한 판단력을 갖추었고 수련도 쌓은 폼페이우스는 로마를 혁명의 공포에서 빠져나오도록 처신했다. 그는 세르토리우스의 문서를 받아 손수 읽지도 않고 남들에게 보여 주지도 않은 채 불태워 버렸다. 그 문서로 말미암아 세르토리우스와 내통한 사람들의 명단이 세상에 알려질 경우

4   이는 마르쿠스 안토니우스와는 다른 사람이다.

에 벌어질 소란과 동요가 걱정되어서였다.

　페르펜나와 함께 세르토리우스의 암살을 공모했던 무리 가운데 어떤 사람은 잡혀 와 처형되었고, 어떤 사람은 아프리카로 도주했다가 마우리시아(Mauricia, Mauritius) 사람의 창에 찔려 죽었다. 살아남은 사람은 거의 없었지만, 미소년의 애인으로서 만리우스와 다투었던 아우휘디우스는 살아남았다. 사람들이 그를 알아보지 못한 탓이었는지, 인간 같지도 않아 눈여겨보지 않은 탓이었는지는 모르지만, 그는 야만의 땅에서 가난 속에 남의 미움을 받으며 늦게까지 살았다.

> 세르토리우스는
> 전쟁에 이김으로써 자신을 지켰지만
> 에우메네스는
> 전쟁에 이김으로써 더욱 시샘을 받았다.
> ― 플루타르코스

> 세르토리우스는 마음이 너무 착해서 죽었고
> 에우메네스는 마음이 너무 나약해서 죽었다.
> ― 플루타르코스

1

오늘날까지 전해 내려오는 에우메네스와 세르토리우스의 생애 가운데 기억할 만한 것들은 위와 같다. 이제 그 두 사람을 견주어 보면 공통점을 찾아낼 수 있다. 먼저 그들은 모두 이방인으로서 조국과 이국땅을 오갔고 추방을 겪기도 했지만, 그들이 머무는 나라의 민중과 병사를 지휘했다.

세르토리우스는 많은 사람에게 명망을 얻어 그들을 지휘할 수 있었다는 점에서 뛰어난 인물이었다. 세르토리우스의 지휘를 받았던 사람들은 그의 지도력을 높이 평가하며 전공(戰功)을 보고 그를 존경했지만, 그와 달리 에우메네스를 따랐던 사람들은 자기들이 못나 그의 힘을 빌리려 했을 뿐이지 존경한 것은 아니었다. 로마 출신의 세르토리우스는 오랫동안 로마에 복속되었던 스페인과 포르투갈[Lusitania]을 정복했고, 케르소네소스 출신의 에우메네스는 그 무렵 세계를 지배하던 마케도니아인들을 지휘했으니 [에우메네스가 더 위대했다].

그 밖에도 세르토리우스는 원로원과 전쟁터에서 명성을 얻으며 권력에 올랐지만 에우메네스는 시종장에 오르면서 남의 조롱을 받았다. 그러므로 에우메네스는 벼슬길에 오르면서부터 오히려 삶이 불리했고 벼슬하는 내내 걸림돌이 많았다. 많은 사람이 드러내 놓고 그를 반대했을 뿐만 아니라, 말년에는 동료들이 그를 죽이려고 음모를 꾸몄다. 세르토리우스는 적군에게 승리함으로써 다가오는 위험을 견뎌 냈지만, 에우메네스는 승리함으로써 오히려 자신을 시샘하는 사람들에게 위험을 겪었다.

2

지휘관으로서 갖춘 능력을 견주어 본다면, 에우메네스와 세르토리우스는 모두 훌륭했다. 그러나 에우메네스는 전쟁과 다툼을 즐겼지만, 세르토리우스는 평화와 안식을 사랑했다. 만약 에우메네스가 마케도니아의 유력 인사들과 화목하게 지냈더라면 그는 권좌에 앉아 안전하고 명예롭게 살았을 터인데, 그는 그렇지 못하고 끊임없이 목숨을 걸고 싸웠다. 그런가 하면, 세르토리우스는 정치를 할 뜻은 없었지만 그를 조용히 살게 놔두지 않으려는 사람들과 목숨을 걸고 싸우지 않을 수 없었다.

만약 에우메네스가 최고의 자리[왕]에 오르고자 싸우지 않고 이인자 자리에 만족했더라면 아마도 안티고노스는 기꺼이 그에게 그 자리를 허락했을 것이다. 그러나 세르토리우스의 경우를 보면, 폼페이우스는 그가 조용히 물러나 사는 것조차도 허락하지 않았다.

그런 까닭에 에우메네스는 자신의 권력을 늘리고자 스스로 전쟁에 뛰어들었고, 세르토리우스는 자신에게 전쟁이 몰려왔기 때문에 자기 뜻과 달리 권력을 잡을 수밖에 없었다. 그러므로 에우메네스는 평화보다는 탐욕 때문에 전쟁을 즐겼고, 세르토리우스는 자신의 안전을 도모하고자 전쟁을 치를 수밖에 없었다고 볼 수 있다.

더 나아가서 세르토리우스는 전혀 예상하지도 못한 상황에서 죽음을 맞이했지만, 에우메네스는 자기가 죽으리라는 것을 예상했다. 세르토리우스는 너무 착해서 동지를 믿다가 죽었고, 에우메네스는 너무 마음이 나약해서 도망하려다가 잡혀 죽었다. 세르토리우스의 죽음은 삶에 얼룩을 남기지 않았다. 그는 어느 정적에게도 겪을 수 없는 일을 친구에게 겪으며 죽었기 때문이다.

그러나 에우메네스는 포로가 되기에 앞서 도망할 수도 없었을 뿐만 아니라, 포로가 된 뒤에는 죽음에 대비하지 않고 자기 목숨을 움켜쥔 안티고노스에게 목숨을 애걸함으로써 몸뿐만 아니라 마음까지도 안티고노스의 노예가 되었다.

포키온
PHOKION

기원전 402~318

정치인들이

민중의 뜻을 좇다가는

그들과 함께 죽고

그들의 뜻을 거스르다가는

그들의 손에 죽는다.

— 플루타르코스

포키온에게 뇌물을 먹이는 일은

성을 함락하기보다 어려웠다.

— 플루타르코스

사약의 함량이 부족했던 포키온은

형리에게 뇌물을 바친 뒤

나머지 약을 받아먹고 죽었다.

— 플루타르코스

1

그리스의 정치가였던 데마데스(Demades)는 마케도니아의 군주 안티파트로스와 그 시민에게 아첨하여 권력을 잡은 뒤에 그리스의 품위와 전통에 어긋나는 일들을 많이 저지르면서 이런 말을 자주 했다.

"내가 그럴 수밖에 없었던 데에는 그럴 만한 이유가 있었다. 그것은 바로, 이미 그때 나는 난파선과 다름없는 나라를 떠맡았기 때문이었다."

정치인의 개탄으로서는 지나친 듯하지만, 이 말을 포키온에게 적용하면 맞는 말일 수도 있다. 실제로 데마데스의 생애와 공직 생활은 너무도 어이없는 것이어서 파산한 배나 다름이 없었다. 그가 늙자 안티파트로스는 그를 평가하면서 이런 말을 했다.

포키온

"데마데스는 제사 때 제물로 쓴 뒤에 남은 양(羊)이나 다를 바 없어, 쓸 만한 것이라고는 혓바닥과 내장밖에 없다."[1]

그러나 포키온이 남긴 덕망의 명성은 슬프고도 어려운 시대의 저주와 같았다. 그의 삶은 그리스의 운명이 참으로 암울하던 시절이 빚어낸 아픔이었다. 소포클레스는 그의 시에서 이런 말을 한 적이 있다.

왕이시여, 우리의 마음속에 이성이 살아 숨 쉴지라도
액운이 끼면 그것도 모두 소용없더이다.

(소포클레스, 『안티고네』, I : 563)

아무리 선량한 사람이라 할지라도, 액운이 닥치면 그에게 주어져 마땅한 영광과 찬사 대신 중상과 거짓된 비난이 쏟아지면서 그의 덕망에 대한 세상의 신뢰를 허물어뜨린다.

2

흔히들 하는 말에 따르면, 세상이 살기 좋아져 위엄과 권력을 갖추게 되었을 때 사람들은 선량한 사람을 중상하거나 모략하고 싶어 한다고 한다. 그와 반대되는 현상도 벌어진다. 재난이 닥치면 인간은 비통해 하고 짜증을 내고 분개한다. 누구도 그들의 마음을 즐겁게 해 주거나 부드럽게 만들기가 어렵고, 아무리 용기 있는 말이라도 그들을 괴롭게 만든다.

보통 사람들은 그의 잘못을 나무라면 불운한 일을 왜 자기 탓으로 돌리려 하느냐며 덤비고, 솔직하게 말하면 왜 무시하느냐고 대든다. 상처나 새살이 돋지 않은 곳에 꿀을 바르면 아리듯이, 불우한 처지에 빠진 사람에게는 달래듯이 자상하게

---

[1] 양을 제물로 바친 다음에는 혀와 내장을 뺀 다음 모두 불에 태운다는 뜻이다.

말하지 않으면 아무리 진실하고 냉정한 충고도 찌르는 것처럼 아프게 여겨진다.

호메로스(Homeros)[2]는 '기쁘다'는 뜻으로 메노이이케스 (*menoeikes*, symphonious)라는 용어를 쓰면서 "달콤한 맛이 입에 맞듯이, 충고는 부드러워야 반대와 저항이 없다"라고 말했다. 그의 말이 옳다는 것은 의심할 나위도 없다.[3] 민중에게 하는 말도 그렇게 부드러워야만 다툼과 저항이 없다. 다친 눈이 어둠과 광택이 없는 것을 좋아하고 밝고 번쩍이는 것을 싫어하듯이, 불행에 빠진 시민은 마음이 여려져 솔직하게 들려주는 말에 민감해진다.

저지른 잘못을 돌이킬 수 없을 때 가장 절실한 것은 충고이지만, 사람들은 그에 귀를 기울이려 하지 않는다. 따라서 그런 도시에서 공무를 처리한다는 것은 모두에게 위험한 일이다. 왜냐하면 정치인들이 민중의 뜻을 좇다가는 그들과 함께 죽고, 그들의 뜻을 거스르다가는 그들의 손에 죽기 때문이다.

천문학자[4]들의 말에 따르면, 태양은 다른 천체와 같은 궤도로 움직이는 것도 아니고, 그렇다고 해서 그와 반대로 움직이는 것도 아니다. 태양은 다만 비스듬히 사선(斜線)으로 운행하면서 부드럽고 우아하게 곡선을 그리기 때문에, 모든 천체와 부딪치지 않고 최적의 상태를 이룬다고 한다.

정치의 원리도 이와 같다. 정치가 너무 올곧고 민중이 바

---

2   본문에는 '시인'으로 되어 있는데, 페린은 그 시인을 호메로스라고 풀이했다.(VIII, p. 147)

3   이 부분이 뜻하는 바를 짐작할 수는 있으나 판본마다 번역이 다르다. 페린은 플루타르코스가 그리스어의 메노이이케스라는 용어를 쓰면서 호메로스의 어의학(語義學, etymology)을 잘못 이해했다고 지적했다. 이 번역은 스튜어트(A. Stewart)와 롱(G. Long)의 판본(III, p. 467)에 따른 것이다.

4   본문에는 'mathematician'으로 되어 있으나 그 무렵에는 천문학과 수학이 학문적으로 분화되어 있지 않았으므로 이를 천문학자라고 번역했다.

라는 바와 번번이 부딪히면 정치는 거칠어지거나 잔인해지고, 그렇지 않을 경우에는 민중에게 지나치게 너그러워지면서 그들의 잘못을 눈감아야 하는 어려움에 빠지게 된다.

지혜롭게 민중을 다스리고 이끌어 가는 지도자는 그들이 자기에게 복종하는 데 대한 보답으로 그들이 바라는 바를 베풀어 준다. 그럼으로써 국가에 도움이 되는 것을 그들에게서 받아 내고 사회를 안전하게 이끈다. 또한 민중은 자기들이 폭정을 겪지 않고 혹독한 대우를 받지 않는다고 여길 때, 설령 고난과 결핍을 견디는 일이 힘들고 어려울지라도, 여러 가지 방법으로 온순하게 국가에 이바지할 것이다.

그와 같이 엄격함과 온유함이 잘 조화를 이루는 상황은 마치 합창에서 음률과 화음이 조화를 이루는 것과 같다. 들리는 바에 따르면, 신은 이와 같은 방법으로 우주를 이끌어 가며, 강제하지도 않고 마땅히 해야 할 일을 설득하고 깨우쳐 준다고 한다.

3

<위와 같은 인생살이의 이야기는 소(少)카토(Cato the Younger)에서도 잘 나타나고 있다. 그는 애교가 넘치거나 민중의 비위를 맞추거나 공직 생활을 하면서 시민의 인기를 얻은 사람은 아니었다. 카토의 삶에 대해서는 키케로(Marcus Cicero)가 남긴 다음의 평가가 유명하다.

> 카토는 플라톤이 쓴 『공화국』에서나 나올 법한 사람이지 로물루스가 다스리던 나라의 말기에 살 사람은 아니었다. 그래서 그는 집정관 선거에서도 떨어졌다.
>
> (키케로, 『아티카에 보낸 편지』, II : 1)

내가 보기에도 카토는 제철이 아닌 때에 나온 과일 같은 사람이었다. 그래서 사람들은 그 과일을 놀라운 듯이 바라보았지만 따 먹으려 하지는 않았다. 카토의 고고한 기풍은 이미 오랫동안 부패에 찌들고 타락한 풍속에 빠져 있는 사람들 사이에 나타나 명성과 존경을 누렸지만, 그는 그 시대가 요구하는 인물은 아니었다.

왜냐하면 그 시대에는 위엄이니 덕망이니 하는 덕목들은 허접스러운 것이었기 때문이었다. 그가 살던 시대의 로마는 지금 내가 이야기하고자 하는 포키온의 시대만큼 멸망의 지경에 이른 것은 아니었지만, 항해에 견주어 본다면 태풍을 만나 온갖 고통을 겪는 시대였다.

그 무렵의 로마를 보면 카토는 돛과 밧줄을 잡듯이 실력자들을 도와줄 형편이었지 그가 직접 닻이나 방향타를 잡고 배를 이끌어 갈 입장이 아니었음에도, 그는 운명의 여신에게 도전하는 심정으로 로마를 건지려고 노력했다.

실제로 그 무렵에 운명의 여신은 다른 사람들을 시켜 오랜 시간 동안 천천히 그리고 고통스럽게 나라를 망가뜨리고 있었는데, 그런 가운데에서도 카토의 덕망을 통하여 나라가 거의 회복되어 가고 있었다. 이제 나는 그의 그와 같은 덕망을 포키온과 견주어 보려고 한다.>[5]

포키온과 카토의 생애가 모두 닮은 것은 아니지만 두 사람 모두 선량했고 자신들의 조국을 위해 몸을 바쳤다. 두 사람은 여러 가지 점에서 달라, 용기라는 점에서는 알키비아데스와 에파미논다스의 차이를 보이고, 지혜라는 점에서는 테미스토클레스와 아리스티데스의 차이를 보이고, 정의로움이라는 점에서는 누마왕과 아게실라오스의 차이를 보는 것만 같다.

---

5   위의 <   > 안에 들어 있는 문장은 아마도 「소(少)카토전」에 들어 있었거
    나 아니면 「포키온과 소카토의 비교」에 들어 있었던 것인데, 플루타르코
    스 자신의 실수 혹은 후대 편집자들의 실수로 여기에 포함된 것으로 보
    인다.

그러나 덕망이라는 점에서 포키온과 카토는 아주 미미하게 다른 점이 있기는 하지만, 그 특징과 모습과 색깔은 본질에서 같았다. 이를테면 그들은 엄혹함과 인간미를 함께 갖추었고, 조심스러우면서도 용맹하고, 다른 사람을 배려하며, 자신의 위험을 두려워하지 않고, 천박함을 몹시 싫어하고, 성의를 추구했다. 따라서 그들의 차이점을 찾아 밝히려면 매우 조심스럽게 그들의 행적을 살펴보아야 한다.

4

다음의 장(章)에서 살펴볼 바와 같이 카토의 집안이 대단한 것은 세상이 다 아는 일이지만, 포키온의 집안도 카토에 못지않았다고 나는 생각한다. 크레타의 역사학자인 이도메네우스(Idomeneus)의 기록처럼 포키온이 방앗공이를 깎는 집안의 아들이었다면, 웅변가 히페레이데스(Hypereides)의 아들이자 정치인인 글라우키포스(Glaucippus)가 포키온을 사사건건 나쁘게 말하면서 그의 가문이 미천했다는 말을 굳이 빼놓았을 이유가 없다.

만약 포키온이 그토록 보잘것없는 집안의 아들이었다면, 그는 고결한 교육을 받지 못했을 것이다. 그러나 그는 어렸을 때 아카데미아에 들어가 플라톤의 제자가 되었고, 청년이 되어서는 크세노크라테스의 제자가 되었다.

사모스의 역사학자 도리스의 기록에 따르면, 아테네 사람 가운데 누구도 포키온이 소리 내어 웃거나 눈물을 흘리거나 공중목욕탕에 드나드는 것을 본 적이 없으며, 긴 외투를 입고 다니면서 소매를 걷어붙이는 것을 본 적이 없었다고 한다.

적어도 그가 아테네에 살거나 전쟁에 나갔을 때, 그는 견딜 수 없이 추운 날씨가 아니면 늘 덧옷을 입지 않았으며, 신발도 신지 않고 다녔다고 한다. 따라서 그가 덧옷을 입는 것을 볼 때면 그의 부하들은 이렇게 농담했다.

"오늘 날씨가 매우 추운가 봐."

5

포키온의 본성은 정중하고 인정스러웠지만, 표정은 말을 붙이기 어려울 정도로 시무룩하여 그와 가까운 사이가 아니면 다가가기가 어려웠다. 그래서 카레스가 아테네 사람들을 웃기느라고 그의 찌푸린 이마를 흉본 적이 있었는데, 그때 포키온은 이렇게 대답했다.

"찌푸린 내 이마 때문에 손해 본 사람은 없지만, 웃는 얼굴을 가진 사람들 때문에 눈물 흘린 사람은 많다오."

그와 같이 포키온의 말은 고압적이고 가혹하고 불쾌감을 주기보다는, 비록 간결했지만, 매우 신선하고 행복감을 안겨 주는 것이어서 듣는 이들에게 교훈을 주었다. 스토아학파의 철학자 제노(Zeno)는 이렇게 말한 바 있다.

"철학자들은 말을 하기에 앞서 자기가 쓰고자 하는 용어에 대하여 한 번 더 생각해 보아야 한다."

이처럼 포키온의 말은 늘 간결하면서도 뜻이 깊었다. 스페토스(Sphettos) 출신의 폴리에욱토스(Polyeuktos)는 이런 말을 한 적이 있다.

"역사에서 가장 훌륭한 웅변가는 데모스테네스였지만, 가장 영향력 있는 웅변가는 포키온이었다."

화폐 가운데에서 단위가 가장 낮은 동전이 가장 가치가 크듯이, 위대한 웅변은 짧고 간결했다. 언젠가 포키온이 연설을 준비하며 극장 무대 뒤에서 서성거리며 골똘히 생각하고 있었다. 그때 곁에 있던 친구가 물었다.

"포키온, 뭘 그리 골똘히 생각하는가?"

그러자 포키온이 이렇게 대답했다.

"어떻게 하면 아테네 시민에게 들려줄 연설을 짧게 할 수 있을까?"

데모스테네스는 다른 웅변가들을 늘 우습게 여겼다. 그런 그조차 포키온이 연설을 하러 일어나는 모습을 보면서 곁에 있던 친구에게 이렇게 소곤거렸다.

"내 말을 전지(剪枝)가위로 잘라 버릴 사람이 올라오고 있군."(제29장「데모스테네스전」, § 10)

아마도 이 말은 포키온의 성격을 잘 나타내 주는 일화일 것이다. 왜냐하면 훌륭한 인물의 말 한 마디나 고갯짓 한 번이 몇천 마디의 말보다 더 무게 있기 때문이다.

6

젊었을 적에 포키온은 아테네의 전쟁 영웅인 카브리아스(Chabrias)를 가까이 모시면서 숱한 전투 경험을 쌓았으며, 카브라이스의 불같은 성격을 많이 누그러뜨렸다. 카브리아스 장군은 평소에 느리고 쉽게 움직이지 않았지만, 일단 전투가 벌어지면 투지가 대단하고 마치 불같아 엄청난 위험에도 앞뒤를 가리지 않고 용맹스럽게 짓쳐 나갔다.

[그러다가 기원전 357년에 키오스(Xios)와 로데스(Rhodes)와 비잔티온이 반란을 일으키자] 카브리아스 장군은 이들을 무찌르러 앞장서 키오스 해안에 상륙 전쟁을 감행하다가 전사했다. 그만큼 열정적이었던 그와 달리, 포키온은 본디 조심스러우면서도 활동적인 사람이었다. 그는 카브리아스가 멈칫거릴 때는 힘을 북돋워 주고 흥분할 때는 진정시켜 주었다.

본디 심성이 어질고 훌륭했던 카브리아스는 포키온을 많이 이끌어 주고 직위를 높여 주어 그리스인들에게 이름을 떨치게 해 주었으며, 중요한 일이 있을 때마다 그를 중용했다. 더욱이 [기원전 376년에] 스파르타를 격파한 낙소스(Naxos) 해전에서 카브리아스는 포키온에게 높은 직책을 맡김으로써 그를 유명하게 만들었다. 이때 포키온은 전투가 가장 치열했던 왼쪽 날개를 맡아 빠르게 종결시켰다.

[기원전 404년에] 펠로폰네소스 전쟁이 끝나면서 아테네가 함락된 이래, 낙소스 해전의 승리는 아테네가 자신의 힘으로 거둔 첫 승리였다. 카브리아스는 더욱 높은 명성을 얻었고 포키온은 타고난 지휘관으로 추앙을 받았다. 그들은 엘레우시스(Eleusis)의 축제[6] 기간에 이 전쟁을 승리로 이끌었기 때문에 카브리아스는 해마다 보이드로미온월(Boedromion月, 9~10월) 16일이 되면 축제를 열어 아테네 시민에게 술을 대접했다.

7

들리는 바에 따르면, 그런 일이 있은 뒤에 카브리아스는 포키온에게 함선 20척을 주고 모든 섬을 돌아다니며 군자금을 모아 오도록 지시했다. 이에 포키온은 이런 말을 했다.

"저들을 정복하러 가는 길이라면 이 함선으로 부족하고, 저들을 설득하러 가는 길이라면 한 척으로도 충분합니다."

그러고서 그는 함선 한 척을 이끌고 여러 섬을 돌아다니면서 어떤 때는 진지하게 설득하고 어떤 때는 솔직하게 호소하여 동맹국들에서 군자금과 많은 함선을 얻어 돌아왔다. 카브리아스가 살아 있을 적에 포키온은 그를 돌보며 존경했을 뿐만 아니라 그가 죽은 다음에도 그의 가족을 정성껏 돌보았는데, 그 가운데에서도 그의 아들 크테시포스(Ktesippos)를 사람답게 키워 보려고 많은 애를 썼다.

그 젊은이가 경망스럽고 어찌해 볼 도리가 없는 인물임을 잘 알면서도 포키온은 그를 바로잡아 주고 허물을 덮어 주느라 고생을 많이 했다. 그러나 들리는 바에 따르면, 어느 전쟁에 나가 크테시포스가 어이없는 일을 저지르고 남들을 가르치려

---

6   엘레우시스는 아테네의 북쪽 18킬로미터 지점에 있는데, 비극 작가 아이스킬로스의 고향으로 유명하다. 이곳에서는 해마다 엘레우시스의 신비 의식(秘儀, Eleusinian Mysteries)을 치른다.

포키온

하면서 명령을 내리자 포키온은 하늘을 바라보며 이렇게 소리
쳤다.

"카브리아스 장군이시여, 카브리아스 장군이시여, 저는
장군께서 베풀어 주신 후의에 보답하려고 장군의 아들에게
이런 일을 겪고 있습니다."

그 무렵 아테네의 정치인들은 마치 복권을 나누어 갖듯이
장군이나 정치인의 자리를 자기들 멋대로 나누어 먹고 있었
다. 이를테면 정치가 에우볼로스(Eubolos)나 집정관 아리스토
폰(Aristophon)이나 데모스테네스나 리쿠르고스나 히페레이데
스와 같은 인물은 민중 앞에서 연설이나 하며 지냈다.

그런가 하면 트라키아의 전쟁 영웅 디오페이테스(Diope-
ithes)나 트로이 전쟁의 영웅 메네스테우스(Menestheus)나 레오
스테네스(Leosthenes)나 카브리아스와 같은 사람은 장군 자리
에 올라 전쟁을 일으킬 생각만 하고 있었다.

이런 상황에서 포키온은 페리클레스나 아리스티데스나
솔론이 만들었던 공공사업을 되살리고, 정치와 군사에서 모
두 균형 잡힌 인물이 다스리는 세상이 다시 오기를 바랐다. 로
물루스와 같은 시대를 살았던 그리스의 시인 아르킬로코스
(Archilochus)의 시구를 빌리면, 그들은,

군신(軍神) 에니알리우스(Enyalius)[7]의 넓은 영지(領地)와
사랑스러운 음악의 신(Musai)의 재능을
함께 지닌 분들

이었다.

포키온이 생각하기에, 군신 아테나는 전쟁의 여신인 동시

7   에니알리우스는 주로 미케나이 지방 사람들이 믿는 군신으로서 그리스
     신화의 아레스(Ares)나 로마 신화의 마르스(Mars)와 같은 뜻으로 쓰인다.

에 국가 경영에서도 위대한 신이었다. 아테나에 대해 전승되는 이야기도 그의 생각과 같았다.

8

그러한 생각을 가진 포키온의 정치적 입장은 늘 평화와 안녕을 추구하는 것이었다. 그는 그와 같은 시대의 사람뿐만 아니라 그보다 앞선 어느 누구보다도 여러 차례 장군의 직책을 맡았다. 그렇다고 해서 그는 선거에 출마하여 유세를 다닌 적도 없었고, 국가가 부를 때 거절한 적도 없었다.

포키온은 마흔다섯 차례 장군에 뽑혔는데, 한 번도 그 스스로 출마한 적이 없었고, 그가 나라 안에 없었을 때도 민중은 그를 불러 자리를 맡겼다는 데 역사학자들의 기록은 일치하고 있다. 그리하여 사정을 잘 모르는 사람들은 아테네인들의 처사를 놀랍게 받아들였다. 왜냐하면 포키온은 누구보다도 많이 민중의 처사에 반대했고, 그들의 호감을 얻으려는 말이나 행동을 한 적이 없었기 때문이었다.

왕실에서 식사가 시작되면 왕은 그때부터 간신(奸臣)들의 말에 귀를 기울이듯이, [평화가 계속되면] 아테네의 시민은 온갖 점잖을 빼면서 장군을 불러다 놓고 변덕을 떤다. 그러나 일단 [전운이 감돌아] 장군이 필요할 때는 정신을 차려 준엄하고 지각 있는 시민을 불러 모아 놓고 민중의 요구나 충동에서 벗어나 뛰어난 지도자를 선출했다.

실제로 언젠가 사람들이 델포이에 신탁을 요구했을 때 다음과 같은 답변이 나왔다.

"아테네의 모든 시민이 한마음인데 오직 한 사람만 아테네의 뜻과 다르도다."

사람들이 누가 도대체 반대하는 인물인가 웅성거리고 있는데, 그때 포키온이 앞으로 나와 이렇게 말했다.

"여러분은 그 사람이 누구인지 알려고 애쓸 필요가 없습

333   포키온

니다. 왜냐하면 내가 바로 그 사람이기 때문입니다. 여러분이 하는 일마다 반대했던 사람은 나밖에 없었기 때문입니다."

포키온이 민중에게 다시 자기 의견을 제시하여 논의한 결과, 모든 사람이 그에게 동의하자 그는 곁에 있던 막료에게 이렇게 물었다.

"내가 내용도 잘 모르고 틀린 사실을 주장하고 있는 것은 아닌가?"

9

언젠가 아테네 시민이 공동 제사에 들어갈 비용을 모금한 적이 있었다.(제17장 「알키비아데스전」, § 10) 여러 차례 기부금을 독촉받은 포키온은 고리대금업자인 칼리클레스(Callicles)를 가리키며 이렇게 말했다.

"기부금이라면 부자들에게 부탁하게. 내가 지금 여기 있는 이 빚쟁이에게 빚을 갚지도 못하면서 기부금을 낸다는 것은 부끄러운 일이라네."

언젠가 포키온이 연설을 하고 있을 때 그의 정적이 일어나 비난을 멈추지 않으며 소리쳤다. 그러자 포키온이 이런 우화(寓話)를 들려주었다.

"어떤 겁쟁이가 전쟁터에 나갔는데 까마귀가 울어 대자 그는 무기를 내려놓고 조용히 있었습니다. 얼마 지나 조용해지자 다시 까마귀가 울기 시작했습니다. 그러자 그는 싸움을 멈추고 이렇게 말했지요.

'이놈의 까마귀야, 네가 아무리 울어도 나는 네 밥이 되지 않을 거다.'

[내 심정이 바로 그렇소.]"

언젠가 아테네 시민이 자기들을 이끌고 전쟁에 나가자고 포키온에게 요구했다. 그러나 그가 그 요구를 들어주지 않자 민중이 소리쳤다.

"그대는 사내답지 못한 겁쟁이요."

그러자 포키온이 이렇게 대답했다.

"그대가 나를 용감하게 만들 수 없듯이, 나도 그대를 겁쟁이로 만들 수 없소. 그러나 우리는 누가 진실로 겁쟁이이고 누가 용감한 사람인지 서로 잘 알고 있소."

언젠가 나라가 다시 어려워지자 민중은 포키온에게 거칠게 굴면서 장군으로 재직할 무렵의 회계 자료를 제출하라고 윽박질렀다. 그러자 포키온이 이렇게 말했다.

"시민 여러분, 그럴 겨를이 있으면 여러분의 목숨이나 먼저 챙기시오."

민중은 전쟁이 일어나자 풀이 죽어 비굴해지더니 전쟁이 끝나자 다시 기세가 올라 포키온을 비난하며 이렇게 말했다.

"당신이 우리에게서 승리를 훔쳐 갔소."

이에 포키온이 이렇게 대답했다.

"여러분을 그렇게 잘 아는 장군이 있었다니 당신들은 참으로 운이 좋았군요. 만약 다른 사람이 장군을 맡았더라면 당신들은 벌써 사라졌을 테니 말이오."

보이오티아(Boeotia)와 영토 분쟁이 일어났을 때 아테네의 시민이 타협으로 해결하기보다는 무력으로 풀려고 하자 포키온은 이렇게 말했다.

"그들과 싸우려면 말로 하고 무기로는 하지 마시오. 왜냐하면 무기는 저들이 더 강하고 말은 여러분이 더 세기 때문이지요."

그럼에도 민중이 그의 말을 들으려 하지 않자 포키온이 이렇게 말했다.

"여러분은 나를 내 뜻과 달리 행동하도록 만들 수는 있지만, 나의 판단과 다르게 말하도록 강요할 수는 없을 거요."

그의 정적인 데모스테네스가 포키온에게 이런 말을 한 적이 있다.

포키온

"포키온, 아테네 시민이 이성을 잃으면 제일 먼저 당신부터 죽일 거요."

그러자 포키온이 이렇게 대꾸했다.

"그러나 그들이 제정신을 차리면 당신부터 죽일 거요."

어느 더운 날, 포키온이 스페토스 출신의 폴리에욱토스를 만났는데, 그는 아테네가 마케도니아의 필리포스왕에게 전쟁을 일으켜야 한다고 주장하면서 비만한 몸에 숨을 헐떡거리고 땀을 흘렸다. 그는 연거푸 물을 들이켰다. 이를 본 포키온이 이렇게 말했다.

"여러분은 필리포스와 선생을 일으키자는 이 사람의 말이 옳다고 생각합니까? 미리 써 가지고 온 원고를 읽는 일에도 이토록 숨넘어갈 듯 헐떡거리는 이 사람이 가슴받이에 방패를 들고, 쳐들어오는 적군 앞에서 뭘 할 수 있겠소?"

언젠가 민회에서 리쿠르고스가 포키온을 맹렬히 공격하면서, 알렉산드로스 대왕이 아테네의 시민 열 명을 인질로 보내라고 했을 때 포키온이 그들을 넘겨주자고 한 말을 비난했다. 그러자 포키온은 간단히 이렇게 말했다.

"내가 여러분에게 훌륭하고 유익한 제안을 해 봤자 어차피 여러분은 내 말을 듣지 않을 것 아니오?"

10

그 무렵에 알키비아데스(Alcibiades)라는 사람이 살았는데, 그는 스파르타인을 흉내 내기 좋아하여 '스파르타 선생'이라는 별명을 들었다. 그는 수염을 텁수룩하게 기르고 늘 짧은 외투를 입은 채 인상을 쓰고 다녔다.

언젠가 포키온이 민회에서 몹시 궁지에 몰리자 알키비아데스에게 증인이 되어 도와 달라고 부탁했다. 그런데 그가 민회의 증언대에 나타나더니 포키온을 위한 증언은커녕 민중의 편을 들어 발언했다. 이에 화가 난 포키온은 그의 수염을 붙잡고 이렇게 말했다.

"알키비아데스, 수염 값이나 하게."[8]

아리스토게이톤(Aristogeiton)이라는 검투사(劍鬪士)는 민회에 나오면 늘 호전적이었으며 시민들에게 군대에 입대하라고 재촉했다. 그가 두 다리에 붕대를 감고 징병 소집 장소에 나타나자 포키온은 먼발치에서 그를 바라보며 전령에게 이렇게 소리쳤다.

"아리스토게이톤의 인적 사항에 '절름발이에 부적격자'라고 써넣게."

그토록 말이 거칠고 엄격한 포키온에게 '선량한 사람(The Good)'이라는 별명이 붙은 데 대하여 사람들은 의아하게 생각할 수도 있다. 그 점을 설명하는 것이 어렵기는 하지만, 설명하지 못할 일도 아니다.

내가 생각하기에, 인간관계란 술맛과 같다. 같은 술이라도 누구에게는 달콤하지만 누구에게는 텁텁하듯이, 사람도 그를 쓸 만하게 여기는 사람에게는 좋게 보이고 그렇지 않은 사람에게는 밉상으로 보인다. 들리는 바에 따르면, 언젠가 히페레이데스가 민중에게 이런 말을 했다고 한다.

"아테네 시민 여러분, 내가 여러분에게 모질게 했는지 아닌지를 묻지 말고, 내가 여러분에게 그렇게 함으로써 나에게 무슨 이득이 있었는지를 물어보십시오."

이 말의 뜻은 다음과 같다. 민중이 두려워하고 공격하는 정치가는 탐욕으로 남에게 해를 끼치는 인물이지, 그저 무례하고 질투와 분노가 많은 사람이 아니라는 것이다. 포키온은 어느 특정한 시민을 증오하여 해코지한 일이 없고, 누구와 원

---

8 여자의 2차 성징이 유방이듯이 남자의 수염은 남성 우월 사회에서 씩씩함과 권력의 상징이었다. 그러나 그리스에서는 귀족에게만 수염을 기르는 것이 허용되었다. 헤라클레스와 소크라테스도 수염이 아름다웠다. 슬라브계에서는 수염 없는 남자는 보증인이나 증인이 될 수 없었다.

수진 일이 없으며, 다만 국가를 위하여 자신이 하는 일에 반대하는 사람들을 제압해야 할 필요가 있을 때만 거칠고 고집스럽고 물러서지 않았을 뿐이다.

그 밖의 일에서는 포키온은 인자했고, 누구에게나 친절했으며, 인간적이어서 설령 자기에게 문제를 일으키고 위험을 초래하는 정적일지라도 도움을 요청하면 도와주었다. 언젠가 도와줄 만한 가치도 없는 사람을 포키온이 변론하자 친구들이 그를 나무랐다. 그러자 그가 이런 말을 했다.

"선량한 사람에게는 도움이 필요 없다네."

그토록 못된 짓만 하던 아리스토게이톤이 죄를 짓고 투옥되어 포키온에게 면회를 와 달라고 부탁했다. 포키온이 그를 만나러 가자 친구들이 말렸다. 그러자 그가 이렇게 말했다.

"나를 말리지 말게. 아리스토게이톤을 만나기에는 감옥보다 더 좋은 곳이 어디 있겠나?"

11

아테네가 주변의 동맹국이나 섬에 사절을 보내면 그들은 사절을 마치 적장(敵將) 보듯 하면서 성문을 닫고 항구를 막거나 가축이나 노예나 여인들과 아이들을 피신시켰지만, 포키온이 파견되면 배를 타고 나와 맞이하며 화관을 씌워 주고 기뻐하면서 앞다투어 자기들의 집으로 모셨다.

12

마케도니아의 필리포스왕이 에우보이아(Euboea)를 은밀히 쳐들어갔다. 군대를 이끌고 쳐들어간 그는 전제 군주들을 매수하여 여러 도시를 자기의 속국으로 만들었다. 그러자 에레트리아 출신의 플루타르코스(Plutarchos)가 사신의 신분으로 아테네를 찾아와 마케도니아의 압제에서 해방해 달라고 요청했다.

이에 따라 [기원전 350년에] 포키온이 소규모 병력을 이끌고 그리로 건너갔다. 그는 그곳 주민들이 자기의 도움을 받아들일 준비가 되어 있으리라 생각했는데 그게 아니었다. 주민들은 조국을 등지고 있었고 불만이 가득했으며, 뇌물에 찌들어 벌집을 쑤셔 놓은 듯하여 나라의 앞날이 매우 위태로웠다.

포키온은 먼저 한 언덕을 차지했다. 그 언덕의 아래 자락은 타미나이(Tamynae)를 둘러싼 평원을 계곡으로 갈라놓고 있었다. 포키온은 그곳에 정예군을 집결시켰다. 그러나 질서가 없고, 쓸모도 없는 뜨내기들은 병영을 벗어나 고향으로 돌아가고 있었다. 그런 상황에서 포키온은 장교들에게 이렇게 훈시했다.

"그대들은 저렇게 비겁한 이들에게 마음 쓸 것 없다. 기율도 지키지 않는 저들이 병영에 남아 있다 한들 아무 쓸모도 없고, 오히려 전사들에게 해로움만 끼칠 것이다. 그들이 아테네로 돌아가면 그나마 죄스러운 마음은 남아 있어 장군을 비난하거나 중상(中傷)하지 않을 것이다."

13

마케도니아의 군대가 쳐들어오자 포키온은 부하들에게 맞서 싸우지 말고 신전에서 제사가 끝날 때까지 오랫동안 조용히 기다리라고 지시했는데, 그 이유가 신탁의 응답이 나빠서였는지 아니면 적군이 더 가까이 올 때까지 기다리고자 함이었는지는 알 수 없다. 처음에 포키온이 전투를 미루는 것을 보고 그가 겁에 질렸기 때문이라 여긴 플루타르코스는 용병을 이끌고 적진을 향해 짓쳐 나갔다.

이어서 그가 돌진하는 것을 본 기병대가 참지 못하고 곧 적진을 향해 달려 나가는데, 전열이 무질서하고 산만했다. 그렇게 달려 나간 무리가 크게 패배하여 흩어지자 플루타르코스는 달아났다. 그러는 사이에 적군은 아테네의 진지를 장악하고 아테네 병사를 무찌르면서 이제 자기들이 완전히 승리했다고 생각했다.

그러나 그 시간에 포키온의 제사가 끝나고 아테네의 병사가 진지에서 나와 적군을 추격하며 죽이니 적군은 참호 속으로 도망해 들어갔다. 포키온은 밀집 보병대의 진격을 멈추게 하고 앞선 싸움에서 도망한 무리가 다시 모일 수 있도록 도와 주라고 지시한 다음, 자신은 정예병을 이끌고 적군의 주력 부대를 공격했다.

전투는 치열했고, 아테네의 병사들은 투혼을 발휘하며 장렬하게 싸웠다. 이때 키니아스(Cineas)의 아들 타울로스(Taullos)와 폴리메데스(Polymedes)의 아들 글라우코스(Glaucus)가 포키온의 날개를 맡아 싸우면서 수훈을 세웠다. 클레오파네스(Cleophanes)도 그 전투에서 빛나는 전공을 세웠다. 그는 도주하던 기병대를 되돌려 모은 뒤 큰 소리로 독려하면서 위험에 빠진 포키온을 구출해 냄으로써 보병들까지 다시 용기를 내어 반격하도록 했다.

전투가 끝나자 포키온은 플루타르코스를 에레트리아에서 추방하고, 자레트라(Zaretra)를 되찾았다. 이 요새는 그 섬이 가장 잘록하고 좁아지는 곳에 자리 잡고 있는 요충지였다. 포키온은 또한 그리스 출신의 포로들을 모두 풀어 주었는데, 이들을 데리고 갔다가는 아테네의 정치인들이 민중을 선동하여 그들을 학대하지나 않을까 걱정했기 때문이었다.

14

마케도니아를 상대로 한 에우보이아의 전투를 승리로 이끈 뒤 포키온이 귀국하자 동맹국들은 덕망과 정의감을 갖춘 그의 귀국을 안타까워했고, 아테네 시민은 그가 보여 준 전투의 경험과 용맹을 곧바로 칭송했다.

포키온의 뒤를 이어 사령관이 된 몰로소스(Molossos)는 작전이 어설퍼 적군의 포로가 되었다. 그렇게 되자 마케도니아의 왕 필리포스는 승리에 대한 자신감에 차 [기원전 340년에] 병력을 이끌고 다시 헬레스폰트로 진격하면서 이번에야말로 케르소네소스와 함께 페린토스와 비잔티온까지 정복하리라고 기대했다.

이제 다시 아테네인들은 마케도니아의 침략을 받고 있는 동맹국들을 돕고 싶어 했다. 그들은 정치인들의 농간으로 카레스를 장군으로 뽑아 파견했다. 그러나 현지에 도착한 그가 자기 능력으로 할 수 있는 일이라고는 아무것도 없었고, 주민들은 그의 함대가 항구에 들어오는 것조차 허락하지 않았다. 오히려 주민들은 그를 의심했다.

카레스는 주민들에게서 돈을 긁어모음으로써 적군에게 멸시를 받았다. 이제 아테네의 시민은 정치인들과 그들이 뽑아 보낸 카레스에게 분노하며 그런 인물을 장군으로 보낸 자신들의 처사를 후회했다. 그러자 포키온이 민회에서 일어나 이렇게 말했다.

"여러분은 여러분을 믿지 못하는 동맹국들에 분노를 느끼지 말고 그들에게서 신뢰를 잃은 장군들에게 분노를 느껴야 합니다. 장군들은 우리의 도움 없이 살아날 수 없는 동맹국들이 우리를 두려워하게 하고 있기 때문입니다."

포키온의 연설에 감동한 아테네 시민은 마음을 바꾸어 [기원전 339년] 그에게 지휘권을 주고 헬레스폰트로 건너가 동맹국을 돕도록 지시했다. 그리하여 그는 비잔티온의 해방에 큰 도움을 주었다. 그곳에서도 그의 명성은 이미 잘 알려져 있었다.

비잔티온에서 가장 덕망 높은 레온(Leon)은 지난날 포키온과 아카데미아에서 함께 공부한 친구로서 그를 몹시 신뢰했다. 그가 성문 밖에서 진영을 차리려 하자 민중이 만류하며 성문을 열고 아테네 병사를 가까운 동지로 맞이했다.

시민들의 그와 같은 후의에 대한 보답으로 아테네 병사들은 행실에 더욱 조심함으로써 그들에게 욕을 먹지 않고 신뢰를 받았을 뿐만 아니라 그 도시를 지키고자 맹렬히 싸웠다. 비록 이때 필리포스왕이 사력을 다해 싸운 것은 아니지만, 결국 그는 헬레스폰트에서 후퇴함으로써 수모를 겪었다고 세상 사람들은 생각했다.

포키온은 필리포스왕의 함선을 몇 척 나포했으며, 지난날 그가 주둔했던 헬레스폰트를 해방해 주었다. 그는 또한 마케도니아의 여러 영토에 상륙하여 약탈하다가 방어군의 공격으로 상처를 입고 나서야 되돌아왔다.

15

지난날 [기원전 344~343년 무렵에] 메가라인들이 비밀리에 사절을 보내 도움을 요청했다. [국내의 반역자들이 필리포스왕에게 나라를 넘기려 했기 때문이었다.] 연락을 받은 포키온은 중간에 있는 보이오티아인들이 이 사실을 미리 알고 아테네의 파병을 방해하지나 않을까 걱정스러워 이른 아침에 민회를 소집한 뒤 메가라인들이 구원을 요청해 온 사실을 민중에게 알렸다.

메가라를 지원한다는 정령(政令)이 통과되자 포키온은 곧 진군나팔을 불며 무장 병력을 이끌고 민회를 출발했다. 메가라인들은 그를 열렬히 환영했다. 그는 가까운 도시인 니사이아(Nisaea)에 성을 쌓고, 메가라에서 항구에 이르기까지 두 줄로 성을 쌓아 바다와 도시를 이음으로써, 이제 적군의 상륙을 걱정하지 않으면서 바다로 아테네와 더욱 가까워지게 되었다.

16

[기원전 340년에] 아테네와 마케도니아의 사이가 다시 나빠졌다. 그 무렵에 포키온은 외국에 나가 있었기 때문에 아테네의 시민은 전쟁에 대비하여 다른 사람을 장군으로 뽑았다. 그때 섬을 순시하고 돌아온 포키온은 처음부터 민중에게 화평을 주

장했다.

왜냐하면 필리포스왕도 평화를 바라고 있었기 때문이었다. 그는 전쟁의 참상을 몹시 두려워하여 포키온이 제시한 평화 조건을 받아들이고 싶어 했다. 그러자 법정에서 고발 사건으로 밥을 벌어먹으며 어정거리고 있던 한 시민이 포키온의 주장에 반대하면서 이렇게 말했다.

"포키온 장군, 그대는 지금 전쟁 준비를 모두 마친 아테네 시민이 마음을 바꾸라는 뜻인가요?"

그러자 포키온이 이렇게 대답했다.

"그렇소. 전쟁이 일어나면 내 지위가 높아져 그대들이 내 지시를 받게 될 것이고, 평화가 이뤄지면 그대들이 내 위에 있어 내가 그대들의 지시를 받게 되겠지만, 그럼에도 나는 평화가 이뤄지기를 바랍니다."

그러나 민중은 포키온의 주장을 받아들이지 않았다. 그날의 호전적 분위기를 이끈 사람은 데모스테네스였다. 그는 이렇게 말했다.

"아테네인들은 되도록이면 아테네와 가까운 아티카에서 멀리 떨어진 곳에서 필리포스왕과 싸워야 합니다."

그러자 포키온이 이렇게 말했다.

"존경하는 데모스테네스 선생, 우리는 어디에서 싸울까를 묻지 말고 어떻게 싸워 이길 것인가를 물어야 합니다. 승리하면 전쟁은 멀어질 것이고, 패배하면 재난은 우리 곁에 가까이 다가오기 때문입니다."

결국 [기원전 338년 카이로네이아의 전투에서] 그리스가 필리포스왕에게 패배하고 온 도시가 소란과 개혁의 소용돌이에 빠지면서 [마케도니아에 적개심이 강렬한] 카리데모스 장군이 사령관에 오르니, 뜻있는 시민들이 걱정했다. 그리하여 아레이오

포키온

스 파고스(Areios Pagos)[9]의 도움을 받아 한편으로는 겁을 주고 한편으로는 눈물로 호소하여 이 난국의 해결을 포키온에게 맡기도록 설득했다.

포키온은 아테네인들이 필리포스왕과 휴전을 진행할 수밖에 없을 것이라고 생각했다. 이때 데마데스가 자신의 의견을 전했다.

"아테네는 그리스의 다른 도시 국가들과 함께 토의하여 이번 강화 조약에 참여해야 합니다."

그러자 포키온이 이에 반대하며 말했다.

"우리는 필리포스왕이 그리스에 어떤 조건을 제시할지도 모른 채 강화 조약을 맺어서는 안 됩니다."

그러나 위기만을 걱정한 민중은 포키온의 의견을 받아들이지 않았다. 필리포스왕은 [코린토스에 아테네의 지도자들을 불러 모은 다음 자신이 페르시아를 공격하려 하니] 함선과 기병대를 제공하라고 요구했다. 그제야 민중은 포키온의 충고를 듣지 않은 것을 후회했다. 그때 포키온이 일어서서 이렇게 말했다.

"내가 여러분의 의견에 반대했던 이유가 바로 이 점을 걱정했기 때문입니다. 그러나 지금 여러분은 필리포스의 강화 조건에 동의한 이상 한탄하고 후회만 하고 있을 수는 없습니다. 우리의 선조들은 남을 지배한 적도 있고 남에게 지배를 받은 적도 있습니다. 그러나 그들은 그 어느 쪽이었든 결국 아테네와 그리스를 구출했다는 사실을 잊어서는 안 됩니다."

마침 그때 [기원전 336년에] 필리포스왕이 죽었다는 소식이 들려오자 아테네 시민이 크게 기뻐하며 제사를 드리려 했다. 그러자 포키온은 이에 반대하면서 이렇게 말했다.

"그런 소식을 듣고 기뻐하는 것은 부끄러운 일입니다. 카

---

9   아레이오스 파고스는 아테네의 최고 재판소를 의미하는데, 아레이오스 파고스 언덕에 있어 그렇게 불렀다.

이로네이아에서 우리를 무찌른 마케도니아의 군대는 한 사람이 죽었다고 해서 쉽게 무너지는 것이 아닙니다.”

17

다시 앞의 이야기로 돌아가자. 필리포스왕이 죽기에 앞서, 데모스테네스가 다시 일어나 이미 테베를 향해 진격하고 있는 알렉산드로스 대왕을 비난하기 시작했다. 이에 포키온은 오디세우스가 외눈박이 괴물 키클롭스 부족인 폴리페모스를 화나게 만든 친구를 타이르면서 한 말을 다음과 같이 인용했다.

> 지각없는 사람아,
> 그대는 어찌하여
> 저 야만족의 화를 돋우는가?
> (『오디세이아』, IX : 494)

이어서 포키온은 다음과 같이 말했다.

“알렉산드로스 대왕은 더 큰 영광을 이루고자 손을 뻗치고 있습니다. 지금 엄청난 불길이 일어나고 있는데, 여러분은 거기에 더 부채질을 하고 싶습니까? 그러나 나 포키온이 저들을 막아야 할 사령관의 직분을 맡은 이상, 설령 아테네 시민이 멸망하고 싶어 해도 나는 내 동포의 멸망을 가만히 앉아서 보지는 않을 것입니다.”

그러나 필리포스의 뒤를 이어 왕위에 오른 알렉산드로스는 [기원전 335년에] 끝내 테베를 멸망시켰다. 그러면서 그는 데모스테네스와 리쿠르고스와 히페레이데스와 카리데모스와 그 밖의 몇몇 인사를 인질로 보낼 것을 요구했다.

시민들은 다시 포키온의 눈만 바라보며 그의 이름을 여러 차례 불렀다. 그가 일어나 니코클레스(Nicocles)를 불러 곁에 세웠다. 니코클레스는 평소 포키온이 가장 아끼고 사랑하며 믿는 친구였다. 그런 다음 포키온은 이렇게 말했다.

"알렉산드로스가 요구한 인사들은 이 나라를 이 지경으로 만든 사람들입니다. 저의 입장에서 본다면 알렉산드로스가 설령 이 친구를 보내라고 요구해도 그 요구에 따라 이 사람을 보내야 한다고 생각합니다. 만약 제가 죽어서 조국을 도울 수 있다면 저의 죽음을 행운으로 여기겠습니다.

아테네 시민 여러분.

저는 테베에서 이곳으로 망명하신 여러분도 동정하지 않을 수 없습니다. 그러나 우리로서는 테베의 비극을 함께 슬퍼하는 것으로 충분합니다. 그러므로 우리는 우리 자신과 테베를 위해서라도 승자에게 간청하여 더 이상 전쟁이 없도록 해야 합니다."

들리는 바에 따르면, 아테네 시민이 마케도니아에 평화를 간청하기로 정령을 통과시켰다는 소식을 들은 알렉산드로스는 서류를 집어 던지며 사절들의 얼굴도 쳐다보지 않았다고 한다.

그러나 두 번째 사신으로 포키온이 오자 왕은 그를 맞이했다. 왕은 원로들에게서 필리포스왕도 포키온을 칭송했다는 말을 들은 바 있었기 때문이었다. 알렉산드로스는 포키온을 만나 그의 소청을 들어주었을 뿐만 아니라 그에게서 정치적 자문(諮問)도 들었다. 그때 포키온은 알렉산드로스에게 이렇게 말했다.

"대왕께서 평화를 바라신다면 이쯤에서 전쟁을 멈추시기 바랍니다. 그러나 전승의 영광을 누리고 싶다면 그리스를 침공할 것이 아니라 야만족들을 정복하시기 바랍니다."

알렉산드로스의 성품과 바람을 잘 알고 있던 포키온은 그에 알맞은 자문을 함으로써 왕의 마음을 바꾸어 부드럽게 만들었다. 이에 기분이 좋아진 알렉산드로스는 포키온에게 이런 말을 했다.

"아테네인들은 스스로의 문제에 관심을 더 기울여야 합니다. 만약 나에게 무슨 일이라도 일어난다면 그리스의 패권은 마땅히 아테네인들에게 돌아갈 것이기 때문이오."

알렉산드로스는 개인적으로 포키온을 만난 자리에서는 그를 막료나 손님처럼 여기며 자기의 가까운 신하들보다 더욱 정중하게 대해 주었다.

역사학자 도리스의 기록에 따르면, 알렉산드로스는 위대한 군주가 되어 페르시아의 다레이오스왕을 정복한 뒤에 편지를 쓸 때, 오직 포키온과 안티파트로스에게만 그 앞머리에 카이레인(*chairein*)[10]이라는 표현을 썼다고 한다. 카레스의 기록에도 그런 내용이 실려 있다.

18

돈에 관한 이야기를 하자면, 알렉산드로스가 포키온에게 1백 탈렌트를 보냈다는 사실을 많은 역사가가 인정하고 있다. 그 돈이 아테네에 도착하자 포키온이 돈을 가지고 온 사람에게 물었다.

"아테네에는 다른 사람도 많은데 알렉산드로스 대왕께서는 하필이면 나에게만 이 돈을 보냈답니까?"

그러자 사절이 이렇게 대답했다.

"대왕께서 판단하시기에, 오로지 장군만이 홀로 그 명예와 대접을 받을 만하기 때문입니다."

그 말을 들은 포키온은 이렇게 말했다.

"그러시다면 지금도 그렇고, 또 앞으로도 남들이 영원히 나를 그런 사람으로 생각하도록 해 주시기 바랍니다."

---

10 카이레인은 서양의 왕실에서 문서의 첫머리에 쓰던 존경의 서두(書頭)였다. 굳이 풀어 쓰자면, "그대에게 기쁨과 존귀함이 함께하기를(Joy to You! You all are so precious)"이라는 예사(禮謝)였다.

그러고서 그는 그 돈을 왕에게 되돌려 보냈다. 사절들이 그와 함께 그의 집에 가 보니 사는 모습이 너무도 검소했다. 포키온의 아내는 빵을 구우려고 반죽을 만들고 있었고, 그는 샘에서 손수 물을 길어 발을 씻었다. 그 모습에 화가 난 사절들이 억지로 돈을 맡기면서 이렇게 말했다.

"알렉산드로스 대왕의 막료께서 이토록 가난하게 산다는 것은 결코 있을 수 없는 일입니다."

때마침 어느 가난한 노인이 남루한 옷을 입고 걸어가고 있었다. 포키온은 그를 가리키며 사절들에게 물었다.

"여러분이 보기에는 내가 저 노인보다 더 가난합니까?"

사절들이 대답했다.

"하늘에 맹세코 그럴 리 없습니다."

그러자 포키온이 이렇게 말했다.

"저 노인은 나보다 더 가난하지만 부족함이 없습니다. 내가 이 많은 돈을 받고서도 쓰지 않으면 나는 인색한 사람이 될 것이고, 이 돈을 받아 쓴다면 나와 대왕은 함께 시민의 비난을 듣게 될 것입니다."

그리하여 그 돈은 다시 마케도니아로 돌아갔다. 이를 본 아테네의 시민은 그 많은 돈을 거절한 사람이 돈을 보낸 사람보다 더 마음이 부자라고 생각했다. 이 사건으로 알렉산드로스는 몹시 화가 나 포키온에게 편지를 보내, 자신에게 아무것도 바라지 않는 사람은 막료로 여기지 않겠노라고 말했다.

그러나 포키온은 그 돈을 받지 않으면서, 철학자 에케크라티데스(Echecratides)와 임브로스(Imbros) 출신의 아테노도로스(Athenodoros)와 로도스 출신의 데마라토스(Demaratos)와 스파르톤(Sparton)을 석방해 달라고 부탁했다. 그들은 대수롭지 않은 죄를 짓고 사르디스의 감옥에 갇혀 있었다.

그 편지를 받은 알렉산드로스 대왕은 곧 그들을 석방한 다음 [기원전 324년] 원정을 마치고 마케도니아로 돌아가는 크라테로스 장군에게 지시를 내렸다. 아시아에서 키오스와 게르기토스(Gergitos)와 밀라사(Mylasa)와 엘라이아(Elaea) 가운데 포키온이 좋아하는 한 도시를 골라 그에게 주고 세금을 거두어 가지도록 하라는 것이었다. 그러면서 그는 이번의 호의마저 거절한다면 지난번보다 훨씬 더 분노할 것이라고 말했다. 그러나 포키온은 그것조차도 받지 않았다.

바로 그러는 사이에 [기원전 323년] 알렉산드로스 대왕이 죽었다. 지금도 아테네 서남쪽의 작은 마을 멜리테(Melité)에 포키온의 집이 남아 있다. 포키온의 집이었다는 작은 동판 하나만 붙어 있는 그곳은 허름하고 단출하다.

19

포키온의 아내와 관련해서는 그가 조각가인 케피소도토스(Cephisodotos)와 남매라는 것 말고는 알려진 바가 없다. 그러나 두 번째 부인은 이지적이고 검소하다는 점에서는 남편의 청렴함에 못지않았다고 아테네 사람들 사이에 알려져 있다.

언젠가 아테네 시민이 극장에서 새로 공연되는 연극을 보고 있었는데, 왕비의 배역을 맡은 남자 배우가 값비싼 옷을 입은 시녀의 숫자를 늘려 달라고 감독 멜란티우스(Melanthius)에게 요구했다. 자신의 요구가 받아들여지지 않자 그는 화가 나 무대에 나가지 않고 관객들을 기다리게 했다. 그러자 감독은 그 배우를 관중 앞으로 끌고 나와 이렇게 소리쳤다.

"포키온 장군의 아내도 바깥출입을 할 때면 하녀를 하나만 데리고 다니는 모습이 네 눈에도 보이느냐? 너는 그 알량한 허영심으로 우리의 아름다운 여인의 풍속을 더럽힐 셈이냐?"

감독의 말을 들은 관객들은 포키온의 아내에게 큰 박수를 보냈다. 언젠가 포키온의 아내의 초청을 받은 이오니아의 여인들이 찾아와 금과 보석으로 만든 장식과 목걸이를 자랑하자 그가 이렇게 말했다.

"내가 자랑할 것이라고는 내 남편 포키온이 아테네를 위해 20년 동안 장군으로 헌신했다는 것밖에 없습니다."

20

포키온의 아들 포코스(Phocos)가 판아테나이아(Panathenaea) 경기[11]의 전차 경주에 나가고 싶어 하자 그는 이를 허락했는데, 이는 승리가 목적이 아니라 체력을 단련함으로써 아들을 더 훌륭하게 키우고 싶었기 때문이었다. 그 아들은 술에 젖어 타락한 삶을 살고 있었다.

아들이 우승하자 많은 사람이 축하하고자 포키온을 자기들의 집에 초대했다. 그러나 포키온은 모든 초대를 거절하고 오직 한 사람에게만 그 탐나는 영광을 허락했다. 초대한 사람의 집에 포키온 일행이 들어가니 잔치가 호화스러웠고, 향기로운 포도주를 담은 대야에 손님들의 발을 씻도록 했다. 그러자 포키온이 아들을 불러 이렇게 말했다.

"애야, 네 친구가 너의 우승에 먹칠하지 않도록 해라."

포키온은 아들이 타락한 삶을 청산하도록 하고자 스파르타로 그를 보내 그곳 젊은이들과 함께 생활하면서 젊은이들의 훈련 과정인 아고게(Agoge, 제21장 「아게실라오스전」, §1) 교육을 받게 했다. 이를 본 아테네 시민은 포키온이 아테네를 무시하고 자신들의 전통적인 생활 양식을 얕본다는 생각에 분노했다. 그러자 말썽 많은 데마데스가 또 나서서 한마디 했다.

"포키온 장군, 왜 아테네 시민에게는 스파르타를 배우라고 설득하지 않으십니까? 만약 장군께서 그렇게 말씀하신다면, 제가 그와 같은 법안을 다음에 발의해 보겠습니다."

---

11   기원전 566년 이후 서기 3세기에 이르기까지 4년마다 열린 고대 그리스의 축제로, 경기장에서 종교, 시상(施賞), 체육 대회, 문화 행사 등을 거행했다.

그 말을 들은 포키온이 이렇게 대답했다.

"그대처럼 코를 찌르는 향유를 바르고, 그토록 얇은 외투를 입은 사람들을 스파르타식 민중 식당에서 식사하게 하고 리쿠르고스의 방식대로 [검소하게] 살도록 하는 것이 과연 어울릴까요?"

21

알렉산드로스 대왕이 아테네인들에게 함선을 보내라고 요구했을 때 정치인들이 이를 거절했다. 민회가 포키온을 불러 의견을 물었더니 그가 이렇게 대답했다.

"저의 생각을 말씀드리자면, 우리가 그를 정복하거나, 그렇지 못할 바에는 우리를 정복한 그들의 우방이 될 수밖에 없을 것입니다."

그러자 말이 많고 무모한 피테아스(Pytheas)가 먼저 발언하려고 일어섰다. 그때 포키온이 이렇게 말했다.

"그대는 이제 갓 민중이 사들인 하인이니 잠시 조용히 있어요."

그때 아시아에서 알렉산드로스 대왕에게 쫓겨 오면서도 엄청나게 많은 돈을 가지고 온 하르팔로스가 아티카에 상륙하자(제29장 「데모스테네스전」, § 25) 자신들의 정치적 영향력을 이용해 돈을 벌고자 하는 무리가 숨이 턱에 닿도록 서둘러 그에게 달려갔다. 하르팔로스는 그들에게 미끼로 돈을 조금 뿌리면서, 포키온에게는 7백 탈렌트와 자신이 가지고 있던 온갖 보물들을 보내며 자신의 재산을 포키온이 보호해 주기를 바랐다. 그러자 포키온은 날카로운 편지 한 장을 보냈다.

"나의 조국을 타락시키는 일을 멈추지 않으면 그대는 후회하게 될 거요."

이에 하르팔로스는 무안하여 더 이상 움직이지 않았다. 그러나 그런 일이 있고나서 얼마 지나지 않아 아테네 시민이 그 문제를 논의하자, 그에게 돈을 받은 사람들이 자기들의 죄상이 드러날까 두려웠는지 마음을 바꾸어 그를 비난하기 시작했다. 그렇게 되자 그에게서 한 푼도 받지 않은 포키온은 하르팔로스도 보호하고 시민에게도 이익이 되는 방법을 찾으려고 고민했다.

하르팔로스는 포키온에게 접근하여 뇌물을 주려고 온갖 노력을 기울였지만, 그것이 성을 함락하기보다 더 어렵다는 사실을 알게 되었다. 그러나 포키온의 사위인 카리클레스(Charicles)와 친밀한 사이였던 하르팔로스는 그의 도움을 받아 모든 일을 처리하면서 카리클레스에게 불명예를 덮어씌웠다.

22

이를테면 자신의 애첩으로 딸까지 낳았던 창녀 피토니케(Pythonicé)가 죽자 하르팔로스는 그 무덤 만드는 공사를 카리클레스에게 맡기면서 엄청나게 많은 돈을 주었다. 그런 공사를 맡았다는 것도 부끄러운 일이지만, 공사를 마친 그는 더욱 욕을 먹었다.

그 무덤은 아테네에서 엘레우시스로 가는 길목의 헤르모스(Hermos)에 있다. 어찌나 호화스러웠던지, 그 무덤을 만드느라 카리클레스가 하르팔로스에게 받아 낸 돈이 무려 30탈렌트였다고 하는데(파우사니아스, 『그리스 지리학』, I : 37) 아무리 보아도 그만큼의 값이 든 것으로 보이지 않는다.

[마케도니아의 후계 왕 안티파트로스가 아테네인들에게 하르팔로스를 넘겨 달라고 요구하자 하르팔로스는 크레타로 도주했다가 그곳에서 암살되었다.] 하르팔로스가 죽자 카리클레스와 포키온이 그의 딸을 잘 키웠다. 그러나 하르팔로스의 재산 문제로 카리클레스가 포키온에게 도움을 요청하며 법정에서 증언을 해 달라고 부탁했다. 그 말을 들은 포키온은 이를 거절하면서 이렇게 말했다.

"카리클레스, 내가 자네를 사위로 삼을 적에는 공의로운 데 쓰고자 함이었지 지금과 같은 모습이 되기를 바란 것이 아니었네."

알렉산드로스 대왕이 죽었다는 소식을 아테네에 가장 먼저 전달한 사람은 히파르코스(Hipparchos)의 아들 아스클레피아데스(Asclepiades)였다. 그 소식을 들은 데마데스가 이렇게 말했다.

"그 소식을 믿을 수가 없습니다. 만약 그가 정말로 죽었다면 오래전부터 그의 시체 썩는 냄새가 온 세상에 진동했을 것입니다."

알렉산드로스 대왕의 죽음에 대하여 민중이 너무 기뻐하여 소란이라도 일어날 것처럼 보이자 포키온은 그런 처사를 말렸다. 그러나 많은 사람이 연단으로 뛰어 올라와 알렉산드로스가 죽었다는 아스클레피아데스의 말이 사실이라고 소리쳤다. 그러자 포키온이 이렇게 말했다.

"만약 알렉산드로스 대왕이 오늘 죽었다는 것이 사실이라면 그는 내일도 죽어 있을 것이고 모레도 죽어 있을 것입니다. 그러므로 지금은 좀 더 냉정하게 우리의 안전을 깊이 생각해 보아야 합니다."

23

[기원전 323~322년에] 아테네를 라미아 전투로 몰아넣었던 레오스테네스 장군은 포키온이 자신의 처사에 대하여 못마땅하게 여기는 모습을 보고 조롱하는 투로 물었다.

"그대는 장군으로 그토록 여러 해 동안 봉직하면서 이룬 일이 뭐가 있습니까?"

그러자 포키온이 이렇게 대답했다.

"나의 동포들이 조국에 묻히도록 한 것밖에는 별로 한 일이 없습니다."

다시 레오스테네스가 민회에서 더욱 용감하고 오만하게 연설하자 포키온이 이렇게 말했다.

"젊은이, 당신의 웅변은 크고 높이 올라가지만 열매를 맺지 못하는 것이 마치 편백나무(cypress-tree) 같군요."[12]

언젠가 히페레이데스가 포키온과 말다툼을 벌이다가 이렇게 물었다.

"포키온 장군, 그렇다면 우리 아테네 시민은 언제 전쟁을 시작해야 합니까?"

그러자 포키온이 이렇게 대답했다.

"젊은이들이 기꺼이 훈련을 받고, 부자늘이 세금을 잘 내고, 정치인들이 도둑질하지 않을 때 전쟁을 하면 이깁니다."

레오스테네스가 모은 많은 병력을 보고 민중이 감격하며 포키온에게 물었다.

"이 정도로 준비했으면 충분하다고 생각되지 않습니까?"

그러자 포키온이 이렇게 대답했다.

"단거리 경주라면 괜찮겠지요. 그러나 내가 걱정하는 것은 장거리 경주입니다.[13] 아테네는 이제 더 이상 돈도 없고, 함대도 없고, 병력도 없거든요."

그 뒤에 벌어진 일들은 포키온의 걱정이 현실로 드러났음을 보여 주었다. 첫 전투에서 레오스테네스는 찬란한 승리를 거두고 보이오티아인들을 무찌른 다음 안티파트로스를 라미아로 몰아냈다. 그러자 민중은 크게 고무되어 연달아 잔치를 벌이고 승전보가 들려올 때마다 제사를 드렸다고 한다. 시민들은 이번에야말로 포키온의 판단이 틀렸다고 여기면서 이렇

---

12   그리스인들은 이 나무를 무덤가에 심었기 때문에 포키온의 말은 죽음을 상징했다.

13   아테네의 운동 경기에서 단거리라 함은 운동장의 직선 코스를 뜻하며 장거리는 그 열 배의 거리였다. 단거리의 단위는 운동장의 규모마다 조금씩 달랐다.

게 물었다.

"승전보를 듣고도 장군께서는 어째서 즐거워하지 않으십니까?"

그러자 포키온이 이렇게 대답했다.

"나도 기쁩니다. 그러나 싸우지 말았어야 한다던 나의 충고가 역시 옳았습니다."

그 뒤에도 아테네가 이겼다는 소식이 편지와 전령을 통해 계속 들어왔다. 그러자 포키온이 이렇게 말했다.

"우리의 승전보가 여기에서 멈춰야 할 텐데……."

24

그 과정에서 레오스테네스가 전사했다. 포키온을 사령관으로 파견하면 그가 전쟁을 멈출지도 모른다고 걱정하던 무리는 한 사람을 뽑아 아래와 같이 민회에서 발언하도록 일을 꾸몄다.

"저는 포키온의 가장 가까운 친구입니다. 제가 여러분께 권고의 말씀을 드리건대, 그 사람을 이번 전투에 내보내지 말고 나라를 위해 아껴야 합니다. 왜냐하면 우리 나라에는 그만큼 위대한 장군이 없기 때문입니다. 그 대신 우리는 안티필로스(Antiphilus)를 장군으로 파견합시다."

그의 발언이 민회에서 가결되자 포키온이 앞으로 나와 이렇게 말했다.

"나는 그대가 누구인지도 모르겠고 절친한 사이도 아니지만, 오늘부터 나는 그대를 친구로 생각하겠소. 왜냐하면 그대가 나에게 유리하도록 증언해 주었기 때문이오."

이제 다시 아테네 시민의 의견이 보이오티아를 침공하는 방향으로 기울자 처음부터 포키온은 이에 반대했다. 그러자 그의 막료가 포키온에게 말했다.

"장군께서 계속 그런 의견을 제시하시면 아테네 시민이 장군을 죽일지도 모릅니다."

포키온

그러자 포키온이 대답했다.

"내가 조국을 위해 봉사했는데도 그들이 나를 죽이려 한다면 그것은 그들이 정의롭지 않은 것입니다. 그러나 내가 그들을 속였다면 그들이 나를 죽이는 것이 옳겠지요."

그러나 그런 일이 있은 뒤에도 민중이 뜻을 굽히지 않고 소란을 피우자 포키온은 전령을 시켜 다음과 같은 포고령을 내렸다.

"아테네의 시민으로서 60세가 되지 않은 사람들은 모두 닷새 치의 식량을 준비한 다음 민회에 모여 전쟁터로 출발할 것이니 나를 따르라."

이런 법령이 발표되자 큰 소란이 벌어졌다. 노인들이 몰려와 펄쩍 뛰면서 반대했다. 그러자 포키온이 이렇게 말했다.

"걱정하실 것 없습니다. 여러분이 장군으로 뽑아 준 나는 지금 나이가 여든입니다."

그리하여 민중이 진정하고 전쟁을 일으키자는 논의가 누그러들었다.

25

그러던 터에 미키온(Micion)이 마케도니아의 병사와 용병을 이끌고 람노스(Rhamnos)에 상륙하여 해안을 약탈하고 주변국을 침략하자 포키온이 아테네 병사를 이끌고 이들을 무찌르러 출진했다. 그가 출발하자 병사들이 사방에서 달려와 전략을 이야기했다. 누구는 언덕으로 가자 하고, 누구는 기병대를 저쪽으로 보내야 한다 하고, 누구는 저쪽에서 적군을 공격해야 한다고 말했다. 그러자 포키온이 탄식하듯 말했다.

"맙소사, 이 부대에는 모두가 장군이고 졸병은 한 사람도 없군."

포키온이 전열을 갖추자 병졸 가운데 하나가 겁도 없이 앞으로 나갔다가 적군이 오는 것을 보고 기겁하여 자기 자리로 되돌아왔다. 그러자 포키온이 그를 크게 꾸짖었다.

"이 멍청한 녀석아, 너는 두 번 위치를 이탈했다. 한 번은 너의 지휘관이 정해 준 위치를 이탈했고, 그다음에는 네 스스로 선택한 위치를 이탈했다."

포키온은 적군을 공격하여 크게 무찌르고 미키온을 비롯해 많은 병사를 죽였다. 레온나토스와 아시아에서 귀환한 마케도니아의 병사가 안티파트로스와 합류했지만 테살리아에 주둔해 있던 그리스의 병력이 그들을 무찔렀는데, 이때 레온나토스가 죽었다. 안티필로스는 그리스의 중무장 보병을 이끌었고, 테살리아의 메논(Menon)은 기병대를 이끌었다.

26

그런 일이 있고 얼마 뒤, 앞서 말한(§ 18) 크라테로스가 많은 병력을 이끌고 아시아에서 돌아와 크란논(Krannon)에서 치열한 전투가 벌어졌다. 이 전투에서 그리스는 패배했으나 치명적인 것은 아니었고 많이 죽지도 않았다. 그리스가 진 것은 장군들이 너무 젊어 기율이 서지 않은 데다, 안티파트로스가 그리스 병사들의 고향에 매우 유혹적인 제안을 제시하자 그 도시들의 지도자들이 거기에 속아 넘어갔던 것이다. 그들은 부끄럽게도 스스로의 자유를 포기했다.

곧이어 안티파트로스가 병력을 이끌고 아테네로 진격하자 데모스테네스와 히페레이데스는 아테네를 벗어나 도주했다. 그리고 데마데스가 마케도니아와 강화 조약을 교섭할 전권 사절을 파견하자는 의안을 제출했다. 그는 이제까지 일곱 차례나 범법 행위를 저질러 시민권을 상실했고, 민회에서 발언할 권리도 없었다.

데마데스는 자기에게 부과된 벌금조차도 물지 못할 형편이었으나 그 무렵에는 사면을 받아 시민권이 회복된 상태였다. 시민들은 그의 처사가 걱정스러워 포키온을 찾아가 이렇게 말했다.

"이 문제에 관해서는 장군만이 우리가 믿을 수 있는 분입니다."

그러자 포키온이 이렇게 말했다.

"옛날에 내가 여러분에게 충고했을 때 여러분이 내 말을 들었더라면 지금 이런 걱정을 하지 않아도 되었을 것을......"

그러나 데마데스의 의안이 가결되었고, 민회는 안티파트로스에게 보낼 사절로 포키온을 임명했다. 그 무렵에 안티파트로스는 테베의 성채인 카드메이아에 병영을 차리고 곧 아티카를 공격할 준비를 하고 있었다. 그때 포키온이 제시한 첫 번째 조건은 안티파트로스가 다른 곳으로 가지 않고 그곳에 머물면서 조약을 맺어야 한다는 것이었다. 그러자 크라테로스가 이렇게 소리쳤다.

"지금 우리는 적국을 약탈해야 할 때인데, 우리가 동맹국의 영토에 그대로 머문 채로 자신들을 약탈해 보라고 주장하는 포키온의 말은 온당하지 않습니다."

그러나 안티파트로스는 포키온의 손을 잡으면서 이렇게 말했다.

"포키온 장군의 뜻에 따릅시다."

그러나 그 밖의 강화 조건에 대해서는 아테네인들이 승자의 의견에 따라야 한다고 안티파트로스는 말했는데, 이는 지난날 레오스테네스가 라미아 전투에서 자기에게 요구한 바와 똑같은 조건이었다.

27

포키온이 마케도니아의 요구 사항을 들고 아테네로 돌아오니, 그것을 받아 본 아테네 시민은 달리 어쩔 도리가 없었다. 포키온은 다른 사절단을 이끌고 한 번 더 테베로 갔는데, 이때 철학자 크세노크라테스가 일행과 함께 갔다. 그는 덕망과 학문이 높아, 그를 만나는 사람은 감히 교만이나 잔인함이나 분노를 보이지 못하고 오히려 존경과 숭모의 느낌을 받을 것이라고 사람들은 기대했다.

그러나 그런 기대는 빗나갔다. 안티파트로스는 그를 보자 잔인함과 증오심을 드러냈다. 먼저 첫 만남에서부터 안티파트로스는 다른 사절에게는 인사 하면서 크세노크라테스에게는 머리도 숙이지 않았다. 그러자 크세노크라테스가 이렇게 말했다고 한다.

"안티파트로스는 자신이 아테네에 모질게 처신한 것을 부끄럽게 생각하고 있군요."

이어서 크세노크라테스가 연설을 시작하려 하자 안티파트로스는 그의 말을 들으려 하지도 않더니 끝내 화를 버럭 내면서 강제로 연설을 멈추게 했다. 그러나 포키온이 요구 조건을 제시하자 안티파트로스는 이렇게 대답했다.

"아테네는 데모스테네스와 히페레이데스를 마케도니아에 넘기고, 재산 정도에 따라 참정권을 주던 지난날의 정치 제도로 돌아가며, 마케도니아는 무니키아(Munychia) 신전의 언덕에 군대를 주둔시키며, 전쟁 비용을 청구한다는 조건으로 우리 두 나라는 강화를 맺을 것입니다."

다른 사절들은 안티파트로스의 그와 같은 강화 조건이 만족스러운 것이며 인도주의적이라고 생각했지만 크세노크라테스의 생각은 달랐다. 그는 이렇게 말했다.

"만약 안티파트로스가 아테네인들을 노예로 취급하려 한다면 그 조건은 받아들일 만하지만, 그렇지 않고 우리를 자유민으로 여긴다면 그 조건은 너무 가혹합니다."

그러나 들리는 바에 따르면, 포키온이 강화 조건 가운데 마케도니아의 군대를 아테네에 주둔시킨다는 조항을 양보해 달라고 요구하자 안티파트로스가 이렇게 대답했다고 한다.

"포키온 장군, 그대와 내가 모두 멸망하는 조건이 아니라면 나는 모두 받아들이겠습니다."

그러나 다른 역사가들의 기록은 이와 다르다. 곧 안티파트로스가 포키온에게 이렇게 물었다고 한다.

"포키온 장군, 만약 그대가 마케도니아 병사들의 주둔을 그토록 걱정한다면, 군대를 주둔하지 않아도 아테네가 마케도니아에 분쟁을 일으키지 않으면서 평화를 유지할 자신이 있습니까?"

이 질문에 포키온이 곧바로 대답하지 못하고 머뭇거리자 오만하고 민중을 증오하는 성향 때문에 '딱정벌레(Carabus)'라는 별명을 가진 칼리메논(Kallimedon)이 벌떡 일어서더니 이렇게 소리쳤다.

"안티파트로스 장군, 저 인간이 말도 안 되는 소리를 늘어놓고 있는데, 장군께서는 그를 믿고 본디 계획했던 바를 포기하실 겁니까?"

28

강화 조약에 따라 마케도니아의 병사들이 아테네에 진주했다. 사령관 메닐로스(Menyllus)는 정중한 인물로서 포키온과 가까운 사이였다. 그러나 주둔군의 행태는 오만했는데, 그것은 점령군으로서의 억압적인 분위기라기보다는 지배자의 교만함 때문에 벌어진 일이었다. 게다가 그들이 쳐들어온 시기도 아테네 시민에게 적지 않은 아픔을 주었다.

점령군이 쳐들어온 것은 보이드로미온월 20일이었는데, 이날은 비밀 의식을 거행하는 날이었다. 바로 유피테르와 데메테르의 아들인 이아코스(Iacchus)의 신상을 아테네에서 엘레우시스(§ 6)로 옮겨 오는 의식이었다. 그런데 하필이면 그날 적군이 진주했던 것이다. 시민들은 영광스러웠던 지난날과 처량한 지금의 처지를 되돌아보게 되었다.

지난날 이 비밀 의식이 보여 준 강렬한 모습은 아테네인들에게는 영광스러운 자부심을 느끼게 해 주었고, 적국에는 불쾌감과 두려움을 불러왔다.(제7장 「테미스토클레스전」, §15) 그러나 신은 이제 그 신성하던 축제 행렬을 통해 그리스 민족의 비통한 아픔을 모르는 척 내려다보고 있었다.

그리스인들이 보기에는, 하필 가장 찬란한 계절에 신성 모독이 벌어지면서 앞날의 이름을 더럽히고 있었던 것이다. 실제로 몇 해 앞서 아테네인들은 [지금 마케도니아 병사가 주둔한 무니키아 언덕 위에 제우스를 모시고 있는] 도도나(Dodona) 신전에서 다음과 같은 신탁을 받은 적이 있었다.

"아테네인들은 이방 민족의 침략에 [수렵과 연약한 무리의 수호신인] 아르테미스의 신전을 잘 지키도록 하라."

더욱이 축제 기간에 신비의 가마를 둘러쌀 천에 물감을 들였더니 자주색 대신 누리끼리하고 흉측한 빛깔이 나왔다. 더욱 놀라운 것은 여느 때 쓸 천의 염색은 자연스럽게 제대로 빛깔을 냈다는 점이다.

그뿐만 아니라 피라이우스(Piraeus) 항구에 있는 칸타로스(Cantharos) 지역에서 신비 의식에 제물로 쓸 돼지를 씻는데, 커다란 물고기가 나타나 작업하던 사람의 하체를 물어 잘라 갔다. 이는 앞으로 이 도시 가운데 바다에 닿아 있는 부분은 적군에게 빼앗길 것이고 나머지는 유지하리라는 신탁이었음이 분명했다.

그래도 아테네를 관리하는 사령관 메닐로스가 인자한 사람이었기에 마케도니아의 주둔군은 아테네 시민에게 해코지를 하지 않았다. 그러나 재산의 자격 미달로 참정권을 빼앗긴 시민이 1만 2천 명에 이르렀고, 고국에 남아 있는 사람들은 비참한 대접을 받았다. 그런 삶이 싫어 고국을 떠나 안티파트로스가 땅을 나누어 준 트라키아로 이주한 사람들은 마치 멸망한 도시에서 추방된 사람들처럼 살았다.

포키온

내가 이미 「데모스테네스전」(§ 28~30)에서 말한 바와 같이, [기원전 322년에], 데모스테네스가 칼라우리아(Kalauria)에서 죽고 히페레이데스가 클레오나이(Kleonai)에서 죽자 아테네 사람들은 지금처럼 안티파트로스의 압제를 받고 사는 것이 필리포스 왕이나 알렉산드로스 대왕 시절보다 더 고통스럽다고 여겼다.

그러다가 [기원전 301년, 프리기아의 입소스(Ipsos)에서] 알렉산드로스 대왕의 후계자인 안티고노스마저 [신하들인 셀레우코스와 리시마코스의 손에] 죽자 왕을 죽인 무리의 압제는 더욱 가혹해졌고, 마침내 민중이 분노했다. 어느 날 프리기아의 농부가 땅을 파고 있기에 누군가 물었다.

"그대는 지금 무엇을 하고 있소?"

그러자 농부가 이렇게 대답했다.

"돌아가신 선왕(先王) 안티고노스가 그리워 그를 찾고 있습니다."

많은 사람의 심정이 그와 같아, 돌아가신 왕들의 위대하고 너그러웠던 옛일을 그리워하면서 그들의 죽음에 대한 울분을 어루만지고자 했다. 안티파트로스는 그의 압제를 감추려고 옷을 허름하게 입고 검소한 삶을 사는 체했지만, 자신에게 반대하는 사람들에게는 폭군의 성향을 드러냈다.

그런 상황에서 포키온은 안티파트로스를 설득하는 데 성공하여 정치범들의 추방을 면해 주었다. 또한 추방당한 무리를 귀국시켜, 다른 망명객들처럼 케라우니아(Ceraunia)산맥과 타이나룸(Taenarum)곶에서 살지 않고 펠로폰네소스에서 살 수 있도록 해 주었다. 그렇게 귀국한 무리 가운데에 검사로 일하던 하그노니데스(Hagnonides)라는 사람이 있었다.

포키온은 법에 따라 도시의 정치를 온건하게 이끌어 가면서, 학식과 교양을 갖춘 사람을 늘 공직자로 발탁했다. 그리고 정치에 참견하기를 좋아하고 말만 많아, 공직자로서는 쓸모가 없어 별 볼 일 없는 자리에 물러나 있는 무리는 고향으로 돌아가 농사를 짓도록 가르쳤다.

언젠가 크세노크라테스가 외국인에게 부과된 세금을 납부하는 것을 본 포키온이 시민권을 회복해 주겠노라고 말하자 그 철학자는 이렇게 대답하면서 포키온의 호의를 거절했다.

"내가 사절로 활약하던 시기에 실시하려다 거절당한 정책을 나는 따르고 싶지 않습니다."(§ 27)

30

마케도니아의 사령관 메닐로스가 포키온에게 많은 돈을 보냈다. 그 돈을 받은 포키온이 이렇게 말했다.

"알렉산드로스 대왕도 나에게 돈을 보냈는데(§ 18), 메닐로스도 나에게 돈을 보내는 것을 보니 메닐로스도 대왕보다 훌륭한 사람은 아니군요. 대왕에게서도 돈을 받지 않은 내가 장군에게 돈을 받아야 할 더 뚜렷한 이유도 없지요."

그 말을 들은 메닐로스가 이렇게 말했다.

"아들 포코스를 위해 적은 돈이라도 받으시지요."

그러자 포키온이 이렇게 말했다.

"내 아들이 사치한 삶을 청산하고 제정신으로 돌아오면 유산으로도 충분히 살 수 있을 것이고, 여전히 방탕하게 살면 장군이 보내 주신 돈으로도 부족할 것입니다."

언젠가 안티파트로스가 포키온에게 떳떳하지 못한 일을 부탁했다. 그 부탁을 들은 포키온이 이렇게 말했다.

"나는 안티파트로스 장군에게 친구와 아첨꾼의 역할을 함께할 수 없습니다."

들리는 바에 따르면, 안티파트로스가 이런 말을 했다고 한다.

"아테네에는 친구 두 명이 있다. 한 명은 포키온이고 다른 하나는 데마데스이다. 그런데 아무리 뇌물을 써도 포키온을 설득할 수 없고, 아무리 뇌물을 써도 데마데스를 만족시킬 수가 없다."

포키온은 청빈의 미덕을 훌륭하게 몸소 보여 준 사람이었다. 그는 여러 차례 아테네의 장군을 지냈고 왕의 막료로 살았지만 가난한 노후를 보냈다. 그런가 하면 데마데스는 마치 자기가 얼마나 많은 범법 행위를 저지르고 있는지를 보여 주기라도 하려는 듯이 재산을 몹시 자랑했다.

이를테면 아테네의 법에 따르면, 합창단에는 외국인을 고용할 수 없고, 이를 어길 경우에는 1천 드라크마의 벌금을 물게 되어 있었다. 그러나 데마데스는 합창단 1백 명을 한꺼번에 외국인으로 채용한 다음, 도합 10만 드라크마의 벌금을 지불했다. 또한 아들 데메아스(Demeas)가 결혼하는 날, 데마데스는 이렇게 말했다.

"아들아, 내가 네 엄마와 결혼할 때는 이웃집도 몰랐지만 네가 장가가는 날에는 왕과 대신들도 축의금을 들고 올 거다."

아테네 시민이 포키온을 찾아가 마케도니아의 병력이 철수하도록 안티파트로스를 설득해 줄 것을 간청했지만, 안티파트로스를 설득할 자신이 없었던지, 아니면 그들이 주둔하고 있어야 아테네 시민이 두려움에 젖어 더욱 점잖게 정치 문제를 처리하리라 생각했기 때문인지, 포키온은 안티파트로스에게 그런 부탁을 하지 않았다. 그는 다만 안티파트로스에게 부탁하여 전쟁 배상금의 지불을 늦추도록 했다.

그러자 아테네 시민은 데마데스를 찾아가 같은 내용을 부탁했다. 이에 데마데스는 아들을 데리고 마케도니아로 갔다. 그 무렵 안티파트로스는 몸에 병이 깊었고, 그의 아들인 카산드로스가 정권을 휘두르고 있었다. 그런데 그때, 하늘의 뜻이 있었는지, 데마데스가 아시아에 원정 나가 있는 안티고노스에게 보낸 편지가 발견되었다.

카산드로스가 그 편지를 살펴보니, 안티고노스가 서둘러

귀국하여 "낡고 썩은 새끼줄을 잡고 있는" 그리스와 마케도니아를 차지하라는 내용이었다. 여기에서 '낡고 썩은 새끼줄'은 병든 안티파트로스를 조롱하여 표현한 것이었다.

따라서 데마데스가 마케도니아에 도착하자마자 카산드로스는 그를 체포했다. 그리고 그 아들을 죽여 시체를 데마데스에게 던지니, 그의 옷이 온통 피범벅이 되었다. 카산드로스는 이어서 데마데스의 배은망덕하고 반역적인 처사를 꾸짖고는 칼로 쳐 죽였다.

31

[기원전 319년에] 안티파트로스는 [일흔아홉의 나이로] 죽으면서 폴리스페르콘을 총사령관에 임명하고, 자기 아들 카산드로스를 부사령관에 해당하는 천인대장(Chiliarch)에 임명했다. 그러나 카산드로스는 지휘권을 잡자마자 반란을 일으켜 정권을 장악한 다음, 서둘러 니카노르를 아테네로 파견하여 메닐로스를 주둔 사령관에서 해임하고 민중이 안티파트로스의 죽음을 알기에 앞서 무니키아를 장악하도록 했다.

이런 일이 벌어지고 며칠이 지나서야 안티파트로스의 죽음을 알게 된 아테네 시민은 포키온을 몹시 비난했다. 왜냐하면 그는 이와 같은 사실들을 이미 알았으면서도 니카노르의 환심을 얻으려고 가만히 있었다고 생각했기 때문이었다. 그러나 포키온은 그와 같은 비난에 일일이 대꾸하지 않고 니카노르를 자주 만나 아테네인들을 너그럽고 정중하게 상대해 줄 것을 요구하는 한편, 각종 경기의 주최자로서 이런저런 경비를 지급하도록 설득했다.

32

그러는 사이에 마케도니아 본국에서는 폴리스페르콘 사령관이 후계 왕 아리다이오스를 끼고[14] 카산드로스의 기세를 꺾으려고 아테네에 사절을 보내 다음과 같은 포고령을 내렸다.

"마케도니아의 왕이 선포하노니, 아테네에 민주 정치를 회복하고, 아테네인들은 그들의 옛 법에 따라 정치에 참여할 것을 허락하노라."

그러나 이 포고령은 사실 포키온을 제거하려는 음모로 나온 것이었다. 왜냐하면 그 뒤의 행적에서 보여 주었듯이, 폴리스페르콘은 자신이 아테네를 장악하고 싶었지만 포키온을 제거하지 않고서는 그와 같은 꿈을 이룰 수 없었기 때문이었다. 지난날 시민권을 잃은 사람들이 다시 정권을 잡으면 포키온은 추방될 것이고, 그렇게 되면 선동가와 고발자들이 다시 정치의 주인이 될 것이라고 폴리스페르콘은 믿었다.

이와 같은 사실을 알게 된 아테네의 시민이 조금 동요하자 [폴리스페르콘보다는 카산드로스의 편에 서 있던] 니카노르는 그 내막을 아테네 시민에게 알려 주고자 했다. 그리하여 피라이우스에서 민회가 열릴 때 니카노르는 포키온의 호위를 받으며 회의장으로 나갔다.

그러나 피라이우스의 지역 사령관 데르킬로스(Dercyllos)가 니카노르를 체포하려 하자 낌새를 알아차린 그는 곧 몸을 피하여 돌아왔다. 데르킬로스는 피라이우스에 대한 응징을 준비했음이 분명했다. 이에 니카노르를 붙잡지 않고 그가 도주하도록 방조했다는 비난을 받은 포키온이 이렇게 말했다.

"나는 니카노르를 믿으며 그가 우리를 해치리라고는 생각하지 않습니다. 그러나 어떤 일이 벌어지더라도 나는 손해

---

14 알렉산드로스 대왕이 죽자 마케도니아에서는 왕위 계승을 둘러싼 다툼이 일어났는데, 하나는 알렉산드로스 대왕의 서출(庶出) 동생으로서 저능아였던 아리다이오스였고, 다른 하나는 알렉산드로스 대왕의 유복자로서 록사나가 낳기로 예정되어 있는 아들이었다.(제31장 「알렉산드로스전」, § 77; 제33장 「에우메네스전」, § 3의 각주 3 참조)

를 볼지언정 남을 해코지하는 일은 하지 않을 것입니다."

그러나 자기 한 몸만을 생각하는 사람으로서는 그와 같은 말이 명예롭고 고결할 수 있지만, 조국의 안위를 책임지고 있는 사령관이 그런 말을 한 것은 동포에 대한 정의로운 의무를 저버린 것이라고 나는 생각한다.

포키온이 니카노르를 도주하도록 방조한 것은 그가 도시를 약탈하지나 않을까 하는 두려움 때문은 아니었을 것이다. 오히려 포키온은 니카노르가 의무를 준수하고 평화를 유지하여 아테네인들에게 해코지하지 못하도록 함으로써 자신이야말로 신의와 정의를 중요하게 생각하여 노력한 사람이었음을 변명하고 싶었을 것이다.

어쨌든, 포키온은 실제로 니카노르를 너무 믿었다. 많은 사람이 포키온에게 니카노르를 조심하라고 경고하며, 그가 피라이우스에 적대적인 일을 꾸미고 있다고 비난했다. 이를테면 니카노르는 살라미스로 용병을 보냈고, 피라이우스에서 주민들을 괴롭혔지만 그런 말을 듣고서도 포키온은 어떤 조처도 하지 않았을뿐더러, 그런 말을 믿으려 하지도 않았다.

실제로 람프트라이(Lamptrae)의 휠로멜로스(Philomelos)가 모든 아테네인이 무장하고 사령관인 포키온의 지시를 기다리자는 정령(政令)을 발의했지만, 니카노르가 무니키아에서 병력을 움직여 피라이우스 주변에 참호를 구축할 때까지도 포키온은 니카노르의 문제에 대해 아무런 관심을 보이지 않았다.

33

상황이 이렇게 된 뒤에야 포키온은 아테네의 병사를 이끌고 출정하려 했으나 그때는 이미 시민의 꾸중과 조롱이 빗발치듯했다. 여기에 더해 폴리스페르콘의 아들 알렉산드로스가 병력을 이끌고 쳐들어왔다. 그가 명목상으로 내세운 출병의 근거는 니카노르의 압제에서 아테네 시민을 보호한다는 것이었지만, 사실은 아테네가 저토록 파국적인 내란 상태에 빠진 틈을 타 이참에 아테네를 장악하고 싶었기 때문이었다.

더욱이 해외로 추방되었던 무리와 이방인 그리고 공민권이 박탈된 무리까지 알렉산드로스와 한패가 되었다. 그들은 불법적인 민회를 소집하여 포키온을 장군 직책에서 해임하고 다른 사람을 사령관으로 뽑았다.

그 무렵에 알렉산드로스가 성 가까이 찾아와 니카노르를 자주 만나는 모습이 눈에 띄었는데, 아테네 시민이 이를 보지 못했더라면 아테네는 더욱 어려워질 뻔했다. 그런 터에, 앞서 말한(§ 29) 정객 하그노니네스가 포키온을 공격하며 반역자로 몰아붙이자 칼리메돈과 포키온의 사위 칼리클레스는 겁을 먹고 도주했다. [이들은 안티파트로스의 후계자인 폴리스페르콘보다는 안티파트로스의 아들인 카산드로스의 편에 서 있었다.]

이에 포키온과 그의 지지자들은 폴리스페르콘을 만나러 마케도니아로 떠났다. 포키온에게 호감을 가지고 있던 플라타이아이 출신의 솔론(Solon)과 코린토스 출신의 데이나르코스(Deinarchos)도 그들을 따라나섰다. 이들은 모두 폴리스페르콘과 친숙한 사이로, 펠로폰네소스에서 활약하는 안티파트로스의 중요한 막료들이었다. 그러나 중도에서 일행 가운데 데이나르코스의 몸이 아파 일행은 엘라테이아(Elateia)에서 며칠 동안 머물 수밖에 없었다.

그사이에 아테네 시민은 아르케스트라토스(Archestratos)가 발의하고 하그노니데스가 지지하여 통과된 정령에 따라 포키온을 비난하는 또 다른 사절단을 마케도니아에 파견했다. 공교롭게도 두 정적이 같은 시간에 마케도니아에 도착하여 폴리스페르콘을 만났다. 마침 폴리스페르콘은 아리다이오스왕을 앞세우고 아크루리움(Acrurium)산 자락에 있는 포키스 지방의 파리가이(Pharygae)라는 마을을 지나고 있었다. 지금은 그 마을의 이름이 갈라타(Galata)로 바뀌었다.

그곳에서 폴리스페르콘은 황금으로 치장한 일산(日傘)을 쓴 왕을 모시고 막료들과 함께 아테네의 두 패로 갈린 사절들을 만나기로 했다. 그는 먼저 데이나르코스를 붙잡아 고문한 다음 죽이도록 지시했다. [이는 안티파트로스의 막료를 숙청함으로써 자기의 권력을 굳게 하고자 함이었다.] 그러고 나서 그는 아테네의 사절들을 만났다. 두 무리는 서로 목청을 높여 상대편을 비난하기 시작했다. 그때 포키온의 반대파인 하그노니데스가 이렇게 말했다.

"장군께서는 우리 두 사절단을 모두 한 수레에 실어 아테네로 보내 시민의 재판을 받도록 해 주십시오."

그의 말을 들은 왕은 크게 웃음을 터뜨릴 뿐이었다. 또한 그 자리에 있던 마케도니아인들과 이방인들 역시 어느 쪽 편도 들지 않고 사절이 하는 말에 귀를 기울이면서 고개를 끄덕거릴 뿐이었다. 그러나 평결은 공의롭지 않았다. 포키온이 말을 하려 하자 폴리스페르콘은 여러 차례 그의 말을 막으면서 지팡이로 땅을 내려쳐 논의를 멈추게 했다. 분위기가 조용해지자 [포키온의 일행으로서 그와 함께 반역죄로 기소된] 헤게몬(Hegemon)이 일어나 이렇게 말했다.

"폴리스페르콘 장군께서는 늘 저희 아테네 시민을 아껴 주셨습니다."

그 말을 들은 폴리스페르콘이 화를 버럭 내면서 이렇게 소리쳤다.

"어전에서 그런 거짓말은 집어치워라."[15]

그때 아리다이오스왕이 자리에서 벌떡 일어나더니 창으로 헤게몬을 찌르려 했다. 폴리스페르콘이 다급히 팔을 뻗어 말렸고, 회의도 그렇게 끝났다.

---

15 폴리스페르콘이 이토록 화를 낸 것은 아리다이오스왕이 아테네에 대하여 나쁜 감정이 있었기 때문이었다.

34

포키온과 그의 막료는 곧바로 체포되었다. 먼발치에서 그 모습을 본 다른 막료는 외투로 얼굴을 감싸고 도주했다. 클레이토스가 그들을 아테네로 호송했다. 표면적인 구실은 그들을 재판에 회부하는 것이었지만 사실은 그들을 죽이고자 함이었다. 그들을 호송하는 방법도 모욕적이었다.

포키온의 무리는 수레에 실려 케라미코스(Cerameicus) 광장을 거쳐 극장으로 끌려갔다. 관리들이 민회를 소집할 때까지 클레이토스가 그들을 가두어 두었다. 민회에는 노예와 이방인과 시민권이 박탈된 무리들까지, 남녀 모두가 자유롭게 재판이 열리는 극장으로 들어갈 수 있었다. 누군가 왕의 조서를 크게 읽었다.

"짐(朕)의 판단에 따르면, 이들은 반역자들이다. 그러나 아테네는 자유로운 독립 국가이므로 이에 그들을 재판에 회부하노라."

클레이토스가 죄인들을 이끌고 나왔다. 포키온의 모습을 본 선량한 시민들은 얼굴을 감싸 안고 머리를 숙인 채 눈물을 흘렸다. 그런 가운데에서도 어느 용기 있는 시민이 일어나 이렇게 말했다.

"사안의 중대함에 비추어 대왕께서 이를 시민의 결정에 넘겼으므로 노예와 이방인들이 이 민회에 참석하는 것은 옳지 않습니다."

그러나 민중은 그 말을 들으려 하지도 않고 큰 소리로 외쳤다.

"그것은 귀족 정치에서나 하는 일이요, 민중의 정적들이 하는 짓입니다."

그러한 상황에서 어느 누구도 포키온을 위해 변론할 수가 없었다. 어렵사리 발언권을 얻은 포키온이 앞으로 나와 이렇게 말했다.

"여러분은 우리를 정의롭게 죽이려 하십니까, 아니면 불법적으로 죽이려 하십니까?"

그 말에 몇 사람이 대답했다.

"정의롭게 재판할 것이오."

"그런데 어째서 내 말은 듣지도 않고 결정하려 하는 것이오?"

그러나 아무도 그의 말을 들으려 하지 않았다. 그러자 포키온이 이렇게 말했다.

"나는 내가 유죄임을 인정하며, 나의 정치 활동에 대하여 내려진 사형 판결을 받아들입니다.[16] 그러나 아테네의 시민인 나의 동지들에게는 죄가 없습니다. 그들이 왜 사형을 받아야 합니까?"

그러자 군중이 소리쳤다.

"그들이 그대의 막료이기 때문이오."

포키온은 더 이상 말을 하지 않았다. 하그노니데스가 미리 준비해 둔 정령을 읽었다.

"법에 따라 피고인들이 유죄라고 믿는 사람들은 손을 들어 주시오. 여러분이 사형에 찬성하면 이들은 곧 처형될 것입니다."

35

정령 낭독이 끝나자 어떤 사람은 포키온을 죽이기에 앞서 고문한다는 구절을 넣자고 요구하고, 어떤 사람은 사형을 집행할 도구와 형리(刑吏)를 불러오라고 주장했다. 그러나 적국에

---

16 그 무렵의 아테네 법에 따르면, 형사 사건의 경우에 피고는 자기의 형량을 주장할 권리를 가지고 있었고 판사도 나름의 언도를 할 수 있었다. 두 판결에 차이가 있을 경우, 재판정은 그 가운데 하나를 선택한다. 그러나 포키온의 재판을 보면 그는, 소크라테스가 그랬듯이, 스스로의 형량에 대한 진술을 포기했음을 알 수 있다.

서 온 클레이토스마저 그와 같은 방법을 혐오하는 것을 본 하그노니데스는 그 결정이 너무 잔혹하고 야만적이라고 여겨 이렇게 말했다.

"아테네 시민 여러분, 역적 칼리메돈을 잡으면 고문을 해서 죽일 수 있지만, 포키온의 경우에는 그럴 수 없습니다."

하그노니데스의 말을 들은 어느 선량한 시민이 이렇게 말했다.

"당신의 말이 맞습니다. 우리가 만약 포키온을 고문하여 죽인다면 우리가 뒷날 당신을 처벌해야 할 때 어떻게 해야 하겠소?"

그리하여 포키온을 고문하지 않고 죽이기로 결정했다. 거수투표로 가결되자 자리에 앉아 있던 사람들이 모두 일어나 머리에 화관을 쓰고 죄인들을 죽이라고 소리쳤다. 이때 포키온과 니코클레스와 투디포스(Thudippos)와 헤게몬과 피토클레스(Pythocles)가 사형 언도를 받았고, 팔레룸의 데메트리오스와 칼리메돈과 카리클레스와 그 밖의 몇몇 죄수가 궐석 재판에서 사형 언도를 받았다.

36
민회가 해산되고, 죄수들은 감옥으로 끌려갔다. 동료들과 친척들은 죄수들을 붙잡고 따라가면서 슬피 울었다. 그러나 포키온의 모습은 지난날 장군의 신분으로 호위를 받으며 집으로 돌아갈 때와 다름이 없어, 이를 본 사람들은 그의 냉철함과 고결한 정신에 놀라워했다.

포키온의 정적들이 그를 따라오며 욕설을 퍼부었고 어떤 사람은 그의 얼굴에 침을 뱉었다. 들리는 바에 따르면, 그때 포키온은 형리를 바라보면서 이렇게 말했다고 한다.

"누가 이 사람의 무례함을 고쳐 줄 수 없겠소?"

투디포스는 독약을 만드는 형리를 보자 분노에 찬 목소리로 자신의 운명을 한탄하면서 이렇게 말했다.

"나는 포키온과 함께 죽어야 할 이유가 없소."

그러자 포키온이 이렇게 말했다.

"그대는 포키온과 함께 죽는 것이 자랑스럽지 않소?"

곁에 있던 친구가 포키온에게 물었다.

"장군의 아들 포코스에게 남길 유언은 없습니까?"

그러자 포키온이 이렇게 대답했다.

"아테네인들을 미워하지 말라고 일러 주시오."

그의 가장 신임하는 막료 니코클레스가 이렇게 부탁했다.

"장군님, 제가 먼저 독약을 먹도록 허락해 주십시오."

그러자 포키온이 이렇게 대답했다.

"그대의 요구를 들어주기가 참으로 고통스럽네. 그러나 내 평생에 그대의 요청을 거절한 바 없으니 이번에도 거절할 수가 없군."

모든 사람이 독약을 먹고 죽었는데, 포키온의 차례가 되자 약이 부족했다. 형리가 포키온에게 이렇게 말했다.

"그 약을 만드는 데 드는 돈 12드라크마를 내지 않으면 약을 지어 줄 수가 없소."

그 때문에 사형 집행이 늦춰졌다. 포키온이 친구를 불러 이렇게 말했다.

"아테네에서는 죽는 데에도 뇌물을 써야 하나? 형리에게 약값을 지불해 주기 바라네."

37

[기원전 318년] 무니키온월(Munychion月, 지금의 4~5월) 19일에 포키온은 처형되었다. 운구 행렬이 감옥을 지나 제우스 신전으로 떠날 때, 어떤 사람들은 화관을 벗어 던지고, 어떤 사람들은 눈물을 흘리며 그가 처형된 감옥 문을 바라보았다.

정신이 바른 사람과 분노와 질투로 마음이 굳어 버리지

않은 시민은 사형을 하루만 더 기다리다 집행할 일이지, 하필이면 신성한 축제의 날에 상서롭지 못한 일을 저지르는가 하고 생각했다. 그러나 그의 정적들은 이제 자기들이 완전히 승리한 것처럼 의기양양해하며 다음과 같은 정령을 발표했다.

"포키온의 시체를 아테네시(市) 밖으로 내다 버리고, 누구도 그의 시체를 화장할 수 있도록 불을 마련해 주어서는 안 된다."

그래서 포키온의 막료조차 그의 시체에 손을 댈 수가 없었다. 그러나 장례업자인 코노피온(Conopion)이라는 사람이 그의 시체를 엘레우시스 밖으로 운구하여 메가라 지역에서 불을 얻어 화장했다.

포키온의 아내는 하녀들을 데리고 장례식을 치르고 비석을 세운 다음 무덤 위에 술을 따랐다. 그는 밤중에 몰래 유골을 수습하여 가슴에 품고 집으로 돌아와 아궁이 곁에 묻으면서 이렇게 말했다.

이곳에 한 현자(賢者)의 유골을 묻노니,
아테네인들이 제정신을 찾게 되는 날
이 유골이 조상들의 무덤으로 이장되기를 바라노라.

38

그 뒤 얼마의 시간이 지나지 않아 역사는 아테네 시민이 얼마나 공의롭고 고결한 친구이자 수호자를 죽였는가를 그들에게 가르쳐 주었다. 그들은 포키온의 동상을 세우고 유해를 모셔와 국장(國葬)을 치렀다. 그를 사형시킨 하그노니데스는 민중의 손에 죽었고, 포키온의 아들 포코스는 해외로 도주했던 에피쿠로스(Epicuros)와 데모필로스(Demophilos)를 추적하여 그들을 죽임으로써 아버지의 원수를 갚았다.

들리는 바에 따르면, 포코스는 사람 노릇을 하지 못하고

한 창녀와 사랑에 빠졌다고 한다. 그러던 어느 날 리케이움
(Lyceium)의 무신론자인 테오도로스(Theodoros)를 만나 다음과
같은 강의를 들을 기회가 있었다.

"사랑하는 남자를 위해 몸값을 지불하고 해방해 주는 것
이 훌륭한 일이라면, 사랑하는 여자를 위해 몸값을 지불해 주
는 것도 훌륭한 일이다. 동지를 위해 몸값을 지불하고 해방시
켜 주는 것이 훌륭한 일이라면 창녀를 위해 몸값을 지불해 주
는 것도 훌륭한 일이다."

포코스는 테오도로스의 말이 참으로 합당하다고 생각하
여 몸값을 지불하고 그 여성을 해방시켰다. 그리스인들은 포
키온의 죽음을 보면서 [80년 전에 자기들이 죽인] 소크라테스의
죽음을 떠올렸다. 아테네의 죄악과 불운이라는 점에서 두 사
건이 매우 닮았기 때문이었다.

소(少)카토
CATO THE YOUNGER

기원전 95~46

소(少)카토는
플라톤이 쓴『공화국』에서나
나올 법한 사람이지
로마 말기의 혼탁한 세상에서
살 사람은 아니었다.
― 키케로

부정 선거를 치르지 못하게 하는 지도자를
민중은 가장 미워한다.
민중은 정의를 따르는 것이 아니라
돈다발을 흔드는 정치인을 따르기 때문이다.
― 플루타르코스

지혜는 타고난 재능이지만
용기는 마음먹기에 달렸다.
― 플루타르코스

아들아,
정치를 하지 말아라.
― 소카토의 유언

1

카토의 가문은 그의 증조할아버지인 대(大)카토(Marcus Porcius Cato) 시대부터 로마에서 가장 명망이 높았는데, 그가 얼마나 훌륭한 인물이었던가에 대한 이야기는 이미 내가 그의 전기(제10장「대카토전」)에 기록한 바 있다.

그러나 부모님이 세상을 떠나자 카토는 의붓남매들인 동생 카이피오(Caepio), 여동생 포르키아(Porcia) 그리고 세르빌리아(Servilia)와 함께 고아가 되었다.[1] 이 4남매는 외삼촌 리비우스 드루수스(Livius Drusus)의 손에 컸다. 드루수스는 이미 그 무렵에 정가의 거물로 막강한 권력을 누리고 있었는데, 자제심이 굳건하고 덕망을 이루는 문제에서는 어느 로마인에게도 굽히지 않았다.

들리는 바에 따르면, 카토는 어려서부터 언어와 행실과 운동에서 고집스러워 누구도 그를 꺾을 수가 없었다고 한다. 그는 나이답지 않게 자신의 목표를 위한 열정이 뜨거웠으며, 자기에게 아첨하는 무리에게 거칠었고 그들의 말에 귀를 기울이지 않았으며, 자기를 이기려는 사람을 용납하지 않았다. 그는 잘 웃지도 않았는데, 설령 웃을 일이 있어도 마음이 흐트러지지 않았다.

카토는 평소에 화를 잘 내지 않았지만 한번 화가 나면 불같았다. 또한 카토는 공부할 나이가 되어서도 이해력이 더뎠지만 한번 이해한 것은 잊지 않았다. 아리스토텔레스의 『기억과 회상』(I : 1, 2, 24)에 따르면, 사람의 본성이 그렇듯이, 머리가 영리한 사람은 빨리 이해하지만 노력하여 고생스럽게 이해한 사람은 그것을 오래 기억한다. 왜냐하면 더디게 배운 사람은, 마음에 지식을 새겨 두기 때문이다.

카토는 남이 자기를 설득하는 것을 싫어했기 때문에 공부하기가 더 힘들었던 것으로 보인다. 공부란 들은 바를 나의 마음속에 받아들이는 것이어서 남의 말에 저항을 적게 느끼는 사람일수록 빨리 알아듣는다. 그래서 젊은 사람이 노인보다 이해력이 빠르고, 병든 사람이 건강한 사람보다 더 빨리 알아들으며, 어떤 이론에 대해 저항력이 약한 사람이 쉽게 따른다.

그러나 들리는 바에 따르면, 카토는 선생님에게 왜 그런

I   카토의 어머니 리비아(Livia)는 첫 남편인 카토의 아버지 포르키우스 카토가 죽자 드루수스(Drusus) 집안으로 개가(改嫁)하여 3남매를 낳았다.

지를 자주 묻기는 했지만, 선생님의 말씀에 순종했고, 자기에게 부과된 일을 잘 수행했다고 한다. 선생님은 학덕이 높은 분으로서 제자를 회초리로 때리기보다는 좀 더 알아듣기 쉽게 설명해 주었다. 그분의 이름은 사르페돈(Sarpedon)이었다.

2

카토가 어렸을 적에 로마와 동맹을 맺고 있던 이탈리아의 여러 도시 사람들이 로마의 시민권을 얻고 싶어 했다. 그들 가운데 폼파이디우스 실로(Pompaedius Silo)라는 인물이 있었다. 실로는 역전의 용사로서 지위도 높은 데다가 드루수스의 친구여서 며칠째 그의 집에 머무르고 있었다. 그러는 동안에 실로는 그 집안의 아이들과도 친숙해졌다. 어느 날 그가 아이들에게 이렇게 말했다.

"얘들아, 우리가 시민권을 얻을 수 있도록 너희들이 외삼촌에게 말 좀 잘해 줄 수 있겠니?"

그 말에 카이피오는 웃으면서 그러겠노라고 대답했지만, 카토는 아무 대답도 없이 외국인을 사나운 눈초리로 쳐다만 보았다. 그러자 실로가 물었다.

"얘야, 네 생각은 어떠냐? 너도 동생들처럼 우리가 시민권을 얻을 수 있도록 외삼촌에게 말해 줄 수 없니?"

말없이 실로의 얼굴을 바라보는 카토의 표정은 그의 요구를 거절한다는 뜻이 분명했다. 그러자 실로가 카토를 번쩍 들어 창밖으로 내밀면서 던질 듯한 몸짓으로 거칠게 말했다.

"도와주겠다고 대답해라."

그러면서 그는 카토의 몸을 창밖으로 흔들어 댔다. 그러나 카토는 놀라거나 두려워하지 않고 한참 동안 그런 짓을 견뎌 냈다. 그러자 실로는 카토를 내려놓으면서 친구들에게 조용히 말했다.

"이 아이가 어리다는 것이 이탈리아에 얼마나 다행인지

소(少)카토

모르겠다. 이 아이가 성인이었더라면 우리는 로마 시민에게서 단 한 표의 동의도 얻지 못했을 것이다."[2]

언젠가 카토의 친척들의 생일잔치에 카토와 다른 아이들을 초대했다. 아이들은 나이 차이가 있었지만, 함께 모여 재판 놀이를 하면서 누군가를 감옥에 집어넣기로 했다. 곱상하게 생긴 한 아이가 죄인으로 판결되자 나이 먹은 소년이 그를 감옥에 해당하는 방에 집어넣었다.

감옥에 갇힌 어린 소년은 카토에게 도움을 요청했다. 무슨 일이 벌어지고 있는지를 안 카토가 화를 내며 그 방으로 달려가 막아서는 아이들을 물리치고 그를 빼내 집으로 돌아왔고, 다른 아이들도 돌아갔다.

3

카토는 어려서부터 비범한 데가 있었다. 언젠가 술라가 트로야(Troja)라는 이름으로 승마 대회를 연 적이 있었다. 귀족의 아이들이 모이자 두 편으로 나누어 대장을 뽑았다. 한쪽에서는 술라의 아내 메텔라(Metella)가 전남편 사이에서 낳은 아들이 뽑혔고, 카토가 소속된 다른 한쪽에서는 폼페이우스의 아들 섹스투스(Sextus)가 뽑혔다. 그러나 카토 편의 아이들은 섹스투스를 대장으로 인정하려 들지 않았다. 그러자 술라가 물었다.

"그렇다면 너희들은 누구를 대장으로 뽑기를 바라느냐?"

아이들이 일제히 소리쳤다.

"카토입니다."

이에 섹스투스는 대장 자리를 카토에게 양보하고 그가 더 유능한 인물임을 인정했다. 술라는 카토의 아버지와 맺은 인

---

2   실로가 시민권을 얻고자 로마를 찾아온 것이 기원전 91년이었으니 그때 카토의 나이가 네 살이었다. 그러나 카토가 실로의 말을 거절한 것은 그 나이에 시민권과 같은 정치 문제에 눈을 떠서가 아니라 성품의 문제였을 것이다.

연으로 그와 그의 동생인 카이피오를 몹시 사랑했다. 술라는 가끔 그들을 불러 이야기도 나누면서 친절을 베풀었는데, 그 무렵 술라의 위치나 권력으로 볼 때 이는 매우 드문 일이었다. 그와 같은 기회가 젊은이의 명예나 안전을 위해 좋은 일이라고 생각한 스승 사르페돈은 자주 카토를 데리고 술라의 집을 찾아가 뵙게 했다.

그 무렵 술라의 집은 그에게 잡혀 와 고문을 받는 사람들의 모습으로 말미암아 마치 지옥과 같았다. 그때 카토의 나이가 열네 살이었는데, 명사들의 목이 잘린 시체 곁에서 고통스럽게 우는 사람들의 모습을 보면서 카토가 스승에게 물었다.

"왜 이토록 포악한 정치인을 죽이려는 사람이 없나요?"

이에 스승이 이렇게 대답했다.

"카토야, 사람들이 그를 미워하는 마음보다 두려움이 더 강하기 때문이란다."

그러자 카토가 이렇게 말했다.

"그렇다면 선생님, 저에게 칼 한 자루만 주세요. 제가 저 폭군을 죽이고 조국을 노예 상태에서 해방하겠습니다."

사르페돈이 카토의 말을 듣고 쳐다보니 그의 얼굴이 분노에 가득 차 있었다. 이에 놀란 스승은 그 뒤로 더욱 가까이에서 그를 돌보며 그가 젊은 혈기에 경솔한 짓을 저지르지 못하도록 이끌어 주었다.

카토가 어렸을 적에 누군가가 그에게 물었다.

"너는 이 세상에서 누구를 가장 사랑하니?"

"제 동생 카이피오입니다."

"그다음에는 누구를 가장 사랑하니?"

"제 동생 카이피오입니다."

"그다음에는?"

"제 동생 카이피오입니다."

그다음에 다시 물어봐도 대답이 같았다. 그러자 그는 더

소(少)카토

는 묻지 않았다. 동생에 대한 그의 사랑은 그토록 극진했다. 카토는 스무 살이 되었을 때도 동생이 없으면 저녁을 먹지 않았고, 여행을 가거나 토론의 광장에 나가지도 않았다.

그러나 동생이 향수를 뿌리고 다니자 카토는 그것을 싫어했다. 그런 점에서 카토는 단호하고 냉정했다. 카이피오도 모든 사람에게서 자제심이 깊고 온화하다는 평판을 들었고, 스스로도 그럴 만하다고 생각했지만, 그는 늘 이렇게 말했다.

"그러나 형 카토와 나의 삶을 견주어 본다면 나는 시피우스(Sippius)보다 나을 것이 없는 사람이다."

시피우스는 그 무렵에 로마에서 가장 사치스럽고 멋을 많이 부리는 사람이었다.

4

카토는 아폴론 신전의 사제가 되자 외삼촌 집에서 나와 독립된 생활을 했다. 아버지에게 상속받은 재산이 120탈렌트나 되었지만, 지난날보다 더 검소하게 살았다. 그는 페니키아 티로스(Tyros) 출신의 스토아 철학자인 안티파트로스(Antipatros)와 가까이 사귀면서 윤리학과 정치학을 깊이 공부했다. 카토는 덕망을 갖추어야 한다는 생각에 사로잡혀 있었지만, 무엇보다도 인정이나 호의에 흔들리지 않는 정의감으로 무장된 덕망을 쌓는 일에 몰두했다.

카토는 또한 대도시를 이끌어 가는 정치 철학에는 투쟁적인 요소가 필요하다고 판단하여 민중을 설득하는 데 효과적인 웅변을 연습했다. 그러나 다른 사람들과 어울려 웅변을 연습하지는 않았기 때문에 그의 웅변 연습을 들어 본 사람이 없었다. 그래서 한 친구가 그에게 물었다.

"카토, 사람들은 자네가 너무 말이 없다면서 흉을 보고 있다네."

그러자 카토가 이렇게 대답했다.

"그들에게 나를 너무 비난하지 말라고 하게. 말을 하지 않고 지내는 것이 더 이상 옳다고 여겨지지 않을 때가 오면 나도 말을 할 참이라네."

5

대카토는 지난날 [기원전 182년에] 감찰관(Censor)으로 일할 때 이른바 포르키아 회관(Basilica Porcia)[3]을 지어 국가에 바친 적이 있었는데, 그 뒤로 로마의 민중 호민관들은 이곳에서 정무를 처리했다. 그런데 이 건물의 기둥 하나가 좌석 쪽에 자리 잡고 있어 시민은 그 기둥을 다른 곳으로 옮기기로 결정했다.

이 사건으로 말미암아 카토는 내키지 않았지만 광장으로 나가 호민관들의 입장에 반대하는 연설을 했는데, 이를 통해 그의 고결한 성품이 격찬을 받았다. 카토의 연설은 어린 티가 없고 감정에 휩쓸리지 않았으며, 문제의 핵심을 정확히 찌르면서 단호했다.

청중의 귀를 사로잡은 그의 매력은 그의 굳은 심성과 융화를 이루었으며, 거기에 그의 인격까지 함께 섞여 민중의 굳어버린 마음에 아름다운 미소를 안겨 주었다. 그의 목소리는 우렁찼으며, 청중의 귀에 쉽게 빨려 들어갔다. 그의 연설은 힘 있고 긴장감을 주면서도 지칠 줄 몰랐다. 어떤 때 그는 온종일 연설을 하면서도 지치지 않았다.

그때의 연설로 명성을 얻은 뒤, 카토는 다시 침묵을 지키면서 수련에 몰두했다. 그는 무섭게 신체를 단련함으로써 여름이나 겨울에 추위나 더위를 피하고자 모자를 쓰는 일이 없었으며, 여행할 때면 말이나 마차를 타지 않고 걸어 다녔다. 친구들이 말을 타고 갈 때도 그는 걸어가며 이 사람 저 사람과 대

---

3   로마 시민은 대회당을 짓고 대(大)카토의 이름인 포르키우스(Porcius)의 이름을 따 포르키아 회관이라 불렀다.(제10장 「대카토전」, §19 참조)

화를 나누면서 함께 어울렸다. 그는 몸이 아플 때면 무서운 인내심과 자제력을 보였다. 이를테면 그는 학질에 걸렸을 때 문병객을 받지 않고 혼자 견디면서 열이 내리고 병이 나은 다음에야 사람들을 만났다.

6

놀이를 할 때면 주사위를 던져 각자 순서를 결정했는데, 카토의 차례가 뒤로 밀리면 친구들이 그에게 먼저 놀이를 시작하라고 말했다. 그러면 그는 이렇게 말했다.

"그런 방법은 공정하지 않아. 아마 베누스도 그런 짓을 바라지 않을 거야."[4]

젊었을 적에 카토는 저녁 식사 자리에서 술을 마시면 곧 자리에서 일어났다. 그러나 나이가 들면서 술에 너그러워져 새벽까지 술을 마시는 경우도 있었다. 그런 모습을 본 친구들은 그가 낮에는 공무에 시달려 학문을 이야기할 겨를이 없는 탓에, 밤이 되어서야 철학자들과 만나 담론을 하다 보니 술이 늘었다고 말했다. 카토의 친구인 멤미우스(Memmius)[5]가 밤새 술을 마시는 그를 탓하자 키케로가 멤미우스를 이렇게 쏘아붙였다.

"그런 말을 하려면 카토가 낮에는 종일 주사위 놀이만 하지는 않았다는 이야기도 함께해야지."

대체로 말해서 카토는 그 시대의 사람들이 살아가는 방법과 삶이 잘못되었으며 개혁이 필요하다고 생각했기 때문에 그들과는 다른 삶을 살았다. 이를테면 그 시대 사람들이 매우 짙

4   주사위 놀이는 네 번 던져 합산하게 되어 있었다. 최고 숫자인 6을 네 번 잡으면 24가 되는데 이를 베누스라 했고, 네 번 모두 1이 나와 합계가 4가 되면 이를 개(canis)라고 불렀다.
5   이 사람은 제12장 「루쿨루스전」(§ 37)에 등장하는 호민관 카이우스 멤미우스(Caius Memmius)와 같은 사람일 것이다.

은 자주색 옷을 유행처럼 입는 것을 보고 자기는 검은 옷을 입었다. 그는 아침을 먹은 다음에는 신발을 신거나 외투를 걸치지 않은 채 거리로 나갔다. 그렇다고 해서 그가 그와 같은 이상한 차림으로 남의 시선을 끌려고 한 것은 아니었다.

카토는 부끄러운 짓을 부끄럽게 여길 줄 아는 사람이었으며, 다른 사람들의 천박한 생각을 따르지 않았다. 그의 사촌이 그에게 유산으로 1백 탈렌트의 가치가 되는 엄청난 재산을 남겨 주자 그는 그것을 현금으로 바꾸어 이자도 받지 않고 필요한 친구들에게 빌려주었다. 어떤 친구들은 그가 준 토지와 노예를 저당 잡혀 개인 용처(用處)에 썼다.

7

그때까지 어떤 여자와도 사귀지 않던 카토는 이제 자신도 결혼할 나이가 되었다고 생각하여 레피다(Lepida)라는 여자와 약혼했다. 그 여자는 본디 메텔루스 스키피오(Metellus Scipio)와 약혼한 적이 있었으나 파혼하고 지금은 자유의 몸이었다.[6]

그러나 그 여인이 카토와 약혼하자 스키피오는 마음이 바뀌어 온갖 수단을 부린 끝에 드디어 그 여인을 아내로 맞이했다. 이 사건으로 몹시 분노한 카토는 고소할까 생각했지만 친구들이 말려 그만 두었다. 대신에 그는 시(詩)를 지어 스키피오를 비난했다.

그 내용이 험담으로 유명한 시인 아르킬로코스의 방법을 쓰기는 했어도 음란하거나 유치하지는 않았다. 그 뒤에 카토는 세라누스(Serranus)의 딸 아틸리아(Atilia)와 결혼했다. 아틸리아는 카토가 사랑한 첫 여인이었지만 스키피오 아프리카누

---

6   파혼한 여자를 가리켜 "자유의 몸이 되었다"는 표현은 매우 상징적이다. 이는 그 당시가 얼마나 남성 우월주의의 사회였던가를 잘 보여 주는 대목이기 때문이다.

소(少)카토

스의 친구였던 카이우스 라일리우스(Caius Laelius) 같지는 않았다. 라일리우스는 긴 일생에 걸쳐 여자라고는 젊었을 적에 만난 아내만을 사랑했다니 참으로 운이 좋은 남자였다.

8

[기원전 73~71년에] 스파르타쿠스(Spartacus)가 일으킨 노예 전쟁(제16장 「크라수스전」, § 8) 기간에 집정관 겔리우스 푸블리콜라(Gelius Publicola)가 사령관으로 임명되자 카토는 동생 카이피오를 위해 자원하여 참전했다. 왜냐하면 그 무렵에 카이피오가 군무 위원이었기 때문이었다. 겔리우스가 이 선생을 훌륭하게 수행하지 못한 까닭에 카토는 이때 스스로 바라던 만큼의 용맹이나 전공을 이룰 수 없었다.

전쟁에 참가했던 명사들은 모두 사치스럽고 나약했다. 그러나 카토는 엄정하고 자제력이 강하며, 용맹함과 총명함이 그의 선조 대카토에 못지않다고 사람들은 생각했다. 더욱이 겔리우스 장군이 카토에게 상을 주어 명예를 드높이고자 했을 때, 그는 이를 거절하며 자기에게는 그럴 만한 공로가 없노라고 말했다. 카토가 명예를 거절하는 것을 본 민중은 그가 좀 이상한 사람이 아닌가 여겼다.

또한 그 무렵에는 공직에 나가는 사람들이 선거 운동원(nomenclator)[7]을 데리고 다닐 수 없었는데, 군무 위원에 출마한 사람 가운데 그 법을 지킨 사람은 카토뿐이었다. 그는 선거 운

---

7   여기에서 말하는 선거 운동원은 입후보자가 거리 유세를 할 때 함께 다니면서 만나는 유권자의 이름을 후보자에게 귀띔해 주는 것을 임무로 하는 사람이다. 이들은 시민의 이름을 되도록 많이 외울 수 있는 수재들이었지만 반드시 신분이 높은 것은 아니었고 노예들도 많았다. 그가 유권자의 이름을 알려 주면 후보자는 이미 그 사람의 이름을 잘 아는 체 그 이름을 크게 부름으로써 유권자들이 자신의 존재감을 느끼게 해 주는 효과를 가지고 있었다. 러시아의 특권 계급인 노멘클라투라(nomenklatura)의 어원이 여기에서 나왔다.

동원의 도움을 받지 않고 만나는 유권자들의 이름을 기억하여 인사를 했으며, 자기를 칭송하는 사람들에게도 싫은 소리를 마다하지 않았다. 그의 정적들은 그와 같은 겸손한 선거 방식이 효과를 얻을수록 자신들은 그와 같은 방법에 따라 선거를 치를 수 없다는 사실로 말미암아 더욱 고통스러워했다.

9

[기원전 67년에] 군무 위원에 당선된 카토는 마케도니아의 총독 루브리우스(Rubrius)의 부관으로 파견되었다. 들리는 바에 따르면, 그가 떠나려 하자 카토의 아내가 눈물을 흘리며 슬퍼했다. 이를 본 그의 막료 무나티우스(Munatius)가 이렇게 말했다.

"부인, 걱정하지 마십시오. [다른 여자에게 한눈팔지 않도록] 제가 장군을 잘 감시하겠습니다."

그러자 카토가 이렇게 말했다.

"암, 그래야지."

하룻길을 간 다음 저녁을 먹고 나서 카토가 느닷없이 무나티우스를 불러 이렇게 말했다.

"무나티우스, 내 아내와의 약속을 지키려면 밤낮으로 내 곁을 떠나지 말게."

그러고서는 침대 두 개를 가져오도록 하여 같은 방에서 함께 지냄으로써 무나티우스가 카토의 곁눈질을 감시한 것이 아니라 카토가 무나티우스의 곁눈질을 감시하여 그를 골탕 먹였다.

카토는 마케도니아로 떠나면서 노예 열다섯 명, 해방 노예 두 명 그리고 네 명의 막료만 데리고 갔다. 다른 사람들은 말을 타고 갔지만, 그는 지난날에도 그랬듯이(§ 5) 걸어가면서 이 사람 저 사람과 이야기를 나누었다. 임지에 도착해 보니 몇 개의 군단이 있는데, 카토가 그 가운데 하나의 지휘관을 맡았다.

자기 혼자만 덕망 높은 체하는 것은 쓸모없는 짓이라고

판단한 카토는 자기 휘하의 모든 병사를 자기에게 복종하도록 하는 일이 가장 중요하다는 것을 알았다. 그러나 그는 두려움의 대상이 되는 자신의 권위를 잃지 않으면서도 이성으로써 그들을 설득했다.

곧 카토는 순리에 따라 부하들을 가르치고 설득했으며, 상과 벌을 공정하게 실행했다. 그러한 결과로 카토가 병사를 더욱 온순하게 했는지 아니면 더욱 호전적으로 만들었는지, 또는 더욱 용맹스럽게 만들었는지 아니면 더욱 정의롭게 만들었는지 평가하기는 어렵다. 왜냐하면 그들은 적군에게 더욱 두려운 존재가 되었고, 동맹에는 더욱 정중한 군대가 되었으며, 남에게 해를 끼치기보다는 명예를 얻고자 노력하는 군대로 거듭났기 때문이었다.

더욱이 카토는 그렇게 함으로써 생각지도 않게 큰 선물을 얻었는데, 그것은 다름이 아니라 그가 병사들에게서 명성과 애정과 친근감을 받았다는 사실이었다. 카토는 남에게 시키는 일을 늘 스스로 먼저 실행했고, 복장이나 병영 생활이나 행군을 할 때 늘 장군의 티를 내지 않으면서 병사들과 꼭 같이 행동했다. 또한 성품과 품위와 말씨에서 대장군이나 장군의 칭호를 듣는 사람들보다 훌륭한 모습을 보여 주었다.

그 과정에서 카토는 자신도 모르는 사이에 병사들이 자신에 대해 존경심을 갖게 했다. 덕망을 갖추고 싶어 하는 순수한 소망은 그러한 덕망을 갖춘 사람에 대한 존경과 호감에서 우러나오는 것이다. 그와 달리 어떤 인물에 대해 아무런 애정도 없이 그의 공적을 찬양하는 사람은 그의 명성을 찬양하는 것일 뿐, 그의 덕망을 사랑하는 것도 아니고 그를 본받으려 하지도 않는다.

10

그 무렵에 [터키의 서쪽] 페르가몬에는 아테노도로스라고도 하고 코르딜리온(Cordylion)이라는 별명으로도 불리는 스토아 철학의 대가가 살고 있었다. 그는 이제 나이가 많아 정치인이나 왕들의 초청을 거절하고 그곳에 조용히 살고 있다는 이야기를 들은 카토는 사람을 보내거나 편지를 쓰는 것으로는 그를 초청할 수 없다고 생각하여 자신이 직접 그를 찾아가기로 결심했다.

마침 법적으로 2개월의 휴가를 얻은 카토는 그를 모셔 올 수 있다는 자신감을 가지고 페르가몬으로 떠났다. 대학자를 만난 카토는 이야기를 나누면서 그의 고집을 꺾고 자기의 병영으로 모셔 오는 데 성공했다. 카토는 몹시 기뻐하며 만족스러워했다. 그 무렵 폼페이우스나 루쿨루스는 많은 병력을 이끌고 여러 나라와 왕국을 정복했지만, 카토는 스스로 가장 고결한 것을 얻었다고 생각했다. [그 뒤 아테노도로스는 카토와 함께 로마로 와 그의 집에서 일생을 마쳤다.]

11

카토가 군인으로 복무할 무렵, 아시아에서 복무하던 동생 카이피오가 트라키아의 아이노스(Aenos)에서 병에 걸렸다는 소식이 왔다. 바다는 폭풍이 거세고, 타고 갈 만한 배도 없었다. 그러나 그는 작은 상선 하나를 얻어 두 명의 막료와 세 명의 노예를 기느리고 테실로니카를 떠났다. 카토는 거의 물에 빠져 죽을 뻔했지만, 하늘의 도움으로 육지에 올랐다. 그러나 카이피오는 이미 죽은 뒤였다.

카토의 깊은 철학도 그 아픔을 위로해 주지 못했다. 동생의 시체를 부둥켜안고 통곡하며 깊은 슬픔에 빠진 그는 정신을 가다듬고 카이피오를 화려하게 장사 지냈다. 향료를 바르고 수의를 입혀 화장한 다음 8탈렌트를 들여 타소스(Thasos)의 대리석으로 만든 비석을 아이노스 광장에 세운 것이다.

이와 같은 카토의 처사가 평소 근검하던 그답지 않은 일

소(少)카토

이었다고 험담을 할 수 있지만, 그것은 쾌락과 공포와 뻔뻔함을 물리친 카토의 강직함 속에 얼마나 깊은 사랑과 온유함이 섞여 있는지를 모르고 하는 말이다. 여러 도시와 왕국에서 고인을 추모하여 조문했지만, 카토는 돈을 받지는 않고 다만 향료와 장식품만 받되 그 값을 치러 주었다.

고인의 유산은 카토와 카이피오의 어린 딸에게 상속되었고, 카토는 따로 장례 비용을 청구하지 않았다. 어떤 사람은 카토가 고인의 유해를 가루로 만들어 체로 쳐서 그 안에 남은 금가루를 챙겼다고 책에 썼지만,[8] 그 사람은 아마도 자신이 칼이 아니라 붓을 휘두를 때조차 책임과 저벌로부터 사유로울 수 있다고 확신했던 듯하다.

12

군무 위원의 임기가 끝나 카토가 퇴임하는 날은 여느 때처럼 평범한 축하와 칭송으로 끝나지 않았다. 많은 사람이 눈물을 흘리며 껴안고 떨어질 줄을 몰랐다. 병사들은 외투를 땅에 깔아 그가 밟고 지나가게 하면서 손에 입을 맞추었는데, 이런 일은 그 시대에는 거의 볼 수 없었고, 지난날 대장군들의 이임식에서나 가끔 있던 일이었다.

카토는 군대에서 퇴임한 뒤에 바로 정치 무대에 뛰어들지 않고, 아시아를 여행하며 여러 지방의 풍속과 군사력을 자기 눈으로 보고자 했다. 그는 갈라티아의 왕으로서 아버지의 친구였던 데이오타로스(Deiotarus)의 간곡한 초청을 받은 터였다. 이때 카토가 여행을 준비한 모습이 독특했다.

아침에 일어나면 그는 먼저 빵을 굽는 사람과 요리사를

---

8   카이사르가 쓴 『반(反)카토론(*Anti-Cato*)』을 뜻한다.(제32장 「카이사르전」, § 54 참조) 스튜어트는 카이사르의 그런 기록이 전혀 꾸며 낸 이야기만은 아닌 것 같다고 주(註)를 달았다.(스튜어트 판, III, Cato, p. 511, 각주 674 참조)

먼저 목적지로 보냈다. 그들이 그 도시에 들어갈 때면 대단한 위엄을 갖추고도 요란스럽지 않게 처신했으며, 만약 그곳에 카토의 친구나 친척이 없으면 요리사들이 먼저 여관에 들어가 누구에게도 신세 지지 않고 카토를 맞이할 준비를 했다.

만약 머물 여관이 없으면 그들은 관청을 찾아가 호의를 부탁했는데, 관리가 제공하는 대로 기쁘게 받았다. 그들은 관리를 상대하면서 전혀 위세나 위협을 보이지 않았기 때문에 소홀한 대접을 받는 일이 많았다.

카토가 목적지에 도착하기에 앞서 하인들이 미처 준비하지 못한 탓에 주민들에게서 하인보다도 못한 대우를 받기도 하고, 때로는 행색을 의심받기도 했지만 그럴 때에도 그는 짐짝 위에 조용히 앉아 기다리면서 매우 신분이 낮은 사람처럼 조심했다. 그러나 그럴 때면 그는 관리들을 불러 이렇게 말했다.

"이 불쌍한 녀석들아, 이런 무례함을 다른 사람에게는 저지르지 말아라. 여기를 찾아오는 사람들이 모두 카토라는 사람 같지는 않을 것이다. 그렇게 미련스럽게 살다가는 너희가 허락하지 않고서는 가져갈 수 없는 것마저 저들은 힘으로 빼앗아 갈 구실을 찾게 될 것이다."

13

들리는 바에 따르면, 카토가 시리아로 갈 때 참으로 어이없는 일이 벌어졌다고 한다. 그가 안티오키아(Antiochia)로 들어가는데, 성문 밖에서 관중이 두 줄로 서서 누군가를 기다리고 있었다. 서 있는 사람, 무리를 지어 있는 사람, 군복을 입은 젊은이, 축제의 옷을 입고 나온 아이, 흰옷을 입은 사람, 관을 쓴 사람 그리고 사제와 고위 관리들도 섞여 있었다.

카토는 이 무리가 자기를 환영하러 나온 사람들인 줄로만 알고, 이곳에 먼저 도착한 선발대에게 이런 사치스러움을 미리 막지 않았다고 화를 버럭 내면서 함께 온 사람들에게 말에

소(少)카토

서 내려 걸어가라고 지시했다. 일행이 성문 가까이 이르렀을 때 이 모든 행사를 주관하고 있는 듯 보이는 한 노인이 손에 지팡이와 왕관을 들고 앞으로 나오더니 카토에게는 인사도 하지 않고 이렇게 물었다.

"장군께서는 왜 데메트리오스(Demetrios)를 데려오시지 않았습니까? 그는 언제쯤 도착합니까?"

데메트리오스는 폼페이우스의 노예인데, 그 무렵에는 모든 사람이 폼페이우스만 쳐다보던 시절이었다. 그런데 폼페이우스는 그 노예를 몹시 신임하여 그의 말만 들었다고 한다. 그와 같은 광경에 너무도 기가 막힌 카토의 막료는 군중 사이로 빠져나가면서도 웃음을 참지 못했다. 카토도 몹시 당황하면서 이렇게 말했다.

"참으로 불쌍한 도시로구나."

그러고는 아무 말도 못 했다. 세월이 흐른 뒤에 그는 그 일을 회상할 때면 소리 내어 웃었다.

14

폼페이우스는 카토를 푸대접한 사람들을 나무랐다. 한편, 카토는 에페소스에 있던 폼페이우스에게 인사를 드리러 길을 떠났다. 폼페이우스는 나이도 더 많았을 뿐만 아니라 명성도 드높았고, 모든 병력을 지휘하고 있었다. 카토가 들어오는 것을 본 폼페이우스는 기다리지 않고 의자에서 일어나 마치 상관을 맞이하듯이 달려가 손을 잡았다. 폼페이우스는 카토가 있는 자리에서 그의 덕망을 칭송하고 친절과 호의를 베풀었는데, 그가 떠난 뒤에도 한결같았다.

카토를 무시했던 사람들은 오히려 무안을 느끼고 그에게 굽실거리며 옛날에는 흠이 되었던 일조차도 이제는 칭찬하면서 그의 온화함과 위대함을 칭송했다. 그러나 폼페이우스가 카토를 그토록 배려한 것은 폼페이우스 스스로를 위한 일이었지 카토를 위한 일이 아니었다는 사실은 더 이상 비밀이랄 것도 없었다. 폼페이우스는 카토가 곁에 있을 때는 칭찬했지만, 그가 떠나자 속 시원하게 생각했다.

폼페이우스는 자기를 찾아오는 모든 사람을 붙잡아 두어 더 머물게 하면서 정성을 베풀었지만, 카토가 머물 때는 경우가 달라 더 붙잡지 않았다. 폼페이우스는 자기와 함께 머물던 카토의 지휘권을 불편하게 여기던 터라 그가 떠나자 오히려 마음이 가벼워졌다. 카토는 로마로 돌아가면서, 비록 친척이기는 하지만, 폼페이우스에게서 그의 아내와 아이들을 맡기겠노라는 말을 들은 유일한 인물이었다.

그 뒤로 여러 도시가 앞다투어 카토에게 영광을 바치면서 식사에 초대했다. 그럴 때면 카토는 막료에게 자신이 교만에 빠지거나 타락하여 자신과 가장 가까운 친구인 쿠리오의 충고를 잊는 일이 없도록 자신을 늘 살펴보라고 말했다. 왜냐하면 카토가 늘 너무 모질다고 생각했던 쿠리오는 지난날 이런 충고를 한 적이 있기 때문이었다.

"카토, 자네는 군대 복무가 끝나면 아시아로 가 보는 것이 좋겠네."

그러자 카토가 이렇게 말했다.

"그러겠네."

그러자 쿠리오가 다시 이렇게 말했다.

"자네는 그런 곳에 가서 고생하고 돌아와야 좀 더 부드럽고 성숙한 사람이 될 걸세."[9]

---

9   원문에는 라틴어로 'mansuetior'라고 되어 있는데, 카토는 이 단어를 즐겨 썼다고 한다. 그 의미는 "남자답고 온유하고 정중하고 과묵하다"는 뜻을 복합적으로 담고 있다.

15

갈라티아의 왕 데이오타로스는 나이가 너무 많고 아내와 자식들의 장래가 걱정되어 사절을 보내 카토를 초청했다. 카토가 그곳에 도착해 보니 왕은 온갖 선물을 마련하여 그의 마음을 끌려고 했다. 그 요청이 간절했으나 카토는 밤늦게 도착하여 하룻밤만 묵고 다음 날 새벽 3시에 그곳을 떠났다.

그러나 카토가 하룻길을 지나 페시노스(Pessinos)에 도착했을 때, 그곳에는 자기가 전날 밤에 남겨 두고 온 것보다 더 많은 선물이 기다리고 있었고, 왕의 다음과 같은 간곡한 편지가 들어 있었다.

"간곡히 바라오니, 장군께서 이 선물들을 받지 않겠다면 장군의 막료들이라도 이를 받게 해 주시기 바랍니다. 왜냐하면 그들이야말로 장군에 대한 공로로 보더라도 많은 선물을 받을 자격이 있는데, 장군이 가진 것으로써는 이를 감당할 수 없기 때문입니다."

그러나 카토는 이 선물들도 받지 않았다. 몇몇 막료도 보물 앞에서는 마음이 흔들려 자신을 비난하는 쪽으로 기운다는 것을 그는 잘 알고 있었다. 그는 막료에게 이렇게 말했다.

"모든 선물에는 그것을 받아야 할 이유가 있소. 그러나 나의 막료는 자신들이 명예롭고 정당하게 받은 선물에서만 자기의 몫을 나누어 가져야 하오."

그러고서 카토는 모든 선물을 데이오타로스왕에게 돌려보냈다. 그가 브룬디시움으로 떠나려 할 때 그의 막료는 [유해를 같은 배에 싣는 것은 불길하다고 여겨] 동생 카이피오의 유해를 다른 배에 싣고 가야 한다고 생각했다. 그러나 그는 동생의 유해를 버리느니 차라리 나의 몸을 버리겠노라고 말하고는 바다로 나갔다. 그런데 들리는 바에 따르면, 우연인지는 몰라도 다른 함선에 탄 무리는 별다른 일이 없었는데, 카토에게만 위험이 따랐다고 한다.

16

로마로 돌아온 카토는 집에서 아테노도로스와 토론하거나 아니면 토론의 광장에 나가 친구들을 변론하는 일로 대부분의 시간을 보냈다. 그는 재정관에 출마할 나이가 되었지만 그렇게 하지 않았다. 대신에 그 직무에 관련된 법률을 공부하고, 그 분야에 경험이 많은 사람을 만나 업무에 관한 세부 사항들을 배우고, 그 권한과 직무의 범위에 대한 개괄적인 구상을 한 다음에 출마하여 당선되었다.

[기원전 65년에] 재정관에 취임한 카토는 국고(國庫)와 관련된 업무를 수행하는 관리들을 대대적으로 교체했다. 그들은 회계와 이 분야에 관련된 법령에 이골이 난 인물들이어서 경험과 지식이 부족한 젊은이가 재정관으로 부임하여 묻거나 도움을 요청하면 마치 자기네들이 상관인 것처럼 행세하며 재정관을 부렸던 것이다.

그러나 재정관에 부임한 카토는 단순히 높은 직책으로써가 아니라 관련된 지식과 판단의 면에서 완전히 그들을 압도했다. 관리들은 다만 부하일 뿐이라고 확신했던 카토는 때로는 그들의 잘못된 관행을 처벌하고, 때로는 그들의 경험 부족으로 말미암아 벌어진 실수를 바로잡아 주었다.

그러나 관리들도 만만치 않았다. 그들은 다른 재정관에게 아부하면서 카토에게 조직적으로 저항했다. 그러자 카토는 유산 상속 문제에서 비리를 저지른 고위 관리들을 적발하여 파면하거나 사기죄로 고발했다. 이 문제가 법정으로 옮겨 가자 감찰관으로 활약하던 퀸투스 루타티우스 카툴루스가 피고인들의 변론을 맡고 나섰다.

카툴루스는 직책으로 보아도 대단한 인물이었고, 덕망도 높아 로마인들 가운데 누구보다 정의롭고 분별 있다는 평판을 듣고 있었다. 그는 카토의 삶의 방식을 존경할 뿐만 아니라 서로 친근한 사이였다. 그렇다 보니 자기 의뢰인의 입장이 불리

397 소(少)카토

하다는 것을 잘 알고 있던 카툴루스는 노골적으로 의뢰인의 무죄를 호소했다. 카토는 카툴루스의 그와 같은 처사를 말렸지만, 그가 더욱 노골적으로 나오자 이렇게 말했다.

"카툴루스 감찰관님, 우리의 삶을 살피시는 감찰관께서 형리들에게 끌려 법정에 서는 일이 있어서야 되겠습니까?"

카토의 말을 들은 카툴루스는 그를 바라보면서 뭔가 할 말이 있는 듯하더니, 화가 나서 그랬는지 아니면 부끄러워서 그랬는지는 알 수 없으나, 당황한 모습으로 말없이 법정을 나갔다. 그런 상황에서 피고인은 무죄 평결을 받았다. 그 과정을 살펴보면, 본래 무죄가 되려면 한 표가 더 필요했다. 그런데 당시 배심원 가운데 카토의 가까운 친구였던 마르쿠스 롤리우스(Marcus Lollius)가 있었는데, 그는 몸이 아파 법정에 나오지 못한 상태였다.

롤리우스가 아프다는 소식을 들은 카툴루스는 그에게 사람을 보내 도와 달라고 간청했다. 그러자 롤리우스는 재판이 끝난 뒤에 가마를 타고 법정에 나타나 무죄에 투표했다. 그 결과, 피고인은 무죄 평결을 받았지만 카토는 그를 복직시키지도 않았고 봉급을 주지도 않았으며, 롤리우스가 던진 무죄 투표도 유효한 것으로 인정하지 않았다.

17

그와 같은 방법으로 관리들을 길들여 복종하게 만든 카토는 자신이 바라는 바대로 업무를 처리함으로써 재무청을 원로원보다 더 존경받는 관청으로 만들었다. 시민들은 카토야말로 재무관의 권위로써 집정관에 맞먹는 업무를 처리했다고 말했고, 또 그렇게 생각했다. 그가 이룩한 국정 개혁을 살펴보면 다음과 같다.

첫째로, 그가 살펴보니 국고에 빚을 진 사람이 많을 뿐만 아니라 반대로 국고에서 돈을 받아야 할 사람도 많았다. 그는 국고에 빚을 갚을 사람과 국고에서 돈을 받아야 할 사람들의 채권·채무 관계를 한꺼번에 처리했다.

곧 국고에 빚을 진 사람에게는 단호하게 빚을 받아 내고 국가에 채권이 있는 사람에게는 신속하게 갚음으로써 나랏돈을 제 것처럼 생각하는 사람들이 빚을 갚고, 국고에서 빚을 받으리라는 희망을 버리고 살던 사람들이 돈을 받고 기뻐하는 모습을 보면서 시민들은 그를 더욱 존경하게 되었다.

둘째로, 카토가 살펴보니 시민이 재정관에게 제출한 요청서는 온당하지 않은 방법으로 작성되어 있었고, 그럼에도 지난날의 재정관들은 소청인들의 요구를 그대로 접수하는 것이 관례로 되어 있었다. 카토는 이와 같은 서류들을 직접 검토하고 결재했다. 실제로 어떤 사건은 원로원의 결의를 정상적으로 통과하였고, 많은 사람이 그러한 사실을 확인했음에도 카토는 집정관이 직접 찾아와 사실을 입증하기 이전에는 그러한 결정을 승인하지 않았다.

셋째로, 술라가 정적들의 시민권을 박탈한 다음 현상금을 걸고 그들을 죽이는 사람에게는 1천2백 드라크마를 지불했다는 사실이 드러났을 때, 사람들은 그와 같은 살인 청부업자들이야말로 저주받아 마땅한 존재들이라고 이를 갈며 미워하면서도 그들을 응징할 용기를 내지 못하고 있었다. 그러나 카토는 그와 같이 정의롭지 못한 수단으로 국고에서 돈을 받아 간 사람들에게 현상금을 반납하도록 한 다음, 그들의 불법적이고도 의롭지 않은 처사를 열렬한 웅변으로 비난했다.

카토는 그와 같이 현상금을 환수하고 그들을 살인죄로 기소하여 법정에서 처벌받도록 했다. 그들의 죽음과 함께 지난날의 폭군도 함께 사라지고, 술라 자신도 민중의 눈앞에서 처벌을 받았다고 시민들은 생각하면서 이와 같은 모든 조치에 대해 기뻐했다.

소(少)카토

18

이처럼 카토가 쉬지도 않고 지치지도 않으면서 자기의 업무를 수행하는 것을 보며 시민들은 그 성실함에 매료되었다. 카토는 가장 먼저 출근하여 가장 늦게 퇴근했다. 그뿐만 아니라 그는 모든 민회와 원로원 회의에 참석했는데, 이는 재무청 관리들이 민중의 채무와 세금을 면제해 주고 떳떳지 못한 선물을 줌으로써 민중의 비위를 맞추려 한다는 사실을 걱정하여 이를 근절시키고자 했기 때문이었다.

카토는 또한 시민으로서는 알 수도 없고 착복할 수도 없는 재무청의 재산을 넉넉하게 만듦으로써 그들에게 부정한 일을 저지르지 않고서도 국가를 부강하게 만들 수 있다는 사실을 보여 주었다. 처음에는 카토의 막료조차 그를 기분 나쁘고 골치 아픈 존재로 생각했지만, 시간이 흐름에 따라 그에게 호의를 갖기 시작했다.

왜냐하면 관리들이 민중에게 부당한 방법으로 돈을 지급하던 악습을 끊으면서 민중의 증오가 들끓었는데, 카토가 이 증오를 혼자 뒤집어썼기 때문이다. 따라서 다른 관리들은 본래 자신들에게도 향했을 민중의 공격에서 손쉽게 벗어날 수 있었다. 관리들은 민중에게 이렇게 말하는 것이 버릇처럼 되었다.

"카토가 허락하지 않아 그렇게 해 줄 수가 없습니다."

카토가 재정관 직무를 마치는 날, 거의 모든 시민이 거리로 나와 그를 호위하며 집까지 배웅했다. 반면에 또 다른 재정관 마르켈루스(Marcellus)[10]의 많은 친구와 유력자들은 카토를 찾아가 금전 문제로 그를 괴롭혔고, 어떤 사람들은 당연히 지불해야 할 돈을 면제해 달라며 압력을 넣었다고 한다.

10   이 사람은 다섯 차례나 집정관을 지낸, 제24장의 클라우디우스 마르켈루스(Claudius Marcellus, 기원전 268~208)와는 다른 인물이다.

마르켈루스는 어렸을 적부터 카토와 절친한 친구로서 그 두 사람이 함께 일할 무렵에는 매우 탁월한 관리였다. 그러나 카토가 물러나고 혼자 재정관 업무를 맡으면서 그는 소청자들에 대한 인정에 이끌려 많은 특혜를 주려 했다. 그러자 카토는 곧 사무실로 돌아가 마르켈루스가 시민에게 채무 탕감 문제로 보대끼고 있음을 보고는 장부를 가져오게 하여 마르켈루스의 승인 내역을 지워 버렸다. 그러는 동안에 마르켈루스는 곁에서 지켜보며 아무 말도 하지 않았다.

이런 일이 있은 뒤에 카토는 재무청에서 마르켈루스를 데리고 나와 집으로 데려갔지만 마르켈루스는 그때나 그 뒤에도 카토를 비난하지 않고 끝까지 우정을 지켰다. 카토는 재정관 자리에서 물러난 뒤에도 그들의 국고 관리에 대한 감시를 게을리하지 않았다. 그의 노예들이 매일 거래 명세서를 적어 왔는데, 술라의 시대부터 자기가 재정관을 맡았던 시기까지 작성된 서류를 사들이는 데 든 경비가 5탈렌트에 이르렀다고 한다. 그는 늘 그 서류들을 곁에 두고 살폈다.

19

카토는 또한 원로원에도 가장 먼저 출근하고 가장 늦게 퇴근했다. 다른 의원들이 천천히 입장하고 있을 때도 카토는 이미 외투를 책머리에 접어 두고 조용히 앉아 책을 읽고 있었다. 그는 원로원이 회기 중일 때는 결코 로마를 떠나지 않았다. 세월이 흘러 폼페이우스와 그의 막료는 아무리 애를 쓰더라도 의롭지 못한 방법으로는 자기들의 입장을 관철할 수 없다는 사실을 알게 되었다.

그리하여 폼페이우스의 무리는 친구를 위한 사소한 법률 분쟁이나 중재 또는 공무를 이유로 카토를 출장 보낸 다음, 그가 없는 틈을 타 원로원에서 의안을 통과시키려고 많은 애를 썼다. 폼페이우스 무리의 그와 같은 의도를 재빨리 눈치챈 카

　　　　　　　　소(少)카토

토는 그러한 출장을 거부하면서, 원로원이 회의를 진행하고 있을 때는 출장 업무를 맡길 수 없다는 법령을 제정했다.

카토가 공무에 몰두한 이유는 다른 의원들처럼 인기를 얻으려거나 어떤 기회를 보아 돈을 벌려는 것이 아니라, 한 사람의 공인으로서 국가를 위해 맡은바 임무를 충실히 수행하고자 함이었다. 카토는 벌이 꿀을 탐내는 것보다 더, 공직자는 공공의 이익을 위해 많은 노력을 기울여야 한다고 생각했다. 따라서 그는 전국에 퍼진 자신의 지인들이 보고하는 온갖 지방 문제나 정령(政令)이나 재판이나 중요한 사건의 처리에 주의를 게을리하지 않았다.

언젠가 카토는 풀케르 클로디우스(Pulcher Clodius)와 충돌한 적이 있었다. 그는 정변을 일으키고자 민중을 선동하면서 사회의 혼란을 부추기고 신전의 사제와 여사제들을 비방한 적이 있었는데, 그로 말미암아 위험에 빠진 피해자 가운데 키케로의 아내인 테렌티아(Terentia)의 여동생 화비아(Fabia)도 있었다. 이때 카토는 클로디우스가 수치심을 느끼게 하여 몰래 로마를 빠져나가 도망하지 않을 수 없게 만들었다. 이 사건으로 키케로가 카토에게 고마움을 표시하자 카토가 이렇게 말했다.

"키케로 선생님, 고마워해야 할 일이 있다면 저에게 말하지 말고 로마에 고마워하기 바랍니다. 왜냐하면 제가 한 일은 선생님의 처제를 위해 한 일이 아니라 나라를 위해 한 일이기 때문입니다."

이 사건으로 카토의 명성은 더욱 높아졌다. 언젠가 변호사가 재판에서 증인을 하나만 내세우며 판사에게 이런 말을 했다.

"설령 증인이 카토라 할지라도 이런 문제에 대하여 증인을 한 명만 내세우는 것은 옳지 않습니다."

그뿐만 아니라 조금 이상하고 미심쩍은 일이 벌어질 때면 그들은 흔히 이렇게 말했다.

"이건 카토의 말이라도 믿을 수가 없군."

언젠가 부패하고 탐욕스러운 정치인이 검약과 절제에 관해 장황하게 설명하자 원로원 의원인 암나이우스(Amnaeus)가 벌떡 일어나더니 이렇게 말했다.

"그만하시오. 그대는 크라수스처럼 돈을 모으고, 루쿨루스처럼 살면서, 카토처럼 말하는군요."[11]

어떤 사람들은 생활이 천박하면서 말만 번지레하게 하는 사람을 가리켜 놀림 삼아 '카토 같은 사람'이라고 말했다.[12]

20

많은 사람이 카토에게 호민관 출마를 권고했다. 그러나 병이 위중하지도 않은데 극약을 쓰는 것이 위험하듯이, 지금 호민관이라는 직책의 강력한 권한을 행사하는 것은 온당한 일이 아니라고 그는 생각했다. 마침 다른 공직을 맡지도 않았던 카토는 책을 꾸려 철학자들과 함께 남쪽 지방 루카니아(Lucania)로 떠났다. 그곳에 그는 머무르기에 불편하지 않을 정도의 토지를 가지고 있었다.

그런데 카토는 가던 길에 많은 짐수레와 시종을 이끌고 가는 일행을 만났다. 알아보니 해외 원정에 나갔던 메텔루스 네포스(Metellus Nepos)가 호민관에 출마하려고 로마로 돌아가는 길이었다. 그를 본 카토는 길을 멈추고 아무 말도 없이 기다리다가 로마로 되돌아가자고 말했다. 그의 지시에 막료들이 놀라자 그는 이렇게 말했다.

"그대들은 지금 네포스가 심한 열병에 걸려 있는 위험한

---

11 이 말은 제12장 「루쿨루스전」(§ 40)에도 인용되어 있는데 그곳에서는 이 말을 한 사람이 카토로 되어 있다. 그러나 문맥으로 볼 때 이는 플루타르코스의 착오이며, 암나이우스의 말이 맞는 것 같다.

12 이 부분은 아마 카토에게도 인간적인 허물이 있음을 빈정거린 것 같다.(다음의 § 21 참조)

인물이라는 것을 모르겠소? 그는 지금 폼페이우스의 부름을 받고 로마로 돌아가는 길이오. 그가 로마에 도착하면 엄청난 폭풍과 혼란이 일어날 터인데, 이런 상황이라면 내가 시골에 내려가 책이나 읽고 있을 때가 아니오. 나도 지금 로마로 돌아가 그를 몰아내든가, 아니면 자유를 위해 그와 싸우다가 명예롭게 죽을 뿐이오."

그러나 막료들의 권고에 따라 카토는 가던 길로 루카니아로 내려가 잠시 머무르다가 [기원전 63년에] 로마로 돌아왔다. 카토가 로마에 도착한 것은 저녁 시간이었다. 날이 밝자마자 그는 곧 토론의 광장으로 나가 호민관에 출마함으로써 네포스의 정치 행보에 맞섰다. 호민관이라는 직책은 무엇을 추진한다기보다는 무엇을 하지 못하도록 막는 견제 기구였다. 그리고 [여러 호민관 가운데] 오직 한 사람만이라도 반대하면 사안은 통과되지 않았다.

21

선거가 시작되었을 무렵에는 카토의 지지자가 많지 않았다. 그러나 그가 출마한 동기가 세상에 알려지면서 짧은 시간에 유명 인사들이 모여들어 그를 옹호하고 격려했다. 카토는 정실(情實)에 흔들리지 않으며, 오로지 국가의 이익을 먼저 생각하는 사람으로 시민에게 널리 알려진 인물이라고 생각했기 때문이었다.

카토는 쉽게 당선될 수 있을 때는 출마하지 않았다가, 국가의 자유를 지키기에 필요하다고 여긴 지금에는 위험을 무릅쓰고 출마했다. 들리는 바에 따르면, 그를 지지하는 사람들의 열정이 너무 뜨거워, 그는 가까스로 군중을 헤치고 광장에 도착할 수 있었다고 한다. 카토는 네포스를 포함해 다른 후보자들과 함께 [열 명으로 구성된 민중] 호민관에 당선되었다.

호민관에 당선되고 나서 [기원전 62년에 실시된] 집정관 선거에 부정이 많았음을 알게 된 카토는 민중을 꾸짖으면서 지위를 가리지 않고 뇌물을 준 무리를 고발하겠노라고 공언했다. 그러나 그는 연척(緣戚)인 실라누스(Silanus)만은 고발하지 않았다. 그는 자기 여동생인 세르빌리아의 남편이었다. 그러면서도 카토는 실라누스와 함께 집정관에 함께 당선된 루키우스 무레나(Lucius Murena)를 부정 선거 혐의로 고발했다.

그런데 그 무렵의 법에 따르면, 피고는 자기를 고발한 원고의 행적을 감시하는 대리인을 선임할 수 있었다. 원고가 피고를 고소하려고 자료를 수집하는 과정에서 은밀하게 일을 꾸미는 일이 없도록 감시하고자 함이었다. 따라서 그 대리인은 카토를 따라다니면서 무엇을 하는지 살펴보고 있었다. 그러나 아무리 살펴보아도 카토의 행위에 은밀하거나 불법적인 것이 없었다.

오히려 카토가 피고를 존중하고, 공의롭고 간결한 절차에 따라 깊이 고민하면서 일을 처리하는 것을 본 대리인은 그의 고결한 정신과 성품에 크게 탄복했다. 그때부터 그는 토론의 광장이나 카토의 집으로 찾아가 오늘은 고발과 관련한 일을 하는지를 카토에게 물어본 다음, 카토가 그런 업무가 없다고 말하면 그의 말을 믿고 돌아갔다.

재판이 시작되자 집정관이자 무레나의 변호사인 키케로가 일어났다. 그는 카토가 스토아 철학에 깊이 빠져 있는 것을 빙자하여 스토아 철학자들과 그들이 주장하는 '역설(para-dox)'[13]을 어설프게 인용하다가 오히려 재판장의 웃음거리가

13　'역설'이라 함은 정당한 추론 방법에 따르면서도 일반적으로 인정되고 있는 결론과는 반대되는 논리를 주장함으로써 자기모순에 빠지는 것을 뜻한다. 따라서 역설은 이제까지 인정되고 있던 사고 방법이나 이론의 결함을 폭로함으로써 틀에 박힌 판단의 반성을 촉구한다. 지금까지 남아 있는 키케로의 이 변론에서 그는 카토가 무레나의 유죄를 논박하는 이론이야말로 '역설'이라고 반박했다.

　　　　　　　　소(少)카토

되었다. 들리는 바에 따르면, 키케로의 변론을 들은 카토는 빙긋이 웃으면서 옆에 있던 사람들에게 이렇게 말했다고 한다.

"여보게, 우리의 집정관은 참으로 웃기는 사람이군."

어쨌거나 무죄로 풀려난 무레나는 그 뒤로 카토에게 천박하거나 분별없는 언행을 삼갔다. 무레나는 집정관의 직책을 수행하면서 주요한 문제에 관해서는 카토의 의견을 묻기도 하고, 다른 방법으로도 늘 그에 대한 존경과 신뢰를 보여 주었다. 두 사람 사이가 그렇게 된 데에는 카토의 인격도 한몫했다. 카토는 호민관이나 원로원 의원의 직책을 수행하면서 정의를 지키는 문제에 대해서는 엄격하고 남에게 두려움을 주었지만, 그 밖에서 모든 시민을 상대할 때는 인자하고 친절했다.

22

카토가 호민관으로 취임하기에 앞서 키케로가 집정관으로 있던 동안[기원전 63년]에 카토는 여러 가지 어려운 문제를 해결함으로써 집정관의 권위를 지켜 주었는데, 그 가운데에서도 가장 중요한 것이 카틸리네(Catiline) 사건(제30장 「키케로전」, § 10; 제32장 「카이사르전」, § 7)을 처리한 일이다. 이 사건은 모든 시민에게도 중요한 일이었고, 원만히 처리해야만 모두에게 영광이 주어질 수 있는 일이었는데, 이를 성공으로 이끈 사람이 곧 카토였다.

로마의 국가 체제를 전복하고자 전쟁과 소요로 사회를 이끌어 가던 카틸리네는 키케로의 고발로 유죄 판결을 받고 해외로 도주했다. 그러나 그의 잔당이었던 렌툴루스와 케테구스와 많은 무리가 카틸리네의 비겁함과 소심함을 비난하면서 또 다른 음모를 꾸미고 있었다. 그들은 로마를 완전히 불태우고 민중 봉기와 대외 전쟁으로 로마 제국을 완전히 전복할 계획이었다.

그러나 렌툴루스와 케테구스의 음모가 드러나면서 키케

로가 이 문제를 원로원의 안건으로 회부했다. 먼저 실라누스가 반역자들을 극형으로 처벌해야 한다고 주장했다. 많은 사람이 그의 의견에 동조했다. 그때 카이사르가 반론에 나섰다. 그는 그 무렵 유력한 원로원 의원으로서 어떻게 해서든 로마에 혼란을 부추겨 자신이 집권하겠다는 꿈을 가지고 있었기 때문에 반역자들의 석방을 주장하면서 인간적인 호소로써 민중을 설득했다. 그는 이렇게 말했다.

"저는 재판을 거치지도 않고 시민이 처형되었다는 말을 듣고 싶지 않습니다. 저는 차라리 그들을 감금하는 것이 좋다고 생각합니다."

카이사르의 연설은 민중에게 두려움을 느끼고 있던 원로원의 의견을 바꿔 놓았다. 그렇게 되자 반역자들의 극형을 주장하던 실라누스마저도 입장을 바꾸어 이렇게 말했다.

"저도 그들을 죽이자는 뜻이 아니라 투옥하자는 뜻이었습니다. 로마인으로서 모든 죄악에 대한 '극형'은 감금을 뜻하는 것이기 때문입니다."

23

이렇게 분위기가 뒤집히면서 원로원의 모든 의원이 서둘러 반역자들을 가볍고 인도적으로 처벌하려고 했다. 그러자 카토가 일어나 자기 의견을 피력하면서 격정적이고 분노에 찬 목소리로 매부 실라누스의 변심과 카이사르의 입장을 공격했다. 그는 이렇게 말했다.

"지금 카이사르는 민중과 인도주의를 구실로 내세워 이 나라를 전복하려 하고 있습니다. 그는 지금 자신이 두려워해야 할 일로 원로원까지 두려움에 빠뜨리고 있으며, 나라의 역적을 무죄로 만드는 일에 드러내 놓고 애를 쓰고 있습니다. 이로 보아, 그 역적이 저지른 일의 혐의를 벗겨 무죄로 만들 수만 있다면 그는 더없이 만족할 것입니다.

소(少)카토

이제 조국은 한없이 행복하던 시절을 벗어나 멸망의 위기에 이르렀는데, 카이사르는 그런 조국에게는 아무런 연민이 없습니다. 대신에 그는 지금까지 살아 있어서도 안 되고 차라리 태어나지 말았어야 할 반역자들을 위해 눈물을 흘리면서, 이 나라를 자유롭게 만들고 살육과 참화에서 구출하는 데 제물로 써야 할 반역자들의 죽음을 애도하고 있습니다."

들리는 바에 따르면, 카토의 이 연설은 오늘날까지 전해 내려오고 있는 그의 유일한 문헌이라고 한다. 키케로는 짧고 간단한 기호로써 많은 문자를 신속하게 적는 이른바 속기(速記)에 능숙한 서기들을 이용하여 이 연설문을 기록하도록 힘으로써 오늘날까지 이어져 내려오게 했다. 키케로는 이와 같은 속기사들을 원로원의 여러 곳에 배치해 두었다.

들리는 바에 따르면, 로마에서는 그때까지만 해도 그와 같은 속기사를 보유하지 않았는데, 키케로 이후로 그런 제도가 생겼다고 한다. 어쨌거나 카토는 이날의 연설로 대세를 장악함으로써 원로원의 의견을 바꾸어 놓았고, 끝내 반역자들을 사형시켰다.

24

우리가 누군가의 전기를 쓰면서 그 사람의 성격을 묘사하려면 아주 사소한 이야기도 빼놓아서는 안 된다. 이를테면 카이사르가 카토와 심각한 갈등을 일으키고 있을 무렵, 원로원에서 이 둘이 심각하게 다투는 연설을 한 적이 있었다. 카이사르가 연설을 하고 있는데 누군가 밖에서 들어와 카이사르에게 쪽지를 넘겨주었다.

이를 본 카토는 그것이 어떤 음모와 관련된 것으로 의심하여 카이사르에게 그 쪽지를 읽어 보라고 소리쳤다. 그러자 카이사르가 그 쪽지를 곁에 서 있던 카토에게 넘겨주었는데, 카토가 그것을 받아 읽어 보니 그것은 카이사르와 불륜의 관계를 맺고 있던 자기 여동생 세르빌리아[14]가 카이사르에게 보낸 음탕한 연애편지였다. 이를 본 카토가 편지를 집어 던지면서 이렇게 소리쳤다.

"집어치우시오, 이 술주정뱅이 같으니라고."

그러고서 카토는 다시 연설을 계속했다. 사실 집안 여자들의 문제로 말하자면 카토는 불행한 사람이었다. 포르키아[15]가 카이사르와 바람이 난 사실뿐만 아니라 또 다른 여동생 세르빌리아도 행실이 바르지 않았다. 이 여인은 로마에서 가장 덕망이 높은 루쿨루스의 아내로 아이까지 낳았지만 행실이 바르지 않아 그 집안에서 쫓겨났다. 그보다 더 불행한 일은 카토의 아내 아틸리아도 아이를 둘이나 낳고서도 다른 남자와 바람이 나 카토의 집안에서 쫓겨난 것이었다.

25

이혼한 카토는 필리푸스(Philippus)의 딸 마르키아(Marcia)와 재혼했다. 마르키아는 매우 훌륭한 여자였지만 이 여인에 대해서도 말이 많았다. 카토의 결혼 생활은 마치 연극에서나 벌어질 법한 일과 같아 남의 입에 자주 오르내리지만, 그렇다고 해서 진상을 밝히기도 어렵다. 트라세아(Thrasea)가 카토의 가까운 막료인 무나티우스에게 들은 말이라고 하며 남긴 기록에 따르면, 카토를 사랑하고 존경한 이들 가운데에는 뛰어나게 훌륭한 사람도 많았다고 한다.

그런 인물로서 퀸투스 호르텐시우스(Quintus Hortensius)는 아주 유능한 인물이었다. 이 사람은 다만 카토와 동지의 관계

---

14   이 여인은 아마도 소카토의 작은 여동생인 세르빌리아가 아니라 큰 여동생인 포르키아였을 것이며, 플루타르코스는 이 두 여인의 이름을 혼동하고 있는 것 같다.(제26장 「브루투스전」, § 5 참조) 세르빌리아는 루쿨루스의 아내였다.

15   원문에는 세르빌리아로 되어 있다.

소(少)카토

에 만족한 것이 아니라 서로 연척이 되고 싶었다. 그래서 그는 카토를 찾아가 이미 비불루스(Bibulus)라는 남자에게 시집가 아들을 둘이나 낳은 카토의 딸 포르키아를 자기에게 달라고 요청했다. 그러면서 그는 카토에게 다음과 같이 설득했다.

"좋은 자식을 얻으려면 밭이 좋아야 합니다. 이런 식의 혼인이 남들의 귀에는 어이없는 일처럼 들리겠지만, 자연의 섭리에 따르면 젊고 아름다운 여인이 아이를 더 낳지도 않고 빈둥거리거나, 더 이상 자식을 낳고 싶지도 않은 남자와 살면서 필요 이상으로 애를 낳아 짐만 안겨 주는 것은 국가를 위해서도 명예롭지 않고 바람직하지도 않습니다.

그뿐만 아니라 훌륭한 가문의 여인들이 더 많은 명문가의 남자들과 살면서 또 다른 훌륭한 가문을 이룰 때, 국가는 그와 같은 혼맥(婚脈)을 통하여 더욱 튼튼해질 수 있습니다. 그리고 지금의 남편인 비불루스가 진실로 지금의 아내를 사랑한다면 저와 따님 사이에 아이를 하나만 낳고 되돌려 보낼 수도 있습니다. 그렇게 되면 저와 비불루스뿐만 아니라 저와 카토 가문도 자식들을 끈으로 삼아 더욱 가까워질 수 있을 것입니다."

그러자 카토가 이렇게 대답했다.

"나도 자네를 좋아하고, 그대와 인척 관계를 맺고 싶지만 이미 남의 아내가 된 내 딸과 자네가 결혼한다는 것은 아무래도 어이없는 일이라고 여겨지네."

그러자 호르텐시우스는 전략을 바꾸어 체면도 던져 버리고 대담하게 이렇게 말했다.

"그렇다면 장군의 아내를 저에게 주십시오. 부인은 아직 나이도 젊어 아이를 낳을 수도 있고, 이미 장군에게는 자식이 많지 않습니까?"

들리는 바에 따르면, 그때 마르키아는 임신한 상태였다고 하는데, 카토가 임신한 자기 아내와 잠자리도 함께하지 않는다는 사실을 호르텐시우스가 알고서 그런 말을 했다고 보기는 어렵다. 어쨌거나 호르텐시우스의 요청이 너무나 진지하고 간절하여 카토는 그의 부탁을 거절하지 못하고 이렇게 말했다.

"그러려면 아무래도 내 장인과도 상의해야 하지 않겠나?"

그래서 카토와 호르텐시우스가 카토의 장인을 찾아가 사정을 설명했더니 그가 이렇게 말했다.

"자네들의 뜻이 그렇다면 나도 동의하겠네. 그러나 카토가 보는 자리에서 결혼식을 올리는 것이 아니라면 나는 호르텐시우스와 내 딸의 결혼을 승낙할 수 없네."

그리하여 세 사람은 마르키아를 호르텐시우스에게 시집보내기로 합의했다. 이것은 세월이 흐른 뒤[기원전 56년 무렵]의 일이지만, 카토 가문의 여인들에 관한 이야기를 하려다 보니여기에서 미리 말할 수밖에 없었다.[16]

26

렌툴루스와 그의 무리가 처형되자 원로원에서 비난의 대상이된 카이사르는 민중에게서 자신의 살길을 찾으려 했다. 그는 민중을 선동하는 한편, 나라 안에서 병들고 부패한 여러 무리와 손을 잡았다. 이에 위기를 느낀 카토는 원로원이 가난한 계급이나 토지가 없는 민중에게 양곡을 배급하고 연간 1,250탈렌트에 이르는 예산을 배정함으로써 원로원과 민중이 화해하도록 권고했다. 이와 같은 구호 정책을 통하여 민중으로 말미암아 일어날 수 있는 위험은 거의 모두 제거되었다.

그러한 상황에서 호민관에 오른 메텔루스 네포스가 [기원

---

16 아마도 이때 카토는 법률적으로 마르키아와 이혼했을 것이다. 마르키아는 호르텐시우스와 함께 살다가 그가 죽자 다시 카토에게로 돌아왔다.(이 장의 § 52 참조) 이 이야기는 차마 입에 담기 어려운 추문(醜聞)이다. 그럼에도 이 대목을 주목할 수밖에 없는 것은, 이것이 당시 로마의 난혼(亂婚)의 타락상과 우생학에 대한 고민, 성(性)의 문란 그리고 남성 우월주의의 실상을 잘 보여 주는 문화 인류학적 자료가 되기 때문이다.

소(少)카토

전 62년에] 소란스러운 민회를 소집했다. 그는 [동방에서 폰토스의 왕 미트리다테스를 무찌르고 귀국을 준비하고 있던] 마그누스 폼페이우스를 서둘러 귀국시켜 로마를 통치하도록 하자는 의안을 제출했다. 표면적인 이유는 지금 나라가 카틸리네의 음모 사건으로 위기에 빠져 있다는 것이었지만, 이는 허울 좋은 구실에 지나지 않았다. 진정한 속셈은 나라의 모든 권한을 폼페이우스에게 넘기려는 것이었다.

이를 논의하고자 원로원이 소집되었으나 카토는 평소의 습관대로 네포스를 먼저 공격하지 않았다. 대신에 적절하고 부드러운 충고로 시작하여 간청도 하고, 네포스의 가문이 대대로 명문가였다는 칭찬도 빠뜨리지 않았다. 그런 말을 들은 네포스는 카토가 겁에 질려 몸을 사리는 줄로 잘못 알고 더욱 거칠게 위협하고 목청을 높이며 원로원의 의사와 달리 자기의 뜻을 관철하려 했다. 그제야 카토가 일어나 표정과 목소리와 말씨를 바꾸어 분노하며 이렇게 선언했다.

"내가 살아 있는 한, 폼페이우스는 병력을 이끌고 로마에 들어오지 못할 것입니다."

이러한 상황을 지켜보던 원로원은, 건강한 판단으로 안전한 논리를 펴는 사람은 아무도 없고, 그저 간악한 마음에 미쳐 나라를 온통 파멸과 혼돈으로 이끌어 가려는 네포스와 오로지 정의롭고 옳은 것만을 추구하려는 격정에 사로잡힌 카토의 목소리만 들린다고 생각했다.

27

폼페이우스에게 대권을 줄 것인지 말 것인지를 결정하는 투표일이 되자 네포스를 지지하는 외국인과 검투사와 노예들이 토론의 광장으로 몰려들었다. 세상이 바뀌기를 바라는 심정으로 폼페이우스를 기다리는 사람들도 몰려왔다. 거기에 법정관을 맡고 있던 카이사르의 지지자들까지 합세했다.

그러나 카토를 지지하는 쪽은 대부분 지위가 높은 사람들이었다. 그들은 정적들에게 맞서 싸우기보다는 뭔가 잘못되지나 않을까 하는 두려움에 차 있었고, 결국 카토의 집에 모여 끼니도 거른 채 밤을 지새우며 논의를 계속했다. 그러나 아무런 결론도 나지 않았다. 그러는 동안에 카토의 아내와 여동생들은 울고만 있었다.

그러나 카토는 아무런 두려움도 없이 당당하게 무리를 안심시키고 저녁을 먹은 다음, 평소 하던 대로 잠자리에 들어 깊은 잠을 자다가 동료인 미누키우스 테르무스(Minucius Thermus)가 깨우자 그제야 침상에서 일어났다. 그리고 나서 카토는 몇 사람과 함께 토론의 광장으로 내려갔다.

카토가 만난 많은 사람은 카토를 수행하는 사람들에게 잘 모시라고 당부했다. 카토가 광장에 이르러 발걸음을 멈추고 바라보니 무장한 병사가 카스토르(Castor)와 폴룩스(Pollux)의 신전을 둘러싸고 있는데, 계단에는 검투사들이 앉아 있고, 네포스와 카이사르는 높은 자리에 앉아 있었다. 카토가 곁에 있는 사람들을 돌아보며 이렇게 말했다.

"언제는 그렇게 용맹스럽더니, 무장도 갖추지 않고 호위병도 없는 나 하나를 상대하려고 저토록 많은 군대를 동원한 것을 보면 지금 저 두 사람은 무척 겁을 먹은 게로군."

카토는 테르무스와 함께 곧장 앞으로 걸어 나갔다. 계단에 앉아 있던 무리가 길을 비켜 주었지만 카토 말고는 누구도 입장을 허락하지 않자, 그는 어렵사리 무나티우스의 손을 잡아끌고 위로 올라가 네포스와 카이사르 사이에 몸을 던지듯이 앉아 두 사람의 대화를 막았다.

카이사르와 네포스는 당황했지만, 카토의 당당한 처사와 용맹하고도 고결한 모습을 본 선량한 민중은 카토에게 다가와 용기를 잃지 말라고 격려하면서, 자기들의 자유와 그 자유를 지키고자 애쓰는 사람을 위해 서로 뭉치되 배신하는 일이 없

소(少)카토

도록 하자고 외쳤다.

28

관리가 정령을 들고 나와 읽으려 하는 것을 본 카토가 그의 낭독을 막았다. 네포스가 그것을 받아 읽으려 하자 카토가 그깃을 빼앗았다. 정령의 내용을 외우고 있던 네포스가 그것을 발표하려 하자 이번에는 테르무스가 손으로 그의 입을 막고 발표를 저지했다.

드디어 자신이 민중을 이길 수 없으며, 민중이 자기를 떠나 올바른 길로 가고 있다는 사실을 알게 된 네포스는 멀리서 대기하고 있던 무장 군인들을 불러들여 무섭게 고함을 치며 민중을 둘러싸도록 했다.

이에 카토를 지지하던 민중이 겁을 먹고 흩어지자 카토 혼자만 남았다. 사방에서 몽둥이와 돌멩이가 날아왔다. 그러나 앞서(§ 21) 본 바와 같이, 카토에게 고발되어 법정에 섰던 무레나가 달려와 카토를 구출하여 외투로 보호한 다음, 민중에게 돌멩이를 던지지 못하도록 소리치면서 카토를 부축하여 카스토르와 폴룩스의 신전으로 들어갔다.

그때 호민관 자리가 비어 있고 정적들이 광장에서 달아나는 것을 본 네포스는 자기들이 이긴 줄 알고 병사를 돌려보낸 다음 의젓하게 앞으로 나와 법안을 통과시키려 했다. 그러자 달아나던 그의 정적들이 돌아와 확신에 찬 목소리로 소리치자 네포스 무리는 다시 혼란과 두려움에 빠졌다. 네포스의 무리는 그들의 반대파가 어떤 곳에 장만해 둔 무기를 들고 나와 공격하는 줄로만 알고, 한 사람도 남지 않고 모두 호민관 자리에서 도망했다.

그리고 카토가 앞으로 나와 민중을 격려했다. 대부분의 민중이 무슨 수를 써서라도 네포스의 의도를 좌절시키고자 버티고 있었다. 그러자 이번에는 원로원이 나서서 카토를 지지하며 새로운 정령의 통과를 폐기하고자 투쟁할 것을 선언했다. 그들은 네포스가 추진하는 정령이 로마를 혼란에 빠뜨리고 내전으로 몰아가리라고 확신했다.

29

그러나 아직도 자신의 계획을 포기하지 않은 네포스는 자기 부하들이 카토를 몹시 두려워하고 있기 때문에 그를 이기기는 어렵다 생각하고, 갑자기 광장으로 나가 민중을 모아 놓고 긴 연설로 카토를 비방했다. 그는 이렇게 외쳤다.

"나는 폭군 카토를 비롯하여, 폼페이우스를 제거하려고 음모를 꾸민 사람들 때문에 로마를 떠나지만 여러분은 그토록 위대한 분을 모함한 데 대하여 곧 후회하게 될 것입니다."

그러고서 네포스는 이와 같은 사실을 알려 주고자 폼페이우스를 만나러 아시아로 떠났다. 이 사건을 통하여 카토는 호민관 네포스를 권력에서 몰아내고 그가 대리로 행사하던 폼페이우스의 대권을 무너뜨림으로써 시민들에게서 많은 칭송을 들었다. 그러나 카토는 원로원이 네포스를 호민관 직에서 해임하려는 움직임에 반대하고 자기 뜻을 관철함으로써 더욱 칭송을 들었다.

카토가 네포스를 해임함으로써 완전히 패배한 정적을 더이상 짓밟거나 모욕하지 않은 것은 그가 그토록 인도적이며 절제력을 가진 인물임을 뜻하며, 폼페이우스를 더 이상 자극하지 않은 것은 매우 신중한 처사였다고 민중은 생각했다.

그런 일이 있은 뒤에 카토의 매부인 루쿨루스가 [기원전 66년에] 아시아 원정을 마치고 돌아왔다. 그러나 그가 세운 전공이 폼페이우스에게 돌아가 버렸다. 결국 그는 개선식조차 치르지 못할 상황에 처했다.

일이 그렇게 된 것은 호민관 카이우스 멤미우스(Caius Memmius)가 민중을 선동하여 루쿨루스에 대한 반감을 불러일으키며 그를 고발했기 때문이었다. 멤미우스가 그런 짓을 한 것은 루쿨루스에게 사사로이 나쁜 감정을 품고 있어서가 아니라 폼페이우스에게 영광을 돌리고자 한 탓이었다.

루쿨루스는 여동생 세르빌리아의 남편인 데다가, 이런 처사 자체도 매우 모욕적인 음모라고 생각한 카토는 멤미우스의 행동에 반대하다가 많은 중상(中傷)을 들었다. 카토가 폭정을 저지른다는 이유로 반대파들이 그의 직권을 정지시키려는 지경에 이르기도 했지만, 카토는 끝내 그들이 고발을 취하하고 정쟁을 포기하도록 만들었다. 그리고 루쿨루스를 위한 개선식을 거행함으로써 그와 카토의 연대감은 더욱 굳어졌고, 루쿨루스는 폼페이우스의 공격에서 카토를 보호하는 최고의 방패가 되어 주었다.

30

[기원전 62년에] 폼페이우스는 아시아 원정을 마치고 위풍당당하게 귀국했다. 민중이 그토록 자기를 성대하고 따뜻하게 맞이하는 모습을 본 폼페이우스는 자기가 요구하는 것이라면 무엇이든 민중이 들어주리라고 여겼다. 그는 전령을 보내 집정관의 선거 날짜를 연기해 달라고 원로원에 요청했는데, 이는 자신이 귀국한 뒤에 부관이었던 피소(Calpurnius Piso)를 집정관에 출마시킨 다음 유세를 지원하고 싶었기 때문이었다.

대부분의 원로원 의원이 폼페이우스의 의견으로 기울고 있었지만 카토는 이에 반대했다. 그가 판단하기에 선거 날짜를 늦추는 것 자체는 중요한 일이 아니었다. 무엇보다 폼페이우스의 욕심을 좌절시키는 일이 중요했다. 카토가 이와 같이 폼페이우스의 요구를 반대하자 원로원에서는 폼페이우스의 요구를 부결시켰다.

이는 폼페이우스를 적잖이 당황하게 했다. 카토와 우호관계를 맺지 않으면 그가 자신의 앞날에 커다란 장애가 되리라고 생각한 폼페이우스는 카토의 막료인 무나티우스에게 사람을 보내 카토의 조카 두 사람 가운데 하나는 폼페이우스 자신과 결혼하고 다른 하나는 자신의 며느리로 삼고 싶다는 뜻을 전달했다.

어떤 기록에 따르면, 폼페이우스가 요구한 것은 카토의 조카들이 아니라 그의 두 딸이었다고 한다. 카토와 함께 그 소식을 들은 아내와 여동생들은 조카들이 폼페이우스와 같은 위대한 인물의 아내와 며느리가 된다는 사실을 매우 기쁘게 받아들였다. 그러나 카토는 깊이 생각해 보지도 않고 이렇게 말했다.

"무나티우스, 돌아가서 폼페이우스에게 내 말을 잘 전달하게. 나는 여인들의 침실의 볼모가 되고 싶지 않다네. 나는 폼페이우스의 뜻을 고맙게 생각하네. 만약 그가 나에게 정의롭게 행동한다면 혼맥보다 더 끈끈한 우정을 보여 주겠지만, 나라에 해악을 끼치면서까지 폼페이우스의 영광에 볼모가 되고 싶지는 않다네."

카토의 말을 들은 여인들은 실망했고, 그의 막료는 그 말이 너무 거칠고 고압적이라며 비난했다.

그러나 그런 일이 있은 뒤에 폼페이우스는 자기 막료인 루키우스 아프라니우스(Lucius Afranius)를 집정관에 당선시키려고 여러 부족에게 돈을 보내며 추악하게 뇌물을 뿌렸다.[17] 그의 정원에서는 회계원들이 돈을 세느라 바빴다. 그 이야기를 들은 카토가 아내와 동생들에게 이렇게 말했다.

"내가 폼페이우스와 사돈을 맺었더라면, 나도 지금 어쩔 수 없이 저 짓을 하고 있었겠지."

그 말을 들은 여인들은 카토가 혼인을 거절하기를 잘했다고 생각했다. 물론 지금에 와서 그 결과만 놓고 평가해 볼 때

17　그는 기원전 61년에 집정관에 당선되어 기원전 60년에 취임했다.

　　　　　　　　　　　　　소(少)카토

카토가 폼페이우스와 혼인을 거절한 것은 잘못된 선택이었다고 생각할 수도 있다. 왜냐하면 카토와 혼인 맺기에 실패한 폼페이우스는 카이사르의 사위가 됨으로써 두 사람의 권력이 유대를 맺어 로마가 거의 무너질 지경의 내란에 빠졌고, 국헌(國憲)을 문란하게 만들었기 때문이다.

만약 카토가 폼페이우스의 작은 잘못을 두려워하지 않고 더 큰 잘못을 저지르지 않도록 막았더라면, 그래서 카이사르에게 대권을 안겨 주는 일을 저지르지 않았더라면, 그 뒤의 비극은 일어나지 않을 수도 있었을 것이다.

31

그러나 이와 같은 일은 그 뒤에 일어난 것이다. 어쨌든, 그러는 동안에 루쿨루스와 폼페이우스가 폰토스에 대한 정책을 둘러싸고 서로 자기주장만을 고집하다가 마침내 충돌하자 카토가 루쿨루스의 편을 들었다. 카토가 보기에 루쿨루스에게 억울한 점이 있었기 때문이다.

그 문제를 둘러싸고 원로원에서 패배한 폼페이우스는 민중의 지지를 얻을 속셈으로 군인들에게 토지를 분배하자고 발의했다. 이 의안마저 카토의 반대로 부결되자 폼페이우스는 다시 가장 과격한 민중파 지도자였던 클로디우스를 자기편으로 끌어들이는 한편, 카이사르와 손을 잡았다.

그런데 일이 이렇게까지 악화한 데에는 카토에게도 책임이 있었다. 곧 [기원전 60년 여름에] 카이사르는 스페인 총독을 마치고 귀국하면서 집정관에 출마도 하고 개선식도 거행하고 싶었다. 그러나 그 무렵의 법률에 따르면, 어떤 공직에 출마하려는 사람은 반드시 그 시간에 그 도시에서 살고 있어야 하는데, 개선식을 올리기로 한 장군은 그에 앞서 로마에 들어올 수 없게 되어 있으니 상황이 난감했다.

그렇게 되자 카이사르는 어떤 방법으로든 자신이 로마에

입성하여 집정관 선거 운동을 할 수 있도록 허락해 달라고 요청했다. 많은 사람이 카이사르의 요구에 동정적이었지만 카토는 이번에도 반대했다. 카이사르가 살펴보니, 원로원이 카이사르를 돕는 정령을 통과시키려 하자 카토가 온종일 연단에서 연설을 함으로써 그들의 의도를 좌절시켰다. 그러자 카이사르는 개선식의 거행을 포기하고 로마로 들어와 폼페이우스와 손을 잡은 뒤 집정관 선거에 뛰어들었다.

집정관에 당선된 카이사르는 [자신보다도 여섯 살 위인] 폼페이우스에게 자기의 딸 율리아를 시집보냄으로써 끈끈한 유대를 맺고 반국가적인 일을 도모하기 시작했다. 먼저 폼페이우스는 가난한 사람들에게 토지를 분배해 주는 법안을 제출하고, 카이사르가 이를 지지했다.

그러자 이번에는 루쿨루스와 키케로가 카토의 또 다른 사위인 집정관 비불루스와 손을 잡고 토지법에 반대했다. 무엇보다도 카이사르와 폼페이우스의 연합 동기가 불순하다고 생각한 카토는 이렇게 공언했다.

"가난한 사람들에게 토지를 나누어 준다는 것을 두려워할 일은 아니지만, 민중의 호감을 얻을 속셈으로 그들에게 토지를 주려는 사람들의 의도가 두렵다."

32

카토의 개탄을 들은 원로원은 만장일치로 그의 의견에 동조했다. 원로원 밖에 있던 사람들도 카이사르의 이상한 행동을 불쾌하게 여겨 카토를 지지했다. 카이사르는 집정관 자리에 올랐음에도 무모하고 오만한 호민관들이나 꾸밀 법한 정치적 술수를 쓰고 있었다. 결국, 카이사르를 지지하는 일당은 상황이 불리해짐을 느끼고 폭력을 동원했다.

먼저 비불루스가 토론의 광장으로 걸어 내려가자 민중은 그에게 오물을 퍼부었다. 군중은 호위병을 공격하여 그의 부월(斧鉞)을 부러뜨렸고, 화살을 쏘아 많은 사람이 다쳤다. 원로원 의원들이 모두 도망하고 오직 카토만이 마지막으로 걸어 나오면서 군중을 돌아보며 꾸짖었다.

결국 토지 분배령이 통과되었다. 거기에는 모든 원로원 의원이 그 법안을 지지하며, 누가 반대하더라도 자신들은 카이사르를 지지할 것을 엄숙하게 선서하면서 그러한 선서를 거부하는 의원은 무거운 벌을 받을 것이라는 구절까지 붙어 있었다.

그리하여 강제로 그런 선서를 하게 된 의원들은 지난날 [기원전 100년에] 그와 같은 선서를 거절했다는 이유로 민중의 손에 이탈리아에서 추방된 카이킬리우스 메넬투스(Caecilius Metellus)의 운명(제40장 「마리우스전」, § 4, 29)을 회상했다. 집안의 여인들이 울며불며 카토에게 고집을 버리고 선서하라며 애원했고, 막료와 친구들도 같은 말을 했다. 그러나 카토가 그와 같이 선서하도록 결정적으로 설득한 사람은 키케로였다. 그는 이렇게 말했다.

"민중의 보편적인 생각을 나 혼자만 따를 수 없다고 생각하는 것은 잘못된 일일 수 있소. 지난날에 이루어진 것을 아무 것도 바꿀 수 없는 이와 같은 상황에서 절망적으로 행동하는 것은 이성을 갖추지 못하고 저지르는 미친 짓이나 다름없소. 더욱이 이미 모든 노력을 기울인 지금에 와서, 조국을 저버리고 조국의 운명을 정적에게 맡긴 채 조국을 지키려던 투쟁을 마치 홀가분한 듯이 벗어 버리는 것은 커다란 죄를 짓는 일이오. 설령 그대가 로마를 더 이상 필요로 여기지 않을지라도 로마는 아직 그대를 필요로 하고 있다오. 다른 막료의 생각도 모두 같습니다. 그런 당신의 친구들 가운데 나 키케로에게는 당신이 더욱 소중하오. 왜냐하면 호민관이라는 직책을 이용하여 클로디우스가 드러내 놓고 공격하는 대상이 바로 나이기 때문이오."

들리는 바에 따르면, 토론의 광장과 집안에서 들어온 말이 일치하자, 드디어 카토는 마음을 누그러뜨리고 그들에게 몸을 굽혔다고 한다. 그는 앞으로 나아가 카이사르의 정령을 따를 것을 선서하면서도 자신의 가까운 막료인 화보니우스에게는 선서를 하지 못하도록 막았다.

33

이번의 승리로 용기를 얻은 카이사르는 캄파니아(Campania)의 모든 땅을 가난한 사람들에게 나누어 주는 또 다른 법을 발의했다. 아무도 반대하는 사람이 없었으나 이번에도 카토만이 반대하자, 카이사르는 그를 연단에서 끌어 내려 투옥하라고 지시했다. 카토는 끌려 나가면서도 자기의 뜻을 굽히지 않고 카이사르가 발의한 법을 반대하면서 민중에게 그러한 입법을 막으라고 충고했다.

원로원 의원들이 고개를 숙이고 카토를 따라나서자 지혜로운 민중도 말없이 그를 따랐다. 민중이 고통스러워하는 모습을 보며 카이사르는 그들이 자기의 법안에 동의하지 않고 있음을 알았다. 그럼에도 그는 소신을 굽히지 않고, 카토가 오히려 고집을 꺾고 자기에게 빌거나 굽히리라 기대하면서 감옥에 끌려가는 것을 내버려 두었다.

그러나 카토에게서 그럴 기미가 전혀 보이지 않자 카이사르는 자신의 처사가 부끄럽기도 하고, 한편으로는 자존심도 상하여 민중 호민관에게 은밀히 사람을 보내 카토를 풀어 주도록 지시했다.

한편, 카이사르의 무리는 토지 분배법과 또 다른 호의적 조치를 통해 민중을 현혹시켰고, 민중은 4개 군단의 병력을 이끌고 일리리아와 갈리아를 5년 동안 통치하게 될 총독으로 카이사르를 임명했다. 카토는 민중이 폭군을 선출했다고 경고했지만, 카이사르의 편이었던 민중은 푸블리우스 클로디우스가 민중 호민관으로 출마할 수 있도록 그의 신분을 귀족에서 평

소(少)카토

민으로 낮춰 주었다.[18]

　푸블리우스 클로디우스는 키케로를 추방한 공로로 호민관에 당선되자 민중의 비위를 맞추고자 정치적 영향력을 행사했다. 민중은 또한 [기원전 58년에] 카이사르의 네 번째 장인인 칼푸르니우스 피소와 아울루스 가비니우스(Aulus Gabinius)를 집정관으로 뽑았는데, 시민의 말을 빌리면 가비니우스는 "폼페이우스의 무릎 위에서 놀던 사람"으로 폼페이우스의 삶을 잘 알고 있었다고 한다.

34

카이사르의 무리가 이처럼 온당하지 않은 방법으로 권력을 잡자 어떤 사람들은 그를 존경해서, 그리고 어떤 사람들은 그가 무서워서 그를 따랐다. 그러나 다들 내심으로는 카이사르만큼 카토를 두려워하고 있었다. 카토를 상대로 이기더라도 그 과정은 매우 어렵고 까다로웠으며, 그가 반대하는 법령을 추진할 때는 자신들의 본래 의도를 드러내야 할 정도로 밀어붙이지 않으면 뜻을 이룰 수 없었다.

　클로디우스는 또한 카토가 로마에 머물고 있는 한, 자기의 가장 중요한 정적 가운데 하나인 키케로를 쓰러뜨릴 수 없다고 판단하여, 호민관에 취임하자 카토를 초청한 뒤 다음과 같이 제안했다.

　"저는 평소에 장군을 로마에서 가장 고결한 분이라고 생각해 왔는데, 이제 장군께서는 이를 입증할 기회가 되었습니다. 그래서 지원자도 많지만 이번에 장군을 키프로스의 정벌 사령관으로 파견하여 프톨레마이오스왕[19]을 정복하고자 합니

18　호민관은 민중 호민관과 군부 호민관(군무 위원)의 두 종류가 있었는데, 그 무렵의 법에 따르면 귀족은 민중 호민관에 출마할 수 없었다.

19　이 사람은 클레오파트라의 아버지인 이집트의 왕 프톨레마이오스 아울레테스의 동생인데, 젊은 날에 클로디우스와의 다툼으로 원한이 맺힌 터

다. 제가 보기에 카토 장군께서만이 이 일을 수행할 수 있다고 여겨 기꺼이 부탁드립니다."

클로디우스의 제안을 들은 카토가 버럭 소리를 질렀다.

"이는 나에 대한 호의가 아니라 함정이자 모욕이오."

그러자 클로디우스가 본색을 드러내며 오만하고 무시하는 듯이 대꾸했다.

"그래요, 당신이 이를 호의로 받아들이지 않는다면, 이번 원정을 당신에 대한 처벌로 알고 떠나시오."

말이 끝나자마자 클로디우스는 민회로 달려가 카토를 키프로스로 파견하는 정령을 통과시켰다. 그뿐만 아니라 카토가 떠날 때 클로디우스는 그에게 함선이나 군대나 시종도 주지 않고 두 명의 하인만 딸려 보냈는데, 그 가운데 하나는 지난날 도적질하던 사람이었고 다른 하나는 클로디우스의 하인이었다.

클로디우스는 그러고도 카토에게 맡긴 키프로스와 프톨레마이오스의 정복 임무가 너무 가볍다고 생각했던지, 비잔티온으로 망명한 무리를 잡아 로마로 돌려보내라고 지시했다. 클로디우스는 이렇게 함으로써 자신이 호민관으로 재직하는 동안 카토가 자기의 앞길을 막는 일이 없기를 바랐다.

35

카토는 이와 같은 곤경을 치르면서도, 정적들에게 추방의 위협을 받고 있는 키케로를 찾아가, 파벌을 지어 로마를 전쟁과 유혈의 도시로 만들기보다는 때를 기다리면서 다시 조국을 구원할 기회를 찾으라고 권고했다.

카토는 또한 막료인 카니디우스(Canidius)를 먼저 키프로스로 보내, 프톨레마이오스가 전쟁을 하지 않고 자기의 왕국

여서 클로디우스는 카토를 원정군으로 파견하되 카토가 이기면 원한을 갚고, 카토가 지면 그를 제거한다는 계책을 꾸몄다.

소(少)카토

을 포기하면 로마는 그를 파포스(Paphos)에 있는 아프로디테의 신전 제사장으로 임명하여 돈과 명예를 누릴 수 있게 해 주겠노라고 약속했다. 그런 전갈을 보낸 다음, 카토는 로도스섬에서 출항을 준비하며 그의 답변을 기다렸다.

그 무렵에 이집트의 프톨레마이오스는 알렉산드리아의 시민과 다툼을 일으켜 도시를 온통 분노로 들끓게 만들더니 쫓겨나다시피 로마로 오고 있는 중이었다. 프톨레마이오스는 폼페이우스와 카이사르에게 부탁하여 그들이 무력으로 자기의 왕위를 되찾아 주기를 바랐다.

프톨레마이오스는 먼저 카토에게 사람을 보내 만나고 싶다는 뜻을 전달했다. 그쯤 되면 카토가 자기를 찾아오리라고 그는 기대하고 있었다. 그러나 마침 그 무렵 카토는 몸이 아파 갈 수 없으니 왕이 오라고 부탁했다. 이집트 왕이 카토를 찾아오자 그는 왕을 맞이하러 밖으로 나오기는커녕 침대에서 일어나지도 않은 채 일반인을 만나듯이 하며 자리에 앉으라고 권고했다.

카토를 처음 보았을 때 이집트 왕은 그런 방식의 손님 마중에 당황했으나, 그가 그토록 오만하고 매정하게 손님을 맞이하면서도 그의 차림새가 너무도 수수한 것에 놀랐다. 그리고 왕은 카토와 함께 자기의 처지에 관한 이야기를 하면서 그의 지혜로움과 용기에 흠뻑 빠져들었다. 카토는 그에게 이렇게 말했다.

"대왕께서는 잘못된 길로 들어섰습니다. 대왕께서는 엄청난 행복을 제 발로 걷어찼으며, 부패와 탐욕에 젖은 로마의 지도자들과 거래함으로써 스스로 적지 않은 굴종과 고통을 겪고 있습니다. 그런즉 대왕께서는 어서 배를 타고 고국으로 돌아가 백성들과 화해하시기 바랍니다. 만약 바라신다면 나도 함께 가서 그들과 화해하는 일을 도와 드리겠습니다."

카토의 말을 들은 프톨레마이오스는 마치 정신병을 앓다

깨어난 사람처럼 마음을 다잡으면서 카토가 얼마나 진지하고 고결한 사람인가를 깨달았다. 왕은 카토의 충고를 따르기로 결심했지만, 신하들의 말을 듣고 나서는 다시 처음에 생각했던 대로 폼페이우스와 카이사르를 찾아가 도움을 요청하기로 결심했다.

그러나 프톨레마이오스는 로마에 도착하여 관리의 대문을 들어서면서 자신의 잘못된 결심을 한탄했다. 프톨레마이오스는 자신이 현자(賢者)의 말을 거역한 것이 아니라 신이 경고하는 계시를 거역하고 있다고 확신했다.

36

결국 프톨레마이오스는 독약을 마시고 자살했다. 그러나 이는 카토에게는 행운이었다. 그의 유산이 엄청나다는 소문을 들은 카토는 비잔티온으로 떠나면서 조카 브루투스(Junius Brutus)를 키프로스로 보내 유산을 독촉하도록 했는데, 이는 카니디우스를 믿지 못해서였다.

카토는 비잔티온에서 망명객들과 그곳 시민을 화해시켜 화목하게 만든 다음 키프로스로 건너갔다. 그곳에 이르러 보니 술잔, 탁자, 보석, 자주색 제의(祭衣) 등 왕실의 보물이 엄청나게 많았다.

카토는 이것들을 팔아 현금을 만들어야 했다. 카토는 이 재산을 정확히 감정하여 가장 비싼 값을 받아야 한다는 생각에 모든 물건을 몸소 감정하여 값을 매겼는데, 이는 그가 시장에서 이런 문제를 다루는 데 능숙한 사람들을 믿지 못했기 때문이었다.

카토는 사무원과 경매자와 구매자와 막료까지도 의심하여, 끝내는 스스로 구매자와 개인적으로 흥정하여 가장 비싼 값을 받는 데 성공했다. 그러나 카토의 이와 같은 판매 방법은 막료들에게 상처를 주었다. 카토의 막료들은 그가 자기들을

425

믿지 못해 저런다고 생각했고, 가장 가까운 막료였던 무나티우스는 너무 화가 나 그와 거의 관계를 끊을 정도가 되었다. 그리하여 카이사르는 『반(反)카토론』를 쓰면서 이 부분을 가장 통렬하게 비난했다.

37

그러나 무나티우스의 말에 따르면, 무나티우스가 카토에게 분노한 것은 카토가 자기를 믿지 않아서가 아니었다. 그가 자기에게 사려 깊지 않게 처신했다는 점과 카토가 카니디우스에게 보인 호의에 질투를 느꼈기 때문이었다는 것이다. 무나티우스도 카토에 관한 책을 썼는데, 트라세아의 글은 대체로 그 책을 참고하여 쓴 것이다. 그 책에는 무나티우스의 다음과 같은 이야기가 나온다.

"그때 나는 다른 사람들보다 늦게 키프로스에 도착했는데, 가서 보니 내가 생활할 수 있는 것들이 전혀 준비되어 있지 않았다. 더욱이 내가 카토를 만나러 갔을 때 그는 안에서 카니디우스와 만나느라고 나를 곧바로 만나 주지 않아 더욱 화가 치밀었다. 그뿐만 아니라 그는 내가 제안하는 것마다 적절한 대답을 해 주지 않았다."

그런데 카토는 무나티우스가 질투를 일으킬 만한 상황들을 여러 가지로 설명하면서 다정한 말투로 이렇게 말했다고 한다.

"[아카데미아 출신의] 테오프라스토스가 말한 것처럼, 자네는 나에 대한 애정이 너무 깊어서 자신은 그만한 애정을 받지 못한다고 느낀 것이라네. 내가 다른 사람보다 카니디우스에게 더 많은 일을 맡긴 것은, 내가 그를 겪어 보니 믿을 만한 사람이었기 때문이었다네. 그는 이곳에 제일 먼저 와서 매우 청렴하게 일을 처리했거든."

이와 관련하여 무나티우스는 다음과 같이 말하고 있다.

"그 이야기는 나와 카토 사이에 사사로이 한 말인데 카토가 이를 카니디우스에게 말해 버렸다. 따라서 그 이야기를 들은 뒤로 나는 카토가 입이 가벼운 사람이라 생각하여 그와 식사를 하지도 않고, 찾아가지도 않았으며, 불러도 회의에 참석하지 않았다. 카토는 로마법의 명령 불복종죄로 나를 다스리겠다고 위협했지만 나는 상관하지 않고 키프로스를 떠났고, 오랫동안 카토에 대한 분노를 참을 수 없었다. 그러자 그 무렵까지 카토와 함께 살고 있던 그의 아내 마르키아가 나와 화해하라고 남편에게 말했다.

그러던 어느 날 카토와 무나티우스가 우연히 함께 바르카 (Barca)의 저녁 식사에 초대를 받았다. 다른 사람들이 모두 자리를 잡은 뒤에 그들보다 늦게 도착한 카토를 본 바르카는 그에게 좋은 곳에 누우라고 말했다.[20] 누울 곳을 찾던 카토는 나의 옆에 자리를 잡았다. 그러나 식사를 하는 동안에 우리는 더 이상 어떤 우정 어린 이야기도 나누지 않았다.

그런 일이 있은 뒤에 마르키아가 다시 남편 카토에게 나와 화해하라고 부탁하여, 그 말을 들은 카토는 나와 상의할 일이 있으니 만나자고 편지를 보내왔다. 그리하여 나는 아침 일찍 그의 집에 도착하여 다른 손님들이 갈 때까지 마르키아에게 잡혀 있었다. 그때 카토가 나오더니 두 팔을 벌려 나를 껴안고 입을 맞추면서 온갖 친절을 베풀었다."

내가 생각하기에, 위에서 본 바와 같은 인간적인 사건들은 무슨 위대한 업적이나 공무(公務)보다도 사람의 성품을 더 잘 보여 주는 것이라고 생각되어 여기에서 이렇게 길게 인용했다.

38

카토는 프톨레마이오스왕의 재물을 팔아 7천 탈렌트를 만들

---

20 그 무렵의 귀족들은 긴 의자에 반쯤 누워 이야기를 나누거나 느긋하게 식사를 즐겼다.

소(少)카토

었다. 그러나 갈 길이 멀어 위험하다 생각한 그는 많은 금궤를 만들어 각기 2탈렌트 5백 드라크마를 담은 다음, 거기에 다시 긴 끈을 매고 그 끝에 참나무 껍질로 만든 부표(浮標)를 붙였다. 이는 배가 침몰해도 그 장소를 쉽게 알아볼 수 있도록 하고자 함이었다.

아주 적은 손실이 있었지만, 그는 무사히 금궤를 운송했다. 그러나 카토는 보물의 매매 과정을 자세히 기록한 장부를 두 부 만들었는데 그 둘 모두를 잃어버리고 말았다. 곧 그 장부들 가운데 한 부는 해방 노예인 휠라르기루스(Phylargyrus)가 보관하고 있었는데, 그의 배가 켐크레아이(Cemchreae)에서 출발한 뒤에 침몰하여 장부까지 모두 잃었다. 다른 한 부는 카토가 직접 코르키라(Korcyra)까지 가지고 와서 광장의 막사에 잘 보관하고 있었다.

그런데 그날따라 날씨가 몹시 추워, 선원들이 밤중에 불을 피우다가 그 막사에 불이 붙어 장부까지 모두 타 버렸다. 다행히 왕실 비서가 카토의 정적들의 입을 막아 주어 장부가 없어진 데 대한 중상을 겪지는 않았지만, 카토는 이 문제로 많이 고민했다. 그는 이 장부를 통해 자신이 얼마나 청렴한가를 보여 주고 싶었던 것이 아니라 장부란 이렇게 정확히 기록하는 것임을 보여 주고 싶었는데, 그것이 모두 불타 없어짐으로써 그 꿈이 깨져 상심했던 것이다.

39

[기원전 56년에] 카토의 함선이 돌아온다는 소식을 들은 로마의 모든 관리와 사제와 원로원 의원과 많은 시민이 티베리스강변에 나와 그를 맞이했는데, 사람에 가려 강둑이 보이지 않을 정도였다. 로마로 들어오는 그의 모습은 개선식만큼이나 장관을 이루었다.

집정관과 법정관들이 강변에 서 있었지만, 카토는 배에서 내려 그들과 인사를 나누지 않았다. 육단 노(六段櫓)의 왕실 노예선을 탄 그는 그대로 그들 앞을 지나 선착장까지 곧장 나아 갔다. 그 모습을 보면서 어떤 사람들은 그가 정중하지도 않으며 뻣뻣한 인물이라고 생각했다.

그러나 카토가 가져온 노획물이 광장에 하역되자 민중은 그 규모에 놀랐다. 원로원은 특별 회의를 소집하여 카토를 높이 치하하는 한편, 그를 특별 법정관으로 임명하고,[21] 그가 민중을 만날 때는 자주색 단(緞)을 두른 외투를 입을 수 있도록 했다. 그러나 카토는 이러한 특전을 모두 사양하며, 다만 프톨레마이오스의 시종 니키아스(Nikias)가 매우 정중하고 충직한 사람임을 설명한 다음 니키아스에게 자유를 허락해 달라고 요청했다.

그 무렵에 카토의 아내인 마르키아의 아버지 필리푸스가 집정관이었으므로 장인의 위엄과 권한이 사위에게 어떤 방식으로든 영향을 미쳤을 것이다. 그러나 필리푸스의 동료 집정관도 카토와 가까운 사이였고, 그는 필리푸스에 못지않게 카토의 덕망을 칭송했다.

40

[기원전 57년에] 호민관 클로디우스에 의해 추방되었던 키케로가 16개월 만에 돌아왔다. 원로원에 막강한 영향력을 행사하고 있던 키케로는 클로디우스가 없는 틈을 타 클로디우스가 신전의 언덕에 보관하고 있던 공문서들을 강제로 빼내어 모두 파기해 버렸다. 이 문제를 다루고자 원로원이 소집되었고, 클로디우스가 키케로를 고발했다. 그러자 키케로가 일어서서 이렇게 말했다.

---

21   그 무렵 법정관은 원로 정치인들이 맡는 자리였는데 카토는 서른아홉의 젊은 나이여서 자격이 없었기 때문에 특별 법정관으로 임명했다.

"클로디우스는 [귀족에서 평민으로 신분을 바꾸어] 호민관에 당선된 것부터가 불법이므로 그가 재임하는 동안에 처리한 행위와 기록도 모두 무효화해야 합니다."

이에 카토가 일어나 키케로의 말을 끊고 이렇게 말했다.

"내가 생각하기에, 클로디우스의 정무 가운데 온당하고 훌륭한 것이 하나도 없다 하더라도, 그가 호민관으로 재직하는 동안에 처리한 모든 일을 무효로 만든다면 내가 키프로스에서 수행한 전쟁도 무효로 하고 불법적인 행위가 되어야 합니다. 왜냐하면 나의 원정은 불법적으로 임명된 관리의 지시에 따라 이루어진 것이기 때문입니다. 클로디우스는 합법적으로 귀족에서 평민으로 신분을 바꾸어 호민관에 당선되었으므로 그의 당선은 합법적이었습니다. 만약 그가 나쁜 관리였다면, 다른 사람들의 경우와 마찬가지로, 그와 같은 나쁜 관리를 선출한 사람들에게 책임을 물어야 하고, 그렇게 당선된 나쁜 관리의 정무를 무효화시켜서는 안 됩니다."

카토의 이와 같은 연설 때문에 키케로는 그에게 원한을 품고 말도 하지 않고 지내다가 얼마 동안의 세월이 흐르고 나서야 화해했다.

41

이런 일이 있고 나서 [기원전 56년에] 폼페이우스와 크라수스는 갈리아 정벌을 마치고 돌아오는 카이사르를 루카에서 만났다. 세 사람은 폼페이우스와 크라수스가 집정관에 출마할 경우 서로 유세를 도와주되, 그 대가로 두 사람은 집정관이 되고 나면 카이사르를 다시 처음과 같이 5년 동안 갈리아 총독으로 임명하여 거대한 영지와 돈과 병력을 준다는 데 합의했다. 이는 크라수스와 폼페이우스와 카이사르 세 사람이 권력을 나누어 가짐으로써 국헌을 문란하게 하려는 음모였다.

많은 사람이 집정관에 출마하고자 했으나 폼페이우스와

크라수스가 출마한다는 말을 듣고 겁에 질려 희망을 접었다. 그러나 카토의 여동생 포르키아의 남편 루키우스 도미티우스 (Lucius Domitius)는 그러한 위협에 굴복하지 않고 집정관에 출마했다. 그때 카토가 도미티우스에게 이렇게 말했다.

"선거를 포기하면 안 되네. 왜냐하면 이것은 집정관을 차지하려는 투쟁이 아니라 로마인들의 자유가 걸린 문제이기 때문일세. 아직은 우리 사회에서 제정신을 가진 사람이라면 폼페이우스와 크라수스가 손을 잡고 권력을 휘두르며 시민을 억압하는 일을 막아야 한다고 말하고 있다네. 따라서 그 두 사람 가운데 하나는 떨어져야 하네. 우리는 힘을 합쳐 그대가 저들에게 맞서는 싸움을 도울 것이네. 지금 민중은 겁에 질려 아무 말도 못 하고 있지만 막상 선거가 시작되면 많은 사람이 그대를 도울 것이네."

카토가 한 말은 폼페이우스의 무리가 진실로 두려워하던 일이었다. 그리하여 그들은 도미티우스가 이른 아침에 횃불을 들고 군신의 광장으로 갈 때 병사를 매복시켜 두었다가 횃불을 들고 앞장서서 오는 사람을 공격하여 죽여 버렸다. 그 뒤를 따라오던 많은 사람이 상처를 입고 모두가 도망하여, 카토와 도미티우스만 남았다. 카토 자신도 팔에 상처를 입었지만, 도미티우스를 붙잡고 그 자리에 서서 소리쳤다.

"이 자리를 피하여 도망하지도 말고, 우리의 숨이 붙어 있는 날까지 폭군에게서 자유를 지키려는 우리의 투쟁을 포기해서도 안 되네. 지금 이 상황은 저들이 집정관에 오른 뒤에 그 권력으로 어떤 범죄를 저지를지 이미 잘 보여 주고 있네."

42

그러나 도미티우스는 그러한 위험을 감당하지 못하고 집으로 도망쳐 들어가, [기원전 55년에] 폼페이우스와 크라수스가 집정관에 당선되었다. 그러나 카토는 그들과의 싸움을 포기하지

소(少)카토

않고 법정관에 출마했다. 어차피 정적과 맞서려면 개인 신분으로 싸우는 것보다는 그런 자리를 맡는 것이 더 유리하다고 생각했기 때문이었다.

카토가 법정관이 되면 자기들의 집정관 역할에 장애가 될 것이라고 여긴 그들은 카토의 당선을 두려워했다. 그래서 그들은 먼저 많은 사람이 모르게 갑자기 원로원을 소집하여, 법정관은 당선되자마자 곧 그 자리에 취임한다는 법을 통과시켰다. 그들이 이러한 법을 통과시킨 이유는 자기들 편에 있던 사람이 뇌물을 주고 법정관에 당선되었을 때 시민들이 고소함으로써 취임이 늦어지는 일이 없도록 하려는 속셈이었나.

그다음 단계로 폼페이우스의 무리는 뇌물을 제공한 후보자에게 책임을 묻지 않는다는 법안을 통과시킨 뒤에 자기 심복과 막료를 법정관으로 출마하도록 했다. 그들은 많은 뇌물을 뿌리면서 투표장 옆에 서서 투표를 감시했다.

그러나 그와 같은 수단을 썼음에도 카토의 덕망과 명성이 더 높았다. 시민들은 돈을 주고서라도 카토를 모셔 와서 법정관이 되어 달라고 부탁해야 할 자신들이 오히려 뇌물을 받고 법정관 자리를 팔아먹고 있다는 사실을 부끄러워하고 있었다. 그리하여 로마의 세 부족 가운데 첫 번째 부족인 람네스(Ramnes)족이 카토에게 찬성 투표를 했다.

그러자 갑자기 폼페이우스는 거짓으로 천둥소리를 들었다고 선언하면서 매우 치욕적인 방법으로 선거를 중단시켰다. 그 시대에는 국가에서 무슨 행사를 치를 때 천둥이 치는 것은 상서롭지 못한 일이라고 여겨, 하늘에서 노여움을 푸는 징조가 다시 나타날 때까지 공무를 미루는 것이 관례였다. 그런 다음 그들은 다시 엄청난 뇌물을 뿌려 선량한 시민을 군신의 광장에서 몰아내고 카토가 아닌 바티니우스(Vatinius)를 법정관으로 뽑았다.

들리는 바에 따르면, 돈에 매수되어 바티니우스에게 투표한 무리는 마치 쫓기듯이 집으로 돌아갔고, 함께 무리를 지어 분노를 토로하던 남은 무리는 어느 호민관의 지시에 따라 광장에 모여 카토의 연설을 들었다고 한다. 그때 카토는 마치 하늘의 계시라도 받은 듯이 로마의 앞날에 닥칠 운명을 예언했다. 그는 이렇게 말했다.

"폼페이우스와 크라수스는 나 카토를 두려워하여 그토록 은밀하게 일을 꾸몄으니 시민 여러분은 그들을 믿지 마십시오. 그들은 내가 법정관이 되어 시민을 위해 일할 수 있는 길을 막으려 했습니다."

연설을 마치고 그가 집으로 돌아올 때, 법정관에 당선된 바티니우스를 따르는 사람들보다 더 많은 무리가 그를 호위하며 따라갔다.

43

그 무렵에 카이우스 트레보니우스(Caius Trebonius)가 법안을 제출했다. 그 내용을 보면, 크라수스와 폼페이우스에게 영지를 나누어 주되 한 사람에게는 스페인과 아프리카를, 다른 한 사람에게는 시리아와 이집트를 주고, 그들이 선택하는 나라와 전쟁을 일으킬 수 있는 권리를 줌으로써 그 나라를 정복하도록 허락하자는 것이었다.

반대파 사람들은 그런 법안을 감히 저지할 엄두도 내지 못한 채 입을 다물고 있는데, 표결하기에 앞서 카토가 겨우 기회를 얻어 연단에 올라 두 시간 동안 열변을 토했다. 논박하고 설명하고 예언하는 그에게 허락된 두 시간이 지나자, 관리가 단상으로 올라오더니 발언을 계속하려는 그를 끌어 내렸다. 그러나 카토가 연단에서 내려와서도 소리를 지르니 그의 말을 듣던 사람들이 함께 분노했다. 그러자 관리가 다시 그를 광장 밖으로 끌고 나갔다.

그러나 그곳에서 관리가 카토를 놓아주자 그는 다시 연단

소(少)카토

으로 올라가려 애를 쓰면서 시민들은 자기의 의견에 따르라고 호령했다. 이런 실랑이가 몇 번이나 되풀이되자 화가 난 트레보니우스는 그를 감옥에 처넣으라고 지시했다. 그러나 오히려 민중이 카토를 따라가며 그의 말에 귀를 기울였고, 겁이 난 트레보니우스는 그를 풀어 주도록 했다.

그날 카토는 그렇게 하루를 보냈다. 그러나 그다음 날부터 그의 정적들은 몇몇 시민을 협박하거나 매수하거나 특혜를 주는 한편, 호민관 아퀼리우스(Aquillius)를 원로원 회의실에 가두었다. 광장에서는 카토가 천둥이 친다고 소리치다가 그대로 끌려나갔다. 결국, 몇몇 시민이 나치고 실제로 몇 사람이 죽으면서 그 법안은 끝내 통과되었다.

많은 사람이 무리를 지어 폼페이우스의 동상에 돌을 던졌다. 그러자 카토가 달려와 민중을 말렸다. 그러나 카이사르에게 몇몇 지방과 군대를 배정하는 법안이 다시 제출되자 이제 카토는 더 이상 민중에게 호소하지 않고 곧바로 폼페이우스에게 엄숙하게 경고했다. 그는 이렇게 말했다.

"폼페이우스 장군, 지금 장군께서는 모르고 있지만, 그대는 카이사르를 어깨에 짊어지고 있는 것과 같습니다. 시간이 지나면 장군께서는 그것이 짐이 되어 벗어던지고 싶어지는 날이 오겠지만, 그때는 그것을 벗을 힘도 없고 지고 갈 힘도 없어 쓰러질 터인데, 그렇게 되면 그 짐은 온통 로마에 쏟아질 것입니다. 그렇게 되면 나의 말이 생각날 것입니다. 이 말은 로마를 위해 명예롭고 정의로운 것에 못지않게, 장군께도 유익한 충고가 될 것입니다."

폼페이우스는 그와 같은 충고를 여러 번 들었지만 무시하고 흘려버렸다. 자신의 행운과 권력을 너무 믿었던 그는 카이사르가 뒷날 상황을 뒤틀어 버릴 것이라는 카토의 충고를 전혀 믿지 않았다.

44

이듬해[기원전 54년]에 카토는 법정관에 당선되었지만, 법정관의 품위를 떨어뜨림으로써 스스로의 명성에 상처를 입혔다고 사람들은 생각했다. 그는 신발도 신지 못하고 외투도 입지 못한 채 법정으로 달려가는 일이 흔했고, 그런 모습으로 명사들의 생사를 가르는 재판을 진행했기 때문이었다.

어떤 사람의 말을 빌리면, 카토는 늦은 저녁을 먹고 술에 취해 집무했다고 하는데, 이는 사실이 아니다. 시민이 공직 출마자로부터 뇌물을 먹는 것에 길들어 있고, 공직자들은 민중에게 뇌물을 주는 것을 일상적인 업무로 여기는 것을 보면서 카토는 이 나라의 질병을 근절하기로 결심했다.

그리하여 카토는 원로원에 하나의 법령을 제정하도록 설득했는데, 그 법에 따르면, 공직에 당선된 사람은 선거 부정으로 고발되지 않았더라도 무조건 법정에 나와 자신이 치른 선거의 회계를 공개하도록 되어 있었다. 이 법이 발의되자 출마자들은 몹시 불쾌하게 생각했고, 돈만 받으면 무슨 일도 서슴지 않았던 민중은 속이 부글부글 끓었다.

그러던 어느 날, 카토가 이른 아침에 법정으로 출근할 때 민중이 큰 소리로 욕을 퍼부으며 물건을 집어 던져 사람들이 법정에서 달아나고, 혼자 남은 카토는 군중에 휩쓸려 떠밀리다가 가까스로 법정의 연단에 섰다.

그러나 그는 자세를 흩뜨리지 않고 단호하고 과감하게 버티고 서서 곧 분위기를 진정시킨 다음 재판을 진행했다. 그러자 청중이 조용히 그의 말에 귀를 기울이는 가운데 소란은 완전히 멈추었다. 원로원이 그와 같은 처신을 칭송하자 카토는 이렇게 말했다.

"그러나 나는 여러분을 칭찬할 수가 없습니다. 여러분은 위험에 빠져 휘청거리고 있는 법정관을 내버려 둔 채 아무 도움도 주려 하지 않았기 때문입니다."

이제 공직에 출마한 사람들은 난처한 상황에 빠졌다. 뇌물을 주자니 법에 걸릴까 두려웠고, 뇌물을 주지 않으려니 낙선할까 두려웠다. 그러나 끝내 그들은 한데 모여 각자 12만 5천 드라크마를 공탁(供託)하고 선거를 공명하고 정의롭게 치르기로 서약하면서, 만일 선거에서 부정을 저지르면 이를 빼앗기로 했다.

이와 같이 합의한 출마자들은 카토를 공탁금 관리인으로 선정하여 판정관과 증인으로 삼고 돈과 합의서를 제출했다. 그러나 카토는 공탁금에 대한 합의서만 받고 돈을 받지는 않았다.

선거일이 되자 카토는 선거를 주관하는 호민관과 함께 자리 잡고 앉아 선거를 감시했다. 그런 가운데 어떤 후보자가 부정을 저지르자 카토는 그의 공탁금을 다른 후보자들에게 넘기라고 지시했다. 그러나 다른 후보자들은 카토의 정의로움을 칭송하면서도 그 공탁금을 받지 않았다. 그들은 범법자를 적발한 것만으로도 만족했기 때문이었다.

이 사건 때문에 [선거 뇌물을 받을 수 없게 된] 민중은 지난날 어느 때보다도 더욱 카토를 미워하며 비난했다. 민중은 그가 원로원과 판사와 고위 관리의 몫을 모두 행사하고 있다고 생각했다. 본래 어떤 인간에게 명성과 신뢰감을 가져다 주는 여러 덕망 가운데, 정의롭다는 평판처럼 민중의 시샘을 불러일으키는 것이 없다.

왜냐하면 정의는 민중 자신이 얻을 수 있는 유일한 미덕이기 때문이다. 본래 민중은 용맹한 자를 존중하듯 정의로운 자를 존중하고, 지혜로운 자를 칭송하듯 정의로운 자를 칭송한다. 그러나 민중은 정의로운 사람들을 신뢰하는 반면, 용맹한 자는 두려워하며 현명한 자는 믿지 않는다.

왜냐하면 그들은 용맹함이나 지혜는 타고난 재능을 필요

로 한다고 보았던 것이다.[22] 용기는 특별한 단호함을 가진 사람에게, 지혜는 활기찬 정신을 가진 사람에게 주어진다. 그러나 정의는 그것을 바라는 이들 모두가 얻을 수 있는 미덕이다. 그래서 불의는 가장 저열한 불명예로 여겨졌던 것이다.

45

그렇게 되자 모든 사람이 카토를 미워했다. 카토가 자기들을 무시한다고 생각했기 때문이다. 카토의 명성이 높아질수록 자신의 권력에 이로울 것이 없다고 생각한 폼페이우스는 다른 사람들을 시켜 카토를 비난하도록 부추겼는데, 그들 가운데 선동가 클로디우스가 가장 심했다. 다시 폼페이우스의 편에 들어간 그는 목소리를 높여 카토를 이렇게 비난했다.

"카토는 키프로스 원정 때 엄청난 재산을 착복했습니다. 또한 그는 폼페이우스에게 딸을 시집보내려다가 거절당한 뒤에 더욱 폼페이우스에게 적의를 품게 되었습니다."

이에 대해 카토는 이렇게 응수했다.

"폼페이우스는 세상을 뒤흔들고 전쟁과 개선식을 거행하면서 많은 재산을 모았지만 나는 말 한 필 가져온 적이 없고 단 한 명의 병사도 노예로 만들지 않았습니다. 나는 폼페이우스와 혼인을 맺을 생각을 해 본 적이 없는데, 이는 내가 그를 무시해서가 아니라 정치적 신조가 다르기 때문이었습니다.

내가 법정관이 되었을 때 그는 나에게 한 지방을 떼어 주겠다고 말했습니다. 나는 그것을 거절했지만, 폼페이우스는 그런 땅을 받아 일부를 자기가 차지하고 일부는 다른 사람들에게 나누어 주었습니다.

폼페이우스는 6천 명의 병사를 카이사르에게 주어 갈리

---

22 이 부분은 판본마다 의미에 조금 차이가 있다. 이 번역은 랭혼의 판본(p. 506)에 따른 것이다.

소(少)카토

아를 다스리도록 했습니다. 카이사르는 시민 여러분에게 그런 병력을 요구한 적도 없고, 폼페이우스는 그러한 일에 관하여 여러분의 동의를 받은 적도 없습니다. 그런 규모의 병력과 말[馬]은 개인 사이에 오고 간 선물에 지나지 않습니다.

폼페이우스는 지금 대장군의 칭호를 듣고 있지만, 남들에게 병력과 영지를 나누어 주고, 자신은 로마 가까운 곳에 자리를 잡고 있으면서 마치 운동 경기의 감독이라도 되는 것처럼 선거에서 자기 패거리를 조종하고 있습니다. 그가 사회를 어지럽히고 나라를 무정부 상태로 만든 다음 스스로 왕이 되려 한다는 사실을, 우리는 똑똑히 보았습니다."

46

위와 같은 말로써 카토는 폼페이우스의 공격에 맞서 자신을 지켰다. 그 무렵에 카토에게는 마르쿠스 화보니우스라는 막료가 있었다.(§ 32) 들리는 바에 따르면, 그는 지난날에 팔레룸의 아폴로도로스(Apollodoros)가 스승 소크라테스를 존경한 만큼이나 카토를 존경했다고 한다.

매우 열정적인 사람이었던 화보니우스는 카토의 가르침에 얼마나 감동했던지, 독주(毒酒)에 취한 사람처럼 스승의 말을 열광적으로 따랐다. 그런 그가 건설관에 출마했는데 투표에서 거의 지고 있었다. 그때 선거 감독으로 참관하고 있던 카토는 투표용지에 기록된 이름이 모두 한 사람의 필적임을 발견하고 이번 선거가 부정임을 지적하면서 호민관에게 투표 진행을 중단하도록 요청했다.

그런 일을 겪으면서 화보니우스가 건설관에 당선되자 카토는 많은 업무를 그에게 넘겨주고 자기는 극장에서 공연하는 연극을 주관했다. 공연이 끝나면 카토는 배우들에게 금으로 만든 왕관 대신 올리브나무로 엮은 관을 씌워 주었고, 그리스인들에게는 비싸지 않은 근대, 상추, 무, 배와 같은 것을 주었고, 로마인들에게는 술동이, 돼지고기, 무화과, 참외, 땔감 같은 것들을 주었다.

그와 같이 검소한 상품을 보고 어떤 사람들은 웃었지만, 어떤 사람들은 카토의 엄숙하면서도 근엄한 행동이 점차 사람들을 편안하게 만들어 주는 모습을 바라보며 존경하는 마음을 갖곤 했다.

극장에 가면 화보니우스는 관중과 함께 섞여 앉아 카토에게 환호를 보내거나, 성공적인 연출가에게 상과 함께 칭찬을 해 주라고 큰 목소리로 요청함으로써 카토가 관중과 함께 어울리도록 도와주었는데, 그 모습이 마치 화보니우스가 자기의 직권을 카토에게 넘겨준 것처럼 보였다.

언젠가 화보니우스의 동료인 쿠리오가 다른 극장에서 성대한 행사를 치르고 있었다. 그러나 관중은 그 행사를 보지 않고 자리를 뜨더니 화보니우스가 개인 자격으로 시민과 섞여 관람하고 있던 카토의 행사를 보러 갔다. 카토는 일상의 행사에 그토록 돈을 퍼붓는 것을 경멸했다. 그는 운동이나 공연 등에 화려하게 돈을 낭비하기보다는 검소하게 치름으로써 작은 일에 많은 노력과 큰돈을 쓰는 일을 경계했다.

47

[기원전 52년에] 스키피오, 히프사이우스(Hypsaeus) 그리고 밀로(Milo)가 집정관 선거에 출마했다. 그들은 정치 활동에서 흔해빠진 선물과 뇌물 등의 방법으로 불법 선거를 치렀을 뿐만 아니라, 무력을 쓰고 살인을 저질러 나라를 내란의 지경까지 몰아가며 사회를 압박하는 모습이 마치 미친 사람 같았다.

그러자 어떤 사람들은 선거가 이토록 나라를 어지럽게 할바에야 차라리 폼페이우스에게 권력을 넘겨주자고 요구했다. 처음에 카토는 이에 반대하면서 국법이 폼페이우스를 따를 것이 아니라 폼페이우스가 국법을 따라야 한다고 주장했다.

소(少)카토

그러나 [기원전 52년에] 오랫동안 폭동으로 정상적인 통치가 어려워지고 후보자 3인을 지지하는 군대가 매일 토론의 광장을 점거하자, 사태가 더 이상 악화되어서는 안 되겠다고 생각한 카토는 원로원이 자발적으로 폼페이우스에게 대권을 맡기게 함으로써 최악의 사태를 막기로 결심했다.

　　카토가 판단하기에, 그 방법은 합법적인 것이 아니었지만, 그나마 가장 온건한 조치로서 국가의 이익을 지킬 수 있는 최선의 방법이었다. 원로원이 먼저 왕정을 도입하는 것이 당파가 왕정 제도를 도입하게 하는 것보다는 좋은 선택이었다. 그러한 판단에 따라 카토의 친척인 비불루스가 원로원에서 이렇게 발의했다.

　　"폼페이우스를 단일 집정관으로 뽑아 그가 이 사태를 수습하도록 해야 합니다. 그는 독재자가 될 수도 있지만, 적어도 강력한 한 명이 나라를 이끌 것입니다."

　　비불루스의 말이 끝나자 카토가 일어나 비불루스의 의견에 찬성하여 모든 사람을 놀라게 했다. 그는 이렇게 말했다.

　　"무정부 상태보다는 아무 정부라도 있는 것이 더 낫습니다. 나는 폼페이우스 장군이 지금의 상황을 가장 현실적인 방법으로 잘 처리할 수 있으며, 그에게 대권을 준다면 국가를 잘 보위하리라고 기대합니다."

48

이와 같은 곡절을 겪으면서 [흔히 두 명의 집정관을 뽑게 되어 있는 법령과는 달리] 단일 집정관에 당선된 폼페이우스는 교외에 있는 별장으로 카토를 초대했다. 카토가 도착하자 폼페이우스는 그에게 매우 정중하게 고마움을 표시한 다음, 손을 잡고 자신을 도와준 후의를 치하하면서 앞으로의 정무에 고문이 되어 달라고 부탁했다. 그러자 카토가 이렇게 대답했다.

　　"제가 처음 장군의 집정관 취임에 반대한 것은 장군을 미워해서가 아니고, 나중에 장군을 지지한 것도 장군의 호감을 사기 위해서가 아닙니다. 그 어느 쪽이었든, 나는 국가를 걱정했습니다. 그러므로 사사롭게 말하자면 제가 장군의 초대를 받아 온 것은 제가 장군의 고문임을 인정하는 것입니다. 그러나 공무(公務)에 필요하다고 판단되면, 장군의 초대가 없더라도 저는 장군을 찾아와 국가를 위해 최선이라고 여겨지는 바를 분명하게 말씀드릴 것입니다."

카토는 자신이 말한 바대로 처신했다. 이를테면 첫째로, 시민에게 뇌물을 준 공직자에게 벌금과 처벌을 분명히 집행하는 법안을 폼페이우스가 발의하자 카토는 이렇게 말하면서 그에 반대했다.

"지난 일은 묻지 말고 앞으로의 일을 걱정해야 합니다. 지난 일을 문책하기로 한다면 도대체 어느 시점까지 거슬러 올라가야 하는지를 결정하기가 쉽지 않기 때문입니다. 범죄를 저지른 뒤에 제정된 법에 따라 처벌한다면 그 공직자가 범죄를 저지를 때 존재하지도 않았던 법에 따라 소급(遡及)하여 처벌하는 것이므로 이는 불법적인 처벌입니다."

둘째로, 많은 저명인사가 재판에 회부되었는데 거의 대부분이 폼페이우스의 막료이거나 친척이었다. 그러다 보니 폼페이우스는 그들을 너그럽게 다루었는데, 이를 본 카토는 그를 신랄하게 비난하면서 옥죄려 했다. 더욱이 폼페이우스는 피고인이 된 사람을 칭송하는 관행을 불법 행위라고 스스로 공표한 터였다.

그런데도 폼페이우스는 재판에 회부된 무나티우스 플란쿠스(Munatius Plancus)를 칭송하는 글을 쓰고 그 사건을 자기 법정에 배당했다. 마침 그 재판의 배심원이 된 카토는 폼페이우스가 플란쿠스를 칭송하자 귀를 막고 그 말을 듣지 않으면서 증언의 낭독을 저지시켰다. 낭독이 끝나자 플란쿠스는 카토를 배심원 직위에서 물러나게 했지만, 그럼에도 플란쿠스는

소(少)카토

유죄 평결을 받았다.

피고들에게 카토는 쉽게 다룰 수 없는 골치 아픈 존재였다. 피고들은 그가 자기들의 재판에 배심원이 되는 것을 바라지 않았지만, 그렇다고 해서 그와 맞서 싸울 용기도 없었다. 왜냐하면 재판에서 카토를 배제하려다가 오히려 유죄 판결을 받은 사람들이 있기 때문이었다.

곧 카토를 배제하려는 행위 자체가 그 사건에서 자신이 떳떳하지 못함을 보여 주는 처사로 보였다. 배심원으로 배정된 카토를 배제하려 했다는 이유로 어떤 사람들은 정적들에게서 신랄한 공격을 받았다.

49

카이사르가 비록 갈리아에 머물면서 자기의 군사 업무로 바쁘기는 했지만, 그는 선물과 돈을 뿌리고 한편으로는 자신의 막료를 로마로 보내 정치 세력을 확장하고 있었다. 따라서 그때까지만 해도 카이사르가 앞으로 얼마나 위험한 인물이 될지 걱정도 하지 않고 있던 폼페이우스에게 카토는 사태의 심각함을 경고했다.

그러나 폼페이우스가 다가오는 위험에 대하여 아무런 대책도 세우지 않고 미적거리자, 카토는 자신이 카이사르의 군사 지휘권을 박탈하든가 아니면 그가 품은 계략을 직접 밝혀내고자 집정관에 출마했다.

출마자들이 모두 쟁쟁한 인물들이었고, 더욱이 카토에게 신세를 진 바 있는 술피키우스(Sulpicius)는 카토의 명성과 영향력에 큰 손실을 입혔다. 그래서 술피키우스는 출마가 온당하지도 않을 뿐만 아니라 고마움을 모르는 사람이라는 비난을 들었다. 그러나 카토는 술피키우스의 처사가 얼마나 잘못된 일인지를 깨닫지 못한 채 이렇게 말했다.

"어떤 사람이 자기에게 가장 소중하다고 여기는 것을 다른 사람에게 양보한다면 오히려 그게 더 이상한 일이 아닐까?"

그러면서 카토는 원로원을 설득하여 하나의 법을 통과시켰다. 그 법에 따르면, 입후보자만이 민중을 만나 선거 운동을 할 수 있으며, 선거 운동원은 후보자를 위해 유권자를 만나는 일이 금지되어 있었다. 카토는 이 법으로 말미암아 민중에게서 많은 원망을 들었다. 왜냐하면 유권자들이 후보자에게서 돈을 받을 수 없게 되었기 때문이었다.

그뿐만 아니라 이제 민중은 지난날 후보자에게 신세 진 것을 갚을 수도 없어졌다. 결국, 그들은 더 가난해진 데다 존중받을 기회까지 잃은 셈이었다. 더욱이 카토는 선거 운동에 열의를 보이지도 않았고, 세속적인 방법으로 집정관 자리를 얻으려 하기보다는 자기 방식대로 품위를 지키려 했다. 그는 자기 막료들에게도 유권자들을 대접하거나 환심을 사는 짓을 하지 못하도록 했다. 그리고 그는 선거에 낙선했다.

50

일이 이렇게 되면 낙선한 사람은 더 말할 나위도 없고 막료나 친지들도 슬픔과 실의에 빠져 여러 날 동안 부끄러움을 느끼며 지내는데, 오히려 카토는 아무렇지도 않은 듯 몸에 향유를 바르고 군신의 광장에 나가 공을 찼다. 점심을 먹은 다음에 그는 평소에 하던 대로 신발도 신지 않고 외투도 걸치지 않은 채 토론의 광장으로 나가 가까운 사람들과 산책을 했다. 키케로는 그의 그러한 처신을 비난하면서 이렇게 말했다.

"지금의 시대가 그대와 같은 사람에게 공직을 맡아 일해 달라고 요구하는데, 그대는 출마를 하고서도 시민들을 만나 친절하게 교류하며 득표를 위해 최선을 다하지도 않고, 장래를 도모하려고 노력하기보다는 경쟁을 포기했소. 왜 법정관에는 두 번이나 출마를 했으면서 집정관 선거에는 힘을 쏟지 않았소?"

　　　　　　　　　　　　　　　　소(少)카토

그 말을 들은 카토가 이렇게 응수했다.

"내가 법정관 선거에 실패한 것은 민중이 나를 떨어뜨리려 했기 때문이 아니라, 그들이 강압을 받았을 뿐만 아니라 뇌물에 매수되었기 때문이었소. 그러나 이번 집정관 선거에서는 부정이 없었지만 내가 내 방식대로 선거를 치르면서 민중에게 불쾌감을 주었다는 것을 나는 잘 알고 있소. 그러나 지각 있는 사람은 남을 즐겁게 해 주려고 자신을 바꾸려 하지도 않고, 그들이 바꾸지 않는 모습을 더 이상 보고 견디지도 못하니 거듭 실패할 수밖에 없었소."

51

카이사르가 북방의 호전적인 민족들을 공격하여 온갖 위험을 겪으면서 그들을 정복했고(『갈리아 전기』, IV, 12~15) 그가 휴전 기간에 게르만족을 공격하여 30만 명[23]을 죽였다는 소식이 들려오자, 로마에서는 이 기쁜 소식에 감사하는 제사를 드려야 한다고 입을 모아 요구했다. 그런 분위기를 보면서 카토는 이렇게 말했다.

"이제 우리는 카이사르에게 희생된 부족들에게 그를 넘겨줌으로써 하늘이 그에게 내릴 형벌이 로마에 내려지지 않도록 해야 합니다. 그러나 신들에게 제사를 드립시다. 그래야 하늘은 그 어리석고 미친 장군이 그의 병사들에게 지은 죄를 로마 시민에게 묻지 않고 그에게 물을 것이기 때문입니다."

그러자 카이사르는 원로원에 편지를 써 보냈는데, 온통 카토에 대한 모욕과 비난을 담고 있었다. 그러자 카토는 분노나 경쟁심을 전혀 보이지 않은 채, 마치 깊이 생각하고 잘 준비된 듯이 이렇게 말했다.

"나에 대한 카이사르의 비난과 조롱은 그가 얼마나 유치

---

23   제32장 「카이사르전」(§ 22)에는 40만 명을 죽인 것으로 기록되어 있다.

하고 천박한 사람인가를 잘 보여 줍니다. 카이사르의 계획은 처음부터 그의 야심이 어떤 것인가를 잘 보여 주고 있습니다."

이렇게 말하는 카토의 모습은 묘하게도 카토가 카이사르의 정적이 아니라 마치 공모자요 동지인 듯한 느낌을 주었다. 그러면서 카토는 말을 이어 갔다.

"만약 우리가 건전한 판단력을 가진 사람들이라면, 우리가 두려워해야 할 것은 게르만족이나 켈트(Celt)족이 아니라 바로 카이사르 저 사람입니다."

카토의 연설은 많은 사람을 감동하게 하거나 분노하게 했다. 더욱이 카이사르의 무리는 괜스레 카이사르의 편지를 원로원에서 공개함으로써 카토가 정당한 논리로써 카이사르를 공격할 빌미를 제공했다고 후회했다. 그러나 원로원은 아무런 조치도 취하지 않은 채 카이사르를 후임자와 교체하는 것이 좋겠다고 논의했다.

그러자 카이사르의 파벌에서는 그럴 바에야 폼페이우스도 함께 무기를 내려놓고 영지를 포기하라고 요구하면서 그러지 않으면 카이사르도 무력을 포기하지 않겠다고 선언했다. 그 말을 들은 카토가 일어서 고함을 쳤다.

"자, 내가 이미 예언했던 바가 현실로 다가오고 있습니다. 이제 카이사르는 마지막 수단인 병력을 이용하여 노골적으로 이 나라를 속이려 하고 있습니다."

그러나 원로원을 벗어나면 카토는 아무 힘도 없었다. 민중은 오로지 카이사르가 권력을 잡아야 한다는 생각만 가지고 있었기 때문이었다. 카토는 원로원을 장악하고 있었지만, 원로원은 민중을 두려워했다.

52

[기원전 49년에] 아리미눔을 정복한 카이사르가 많은 병력을 이끌고 로마를 향해 내려오고 있다는 소식이 들려오자 시민과

　　　　　　　　　　　　　소(少)카토

폼페이우스는 카토만 바라보았다. 처음부터 카토만이 카이사르의 야심을 예견하고 말해 왔다는 사실을, 민중은 그제야 깨달았다. 카토가 그들을 향해 이렇게 말했다.

"시민 여러분, 어찌 이럴 수가 있습니까? 만약 여러분이 내가 예언한 충고를 따랐더라면 오늘처럼 카이사르 한 사람을 두려워하고 카토 한 사람에게 희망을 거는 일은 없었을 것입니다."

폼페이우스가 보기에 카토는 예언자 같았으며, 마치 카이사르의 친구처럼 말하고 있었다. 카토는 원로원에서 이렇게 말했다.

"이 모든 문제의 해결을 폼페이우스 장군에게 일임합시다. 이 재난을 불러온 사람이 이를 끝내야 하기 때문입니다."

그러나 폼페이우스는 자신에게 카이사르에 맞설 병력이 준비되어 있지도 않았고, 그나마 싸울 의지조차 없음을 알자 로마를 떠났다. 그와 함께 망명하기로 결심한 카토는 둘째 아들을 브루티움(Bruttium)의 무나티우스에게 보내 몸을 피하게 하고, 큰아들을 데리고 떠났다.

그러면서도 가족과 여동생들을 보살펴 줄 사람이 필요하자 카토는 얼마 전에 이혼하고($ 25) 호르텐시우스에게 시집가 살다 다시 과부가 된 전처 마르키아에게 그들을 맡겼다. [기원전 50년에] 마르키아는 죽은 남편에게서 많은 유산을 받았다. 카이사르는 그의 책 『반카토론』에서 카토가 돈에 눈이 멀어 자기가 버렸던 아내를 다시 찾았다며 격렬하게 욕을 퍼부었다. 카이사르는 책에서 이렇게 말하고 있다.

"그 여자가 그토록 필요했다면 처음에 왜 그 여자를 버렸으며, 그 여자가 필요하지 않았다면 버렸던 여자를 왜 다시 데려왔는가? 카토가 처음에 아내를 버린 것은 아내를 미끼로 삼아 호르텐시우스를 꾀려 함이었고, 젊은 여자를 빌려주었다가 다시 찾은 것은 그 여인이 유산으로 받은 재산 때문이 아니었던가?"

그러나 카이사르의 이와 같은 비난에 대해서는 에우리피데스(Euripides)가 남긴 다음의 유명한 시구를 들려주는 것이 좋을 듯하다.

그런즉,
그런 족속이 무슨 말인들 못 하랴.
헤라클레스조차도 비겁자라고 말하는 터에.......
(에우리피데스, 『헤라클레스의 분노』, §173f)

이 시에 비추어 보자면 카이사르가 카토의 사랑을 부도덕하다고 비난하는 것은 헤라클레스가 비겁하다고 비난하는 것과 같았다. 카토가 버렸던 아내를 다시 아내로 맞아들인 것이 옳은 일이었는지 아니었는지는 다른 시각에서 살펴볼 문제이다. 어쨌거나 카토는 마르키아를 다시 아내로 맞아들인 다음, 그에게 집안일과 여동생들을 맡기고 폼페이우스를 따라 망명의 길에 올랐다.

53

들리는 바에 따르면, 그날부터 카토는 머리나 수염을 깎지도 않고 화관도 쓰지 않은 채, 자기 나라가 전쟁에서 이길 때나 질 때나 한결같이 조국의 재난을 바라보며 슬프고 절망하고 침울한 표정을 지으면서 죽을 때까지 그렇게 살았다. 그러다가 시킬리아 총독이 된 그가 시라쿠사이로 건너가 보니, 로마의 장군 아시니우스 폴리오가 적국의 지원을 받아 많은 병력을 이끌고 쳐들어온다는 소식이 들려왔다.

카토가 폴리오에게 침략의 이유를 묻자 오히려 폴리오가 왜 이렇게 나라가 어지럽게 되었느냐고 되물었다. 아울러 폼페이우스가 이탈리아를 버리고 디라키움에 주둔해 있다는 소

소(少)카토

식을 들은 카토는 이런 말을 했다.

"하늘이 정해 준 운명은 참으로 변화무쌍하여 알 수가 없다. 폼페이우스는 정의롭지도 않고 온당하지도 않은 전쟁을 할 때는 진 적이 없었는데, 이제는 조국을 구출하고 자유를 지키려고 전쟁하는 데에도 운명의 여신이 그를 돕지 않는구나."

폴리오에 관해 카토는 이렇게 말했다.

"내가 그를 시킬리아에서 몰아낼 수 있지만 그러면 더 많은 군대가 그를 지원하러 올 터인데, 나는 이 땅이 그런 식으로 전화(戰禍)에 빠지는 것을 보고 싶지 않다."

그런 말과 함께 시라쿠사이인들에게는 이긴 편과 손을 잡아 안전을 도모하라는 충고를 남기고 그곳을 떠났다. 폼페이우스를 찾아간 카토는 여전히 지연작전을 쓰라고 권고했다. 그는 이와 같은 다툼이 언젠가는 끝나리라는 희망을 품고 있었다. 그는 조국의 운명이 창검으로 결정되어 최악의 전쟁을 치르고 끝내 재난에 빠지는 모습을 보고 싶지 않았다.

그런 생각을 이어 간 카토는 폼페이우스와 그의 막료들에게 로마에 복속한 나라들을 약탈하지 말고, 전쟁의 경우가 아니면 로마인들을 죽이지 말라고 설득했다. 이로 말미암아 폼페이우스의 부대에 대한 명성이 높아지자 많은 병사가 그에 합류했다. 폼페이우스의 그와 같은 분별과 너그러움을 존경했기 때문이었다.

54

카토는 아시아에서 함선과 병력을 모집하라는 임무를 받고 그리로 떠나면서 여동생 세르빌리아와, 그 여인과 루쿨루스 사이에서 태어난 어린 조카를 데리고 갔다. 그 무렵에 세르빌리아는 남편을 잃고 혼자된 몸이었는데, 오빠의 보호를 받으면서 함께 여행하고 자신의 삶을 보여 줌으로써 지난날의 나쁜 소문들을 많이 지워 버렸다.

그러나 카이사르는 그의 책 『반카토론』에서 이때 카토와 여동생 사이에 불륜이 이뤄졌다고 비난했다. 어쨌든, 카토가 아시아에 도착해 보니 그곳에 있던 폼페이우스의 장군들은 카토의 도움이 필요하지 않은 내색이었다. 그래서 카토는 로도스섬의 주민들을 설득하여 동맹을 맺고는 세르빌리아와 조카를 그곳에 남겨 둔 채 폼페이우스에게 돌아왔다.

돌아와 보니 폼페이우스는 이미 많은 함대와 병사를 모아 거느리고 있었다. 카토를 만난 폼페이우스는 그제야 카토에 대한 자기의 심중을 분명히 드러냈다. 그는 카토에게 함대 지휘권을 넘겨줄 생각을 하고 있었다. 그의 함대는 리브루니아(Librunia)의 함선과 경비선과 많은 무갑판 선박 이외에도 5백 척이 넘는 함선을 거느리고 있었다.

그러나 폼페이우스가 스스로 알아챘는지 아니면 막료에게 들은 바가 있었는지는 알 수 없지만, 카토의 공직 생활의 목표가 먼저 조국의 자유를 되찾는 것이요, 카토가 막강한 지휘권을 확보하여 카이사르를 무찌르면 당장 그날로 자신에게 무기를 내려놓고 법을 지키라고 요구하리라는 것을 폼페이우스는 알아차렸다. 그래서 폼페이우스의 마음이 바뀌었다. 그는 앞서 카토에게 지휘권을 주겠노라고 약속했음에도 비불루스를 사령관으로 임명했다. 그런데도 카토의 자세는 아무 변함이 없이 덤덤했다.

들리는 바에 따르면, 폼페이우스는 디라키움 전투에 앞서 부하들을 격려하면서 모든 장군이 연설하도록 했다. 병사들은 지루한 표정으로 조용히 듣고 있었다. 맨 마지막으로 올라온 카토는 자유와 덕망과 죽음과 명예에 관한 철학을 이야기하면서 병사들의 심금을 울리고는, 끝으로 조국을 위한 이번 전투에 신의 가호가 있기를 진심으로 빌었다. 카토의 연설이 끝나자 병사들이 일어서서 환호하며 무기를 흔들고, 모든 장군이 희망에 넘쳐 어서 출정하자고 요청했다.

소(少)카토

이어진 전투에서 그들은 적군을 크게 무찔렀지만 행운의 여신이 카이사르의 편을 들어 줌으로써 승리를 완전히 마무리 짓지는 못했다. 카이사르는 지나치게 조심스러워하는 폼페이우스의 약점과 운명의 여신이 그를 축복하지 않음을 이용하여 큰 패배를 막은 것이었다. 이 이야기는 이미 「폼페이우스전」(§ 65)에서 자세히 다룬 바 있다.

모든 장병이 승리를 기뻐하면서 자기들의 전과를 축하할 때, 카토는 조국의 앞날을 걱정하며 눈물짓고 있었다. 카토는 용맹한 시민들이 서로 죽이는 모습을 바라보며 권력에 눈먼 장군들이 조국을 불행과 파괴로 몰아넣는 현실을 애통하게 생각했다.

55

폼페이우스는 카이사르를 추격하러 테살리아로 떠나고자 병영을 해체하고 디라키움에 15코호르트의 많은 병력과 군수품과 친지와 막료를 남겨 두었다. 그리고 카토를 사령관으로 임명했는데, 이는 폼페이우스가 카토를 믿은 까닭이기도 하지만 카토를 두려워했던 까닭도 있다.

폼페이우스가 생각하기에, 만약 자기가 질 경우에는 카토가 가장 확실한 지원군이 되겠지만, 자기가 이길 경우에 그를 곁에 두었다가는 그가 사사건건 자기 고집대로 일을 처리하려 할 것 같았다. 폼페이우스는 또한 자기가 무시하는 많은 유명 인사를 카토와 함께 디라키움에 남겨 두었다.

폼페이우스가 화르살로스 전투에서 졌다는 소식을 들은 카토는, 만약 폼페이우스가 죽었다면 자기가 거느리고 있는 병력을 모두 이탈리아로 보내고 자신은 카이사르의 폭정을 피하여 멀리 떠나 망명 생활을 할 것이며, 만약 폼페이우스가 살아 있다면 무슨 수를 써서라도 그에게 병력을 돌려주기로 결심했다.

그런 다음 해군 기지가 있는 코르키라에 도착한 카토는 키케로에게 지휘권을 넘기려고 했다. 왜냐하면 자신은 법정관에 지나지 않지만 키케로는 집정관의 서열이었기 때문이었다. 그러나 키케로는 지휘권의 인계를 거절하고 곧 이탈리아로 떠났다.

그때 소(少)폼페이우스가 합당치도 않은 자존심을 고집스레 내세우면서 도망병을 처벌하려 하고, 무엇보다도 먼저 키케로를 죽이려 했다. 카토는 개인적으로 그를 타일러 진정시킴으로써 키케로의 목숨을 건져 주고 나머지 사람들을 사면토록 해 주었다.

56

지금쯤 폼페이우스가 이집트나 리비아로 도피했으리라고 추측한 카토는 함께 가기를 바라지 않는 병사에게는 가고 싶은 곳으로 가도록 허락하고, 자신은 폼페이우스를 만나고자 모든 함선을 이끌고 항해에 올랐다.

리비아에 이르러 해안을 따라 올라가던 카토는 폼페이우스의 작은아들 섹스투스를 만나 폼페이우스가 이집트에서 죽었다는 말을 들었다. 모두가 슬퍼하면서도 폼페이우스가 죽은 지금, 병사들은 카토가 아니면 어느 누구의 말도 들으려 하지 않았다.

용감하게 충성을 바친 병사들을 이국땅에 비참하게 남겨둘 수 없다고 생각한 카토는 사령관의 지휘를 맡아 병력을 이끌고 키레네(Cyrene)를 향하여 해안을 따라 올라갔다. 며칠 전까지만 해도 폼페이우스의 부하로, 화르살로스에서 도망해 온 라비에누스에게 성문을 열어 주지 않던 그들은 카토를 친절하게 맞아 주었다.

폼페이우스의 장인 스키피오가 유바(Juba, Sudan)왕의 보호를 받고 있으며, 폼페이우스가 리비아의 총독으로 임명한

소(少)카토

아티우스 바루스(Attius Varus)가 군대를 거느리고 그들과 함께 있다는 소식을 들은 카토는 겨울철임에도 많은 노새에 물을 싣고 소를 몰아 그곳을 향해 육로로 떠났다.

그 밖에도 카토는 전차와 함께 그곳 사람들이 프실리 (Psylli)라고 부르는 리비아의 부족들을 데리고 갔다.(헤로도토 스, 『역사』, IV : 173) 이들은 뱀에 물리면 입으로 독을 빨아내어 목숨을 건지고, 주문을 외워 뱀을 죽이는 법을 알고 있었다.

이레 동안 쉬지 않고 행군하면서 카토는 말이나 짐수레를 타지 않고 병사들 앞에서 걸어갔다. 더욱이 그는 화르살로스 에서 폼페이우스가 죽었다는 소식을 들은 뒤로는 [눕지 않고] 앉아서 음식을 먹었다. 이는 병사들에게 그의 슬픔을 보여 주 고자 함이었다. 그는 잘 때가 아니면 자리에 눕지 않았다. 리 비아에서 겨울을 보낸 카토는 다시 그곳을 떠났는데, 그때 병 력이 거의 1만 명에 이르렀다.

57

카토가 유바왕을 만나러 와 보니 스키피오와 바루스의 사이가 좋지 않았다. 그들은 유바왕의 호감을 사려고 서로 다투고 있 었으며, 엄청난 재산과 권력을 쥔 왕은 그 나름대로 잔인하고 오만한 성격을 주체하지 못하고 있었다.

유바왕은 카토를 접견하면서 자신이 가운데 앉고 스키피 오와 카토를 좌우에 앉도록 좌석을 배치했다. 그러나 이를 본 카토는 의자를 들고 스키피오 옆에 가 앉음으로써 스키피오가 가운데 앉고 왕과 자신이 좌우에 앉도록 했다.

스키피오는 자기의 정적이었고, 자기를 비난하는 책까지 펴낸 사람이었으나 카토는 그를 그렇게 대접했다. 오늘날의 역사학자들은 이와 같은 사실에 주목하지 않고, 카토가 시킬 리아에서 철학자 휠로스트라토스(Philostratos)와 산책을 하면 서 그를 가운데 두고 걸음으로써 철학에 대한 자신의 존경심을 보여 준 사실을 놓고 이러니저러니 시비를 하고 있다.

지금 내가 설명하고 있는 그 무렵에, 카토는 분명히 스키피오와 바루스를 태수쯤으로 여기고 있는 유바왕을 견제하면서 두 사람을 화해시켰다. 모든 사람이 카토에게 군대의 지휘권을 맡겨야 한다고 생각했고, 스키피오와 바루스는 직접 그에게 지휘권을 맡으라고 권고했지만 카토는 이를 거절하면서 이렇게 말했다.

"지금 우리는 법을 어기고 있는 사람[카이사르]을 응징하려고 전쟁을 치르면서 스스로 법을 어기는 짓을 해서는 안 됩니다. 이 자리에는 집정관에 해당하는 분이 계시는데, 그보다 낮은 법정관 위치에 있는 내가 그분의 윗자리에 앉는 것은 온당하지 않습니다."

스키피오는 그때 집정관의 지위를 갖고 있었으며, 병사들은 그의 이름에 용기를 얻고 있는 터였다. 게다가 아프리카에서는 [아마도 스키피오 아프리카누스의 위업 때문이었는지] 스키피오라는 이름을 가진 장군이 지휘하면 전쟁에서 승리한다는 믿음이 퍼져 있었다.

58

그러나 사령관이 된 스키피오는 곧 카르타고 지방에 있는 우티카의 모든 주민이 카이사르의 편을 들었다는 이유로 그들을 죽이고 도시를 파괴함으로써 유바왕을 기쁘게 해 주고자 했다. 카토는 그러한 의견을 받아들일 수 없었다. 그는 간청하고, 회의에서 고함을 지르고, 신의 이름으로 맹세함으로써 겨우 그곳 주민들을 죽음에서 벗어나게 해 주었다.

부분적으로는 그곳 주민들의 요청도 있었고, 부분적으로는 스키피오의 권고에 따라 카토는 우티카의 경비를 맡았다. 그곳 주민들이 자발적으로든 아니면 강요에 못 이겨서이든 카이사르의 편에 서는 일이 없도록 하기 위해서였다.

우티카는 지형적으로 그곳을 장악한 사람들에게 매우 유리하여 충분히 방어할 수 있는 곳이었지만 카토는 방어 기능을 더욱 강화했다. 그는 먼저 양곡을 넉넉히 장만하고, 성루를 올리고, 도시 둘레에 건널 수 없는 해자(垓字)를 파고, 목책을 둘러 성벽을 보강했다.

카토는 또한 전투할 수 있는 나이에 이른 청년들을 목책 안에 모아 가두고 모든 무기를 빼앗았으며, 나머지 주민들은 성안에 살게 함으로써 로마인들에게서 고통이나 해코지를 겪는 일이 없도록 노력했다. 아울러 그는 무기와 장비와 식량을 로마 진영으로 보냈다. 그곳을 냉침 도시처럼 만든 것이다. 한편, 그는 지난날 폼페이우스에게 권고했던 내용을 스키피오에게도 똑같이 말했다.

"수많은 전투를 겪은 데다가 꺾이지 않는 능력을 가진 장군과 싸워서는 안 됩니다. 오직 시간이 약입니다. 시간은 폭군의 힘이라 할 수 있는 용맹함을 시들게 하기 때문입니다."

그러나 교만하고 고집스러운 스키피오는 카토의 충고에 귀를 기울이지 않았다. 그는 오히려 카토의 비겁함을 비난하면서 다음과 같은 편지를 보냈다.

"그대는 성안에 조용히 앉아 있는 것으로 만족할 뿐만 아니라, 기회가 왔음에도 다른 장군들까지 전공을 이루지 못하도록 막고 있소."

그러자 카토가 이런 답장을 보냈다.

"내가 리비아로 거느리고 들어온 보병과 기병대를 데리고 이탈리아로 건너가 카이사르와 싸울 수만 있다면, 스키피오 장군과 바루스 장군을 향하려는 그의 공격 방향을 내 쪽으로 돌려놓을 수 있습니다."

그 말에 대하여 스키피오가 조롱 섞인 대답을 보내오자 카토는 자신이 사령관 직책을 거절했던 지난 일을 후회하면서, 스키피오가 전쟁을 훌륭하게 수행할 수도 없으려니와 설령 하늘이 도와 운 좋게 승리한다 하더라도 민중에게 행복을 가져다줄 수는 없으리라고 확신했다. 그리하여 카토는 마음을 정리한 다음 가까운 막료에게 이렇게 말했다.

"장군들의 경험이 너무 부족하고 무모하여 이번 카이사르와 벌이는 전쟁에서 이길 희망은 없소. 그러나 하늘이 도와 카이사르가 무너지더라도 나는 로마에 살고 싶지 않소. 그때는 승리자가 되었을 스키피오가 많은 사람에게 엄청나고도 끔찍한 두려움을 안겨 줄 터인데, 나는 그의 거칠고 잔인한 정치를 벗어나 다른 곳에 가서 살고 싶소."

카토의 그와 같은 걱정은 예상했던 것보다 더 확실한 현실로 나타났다. 어느 날 저녁 늦게 스키피오의 병영에서 3일을 달려왔다는 전령의 보고에 따르면, 탑수스에서 치열한 전쟁이 벌어졌는데 스키피오의 병력이 완전히 무너지고 카이사르가 그들의 병영을 점령했으며, 스키피오와 유바왕은 몇 명의 부하를 거느리고 도주하였고, 남은 무리는 모두 죽었다는 것이었다.

59

전쟁이 일어난 가운데 밤중에 그와 같은 갑작스러운 소식을 들은 우티카 시민은 모두 밖으로 뛰쳐나왔다. 카토도 밖으로 나와 거리를 달리며 비명을 지르는 시민들을 하나씩 붙잡고 두려움 때문에 지나치게 과격해지거나 혼란에 빠지지 않도록 격려했다. 그는 이번의 패전이 들려오는 소식처럼 그렇게 비참하지는 않을 것이며, 그 소식이 전달되는 과정에서 과장되었을 것이라고 말함으로써 민중을 안심시켰다.

날이 밝자 카토는 3백인 회의(The Three Hundred Councillors)의 의원들을 유피테르 신전으로 불러 모았다. 이들은 리비아에서 상인이나 돈놀이를 하는 로마의 사업가들로서 카토가 원로원처럼 만든 회의체였다. 아울러 그곳에 망명해 와 있는 원

소(少)카토

로원 의원들도 자녀들과 함께 신전으로 나오도록 했다.

시민들이 모여드는 동안 카토는 조용히 밖으로 나가 담담한 표정으로 마치 아무 일도 없었다는 듯이 손에 든 책을 읽으며 걸어다녔다. 그 책은 전차와 무기와 식량과 병력을 기록한 것이었다. 시민들이 모두 모이자 그는 다음과 같이 길게 연설했다.

"나는 먼저 3백인 회의를 비롯하여 많은 시민이 물질과 노동과 조언으로 보여 준 충성과 열정에 감사하는 바입니다. 여러분은 개별적으로 도주하거나 피신함으로써 자신들의 아름다운 미래를 망가뜨리는 일이 없도록 해 주기 바랍니다. 우리가 뭉치면 카이사르도 우리를 만만히 보지 못할 것이며, 설령 우리가 지더라도 그는 우리에게 연민을 느끼게 될 것입니다. 여러분은 어느 길을 가야 할지 깊이 고민하기 바랍니다.

여러분이 항전을 하든 항복을 하든 그 어느 쪽으로 결정하더라도 나는 탓하지 않을 것입니다. 만약 여러분이 승자의 편에 서려 한다면 나는 여러분이 그럴 수밖에 없었다고 여길 것이며, 그와 달리 여러분이 조국의 자유를 지키고자 우리를 위협하는 적군에 맞서 위험을 감수한다면 나는 여러분을 찬양할 것입니다.

그뿐만 아니라 나는 여러분의 용맹을 치하하며 앞장서서 여러분을 이끌고 이 조국이 최후의 행운을 맞이하는 날까지 싸우고자 합니다. 이 나라는 아프리카의 작은 나라 우티카나 아드루메툼(Adrumetum, Tunisia)이 아니라 로마입니다. 우리 나라는 역사에서 수많은 재앙을 위대하게 극복했습니다."

카토는 이어서 이렇게 말했다.

"지금 모든 여건으로 보아 우리는 자유와 안전을 지킬 수 있습니다. 우리는 시기적으로 매우 어려운 처지에 놓인 장군과 전쟁을 벌이고 있습니다. 스페인은 소(少)폼페이우스의 손에 넘어갔고, 역사적으로 오늘과 같은 상황에 익숙치 못한 로마는 이런 갑작스러운 변화에 맞서 일어날 마음의 준비가 되어 있습니다. 한편, 우리는 죄악을 저지르는 적에게도 배울 것이 있습니다. 그것은 목숨을 아끼지 않는 태도입니다.

그러나 그들의 목표와 우리의 목표는 다릅니다. 만약 여러분이 승리한다면 이 불투명한 전쟁은 가장 행복한 결말에 이를 것이며, 설령 여러분이 패배한다 하더라도 우리는 영광스럽게 죽을 수 있습니다. 그러나 어느 쪽 길을 선택할지는 여러분의 결정에 달려 있습니다. 우리의 역사에 기록된 선조들의 용맹과 열정을 되돌아볼 때 어느 길을 선택하는 것이 축복이 될지 신에게 함께 기도합시다."

60

카토가 연설을 마치자 어떤 사람들은 그저 승리를 향한 확신을 되찾는 데 그쳤다. 그러나 대부분의 병사는 그의 담대함과 고결함과 너그러움에 매료되어 당장의 고통마저 잊었다. 그들은 카토만이 물러서지 않는 장군이며 신의 가호를 받는 장군이라고 확신하면서, 그가 옳다고 판단하는 일이라면 자기들의 목숨과 재산과 무기를 모두 바치겠노라고 말했다. 그들은 그와 같이 덕망 높은 분을 배신하고 연명하느니 차라리 그의 부하로 기꺼이 죽겠다고 생각했다.

그때 어떤 사람이 노예를 해방하여 병력으로 충원하자는 제안을 했고, 대부분의 병사가 이에 동의했다. 그러나 카토는 그러한 제안을 따르지 않았는데, 이는 법에도 어긋날 뿐만 아니라 정의롭지 않다고 생각했기 때문이었다. 그러나 만약 주인이 자발적으로 노예를 해방해 준다면 복무 연령에 이른 사람만을 받아들이기로 그는 결정했다. 많은 사람이 노예 해방을 약속하자 카토는 그들의 명부를 작성하도록 한 다음 회의를 마쳤다.

그런 일이 있고 나서 며칠이 지나지 않아 유바왕과 스키

457   소(少)카토

피오에게서 편지가 왔다. 몇 명의 부하와 함께 산속에 숨어 있던 유바는 카토에게 어떤 계획이 있는지를 물었다. 만약 카토가 우티카를 포기하고 떠날 작정이라면 자기가 그를 기다리고, 항전할 뜻이 있다면 자기가 와서 그를 돕겠다는 내용이었다. 스키피오도 우티카에서 그리 멀지 않은 해안에 정박한 함대에 머물며 같은 생각으로 카토의 결정을 기다리고 있었다.

61

카토는 3백인 회의의 의견을 들어 볼 때까지 유바와 스키피오의 전령들을 기다리게 했다. 원로원급의 귀족들은 카토의 뜻에 찬성하여 서둘러 노예를 해방한 다음 무장하고 있었다. 그러나 배를 타고 다니며 돈놀이나 하고 노예를 중요한 재산으로 여기는 3백인 회의는 카토의 말을 오래 귀담아듣지 않고 흘려버렸다.

밀도가 낮은 물질은 쉽게 열을 받지만 불길이 멀어지면 곧바로 식듯이, 3백인 회의는 카토의 말을 들을 때면 마치 불꽃처럼 그의 따뜻함과 자상함에 감동했지만 뒤돌아서서 자기들끼리 만나 이야기할 때면 카이사르에 대한 두려움으로 카토나 명예 같은 것은 생각하지도 않았다. 그들은 이렇게 말했다.

"맙소사, 우리가 누군데. 우리가 충성을 바쳐 복종해야 할 사람이 누군데. 로마의 모든 군대를 거느리고 있는 카이사르가 아닌가? 우리가 복종해야 할 사람은 스키피오나 소폼페이우스나 카토가 아니오. 카이사르에 대한 두려움 때문에 모든 사람이 당연히 해야 할 일보다는 마음이 움츠러들어 있는 지금, 우리가 로마의 자유를 지키려고 싸워야 할 때인가?

대폼페이우스와 카토도 무서워 이탈리아를 버리고 도망치게 만든 카이사르를 맞아 우티카에서 우리가 싸워야 한다는 말인가? 우리에게 자유를 줄 수도 있고 빼앗을 수도 있는 카이사르의 뜻을 거스르면서까지 우리가 노예를 해방해야 하는가?

그건 아니오. 이 불쌍한 사람들아, 더 늦기 전에 자신의 분수를 알고, 카이사르에게 사람을 보내 정복자의 자비를 빕시다."

3백인 회의의 이러한 의견은 그래도 온건한 편이었다. 많은 사람이 원로원의 생각과 달리 원로원 의원들을 잡아 카이사르에게 바침으로서 자신들에 대한 그의 분노를 누그러뜨릴 음모를 꾸미고 있었다.

62

카토는 3백인 회의가 음모를 꾸미고 있다는 사실을 알았지만 나무라지 않았다. 그는 3백인 회의를 믿을 수 없으니 우티카로 들어오지 말라는 편지를 써 스키피오와 유바에게 보냈다. 그러던 터에 전투에서 도주했던 많은 기병대가 우티카로 돌아와 세 명의 전령을 보내 자기들의 의견을 전달했다.

그런데 그 세 사람의 의견이 서로 달랐다. 한 사람은 유바에게 가자 하고, 두 번째 사람은 카토와 합류하자 하고, 세 번째 사람은 우티카로 들어가는 것을 두려워했다. 그들의 말을 들은 카토는 마르쿠스 루브리우스(Marcus Rubrius)에게 3백인 회의에 참석하게 한 다음, 거기서 노예를 해방시킨 귀족들의 명단을 조용히 접수하되 강제로 일을 진행하지 말도록 지시했다. 카토는 원로원 의원들을 데리고 우티카 교외로 나가 기병대 지휘관들을 만나 이렇게 간청했다.

"여러분은 이렇게 많은 로마 원로원 의원들을 버리지 말고, 나 대신에 유바를 지휘관으로 선택하지 않기를 바랍니다. 여러분은 우티카 시내로 들어와 여러분 자신과 시민을 지켜주기 바랍니다. 그곳에는 여러 해를 버틸 수 있는 식량과 군수품이 준비되어 있어 쉽게 함락되지 않을 것입니다."

원로원 의원들도 카토의 말에 동의하자 기병대장들은 병사들과 상의하러 돌아갔다. 그리고 카토는 원로원 의원들과 함께 언덕에 앉아 그들의 대답을 기다렸다.

소(少)카토

63

그러던 터에 루브리우스가 분노에 찬 모습으로 달려와 3백인 회의가 소란을 일으킴으로써 시내를 혼란에 빠뜨려 사정이 매우 어렵게 되었다고 보고했다. 그 말을 들은 로마인들은 크게 절망하여 눈물을 흘리며 탄식했다.

그러나 카토는 그들을 위로한 다음 3백인 회의에 사람을 보내 자기가 갈 때까지 기다려 달라고 부탁했다. 그러는 사이에 기병대의 전령이 와서 자기들의 요구를 말하는데, 그 내용이 터무니없었다. 그들은 이렇게 말했다.

"만약 카토 장군께서 우리의 사령관이 되어 주신다면 우리는 유바의 용병(傭兵)이 되지도 않을 것이며, 카이사르를 두려워하지도 않을 것입니다. 그러나 우리는 그처럼 쉽게 남을 배신하는 페니키아족과 같은 성안에서 함께 지내야 한다는 일이 끔찍할 뿐입니다. 그들은 지금 조용히 있지만, 카이사르가 가까이 오면 우리를 배신하고 침략자의 편에 설 것입니다. 따라서 우리의 도움이 필요하거나 우리와 함께 행동하기를 바란다면 장군께서는 우티카의 주민들을 모두 몰아내거나 죽이고 야만인과 적군이 없는 성으로 우리 기병대를 불러들여야 합니다."

카토는 그들의 제안이 참으로 야만적이요 잔인하다고 여겼지만, 부드러운 말로 3백인 회의와 상의해 보겠노라고 대답했다. 카토가 성안으로 돌아오니 주민들은 이제 말을 꾸며 변명하거나 돌리지 않고 곧바로 그를 공격했다.

자기들은 카이사르에 항전할 힘도 없고 뜻도 없는데, 자기들을 전쟁으로 몰아넣는 사람이 누구냐는 분노에 찬 목소리가 들려왔다. 어떤 사람들은 카이사르가 올 때까지 원로원 의원들을 붙잡아 두어야 한다면서 투덜거렸다. 그러나 카토는 못 들은 척 흘려버렸다. 실제로 그는 가는귀먹은 사람이었다.

그때 누군가 달려와 기병대가 떠나고 있다고 말했다. 카토는 3백인 회의가 원로원 의원들에게 해코지할까 두려워 막료와 함께 걸어서 밖으로 나갔다. 이미 기병대가 멀리 떠난 것을 안 그는 말을 타고 서둘러 그들을 쫓아갔다. 카토가 달려오는 것을 본 기병대장들은 기쁜 마음으로 그에게 인사한 다음 자기들과 함께 떠남으로써 목숨을 건지라고 간곡히 말했다.

들리는 바에 따르면, 그때 카토는 눈물을 쏟으면서 그들의 손을 잡고 원로원 의원들의 목숨을 살려 달라고 애원하며, 그들의 팔을 잡고 말 머리를 돌리려고 애썼다고 한다. 그러자 그들은 딱 하루를 더 머무른 다음에 원로원 의원들이 준비를 마치면 함께 떠나겠노라고 약속했다.

64

이에 따라 카토는 기병대와 함께 성안으로 들어와 일부는 성문을 지키고 일부는 요새를 지키도록 했다. 일이 이렇게 되자 자기들의 배신 행위에 대한 보복을 두려워한 3백인 회의는 카토에게 사람을 보내 무슨 수를 써서라도 자기들에게 와 주기를 간청했다. 그러자 원로원 의원들이 그를 둘러싸고 길을 막았다. 그러면서 그들은 카토에게 이렇게 말했다.

"우리는 우리 자신과 우리 보호자의 목숨을 저 신의 없는 배신자에게 넘겨줄 수 없습니다."

그때까지도 우티카 시민은 한결같이 카토의 높은 덕망을 믿고 칭송하면서 그가 남을 속이거나 겉치레로 말할 사람이 아니라고 믿고 있었다. 그러나 카토는 오래전부터 자살을 결심하고서도 자기가 죽기에 앞서 모든 사람의 안전을 위해 무섭게 노력하면서 말할 수 없는 고통을 견디고 있었다.

비록 카토는 내색하지 않았지만, 그가 자살하리라는 것은 전혀 비밀이 아니었다. 그는 원로원 의원들을 안심시킨 다음 3백인 회의의 요청에 따라 혼자 그리로 갔다. 그들은 고맙게 생각하며 이렇게 말했다.

　　　　　　　　　　　　　소(少)카토

"간절히 바라건대, 저희를 믿고 써 주시기 바랍니다. 우리는 카토 장군과 같은 인물이 아니어서 생각이 그리 깊지도 못합니다. 그러니 저희를 가엾게 여기시기 바랍니다. 이제 저희는 카이사르에게 사절을 보내 그의 자비를 빌 것이며, 무엇보다도 카토 장군에게 자비를 베풀도록 빌겠습니다. 만약 카이사르가 저희의 요청을 들어주지 않는다면 설령 그가 우리에게 자비를 베풀지라도 우리는 그를 거절하고 목숨이 붙어 있을 때까지 장군을 위해 싸우겠습니다."

그에 대하여 카토는 이렇게 대답했다.

"여러분의 호의에 감사드립니다. 그러나 여러분은 여러분 자신을 위해 서둘러 카이사르에게 사절을 보내되, 나를 위해서는 자비를 빌지 않기 바랍니다. 기도는 정복된 사람들이나 하는 일이며, 자비는 잘못을 저지른 사람에게나 베푸는 것입니다. 나는 일생에 패배한 적이 없고, 내가 원하는 한 나는 늘 승자였습니다.

내가 평생에 걸쳐 카이사르를 이긴 것은 명예롭고도 정당한 일이었습니다. 카이사르는 늘 나에게 졌으며 나의 포로였습니다. 카이사르는 자신이 조국에 죄지은 사실을 오랫동안 부인하고 있지만 이번 기회에 그의 죄상이 드러나고 입증될 것입니다."

65

3백인 회의와 이야기를 나눈 뒤 카토는 그곳을 떠났다. 카이사르가 다가오고 있다는 소식을 들은 그가 이렇게 말했다.

"그가 제법 사람을 알아보는군."

원로원으로 돌아온 카토는 의원들에게 더 이상 지체하지 말고 기병대를 따라가 몸을 피하라고 권고했다. 그는 성문을 모두 걸어 잠그고 자신은 바다로 향하는 성문에 머물면서 부하들이 수송을 맡아 질서를 지키도록 했다. 그는 부하들이 시민에게 피해를 주지 않도록 하는 한편, 시민들의 동요를 진정시키면서 생활이 궁핍한 사람들에게 물자를 제공했다.

그 무렵에 마르쿠스 옥타비우스(Marcus Octavius)가 2개 군단을 이끌고 와 가까운 곳에 병영을 차린 다음 카토에게 사람을 보내 그 지방의 지휘권을 넘기는 문제에 관해 의견을 나누자고 말했다. 그에 대하여 대꾸도 하고 싶지 않은 카토는 막료에게 이렇게 말했다.

"나라가 이 지경으로 벼랑 끝에 서 있는데도 저토록 권력을 탐내는 것을 보니 왜 이 나라가 멸망하게 되었는지를 알 만하지 않은가?"

그러는 사이에 기병대가 물러나면서 마치 전리품이라도 되는 듯 시민의 재산을 약탈하고 있다는 말을 들은 카토는 그들에게 서둘러 달려가 맨 처음 만나는 약탈자에게서 물건을 빼앗았다. 다른 무리는 황급히 약탈품을 내려놓으면서 부끄러운 마음에 아무 말도 못 하고 아래를 내려다보며 도망했다. 카토는 우티카의 주민들을 불러 모은 뒤 카이사르에게 3백인 회의를 나쁘게 말하지 말고, 서로 뭉쳐 목숨을 건지라고 부탁했다.

그러고 나서 카토는 다시 바다로 나가 짐 싣는 일을 지휘하며 그의 권유로 떠나가는 막료와 친지들을 안아 주면서 작별했다. 그러나 그는 아들에게는 피난을 차마 권고할 수 없었다. 아버지 곁에 있고 싶어 하는 어린 아들을 떠나보내는 것이 도리가 아니라고 그는 생각했다.

그런데 그들 가운데 스타틸리우스(Statyllius)라는 젊은이가 있었다. 그는 심지가 굳은 사람으로서 카토의 냉정함을 진심으로 존경했다. 카토는 청년이 카이사르를 몹시 미워했기 때문에 그에게 해코지를 겪을까 걱정되어 어서 피난선을 타라고 재촉했지만 청년은 말을 듣지 않았다. 그러자 카토는 스토아학파의 아폴로니데스(Apollonides)와 소요학파의 데메트리오스(Demetrios)를 돌아보며 이렇게 말했다.

소(少)카토

"이 젊은이가 넘치는 자존심을 꺾고 자기 살길을 찾아가도록 하는 일은 두 분 선생의 몫입니다."

그런 뒤에 카토는 떠나는 사람들의 일을 밤새도록 계속 도와주었고, 그다음 날도 모두 그렇게 보냈다.

66

그 무리 가운데 카이사르의 친척인 루키우스 카이사르(Lucius Caesar)라는 인물이 있었다. 그는 3백인 회의를 대신하여 카이사르를 만나러 가는 사절로 뽑히자 카토를 찾아와 이렇게 물었다.

"제가 카이사르를 만나면 장군님을 위해 어떻게 말하는 것이 좋을지 가르쳐 주십시오. 장군님을 위해서라면 저는 카이사르의 발아래 엎드려 그의 손을 잡고 애원하겠습니다."

그러나 카토는 그러지 말라고 부탁하면서 이렇게 말했다.

"내가 카이사르에게 자비를 빌어 살고 싶다면 나 혼자 직접 그를 찾아가 애원하는 것이 옳을 것이오. 그러나 나는 불법적인 행위를 저지른 폭군을 찾아가 목숨을 구걸할 생각이 없습니다. 그가 사람을 살려 주고 말고 할 권리도 없으면서 마치 군주라도 되는 듯이 나를 살려 준다면 그것 자체가 불법적인 일입니다. 그러나 그대가 굳이 그렇게 하고 싶다면 3백인 회의의 의원들을 살릴 방법으로 어떻게 그의 자비를 바랄 수 있는지 생각해 봅시다."

루키우스와 이야기를 마친 뒤에 카토는 아들과 동료들을 불러 루키우스가 가는 길을 배웅해 주도록 했다. 그와 작별한 뒤 카토는 집으로 돌아오면서 아들과 막료를 불러 여러 가지 이야기를 나누었다. 그런 가운데 그는 어린 아들에게 이런 말을 남겼다.

"너는 정치를 하지 말아라. 왜냐하면 세상이 이렇게 돌아갈 때는 정치를 하는 것으로 카토 가문의 명성을 더 이상 지킬 수도 없고, 그렇다고 정치를 모른 체하다가는 불명예스러운 사람이 되기 때문이다."

저녁이 되자 카토는 목욕을 하러 갔다. 목욕을 하다가 그는 스타틸리우스가 어찌 되었는지 궁금하여 큰 소리로 아폴로니데스를 찾았다.

"아폴로니데스 선생, 스타틸리우스를 잘 떠나보냈습니까? 그 사람이 그 고결한 고집을 꺾었습디까? 그런데 그 젊은 이는 나에게 어찌 인사도 없이 떠나갔나요?"

그러자 아폴로니데스가 대답했다.

"천만의 말씀입니다. 우리가 알아들을 만큼 설명했지만, 그는 여전히 고집을 꺾지 않고 이곳에 남아 장군님과 운명을 함께하겠다고 말했습니다."

들리는 바에 따르면, 그 말을 들은 카토는 빙긋이 웃으면서 이렇게 말했다고 한다.

"그래요, 곧 알게 되겠지요."

67

목욕을 마친 카토는 여러 사람과 어울려 식사를 나누었다. 화르살로스 전투에서 패배한 이래로 늘 그렇듯이 그는 눕지 않고 앉아 식사했다. 잘 때가 아니면 눕지 않았다. 우티카의 관리들과 함께 많은 사람이 식사에 초대되었다. 그들은 술을 마시면서 여러 가지 주제를 정겹게 이야기하다가 철학적인 담론인 스토아학파의 '역설', 곧 "선량한 사람만이 자유를 누리며, 악인은 모두 노예이다"라는 명제에 관한 논의에까지 이르렀다.

예상했던 대로 소요학파가 그 논리에 반대하자 카토가 분노에 찬 목소리로 논리를 전개해 나갔다. 그의 목소리는 높고 거칠게 이어졌는데, 논리가 장황하고 놀라울 만큼 격정적이어서 그의 말을 듣는 모든 사람이 그가 이미 자살로써 현실의 고통을 떨쳐 버리기로 결심했다는 것을 알았다.

소(少)카토

그리하여 카토의 논박이 끝났을 때 모든 사람이 슬픔에 젖어 조용해지자, 그는 바다로 나간 사람들과 물도 없는 야만의 땅으로 나간 사람들은 어찌 되었는지를 이야기하면서 현재의 문제를 끌어내 걱정함으로써 다른 사람들의 우울한 분위기를 바꾸려고 애를 썼다.

68

저녁 식사가 끝나자 카토는 늘 하던 대로 막료와 함께 산책하면서 경비병들에게 이런저런 지시를 내린 다음 숙소로 돌아왔다. 그러나 카토가 아들과 막료에게 인사하면서 지난날보다 더 다정하게 껴안는 것을 본 그들은 오늘이 마지막 밤이 될지도 모른다고 생각했다. 침실에 들어간 카토는 플라톤의 『영혼에 관하여(Phaedo)』를 읽었다. 책을 거의 읽은 그가 위를 바라보니 그곳에 늘 걸려 있던 칼이 보이지 않았다. 카토가 저녁 식사를 하는 동안 그 아들이 치워 버렸기 때문이었다.

카토는 하인을 불러 누가 칼을 치웠느냐고 물었다. 하인이 대답을 못 하자 그는 다시 책을 읽기 시작했다. 시간이 조금 지난 뒤에 그는 다시 하인을 불러, 지금 당장 필요한 것은 아니지만 칼이 없어진 것이 궁금하다면서 어서 가져오라고 지시했다. 그러나 시간이 지나도 누구 하나 칼을 가져오지 않았다.

책 읽기를 마치자 카토는 다시 하인들을 하나씩 불러 큰 목소리로 칼을 가져오라고 소리쳤다. 그는 주먹으로 하인의 입을 쳤다가 손을 다쳤다. 그는 아들과 하인들이 무기도 없이 자기를 정적에게 넘겨주려고 자기를 배신했다며 분노에 찬 목소리로 소리쳤다. 드디어 아들이 막료와 함께 울면서 달려와 죽지 마시라고 애원했다. 그러나 카토는 자리에서 일어나 근엄한 눈빛으로 이렇게 말했다.

"내가 언제 어디에서 나도 모르는 사이에 미친 사람 취급을 받았는가? 내가 잘못된 결정을 내렸다면 나의 마음을 바꾸려고 나를 깨우쳐 주어야지, 나 스스로 판단할 수도 없도록 칼마저 빼앗아 갔느냐? 아들아, 너는 왜 차라리 나의 팔을 뒤로 묶지 않느냐? 카이사르가 왔을 때 내가 자기 자신조차 방어할 수 없는 사람임을 그에게 보여 주어야지 않느냐? 칼이 없다고 자살하지 못하겠느냐? 잠시 숨을 멈추거나 벽에 머리를 부딪히면 곧 죽을 터인데......"

69

어린 아들이 흐느끼면서 나가자 다른 사람들도 따라 나가고 데메트리오스와 아폴로니데스만 남았다. 카토가 정중한 목소리로 그들에게 이야기를 시작했다.

"내가 보기에 두 분께서는 나 같은 늙은이[24]가 자살하지 못하도록 내 곁에 조용히 앉아 감시하기로 작정한 것 같군요. 카토가 이제 더 이상 살길이 없으니 적장 카이사르에게라도 목숨을 살려 달라고 비는 것은 부끄럽거나 끔찍한 일이 아니라고 말하고 싶은 것인가요? 그렇다면 두 분은 왜 나에게 그와 같은 철학으로써 나를 설득하여 마음을 바꾸도록 해 주지 못합니까?

우리는 지금 바로 우리 삶에서 중요한 부분을 이루고 있는 옛 철학을 버리고 카이사르에게 빌어 목숨을 구하는 것이 더 지혜롭고 영광스럽다는 것을 두 분은 왜 나에게 설명하지 못합니까? 이제 결심이 끝난 지금, 나는 내가 결심한 바를 따를 수밖에 없습니다. 나는 여러분의 도움을 받아 나의 운명을 결정할 것입니다. 왜냐하면 나는 두 분이 철학자로서 깨달은 사상을 거울삼아 그런 결론에 이르렀기 때문입니다. 그러니 용기를 가지고 돌아가 주시기 바랍니다. 그리고 나의 아들에

---

24   그가 죽을 무렵 나이가 마흔여덟 살이었는데, 스스로를 늙은이라고 말한 의미가 있을 것 같다.

467   소(少)카토

게는 아비를 설득할 수 없는 일을 아비에게 강요하려 하지 말
라고 전달해 주시기 바랍니다."

70

데메트리오스와 아폴로니데스가 아무런 대답도 못 하고 울면
서 천천히 물러갔다. 한 소년이 칼을 가지고 들어왔다. 카토는
그것을 받아 칼집에서 빼 날을 살폈다. 칼날이 아직 날카로운
것을 보고 그는 이렇게 말했다.

"이제야 내 목숨이 내 손에 달렸군."

카토는 칼집에 칼을 집어넣은 다음 다시 책을 읽기 시작
했다. 들리는 바에 따르면, 두 번 읽었다고 한다. 그런 다음 그
는 깊은 잠에 빠졌는데 코 고는 소리가 밖에까지 들렸다. 자정
이 되자 그는 두 해방 노예와 의사인 클레안테스(Cleanthes)와
공직 비서인 부타스(Butas)를 불렀다.

카토는 부타스를 바다로 보내 피난을 떠난 사람들이 무사
히 떠났는지 알아본 뒤에 와서 보고하라고 지시했다. 그러는
동안에 의사를 불러 조금 전에 노예를 때리다가 다친 팔을 치
료하도록 했다. 그를 본 사람들은 이제 그가 살기로 결심한 것
으로 알고 기뻐했다.

조금 시간이 지나자 바다로 나갔던 부타스가 돌아와 모
두 다 떠나고 공무를 처리할 일이 남은 크라수스(Crassus)²⁵만
아직 배를 타지 않았는데, 그도 곧 떠날 것이라고 말했다. 그는
이어서 바람이 거세 풍랑이 거칠다고 보고했다. 그 말을 들은
카토는 바다에서 고생하는 사람들을 걱정하면서 다시 부타스
를 바다로 보내, 미처 떠나지 못해 도움이 필요한 사람들이 있
는지 알아보고 오라고 지시했다.

---

25   이는 제16장의 주인공인 마르쿠스 크라수스(Marcus Crassus)와는 다른
      인물이다.

카토가 다시 잠깐 눈을 붙일 무렵 벌써 새들의 지저귀는 소리가 들려왔다. 그때 부타스가 돌아와 바다는 고요하다고 보고하자 그는 이제 남은 시간 동안 편히 잠이나 자려는 듯이 침상에 몸을 던졌다.

부타스가 밖으로 나가자 카토는 칼을 빼어 심장 밑부분을 찔렀다. 그러나 오른손을 다친 탓에 힘이 달려 단번에 죽지 못하고, 죽으려고 애를 쓰다가 곁에 있던 기하학 도구를 넘어뜨려 밖에까지 그 소리가 들렸다. 하인이 그 소리를 듣고 비명을 지르자 아들과 막료가 달려왔다.

그들이 와서 보니 카토는 이미 피투성이가 되어 있었다. 내장이 밖으로 흘러나왔으나 카토는 아직 눈을 뜬 채 목숨이 붙어 있었다. 모든 사람이 너무 큰 충격을 받아 아무 조치도 못하고 있는데, 의사가 달려들어 다치지 않은 창자를 안으로 집어넣고 상처를 꿰맸다. 조금 시간이 지나 정신을 차린 카토는 어찌 된 일인지를 알자 의사를 밀친 뒤 꿰맨 상처를 손으로 뜯어내고 창자를 끄집어내더니 곧 숨을 거두었다.

71

집 안에 있던 사람들이 모두 사태를 알기에 앞서 3백인 회의의 의원들이 문으로 들어오고 곧이어 우티카의 시민이 모여들었다. 그들은 카토야말로 자기들의 구원자요 은인이자 자유인이며 승리자라고 칭송했다. 카이사르의 군대가 다가오고 있다는 소식을 듣고서도 그들의 애도는 그치지 않았다. 그들은 정복자를 두려워하지도 않았고, 그에게 아첨하지도 않았으며, 더이상 서로 다투지도 않았다.

그 어느 것도 카토에 대한 그들의 존경심을 훼손할 수 없었다. 그들은 아름답게 상여를 꾸리고 정중하게 운구하여 바닷가에 그를 묻어 주었다. 아직도 그곳에는 칼을 든 그의 조각상이 서 있다. 그러고 나서야 그들은 도시의 해방과 안전을 걱

469　　　　　　　　　　　　　　　　　　소(少)카토

정하기 시작했다.

72

자신을 찾아온 사람들에게서, 카토가 아직 우티카에 남아 도
주할 생각을 하지 않고 남들을 모두 피난시킨 다음 겁도 없이
아들과 막료를 거느리고 거리를 활보한다는 말을 들은 카이사
르는 그 속셈을 이해할 수 없었다. 그러나 그는 카토의 인물 됨
을 높이 평가하고 있었기 때문에 군대를 거느리고 서둘러 성
안으로 들어갔다. 들리는 바에 따르면, 그는 카토가 자살했다
는 말을 듣고 이렇게 말했다고 한다.

"아, 카토여, 나는 그대의 죽음이 안타깝고, 그대는 내가
그대를 살려 주는 것이 안타까웠구나."

만약 카토가 카이사르의 자비로 목숨을 건졌더라도 사람
들은 카토가 카이사르의 명예를 높여 주었다거나 스스로의 명
예를 더럽혔다고 생각하지는 않았을 것이다. 아마도 카이사르
는 카토에게 온건한 대접을 해 주었으리라고 추측할 수는 있
지만, 실제로 그가 어떻게 했을지는 아무도 모른다.

73

[기원전 46년에] 카토는 그렇게 마흔여덟의 나이로 죽었다. 키케
로에게 보내는 편지 한 통이 지금까지 전해 내려오고 있다.(키
케로, 『예언』, XV, § 5) 카이사르는 그의 아들에게 해코지하지는
않았다.

그러나 들리는 바에 따르면, 카토의 아들은 마음이 여렸
다고 한다. 아들은 여인들과 얽힌 문제로 비난을 들었다. 카파
도키아로 간 그는 왕가인 마르파다테스(Marphadates)의 보살핌
을 받았다. 그 왕에게는 아름다운 아내가 있었는데, 카토의 아
들은 여느 때보다 더 오래 그들과 시간을 보냈다. 그런 그를 빈
정대는 노래가 다음과 같이 전해 내려오고 있다.

내일이면 카토가 떠나간다더니,
벌써 한 달이 지나갔구나.

또 이런 글도 남아 있다.

마르파다테스와 카토는 다정한 두 친구,
마음마저도 하나였다네.

이런 시를 남긴 이유는 마르파다테스의 아내의 이름이 프시케
(Psyche)였는데, 이는 라틴어로 '마음'이라는 뜻이었기 때문이
었다.
또 이런 글도 남아 있다.

귀공자로 태어나 얼굴도 잘생긴 카토는
왕자의 마음을 타고났다네.

그러나 카토의 아들의 죽음은 그에게 씌워진 그와 같은 나쁜
이야기들을 모두 씻어 주었다. 그는 필리포이(Philippoi)에서 카
이사르와 안토니우스의 연합군에 대항하여 자유를 위해 싸웠
다. 모든 전선이 무너졌지만, 그는 도주하거나 숨지 않고 적군
에 항전하며 적진 앞에서 함께 있던 병사들의 전투를 독려하
다 장렬하게 죽었다. 적군마저도 그의 용맹함을 칭송했다.
　　또한 카토의 딸도 품위와 용기에서 가문을 더럽히지 않았
다. 그는 카이사르를 죽인 브루투스의 아내로서 남편의 암살
음모를 도왔으며, 명문가의 딸답게 고결하게 삶을 마쳤는데,
이에 관해서는 「브루투스전」(§ 13, 53)에 자세히 기록했다. 카토
와 운명을 함께하겠다던 스타틸리우스(§ 66)도 그렇게 일생을
마치고 싶어 했으나, 데메트리오스와 아폴로니데스의 만류로

　　　　　　　　　　　　　　　소(少)카토

자살하지 못하고 브루투스를 위해 열심히 일하다가 필리포이 전투에서 전사했다.(제26장「브루투스전」, §51)

정치인이 잘못되었다면
그를 뽑은 사람의 책임도 크다.
— 카토

가끔은 신의 섭리가
죽음보다 비참한 삶을
우리에게 안겨 준 것처럼 보이기도 한다.
— 뒤 아이양

카토는 제철이 아닌 때
열린 과일처럼 보인다.
— 뒤 아이양

1

만약 누군가가 포키온과 카토를 그리스와 로마의 다른 모든 영웅들과 견주고자 한다면, 나는 이 두 인물이 언제나 더 높은 평가를 받을 것이라고 믿는다. 미덕을 척도로 삼아 사물을 판단할 때, 이러한 시도는 어려운 일이 아니다.

그러나 각자의 개성을 이해하고, 둘 가운데 누가 더 우위를 차지하는지를 정확하게 지적한다는 것은 어려운 일일 뿐만

I   본디 플루타르코스의 『영웅전』 원본에는 「포키온과 카토의 비교」가 있었겠지만 전해 내려오는 과정에서 없어졌다. 이 글은 아미요 주교가 살았던 시기에 뒤 아이양 경(卿)이 써넣은 것이다. 뒤 아이양 경은 아미요의 『플루타르코스 영웅전』에 주석을 달아 최종본을 완성한 사람이다.(프랑스어판의 원주)

아니라 불가능한 일이라고 나는 생각한다. 그러한 문제에 대하여 지금 내가 밝히는 견해는 포키온의 삶에 대해 저자인 플루타르코스가 간단히 말한 것을 좀 더 상세히 확장한 것에 지나지 않는다.

비교 열전을 쓴 저자[플루타르코스]가 이러한 이야기를 깊이 있게 다루고 그들을 총체적으로 비교했다면, 이것은 분명 그의 업적 가운데 하나가 될 수 있었을 것이다. 그러나 그는 자기 자신을 믿지 않았고, 다른 문필가들도 믿지 않았다. 그리스 화가 아펠레스의 경우처럼, 그는 불완전한 그림을 결코 완성하지 않고 내버려 두면서, 굳이 무리하여 완성을 시도하지도 않았다.

이처럼 플루타르코스는 세상의 자랑거리였던 두 인물의 풍요로운 삶이 보여 주는 교훈을 사람들 스스로가 발견하기를 바랐다. 그러니 이 글이 그의 미묘하고 섬세한 판단에 영향을 끼치지는 않기를 바란다.

2

나는 플루타르코스의 견해와 마찬가지로, 그들이 일반적이고 보편적인 유사성을 지니고 있다는 것을 인정한다. 거기에는 그 두 인물이 모두 덕망 높은 사람들이고, 나라의 일을 담당했다는 사실도 마땅히 포함된다. 그리고 나는 또한 그들의 미덕이 같은 모습과 같은 색깔을 보여 준다는 사실도 인정한다.

그 미덕은 두 사람의 행동에 새겨져 있는데, 가장 사소하고 중요한 특성들까지도 그렇다. 포키온과 카토는 둘 다 부드러움과 거의 같은 정도의 엄격함을 지녔고, 신중함과 용맹스러움, 그리고 스스로에 대한 확고한 자신감과 다른 사람들을 향한 소심한 경계심을 지니고 있었다. 그들이 수치스러운 일을 겪지 않고 정의로운 일을 열망한 것은 더 말할 나위도 없다.

그런데 그들을 비교하면서, 플루타르코스가 그런 표현들

을 남긴 이상, 우리도 둘 가운데 누가 어떤 점에서 우월한 점을 지니는지 살펴보고자 한다. 그에 대한 마지막 판단은 현명한 독자들의 몫이다. 독자들은 이러한 비교 작업을 펼치고, 조이고, 부드럽게 다듬고, 연마하는 데 적합한 연장을 손에 쥐고 있을 것이다.

내가 자주 바라는 것처럼, 모든 사람, 더욱이 나랏일을 다루는 사람들은 이 책을 읽어야 한다. 특히 이 두 사람의 생애가 더할 나위 없는 가르침을 담고 있다고 나는 생각한다. 모든 면에서 멋지고 완벽하고 뛰어난 얼굴처럼, 우리는 이 두 인물을 그린 초상이 미덕을 소재로 매우 공들여 완성된 것임을 발견하게 될 것이다.

그 결과 우리는 포키온과 카토에 대해 대단히 탁월한 면을 발견하게 될 것이다. 따라서 그들 각자에 대해 우리는 그 품성에 매우 적합한 사실을 말한 시구를 적용할 수 있을 것이다.

그는 조금도 정의롭게 보이려 하지 않는데도,
정의롭다.
심오한 사유 속에서 미덕을 사랑하는 그,
우리는 거기에서 흔히 본다,
온갖 명예를 담은 현명한 충고가 태어나는 것을.

3

아테네 사람 포키온에 대해 먼저 조금 더 살펴보기로 하자. 그리고 로마 사람인 카토에 맞서 포키온을 위한 변호를 해 보자. 먼저 우리는 포키온의 군사 훈련이 카토의 훈련보다 더 질서 있다는 사실을 발견하게 된다. 두 인물 모두 탁월하고 완벽하게 좋은 품성을 도야했음에도 포키온의 삶이 좀 더 유연하고, 더 예의 바르고, 조국에 이득을 가져다주었다. 또한 그의 죽음은 카토의 죽음보다 덜 비참하고, 더 고상하다.

포키온과 소(少)카토의 비교

두 인물의 가족에 대해서도 마찬가지로 말할 수 있다. 포키온과 그의 아내는 흠잡을 데 없이 살았다. 그러나 카토는 마르키아를 아내로 맞이한 뒤, 그를 다른 사람에게 주었다가 다시 자기 곁으로 오게 했는데, 이것은 수치스럽고 변명의 여지가 없는 일이다.

아테네 사람 가운데 누구도 포키온이 웃거나 우는 것을 결코 보지 못했다. 그렇다면 사람들은 웃음이 없는 그의 대답을 어떻게 이해할 수 있었을까? 사람들은 그의 당당한 외양 아래에서 놀랄 만큼 친절하고, 만족스럽고, 즐거운 정신을 보았다. 그것은 거부할 수 없는 매력이었다.

포키온은 여전히 우리가 바라지도 않고 공격을 피할 수도 없는, 칼 같은 예리한 충격을 우리에게 준다. 누구도 피해 갈 수 없는 그 충격은 곧바로 우리에게 다가온다. 그러나 그에 견주어 보면 카토는 더 엄숙한 엄격함을 지닌 것처럼 보인다. 그가 자신의 결의에 따라 아시아를 정벌하러 가기로 했을 때, 나중에 돌아올 그가 더욱 명랑하고 온화하게 변한다면 지금보다 훨씬 더 강해질 것이라고 그의 친구는 말했다.

우리는 카토의 말과 행동에 관한 기록에 신랄함이 많이 섞여 있음을 볼 수 있다. 그의 태도는 더 말할 나위도 없고, 옷의 색깔과 입는 방식, 그리고 도시에서든 시골에서든 민중 앞에서 들려주는 연설, 그리고 어떤 허식도 없이 자기에게 부과되는 책무를 수행하는 그의 태도는 그가 모든 면에서 여느 사람들과 완전히 다른 길을 선택하기로 결심한 사실을 보여 준다. 이런 점에서 그와 비슷했던 포키온은 죽음을 맞이하는 마지막 순간에도 그와 같은 엄숙함을 가장 잘 보여 주었다.

그런 포키온과 달리 카토는 단 몇 마디로 카이사르와 자기 자신을 비난했고, 자기 아들과 가족을 거칠게 모욕했으며, 자신의 노예들 가운데 하나를 때리다가 자기의 손에 상처를 입었다. 그의 엄격함은 스토아학파의 역설을 따라 날카로운 칼처럼 담금질하고 벼린 것이다. 그런가 하면 포키온의 엄격함은 플라톤학파의 근엄한 부드러움을 따라 형성된 것이다.

4

나는 포키온이 그가 살던 시대의 분위기에 더 잘 적응했다고 생각한다. 나의 이 말에는 어떤 진실을 숨기려는 의도가 없다. 만약 포키온이 카토와 같은 방식으로 행동했다면, 아테네 공화국은 필리포스왕과 알렉산드로스 대왕과 안티파트로스의 공격에서 스스로를 지킬 수 없었을 것이다.

그와 달리 카토는 법의 엄격한 준수를 강조함으로써 원로원과 민중이 충돌하게 했다. 그는 더 이상 당시의 로마인들과 관계를 맺지 않았고, 자신이나 다른 사람을 위해서도 그리 많이 앞서 나서지 않았다.

포키온의 달변은 데모스테네스와 맞선 연설에서 충분히 입증되었다. 그리고 카토는 그리스의 10대 웅변가(Ten Attic Orators)[2]와 맞먹는 위대한 웅변가였다. 그들은 모두 연설에서 간결한 격언을 사용하기를 좋아했다. 그런데 포키온은 카토보다 더 자주, 그리고 더 능숙하게 간결한 표현을 활용했다. 카토는 자주 자신의 성품대로 길고 지루하게 연설했다.

그들의 온화함을 보여 주는 일화들은 매우 아름답다. 그런데 이 점에서는 포키온이 카토보다 한 수 위였다. 카토는 이따금 준엄하기 이를 데 없었으며, 대개는 자제력을 잃지 않았다. 그러나 원로원 한복판에서 누군가 카이사르에게 보낸 편지를 보고자 했을 때 그는 감정에 휩쓸린 상태였다. 그는 자신의 호기심을 참지 못하고 억지를 부려 카이사르에게 편지를

---

2   아테네의 10대 웅변가라 함은 안도키데스(Andokides), 안티폰(Antiphon), 데모스테네스, 디나르코스(Dinarchos), 히페레이데스, 이사이오스(Isaios), 이소크라테스(Isokrates), 리쿠르고스, 리시아스(Lysias), 아에스키네스(Aeschines)를 가리킨다.

읽도록 했는데, 이는 지나친 일이라고 하지 않을 수 없다.

여기에 덧붙여 그가 자신의 조카딸 가운데 하나와 결혼하겠다던 폼페이우스의 요구를 곧바로 거절했던 사실도 잘못된 것이었음을 지적할 수 있다. 비록 혼담을 거절한 그의 말이 옳다 하여도, 자신과 손을 잡고자 했던 사람의 명예나, 일이 성사되었을 때 국가에 생길 이익을 고려했다고 보기에는 그의 처사가 너무나 즉각적이고 거친 반응이 아니었던가? 좀 더 신중하게 대답하고, 좀 더 면밀하게 사태를 알아보고자 시간을 두어야 했는데, 카토는 공적인 이익을 빌미로 일을 성급하게 처리했다.

5

신중함에 대해 살펴보면, 카토는 군사 문제와 관련하여 자신의 가치를 얼마나 다양하게 증명했는가? 그러나 그런 명성에서는 포키온이 카토를 앞선다. 그는 마흔다섯 번이나 아테네의 지휘관으로 선출되었으며, 전쟁에서 보여 준 그의 뛰어난 무용담은 카토가 자신의 나라를 위해 보여 준 것과는 비교가 되지 않는다. 그리고 주목해야 할 점은 포키온이 그렇게 여러 차례 지도자로 지명된 것이 모두 그가 없는 자리에서 이루어진 일이었다는 사실이다.

포키온에게는 끊임없이 그를 반대하는 세력이 있었지만, 사람들은 필리포스왕을 상대로 그가 얻은 승리처럼, 이집트의 도시 메가라를 기습 점령하고 스파르타를 정복한 사실도 높이 평가했다. 이와 달리 카토는 많은 수의 군인을 얻으려고 노력해야 했다. 카토의 키프로스 원정도 등을 떠밀려 떠난 것이다. 그는 거기에서 조금도 싸우지 않았으나, 프톨레마이오스가 자살하면서 카토에게 많은 재산을 남겼다.

6

장군으로서의 신중함이라는 측면에서 보면 포키온이 카토보다 더 위대하다. 그가 들려준 조언, 필리포스왕에 맞선 전쟁에서 그가 쓴 전략, 군사 문제와 관련해 아테네 사람들에게 밝힌 그의 견해 등이 그런 사실을 입증한다.

그러나 카토는 그와 달랐다. 아시니우스 폴리오를 시킬리아 바깥으로 내쫓으려 했을 때, 카토는 무장을 하는 대신에 진심으로 자신의 존재를 필요로 하는 일에 주의를 기울이고, 다른 원로원 의원들의 경솔함으로 말미암아 나라가 혼란에 빠지는 것을 막고자 폼페이우스를 설득하여 약탈을 멈추도록 했다. 그러나 카토는 폼페이우스의 야심에 끌려갔고, 폼페이우스는 디라키움 전투에 그를 끌어들여 자신의 야심을 채우며 제멋대로 행동했다.

결국, 그는 우티카에서 모든 희망을 잃었다. 시킬리아를 떠나면서 그랬던 것처럼, 그는 신의 섭리에서 엄청난 불확실성과 변화를 보았다고 말하지 않을 수 없다. 폼페이우스는 지난날 늘 축복을 누렸지만, 그 무렵에는 선행을 실천하거나 법과 형평에 따르지도 않았다.

카토는 자신의 조국을 지킬 수 있기를 바라면서 자유를 지키고자 싸웠고, 이제 폼페이우스의 행운이 끝났음을 알았다. 그러나 우리가 무기를 들고 있을 때는, 비록 무기를 쥐고 있는 손이 불완전하다 해도, 모든 사태에 대해 절망하지 말아야 한다. 카토의 행동은 이러한 사실을 아주 잘 보여 준다.

정의롭고 강인한 사람은 흔들리지 않으며
자신을 위협하는 위험이 다가와도 웃음 짓는다.
그는 마지막 순간까지
자신의 운명을 아주 잘 따라간다.
온 세상이 그를 향해 덮친다 해도·······

포키온과 소(少)카토의 비교

그런데 길을 가는 도중에 짐을 내려놓는 일은 매우 적절하지 않다. 스키피오에게 군대의 지휘를 맡기는 등, 카토가 아프리카에서 한 일은 그다지 적절하지 않았다. 스키피오는 그러한 권한을 위임받아 자신의 할 일을 제대로 해낼 수 있는 인물이 아니었다. 그때 카토는 공적인 이익을 존중하고 수많은 로마 사람의 생명을 지키는 것이 어떤 실증적인 법보다 더 중요하다고 생각했어야 한다.

그러나 카토는 법과 절차의 문제를 들어 스키피오에게 사령관 자리를 양보했고, 결국 얼마 지나지 않아 후회했다. 왜냐하면 스키피오는 현명한 전쟁 지도자라면 결코 하지 않을 일을 했기 때문이다. 카토는 그러한 경솔함으로 말미암아 아프리카에서 군대의 패퇴를 재촉했고, 곧이어 자신의 목숨까지 내놓아야 하는 결과를 불러왔다.

7

정치적인 신중함에 관해서는 훨씬 다양한 논의를 할 수 있다. 포키온의 경우, 그가 나랏일을 맡은 뒤로 조국이 더 강력해진 것은 아니지만, 그는 뛰어난 지혜를 이용하여 필리포스왕과 알렉산드로스 대왕과 안티파트로스의 손에서 조국을 구출했다.

또한 포키온은 당대의 저명인사들을 아주 능란하게 다루었다. 그러나 그 자신은 금과 은으로도 매수할 수 없는 인물이었고, 재산이 거의 없었다. 그러면서도 그는 재산을 가진 사람들에게 기꺼이 명령을 내렸고, 삶의 마지막 순간까지 늙은 부자들을 경멸하면서 미덕을 추구했다.

포키온의 한결같은 태도는 그와 함께 생활한 적이 없는 사람들을 놀라게 했다. 그는 웅변가와 젊은 변호사를 믿지 않았으며, 그들을 예리하게 반박함으로써 그들의 입을 다물게 했다. 그리고 그는 몹시 변덕스러운 아테네 시민이 20년의 세월 동안 의무를 충실히 이행하도록 만드는 놀라운 일을 했다.

포키온은 아테네 사람들에게 어떤 특별한 조언을 하지는 않았으며, 심지어 나중에는 자신의 언행을 후회하기까지 했다. 그러나 그의 견해는 언제나 훌륭했고, 아테네 사람들은 그를 결코 나쁘다고 생각하지 않았다. 아테네 사람들은 포키온의 만류에도 전쟁을 일으켰다가 이득을 본 일이 전혀 없었다.

또한 포키온은 자신의 능력에 바탕을 두고 행동했기 때문에 막료나 적군을 두려워하지 않았다. 포키온은 미덕을 함양하기에 앞서 조국의 이익을 위해 죽음도 두려워하지 않아야 한다는 생각을 가슴속 깊이 새기고 있었다. 사람들이 부당하고 심술궂은 일을 권고하거나 저지르는 모습을 볼 때면 더욱 그랬다.

선동가들과 아테네 민중이 거만한 모습을 보이면, 그는 자신의 분노를 고스란히 드러내면서 그들의 헛된 말에 맞서 반박했다. 그러나 한편으로 그는 아테네 사람들에게 선행을 알게 하려고 언제나 좋은 말을 해 주었다. 여기에는 다른 의도도 있었는데, 이렇게 선한 말을 함으로써 자신의 날카로움을 감추려 했던 것이다. 그는 굳이 자신의 특성을 드러내 사람들의 관심을 끌려 하지 않았다.

아테네 사람들이 엄청난 재난을 만나 의기소침해지면 포키온은 아주 자애롭게 그들을 격려하고 도왔으며, 먼저 그들을 치료하려고 노력했다. 모든 사람의 안녕을 지키고자 그는 어느 누구도 차별하지 않고 가장 적절하게 충고해 줬는데, 그러한 태도는 마지막 숨을 거둘 때까지 이어졌다.

8

그러나 카토는 로마에 봉사하기에 앞서 너무 일찍 권력에 지치고 실망했다. 그는 로마의 자유를 위해 훌륭한 일을 했지만, 로마는 그의 명예를 훼손했다. 그가 자신의 생애를 통해 포키온보다 훨씬 더 잘했다고 할 수 있는 것은, 로마가 필요로 하는

포키온과 소(少)카토의 비교

일에 전념했다고 스스로를 변호할 때뿐이다.

더욱이 로마인들이 겪은 일들에 관해 판단을 내려야 한다면, 폼페이우스가 카토의 집으로 찾아와 요구했던 결혼 제안을 카토가 거절한 것은 큰 잘못처럼 보인다. 왜냐하면 그로 말미암아 폼페이우스는 자신에게 딸을 준 카이사르와 연합했고, 그들의 동맹은 로마 제국을 근본에서부터 완전히 무너뜨렸기 때문이었다.

카토는 천성적으로 엄격한 인물이었다. 카토가 반역자들의 온갖 술책을 막느라 열중했을 무렵, 그는 집정관의 뜻을 따르지 않고 지나치게 독단적인 방식으로 일을 처리하면서 집정관의 요청을 기각했다.

이처럼 카토는 로마 시민을 달래거나 부드러운 말과 기교로 환심을 사려고 노력하거나 궁리하지 않았으며, 결코 그런 일에 애쓰지도 않았다. 결국 그는 완전한 추방을 당했고, 그때 그는 민중이라는 끈을 움켜쥐지 않고 놓아 버렸다.

9

나는 안티파트로스가 죽은 뒤에 포키온이 저지른 잘못을 변호할 생각이 없다. 그는 폴리스페르콘과 니카노르의 책략에 사려 깊게 대응하지 못했다. 그는 자신의 공무를 수행해야 한다는 사실과 그들을 용서하지 말아야 한다는 사실을 잊고, 민중의 지지를 얻을 수 없는 행동을 했다. 자신의 길을 충실히 살아가려는 사람은 자신의 계획이 망쳐지지 않도록 모든 방향에서 주의 깊게 살펴보아야 한다. 물론 그러한 관찰은 무척 어려운 작업이다. 이에 대해 시인 에우리피데스는 이런 말을 남겼다.

신의 뜻을 드러내는 방법에는
여러 가지 종류가 있다.

에우리피데스의 말처럼, 사람이 살아가는 길은 자기 뜻대로 펼쳐지지 않는다. 사람이 살아가면서 겪는 온갖 어려움을 단호하게 뛰어넘는다는 것은 인간이 지닌 가장 높은 역량 가운데 하나이다. 그 가운데 중요한 것이 평정심을 유지하는 것이다. 이 부분에 있어서 나는 포키온이 더 능숙했다고 평가한다. 카토는 흥분하는 순간에 자제력을 잃었고, 사태가 엄밀한 미덕의 영역을 벗어나 전개되는 것을 본 뒤로는 스스로 생명을 끊는 일만 생각했다.

열정과 공정함을 살펴본다면 포키온은 그리스 사람들 가운데 덕성스럽고 지혜로운 사람이라는 평판을 얻었고, 온 생애에 걸쳐 공적인 자유와 법을 지키고자 명예롭고 합당한 일을 했다. 카토는 이 점에서 훨씬 더 많은 것을 바란 것처럼 보이는데, 그가 그 기대를 충족한 삶을 지속한 순간은 아주 짧았다.

수치스러운 일을 겪지 않으려고 도망치는 다른 사람들의 모습을 보면서, 나는 두 사람이 간 길이 대단히 위대하다고 생각한다. 그들은 서로 다른 길을 갔지만, 같은 목표를 바라보고 달려간 셈이다. 둘 가운데에 더 사려 깊은 정신을 지녔던 포키온은 부드럽게 흐르는 강과 같았다. 그에 견주어 카토는 열렬한 용기를 지녔고, 온갖 장애물을 극복하고 솟아오르는 격렬한 급류와 같았다.

10

우리가 마지막으로 살펴볼 문제가 남았다. 그것은 이 두 인물의 과감한 자신감으로, 그들 가운데 누가 더 뛰어난 자신감을 가졌는가 하는 문제이다. 이에 대해 사건의 결말을 살펴보면, 결코 절망을 모르던 카토가 뛰어났다고 말할 수 있다. 그 점에서 그는 확실히 포키온보다 훨씬 더 앞선다.

그러나 포키온은 온 생애를 통해 용기를 보여 줬고, 죽음을 맞는 그의 행동은 놀라울 정도로 의연했다. 그가 보여 준 의연함, 인내, 우정, 온화함, 정의로움, 성실함은 무한한 예찬을 받을 만하고, 그런 점에서 그의 삶은 더할 나위 없이 뛰어났다. 장군답게 나아가는 것, 막료를 격려하는 것, 정적을 용서한 것, 그것이 포키온의 행동이었다. 그는 제2의 소크라테스라고 할 만하며, 모든 사람 가운데 뛰어난 인물이면서 관대하고 덕성스러운 현자(賢者)였다. 그런 의미에서 우리는 포키온이 어떤 사람보다도 고결함을 지녔다는 사실을 인정해야 한다.

그런가 하면, 비록 스토아학파 철학자들은 카토와 다른 말을 하겠지만, 카토는 자기의 견해만을 고집한 사람이 얼마나 비참한가를 보여 주었다. 그는 죽음의 손에 포박당한 것처럼 굴었고, 두 번이나 죽음에 맞서 싸워야 했다. 나는 포키온에게 주었던 것 같은 명예로운 상을 카토에게 주지 않는다.

포키온은 최고의 지휘자가 자신을 불러 주기를 기다리면서 적절한 순간을 재촉하지도 않았고 회피하지도 않았다. 포키온은 자신에게 열린 문을 통해 이 세상에 와 있는 동안 군대에서 명예롭게 처신했고, 더 위대한 다른 문으로 도망쳐 위험을 벗어나고자 스스로 목숨을 끊지도 않았다.

포키온은 오히려 죽음을 넘어섰으며, 자신이 오히려 죽음의 목을 끌어안았다. 그는 독약을 사서 마심으로써 담담하게 죽음을 받아들였다. 결국 포키온의 죽음은 정적에 대한 복수였는가? 그를 고발하고 비난한 사람들은 끝내 불행하게 죽었고, 아테네 사람들은 커다란 혼란 속에서 비로소 자신들이 잃어버린 것을 깨달았다.

11

이제 로마인이 대답할 차례이다. 카토에 대한 모든 증언은 고대와 우리 시대를 통틀어 모든 분별력을 지닌 사람들에게서 나온 것이기에 충분한 가치가 있다. 많은 부분에서 카토는 포키온보다 윗자리를 차지하는 것처럼 보인다. 우리의 저자 플루타르코스가 말한 것은 내가 하려는 얘기의 서문과 같은 구실을 하는데, 그에 관해 여기에서 조금 더 이야기하고자 한다.

누가 덕성 그 자체인 카토를 완전하게 그릴 수 있을까? 나에게 카토라는 인물은 제철이 아닌 때에 열린 과일처럼 보인다. 왜냐하면 사람들은 그의 행동을 우러러보고 예찬하면서도 제대로 활용할 생각은 하지 않았기 때문이다. 카토의 순정한 모습은 그가 살던 시대의 타락한 인생들과 변질된 풍습 가운데에서는 제대로 쓰이지 않았고, 그에게 주어져 마땅했던 명예와 명성은 아주 긴 시간이 지나고 나서야 도착했다.

당시 사람들은 카토의 때 묻지 않은[無垢] 삶이 자신들의 행실과는 어울리지 않는다고 여겼고, 모범이 되기에도 합당하지 않다고 생각했다. 카토의 미덕이 지닌 엄숙함과 완벽함은 그가 살던 시대의 타락상과 너무나 어울리지 않았다. 그래서 카토는 포키온이 그랬던 것처럼, 공적인 체계가 이미 훼손된 나라의 통치에 개입하지 않았다. 당시 로마는 이미 엄청난 혼란으로 말미암아 충격을 받고 동요하는 상태였다.

카토는 키도 없고 키잡이의 권위도 없이, 다만 돛과 밧줄을 다루는 법만 겨우 익힌 상태로 자신보다 더 많은 신뢰를 받는 권력자들을 보좌했다. 그럼에도 그는 국가의 이익을 파괴하고 허물려는 시도를 차단하는 일에 큰 성공을 거두었다. 카토의 지혜와 미덕은 천천히 아주 긴 시간에 걸쳐 이뤄진 일로서 여기에는 엄청난 노력이 따랐다.

12

그러므로 우리는 자신의 시대 속에서 과오를 저지른 카토를 비난할 것이 아니라 그 시대를 탓해야 한다. 그러나 우리는 일단 두 인물의 비교 작업을 시작했으니 그것을 마무리하자.

무엇보다 먼저 카토에게 두드러진 것은, 그가 어린 시절

포키온과 소(少)카토의 비교

부터 미덕의 길을 걸었다는 사실이다. 그는 언제나 대단히 훌륭한 태도를 보이면서 날이 갈수록 향상된 모습을 보였다. 그와 달리 포키온은 플라톤학파의 철학자로 이름을 널리 알린 크세노크라테스의 학교에서 많은 시간을 보냈다. 폼파이디우스 실로를 향한 카토의 태도를 보면, 자기 또래의 아이늘 가운데 누구보다도 뛰어난 신망을 보여 주었음을 알 수 있다.

카토가 술라의 전제 정치를 응징하겠다며 스승에게 칼을 요구했던 사실은 극도로 용맹스러운 행위였다. 그 무렵에 그는 아주 어린 나이였다. 그러므로 카토의 용맹스러움은 어느 정도의 악덕을 지니고 있기는 해도, 진실의 수호자이자 미덕의 용감한 보호자 노릇을 했다. 미덕은 그의 내면에서 줄어들지 않고 언제나 늘어났다. 카토는 이런 점에서 상당히 경직된 모습을 보여 준 포키온을 앞섰다.

그러나 그 이상의 의미 있는 사실이 있으니, 그것은 다름이 아니라, 카토는 아테네가 놓여 있던 현실과 다르게 공화국인 로마에서 살았다는 점이다. 카토는 훨씬 위험하고 강력한 정적들과 싸워야 했다. 더욱이 그의 정적들 가운데 하나인 카이사르는 포키온의 정적들을 모두 합한 것보다 훨씬 두려운 상대였다. 그럼에도 그는 많은 사람의 의견을 듣고 스스로 노력함으로써 불리한 사태를 뒤집으려고 노력했다.

그러나 카토의 성품과 신망이 최고에 이르렀을 때조차 그는 국가의 모든 정적을 무릎 꿇릴 수는 없었다. 그러면서도 그는 결코 정적에게 굴복하지 않았다. 언젠가 카토는 키케로의 집요한 설득 때문에 정적들을 맹렬하게 바라던 것은 있었다. 그러나 카토의 그와 같은 꺾이지 않는 용기는 로마 제국이 바라던 것은 아니었다.

13

이 글에는 제멋대로 꾸며 낸 이야기나 거짓된 아첨꾼의 칭찬이 없다. 내가 카토에 대해 말하고자 하는 것은 세상의 모든 이들이 알고 있는 덕행에 대한 것이다.

그러나 카토의 인생과 행동은 그가 얼마나 고귀한 존재였는지를 보여 준다. 우주는 이 인물을 인간의 의연함과 강인함이 어디까지 도달할 수 있는지를 보여 주려고 선택한 것처럼 보인다.

지금 우리는 그 두 사람의 모습을 그리고자 시인들의 멋진 표현에 눈길을 돌릴 필요는 없다. 시인들은 어떤 로마인이나, 카이사르나, 하늘과 신들보다 더 카토를 숭배하면서도 아무 말도 하지 않는다. 그러므로 우리는 다만 플루타르코스가 우리에게 말한 것 안에 머무르면 된다.

플루타르코스가 카토를 그토록 찬양한 것은 자기 형제를 너무나 사랑했던 카토에게는 대단한 영광이었다. 플루타르코스는 카토의 부인과 관련된 치욕의 일부를 지웠고, 아들이나 사위와 뜻이 맞지 않았던 포키온의 운명과 대조시켰다. 카토의 딸 포르키아와 사위 브루투스(Marcus Brutus)는 그의 미덕을 더욱 명예롭게 했다.

14

카토가 그토록 커다란 애정을 가지고 온갖 형태의 미덕을 실현한 데에는 어떤 성스러운 영감이 작용한 것처럼 보인다. 카토가 사랑한 것은 엄격한 정의였다. 그것은 어떤 인정 때문에 나약해지지도 않았고, 자비를 바란다고 나약해지는 것도 아니었다. 그가 사랑한 것은 진리와 성실함이었고, 그가 죽는 순간까지 증오한 것은 탐욕이었다.

카토는 세상의 모든 유혹을 경멸했는데, 이러한 미덕은 그와 포키온에게 공통적으로 나타났다. 그러나 미덕의 실천에서 카토는 포키온보다 훨씬 더 열성적이었다. 그의 직설적인 언어에는 여러 가지 의미와 열정이 가득 담겨 있으며, 우아한 간결함과 진중하고 존엄한 특성이 담겨 있다. 그의 언어에는 포키온의 소박한 근엄함을 넘어서는 무엇인가가 담겨 있었다.

그런데 언변이라는 점에서 포키온과 카토를 견주어 보면 극단적인 차이를 보여 주고 있다. 포키온은 가벼운 농담을 많이 하면서 사람들을 웃기려 했다. 우리는 그의 장황한 연설과 그 결과를 많이 알고 있고, 증거들도 충분하다. 그러한 사례로는 다음의 두 가지로 충분하다.

하나는 아테네의 어느 집회에서 포키온이 알키비아데스의 수염을 잡으면서 놀린 것이고, 다른 하나는 포키온이 아주 큰 소리로 절름발이 흉내를 낸 아리스토게이톤을 무력하고 심술궂은 사람이라고 놀린 것이다.

15

카토의 고결함을 판단하려면, 그 무렵 로마 공화정의 병폐가 너무 심각하여 어지간한 의사들의 손으로는 고치기가 거의 불가능했다는 점과, 설령 의사가 있었더라도 인두와 불을 써서 피부를 태워야 하는 중증 환자와도 같았던 시민들이 넘쳐났다는 점을 이해해야 한다. 그 무렵의 로마는 대단히 위험한 상태였다.

포키온이 아테네 사람들을 잘 안다고 스스로 믿었던 것처럼, 카토도 로마의 원로원을 아주 정확히 이해하고 있었는데, 그런 사실은 그의 남겨진 연설들을 보면 명확하게 알 수 있다. 원로원의 연설에서 카토는 카틸리네, 폼페이우스, 카이사르의 책략을 폭로했다. 정치에서의 책략은 로마의 일부로 존재하는 것처럼 여겨졌다. 그 시절에 원로원 한복판에서 조롱의 말을 던지는 것이나, 악덕이나 퇴폐를 부끄러워하지 않고 이런저런 말을 늘어놓는 것은 문젯거리가 되지 않았다.

덕망 높은 인간은 자신의 행복을 느끼는 것에 만족하고, 자신의 말이나 행동을 조롱거리로 만들지 않으면서 다른 사람들의 기분을 좋게 한다. 더욱이 카토는 좋은 막료를 사랑하는 법을 모를 정도로 그렇게 엄격한 인물이 아니었다. 그는 가끔 밤새도록 이야기를 나누면서 현명한 말과 적절히 사람들을 웃기는 몇 마디 말로 흥취를 더했다.

그래서 사람들의 기분을 북돋워 주려고 태어난 듯한 화보니우스 같은 인물이 카토의 곁을 오래 지켰는지도 모른다. 이처럼 막료에 대한 카토의 온화함은 남달랐다. 그는 친구들에게 돈을 빌려주기도 하고, 아무 이득도 없이 그저 친구들을 도우려고 자신의 땅과 노예를 빌려주기도 했다. 그런 점에서 카토는 누군가를 책임진 일이 없던 포키온보다 훨씬 뛰어났다.

포키온은 이웃을 도울 어떤 수단도 없었고, 심지어 자기가 빚지고 있던 고리대금업자 칼리클레스의 불만을 잠재우느라 애써야 했다. 그러나 카토는 스키피오나 유바왕과 벌인 힘싸움에서 진 뒤로도 우티카의 시민을 애정으로써 위로하고 충고했다. 민중이 그에게 부여했던 그 수많은 명예도, 또한 그를 찾아왔던 수많은 명사들도 카토의 소박한 삶과 대화의 방식을 조금도 바꾸지 못했다. 그것은 그가 공직에 있을 때도 마찬가지였고, 전쟁 때에는 더욱 그랬다. 카토는 어떤 위대한 결과나 화려한 외관을 바라지 않았다.

16

판단력의 측면에서는 포키온이 훨씬 더 위대해 보인다. 어떤 일을 제대로 판단하는 능력은 타고난 것이며, 금방 흉내 낼 수도 없는 일이다. 그러나 그보다 중요한 미덕이 있다. 바로 책임감이다. 카토가 그토록 엄격한 책임감으로 군인들을 훈련한 것은 그들을 더욱 차분하고 인내심 있고 용맹스럽고 정의롭게 만들고자 함이었다고 말할 수 있는데, 그러한 덕성은 오직 그에게 부합하는 명예이다.

덕망 있는 사람을 지켜보는 일이나, 덕망 있는 사람으로 사는 일은 불가능한 것이 아니다. 그러나 다른 사람들, 그 가운데에서도 군인들을 잘 다루는 법을 알아서 그들을 발판으로 삼아 지도자가 되는 일은 혼자서 덕을 갖추고 사는 일보다 어렵다. 포키온은 아주 대담하게 그 시대의 전쟁을 수행했지만, 그러면서도 그가 카브리아스의 아들에 대해 불평한 사실을 우리는 알고 있다.

전쟁의 대담한 수행이라면 카토에 관한 증언도 많다. 그는 온화한 성품, 엄청난 용기, 열정적이고 호소력을 지닌 말로써 자신을 장군이자 지휘관이라고 부르는 모든 사람을 이끌었다. 카토는 또한 군대를 지휘하는 일을 가장 우선으로 여겼다. 로마 시민이 그에게 많은 수의 군대를 맡기지 않으려 했을 때도 그는 오직 전쟁에서 자신의 조국을 위해 봉사하려는 목표에 따라서만 움직였다.

카토가 로마를 위해 봉사한 것은 포키온이 아테네를 위해 봉사한 것과는 다르다. 나는 포키온이 20년 동안 적군에 맞서 한 모든 일을 알고 있지 못하다. 그러나 카토가 로마 군대의 규율을 확립함으로써 로마에 가져온 이익을 포키온의 업적과 견주어야 한다. 카토가 단 한 번의 칼도 휘두르지 않고 키프로스에서 로마로 가져온 전리품은 그에게 더 많은 명예를 가져다 주었다.

또한 카토는 포키온이 그 자신과 아테네 사람들을 위해 공훈을 세운 것보다 더 많은 이득을 로마에 안겨 주었으며, 군대에 있을 때도 철학에 관한 연구와 친구에 대한 우정을 잊지 않았다. 그러나 한편으로 카토는 공익을 위해서 친구들과 교제하는 일을 뒤로했다.

우리는 카토가 시킬리아에서 보낸 마지막 날들의 행적에서 그런 사실을 확인할 수 있다. 이것은 카토가 포키온보다 훨씬 나은 점이다. 포키온의 우정은 너무나 완고하여, 그는 그 주변에 있는 사람들에게 부패가 스며드는 것을 막으려 하지 않았다. 포키온의 사위 카리클레스가 그런 부패의 실례이다.

17

이제 나는 군사적인 측면의 신중함에 대해 살펴보고자 한다. 나는 이런 부분을 살펴보면서 카토가 국사를 처리하는 과정에서 잃는 것은 거의 없이 많은 것을 얻어 내는 냉정한 정신을 유지한 점에 관해 이야기하고자 한다. 카토는 폴리오를 시킬리아 밖으로 격퇴하는 것을 진심으로 규탄했는데, 이는 그가 자신의 조국을 파멸시키기를 바라지 않았기 때문이다.

카토는 사람들을 자극할 필요가 없었다. 그는 민중의 이익을 정말로 존중했고, 전쟁을 일으키는 것보다는 수많은 무고한 사람들의 평안을 더 소중하게 생각했기 때문이다. 그런 그를 누가 감히 경솔하거나 소심하다고 비난할 수 있을까?

카토가 폼페이우스를 지나치리만큼 자유롭게 내버려 둔 것도 달리 방법이 없었기 때문이다. 나랏일을 지휘하는 권한이 폼페이우스의 손안에 있는데, 전쟁의 지휘자인 폼페이우스의 곁에 그토록 가까이 있으면서 자신이 나라를 지배하기를 바라는 것은 쉬운 일도 아니고, 애초에 그런 시도 자체가 매우 위험한 모험이다. 만약 카토가 신들의 통치에 불만을 품었더라면, 그는 신들에게 대적하는 대신 그저 바라보기만 했을 것이다. 그러나 카토는 신들의 통치를 바라보아야만 하는 자신의 처지에 낙담하지는 않았을 것이다.

카토는 화르살로스 전투를 치른 뒤에 유바, 스키피오, 바루스와 힘을 모았으며, 야심가인 카이사르가 다시 전쟁을 시작할 것이라고 충고했다. 그러면서 카토는 행정 체계의 규칙에 따라 자신의 상급자에 해당하는 스키피오에게 군대의 지휘권을 넘겼다. 군대가 카토를 존경했기 때문에 카토는 별 탈 없이 자기의 임무를 덜었지만, 대신에 그는 대단히 중요한 도시를 되찾아 엄중하게 지켰다.

포키온과 소(少)카토의 비교

군대의 규율을 어긴다는 것은 수많은 무질서를 불러올 문을 여는 일과 같았으며, 전쟁을 치르는 와중에는 더욱 그랬다. 그러나 그런 기미가 전혀 보이지 않았다면, 누가 다가올 파멸을 예측하거나 의심할 수 있을까? 카토는 스키피오가 모든 것을 망쳐 버릴 것을 미리 예상했을까? 만약 카토에게 그때의 지휘권이 주어졌다면, 그는 스키피오처럼 자신의 입지를 생각하느라 성급한 판단을 내리지는 않았을 것이다. 카토가 가장 신경쓰지 않은 부분은 바로 그 자신의 명예였다.

카토의 진심은 오직 법을 지키면서 자신의 조국을 위해 봉사하는 것이었다. 그는 자기보다 더 높은 지위에 있는 사람들의 선망을 얻고자 하지 않았다. 종종 그가 다른 사람들을 비난한 것은 오직 그의 이상 때문이었다. 스키피오가 패배하기에 앞서 카토가 카이사르를 이탈리아로 유인하려고 자신의 군대를 그곳으로 옮기기로 제의했을 때, 그가 이미 자신의 손에 피를 묻히고 있었다는 것을 우리는 안다.

그러나 사람들은 끝내 카토의 요구를 승인하지 않고 오히려 그의 충고를 나약하다고 무시했는데, 이로 말미암아 그는 극도의 비탄에 빠졌다.

18

이제 나는 여기에서 잠시 멈춰, 그토록 뛰어나다고 생각하는 카토의 정치적 신중함을 살펴보고자 한다. 카토는 어떻게 하급 관료로 봉직한 경험도 없이 로마의 재정을 다루었을까? 짧은 시간에 어떤 대상이 지니고 있던 본래의 가치와 품격을 복구시키는 이 인물의 신중한 모습을 바라본 로마인들은 공적인 분야에서 가장 필요한 미덕이 무엇인가를 알았을 것이다.

카토는 더 많은 것을 가지려는 사람들의 주의를 다른 곳으로 돌리거나 공금을 횡령한 사람들을 찾아낼 때 누구보다도 신중한 전략을 구사했다. 그러나 이런 신중함을 발휘하기 위해서는 용기도 필요하다. 카토가 술라의 시대에 암살자와 반역자의 숨통을 조이고 공직자들에게 급여를 지급했던 당시를 생각해 보자. 만약 카토가 전제 군주의 배를 발로 걷어차지 않고, 냉혈한 독재자의 유해를 모욕적으로 끌고 가지 않고, 영원한 불명예로 남을 술라의 이름을 앞장서 손상시키지 않았다면, 어떻게 정의의 실현에 도달할 수 있었겠는가?

그러나 포키온은 그러지 않았다. 포키온의 맹세에 따라 아테네의 선동가들이 어떠한 처벌도 받지 않게 되면서 나라가 더욱 타락했다는 사실을 우리는 알고 있다. 그런데 카토는 시효가 지나 사면을 받은 악행에 대해서도 벌을 주었다.

19

폼페이우스, 메텔루스, 카이사르 그리고 그들의 지지자들은 책략으로 카토의 입지를 흔들어 그를 추방함으로써 그의 드높은 용기를 굴복시키려 했지만, 그것은 시간 낭비에 지나지 않는 일이었다. 카토는 그들이 자신을 파멸시키려 했을 때 굳세게 저항했으며, 가장 강력하게 도전해 오는 부대 가운데 하나를 도시 밖으로 추방했다. 카토는 로마인 가운데 가장 근엄한 인물로 명성이 높았으며, 민중은 그를 세상에서 가장 현명한 사람이라고 생각했다.

정적들의 다양한 책략을 예상한 카토는 호민관 직책을 요구하여 그 자리를 얻었다. 카토는 호민관 직책을 두고 자신과 경쟁했던 사람들을 공정하게 다루면서도, 공익과 관련된 일이 아니라면 매우 온화하고 자비롭다는 평판을 들었다. 그러나 카틸리네 사건에서 카이사르에게 극렬히 반대했던 그의 모습은 공익에 있어서는 양보하지 않는다는 점을 분명히 보여 준다.

이 사건을 다룬 소송에서 비록 키케로가 많은 칭찬을 받았지만, 나라에 혼란을 초래한 무리를 몰아낸 카토의 면밀함

포키온과 소(少)카토의 비교

이 없었다면 키케로의 모든 노력은 허사로 돌아갔을 것이다. 카토는 반란을 일으킨 군중을 진정시키고, 메텔루스의 음모를 영웅적인 조치로써 뒤집고, 언제나 키케로를 지지하면서 그에게 치욕을 주려는 사람들을 가로막았다.

카토는 얼마나 많이, 그리고 얼마나 자수 폼페이우스의 권유를 뿌리쳤는가? 마침내 카토는 집요하고도 신중한 태도로써 모든 반란 분자를 체포했지만, 그의 타협하지 않는 집요함은 오히려 그를 고립시켰다. 사람들은 그를 키프로스로 보내는 것이 진정한 해결책이라고 생각했다. 그런데 카토가 키프로스에서 너무나 일을 잘 처리하고 로마로 돌아오자 그의 정적들은 예전보다 더 혼란스러웠다. 그들은 새로운 계략을 꾸몄지만 카토를 꺾을 수 없었고, 그들과는 달리 카토는 믿을 수 없을 만큼 엄청난 용기로써 그들에게 맞섰다.

카토는 그라쿠스 형제(Tiberius & Caius Sempronius Gracchus)[3]나 폼페이우스의 실패를 보고서도 두려워하지 않았고, 스스로 자기 목숨을 위험에 빠뜨리면서도 단 한 번도 겁낸 적이 없었다. 카토는 로마 군중과 모든 무질서를 초래한 폼페이우스와 온갖 음모를 꾸민 카이사르에 대해 선견지명을 가지고 경고했다. 또한 집정관으로 근무하는 동안 더욱 열심히 개혁을 추진하면서 법정에서 일어나는 대규모의 부패를 청산하려고 노력했다.

그러한 노력은 카토를 엄청난 위험에 빠뜨렸다. 그럼에도 그는 불굴의 의지를 보이면서 원로원을 꾸짖고, 일련의 개혁 조치들로써 정적들에 맞섰다. 정적들은 그의 개혁 정책이 군중과 동떨어져 있다고 비난했지만, 우리는 그의 신중함이 정

---

3   그라쿠스의 이야기는 그라쿠스 형제와 함께 전개되는데, 자세한 이야기는 제43장과 제44장에서 자세히 다루고 있다. 그들은 민중의 편에서 로마를 개혁하고자 힘썼으나 모두 실패하고 비참한 죽음을 맞이한 비운의 정치가들이었다.

의로움을 담고 있으며, 그가 정의를 위해서라고 판단했을 때는 폼페이우스를 보호했다는 사실을 잘 알고 있다.

20

아주 길게 언급할 가치가 있지만, 우리가 간결하게 살펴본 카토의 신중함은 실로 각별하다. 그에 비하면 포키온은 여러 상황에 여유롭게 처신한 것처럼 보일 정도다. 그와 달리 카토는 국사를 다루면서 자신의 목숨을 걸고 폼페이우스와 카이사르와 로마까지 비판했다. 그는 끝내 모든 적대 세력을 물리치고 언제나 굳건하게 자신의 계획을 지켰다. 그것이 어떤 일이든 카토는 한결같았다.

원로원에서나, 연설하는 연단에서나, 재무관의 일을 집행하는 사무실에서나, 집정관의 일을 처리하는 집무실에서나, 토론회에서나, 막료와 함께 있을 때나, 정적과 함께 있을 때나, 카토는 언제나 한결같은 태도를 보여 주었다.

사람들이 카토를 감옥에 가두려 했을 때나 추방했을 때도 그는 언제나 같은 태도를 보였다. 어떤 상황에서나, 어느 곳에서나, 어떤 방식으로나 그는 능숙하게 일을 처리했고, 자신의 이익을 위해 일하지 않았고, 언제나 사사로운 이익을 넘어서 일을 처리했다.

21

사람들이 카토를 반대한 것은 그가 폼페이우스에게 너무 엄격하게 처신했을 때인데, 이 상황은 다른 측면에서 살펴보아야 한다. 카토는 로마의 상황이 혼돈에 빠져 있다고 여겼고, 폼페이우스가 그 혼란에 깊이 개입하고 있었기 때문에 여러 사람이 힘을 합쳐 그를 물러나게 해야 한다고 생각했다.

카토는 자신의 조카딸을 희생 제물처럼 폼페이우스에게 시집보냄으로써 국가를 안정시키고 스스로의 평판도 드높일

495 　　　　　　　　　　　　　　　　　포키온과 소(少)카토의 비교

수 있었지만, 그가 그렇게까지 할 의무는 없었다. 비록 폼페이우스가 카토의 거절에 분노하여 자신의 조국에 맞서 카이사르와 결탁하는 나쁜 결과를 낳았지만, 그런 결과가 카토에 대한 비난으로 이어져서는 안 될 것이다.

카토로서는 자신의 고귀한 품성을 버릴 수 없었고, 명예와 미덕에 따라 나랏일을 처리하는 데 익숙했다. 그는 자신의 지위에 맞게 처신하면서 자신의 가치에 부합하지 않은 일은 전혀 하지 않았다. 달리 말하면 카토는 가치 없는 일을 하려는 무리에 맞서 싸우는 데 자신의 모든 능력을 쏟아부었다.

카토는 다른 사람들의 생활 방식에 도전했고, 그로 말미암아 일어난 몇 가지 사고로 민중의 반감을 샀다. 더욱이 카토는 언제나 거의 모든 일에서 남의 충고를 따르지 않았으며, 민중의 인기에 영합하는 일을 하지 않았다. 그는 한때 자신이 그토록 반대하던 폼페이우스가 단일 집정관으로 선출되어야 한다고 생각하게 되었는데, 이는 변덕의 표시가 아니었다. 그는 국가의 조언자라는 자신의 의무에 따라 상황을 냉정하게 판단했던 것이다.

카토가 신중하게 국사를 처리하는 모습은 적절한 때에 돛을 내리는 법과 역풍이 불 때 나아가는 법, 다양한 경로를 따라 같은 항구에 도착하는 법을 아는 능숙한 조타수와 같았다. 폼페이우스가 자신을 집정관으로 밀어 준 카토에게 감사의 인사를 하려 했을 때, 카토가 어떤 뜨악한 반응을 보였는지 우리는 알고 있다. 그렇지만 그는 모든 적대자에 맞서 법의 권위를 지키고자 다시 폼페이우스와 손을 잡았다. 그러자 카이사르는 대단히 무례한 편지로 그에 대해 불평하기에 이르렀다.

카토는 그에 아랑곳하지 않았다. 그는 마치 자신이 카이사르의 공모자이기라도 했던 것처럼, 자신의 충고를 들으려는 사람들에게 눈으로 직접 보고 손가락으로 가리키듯 소상하게 카이사르가 지닌 문제들을 알려 주었다.

이렇게 카이사르가 자신의 조국에 맞서 군대를 일으키리라는 것을 세상에 알림으로써, 카토는 자신이 세상에서 가장 현명한 인물이었다는 사실을 원로원 의원들과 로마 시민에게 확인시켜 주었다.

22

다른 사람들을 향한 소심한 경계심, 자신에 대한 단호한 결단력, 수치스러운 일을 회피하고 정의를 열망하는 성향 등, 카토는 다양한 미덕을 실천했다. 이렇듯 그의 온 생애는 그에게 너무나 명백하고 눈부신 미덕이 있다는 사실을 입증해 준다. 그러나 인간적인 일들에서조차 그런 완벽함을 요구하는 것은 거의 불가능한 일이다. 우리는 카토가 미덕을 갖추었고 그와 관련된 모든 일에서 조화를 보여 준다는 사실을 발견할 수 있는데, 이는 어떤 그리스인이나 로마인에게서도 볼 수 없는 수준이다.

카토는 스스로 그토록 신중하고, 공정하고, 용감하고, 온화하고, 참을성 있고, 주도면밀하고, 확고하고, 일관되어야 한다고 생각했다. 그의 미덕이 어떻게 다른 사람들의 특성을 앞지르고 있는지를 쉽게 파악할 수는 없다. 왜냐하면 카토의 미덕은 너무나 원만하게 유지되었고, 자신을 둘러싼 환경과 놀라울 정도로 정확히 조화를 이루고 있기 때문이다.

23

카토의 죽음은 참으로 남달랐다. 왜냐하면 삶의 굴레가 너무 무겁게 짓누를 때는 차라리 자살을 하는 쪽이 지혜롭다는 스토아 철학자들의 조언이 나에게는 아무런 설득력을 갖지 못하기 때문이다. 물론, 카토는 역사 속의 그리스인과 로마인들이 보여 준 어떤 상황보다도 더욱 무거운 운명에 짓눌려 있었다.

그러나 자살이라는 잘못된 선택으로 말미암아, 카토의 마

포키온과 소(少)카토의 비교

지막은 훌륭하다고 말할 수는 없다. 나는 포키온을 독특한 사람이라고 생각하는데, 더욱이 죽음의 문제와 관련하여 포키온이 남다른 사람이었음을 인정할 수밖에 없다. 나는 죽음의 문제에서는 포키온이 카토보다 훨씬 더 우위를 차지한다고 생각한다.

죽음의 문제를 언급하면서 나는 스토아학파의 주장에 대해 반론을 제기하고 싶지는 않다. 우리는 신의 은총으로 스토아 철학의 이론과 더불어 다른 훌륭한 이론을 배웠으므로, 우리의 죽음이나 삶의 결말은 우리의 의지가 아니라, 다른 차원의 의지에 달린 것이라는 사실을 안다.

인생의 어떤 경우에도, 참을 수 없는 감정이 치밀어 올라 우리에게 자신의 인격에 맞선 어떤 일을 하도록 유혹해도, 그 열정을 억제해야 한다는 것을 우리는 배웠다. 그와 달리, 만약 우리가 우리 자신만을 위해 산다면, 즉흥적인 열정에 휘말려 살아가는 것도 문제를 해결하는 나름의 방식으로 인정받을 것이며, 그와 마찬가지로 다른 무한한 시도들도 선택 가능한 대안으로 제시될 수 있을 것이다.

그러면 결국 우리는 우리가 좋다고 여기는 장소·시간·방법에 따라 죽어도 무방할 것이다. 그도 그럴 것이, 가끔은 신의 섭리가 우리에게 죽음보다 비참한 삶을 안겨 준 것처럼 보이기도 한다. 그럼에도 우리가 이 괴로운 인생을 스토아학파와는 다른 방향에서, 조금 더 선한 방향에서 바라본다면, 비록 인생이 커다란 재앙의 영향을 받고 있다 해도, 최후까지 살아남아 자신의 목적을 이루는 쪽이 언제나 다른 선택지보다 훨씬 존귀하게 여겨질 것이다.

게다가 최고의 입법자인 신은 자살을 금기로 여긴다. 신뢰와 인정을 받는 선량한 품성을 갖춘 이들은 자살을 옹호하는 부조리한 의견을 반박하고 증오한다. 그래서 어떤 철학자들은 우리에게 조금도 위대해 보이지 않는다. 훌륭한 철학이란 우리가 이 세상에서 우리에게 주어진 소명을 받아들이도록 가르치고, 우리를 평화 속에 머물도록 일으켜 세우고, 그렇게 우리 자신을 지키도록 돕는 사람이 세운 것이다.

허락 없이 세상을 떠나는 일이 현명한 것인가? 우리는 우리 자신이 스스로 목숨을 버린 사람보다 우월하다고 생각해서는 안 된다. 그렇지만 스토아학파의 현인이라고 해도 제우스 신보다는 낮은 곳에 있다. 그러므로 인생이라는 사슬의 주인이, 그러니까 신이 그것을 끊을 때까지 기다려야 한다. 인생의 사슬을 스스로 끊어 버리는 것보다는 그것이 알아서 끊어질 때까지 기다리며 부드럽게 이끌어 가는 일이 더 고결하다. 자신의 죽음을 스스로 재촉하는 것은 무분별함과 인내심의 결여와 절망의 결과로 빚어진 일이다.

24

그러나 더 이상은 이런 기이한 역설의 문제를 파고들지 말자. 차라리 꾸밈없는 인간의 맹목을 한탄하자. 카토와 브루투스와 그 밖의 다른 사람들, 그토록 암울하게 인생의 종말을 재촉한 인물들에게 클레오메네스(Cleomenes)가 말했던 것처럼, 약간의 희망이라도 남아 있는 한, 우리는 결코 생명을 포기해서는 안 된다.

카토는 조국을 위해 많은 봉사를 할 수 있었고, 카이사르에게 부여된 의무를 지적해 줄 수 있었고, 자신의 정신에 아직 남아 있는 모든 것을 필요할 때마다 보여 줄 수 있었다. 그는 그렇게 많은 일들을 행하면서 삶의 결말에 이르기를 기다릴 수 있었다.

누군가 말하기를, 카토는 모든 것을 잃어버렸다고 생각했으며, 더 이상 인생에 애착을 갖고 있지 않았다고 한다. 그렇지만 우리는 결코 우리의 마음이 스러지게 내버려 두어서도 안 되고, 우리의 아름다운 기억 속에 오래도록 남겨야 할 미덕들

포키온과 소(少)카토의 비교

을 함부로 망가뜨리지도 말아야 한다. 물론, 카토는 그런 상황에서조차 우티카에서 민중을 진정시키고 그들을 해방하고자 노력했다. 이런 모습은 그가 겪은 비극에 강한 연민을 느끼게 한다.

더욱이 그 과정은 두 번이나 죽음에 덜미를 잡힌 끔찍한 투쟁이었으며, 자신의 창자를 꺼낸다는 것은 놀랍도록 극단적인 용기를 요구한다. 이 엄청난 행동은 그가 오래전부터 연구해 왔고 품어 왔던 죽음에 대한 사유가 폭발하면서 만들어 낸 행동이다. 그때 카토는 영혼의 불멸을 다룬 플라톤의 『영혼에 관하여』를 읽었는데, 이는 새삼스레 영혼의 불멸을 이해하기 위함이 아니었다.

카토는 죽음에 관해 플라톤이 글 속에서 다룬 내용보다 훨씬 더 많은 것을 이미 확신하고 있었다. 이 문제에 대하여 카토가 지닌 지혜와 결단력은 단순한 철학의 경지를 넘어선다.

카토는 죽음과 관련하여 깊이 생각하는 습관이 있었다. 결국, 그의 자살은 자신이 생각한 바를 행동에 반영하는 그의 오랜 습관의 연장선상에 있었다고 볼 수 있다. 그 결심이 굳혀질 무렵, 카토는 때마침 자신의 의도에 부합하는 책을 발견한 것이다.

이미 말했듯이, 이런 행동에는 커다란 결함이 있다. 그럼에도 우리는 카토의 온 생애를 다시 검토하면서 거기에서 발견된 고결함에 주목하게 된다. 카토는 법과 로마 시민의 자유를 해쳤다는 죄를 뒤집어쓴 채 목숨을 유지하기보다는 차라리 자살하는 편이 더 낫다고 판단했다.

포키온의 죽음이 명예를 회복한 것은 아테네 시민이 그에게 저지른 자기들의 잘못을 후회했기 때문이다. 그와 마찬가지로, 우티카의 시민과 카이사르도 카토의 죽음을 한탄했다. 카이사르와 안토니우스를 비롯한 여러 사람들은, 카토가 크고 작은 문제들을 해결할 수 있는 온갖 수단을 가지고 공정하게 조국을 지켰던 한편, 다른 관점에서 보면 자신만의 방식으로 조국을 억압했다고 생각했다. 그리고 그들의 차례가 되었을 때 그들도 불행하게 죽었다.

나는 이 둘을 비교하면서 어느 한쪽의 손을 들지는 않으려 한다. 이 두 인물을 비교하는 글을 쓰면서, 나는 자주 멈추어야만 했다. 그 멈춤이 어떤 의미였는지는 각 독자의 추측에 맡기고자 한다.

포키온과 소(少)카토의 비교

데메트리오스
DEMETRIUS POLIORCETES

기원전 337?~283

기예의 세계에서는
자신이 이 세상의 나쁜 일을
조금도 경험하지 않았다고 뽐내는
천진한 사람을 칭송하지 않는다.
— 플루타르코스

영웅은
위대한 덕성과 엄청난 마성(魔性)을
함께 지니고 있다.
— 플라톤

1

내가 생각하기에, 기예와 감각 사이에 비슷한 점이 있다는 점을 최초로 인식한 사람은 분명히 한 가지 진리를 파악하고 있었을 것이다. 그것은 다름이 아니라, 기예와 감각은 인간이 육체적인 측면과 심미적인 측면에서 서로 반대되는 대상을 구분할 수 있도록 해 주는 기능을 하고 있다는 점이다. 그런 점에서 기예와 감각은 같은 기능을 가지고 있다.

그러나 기술과 감각이 그러한 구분을 해 내는 방식은 완전히 다르다. 우리의 감각 기능은 검은 것과 흰 것, 단 것과 쓴 것, 또는 부드러운 것과 딱딱한 것을 구분하지 않고 모두 받아들인다. 감각은 다만 모든 사물이 우리에게 주는 인상을 있는 그대로 받아들인 다음, 그 느낌을 우리의 머리에 전달해 줄 뿐이다.

그와 달리 기예는 자신이 적절하다고 판단한 요소만을 선택해 받아들이고, 반대로 이해할 수 없다고 여겨지는 것들은 회피하거나 거부한다. 따라서 기예는 자신의 의지와 선호를 통해 대상의 수준이나 등급을 판단하게 되며, 그 과정에서 어떤 대상은 거부되기도 한다.

505   데메트리오스

이를테면 의술은 부수적으로 질병의 본질을 공부하고 음악은 불협화음의 본질을 공부하는데, 이는 질병의 반대 현상인 건강을 추구하고 불협화음의 반대인 아름다운 선율을 창조하고자 함이다. 가장 완전한 기예라 할 수 있는 절제와 정의와 지혜는 선과 악의 본질이 무엇인가 하는 문제뿐만 아니라 실제로 어떤 행위가 위대한 덕성을 지니고 있는가를 구분해 주는 기능을 하고 있으며, 더 나아가서 무엇이 해롭고 명예롭지 않은 일인가를 보여 주기도 한다.

　기예의 세계에서는 자신이 이 세상의 나쁜 일은 전혀 경험하지 않았다고 뽐내는 천진한 사람을 칭송하지 않는다. 오히려 현인들은 그런 삶을 어리석은 것으로 여기면서, 올바른 삶을 살아 보려는 사람이 모름지기 알아야 할 바를 모르고 산 것이라고 비난한다.

　그와 비슷한 실례를 들어 보자면, 고대 스파르타인들은 잔치를 벌여 이방인인 헬로트(Helot)족에게 많은 양의 독한 포도주를 강제로 먹인 다음 그들을 공공 식당으로 데려가, 술에 취하면 인간이 얼마나 추악해지는지를 젊은이들에게 가르쳐 주는 풍습이 있었다. 내가 생각하기에, 자기 집단의 규범을 바로 세우고자 다른 집단의 타락한 모습을 보여 주는 것은 인간적으로나 정치적으로 잘못된 일이다.

　그러나 스파르타인들의 풍습과 같은 원리에 따라, 자신의 명예를 돌보지 않고 엄청난 권력을 휘둘러 대단한 위업을 이루었기 때문에 오히려 이름을 더럽힌 두 사람의 전기를 내가 이 책에 싣는 것은 의미 있는 일이 될 것이다. 내가 그와 같은 두 사람의 이야기를 여기에 다루는 것은 다만 나의 글을 다양하게 보여 줌으로써 독자들의 기분을 전환하고 재미있게 하려는 것이 아니다. 테베 출신의 이스메니아스(Ismenias)의 일화가 내 뜻을 잘 전달해 줄 것이다.

　이스메니아스는 피리 선생이었는데, 학생을 가르칠 때 나

뻔 연주를 들려주면서 "이렇게 불지 말라"고 말하고, 훌륭한 연주를 들려주면서 "이렇게 불어라"고 가르쳤다. 이에 더 나아가서 안티게니다스(Antigenidas)는 학생들에게 피리의 나쁜 연주를 들려줌으로써 그들이 훌륭한 연주의 의미를 이해하게 된다고 확신했다. 이와 마찬가지로, 비열하고 나쁜 사람의 모습을 보여 줌으로써 독자들이 고결한 사람의 삶을 공부하고 본받게 되리라고 나는 생각한다.

그러므로 나는 여기에서 '도시의 정복자'라는 별명을 들은 데메트리오스와, "영웅은 위대한 덕성과 엄청난 마성(魔性)을 함께 지니고 있다"는 플라톤의 말이 진리임을 분명하게 보여 준 대장군(Imperator) 안토니우스(Antonius)를 다루고자 한다. 안토니우스와 데메트리오스는 모두 욕정에 사로잡히고, 술에 취하고, 전쟁을 좋아하고, 너그럽고, 낭비하고, 남을 지배하는 등의 속성을 지녔다. 게다가 그들의 운명 또한 비슷한 방향으로 흘러갔다.

데메트리오스와 안토니우스는 그들의 생애에서 엄청난 성공을 거두었을 뿐만 아니라, 엄청난 역경에 빠지기도 했다.. 그들은 수없이 많은 나라를 정복했지만 또 수없이 많은 상처를 입었다. 그들은 예상하지도 못하게 밑바닥까지 추락했다가 뜻밖에 재기하기도 했다. 그들의 죽음을 보면, 데메트리오스는 적군에 잡혀 죽었고, 안토니우스는 비극의 벼랑 끝에서 스스로 죽음의 길을 선택했다.

2

이야기를 시작하자면, 마케도니아의 왕 안티고노스[1]는 코라구스(Corrhagus)의 딸 스트라토니케(Stratonicé)와 결혼하여 두 아

---

[1]　안티고노스와 데메트리오스의 가계와, 그들이 어떻게 마케도니아의 왕위를 계승하게 되었는지에 대하여는 제27장 「파울루스전」(§8)을 참조할 것.

들을 낳았는데, 큰아들은 형의 이름을 따 데메트리오스라 짓고, 둘째 아들은 아버지의 이름을 따 필리포스(Philippos)라고 지었다. 대부분의 역사가가 이 사실에 동의하고 있다.

그러나 다른 사람들의 이야기를 들어 보면, 데메트리오스는 안티고노스의 조카였다고 한다. 데메트리오스의 친아버지가 죽을 무렵에 그는 나이가 매우 어렸는데, 어머니가 데메트리오스를 데리고 안티고노스와 재혼하여 안티고노스가 데메트리오스를 친아들처럼 키웠다는 것이다. 데메트리오스보다 몇 살 아래였던 동생 필리포스는 오래 살지 못했다.

데메트리오스는 청년이 되어 키가 컸지만, 아버지만 하지는 못했다. 그러나 그는 드물 만큼 몸매가 아름다워 어느 화가나 조각가도 그의 모습을 그려 낼 수 없었다. 그의 모습은 우아하고 강건하고 품위 있고 아름다웠으며, 젊은이의 열정으로 가득한 영웅과 제왕의 풍모는 누구도 흉내 낼 수 없었다. 아울러 그의 성격은 모든 사람에게 두려움과 친근감을 함께 불어넣어 주었다.

친구들과 놀 때 데메트리오스는 술 마시며 씀씀이가 호화로워 모두에게 친근감을 주었고, 왕자다운 고상함이 있었다. 그런가 하면 일할 때는 매우 열정적이어서 끈기와 효율이 놀라웠다. 데메트리오스는 술의 신 디오니소스를 자기의 모범으로 삼아 어느 신보다도 더 숭상했는데, 그 이유인즉 디오니소스는 전쟁을 수행할 때면 가장 무서운 존재였고, 전쟁이 끝나 평화를 즐길 때면 누구보다 열렬히 놀았기 때문이었다.

3

데메트리오스는 아버지를 몹시 사랑했다. 그러나 어머니도 똑같이 사랑한 것을 보면, 부모를 사랑한 것은 그들의 권세 때문이 아니라 진실로 아버지를 존경했기 때문이었음이 분명하다. 언젠가 안티고노스가 사신들을 만나느라고 바쁜 시간에 데메트리오스가 사냥에서 돌아와 아버지에게 다가가 입을 맞추고는 손에 창을 든 채로 그의 곁에 앉았다. 그러자 안티고노스는 일을 마치고 돌아가는 사신들을 다시 불러 큰 소리로 이렇게 말했다.

"여러분, 여러분이 본 지금의 이 모습을 여러분의 나라에 돌아가 그대로 보고하시오."

이 말은 이 왕가의 커다란 권세와 강력한 권력이 아버지와 아들의 조화와 믿음 속에 담겨 있다는 뜻이었다. 제국을 통치하는 일은 참으로 고독하며 악의와 불신으로 가득 차 있으므로, 알렉산드로스 대왕의 후예 가운데 가장 나이가 많고 가장 유능했던 안티고노스는 자신이 아들을 두려워하지 않고 그가 창을 든 채 곁에 올 수 있도록 허락한다는 사실이 무척 자랑스러웠던 듯하다.

안티고노스의 가문은 여러 세대를 통하여 범죄를 저지르지 않은 유일한 가문이었다. 좀 더 정확히 말하자면, 안티고노스의 후계자 가운데 범죄를 저지른 사람은 필리포스 5세(Philippus V)뿐이었다. 그는 왕위 계승 과정에서 아들을 죽였다. 다른 왕실을 살펴보면 왕이 아들을 죽이는 사례가 허다했고, 어머니와 왕비를 죽이는 경우도 많았다. 왕이 자기의 지위를 지키고자 그런 악행을 저지르는 것은, 마치 수학자가 공식을 내세우듯이 흔한 일이었다.

4

데메트리오스가 어렸을 적부터 얼마나 인정스럽고 친구를 좋아했던가를 보여 주는 이야기가 있다. 아리오바르자네스(Ariobarzanes)의 아들 미트리다테스는 데메트리오스와 절친한 친구로서 나이도 같았다. 그는 안티고노스의 신하로 나쁜 사람으로는 여겨지지 않았는데, 안티고노스가 어떤 꿈을 꾸더니 그를 의심하게 되었다.

곧 어느 날 꿈속에서 안티고노스는 들판을 가로지르며 황금 가루를 뿌리고 있었다. 이곳에서 처음에 그는 황금 낱알을 거두었는데 조금 지나 되돌아와 보니 그루터기만 남아 있었다. 화가 나고 마음이 상한 안티고노스는 다시 꿈을 꾸었는데, 어디선가 목소리가 들려와 미트리다테스가 그 황금 낱알을 모두 거두어 흑해(黑海)로 갔다는 것이었다.

꿈자리가 뒤숭숭한 안티고노스는 아들을 불러 절대로 입 밖에 내지 않겠다는 맹세를 듣고, 자기가 미트리다테스를 죽여 장애물을 없애 버리겠노라고 말했다. 아버지의 말을 들은 데메트리오스는 마음이 몹시 괴로웠다. 그래서 미트리다테스가 늘 하던 대로 놀러 와 이야기를 나누는데도 아버지와 한 약속 때문에 그에게 경고할 수도 없었다. 그리하여 그는 친구를 이끌고 호젓한 곳으로 가서 창끝으로 땅바닥에 이렇게 썼다.

"미트리다테스여, 도망쳐라."

데메트리오스는 '글씨'로 자기의 뜻을 알려 줌으로써 '절대로 말하지 않겠다'던 아버지와의 약속을 지키면서 친구에게 자기의 마음을 '글'로 전달했다. 이에 무슨 뜻인지 알아들은 미트리다테스는 그날 밤에 흑해를 건너 카파도키아로 달아났다. 그리고 안티고노스가 꿈에 보았던 환영은 운명처럼 그에게 현실로 나타났다.

왜냐하면 미트리다테스는 그곳에서 흑해 너머 넓은 영토를 차지하여 폰토스 왕조의 시조가 되었기 때문이다. 그 왕조는 8대에 걸쳐 이어지다가 [기원전 63년에] 폼페이우스의 침략을 받아 멸망했다. 이 이야기는 인정과 정의에 대하여 데메트리오스의 천성이 얼마나 고결했던가를 잘 보여 주고 있다.

5

그리스의 철학자이자 정치가였던 엠페도클레스(Empedocles)의 말을 빌리면, 세상의 여러 가지 본질 가운데 사랑과 미움은 서로 갈등과 전쟁을 일으키는데, 가까운 사람들끼리는 더욱 그러하다고 한다. 그러므로 알렉산드로스 대왕의 후계자들 사이에서 끊임없이 벌어졌던 전쟁은 이해관계와 영토가 가까울수록 더욱 치열했는데, 이 무렵의 안티고노스와 프톨레마이오스(Ptolemaios Soter)²의 사이가 바로 그랬다.

프리기아에 머무르고 있던 안티고노스는 프톨레마이오스가 키프로스를 떠나 바다를 건너 시리아에 상륙하여 약탈하면서 그 도시들의 충성을 앗아 가고 있다는 소식을 듣자 아들 데메트리오스를 그리로 파견했다. 데메트리오스는 그때 나이가 겨우 스물두 살로, 그와 같이 엄청난 이해관계가 걸린 원정에서 처음으로 혼자 지휘를 맡았다.

그러나 데메트리오스는 그때 나이가 어리고 전투 경험이 없는 데다가, 더욱이 그가 상대하는 적장은 저 유명한 알렉산드로스 대왕의 군사 학교에서 훈련을 받은 용사로서 홀로 많은 격전을 치른 경력이 있었다. [기원전 312년 봄에] 가자(Gaza) 부근의 전투에서 데메트리오스는 8천 명이 포로로 잡혀가고 5천 명이 목숨을 잃는 참패를 겪었다. 그는 막사와 군자금 등, 이를테면 그의 모든 개인 용품까지 잃었다.

그러나 프톨레마이오스는 데메트리오스의 막료와 함께 포로들을 되돌려 보내면서, 이번 전쟁은 모든 것을 쟁취하려는 것이 아니라 다만 명예와 영토만을 얻고자 함이라는 인정스럽고도 사려 깊은 내용을 담은 편지도 함께 보냈다. 데메트리오스는 프톨레마이오스의 호의를 고맙게 받아들이면서, 자신이 늘 프톨레마이오스에게 빚만 지지 않고 자기도 갚을 날이 있게 해 달라고 신에게 빌었다.

---

2   프톨레마이오스는 알렉산드로스 대왕의 막료였던 라고스(Lagos)의 아들로, 마케도니아에서 추방되어 시리아와 키프로스 일대에서 세력을 쌓고 있었다.

아울러 데메트리오스는 이번 첫 전투의 패배를 애송이가 겪어야 할 재난으로 여기지 않고 운명의 뒤바뀜에 익숙한 노장처럼 받아들이면서, 병사를 모으고 병기를 장만하는 한편 손수 도시를 굳게 지키면서 풋내기 병사를 훈련시키기에 바빴다.

6

아들이 전쟁에 졌다는 소식을 들은 안티고노스는, 이번에 프톨레마이오스가 수염도 나지 않은 젊은이와 싸워 이겼으니, 다음에는 성인과 싸워 이겨 보라고 말했다.[3] 그런 말을 하고서도 막상 다른 장군을 전쟁에 내보내려 하니 아들의 기백을 너무 꺾는 것이라는 생각이 든 안티고노스는 이번에 다시 한번 싸워 보겠다는 아들의 요청을 거절할 수 없어 그렇게 하라고 허락했다.

오래지 않아 프톨레마이오스의 장군 킬레스(Cilles)가 웅장한 군대를 이끌고 나타났다. 그는 지난날의 전쟁에서 이긴 기억을 떠올리며 이번에도 데메트리오스를 단숨에 꺾어 시리아에서 몰아내리라고 생각했다. 그러나 데메트리오스는 킬레스가 방심한 틈을 타 기습적으로 공격하여 패주시킨 다음 진영을 빼앗고 장군과 병사를 사로잡았다. 그는 7천 명의 포로와 엄청난 보물들을 전리품으로 얻었다.

그러나 데메트리오스는 전리품을 얻은 사실이 기뻤던 것이 아니라 잃었던 것을 되찾은 것이 기뻤다. 데메트리오스는 승리로 얻은 영광과 보물을 프톨레마이오스에게 되돌려 줌으로써 그의 친절과 호의에 보답할 수 있다는 것이 무엇보다도 즐거웠다. 데메트리오스는 이와 같은 일을 혼자 결정하지 않

---

3   그리스인들은 경기하면서 남자를 세 등급으로 나누었는데, 소년과 수염이 나지 않은 청년 그리고 수염이 난 어른이 곧 그들이다.(플라톤, 『법률』, § 833)

고 먼저 아버지에게 알려 허락을 받았다.

그런 다음 데메트리오스는 스스로 하고 싶은 대로 킬레스 장군과 막료들 그리고 전리품을 프톨레마이오스에게 돌려보 냈다. 이처럼 전세가 뒤바뀌어 프톨레마이오스는 시리아에서 물러나고, 안티고노스가 켈라이나이(Celaenae)에서 시리아로 들어왔다. 안티고노스는 승리를 기뻐하며 아들이 이룩한 장면 을 대견스럽게 바라보았다.

7

이런 일이 있은 뒤에 데메트리오스는 나바타이아(Nabataea)족 의 아랍 국가를 정복하러 떠났다가 사막 지대에서 엄청난 위 험에 빠졌다. 그러나 그는 두려워하거나 좌절하지 않고 이방 민족을 압도하여 많은 전리품과 7백 마리의 낙타를 이끌고 돌 아왔다.

그 무렵에 안티고노스가 바빌로니아에서 쫓아냈던 셀레 우코스는 영토 수복에 성공하여 권력을 잡은 다음 군대를 이 끌고 인도의 국경 지대에 있는 부족과 카우카소스산맥 일대를 정복하고자 쳐들어왔다.

이에 데메트리오스는 그들의 왕성(王城)인 메소포타미아 가 빈 것을 알고 빠르게 에우프라테스강을 건너 셀레우코스가 저항할 겨를도 없이 바빌로니아로 쳐들어갔다. 데메트리오스 는 두 개의 성채 가운데 셀레우코스가 수비대를 남겨 둔 한 성 채를 점령하고 7천 명의 병력을 그곳에 남겨 두었다.

그는 자기 병사가 그 나라에서 빼앗을 수 있는 모든 것을 약탈하여 가져오게 한 다음 해안으로 철수했다. 그와 같은 처 사는 셀레우코스에게 바빌로니아의 영토 지배권을 더욱 굳건 하게 만들어 주었다. 왜냐하면 사람들은 데메트리오스가 그곳 을 약탈함으로써 그곳이 이제는 더 이상 자기 아버지의 영토 가 아님을 인정하는 것이라고 생각했기 때문이었다. 그러나

프톨레마이오스가 할리카르나소스를 공격하자 데메트리오스
는 서둘러 그리로 진격하여 도시를 구원해 주었다.

8

이와 같은 고결한 행동으로 승리를 얻은 안티고노스와 데메트
리오스는 크게 고무되어 카산드로스와 프톨레마이오스의 지
배를 받는 그리스를 해방하려는 놀라운 열정에 빠졌다. 마케
도니아의 왕들 가운데 이보다 더 공의로운 전쟁을 일으킨 사
람은 일찍이 없었다.

왜냐하면 이 전쟁에서 영광과 명예를 얻고 싶었던 그들은
이방 민족을 정복하여 얻은 많은 전리품을 그리스에 아낌없이
쏟아부었기 때문이었다. 안티고노스와 데메트리오스가 아테
네에 대한 원정을 결정했을 때 한 친구가 안티고노스에게 이
렇게 말했다.

"그대들이 아테네를 정복한 뒤에는 그 도시를 잘 지켜야
하네. 아테네는 그리스로 들어가는 길목이기 때문이지."

그러나 안티고노스는 그 말을 귀담아듣지 않고 이렇게 대
답했다.

"민심을 얻는 것이야말로 어느 물결도 흔들 수 없는 길목
이 될 걸세. 온 세계의 등불이라 할 수 있는 아테네는 우리의
결단으로 얻은 영광을 모든 인류에게 재빨리 비춰 줄 것이네."

데메트리오스는 5천 탈렌트의 군자금을 마련하여 250척
의 전함을 이끌고 아테네로 진군했다. 그곳에는 팔레룸 출신
으로 같은 이름을 가진 또 다른 데메트리오스가 카산드로스를
위해 도시를 지키고 있었고, 수비대는 무니키아에 주둔해 있
었다. 준비도 철저한 데다가 운명의 여신의 도움까지 받은 그
는 [기원전 307년] 타르겔리온월(Thargelion月, 지금의 5~6월) 26일
에 피라이우스 해안에 이르렀다.

데메트리오스가 다가오는 것을 아무도 몰랐다. 마케도니

아의 병사가 해안에 나타나자 아테네 시민은 프톨레마이오스의 배가 오는 줄로만 알고 마중 나갈 준비를 했을 정도였다. 그러다가 드디어 실수임을 알아차린 장군들은 전투 준비에 들어갔지만, 병사들은 이미 혼란에 빠졌다.

갑자기 나타난 적군에 대항하여 어쩔 수 없이 자신을 지키려다 보니 혼란이 일어날 수밖에 없었다. 방비도 없이 열려 있는 항구의 입구를 찾아 함대를 이끌고 들어간 데메트리오스는 모든 사람이 보는 앞에 나타나 저항하지 말 것을 요구하는 신호를 보냈다. 아테네 시민이 이를 받아들이자, 그는 곁에 있던 전령을 통해 이렇게 선언했다.

"나는 아버지의 명령을 받들어 이곳에 왔습니다. 그분께서는 나를 보내는 것이 여러분에게 행복한 과업이 되기를 빌었습니다. 그분의 꿈은 아테네를 해방하고, 프톨레마이오스의 수비대를 몰아낸 다음 여러분에게 자신의 법과 지난날의 법치 제도를 되찾아 주는 것입니다."

9

이러한 선언을 들은 대부분의 아테네 시민이 마케도니아 병사들 앞에 방패를 내던지고 박수를 쳤다. 그들은 데메트리오스에게 어서 상륙하라고 애원하면서, 마치 구세주요 은인을 맞이하는 것처럼 환호했다.

팔레룸의 데메트리오스는 어느 모로 보나 이제 정복자를 맞아들일 수밖에 없다 생각하고, 아무런 약속을 받은 것도 없이 그의 자비를 바라는 사절을 보냈다. 데메트리오스는 사절들을 정중히 맞이한 다음 아버지의 친구인 밀레토스의 아리스토데모스(Aristodemos)를 인솔자로 삼아 그들을 되돌려 보냈다.

이제 팔레룸의 데메트리오스는 적군보다도 자기의 시민이 더 무서웠다. 그러나 데메트리오스는 팔레룸의 데메트리오스에게 무심하지 않았다. 데메트리오스는 팔레룸의 데메트리오스의 좋은 평판과 우수함을 배려하여 그가 바라는 대로 테베까지 아무 일 없이 바래다주었다.

데메트리오스는 아테네 시가를 구경하고 싶었지만 수비대를 몰아내고 그 도시를 완전히 해방하기까지는 그럴 수 없다고 말하면서, 무니키아 둘레의 해자(垓字)와 목책을 둘러본 뒤에 카산드로스의 수비대가 주둔해 있는 메가라를 향해 배를 타고 떠났다.

그 무렵 마케도니아의 장군 폴리스페르콘의 아들 알렉산드로스(Alexandros)에게는 크라테시폴리스(Cratesipolis)라는 아름다운 아내가 있었다. 어느 날 그 여인이 자신을 몹시 만나고 싶어 한다는 말을 들은 데메트리오스는 주력 부대를 메가라에 남겨 두고 가벼운 장비를 갖춘 몇 명의 부하만 데리고 크라테시폴리스를 만나러 길을 떠났다.

데메트리오스는 그 여인이 남의 눈에 띄지 않게 들어올 수 있도록 부하들마저 멀리 보낸 다음 호젓하게 막사를 장만하고 나서 미녀가 오기를 기다렸다. 그런데 적군이 이를 알고 갑자기 습격해 왔다. 이에 놀란 그는 허름한 옷으로 바꿔 입고 막사를 뛰쳐나와 도망함으로써 한 미인과 정분을 나누려던 무모한 열정 때문에 수치스럽게 포로가 될 뻔한 위험을 가까스로 모면할 수 있었다. 적군은 그의 막사와 소지품을 챙겨 돌아갔다.

메가라를 정복한 데메트리오스의 병사들은 그곳 시민의 강력한 요청이 없었더라면 그 도시를 약탈했을 것이다. 그는 병사들의 약탈을 말리고 그 도시를 해방했다. 이와 같은 작전을 펴고 있는 동안에 데메트리오스는 은둔(隱遁)의 삶으로 유명한 철학자 스틸포(Stilpo)를 찾아갔다. 스틸포를 만난 데메트리오스가 물었다.

"혹시 병사들이 선생님에게서 무언가 빼앗아 간 것은 없습니까?"

그러자 그가 이렇게 대답했다.

"아니요. 내 지식을 빼앗아 간 사람은 하나도 없습니다."

그 무렵에 그 도시에 있던 거의 모든 노예가 잡혀가고 없었다. 헤어지면서 데메트리오스는 다시 한번 친절을 베풀고 싶은 마음에 이렇게 말했다.

"스틸포 선생님, 나는 선생님의 도시를 완전히 해방했습니다."

그러자 스틸포가 이렇게 대답했다.

"아, 그렇습니다. 이제 이 도시에 노예는 한 사람도 없으니까요."

10

무니키아로 다시 돌아와 그 옆에 병영을 차린 데메트리오스는 그곳에서 수비대를 몰아내고 성채를 파괴했다. 이 일이 끝나자 드디어 그는 아테네 시민의 열화 같은 초청에 따라 도심으로 들어왔다. 그는 그곳에서 민중을 모아 놓고 그들의 옛 정치 제도를 회복시켜 주었다.

데메트리오스는 또한 아버지 안티고노스가 그들에게 15만 부셸의 양곡과 1백 척의 삼단 노의 함선을 만들기에 넉넉한 목재를 보내 줄 것이라고 약속했다. 이는 아테네가 민주 정치를 상실한 지 14년이 지난 때였다. 라미아 전쟁[4]과 크란논에서 전쟁을 치르기까지의 기간에 아테네 정부는 명목상으로는 과두 정치였지만, 실제로는 팔레룸의 데메트리오스가 전권을 휘두른 막강한 군주 정치였다.

데메트리오스가 아테네 시민에게 엄청난 은혜를 베풀자 그들은 데메트리오스 부자에게 왕의 칭호를 부여했는데, 그

---

4   라미아 전쟁은 알렉산드로스 대왕이 죽은 뒤 기원전 323~322년에 아테네가 그리스의 다른 여러 도시와 함께 마케도니아에 대항하여 일으킨 전쟁이다. 그리스는 지방 도시 라미아에서 마케도니아 병사들에게 차츰 패퇴하다가 끝내 무조건 항복을 함으로써 독립을 잃었다.

데메트리오스

칭호가 과분하다고 생각하는 사람들에게는 그것이 오히려 혐오의 대상이 되었다. 아테네 시민은 안티고노스와 데메트리오스에게 왕의 칭호를 올린 최초의 사람들이었다. 그 두 사람은 그와 같은 칭호를 들었지만, 그 무렵까지도 그 칭호를 쓰기 꺼렸다고 한다.

왕의 칭호는 필리포스왕과 알렉산드로스 대왕의 후손들에게만 주어지는 것이고, 다른 사람들에게는 허용되지 않았다. 그뿐만 아니라 아테네 시민은 두 사람에게 수호신의 칭호를 부여하면서, 이제까지 해마다 정무 위원(Archon)을 뽑아 그의 이름으로 연호(年號)를 쓰던 옛 법을 폐지하고, 해마다 수호신을 모시는 사제를 뽑아 그의 이름으로 정령(政令)과 개인 계약서의 연도(年度)를 표시하도록 했다.

아테네 시민은 또한 아테나 신전의 사제들이 입는 성의(聖衣)에 신상(神像)과 함께 안티고노스와 데메트리오스의 초상을 자수(刺繡)로 짜 넣게 하고,[5] 데메트리오스가 전차에서 내려 처음 발을 내디딘 땅을 성지로 지정하고 그곳에 성전을 지은 뒤 '데메트리오스가 강림한 성전'이라고 이름을 지었다. 그들은 또한 데메트리아스(Demetrias)와 안티고니스(Antigonis)라는 새로운 부족의 이름을 지었으며, 이제까지 5백 명이었던 원로원 의원의 수를 6백 명으로 늘려 두 부족에서 50명씩을 선출하도록 했다.

11

이 과정에서 스트라토클레스(Stratocles)라는 사람이 매우 끔찍한 일을 꾸몄다. 천부적으로 아첨꾼인 그는 정령에 따라 공

---

5   그리스의 전통에 따르면, 5년마다 신전의 언덕에 있는 아크로폴리스(Acropolis) 신전에서 아테나 여신에게 제사를 드리는 행사를 거행할 때 사제는 성의를 입었는데, 거기에는 신상(神像)을 수놓았다.

금으로 비용을 써 안티고노스와 데메트리오스에게 파견되는 사절을 대사(大使, Ambassador)라 부르지 말고 성사(聖使, Sacred Deputy)로 부르게 함으로써 온 그리스 민족이 델포이나 올림피아의 신전에서 제물을 바칠 때 사제들이 누리던 것과 같은 영예를 두 부자에게 부여하자고 제안했다.

스트라토클레스는 모든 일에서 그처럼 대담한 인물이었다. 사람들은 그가 시민을 상대하면서 옛날의 클레온(Cleon, 제13장 「페리클레스전」, §33)처럼 천박하게 익살을 떤다고 생각했다. 그는 휠라키온(Phylacion)이라는 창녀를 데리고 살았는데, 어느 날 휠라키온이 저녁 반찬거리로 동물의 뇌와 목살을 사 가지고 오자 클레온은 이렇게 소리쳤다.

"아, 오늘의 반찬으로 우리 같은 정치인들이 가지고 노는 공[球]을 사 가지고 왔구려."

[기원전 322년에] 아테네가 아모르고스(Amorgos) 근처의 해전에서 마케도니아에 대패한 적이 있었다. 패전 소식이 들어오기에 앞서 클레온은 머리에 화관을 쓴 채 말을 타고 케라미코스 거리를 달리면서 아테네가 승리했다고 외치더니, 신전으로 가 승전의 제물을 바친 다음 모든 부족에게 푸짐하게 고기를 선물로 내렸다.

조금 시간이 지나 전선(戰線)에서 패전 소식이 들려오자 분노한 민중이 그를 불러내어 비난했다. 이에 그는 소란에 빠진 군중을 향해 부끄러움도 없이 이렇게 대답했다.

"내 덕분에 사흘 동안 잘 먹었으면 되었지, 내가 뭘 잘못했다는 말인가?"

스트라토클레스는 그런 클레온만큼이나 뻔뻔한 인물이었다.

12
아리스토파네스(Aristophanes)의 희극 『기사들(*Knights*)』(§382)

데메트리오스

에 "불보다 더 뜨거운 것이 있도다"라는 구절이 있는데, 노예 근성이라는 점에서 누구보다도 열렬했던 스트라토클레스는 다음과 같이 제안했다.

"데메트리오스가 아테네에 나타날 때면 농업과 결혼과 사회 질서를 관장하는 데메테르 여신이나 디오니소스 신에게 베푸는 것과 같은 영광을 그에게 바쳐야 하며, 그를 맞이하면 서 누구보다도 열정적으로 화려하고 아낌없는 영광을 바친 사 람에게는 그가 제공한 비용을 국고에서 모두 갚아 주어야 합 니다."

그리고 끝내 그들은 데메트리오스를 기념하고자 무니키 온월(Munychion月, 지금의 5~6월)을 데메트리온월(Demetrion月) 로 바꾸고, 그달의 마지막 날을 데메트리아스일(Demetrias日)로 바꾸며, 디오니시아(Dionisia) 축제를 데메트리아(Demetria)로 바꾸었다.

이와 같은 대부분의 변화에 대하여 신이 기뻐하지 않는다 는 징조가 나타났다. 이를테면 그들이 정령(政令)에 따라 제우 스와 아테나 신과 함께 데메트리오스와 아버지 안티고노스의 초상을 짜 넣은 성의를 들고 케라미코스 거리를 행진할 때는 갑자기 광풍이 일어 성의가 찢어졌고, 구세주의 제단 둘레에 독미나리가 무성하게 뒤덮였다. 본디 이 독초는 이 나라의 대 부분 지역에서는 자라지 않는 풀이었다.

그리고 디오니소스에게 제사를 드리던 어느 날, 철도 아 닌 때[3~4월]에 날씨가 몹시 추워 성스러운 행렬이 중단되었 다. 곧이어 짙은 서리가 내려 모든 포도나무와 무화과나무와 모든 곡식과 풀을 말려 죽였다. 그러자 스트라토클레스의 정 적이자 시인이었던 휠리피데스(Philippides)가 희곡을 지어 다 음과 같이 그를 공격했다.

서리가 내려 모든 포도나무를 죽인 것도 그의 탓이요,

성의가 찢어진 것도 그의 탓이로다.

그가 신의 영광을 두 부자에게 돌렸기 때문이라.

그런 짓은 백성들에게 몹쓸 짓이니

웃고 넘어갈 일이 아니로다.

(코크 엮음, 『아티카 희극 단편』, III : 308)

휠리피데스는 알렉산드로스 대왕의 뒤를 이어 왕이 된 리시마코스의 친구였다. 리시마코스왕은 휠리피데스를 생각해 아테네 시민에게 많은 호의를 베풀었다. 왕은 무슨 일을 하거나 원정을 떠날 때면 휠리피데스를 만나 그의 얼굴을 보면 좋은 일이 일어나리라고 생각했다. 대체로 휠리피데스의 성격은 남의 일에 참견하지도 않고 아첨할 줄도 몰라 좋은 평판을 받고 있었다.

어느 날 리시마코스왕이 휠리피데스에게 뭔가 친절을 베풀고 싶어 이렇게 물었다.

"휠리피데스여, 내가 그대에게 나누어 줄 수 있는 것이 무엇일까?"

그 말을 들은 휠리피데스가 이렇게 대답했다.

"왕이시여, 아무것이나 다 좋습니다. 국가 기밀만 아니라면……."

나는 휠리피데스와 스트라토클레스를 견주어 봄으로써 극작가와 정치인이 어떻게 다른가를 보여 주고 싶은 의도에서 이 대목을 소개한다.

13

그러나 데메트리오스에게 영광을 바치기로 제안된 것 가운데에서 가장 어이없고도 끔찍한 것은 스페토스 출신의 드로모클레이데스(Dromocleides)가 발의한 것이었다. 그의 제안에 따르면, 델포이의 신전에 방패를 성물(聖物)로 바칠 때 어떤 방법으

로 바쳐야 할지에 대하여 데메트리오스에게 신탁(神託)을 물
어보자는 것이었다. 나는 그 정령의 원문을 여기에 소개하고
자 한다.

　　다복하시기를 빕니다.
　　　　시민은 아테네의 시민 가운데 한 사람을 뽑아 우리의
　　구세주 데메트리오스에게 보내 제물을 드린 다음, 우리가
　　언제 어디에서 어떤 격식을 갖추어 성물 방패를 바칠
　　것인가에 관하여 신탁을 물을 것입니다. 그리고 그의
　　대답을 듣고 나서 그에 따라 헌정(獻呈)의 의식을 거행할
　　것입니다.

아테네 시민은 이토록 지나치게 아첨하는 드로모클레이데스
를 조롱했다. 이 사건이 일어난 뒤로 민중은 예전에도 그리 건
전해 보이지 않았던 데메트리오스를 더욱 삐딱하게 여겼다.

　　14
이 무렵에 아테네에 머물고 있던 데메트리오스는 에우리디케
(Eurydicé)라는 과부와 결혼했다. 이 여인은 고대 아테네의 해
군 사령관이었던 밀티아데스(Miltiades)(제11장 「키몬전」, § 4)의 딸
로서 키레네의 왕 오펠라스(Ophelas)와 결혼했다가 남편이 죽
자 아테네로 돌아와 살고 있었다. 아테네 시민은 이 결혼을 매
우 영광스럽게 생각했다.
　　그러나 데메트리오스는 결혼을 대수롭지 않게 여겨 한
꺼번에 많은 여자를 데리고 살았는데, 그 가운데에서도 휠라
(Phila)라는 여인을 가장 좋아했다. 데메트리오스가 휠라를 더
사랑한 이유는 그 여인이 알렉산드로스 대왕의 장군인 안티파
트로스의 딸이기도 했지만, 그가 마케도니아 출신 장군으로서
알렉산드로스 대왕의 상속자들 가운데 남들의 호의를 가장 많

이 받고 가장 많은 유산을 물려받은 크라테로스의 미망인이었기 때문이었다.

데메트리오스의 아버지 안티고노스가 아직 나이도 어린 아들에게 이 여인과 결혼하도록 설득한 것으로 보인다. 그 여인은 아들보다 나이도 훨씬 더 많았다. 들리는 바에 따르면, 아들이 그 결혼을 내켜 하지 않자 안티고노스는 아들의 귀에 대고 에우리피데스의 다음과 같은 시구를 들려주었다고 한다.

결혼에 잇속이 있으면
본성에 거슬릴지라도
그와 결혼을 해라.

그러나 이 구절은 본디 이렇게 되어 있다.

결혼에 잇속이 있으면,
종으로 팔려 가는 한이 있더라도
그와 결혼을 해라.

그러나 데메트리오스는 퓔라뿐만 아니라 그 밖의 모든 아내를 여인으로 존경하지 않았고, 많은 창녀와 양갓집 딸들을 문란하게 데리고 살았다. 이와 같은 성생활의 타락으로 말미암아 그는 그 시대 왕들 가운데 가장 평판이 나빴다.

15

그 무렵에 안티고노스는 아들에게 프톨레마이오스를 몰아내고 키프로스를 점령하라고 지시했다. 데메트리오스는 이 명령에 따르지 않을 수 없었지만, 그로서는 더 고결하고 영광스러운 그리스 해방 전쟁을 포기하고 싶지 않았다. 그래서 그는 시키온(Sikyon)과 코린토스를 점령한 프톨레마이오스의 장군 클

　　　　　　　　　　　　데메트리오스

레오니데스(Cleonides)에게 사람을 보내 그 도시들에서 물러나면 돈을 주겠노라고 제안했다.

그러나 클레오니데스가 뇌물을 거절하자 [기원전 306년에] 데메트리오스는 서둘러 바다로 나가 군대를 보강한 다음 키프로스로 진격했다. 데메트리오스가 먼저 프톨레마이오스의 동생인 메넬라우스(Menelaüs)를 만나 격퇴시키자 프톨레마이오스가 많은 보병과 수군을 이끌고 나타났다. 서로 몇 차례 위협과 장담이 오고 갔다. 먼저 프톨레마이오스가 데메트리오스에게 호령했다.

"내가 전군을 모아 그대를 박살 내기에 앞서 이 바다에서 떠나라."

그러자 데메트리오스가 이렇게 대꾸했다.

"그대가 시키온과 코린토스에서 군대를 철수하면 목숨만은 살려 보내 주겠다."

데메트리오스 자신뿐만 아니라 프톨레마이오스와 모든 왕후(王侯)도 다가오는 이 불확실한 전투의 결과가 어찌 되려나 하고 기다렸다. 그들은 이 전쟁의 승자가 키프로스와 시리아의 운명뿐만 아니라 유럽의 최고 지배권까지 얻을 것이라는 사실을 잘 알고 있었다.

16

프톨레마이오스는 150척의 함선을 이끌고 나가면서, 동생 메넬라우스에게는 60척의 함선을 이끌고 살라미스(Salamis)를 벗어난 다음 전투가 격렬해지면 데메트리오스의 함대를 뒤쪽에서 공격하여 혼란에 빠뜨리라고 지시했다.

그러나 이에 대응하여 데메트리오스는 10척의 함선만 보냈는데, 이는 항구의 입구가 좁아 그 정도만으로도 봉쇄하기에 충분했기 때문이었다. 이어서 그는 육군을 빼내 바다로 향해 있는 요새에 진영을 차리도록 하고 180척의 함선을 이끌고 적진을 향해 나갔다.

　데메트리오스는 전투 초반부터 엄청난 공격을 퍼부어 프
톨레마이오스의 병력을 크게 무찔렀다. 대패한 프톨레마이오
스는 뒤에 남겨 둔 여덟 척의 함선을 이끌고 재빨리 도주했다.
나머지 병력 가운데 어떤 함선은 해전에서 파괴되었고, 70척
의 함선은 선원들과 함께 나포되었다. 함선과 가까운 곳의 수
송선에 있던 선원과 막료와 여자들 그리고 프톨레마이오스의
무기와 돈과 공성기(攻城機) 가운데에서 데메트리오스의 전리
품이 되지 않은 것이 없었다.

　포로들 가운데 라미아(Lamia)라는 대단한 미인이 있었다.
그는 본디 피리를 매우 잘 불던 여자로서 예술적 소양이 뛰어
나 남자들과 숱한 염문(艶聞)을 뿌리고 있었다. 그러나 그 무렵
그는 이미 꽃다운 시절이 지나 데메트리오스보다 나이도 더
많았다. 그는 자기보다 훨씬 나이도 어린 데메트리오스를 보
자 자신의 요염한 자태로 그를 완전히 사로잡았다. 많은 여인
이 데메트리오스에게 다가왔지만 데메트리오스는 오로지 그
여자만을 사랑했다.

　해전이 끝나자 메넬라우스는 더 이상 저항하지 않고 120
명의 기병과 1만 2천 명의 보병을 포함한 자신의 모든 병력과
함께 살라미스를 데메트리오스에게 바쳤다.

17

데메트리오스는 마음에서 우러나는 인정과 친절을 베풂으로
써 자신의 찬란한 승리를 더욱 빛나게 했다. 곧 그는 죽은 적군
의 장례를 엄숙하게 치러 주고, 살아 있는 포로에게는 자유를
주었다. 또한 아테네인들에게는 전리품으로 얻은 갑옷 1천2백
벌을 선물로 보냈다. 아울러 밀레토스 출신의 아리스토데모스
를 특별히 뽑아 아버지에게 보내 승리의 소식을 알리기로 했다.

　아리스토데모스는 부하들 가운데 아첨이 뛰어난 사람이

었는데, 이번 승리에 최고의 아첨을 표시하기로 결심한 것처럼 보였다. 키프로스를 벗어난 아리스토데모스는 자기의 함선을 육지에 대지 않고, 모든 함대에 닻을 내리고 조용히 기다리라고 지시한 다음 혼자서 작은 배에 몸을 싣고 육지에 올라 안티고노스의 궁궐을 향해 걸어갔다.

전투 결과를 기다리고 있던 안티고노스는 위험한 일로 전쟁을 하는 사람들이 모두 그렇듯이 몹시 초조해 있었다. 그러던 터에 아리스토데모스가 오고 있다는 말을 들은 안티고노스는 전보다 더 마음이 혼란스러워 궁궐 안에서 기다리지 못하고, 계속하여 시종과 막료를 보내 전쟁 결과가 어찌 되었는지 알아보게 했다.

그러나 아리스토데모스는 누구에게도 말하지 않고 근엄한 표정으로 천천히 걸어갔다. 이에 놀란 안티고노스가 더 이상 기다리지 못하고 궁궐 문을 나왔다. 허둥대는 사람들의 호위를 받으며 대궐로 들어오던 아리스토데모스는 왕이 가까이 오자 그의 손을 잡으며 이렇게 소리쳤다.

"안티고노스 대왕 만세! 우리는 바다에서 프톨레마이오스를 무찌르고 키프로스를 장악하였으며, 1만 2천8백 명의 적군을 포로로 잡았나이다."

이 말을 들은 안티고노스는 이렇게 대답했다.

"그대에게도 신의 축복이 있을지어다. 그러나 이런 식으로 우리에게 고통을 준 그대에게 벌을 내리노라. 좋은 소식에 대해서는 상을 주겠지만 그 상을 받으려면 좀 기다려야 할 것 같다."

18

이런 일이 있은 뒤에 처음으로 민중은 안티고노스와 데메트리오스를 왕이라고 불렀다. 이에 따라 안티고노스의 막료가 안티고노스에게 왕관을 씌워 주었고, 안티고노스는 다시 아들에게 왕관과 함께 왕의 칭호를 내리는 편지를 보냈다. 그와 같은 소식을 들은 프톨레마이오스의 신하들도 프톨레마이오스에게 왕의 칭호를 바쳤다. 비록 전쟁에 졌다고는 하지만 사기를 잃고 싶지 않았던 것이다.

이렇게 되자 알렉산드로스 대왕의 후계자들 사이에서 왕의 칭호를 올리는 것이 유행처럼 퍼졌다. 리시마코스는 이방 민족 앞에서 왕의 칭호를 쓰기 시작했고, 셀레우코스는 드러내 놓고 그리스인들 앞에서도 왕관을 쓰기 시작했다. 그러나 카산드로스는 다른 사람들을 면담할 때나 공문을 받을 때 왕의 칭호를 쓰기는 했지만, 자기가 공문을 쓸 때는 예전처럼 왕의 칭호 없이 이름만 서명했다.

이처럼 왕호(王號)를 쓰는 관행은 단순히 호칭의 변경에 그치지 않았다. 그것은 인간의 정신 상태를 흔들어 마음을 들뜨게 하고 그들의 삶에 교만과 허세를 가져다 주었는데, 이는 연극배우가 왕의 역할을 맡게 되면 걸음걸이와 목소리와 몸짓과 말씨까지도 왕처럼 바뀌는 것과 같은 이치이다.

결과적으로 그들은 사법적인 결정에서도 더욱 가혹해졌으며, 지난날 백성들에게 너그럽고 정중하던 권력의 모습을 찾아볼 수 없게 되었다. 아첨꾼인 드로모클레이데스의 말 한 마디가 세상을 이처럼 바꿔 놓은 것이다.

19

[같은 해인 기원전 306년에] 데메트리오스가 다시 키프로스에서 승리를 거두자 우쭐해진 안티고노스는 프톨레마이오스에 대한 원정에 나섰다. 안티고노스는 손수 육군을 지휘하고, 아들은 자신과 협력하면서 거대한 함선을 지휘하도록 했다. 이 전투가 어찌 될 것인지에 대하여 안티고노스의 막료인 메디우스(Medius)가 꿈에서 경고를 받았다. 곧 메디우스가 꿈에서 본 바에 따르면, 안티고노스는 자신의 부대원들과 함께 달리기 경

주를 하고 있었다. 앞서거니 뒷서거니 하며 빠르게 달리던 그는, 반환점을 돌 무렵부터 힘이 부치기 시작했다.

결국, 꿈속의 안티고노스는 지친 채 숨을 몰아쉬면서 겨우 결승점을 통과했다. 그리하여 메디우스가 꿈에 보았듯이, 안티고노스는 이후에 벌어진 전투에서 온갖 고초를 겪었으며, 그러는 사이에 데메트리오스도 거친 풍랑과 파도를 만나 항구도 없는 거친 해안에서 좌초하여 많은 전함을 잃고 이룬 것도 없이 돌아왔다.

그 무렵에 안티고노스는 여든 살에 몸집이 크고 비만하여 그 나이로 원정을 감당하기에는 어려움이 많았다. 그러므로 안티고노스는 이제 행운마저 따라 주어 많은 전공을 이룬 아들에게 모든 것을 맡겼다.

데메트리오스가 비록 사치와 낭비가 지나쳤지만 아버지는 크게 걱정하지 않았다. 왜냐하면 평화가 이어질 때는 아들이 술과 여자에 깊이 빠지고 유흥을 즐기느라 주체하지 못하지만, 일단 전투가 벌어지면 누구 못지않게 초롱초롱하게 정신을 차렸기 때문이었다.

들리는 바에 따르면, 데메트리오스가 라미아에게 푹 빠져 있다는 사실이 세상에 다 알려졌을 때, 데메트리오스는 외국에 나갔다가 돌아오면서 아버지를 만나자 인사를 하고 입을 맞추었다. 그러자 안티고노스가 웃으며 이렇게 말했다.

"얘야, 지금 라미아와 입을 맞추고 있는 줄로 아느냐?"

또 언젠가는 데메트리오스가 며칠 동안 흥청거리며 놀다가 아버지를 찾아뵙지 못하자 이렇게 변명했다.

"제가 심한 설사에 걸려 찾아뵙지 못했습니다."

그 말을 들은 아버지는 이렇게 말했다.

"그런데 그 설사는 타소스 술에서 옮은 것이냐, 아니면 키오스 술에서 옮은 것이냐?"

또 언젠가는 아들이 아프다는 말을 듣고 안티고노스가 아들을 만나러 갔다. 안티고노스가 아들의 집에 들어서는데 한 미녀가 집 안에서 나오는 것을 보았다. 집으로 들어간 안티고노스는 아들 곁에 앉아 맥박을 짚어 보았다. 아들이 말했다.

"이제 열이 금세 나갔습니다."

그러자 아버지가 이렇게 대답했다.

"그래, 나도 그 열이 방금 문밖으로 나가는 것을 보았다."

안티고노스는 이렇듯 아들의 실수에 너그러웠다. 왜냐하면 아들은 다른 방면에서 뛰어난 데가 있었기 때문이었다. 스키티아인들은 술을 마시면서도 흥에 겨워 긴장이 풀어지면 용기를 북돋우고자 활의 시위를 당겨 보곤 한다. 그러나 데메트리오스는 술을 마실 때면 술에 흠뻑 취하지만, 일할 때는 일에 몰두함으로써 일과 여흥을 철저히 구분하여 전쟁 준비를 결코 소홀히 하지 않았다.

20

데메트리오스는 전쟁을 수행하기보다는 전쟁을 준비하는 데 더 탁월한 인물이었다고 역사가들은 기억하고 있다. 데메트리오스는 군수 물자가 늘 손안에 넉넉하기를 바랐고, 배를 만들거나 공성기를 만들면서 기존의 크기에 만족하지 않았고, 자신이 개발한 무기들을 바라보며 즐거워했다.

데메트리오스는 자신의 타고난 성품과 사고력을 다른 왕들처럼 쓸모없는 즐거움이나 취미에 사용하지 않았다. 이를테면 어떤 왕은 피리를 잘 불거나 그림을 그리거나 공예품을 만드는 취미를 가지고 있었다.

마케도니아의 아이로포스(Aeropos)왕은 탁자를 만들거나 등잔대를 만드는 일로 여가를 보냈고, 아탈루스 휠로메토르(Attalus Philometor)는 궁정의 정원에서 싸리풀, 미나리아재비목의 헬레보어(hellebore), 독미나리 등 여러 독초의 씨를 뿌리고 재배하여 제철에 그 액즙과 열매를 채취하는 취미가 있었다.

파르티아의 왕들은 자기의 창끝을 날카롭게 가는 것을 자랑스럽게 생각했다.

그러나 데메트리오스가 손수 만든 무기들은 제왕의 풍모를 담고 있어 장엄했다. 그의 작품은 목표가 원대하고, 우아함과 정밀함을 갖추고 있어서, 사람들은 왕이 이 무기를 직접 구상하고 노력을 기울일 만한 가치가 있다고 생각했다. 그 모양의 장대함은 막료를 놀라게 했으며, 그 아름다움에 적군도 탄복했다.

이러한 표현은 데메트리오스의 작품을 우아하게 설명하고자 하는 말이 아니다. 사실이 그랬다. 데메트리오스의 적군은 해안에 서서 항해하는 15~16단짜리 노예선의 노를 바라보면서 감탄했고, 그의 공격을 받은 적군은 데메트리오스가 만든 '도시 정복기'라는 장비의 거대한 위용에 넋을 잃었다.

당시 유럽의 왕들 가운데 데메트리오스의 가장 혹독한 정적이었던 리시마코스는 킬리키아의 솔리가 데메트리오스에게 포위되어 공격을 받았을 때 그곳을 지원하러 왔다가, 되려 데메트리오스에게 공성기와 전속력으로 달리는 함선을 보여줄 수 없느냐고 부탁했다.

데메트리오스가 이를 허락하여 보여 주자 그것을 본 리시마코스는 탄복하고 그냥 돌아갔다. 오랫동안 데메트리오스에게 포위되어 있던 로도스인들은 데메트리오스를 찾아와 강화를 제시하면서 자기들에게 도시 정복기를 선사해 달라고 요청했다. 그들은 자기들이 데메트리오스의 공격에 얼마나 끈질기게 버텨 살아남았으며, 얼마나 용기 있는 부족이었는가를 후세에 보여 주고 싶었기 때문이다.

21

[기원전 305~304년에] 데메트리오스는 로도스로 쳐들어갔는데, 그 이유는 로도스인들이 프톨레마이오스와 동맹을 맺었다는

것이었다. 데메트리오스는 저 유명한 '도시 정복기'를 가지고 와 성을 공격했다. 정사각형의 공성기는 바닥의 각 변이 48큐빗이었고, 높이는 66큐빗인데 위로 올라갈수록 좁아들었다. 그 안은 여러 층으로 나뉘어 있었고, 방이 있었으며, 적군을 향한 벽에는 각 층마다 창문이 열려 있어 이를 통해 여러 가지 창을 던질 수 있었다.

그 안은 온갖 전투를 할 수 있는 병사들로 가득했다. 더욱이 이 공성기는 움직일 때 흔들리거나 기울어지지도 않았고 바닥에 튼튼히 곧추서 있어서 앞으로 나갈 때는 엄청난 소음과 땅울림이 일어났다. 그것은 보는 이들의 마음을 놀라게 했을 뿐만 아니라 눈을 휘둥그레지게 만들었다.

키프로스는 이번 전쟁에 쓸 수 있도록 두 벌의 철갑옷을 데메트리오스에게 보내 주었는데, 무게가 18킬로그램밖에 되지 않았다. 갑옷을 만든 조일로스(Zoilos)는 갑옷이 얼마나 튼튼한가를 보여 주고자 20보(步) 밖에서 투창기로 창을 쏘도록 지시했다. 그 창이 날아가 맞은 곳을 살펴보니 조각가의 칼끝에 긁힌 정도의 흠집만 생겼다.

데메트리오스는 이 가운데 한 벌을 자신이 입고, 다른 한 벌은 에페이로스 출신의 알키모스(Alcimus)에게 주었다. 알키모스는 데메트리오스의 부하 장수들 가운데 가장 용맹하고 호전적인 인물로서, 다른 사람들의 갑옷은 22킬로그램짜리였지만 그의 갑옷만은 45킬로그램에 이르렀다. 알키모스는 로도스의 극장 근처에서 전사했다.

22

그러나 로도스인들의 저항이 매우 완강하여 이렇다 할 전과를 올리지 못한 데메트리오스는 분노를 참지 못하여 전투를 계속했다. 데메트리오스가 그토록 분개한 것은 아내 휠라가 남편에게 편지와 침구와 옷을 보냈을 때 로도스인들이 마침 그 배를 납치하여 고스란히 프톨레마이오스에게 보냈기 때문이었다.

이런 점에서 로도스인들은 아테네인들의 깊은 배려심을 닮지 못했다. 아테네인들은 전쟁을 하는 과정에서 필리포스왕에게 빼앗은 편지를 모두 읽었지만, 필리포스의 아내 올림피아스가 남편에게 보내는 편지만은 읽지 않았다. 이 사건으로 깊은 상처를 입은 데메트리오스는 로도스인들에게 복수할 기회가 있었음에도 복수하지 않았다.

그 내막을 들어 보면 이렇다. 곧 카우노스(Caunos) 출신의 화가인 프로토게네스(Protogenes)가 로도스인들의 부탁을 받고 고대의 영웅 이알리소스(Ialysos)의 초상화를 그리고 있었다.[6] 그림이 완성될 무렵에 데메트리오스는 로도스 부근에서 그 그림을 압수했다. 그러자 로도스인들이 전령을 보내 그 그림을 파괴하지 말라고 부탁했다. 그 말을 들은 데메트리오스는 이렇게 대답했다.

"나는 그런 짓을 하느니 차라리 내 할아버지의 초상을 불태울 것이오."

들리는 바에 따르면, 프로토게네스는 그 그림을 완성하는 데 7년이 걸렸다고 한다. 그리스의 저명한 화가였던 아펠레스는 그 그림을 두고 이렇게 말했다.

"나는 그 그림을 보는 순간 너무도 놀랍고 감동적이어서 할 말을 잊었다. 그러나 시간이 조금 흘러 말문이 트였을 때 나는 이렇게 말했다. '훌륭한 그림이다. 정성이 많이 들었겠다.' 그러나 그의 그림이 하늘을 감동하게 할 만한 것은 아니었다."

이 그림은 다른 그림들과 함께 로마의 어느 한 곳에 전시되어 있다가 불타 없어졌다.[7]

---

6   이알리소스는 로도스의 전설적인 영웅이었다. 이알리소스가 한 도시를 건설하자 뒷날의 사람들이 그의 이름을 따서 그 도시를 이알리소스라고 불렀다.

7   뒷날 카이사르를 죽인 카시우스가 이 그림을 로마로 가져와 '평화의 신

로도스인들의 끈질긴 항전으로 데메트리오스가 이 도시를 포기할 구실이 필요하던 터에 아테네인들이 중재를 요청해 왔다. 강화의 조건은, 마케도니아가 프톨레마이오스와 전쟁을 하지 않는 한, 로도스인들은 안티고노스와 데메트리오스의 동맹국이 된다는 것이었다.

23

이 무렵에 카산드로스의 침략을 받은 아테네인들이 데메트리오스에게 도움을 요청해 왔다. 데메트리오스는 330척의 함선과 많은 병력을 이끌고 진격하여 카산드로스를 아티카(Attica)에서 몰아냈다. 카산드로스는 곤두박질치듯이 테르모필라이로 도망쳤다. 데메트리오스는 자발적으로 카산드로스에게 협조했던 헤라클레이아(Heracleia)를 정복한 다음, 카산드로스의 지휘를 받던 마케도니아 병사 6천 명의 귀순을 받아들였다.

돌아오는 길에 데메트리오스는 테르모필라이 쪽에서 살던 그리스인들을 해방시키고 보이오티아인들을 동맹국으로 만든 다음 켐크레아이를 정복했다. 데메트리오스는 또한 카산드로스의 수비대가 주둔해 있던 휠레(Phyle)와 파낙툼(Panactum)을 함락하여 이 도시들을 아테네인들에게 돌려주었다.

지난날 데메트리오스에게 최상의 영광을 바쳤던 아테네인들은 이제 다시 그에게 새로운 아첨을 꾸미기 시작했다. 이를테면 아테네인들은 파르테논 신전 뒤쪽에 데메트리오스가 쓸 방을 마련했다. 들리는 바에 따르면, 아테네인들은 그렇게 함으로써 동정(童貞)의 여신 아테나가 데메트리오스를 모시도록 했다고 한다. 물론 그는 본래 여신의 처소에 어울릴 만큼 행

전'에 보관했으나 불타 없어졌다.(플리니우스, 『자연사』, XXXV : 10; 스트라보, 『지리학』, IV : 652) 키케로도 이 그림을 보고 격찬한 바 있다.(키케로, 『연설집』, § 2, 5)

실이 점잖은 손님은 아니었고, 처녀 신에게 지켜야 할 예의를 지킬 만한 사람도 아니었다.

언젠가 데메트리오스의 동생 필리포스가 젊은 여자 셋을 데리고 한집에서 살고 있다는 소식을 들은 아버지는 필리포스에게는 아무 말도 하지 않고 필리포스가 보는 앞에서 숙소 배정 책임자를 불러 이렇게 말했다고 한다.

"여보게, 우리 아들을 이 비좁은 숙소에서 옮겨 줄 수 없겠나?"

24

그러나 데메트리오스는 신성한 아테나 여신을 숭배하지 않을 수 없었다. 그 여신이 자기의 누님이었기 때문이다. 세상 사람들이 자기를 '구세주'라고 부르니 아테나 여신이 누님이 될 수밖에 없었다. 그가 신전의 언덕에서 아테네의 젊은 청년들과 젊은 여인들을 불러 온갖 음란 행위를 저지르느니, 차라리 세상에 소문난 기녀들인 크리시스(Chrisis)나 라미아나 데모(Demo)나 안티키라(Anticyra)를 불러 노는 것이 더 격에 어울릴 것 같다고 세상 사람들은 생각했다.

내가 여기서 데메트리오스의 음행을 솔직히 다 적는다면 그리스인들을 모독하는 일이 되겠지만, 데모클레스(Democles)의 절제와 덕망에 관한 이야기는 빼놓을 수가 없다. 그 무렵에 데모클레스는 너무도 아름다운 청년이어서 '미남 데모클레스'라는 이름이 붙을 정도였으니, 그는 자신을 향한 데메트리오스의 욕심에서 벗어날 수가 없었다. 많은 권력자가 그를 선물과 협박으로 회유하며 연애를 요구했지만 그는 끝내 굴복하지 않았다. 결국, 그는 이제 체육관이나 경기장에도 나가지 못하고 혼자 개인 욕실에서 목욕을 해야 했다.

기회를 엿보던 데메트리오스는 데모클레스가 혼자 있을 때 그를 납치하려 했다. 소년은 더 이상 도망할 곳이 없음을 알자 가마솥 뚜껑을 열고 펄펄 끓는 물에 뛰어들어 자살했다. 데모클레스는 이렇게 삶을 마침으로써 자신의 불운한 운명을 받아들였지만, 자기의 조국과 자신의 가치는 고결했음을 보여주었다.

그러나 클레오메돈(Cleomedon)의 아들인 클레아이네토스(Cleaenetos)는 그렇지 못했다. 언젠가 그의 아버지가 50탈렌트의 벌금형을 받자 클레아이네토스는 데메트리오스를 찾아가 벌금을 면제해 주도록 민중에게 부탁하는 탄원서를 받아 세금을 탕감받음으로써 조국의 명예를 더럽혔고, 아테네의 정치를 어려움에 빠뜨렸다.

민중은 클레오메돈의 벌금을 면제해 주었지만, 이제는 누구도 데메트리오스에게 탄원서를 받아 민회에 제출하여 세금을 탕감받는 일이 없어야 한다는 정령(政令)을 통과시켰다. 이 소식을 들은 데메트리오스가 엄청나게 화를 내며 협박하자 민중은 정령을 취소하고 그것을 발의했거나 찬성한 무리를 죽이고 그 밖의 사람들을 추방했다. 더 나아가서 아테네 시민은 다음과 같이 결의했다.

"아테네 시민은 앞으로 데메트리오스왕께서 하명하신 바를 기꺼이 받아들이며, 그의 왕명을 신과 인간에게 모두 공의로운 것으로 받아들여야 한다."

이를 본 귀족 출신의 한 시민이 다음과 같이 선언했다.

"그와 같은 발의를 한 스트라토클레스는 미친놈이다."

그 말을 들은 [데모스테네스의 조카인] 레우코노에(Leuconoë)의 데모카레스(Demochares)가 이렇게 말했다.

"스트라토클레스가 이렇게라도 미치지 않았더라면 그는 정말 미쳐 버렸을 것이오."

데모카레스가 그렇게 말한 이유는 스트라토클레스가 그와 같은 아첨을 통하여 엄청난 재산을 모았기 때문이었다. 그러나 데모카레스는 이 사건으로 고발되어 추방되었다. 아테네인들은 마케도니아 군대를 몰아내고 그 덕분에 자유를 얻었다고 생각했을지 모르지만, 그들은 자유를 얻고자 또 다른 대가를 치렀다.

25

[기원전 303년 초에] 데메트리오스가 펠로폰네소스를 쳐들어가자 누구도 저항하지 않고 도시를 버린 채 도주했다. 데메트리오스는 악테(Acte)라고 부르는 도시와 만티네이아(Mantineia)를 제외한 아르카디아를 복속시켰으며, 수비대에 뇌물 1백 탈렌트를 주어 아르고스와 시키온과 코린토스를 해방시켰다. 데메트리오스가 아르고스에 입성했을 때 마침 제우스의 아내인 헤라 여신의 축제가 열렸다. 그는 그 행사를 주재하였으며, 그리스의 성스러운 민회에 참석했다.

이곳에서 데메트리오스는 에우리디케와 휠라가 아직 살아 있음에도 다시 몰로시아(Molossia)의 국왕 아이아키데스(Aeacides)의 딸이자 피로스의 누이인 데이다메이아(Deïdameia)를 아내로 맞아들였다. 시키온에서는 주민들에게 도시의 터가 나쁘다는 이유로 지금의 장소로 옮기도록 설득한 뒤에 도시 이름도 시키온이 아닌 데메트리아스(Demetrias)로 고쳤다.

데메트리오스가 코린토스의 이스트모스에 이르자 군중이 커다란 집회를 열어, 지난날 마케도니아의 필리포스왕과 알렉산드로스 대왕 앞에서 그랬던 것처럼, 데메트리오스를 전(全) 그리스의 대장군으로 선언했다. 이와 같은 처사에 대해 데메트리오스는 결코 겸손하지 않았으며, 운명의 여신의 보살핌으로 보나 지금 누리고 있는 권력으로 볼 때 그런 대우를 받을 만하다고 스스로 생각했다.

알렉산드로스 대왕은 여러 왕에게 왕위를 주면서도 스스로 '왕중왕'이라고 부른 적이 없으며, 많은 지도자에게 왕의 지위와 왕호를 주었다. 그러나 데메트리오스는 자신과 아버지를 제외한 사람들에게 부여된 왕호를 조롱하면서도 연회에서 자신을 '데메트리오스왕'이라고 불러 주는 것을 좋아했다. 그러면서 그는 이렇게 말했다.

"[바빌로니아의 왕] 셀레우코스야 왕이랄 게 있나, 코끼리 대장이지. [마케도니아의 왕] 리시마코스야 그게 어디 왕이야, 금고지기이지. [시킬리아의 왕] 아가토클레스(Agathocles)는 왕이 아니라 섬 주인이야."

이 말을 들은 왕들이 모두 데메트리오스를 비웃었지만 리시마코스는 몹시 화를 냈다. 왜냐하면 그 무렵 왕실의 금고지기는 내시들이나 맡는 일이 관례였기 때문이었다. 모든 왕 가운데에서 리시마코스가 데메트리오스를 가장 미워했다. 언젠가 리시마코스는 데메트리오스가 애첩 라미아에게 빠진 것을 비난하며 이런 말을 한 적이 있다.

"내가 본 연극 가운데에서 창녀가 대역(大役, 왕비)에 오르는 것은 그때 처음 보았다."

그 말을 들은 데메트리오스는 이렇게 대꾸했다.

"나의 애첩은 리시마코스의 애첩 페넬로페(Penelope)보다 더 순결하다."

26

그 뒤에 벌어진 이야기를 다시 시작하자면, 데메트리오스는 아테네로 돌아오면서 민중에게 다음과 같은 편지를 보냈다.

"내가 아테네에 도착하자마자 민중은 나를 위해 신비 의식(神秘儀式)과 가장 낮은 등급에서 가장 높은 등급의 의전(儀典, Epoptica)에 이르기까지 모든 등급의 예식을 치러 주기를 바라노라."

이러한 처사는 율법에 어긋날 뿐만 아니라 전례도 없는 일이었다. 지난날의 선례로 보았을 때, 낮은 등급의 의식은 안테스테리온월(Anthesterion月, 지금의 2~3월)에 거행했다. 높은 등

데메트리오스

급의 의식은 보이드로미온월(Boedromion月, 9월)에 치렀으며, 가장 높은 등급의 의식은 높은 등급의 의식을 거행한 지 적어도 1년의 간격을 두고 시행했다.

데메트리오스의 편지를 받은 뒤 누구도 감히 반대하지 못하고, 대제사장인 피토도로스(Pythodoros)만이 반대했지만 아무런 효과도 없었다. 오히려 스트라토클레스가 발의하여, 지금의 달인 무니키온월(4~5월)에는 낮은 등급의 의식을 거행할 수 없으니 의식을 치를 수 있는 안테스테리온월로 월력의 이름을 바꾸어 아그라(Agra)에서 데메트리오스를 위한 의식을 거행한 뒤에 다시 그 달의 이름을 무니키온월로 되돌렸다.

그 뒤에 안테스테리온월에는 높은 등급의 의식을 거행할 수 없으므로 다시 보이드로미온월로 바꾸어 높은 등급의 의식(epoptos)을 거행했다. 이런 식으로 남은 전승 의식을 치르면서 스트라토클레스는 최고 등급의 의식마저 치렀다. 이를 본 휠리피데스가 스트라토클레스를 비난하며 이렇게 시를 지었다.

> 1년 열두 달을 한 달에 몰아넣었구나.
> (코크 엮음, 『아티카 희극 단편』, III : 308)

그리고 데메트리오스가 외람되게도 파르테논 신전에 숙소를 둔 것을 두고 다음과 같은 시를 썼다.

> 아크로폴리스를 주막집으로 쓰고
> 여신에게 자기의 애첩을 소개하였도다.
> (코크 엮음, 『아티카 희극 단편』, XII : 4)

27

들리는 바에 따르면, 데메트리오스가 아테네에서 저지른 불법적이고도 충격적인 사건 가운데 아테네인들을 가장 분노하게 만든 것은 250탈렌트라는 어마어마한 돈을 서둘러 마련해 오라고 민중에게 명령했을 때였다. 민중이 힘들여 어김없이 돈을 모아 바쳤더니 데메트리오스는 그 돈을 모두 라미아와 애첩들의 사치품 값으로 지불했다.

아테네 시민은 돈을 빼앗긴 것보다도 모욕을 겪은 것을 더욱 견딜 수 없었고, 그의 말보다 행실을 더욱 괘씸해했다. 어떤 사람들의 말에 따르면, 이런 모욕을 겪은 사람들은 아테네인들이 아니라 테살리아인들이었다고 한다. 이런 일 말고도 불미스러운 사건이 더 벌어졌다.

라미아는 왕의 식사를 마련해야 한다는 이유로 아테네 시민에게 돈을 쥐어 짜냈다. 사모스 출신의 역사학자인 린케우스(Lynceus)는 그 값이 얼마나 비싼지를 세상 사람들이 다 알고 있었다고 기록하고 있다. 따라서 이 여자야말로 "진정한 도시 정복기"[8]라고 점잖게 부른 희극도 있다. 솔리의 데모카레스는 데메트리오스를 "우화(Mythos, 寓話)"[9]라고 부른 적이 있는데, 이는 그 주인공에게도 라미아라는 애첩이 있었기 때문이다.

데메트리오스가 오로지 라미아만을 사랑하자 다른 애첩들과 막료들 사이에서 시샘이 일어났다. 이를테면 데메트리오스의 몇몇 사신이 리시마코스왕을 찾아간 적이 있었다. 잡담 시간에 왕은 허벅지와 어깨에 나 있는 사자의 발톱 자국을 보여 주면서 알렉산드로스 대왕이 자기를 사자 우리에 집어넣어 싸우는 동안에 생긴 상처라고 설명했다. 그러자 사신들이 웃으면서 왕에게 이렇게 말했다.

---

8   이는 데메트리오스가 만든 '도시 정복기'를 빗대어 한 말이다.
9   이 우화는 리비아의 전설이다. 리비아의 왕비는 자기의 자녀들을 잃은 복수심에서 다른 여인들에게 그들의 자녀를 바치라고 했다. 그래서 그 왕비의 이름이 라미아가 되었다. Lamia는 페니키아어로 바친다는 뜻의 *rahama*에서 온 것이라고 한다.(스콧-킬버트, 『데메트리오스전』, § 27, p. 358, Note 1) 페린은 라미아라는 이름이 "사람의 살을 먹는 괴물"이라고 주석했다.(페린, IX, p. 65의 각주 2)

"우리의 왕에게도 목에 할퀸 자국이 많습니다. 라미아라는 끔찍한 맹수에게 물린 자국이지요."

참으로 이상한 일은, 데메트리오스가 나이가 많다는 이유로 처음부터 휠라를 좋아하지 않았으면서도 이미 철 지난 꽃과 같은 여자인 라미아에게 그토록 오랫동안 빠졌다는 사실이다. 그러한 사례로서, 어느 날 저녁 식사 자리에서 라미아가 피리를 불고 있었는데 데메트리오스가 또 다른 애첩으로 마니아(Mania)라고도 부르는 데모를 바라보면서 그에게 물었다.

"네가 보기에는 데모가 어떠냐?"

그러자 라미아가 대답했다.

"할머니 같습니다."

또 언젠가는 매우 풍성한 식사 자리에서 데메트리오스가 마니아에게 물었다.

"너는 라미아가 이렇게 많은 맛있는 음식을 얼마나 많이 대접하는 줄 아느냐?"

그러자 마니아가 이렇게 대답했다.

"우리 엄마를 후궁으로 들여 보세요. 이보다 세 배 더 맛좋은 음식을 드릴 것입니다."

저 유명한 이집트의 왕 보코리스(Bocchoris) 재판에 대하여 라미아가 평가를 내린 기록이 남아 있다. 곧 어느 이집트 사람이 토니스(Tonis)라는 창녀와 사랑에 빠졌다. 그 여인은 화대(花代)로 엄청나게 많은 돈을 요구했다. 그러던 어느 날 밤, 그 남자는 꿈속에서 토니스와 몽정(夢精)을 경험한 뒤로 그 여인이 싫어져 만나지 않았다. 그러자 토니스는 몽정도 성행위이므로 화대를 내놓으라고 소송을 냈다.

그러자 판결을 맡은 보코리스왕은 그 남자에게 청구된 액수만큼의 돈을 가져오게 한 다음 이리저리 흔들어 보이면서 토니스에게 그림자를 만져 보라고 했고, 그것으로 셈은 끝났다고 말했다. 왜냐하면 몽정이란 돈의 그림자를 만져 본 것과 같은 것이지 실제를 체험한 것은 아니기 때문이었다.

라미아는 이 판결이 잘못되었다고 평가했다. 왜냐하면 그 남자는 몽정을 통하여 육체적 쾌락을 맛보았으므로 돈을 지불해야 하지만, 돈의 그림자만을 더듬어 본 토니스는 바라던 바를 이루지 못했기 때문이라는 것이었다. 라미아는 그런 여자였다.

28

이제부터는 내가 지금 이야기하고 있는 인물 데메트리오스의 생애가 희극에서 비극으로 바뀌는 장면들을 소개하고자 한다. [기원전 302년에] 다른 왕들이 안티고노스왕에게 저항하여 군대를 모으자 데메트리오스는 그리스를 떠나 아버지에게 돌아왔다. 이미 나이가 많은 아버지가 전쟁에 열정을 보이자 데메트리오스는 더욱 용기가 솟았다.

만약 그 무렵에 안티고노스가 조금씩 양보하면서 권력에 대한 야심을 줄여 나갔더라면, 그는 좀 더 오랫동안 권력을 지킬 수도 있었고 아들에게 물려줄 수 있었을 것이다. 그러나 안티고노스는 본디 거칠고 오만했으며, 행동보다 말이 더 거친 사람이어서 젊고 유능한 막료들을 화나게 했다. 그는 그 무렵의 젊은이들이 아무리 힘을 합쳐 자기에게 대들어 보았자 자기가 돌멩이 한 번 던지고 소리 한 번만 지르면 들판에서 곡식을 쪼던 새 떼처럼 흩어질 것이라고 말했다.

안티고노스는 보병 7만 명, 기병 1만 명 그리고 코끼리 75마리를 모았다. 그런가 하면 그의 적군은 보병 6만 4천 명, 기병 1만 5백 명, 코끼리 4백 마리 그리고 전차 120대를 거느리고 있었다. 적군과 거리가 가까워지면서 안티고노스는 처음에 기대했던 목표를 점점 낮춰 잡기 시작했다.

지난날 안티고노스는 전투에 들어가면서 큰 목소리로 오만하게 말하면서 허세를 부리고, 가까이 다가온 적군에게 농

담을 던지면서 자기의 기백과 적장에 대한 경멸을 드러내는
일이 많았는데, 이번에는 대부분의 시간에 침묵을 지키며 생
각에 잠겼다.

안티고노스는 아들을 불러낸 뒤 병사들에게 자기의 후계
자라고 선언했다. 더더욱 모든 사람이 놀란 깃은 그기 막사에
서 아들과 함께 전략을 짜고 있다는 사실이었다. 지난날에 그
는 아들에게도 비밀을 말하지 않았다. 안티고노스는 혼자서
작전을 짜고 혼자서 결정한 다음에 명령을 내리는 사람이었
다. 들리는 바에 따르면, 데메트리오스가 애송이 시절에 몇 시
에 진군할 예정인가를 아버지에게 물었는데 안티고노스가 버
럭 화를 내면서 이렇게 대답했다고 한다.

"네 귀에 기상나팔 소리가 안 들릴까 걱정이냐?"

29

그 무렵에 나쁜 징조가 나타나 병사들의 사기를 꺾어 놓았다.
데메트리오스가 꿈을 꾸었는데 알렉산드로스 대왕이 화려한
옷을 입고 나타나 물었다.

"이번 전투의 암호가 무엇인가?"

데메트리오스가 이렇게 대답했다.

"'제우스와 승리'입니다."

그러자 알렉산드로스가 이렇게 말하고 사라졌다.

"그렇다면 내가 적군에게 가서 그렇게 알려 주겠다."[10]

더욱이 안티고노스가 밀집 대형을 이루고 막사를 나서다
가 넘어져 얼굴을 땅에 박아 크게 다쳤다. 그러나 그는 몸을 가
누고 일어나 하늘을 우러러 이렇게 기도했다.

"신이여, 저에게 승리를 허락하소서. 그렇지 않다면 저의

---

10 여기에는 '알렉산드로스와 승리'라고 군호를 정하지 않은 데 대한 섭섭
함이 담겨 있다.

군대가 패배하기에 앞서 저를 고통 없이 죽게 하소서."

[기원전 301년, 프리기아의 입소스 근처에서] 전투가 벌어져 데메트리오스는 정예(精銳) 기병대를 이끌고 셀레우코스의 아들 안티오코스의 부대를 크게 무찔렀다. 데메트리오스는 용맹스럽게 싸워 적군을 완전히 쳐부쉈다. 그러나 그는 전투에 몰두하다가 너무 깊이 적진으로 들어가 승리를 잃었다. 왜냐하면 적군을 추격하는 동안 적군의 코끼리 부대가 중간을 차단하여 되돌아갈 수가 없게 되었기 때문이었다.

적군의 밀집 대형이 기병대의 보호를 받을 수 없게 된 것을 본 셀레우코스가 이에 따른 전술을 폈다. 셀레우코스는 적군을 직접 공격하지 않고 말을 타고 둘레를 빙빙 돌며 위협함으로써 안티고노스의 병사들에게 항복할 기회를 주었다. 그러자 실제로 병사가 넘어왔다. 후속 부대와 떨어진 주력 부대는 스스로 항복했고 나머지 무리는 패주했다. 적군이 무리 지어 달려들자 안티고노스의 부하가 소리쳤다.

"전하, 적군이 전하를 노리고 있습니다."

그러자 안티고노스가 이렇게 소리쳤다.

"나를 노리지 않는다면 누구를 노린다는 말이냐? 걱정하지 말아라. 데메트리오스가 곧 올 것이다."

아들이 그의 마지막 희망이었다. 안티고노스는 마지막까지 아들을 기다렸다. 그때 창이 비 오듯 날아와 그를 쓰러뜨렸다. 막료와 시종들이 모두 안티고노스를 버리고 도망쳤지만 라리사(Larissa) 출신의 토락스(Thorax)만은 그의 시체를 지켰다.

30

전투는 이렇게 끝났다. 승리한 왕들은 마치 거대한 사냥감을 나누듯이 안티고노스와 데메트리오스의 영토를 나누어 가졌다. 그들은 이미 승자들이 나누어 가진 영토에 멸망한 왕의 영토를 더하여 자기 몫을 챙겼다. 데메트리오스는 5천 명의 보병과 4천 명의 기병을 이끌고 아직 함락되지 않은 에페소스에 이르렀다.

　모든 사람이 데메트리오스가 재물을 많이 보관하고 있는 아르테미스 신전을 약탈할 것이라고 생각했지만, 그는 부하들이 그곳을 약탈할까 두려워 곧 그곳을 떠나 그리스로 떠났다. 데메트리오스는 아테네에 마지막 희망을 걸고 있었다. 아테네에 함선과 자금과 아내 데이다메이아를 남겨 두었던 것이다. 그는 이토록 곤경에 빠져 도망칠 때는 아테네인들의 호의보다 더 안전한 피난처는 없다고 생각했다.

　그러나 데메트리오스가 키클라데스(Cyclades)섬 가까이 이르렀을 때, 아테네에서 보낸 사절들이 찾아와 성으로 들어오지 말아 줄 것을 요청했다. 왜냐하면 아테네 시민이 어느 왕도 성에 들어오지 못하도록 결의했다는 것이었다. 그러면서 왕비 데이다메이아는 정중하게 시종을 딸려 메가라로 보냈다고 알려 주었다.

　데메트리오스는 이제까지 그 숱한 역경 속에서도 이성을 잃지 않았지만, 이번에는 분별을 잃었다. 데메트리오스는 그동안 격심한 운명의 뒤바뀜을 겪으면서도 천박함이나 무시당할 모습을 보이지 않았다. 그러나 아테네인들이 그의 희망을 꺾었다. 이렇게 시련에 빠지고 나서야 아테네인들이 겉으로 보여 주던 호의가 모두 거짓이었고 덧없는 것이었다는 사실을 알아차린 데메트리오스는 괴로워했다.

　왕이나 권력자에게 바치는 지나친 영광이나 민중의 호의는 보기에는 그럴듯하지만, 그것이 진심에서 우러나온 것이라는 증거를 찾아보기는 참으로 어렵다. 그런 영광을 바치는 사람들에게는 그럴 만한 목적이 있다. 그 목적 가운데 두려움으로 말미암은 영광은 가치가 없다. 인간은 두려울 때나 사랑할 때나 모두 영광을 바치는 법이다.

　그러므로 지각 있는 사람이라면 먼저 자신의 행실과 업적을 돌아보고, 자기의 동상을 세우든가 초상화를 그린다든가 아니면 영웅화하는 작업을 잘 살펴보아야 한다. 그리고 진심에서 우러나온 영광에는 신뢰를 주되, 마음 내키지 않는 영광은 거절해야 한다. 민중은 예우를 받을 때 겸손할 줄 모르고 뻐기는 사람, 그리고 마지못해 선사하는 영광을 진짜인 줄 알고 받아들이는 사람을 가장 미워하고 멸시하기 때문이다.

31

세상 이치가 그렇다고는 하지만, 이런 경우에 데메트리오스는 자신이 아테네인들에게 속은 것이 몹시 슬펐다. 그렇다고 복수할 형편도 못 되는 그는 점잖게 아테네인들을 나무라면서 자기의 전함들을 돌려 달라고 요구했다. 그 가운데 한 척은 13단의 노(櫓)를 단 전함이었다. 전함을 돌려받은 데메트리오스가 해안을 따라 이스트모스로 가서 보니 그곳에서도 모든 일이 어려움에 빠져 있었다. 자신의 군대가 뿔뿔이 흩어져 모두 적군에 투항했기 때문이었다.

데메트리오스는 처남 피로스에게 그리스를 맡기고 바다로 나가 케르소네소스로 떠났다. 이곳에서 그는 리시마코스의 영토를 약탈하여 군자금을 모아 자신의 군대를 다시 막강하게 만들었다. 다른 왕들은 리시마코스를 데메트리오스에 못지않게 경계해야 할 상대로 생각하고 있었기 때문에 리시마코스를 도우려 하지 않았다. 리시마코스는 데메트리오스보다 더 큰 세력을 이루며 더 무서운 존재가 되어 있었다.

그런 일이 있고 얼마 지나지 않아 바빌로니아의 셀레우코스왕이 사람을 보내 데메트리오스와 필라 사이에 난 딸 스트라토니케를 아내로 삼고 싶다는 혼담을 제기했다. 셀레우코스왕은 페르시아의 여인 아파마와의 사이에서 아들 안티오코스를 낳았는데, 본디 영토가 넓어 후계자가 많아도 좋다 생각했고, 데메트리오스와 혼인을 통하여 동맹을 맺고 싶어 했다.

데메트리오스

셀레우코스는 마케도니아의 리시마코스왕이 프톨레마이오스의 큰딸을 자기의 아내로 삼고 둘째 딸을 아들 아가토클레스의 아내로 삼아 동맹을 강화했다는 사실을 잘 알고 있었다. 마침 데메트리오스로서도 셀레우코스 가문의 사람과 혼인을 맺는 일은 뜻하지 않은 행운이었다.

그리하여 데메트리오스는 모든 함대와 함께 딸을 데리고 시리아로 떠났다. 해안을 따라 항해하던 데메트리오스는 보급품을 얻고자 몇 곳에 들르지 않을 수 없던 터라 킬리키아에 잠시 상륙했다. 이곳은 그의 아버지 안티고노스가 전사한 뒤 카산드로스의 동생인 플레이스타르코스(Pleistarchos)가 왕들에게서 영토를 나누어 받아 다스리고 있었다.

데메트리오스가 상륙하자 플레이스타르코스는 안티고노스의 후손들이 자기의 영토를 유린한다고 생각했다. 결국, 그는 셀레우코스가 동맹국들과 상의도 없이 모든 왕의 공동의 적장인 데메트리오스와 혼인을 통한 동맹을 맺으려는 사실을 고발하려고 카산드로스를 만나러 갔다.

32

이와 같은 사실을 알게 된 데메트리오스는 퀸다를 향해 뱃길을 나섰다. 그는 그곳에 아직 남아 있던 1천2백 탈렌트의 돈을 찾아 짐을 꾸리고 배에 실은 다음 전속력으로 바다로 나갔다. 로소스(Rhosos)에 도착한 그는 이미 그곳에 와 있던 아내 휠라와 함께 셀레우코스를 만났다.

그들의 환담은 제왕다웠고 조금도 속이려 하거나 의심하는 기색이 없었다. 먼저 셀레우코스가 데메트리오스를 진중의 막사로 초대하여 음식을 대접했고, 다음에는 데메트리오스가 셀레우코스를 13단의 노를 단 함선으로 초대하여 대접했다.

그들은 경호원이나 무기도 없이 함께 여흥을 즐기고 서로 대화를 나누면서 하루를 보냈다. 드디어 셀레우코스는 새 며느리 스트라토니케를 데리고 안티오키아로 갔다. 그러나 남은 데메트리오스는 킬리키아를 차지한 다음, 아내 필라를 그의 오라버니인 카산드로스에게 보내 플레이스타르코스의 비난이 근거 없는 일임을 설명하도록 했다. 그러는 동안에 아내 데이다메이아가 배를 타고 그리스에서 와 데메트리오스를 만났으나 곧 병으로 죽었다.

그런 일이 있은 뒤에 셀레우코스의 주선으로 프톨레마이오스와 데메트리오스 사이에 화해가 이뤄지자 데메트리오스는 프톨레마이오스의 딸 프톨레마이스(Ptolemaïs)를 아내로 맞이했다. 이때까지 셀레우코스는 데메트리오스에게 정중했다. 그러다가 셀레우코스가 데메트리오스에게 많은 돈을 줄 터이니 킬리키아를 되돌려 달라고 요구했다.

데메트리오스가 이를 거절하자 셀레우코스는 몹시 화를 내면서 다시 티레와 시돈(Sidon)을 돌려 달라고 요구했다. 시리아해(海)에서 인도에 이르기까지 광활한 영토를 가진 셀레우코스가 불운에 빠진 장인 데메트리오스에게 두 도시를 돌려 달라고 요구할 정도로 게걸스럽게 욕심을 부리는 모습은 데메트리오스의 눈에는 폭력적이고 불법적인 것으로 보였다. 셀레우코스는 플라톤의 다음과 같은 말이 진리임을 잘 입증해 주었다.

"진실로 부자가 되려는 사람은 재산을 더 늘리려 하지 말고 지나친 욕심을 줄여야 한다. 탐욕에 끝이 없는 사람은 가난과 부족함에서 결코 벗어날 수가 없다."[11]

33

그러나 데메트리오스는 셀레우코스의 협박에 움츠러들지 않

---

11   이 말이 플라톤의 어느 저술에 기록되어 있는지는 확인되지 않는다. 아마도 이를 담은 저술이 지금은 없어졌기 때문일 것이다.

고, 차라리 입소스에서 만 번의 패전을 겪는 일이 있더라도 그를 사위로 인정하지 않겠노라고 선언했다. 데메트리오스는 도시의 수비를 강화하는 한편, 아테네에서 라카레스(Lachares)가 독재 정치를 하며 시민의 불만을 사고 있다는 소식을 듣자, 자기가 모습을 드러내기만 해도 아테네를 정복할 수 있으리라고 생각했다.

그리하여 [기원전 297년에] 데메트리오스는 대규모 함선을 이끌고 아티카 해안을 따라 항해했지만 태풍을 만나 대부분의 함선과 함께 많은 병사를 잃었다. 데메트리오스는 겨우 목숨을 건져 아테네인들과 작은 규모의 전투를 벌였지만, 전과를 얻지 못했다. 그는 다른 함선을 구출하러 사람들을 보내고 자신은 펠로폰네소스로 쳐들어가 메세네(Messene)를 공략했다. 이 전투에서 성을 공격하다가 데메트리오스는 목숨을 잃을 뻔했다. 기계로 쏜 창이 얼굴에 맞아 입 안까지 뚫고 들어갔다.

치료가 끝나자 데메트리오스는 자기에게 반란을 일으킨 도시들에서 충성을 받아 낸 다음, 다시 아티카로 쳐들어가 엘레우시스와 람노스를 함락하고 도시를 약탈했다. 그는 또한 아테네로 곡물을 운송하던 배를 붙잡아 선장과 항해사를 목매달아 죽였다. 이에 모든 배가 놀라 되돌아가, 아테네에는 무서운 굶주림이 찾아왔다. 아테네에는 이제 식품뿐만 아니라 모든 물자가 부족했다. 소금 1부셸의 값이 40드라크마로 오르고, 밀가루 1펙(peck)¹²의 값이 3백 드라크마로 뛰었다.

프톨레마이오스가 지원군으로 보낸 함선 150척이 아이기나(Aigina) 앞바다에 나타나자 아테네인들은 잠시 숨을 돌리는 듯했다. 그러나 데메트리오스를 위해 펠로폰네소스와 키프로스에서 보낸 배가 모두 3백 척에 이르니 지원군도 바다로 도망치고, 라카레스도 아테네를 버리고 도주했다.

---

12   1펙은 9리터이다.

34

그 무렵에 아테네인들은 데메트리오스와 평화나 화해를 하자고 말하는 사람은 사형에 처하도록 가결한 바 있으나 이제는 사정이 달라졌다. 그들은 곧 가까운 성문을 열고 그에게 사절을 파견했다. 데메트리오스가 자기들을 인자하게 상대해 주리라고는 기대하지 않았지만, 굶주림에 지친 아테네인들에게는 다른 방도가 없었다. 들리는 바에 따르면, 여러 가지 슬픈 일이 많았는데, 그 가운데에 다음과 같은 이야기도 있다.

어느 아버지와 아들이 모든 희망을 버리고 방에 앉아 있는데, 굶어 죽은 쥐 한 마리가 천장에서 떨어졌다. 그것을 본 두 사람은 달려들어 그것을 먹으려고 서로 싸웠다고 한다. 또 들리는 바에 따르면, 이 무렵에 철학자 에피쿠로스(Epicuros)는 제자들에게 콩 몇 알씩 나누어 주며 목숨을 이어 갔다고 한다. 데메트리오스가 아테네에 들어설 때의 사정은 그랬다.

데메트리오스는 아테네로 들어서서 군중을 극장에 모아 놓고 건물 밖은 무장한 병사들로 포위한 다음, 자기는 경호원들에 둘러싸여 마치 비극 배우처럼 위쪽 옆문으로 무대에 등장했다. 아테네 시민이 극도로 겁에 질려 있을 때 데메트리오스가 한마디 말을 함으로써 모든 두려움을 씻어 버렸다. 데메트리오스는 거칠고 매서운 목소리를 피하고 가볍고 우정에 찬 목소리로 시민을 책망하더니, 곧 화해를 선언하면서 곡식 10만 부셸을 제공했다. 또한 모든 시민이 납득할 만한 인물을 뽑아 공직에 임명했다.

기쁨에 겨워하는 군중을 바라보던 웅변가 드로모클레이데스는 단상에 올라 상식을 넘어서는 연설을 했다. 우선 데메트리오스를 칭송한 그는 피라이우스와 무니키아를 데메트리오스왕에게 넘겨주자고 제안했다. 이 발의가 가결되었다. 또한 데메트리오스는 신전의 언덕 서북쪽에 있는 박물관에 군대를 주둔시킴으로써 다시는 아테네 시민이 굴레를 벗어던지고

　　　　　　　　　　　　　데메트리오스

자기에게 저항하지 못하도록 조치했다.

35

이렇게 아테네를 정복한 데메트리오스는 곧바로 스파르타를 침공할 계획을 세웠다. 만티네이아 가까이에서 스파르디의 왕 아르키다모스(Archidamos)를 만난 데메트리오스는 적군을 완전히 쳐부수고 라코니아(Laconia)로 쳐들어갔다. 두 번에 걸쳐 스파르타인들과 격렬하게 전투를 치른 그는 5백 명을 사로잡고 2백 명을 죽였다. 이제까지 결코 다른 민족에게 정복된 적이 없는 스파르타를 그가 정복한 것을 보면 그에게는 커다란 행운이 따른다고 사람들은 생각했다.

그러나 운명의 여신은 어느 다른 왕보다도 더 크고 갑작스러운 시련을 데메트리오스에게 안겨 주었다. 그 어떤 왕도 그토록 여러 차례 몰락했다가 다시 일어나고, 찬란한 공명을 세웠다가 조롱당하고, 강성했다가 초라해지는 삶을 보여 주지 않았다. 들리는 바에 따르면, 데메트리오스는 그와 같은 운명의 뒤바뀜 속에서 아이스킬로스의 다음과 같은 시를 즐겨 읊었다고 한다.

그대는 나의 불꽃에 부채질하더니
이제는 그 불꽃을 사그라지게 하누나.
(노크 엮음, 『그리스 비극 단편』, II : 107)

운명의 여신이 미소를 던져 데메트리오스의 영토가 넓어지고 세력이 퍼져 나갈 무렵, 다급한 보고가 들어왔다. 먼저 리시마코스가 아시아에서 데메트리오스의 영토를 빼앗았으며, 그다음으로는 프톨레마이오스가 살라미스만 빼고 키프로스를 장악했으며, 살라미스를 포위하여 데메트리오스의 아이들과 어머니를 억류했다는 것이었다. 그러나 운명의 여신은 그리스

시인 아르킬로코스의 작품에 나오는 여인처럼,

> 기만적으로
> 한 손에 물을 들고 있을 때는
> 다른 한 손에 불을 주듯이.
> (베르크 엮음,『그리스 서정시 단편(斷編)』, II/4 : 410)

끔찍하고도 두려운 파도로 데메트리오스를 스파르타에서 몰아내더니, 곧 새로운 희망과 승리와 지혜를 데메트리오스에게 주어 그를 고무했다.

36

마케도니아 왕 카산드로스가 죽은 뒤에 맏아들 필리포스가 잠시 마케도니아를 다스렸지만, 그도 곧 죽으면서 남은 두 아들 사이에 왕위 계승을 놓고 싸움이 벌어졌다. 그들 가운데 하나인 안티파트로스가 어머니 테살로니케(Thessalonicé)를 죽이자 다른 아들인 알렉산드로스가 에페이로스에 있던 피로스와 펠로폰네소스에 있던 데메트리오스에게 도움을 요청했다.

피로스가 먼저 도착하여 도와주는 대가로 마케도니아 영토 대부분을 요구하자 알렉산드로스는 이미 가까이 와 있던 그에 대한 두려움이 생겼다. 그러나 알렉산드로스의 편지를 받은 데메트리오스가 많은 군대를 이끌고 오자 데메트리오스의 명성과 지위로 말미암아 젊은 왕자는 더욱 두려워졌다. 그리하여 디움(Dium)에서 데메트리오스를 만난 알렉산드로스는 그를 정중히 맞이하면서 사태가 수습되어 데메트리오스가 더 이상 이곳에 머물 필요가 없게 되었다고 말했다.

이런 상황에서 데메트리오스와 알렉산드로스는 서로를 의심하게 되었다. 어느 날 알렉산드로스가 데메트리오스를 저녁 식사에 초대했는데, 누군가 이번 초대의 술자리에서 데메트리오스를 죽이려는 계획이 있다고 그에게 귀띔해 주었다. 그러나 데메트리오스는 조금도 내색하지 않고 시간을 조금 늦추면서 막료와 시종과 노예들을 완전히 무장시킨 다음 자신을 따르게 했다.

그러고 보니 그의 수행원 수가 알렉산드로스의 수행원보다 더 많았다. 데메트리오스는 수행원들을 데리고 술자리로 들어가 자기가 일어날 때까지 그들이 기다리게 했다. 이에 놀란 알렉산드로스는 감히 데메트리오스를 죽일 엄두를 내지 못했다. 데메트리오스는 이제 더 이상 술을 마실 수 없다고 양해를 구한 다음 곧장 숙소로 돌아왔다.

다음 날 데메트리오스는 떠날 준비를 서둘렀다. 그는 예상하지 못한 사고가 일어나 가 봐야 한다고 말하면서 그렇게 빨리 떠나는 데 대해 양해를 구했다. 그리고 문제가 해결되면 다시 돌아와 좀 더 오랜 시간 머물겠노라고 약속했다. 그러자 알렉산드로스로서는 오히려 기뻤다.

알렉산드로스는 자기의 속셈을 모르고 데메트리오스가 나쁜 감정을 갖지 않은 채 자기 뜻에 따라 돌아가는 것으로 생각하고 테살리아까지 배웅해 주었다. 그들은 라리사에 이르렀을 때 서로 번갈아 저녁 식사에 초대했는데, 그 자리는 서로가 상대를 죽일 음모로 마련된 것이었다. 그러나 이 잔치는 무엇보다도 알렉산드로스가 데메트리오스의 음모에 넘어가는 결과를 맞았다.

알렉산드로스는 데메트리오스도 자기와 같은 태도를 보일까 두려워 경계심을 보이지 않으려 했다. 그러나 결과적으로 알렉산드로스는 자신이 먼저 암살당함으로써 기선을 제압당했다. [왜냐하면 그는 적군이 자기의 손아귀에서 벗어나지 못하도록 하는 조처를 하지 않았기 때문이었다.][13] 식사를 다 마치지도 않았는

---

13   [ ] 안의 문장이 무엇을 뜻하는지는 판본마다 다르다. 페린은 이 문장의

데 데메트리오스가 먼저 자리에서 일어섰고, 이상한 분위기를 눈치 챈 알렉산드로스도 일어나 데메트리오스를 따라 문 앞으로 걸어갔다. 그러자 경호원들이 서 있는 문 앞에 이른 데메트리오스는 그들에게 귀띔했다.

"내 뒤에 따라오는 놈을 죽여라."

그리고 데메트리오스는 조용히 밖으로 나갔다. 알렉산드로스는 자기를 호위하고자 따라온 막료와 함께 칼을 맞고 죽었다. 들리는 바에 따르면, 호위병 가운데 한 사람은 칼을 맞고 이렇게 말했다고 한다.

"데메트리오스가 우리보다 하루 더 빨랐다."

37

그날 밤은 당연히 소란스러웠다. 날이 밝자 마케도니아인들은 데메트리오스의 폭력에 대한 두려움에 빠져 있었으나 적군이 자기들에게 적대적이지 않음을 알았다. 데메트리오스는 사람을 보내 시민들을 모이게 한 다음, 그동안 무슨 일이 있었는지를 설명할 기회를 달라고 요청했다.

그러자 시민들은 안도하며 데메트리오스를 호의적으로 맞이하겠노라고 약속했다. 그가 나타났으나 긴 연설이 필요하지 않았다. 어머니를 죽인 안티파트로스를 증오했지만 좀 더 훌륭한 지도자를 찾지 못했던 마케도니아 군대는 데메트리오스를 마케도니아의 왕으로 선포하고 [기원전 294년에] 그와 함께 마케도니아로 돌아갔다.

고국에 남아 있던 마케도니아인들도 이 변화가 싫지 않다. 왜냐하면 그들은 카산드로스가 알렉산드로스 대왕의 후계자들에게 저지른 흉악한 짓들을 증오하고 있었기 때문이었

그리스 원본이 잘못 작성되었다고 말하고 있다.(페린, IX, 「데메트리오스전」, § 36, p. 89, 각주 2)

데메트리오스

다. 만약 마케도니아 시민이 알렉산드로스 대왕이 죽은 뒤에 노(老)안티파트로스가 펼쳤던 온화하고 정의로운 정치를 기억하고 있었다면, 그것은 데메트리오스에게 자산이 되었을 것이다. 왜냐하면 데메트리오스는 노안티파트로스의 사위로, 그의 딸 휠라의 남편이었으며, 두 사람 사이에서 낳은 아들이 왕국의 후계자가 될 것이기 때문이었다. 그 아들은 이미 장성하여 아버지 밑에서 군대 생활을 하고 있었다.

38

이와 같이 데메트리오스가 행운을 누리고 있을 때 프톨레마이오스가 자기 아들과 아내를 석방하면서 선물까지 들려 보냈다는 소식이 들어왔다. 더욱이 그는 셀레우코스에게 시집간 딸이 지금은 셀레우코스의 아들 안티오코스와 결혼하여 북아시아(Upper Asia)의 왕비가 되었다는 소식도 들었다. 어쩌다 이런 일이 일어났는지를 살펴보니, 어린 안티오코스는 이미 자기 아버지의 아내가 되어 아기까지 낳은 계모 스트라토니케를 사랑하여 병에 걸렸다고 한다.

안티오코스는 이 사랑을 잊으려고 온갖 수단을 다 써 보았지만 잊을 수가 없어 자신의 부당한 바람을 자책하며, 고칠 수 없는 병을 여기에서 멈추고 이성의 세계로 돌아가고 싶었다. 그리하여 그는 다른 병이 있는 것처럼 꾸미고 음식을 끊음으로써 천천히 죽는 길을 찾으리라 결심했다.

그러나 어의(御醫)인 에라시스트라토스(Erasistratos)는 곧 안티오코스가 상사병에 걸렸다는 것을 알고 그 상대가 누구인지 알아보려 했다. 그러나 그 일이 쉽지는 않았다. 어의는 왕자의 방에서 여러 날을 보내며 왕실의 어느 미녀나 미남이 들어올 때 왕자의 표정과 움직임을 살폈다.

이럴 때의 언행은 인간의 심성을 가장 자연스럽게 나타나도록 해 주기 때문이다. 그렇게 살펴본 결과, 다른 사람들이

들어올 때는 그의 표정에 아무런 변화가 없었으나, 왕비인 계모가 혼자 또는 아버지와 함께 들어올 때면 그에게는 마치 그리스의 시인 사포(Sappho)의 시구에 나온 것과 같은 몇 가지 증세가 나타났다.

> 그는 말을 더듬고, 얼굴이 붉어지고,
> 눈빛이 흐려지고, 갑자기 땀이 쏟아지고,
> 심장의 박동이 불규칙하고,
> 드디어 정신이 흐려지더니
> 무기력해져 정신을 잃고 창백해졌다.
> (베르크 엮음,『그리스 서정시 단편』, III/4 : 88)

이런 일을 통해 어의 에라시스트라토스가 판단하기에, 여러 가지 가능성으로 볼 때 왕자는 한 여인에게 사랑에 빠졌으며, 그 사실을 털어놓지 않고서는 버티지 못하고 죽을 것 같았다. 그렇다고 자기가 나서서 왕에게 모든 이야기를 털어놓을 수도 없었다. 그러나 아들에 대한 아버지의 사랑을 믿은 어의는 어느 날 모험을 벌이기로 하고 입을 열었다.

"왕자의 병은 한 여인을 사랑해서 생긴 것입니다. 그런데 불행하게도 그 사랑은 이루어질 수 없는 것입니다."

놀란 왕이 물었다.

"이루어질 수 없는 사랑이라니, 그 여인이 대체 누구란 말인가?"

"제 아내를 사랑하고 있습니다."

"그대여, 그대는 내 아들의 가까운 친구요, 왕자는 지금 폭풍이 몰아치는 우리 왕실의 닻과 같으니, 우정을 생각해서라도 그대의 아내를 왕자에게 내줄 수 없겠는가?"

"대왕께서는 왕자의 아버지이십니다. 만약 그가 대왕의 아내인 스트라토니케를 사랑한다면 대왕께서는 그에게 아내를 내줄 수 있겠습니까?"

"친구여, 이 하늘과 땅 사이에서 누군가 그의 사랑이 이뤄질 수 있도록 해 주어 왕자의 생명을 구할 수만 있다면 나는 왕위라도 기꺼이 버리겠네."

왕이 진심으로 말하면서 눈물까지 흘리자 그는 이렇게 말했다.

"저는 왕자의 병을 고칠 수 없습니다. 그의 아버지요, 스트라토니케의 남편이요, 국왕이신 대왕만이 이 가정의 병을 고칠 수 있는 유일한 의사이십니다. [왜냐하면 왕자가 사랑하는 여인은 바로 왕비이기 때문입니다.]"

사실의 내막을 모두 알게 된 셀레우코스왕은 민회를 소집한 뒤 안티오코스를 북아시아의 왕으로 임명하고 스트라토니케를 그의 왕비로 시집보낸다고 선언했다.

그는 또한, 왕자는 모든 일에 부모의 뜻을 잘 따랐으므로 이번 결혼에도 아버지의 뜻에 반대하지 않으리라고 말하면서, 만약 이와 같은 어이없는 일에 대해 왕비가 싫어한다면 막료가 나서서, 왕에게 좋고 모든 이에게 이로운 일은 모두가 공의롭고 명예로운 일이라는 점을 왕비에게 설득해 달라고 말했다. 이런 일을 겪으면서 스트라토니케는 아들 안티오코스의 왕비가 되었다.

39

마케도니아의 왕위를 되찾은 데메트리오스는 테살리아의 왕위도 차지했다. 이제 펠로폰네소스 대부분을 차지한 그는 이스트모스와 메가라와 아테네까지 차지한 다음 보이오티아족에게 칼을 겨누었다. 이들은 처음에는 합리적인 평화 조약에 따라 그에게 우호적이었다.

그러나 스파르타의 클레오니모스(Kleonimus)가 군대를 몰고 들어와 도와주어 용기를 얻은 데다가, 같은 시기에 테스피아이(Thespiae)의 피시스(Pisis)가 명성과 영향력을 빌미로 부추기자 보이오티아족은 데메트리오스에게 반란을 일으켰다. [기원전 293년에] 데메트리오스가 공성기를 이끌고 테베를 공격하여 함락시켰다. 클레오니모스는 놀라 도망하고, 겁에 질린 보이오티아족은 항복했다.

데메트리오스는 여러 도시에 수비대를 배치하고 많은 돈을 끌어모은 다음, 역사학자인 히에로니모스(Hyeronimus)를 감독자 겸 정무관으로 임명함으로써 너그럽다는 평판을 들었다. 더욱이 피시스에 대한 대우는 그에게 좋은 평판을 안겨 주었다. 왜냐하면 데메트리오스는 피시스를 사로잡은 뒤에 그를 해치지 않고 정중하게 상대하면서 친절을 보였을 뿐만 아니라 테스피아이 사령관으로 임명하였기 때문이었다.

그러나 그런 일이 있고 얼마 지나지 않아 리시마코스가 드로미카이테스(Dromichaetes)의 포로가 되자 데메트리오스는 트라키아의 방비가 허술해졌으리라 짐작하고 서둘러 그리로 진격했다. 이에 보이오티아족이 다시 반란을 일으키고 리시마코스가 풀려났다는 소식을 들은 데메트리오스는 화를 내면서 되돌아왔다. 아들 안티고노스가 보이오티아족을 무찌르자 그는 다시 테베를 포위했다.

40

그러나 피로스가 테살리아를 함락하고 남쪽으로 테르모필라이까지 진격하자 데메트리오스는 아들 안티고노스에게 테베를 지키도록 하고 자신은 새로운 적군과 싸우고자 출병했다. 그러자 피로스가 서둘러 물러섰고, 데메트리오스는 보병 1만 명과 기병 1천 명을 테살리아에 남겨 두고 다시 테베로 돌아와 통치에 전념했다.

데메트리오스는 그 유명한 '도시 정복기'를 이 도시에 가져왔지만 너무 크고 무거워 두 달 동안 2훠롱밖에 나아갈 수 없었다. 더욱이 보이오티아인들이 거칠게 항전했다. 그는 필요 때문이라기보다는 저항하는 적들이 괘씸하다는 이유로 병사들의 목숨을 위험에 몰아넣었다. 그토록 많은 사람이 죽는 것을 본 아들 안티고노스가 안타까워하며 이렇게 말했다.

"아버지, 왜 필요도 없이 우리가 저들의 목숨을 빼앗아야 합니까?"

그러자 데메트리오스가 화를 버럭 내며 이렇게 말했다.

"네가 왜 그것까지 걱정하는 것이냐? 죽은 놈들이 너에게 밥을 달라더냐?"

데메트리오스는 다른 사람들의 목숨에 비정하다는 소리를 듣기 싫어 사병들과 전투의 위험을 함께 나누고자 전투에 나갔다가 날아오는 창에 목을 다쳤다. 상처가 심각하였으나 [기원전 290년에] 그는 포기하지 않고 다시 테베를 장악했다. 그가 성안으로 들어가자 시민은 몹시 겁에 질렸다. 그들은 자신들이 가혹한 응징을 받으리라 생각했지만 데메트리오스는 열세 명만 처형하고 몇 사람을 추방하였으며, 나머지는 용서해 주었다. 테베의 운명은 그렇게도 비극적이어서, 10년도 채 못 되어 이때 두 번째로 남의 지배를 받게 되었다.

델포이 신전에서 피티아 경기 날짜가 다가오자 데메트리오스는 이제까지 전혀 들어 보지도 못한 행사를 감히 준비했다. 다름이 아니라 아이톨리아인들이 델포이로 가는 길목을 점령하고 있어 경기와 제전을 그냥 아테나에서 모두 치르겠다고 선언한 것이다. 마침 아폴론이 아테네인들의 수호신이자 그들을 창조한 신이기도 하므로, 아테네가 그를 위한 행사를 직접 진행하는 것은 여러모로 합당한 결정이라고 데메트리오스는 말했다.

41

데메트리오스는 아테네에서 마케도니아로 돌아온 뒤에 곧 아이톨리아로 쳐들어갔다. 그는 천성적으로 가만있지 못하는 사람이었고, 그곳의 민중도 평화로울 때는 말썽을 피우다가 전쟁이 일어나면 그에게 충성을 바쳤기 때문이다. 아이톨리아를 정복한 데메트리오스는 많은 병력과 함께 환타우코스(Phantauchos)를 지휘관으로 남겨 두고 자신은 피로스를 대적하러 떠났다.

피로스도 그를 맞고자 군대를 움직였지만 중간에서 길이 엇갈렸다. 데메트리오스는 에페이로스를 약탈했고, 피로스는 환타우코스를 만나 전투에 들어갔다. 두 장군은 접근전에서 서로 상처를 입혔으나 환타우코스가 졌다. 그는 5천 명을 포로로 빼앗겼으며, 나머지는 목숨을 잃었다.

이 전투는 데메트리오스의 명분에 큰 상처를 주었다. 왜냐하면 마케도니아 시민은 피로스를 미워하기보다는 그가 여러 차례 보여 준 용맹을 더 칭송했기 때문이었다. 그가 환타우코스를 꺾으면서 그의 용맹은 더욱 널리 퍼졌고, 피로스는 알렉산드로스 대왕을 가장 닮은 인물로 여겨지기 시작했다. 그에 비하면 다른 왕들, 특히 데메트리오스는 마치 배우처럼 알렉산드로스 대왕의 위세를 흉내 내는 사람에 불과해 보였다. 실제로 데메트리오스는 연극적인 인간이기도 했다.

데메트리오스는 화려한 외투에 차양이 넓고 2층으로 된 왕관을 쓰고, 금박을 입힌 자줏빛 긴 소매 옷을 입고, 값비싼 자줏빛 융단에 금박 입힌 신발을 신었다. 그에게는 또한 만드는 데 시간이 매우 오래 걸리는 외투가 있었는데 그 작업이 대단했다. 그 옷은 세상과 우주의 원리를 담고 있었다. 그러나 그 옷이 절반도 채 만들어지기에 앞서 그의 운명은 끝났다. 그의 뒤를 이은 왕들도 그에 못지않게 교만하고 사치스러웠지만, 완성된 그 옷만큼은 감히 입으려 하지 않았다.

42

데메트리오스의 그와 같은 허세는 그러한 삶에 익숙하지 않은 민중을 분노하게 했고, 그의 사치스러운 삶도 민중에게 상처를 주었다. 무엇보다도 시민들은 그를 만나 어려움을 호소할 길이 없었다. 데메트리오스는 시민들에게 알현할 기회도 주지 않았을 뿐만 아니라 군중 앞에 나타나면 늘 거칠고 무례했다.

이를테면 그는 아테네인들을 다른 어느 민족보다도 각별히 배려하면서도 그들의 사절이 왔을 때 2년이나 기다리도록 만들었다. 또한 그는 스파르타에서 단 한 명의 사절을 보내자 그들이 자기를 모독했다고 생각하여 몹시 화를 냈다. 그는 이렇게 소리쳤다.

"뭐라고? 스파르타에서 단 한 사람을 사신으로 보냈더란 말이냐?"

그러자 스파르타인이 재치 있게 단 한 마디로 대답했다.

"그렇습니다. 단 한 분의 대왕께 단 한 사람이 왔습니다."

어느 날 데메트리오스는 여느 때보다는 사근사근한 기분으로 민정 시찰을 나가고 싶었다. 민중의 눈에는 그의 기분이 좋아 보였다. 많은 시민이 진정서를 써 들고 그를 찾아와 바쳤다. 데메트리오스는 진정서를 모두 받아 소매에 넣었다. 시민들은 기분이 좋아 그를 따라갔다.

그런데 악시우스(Axius)강의 다리 위에 오른 그는 소매를 털어 진정서를 모두 강물에 던져 버렸다. 이에 시민들은 자기들이 통치를 받는 것이 아니라 모욕을 겪는 것으로 생각하면서, 지난날 필리포스왕이 그런 일을 처리할 때 얼마나 합리적이었고 또 만나기 쉬웠던 인물이었던가에 대하여 어른들에게 들은 이야기를 마음속에 그리며 회상했다.

언젠가 데메트리오스가 길을 가는데 한 할머니가 다가오더니 자기의 호소를 들어 달라고 여러 차례 부탁했다. 그러자 데메트리오스가 이렇게 말했다.

"시간이 없다."

그러자 할머니가 이렇게 소리쳤다.

"그렇게 시간이 없을 정도라면 왕의 자리도 내놓으시죠."

할머니의 말에 가슴이 찔린 데메트리오스는 잠시 생각하다가 왕궁으로 돌아와, 다른 일을 제쳐 놓고 며칠 동안 자기를 만나고자 하는 사람들을 불러 놓고 자기를 비난했던 할머니를 시작으로 하여 그들이 진정한 일들을 처리했다.

왕의 일로서 정의를 실현하는 것보다 앞선 용무는 없다. 시인 티모테우스(Timotheus)는 이렇게 말했다.

군신 아레스는 독재자이다.

(베르크 엮음, 『그리스 서정시 단편』, III/4 : 622)

그러나 시인 핀다로스의 말을 빌리면,

법이 만상(萬象)의 왕이다(Law is King of All Things).

(베르크 엮음, 『그리스 서정시 단편』, I/4 : 439)

호메로스는 이렇게 노래하고 있다.

왕이란
제우스에게서 권력을 위임받아
정의를 지키는 사람이다.

(『일리아스』, I : 238)

그러므로 왕은 시민을 지키고 안전하게 보호하는 사람이지 '도시 정복기'나 구리로 뱃머리를 감싼 함선이 아니다. 왕은 제우스의 가장 신뢰하는 제자이지, 전쟁을 몹시 좋아하거나 가장 불의하거나 가장 사람을 많이 죽인 인물이 아니다. 그래서 호메로스는 이렇게 말하고 있다.

데메트리오스

왕[Minos]은 가장 정의로운 사람이다.

(『오디세이아』, XIX : 179)

그러나 데메트리오스는 성왕(聖王)에게는 주어질 수 없는 악명을 즐겨 들었다. 제우스가 '도시의 수호자'요 '도시의 보호자'라면, 데메트리오스는 '도시의 정복자'였다. 이와 같이 지혜롭지 못한 권력은 악행으로써 선행을 물리치고 불의와 명성을 아울러 갖추게 하였으니, 데메트리오스가 바로 그런 인물이었다.

43

이 무렵에 데메트리오스가 펠라에서 몹쓸 병에 걸리자 피로스가 재빨리 쳐들어와 마케도니아의 거의 모든 영토를 차지하고 에데사(Edessa)까지 진격해 왔다. 그러나 병에서 회복되자 데메트리오스는 자기의 영토에서 피로스를 쉽게 몰아내고 휴전을 맺었다. 그로서는 적군과 계속되는 충돌이나 지역 갈등이 자신의 목표를 좌절시킬 수 있다는 점이 싫었다.

데메트리오스의 목표는 다만 아버지가 차지하고 있던 영토를 되찾는 정도가 아니었다. 데메트리오스는 자기의 소망과 과업에 알맞도록 철저하게 준비해 나갔다. 그는 9만 8천 명의 보병과 1만 2천 명에 이르는 기병을 모집했다. 아울러 피라이우스, 코린토스, 칼키스(Chalcis) 그리고 펠라에 5백 척의 함선을 만들 수 있는 용골을 준비했다. 데메트리오스는 이곳들을 몸소 찾아감으로써 자기의 의지를 보여 주고, 그들이 하는 일을 지원했다.

사람들은 함선의 척수(集數) 뿐만 아니라 그 크기에도 놀랐다. 이제까지 어느 누구도 15단이나 16단의 노(櫓)를 갖춘 함선을 본 적이 없었다. 세월이 흘러 프톨레마이오스 휠로파토르(Ptolemaios Philopator)가 40단의 노를 갖춘 함선을 건조한 적이 있었다. 그 배의 길이는 280큐빗이었고 고물 꼭대기까지의 높이는

48큐빗으로 일반 선원이 4백 명, 사공이 4천 명이었고, 그 밖에도 통로와 선실과 갑판에 3천 명의 무장 병력을 싣고 있었다.

그러나 이 배는 남들에게 보여 주려고 만든 것일 뿐이었다. 이 배는 마치 육지에 있는 커다란 건물 같아서 쓸모는 없었고, 움직이기도 어려웠고 위험했다. 그러나 데메트리오스의 함선은 전투에도 불편함이 없었고, 장대하다고 해서 쓸모가 없는 것도 아니었다. 그의 함선은 크기보다도 속도와 효율이라는 측면에서 주목할 만했다.

44

일찍이 알렉산드로스 대왕 이래로 누구도 이와 같은 강력한 군대를 거느려 본 적이 없었다. 이런 병력이 아시아를 목표로 전쟁을 준비하자 셀레우코스와 프톨레마이오스와 리시마코스 세 왕은 데메트리오스에 대항하는 동맹을 맺었다. 그들은 피로스에게 공동 사절을 보내 마케도니아를 함께 공격하자고 제안하면서 그와 휴전을 맺어서는 안 된다고 주장했다. 왜냐하면 데메트리오스와 휴전하는 것은 데메트리오스가 진실로 전쟁을 끝내려는 것이 아니라 그가 스스로 선택한 적국에 먼저 전쟁을 개시할 수 있도록 준비할 시간만 주는 데 불과하다는 것이었다.

이와 같은 결정에 따라 [기원전 294년 봄] 프톨레마이오스는 거대한 함대를 이끌고 그리스로 건너가 그곳 사람들이 반란을 일으키도록 부추기는 한편, 리시마코스는 트라키아에서 마케도니아를 침공하고, 피로스는 이웃해 있는 에페이로스를 떠나 함께 데메트리오스의 영토를 약탈하기 시작했다.

데메트리오스는 아들에게 그리스를 맡기고 자신은 마케도니아를 서둘러 구출하고자 먼저 리시마코스를 치러 떠났다. 그러나 그때 피로스가 이미 베로이아(Beroea)를 함락했다는 보고가 들어왔다. 그러한 소식이 곧 마케도니아인들의 귀에 들어

가자 데메트리오스는 더 이상 기율(紀律)을 유지할 수 없었다.

진영에는 탄식과 눈물이 가득했고, 데메트리오스에 대한 분노가 쏟아져 나왔다. 병사들은 대오(隊伍)를 꾸리기보다는 떠나가려 했는데, 겉으로는 집으로 간다고 했지만 사실은 리시마코스의 부대로 넘어가려는 것이었다.

그래서 데메트리오스는 되도록 리시마코스의 부대에서 멀리 떨어져 피로스를 공격하기로 결정했다. 왜냐하면 리시마코스는 알렉산드로스 대왕의 장군으로 많은 마케도니아 병사가 친근감을 느끼고 있었지만, 피로스는 다른 종족 출신으로 새롭게 나타난 인물이어서 리시마코스만큼 마케도니아인들의 호감을 얻고 있지 않다고 생각했기 때문이었다. 그러나 데메트리오스의 이와 같은 계산은 크게 잘못된 것이었다.

그가 피로스의 진영 가까이 접근하여 진영을 차리자 병사들은 피로스의 탁월한 전투 기술을 더욱 칭송하기 시작했고, 옛날 생각을 하면서, "가장 강력한 지도자가 가장 훌륭한 왕"이라는 말을 회상했다. 더욱이 피로스가 포로들을 인자하게 대우해 준다는 사실을 알게 되자 피로스든 다른 사람이든 관계없이 일단은 데메트리오스를 떠나고 싶어 했던 병사들은 처음에는 비밀리에 조금씩 그를 배신했다. 그러나 시간이 지나자 온 진영이 드러내 놓고 소란과 무질서에 빠지더니 드디어 어떤 병사들은 감히 데메트리오스를 찾아가 이렇게 말했다.

"대왕께서는 이곳을 떠나 목숨이라도 건지시지요. 우리 마케도니아인들은 이제 대왕의 사치스러운 삶을 지원하느라 벌이는 이 전쟁에 진저리를 치고 있습니다."

다른 병사들의 거친 표현에 견주면 그 정도의 말은 매우 얌전한 표현이라고 데메트리오스는 생각했다. 그는 막사로 돌아와 이제는 왕이 아니라 배우가 된 것처럼 왕실의 의상을 벗어 버리고 검은 외투로 갈아입은 다음 아무도 모르게 병영을 빠져나갔다.

그러자 병사들이 그의 막사를 약탈하고 찢으면서 서로 많이 차지하려고 싸웠다. 이때 피로스가 도착하여 아무런 저항도 없이 진지를 차지했다. 이제 마케도니아는 피로스파와 리시마코스파로 나뉘었으니, [기원전 294년에] 데메트리오스가 정권을 잡은 지 7년이 지나 [기원전 287년에] 일어난 일이었다.

45

데메트리오스가 모든 권력을 잃고 카산드레이아(Kassandreia)로 도망하자 그의 아내 휠라는 깊은 슬픔에 싸여 더 이상 남편을 바라보지 못했다. 그 여인을 더욱 괴롭힌 것은 한 나라의 왕이었던 남편이 이제는 평민이 되어 다른 나라를 떠돈다는 것이었다. 이제 모든 희망을 버린 휠라는 영화보다는 역경을 안겨 준 운명을 저주하며 독약을 마시고 자살했다.

그러나 데메트리오스는 자신의 기구한 운명에 더 매달려 보기로 결심하고 그리스로 건너가 그곳에 흩어져 있던 막료와 장군들을 모으려고 애를 썼다. 소포클레스의 비극에 등장하는 메넬라우스의 고백이 그의 운명과 비슷하다.

그러나 나의 운명은
하늘의 수레바퀴에 걸려 그토록 빨리 돌아
끝없이, 끝없이 굴러가누나.
마치 저 달의 모습처럼
하루도 같은 날이 없도다.
어둠을 벗고 나올 때면
젊고 새로운 얼굴로
더욱 아름답고 만월이 되어
가장 크고 가장 넉넉한 듯하더니
어느새 사라지고 흔적도 없네.
(노크 엮음, 『그리스 비극 단편』, II : 315)

　　　　　　　　　　　　데메트리오스

그 달의 모습이 데메트리오스의 운명과 닮았다. 아름답다 싶더니 사라지고, 보름인가 싶더니 없어졌다. 그러나 그의 권력은 실패하고 사라지는가 싶으면 다시 빛을 내며 권력에 조금씩 다가와 희망을 채워 주었다. 데메트리오스는 먼저 평민 복장을 하고 왕의 상징물도 모두 버린 뒤 여러 도시를 찾아다녔다. 테베에서 그를 만난 어느 사람은 에우리피데스의 다음 시구를 읊었는데, 그 모습이 절묘하게 들어맞는다.

신은
한 인간의 운명을 이토록 바꾸어 놓아
디르케(Dirce)[14]가 노닐던 시냇가와
이스메노스(Ismenos)[15]가 겪은 홍수를
만나게 하는구나.
(에우리피데스, 『바코스의 축제』, § 4f)

46

왕자(王者)의 길로 가는 희망이 열리고, 나라를 세울 만큼의 병력을 모으는 데 성공한 데메트리오스는 테베인들에게 지난날 그들이 누렸던 통치권을 회복해 주었다. 그러나 아테네인들이 그에게 반란을 일으켰다. 아테네인들은 옛 법대로 정무 위원(Archon)을 뽑고, 제사장 디필로스(Diphilos)를 물러나게 했다.

디필로스는 최근에 이르기까지 데메트리오스를 수호자로 모시는 제사를 드리던 인물이었다. 아테네인들은 또한 자

---

14 디르케는 그리스 신화에 등장하는 인물로서 테베의 섭정 리코스(Lykos)의 아내였다. 귀부인으로서 영화를 누렸으나, 그 영화에 따른 주변의 보복으로 비참한 일생을 마쳤다.

15 이스메노스는 테베의 비극의 주인공인 오이디푸스(Oedipus)와, 라이오스(Laios)왕의 아내로서 아들 오이디푸스와 결혼한 이오카스테(Iocaste, Jocasta)의 사이에서 난 딸이다.

기들이 예상했던 것보다 데메트리오스의 세력이 강성해진 것을 보고 마케도니아에 있던 피로스에게 도움을 요청했다. 이에 분노한 데메트리오스는 고통을 참으며 아테네를 공격했다. 그러자 아테네인들은 명망이 높고 아테네에서 영향력이 큰 철학자 크라테스(Crates)를 사절로 보내 강화를 요청했다.

데메트리오스는 그들의 요구를 받아들여 공격을 멈추었는데, 부분적으로는 아테네인들의 입장을 변호하는 사절의 주장에 설득되었을 뿐만 아니라 무엇이 데메트리오스 자신에게 유리한 길인가에 대한 크라테스의 주장이 합당하다고 믿었기 때문이었다. 그리하여 데메트리오스는 1만 1천 명의 병력과 함께 기병대를 배에 태우고 리시마코스에게서 카리아와 리디아를 빼앗고자 아시아로 항진했다.

데메트리오스는 밀레토스에서 아내 휠라의 언니이자 지난날의 아내였던 에우리디케를 우연히 만났다. 에우리디케는 프톨레마이오스와 결혼하여 낳은 딸 프톨레마이스를 데리고 있었다. 그 여인은 오래전인 [기원전 301년에] 셀레우코스의 주선으로 데메트리오스와 언약한 사이였다. 다시 만난 둘은 결혼했고, 에우리디케는 남편에게 딸을 넘겨주었다.[16]

결혼을 마친 데메트리오스는 곧 여러 도시에 대한 공격을 시작했는데, 더러는 자기 뜻에 따라 항복했고, 더러는 무력에 못 이겨 항복했다. 데메트리오스가 사르디스를 함락하자 리시마코스의 몇몇 장군이 돈과 병력을 이끌고 그를 찾아왔다.

그러나 리시마코스의 아들 아가토클레스가 그를 치러 군대를 이끌고 내려오자 데메트리오스는 프리기아로 물러섰다. 그는 일단 아르메니아에 이른 뒤 메디아를 부추겨 반란을 일

---

16   제37장 「데메트리오스전」, §14, 32 참조. 독자들의 혼란을 피하고자 이들의 혼맥(婚脈)을 정리하자면, 데메트리오스는 휠라, 휠라의 언니인 에우리디케 그리고 에우리디케의 딸인 프톨레마이스를 아내로 데리고 살았다. 그 시대는 그런 난혼(亂婚)의 시대였다.

으키게 한 다음 북부 아시아를 차지하기로 결정했다. 그곳은 패주하는 장군이 피난하기에 알맞은 곳이었다.

그때 아가토클레스가 추격해 왔다. 비록 데메트리오스가 전투에서는 유리했지만, 장비와 식량이 부족하여 어려움을 겪었다. 그 밖에도 그의 병사들은 그가 아르메니아와 메디아로 가려 한다는 것을 알고 있었다. 굶주림도 더욱 심해지고, 리코스(Lykos)강을 건널 때는 실수로 많은 병력이 물에 빠져 죽었다. 그런 경황에서도 병사들은 농담을 즐겼다. 어떤 병사는 오이디푸스의 말을 살짝 바꾸어 데메트리오스의 막사 앞에 다음과 같은 글을 써 붙였다.

늙고 눈먼 안티고노스의 아이여,
우리는 지금 어디로 가고 있느냐?[17]

47

드디어 굶주림과 함께 질병이 찾아왔다. 목숨을 부지하려고 먹을 수밖에 없었던 음식 때문에 벌어진 일이었다. 모두 8천 명이 넘는 병사를 잃은 데메트리오스는 남은 병력을 이끌고 타르소스(Tarsos)로 물러났다. 이곳에서 그는 약탈을 삼갔다. 이곳은 셀레우코스의 영토여서 그를 화나게 하는 짓을 하고 싶지 않았기 때문이었다.

그러나 병사들이 너무도 궁핍했기 때문에 이를 말릴 수도 없었고, 아가토클레스가 타우루스(Taurus)의 협곡을 지키고 있어 탈출할 수도 없었다. 그래서 그는 셀레우코스에게 장문의 편지를 보내 자신의 불운을 비통하게 털어놓으면서, 한때 사

---

17 소포클레스의 희곡 『오이디푸스왕』에 따르면, 눈이 먼 사람은 아버지인 오이디푸스였다. 안티고노스는 아들에게 추방된, 눈먼 아버지를 모시고 세상을 유랑했다.

돈의 인연을 맺었으나 이제는 적국에 동정을 구걸해야 하는 자기에게 작은 동정이라도 베풀어 달라고 애원했다.

그 편지에 마음이 조금 누그러진 셀레우코스는 현지의 사령관들에게 편지를 보내 왕실의 경비로 데메트리오스를 도와주고 그의 병사들에게도 넉넉하게 물품을 지원해 주도록 지시했다. 그러나 지혜롭기로 이름난 데다, 셀레우코스가 신뢰하는 막료인 파트로클레스(Patrocles)는 왕을 찾아와 이렇게 진언했다.

"물품을 도와주는 것은 대단한 일이 아니지만, 그를 이 나라에 머물게 하는 것은 지혜로운 일이 아닙니다. 왜냐하면 그는 평생 전쟁만 일삼던 사람으로서 야심이 크고, 지금은 저렇게 불행에 빠져 있지만 인간의 천성으로 볼 때 감히 불의한 짓을 저지를 수도 있기 때문입니다."

파트로클레스의 충고에 자극을 받은 셀레우코스는 많은 병력을 이끌고 킬리키아로 진격했다. 그러자 셀레우코스의 갑작스러운 태도 변화에 놀라고 겁을 먹은 데메트리오스는 매우 튼튼하게 지은 타우루스의 요새로 물러나 셀레우코스에게 다음과 같은 편지를 보냈다.

"무엇보다도 제가 독립된 야만의 나라들 가운데에서 아주 작은 왕국을 하나 얻어 이제는 더 이상 떠돌거나 전쟁을 벌이는 일 없이 남은 인생을 보낼 수 있도록 허락해 주시기 바랍니다. 만약 그 요청마저도 받아들일 수 없다면, 저에게 이번 겨울을 보낼 수 있는 양곡을 주심으로써 이곳에서 쫓겨나 헐벗고 굶주린 몸으로 적군의 손에 넘어가는 일이 없도록 해 주시기 바랍니다."

48

그러나 이 모든 말을 미심쩍게 생각한 셀레우코스는 다음과 같은 답장을 보냈다.

"만약 그대가 원한다면 이번 겨울 두 달 동안 그곳 카타오니아(Cataonia)에 머물러도 좋소. 다만 그러려면 그대의 막료 가운데 우두머리를 인질로 보내야 하오."

이와 함께 셀레우코스는 데메트리오스가 통과하지 못하도록 시리아로 가는 협곡을 요새화했다. 갇힌 채로 사방에서 공격을 받은 데메트리오스는 마치 늘심승처럼 용맹스럽게 그들을 막아 냈다. 그는 주변 도시를 약탈하고 셀레우코스가 쳐들어오면 전투를 벌여 늘 이겼다.

언젠가 큰 낫으로 무장한 전차가 쳐들어왔을 때 그는 공격을 잘 피하여 막아 냈을 뿐만 아니라 시리아로 통하는 협곡에서 요새화 작업을 하고 있던 병사를 몰아내기도 했다. 이에 용기를 완전히 되찾은 그는 병사들의 사기가 드높은 것을 알자 더 큰 과업을 위해 셀레우코스 왕국을 멸망시킬 수 있는 전쟁을 준비했다.

이제는 셀레우코스가 당황했다. 그는 자신이 믿지 못하고 두렵게 여겼던 리시마코스가 도와주겠다는 제안도 거부한 터였다. 셀레우코스는 데메트리오스와 전투를 벌이기에 앞서 멈칫거렸다. 왜냐하면 엄청난 결핍으로 절망에 빠졌다가도 다시 일어나 풍요를 누리는 데메트리오스의 변화무쌍하고 끈질긴 운명이 두려웠기 때문이었다.

그러나 이 무렵에 치명적인 질병이 데메트리오스를 덮쳤다. 이 병은 데메트리오스의 몸을 무섭도록 망쳐 놓았고, 그의 계획을 산산이 부숴 버렸다. 왜냐하면 그동안에 병사들이 적군에게 넘어갔거나 흩어졌기 때문이었다.

40일이 지나 병석에서 일어난 그는 적군이 알아볼 수 있도록 킬리키아를 향해 진군했다. 그러다가 밤이 되자 그는 아무런 신호도 없이 반대 방향으로 진로를 바꾸어 아마노스(Amanus)산맥을 넘어 키레스티카(Cyrrhestica) 남쪽의 평야를 약탈했다.

49

셀레우코스가 그곳에 나타나 가까이에 진영을 차리자 데메트리오스는 밤에 군사를 움직여 셀레우코스를 향해 쳐들어갔다. 셀레우코스는 데메트리오스가 오는 것도 모르고 깊이 잠들어 있다가, 데메트리오스에게서 투항해 온 몇몇 병사가 찾아와 위험을 알려 주자 매우 놀라 일어나 나팔을 불게 한 다음 군화를 신으면서 무서운 들짐승들이 쳐들어온다고 소리쳤다.

이에 데메트리오스는 적군의 소란스러운 소리에 자기들의 기습이 들켰음을 눈치채고 서둘러 군대를 뒤로 물렸다. 그러나 날이 밝아 셀레우코스가 쳐들어오자 데메트리오스는 막료 한 사람을 다른 날개 쪽으로 보내 부분적으로 승리를 거두었다.

이때 셀레우코스가 말에서 내려 투구도 벗은 채 가벼운 방패만을 들고 데메트리오스의 용병들 앞으로 나오더니 자기가 누구인지를 알리면서 자기에게로 넘어오라고 소리쳤다. 용병들은 셀레우코스가 그동안 전쟁을 참아 온 것은 데메트리오스를 위해서가 아니라 자신들을 아꼈기 때문이라는 사실을 알고 있었다. 이에 그들은 셀레우코스를 환영하며 왕이라고 환호하면서 그에게로 넘어갔다.

이제 자신에게 마지막 운명의 순간이 다가오고 있음을 안 데메트리오스는 전장을 떠나 아마노스 협곡으로 도주하여, 모두라고 해 보았자 몇 명 되지 않는 막료와 부하들을 데리고 숲속으로 들어가 밤이 오기를 기다렸다. 그는 될 수 있다면 카우노스로 간 다음 거기에서 바다로 나가 자기의 함선을 만날 수 있기를 바랐다.

그러나 당장 내일 먹을 양식도 없다는 사실을 알게 된 데메트리오스는 다른 길을 찾아보려고 노력했다. 마침 그 무렵에 막료인 소시게네스(Sosigenes)가 허리띠에 금 4백 조각을 가지고 왔다. 데메트리오스는 이 돈으로 바다로 나가는 길을 뚫을 수 있기를 바라면서 밤을 이용해 아마노스 협곡으로 나아갔다. 그러나 그곳에 이르러 보니 적군이 불을 환히 밝히고 있었다. 도망자들은 그 길을 포기하고 다시 숲속으로 돌아왔는데 몇 명은 이미 달아나고 남아 있는 무리의 의지도 지난날 같지 않았다.

그때 부하들 가운데 한 명이 일어서더니 용감하게 데메트리오스가 셀레우코스에게 항복해야 한다고 말했다. 그러자 데메트리오스가 칼을 빼 자살하려 했다. 부하들이 그를 둘러싸고 그 병사의 말처럼 항복하라고 설득하면서 데메트리오스를 고무했다. 마침내 데메트리오스는 셀레우코스에게 편지를 보내 자신을 그의 뜻에 맡기겠다고 말했다.

50

데메트리오스가 항복한다는 소식을 들은 셀레우코스는 이렇게 말했다.

"이는 행운의 여신이 데메트리오스를 살리려고 하는 것이 아니라 나에게 너그럽고 자비한 마음을 세상에 보여 줄 기회를 주려고 축복한 것이다."

셀레우코스는 감독관을 불러 왕실용 숙소를 짓게 하는 한편, 우아하게 데메트리오스를 맞이하여 행사를 베풀 준비를 잘하라고 지시했다. 셀레우코스에게는 아폴로니데스(Apollonides)라는 막료가 있었는데, 지난날 데메트리오스의 가까운 부하였다.

셀레우코스는 아폴로니데스를 데메트리오스에게 보내 자신은 지금 친구이자 사돈을 만나러 오는 것이니 즐겁고 신뢰하는 마음을 갖도록 하게 하라고 지시했다. 셀레우코스의 이와 같은 뜻이 알려지자 처음에는 몇 사람이 나서더니, 나중에는 많은 사람이 데메트리오스를 만나러 갔다. 그를 먼저 보려고 서로 다투는 일까지 벌어졌다.

그들은 데메트리오스가 셀레우코스 왕실에서 매우 중요한 인물이 될 터이니 미리 아부하려고 그런 것이었다. 그러나 막료의 이와 같은 처신은 셀레우코스왕의 동정심을 질투로 바꾸어 놓았을 뿐만 아니라 악의적이고 심술궂은 사람들이 데메트리오스를 쓰러뜨리고 왕의 자비심마저 끊어 버릴 기회를 마련해 주었다. 데메트리오스가 나타나면 지체 없이 바로 커다란 혁명이 일어날 것이라고 막료가 셀레우코스에게 귀띔하자 그는 크게 놀랐다.

바로 그 무렵에 아폴로니데스가 기쁜 소식을 가지고 데메트리오스를 찾아오고, 다른 신하들도 찾아와 셀레우코스 이야기를 하면서 셀레우코스가 얼마나 너그러운지를 과장하여 들려주는 일이 벌어졌다. 데메트리오스는 본래 자신의 항복을 불명예스러운 일로 여겼으나, 그동안 온갖 재난과 불행을 겪으면서 마음이 바뀌었다. 그는 이번 항복이야말로 용기 있는 일이고, 그만큼 바람직한 결과를 얻으리라고 생각했다.

그때 파우사니아스가 보병과 기병 1천 명의 병사를 이끌고 찾아왔다. 그는 갑자기 병사들에게 데메트리오스를 둘러싸게 하더니 모든 사람을 떼어 놓았다. 그러고는 데메트리오스만을 잡아 셀레우코스의 거처 대신에 시리아의 케르소네소스로 데리고 갔다.

이곳에서 데메트리오스의 생활은 엄중한 감시를 받았으나, 셀레우코스는 많은 시종을 보내고, 날마다 쓸 수 있는 돈과 생활용품들을 보내 주며 데메트리오스를 소홀히 대접하지 않았다. 오히려 셀레우코스는 데메트리오스만이 쓸 수 있도록 왕실의 격식에 맞는 승마장과 산책 길 그리고 야생 동물을 사냥할 수 있는 들판도 따로 제공했다.

데메트리오스와 함께 유배된 막료들은 언제든 그를 만나 볼 수 있었다. 또한 셀레우코스는 억류되어 있던 데메트리오스에게 이런저런 사람들을 보내면서 친절한 편지를 전달해서

그의 기분을 풀어 주었다. 그 가운데는 그의 사위 안티오코스
와 딸 스트라토니케가 그에게 돌아오면 자유의 몸으로 풀어주
겠다는 이야기도 있었다.

51

그러나 자신이 어려움에 빠져 있음을 안 데메트리오스는 아들
을 비롯해 아테네와 코린토스에 남아 있던 막료와 장군들에게
다음과 같은 편지를 보냈다.

"앞으로 나의 편지나 편지에 찍혀 있는 나의 반지 도장을
믿지 말고 나를 죽은 것으로 여기기 바란다. 아울러 나의 아들
안티고노스를 위해 남은 도시와 그의 세력을 잘 지켜 주기 바
란다."

자기 아버지가 잡혀갔다는 말을 들은 안티고노스는 깊은
슬픔에 빠져 상복을 입고 여러 왕과 셀레우코스에게 편지를
보내, 아버지를 풀어 달라고 간절히 요청했다. 그는 자기와 아
버지가 가지고 있는 모든 것을 바칠 것이며, 아버지를 대신하
여 자기를 인질로 잡아가라고 애원했다. 많은 도시와 왕들이
그를 동정했지만 리시마코스만은 아니었다.

리시마코스는 셀레우코스에게 사람을 보내 데메트리오
스를 죽이면 많은 돈을 주겠노라고 약속했다. 그러나 리시마
코스에게 섭섭함이 있던 셀레우코스는 리시마코스의 제안이
너무 끔찍하고 야만적이라고 여겨, 자기 아들 안티오코스와
며느리 스트라토니케를 위해 데메트리오스를 억류해 두었다
가 석방하는 호의를 베풀 생각이었다.

52

처음에 데메트리오스는 자기에게 닥쳐온 불운에도 꿋꿋함을
잃지 않고 그것을 현실로 받아들여 품위를 지키면서 삶을 견
뎌 냈다. 그는 이런저런 방법으로 운동을 하여 몸을 단련하고,

갈 수 있는 한 멀리까지 나가 사냥을 하고, 말을 탔다. 그러나 시간이 흐르면서 조금씩 무심해지고 운동을 싫어하더니 술과 주사위 노름에 빠져 대부분의 시간을 보냈다.

술에 취하지 않고서는 지금 자신이 겪고 있는 괴로운 상념에서 벗어날 길이 없어 술로써 자신의 고통을 잊어버리려고 그랬을 수도 있다. 아니면 자신이 오랫동안 소망하고 추구했던 삶이라는 것이, 이제 와 돌아보니 자신을 비롯한 많은 이에게 아픔만 남긴 헛된 야망에 불과했음을 깨달았는지도 모른다. 어쨌든, 그는 늘 술에 취해 있었다.

데메트리오스는 이제까지 무기와 함선과 병사들로써 가장 고결한 덕성을 이루려 했다. 그러나 이제 되돌아보니 놀랍게도 최고의 덕성(highest good)이란 나른함(idleness)과 여가(leisure)와 휴식(repose) 가운데 있다는 것을 그는 발견했다.

많은 왕이 전쟁과 위험을 치르면서 이루려던 목표는 결국 이런 것이었다. 그들이 그토록 사악하고 어리석었던 것은 그들이 덕성과 명예가 아닌 사치와 환락을 찾았기 때문만이 아니다. 인간이 어떻게 하면 진정한 즐김과 진정한 호사를 누릴수 있는가를 정말 몰랐기 때문이었다.

데메트리오스는 그렇게 시리아의 케르소네소스에서 [기원전 386~383년의] 3년 동안 갇혀 지내면서 과음하고 과식하다가 병을 얻어 쉰다섯의 나이에 죽었다. 그를 그렇게 죽도록 내버려 두었다는 이유로 많은 비난을 받은 셀레우코스는 데메트리오스를 의심했던 자신의 처사를 뼈아프게 후회했다. 야만의 트라키아족도 셀레우코스가 포로가 되었을 때 그토록 인간적이고도 충직하게 자기를 보살펴 주었는데,(§ 49) 이제 자기는 그 야만족들만도 못한 짓을 저질렀기 때문이었다.

53
데메트리오스의 장례식은 조금은 연극 같았다. 아들 안티고노스는 아버지의 유골이 돌아온다는 소식을 듣고 그를 맞이하러 모든 함대를 이끌고 섬 앞바다로 나갔다. 황금 항아리에 담긴 유골을 받아 든 안티고노스는 함대 가운데에서 가장 큰 함선에 그 유골함을 실었다.

함선이 지나는 도시마나 사람들이 꽃다발을 들고 나와 조문했으며, 어떤 나라에서는 상복을 입은 사절을 보내 운구(運柩)와 매장을 도와주었다. 배가 코린토스에 이르자 안티고노스는 유골함을 함선의 고물에 안치한 다음 자주색 용포(龍袍)와 왕관을 씌우고 젊은이들에게 무기를 들려 주변에 둘러서게 했다.

그 무렵에 살아 있는 피리 연주자 가운데 가장 유명한 크세노판토스(Xenophantos)가 유골함 곁에 앉아 노 젓는 소리에 맞추어 피리를 불었다. 피리 소리에 맞추어 정확한 시간에 노 젓는 소리가 철썩거리는데, 그 소리는 마치 가슴에서 우러나오는 만가(輓歌)처럼 피리의 장단을 따랐다.

그러나 해안에 모였던 문상객들이 가장 애통하게 여긴 것은 엎드려 우는 안티고노스의 모습이었다. 코린토스에서 영결식을 치른 안티고노스는 장례를 위해 유골함을 데메트리아스로 옮겼다. 이 섬은 이올코스(Iolcos) 둘레의 작은 마을들을 모아 자기 아버지의 이름을 따 이름 지은 곳이었다.

데메트리오스의 자녀들을 살펴보면, 퓔라와의 사이에서 안티고노스와 스트라토니케를 낳았다. 그 밖에 데메트리오스라는 같은 이름을 가진 두 아들이 있었는데, 그와 일리리아 여인 사이에서 태어난 아이는 말라깽이라는 별명이 있었고, 프톨레마이스가 낳은 아이는 키레네의 지배자가 되었다. 그와 데이다메이아 사이에서 낳은 알렉산드로스는 이집트에서 살다 죽었다.

들리는 바에 따르면, 알렉산드로스는 계모인 에우리디케와 결혼하여 코라고스(Corrhagos)라는 아들을 낳았다고 한다.

데메트리오스의 자손들은 마지막 왕인 페레우스(Pereus)까지
이어 오다가 페레우스의 통치 기간에 로마에게 멸망당했다.
이제 마케도니아의 연극이 막을 내렸으니, 로마의 연극을 시
작하기로 하자.

데메트리오스

안토니우스
MARCUS ANTONIUS

기원전 83~30

이상하게도 민중은
왕 아래의 백성처럼 행동하면서도
왕이라는 칭호 자체는
마치 자기들의 자유를 빼앗는 말처럼 여겼다.
— 플루타르코스

클레오파트라는
누구와 비교할 수 없을 정도로
그렇게 아름답지도 않았고,
사람들의 넋을 빼놓을 정도도 아니었다.
그러나 그와 함께 얘기를 나누다 보면
견딜 수 없는 매력에 빠지게 된다.
……그는 이방인들을 접견할 때
통역이 필요하지 않았다.
— 플루타르코스

1

안토니우스의 할아버지는 웅변가로서 술라의 무리에 가담했다가 내전에서 마리우스의 손에 죽었다. 안토니우스의 아버지는 본디 성이 크레티우스(Cretius)였는데,[1] 공직 생활에서 큰 업적을 남기지도 못했고 그리 뛰어난 인물도 아니었지만, 매우 친절하고 정직하며 남에게 베풀기를 좋아했다. 그러한 사례로 다음의 이야기를 들 수 있다.

안토니우스의 아버지는 부자가 아니었으므로, 그의 아내는 그가 사람들에게 지나친 친절을 베풀지 못하도록 조심시켰

I   안토니우스의 아버지 성(姓)은 이상스럽게도 그 자신이 지은 것이었다. 그는 해적을 소탕하는 함대를 지휘했으며, 기원전 74년에 크레타와 벌인 전투에서 모든 것을 잃고 곧 죽었는데, 마르쿠스 안토니우스는 그의 맏아들이었다.

다. 그러던 어느 날, 그의 가까운 친구가 찾아와 돈을 좀 꾸어 달라고 부탁했다. 돈이 없던 그는 젊은 노예에게 지시하여 은대접에 물을 담아 오라고 했다. 노예가 물을 담아 오자 그는 마치 면도라도 하려는 듯 얼굴에 물을 묻히는 시늉을 했다.

안토니우스는 핑계를 대고 노예에게 다른 심부름을 시켜 내보낸 뒤 은대접을 친구에게 주어 팔아서 쓰도록 했다. 얼마의 시간이 흘러 그의 아내가 없어진 은대접을 찾으려고 노예들을 닦달하는 것을 본 안토니우스는 아내가 몹시 화가 나 노예들을 고문할까 걱정되어 자신이 한 일을 아내에게 털어놓고 용서를 받았다.

2

안토니우스의 어머니[Julia]는 카이사르 가문 출신으로 그 당시에 가장 고결하고 믿을 만한 여인들과 어깨를 견주었다. 안토니우스는 이러한 어머니 밑에서 자랐다. 어머니는 남편이 죽자 코르넬리우스 렌툴루스(Cornelius Lentulus)와 재혼했는데, 렌툴루스는 루키우스 카틸리네의 역모 사건(제30장 「키케로전」, § 22)에 가담했다가 키케로의 손에 죽었다.

안토니우스가 키케로에게 그토록 사무치는 미움을 품은 이유도 아마 카틸리네 사건 때문이었던 것으로 보인다. 어쨌거나 안토니우스의 말에 따르면, 그의 어머니가 키케로의 아내에게 간청한 뒤에야 겨우 남편의 시체를 넘겨받았다고 하는데, 이는 명백히 사실이 아니다. 왜냐하면 키케로의 손에 죽은 어느 누구도 장례식을 치르지 못한 사람은 없기 때문이다.

들리는 바에 따르면, 안토니우스는 그의 가까운 친구였던 카리오(Cario)를 만나 마치 전염병에 옮은 것처럼 망가지기 이전까지만 해도, 장래가 촉망되는 젊은이였다고 한다. 카리오는 스스로 쾌락을 자제하지 못하는 사람으로서, 안토니우스를 마음대로 데리고 놀고자 그를 술과 여색과 엄청난 사치에 빠지게 했다.

이 때문에 안토니우스는 많은 빚을 지게 되었는데, 250탈렌트에 이르는 금액은 그의 나이로서는 감당할 수 없는 정도였다.[2] 이 빚을 갚는 데 집정관 칼루스 쿠리오(Calus Curio)가 보증을 서 주었지만, 그 이야기를 들은 안토니우스의 아버지는 그를 가문에서 내쫓아 버렸다.

그 뒤에 안토니우스는 잠깐 푸블리우스 클로디우스와 어울렸는데, 클로디우스는 그 시대에 가장 대담하고도 저질스러운 선동가로서 폭력으로 나라를 혼란에 빠뜨린 인물이었다. 그러나 안토니우스는 곧 그 악한의 미친 짓에 신물이 난 데다 그의 무리가 자신을 해코지할 음모를 꾸미자 이탈리아를 떠나 그리스로 갔다.

그리스에서 안토니우스는 군사 훈련과 웅변술을 익히며 얼마의 시간을 보냈다. 그는 그 시절에 매우 인기가 높던 이른바 아시아식[3] 웅변을 배웠는데, 이는 허세를 부리고 오만하며 헛되고도 의기양양한 야심에 사로잡혔던 그의 인생과도 매우 닮은 것이었다.

3

[기원전 58년에] 집정관의 직책을 지닌 아울루스 가비니우스가 시리아를 정복하러 떠나면서 안토니우스에게 함께 원정에 참여하도록 설득하려고 노력했다. 안토니우스는 개인 자격으로 참전하는 것을 거절하다가 기병대장으로 임명되자 원정에 참여했다. 유대인들을 부추겨 반란을 일으킨 아리스토불로스

---

2   페린은 이 금액이 당시(1920)의 시세로 30만 달러에 해당했으나 구매력으로 보면 그보다 5~6배 많았으리라고 주석했다.(페린, 「안토니우스전」, p. 141, 각주 2)

3   이 시대의 아시아라 함은 터키와 페르시아 일대를 뜻한다.

(Aristobolos)⁴를 깨뜨리고자 파견된 그는 누구보다도 먼저 요새 꼭대기에 올라 아리스토볼로스를 몰아내고, 가비니우스와 함께 싸웠다. 그는 적은 병력으로 적군을 무찔렀으며, 몇 명을 제외하고 모두 죽였다. 이때 아리스토볼로스도 아들과 함께 잡혔다.

그런 일이 있은 뒤에 [이집트의 왕위에서 쫓겨난] 프톨레마이오스 아울레테스(Ptolemaios Auletes)⁵가 뇌물로 1만 탈렌트를 들고 가비니우스를 찾아와 자신과 함께 이집트로 쳐들어가 왕위를 되찾아 달라고 부탁했다. 1만 탈렌트라는 엄청난 돈이 탐나기는 했지만 가비니우스는 전쟁이 두려웠고, 대부분의 장군도 그 계획에 반대했다. 그러나 위대한 정복의 야심을 품고 있는 데다가 프톨레마이오스의 요구를 들어주고 싶었던 안토니우스는 그와 함께 가비니우스를 찾아가 원정에 참여하도록 설득하고 꾀었다.

그러나 병사들은 전쟁을 치르는 일보다도 나일강 입구에 있는 펠루시움(Pelusium)을 통과해야 하는 일을 더 끔찍하게 생각했다. 왜냐하면 그들은 물도 없는 깊은 모래사막을 거쳐 에크레그마(Ecregma)강과 세르보니아(Serbonia) 늪지를 지나야 했기 때문이었다. 이집트인들은 이곳을 괴물 티폰(Typhon)이 불을 내뿜는 곳이라고 말한다.(헤로도토스, 『역사』, III : 5)

아마도 이곳은 홍해(紅海)의 물이 흘러 들어오던 끝자락으로, 지중해가 아주 좁아지면서 만든 지협(地峽)으로 보인다. 어쨌거나 안토니우스는 기병대와 함께 그곳에 파견되었다. 그는 그 지협을 통과하여 이집트에서 가장 큰 도시인 펠루시움을 점령하고 그곳 수비대를 무찌름으로써 주력 부대를 쉽게

---

4   아리스토볼로스는 유대의 왕이자 제사장으로, 기원전 63년에 프톨레마이오스에게 잡혔다가 5년 만에 탈출하여 다시 반란을 일으켰다.
5   프톨레마이오스 아울레테스는 유명한 클레오파트라의 아버지로 높은 세금 때문에 국민의 원망을 사 추방되어 있었다.

통과시키는 한편, 장군들에게 승리의 희망을 심어 주었다.

그뿐만 아니라 안토니우스의 적군은 그의 명예심 때문에 큰 덕을 보았다. 왜냐하면 펠루시움에 들어간 프톨레마이오스가 분노와 증오심으로 이집트인들을 학살하려 했을 때 안토니우스가 이를 막아 주었기 때문이었다. 더욱이 뒤이어 벌어진 수많은 전투에서 안토니우스는 대담한 처신과 현명한 지도력을 보여 주었는데, 그 가운데에서도 가장 눈에 띄는 것은 적군의 측면이나 후미(後尾)를 공격함으로써 그의 군대에 승리를 안겨 주었다는 점이었다. 이 모든 일을 통하여 그는 용맹에 합당한 상과 명예를 얻었다.

더욱이 이집트 민중은 안토니우스가 집권하는 동안 이번에 패배한 아르켈라오스(Archelaüs)왕[6]에게 베푼 인간적인 처사를 눈여겨보았다. 과거에 안토니우스와 아르켈라오스는 동지 사이였지만, 어쩔 수 없이 치러야 했던 전쟁이 끝나고 그가 몰락하자 안토니우스는 그의 시체를 찾아 왕의 신분에 걸맞은 예우로 묻어 주었기 때문이었다. 이렇게 함으로써 안토니우스는 알렉산드리아 주민들에게 높은 명성을 얻었고, 로마인들도 이번 원정을 통하여 그를 가장 훌륭한 인물로 생각하게 되었다.

4

안토니우스는 몸매가 아름다웠다. 잘생긴 수염과 넓은 이마와 매부리코를 가진 그의 남성미는 그림이나 헤라클레스의 조각상 같았다. 실제로 안토니우스의 가문은 헤라클레스의 후손이라고 하는데, 구체적으로 그는 헤라클레스의 아들 안톤(Anton)의 후손이라는 얘기가 전설로 내려오고 있었다.

안토니우스는 자신의 몸매와 복장을 전설 속의 헤라클레

---

6   아르켈라오스는 프톨레마이오스의 딸 베레니케(Berenicé)와 결혼한 미트리다테스의 자칭 아들로서 기원전 55년에 죽었다.

스와 비슷하게 꾸밈으로써 자신이 헤라클레스의 후손이라는 사실을 민중이 믿게 해야 한다고 생각했다. 그래서 그는 민중 앞에 나타날 때면 소매 없이 허벅지까지 내려오는 웃옷(tunic)을 입고 긴 칼을 차고 무거운 외투로 몸을 둘렀다.

그러나 민중이 안토니우스를 싫어하는 부분도 있었다. 이를테면 익살을 떨며 오만함을 보이거나, 눈에 띄게 폭음하고, 동료 옆에서 음식을 집어 먹고, 병사들의 식탁에 서서 음식을 집어 먹는 행동들이었는데, 이런 일들이 오히려 병사들 사이에서 호감과 인기를 끄는 요인이었다는 것이 놀랍다. 그리고 그는 여성들과 사랑을 나누는 데에서도 매력이 없지 않아 실제로 많은 사람에게서 호감을 샀다.

안토니우스는 남의 애정 문제를 많이 도와주었을 뿐만 아니라 자신의 연애 사건에 대한 농담도 즐겁게 받아넘겼다. 안토니우스는 씀씀이가 헤퍼 친구들이나 병사들에게 자기의 것을 아낌없이 나누어 줌으로써 자기 세력을 키우는 데 큰 바탕을 마련했으며, 그 덕에 권력을 잡았을 때 수많은 실수를 저질렀으면서도 더욱 치고 올라갈 수 있었다. 그의 씀씀이가 얼마나 컸던가 하는 점은 다음의 일화에 잘 나타나 있다.

안토니우스는 어느 날 자기 친구에게 25만 드라크마를 주라고 하인에게 지시했다. 이를 로마의 화폐로 환산하면 1데키에스(decies)라고 부른다. 하인은 그 액수에 너무 놀라 그 돈이 어느 정도인지를 보여 주고자 한꺼번에 모아 쌓아 두었다. 그 곁을 지나가던 안토니우스가 이 돈이 어떤 것이냐고 물었다. 하인은 이 돈이 곧 친구에게 주라고 지시한 것이라고 대답했다. 종의 심술을 직감한 안토니우스는 이렇게 말했다.

"1데키에스가 많은 돈인 줄 알았더니 별것 아니구나. 그만큼 더 주어라."

5

그 뒤에 다음과 같은 일들이 벌어졌다. 로마의 내정이 위기로 치닫고 있을 때 귀족들은 도시에 머무르고 있던 폼페이우스의 편이 되었고, 민중은 무장을 하고 있는 카이사르에게 갈리아에서 돌아오라고 부르고 있었다. 그 무렵에 안토니우스의 친구인 쿠리오는 노선을 바꾸어 카이사르의 명분을 지지하면서 안토니우스를 데리고 갈리아로 갔다.

쿠리오는 웅변으로써 민중에게 엄청난 영향력을 행사하며 카이사르가 보내 준 자금을 아낌없이 씀으로써 [기원전 50년에] 안토니우스를 호민관으로 당선시키고 조금 지나 제관(祭官, Augur)으로 당선시켰는데, 그것은 새가 날아가는 모습을 보고 점을 치는 직위였다. 안토니우스는 호민관에 취임하자마자 카이사르를 위해 일하는 사람들을 힘껏 도와주었다.

첫째로, 집정관 마르켈루스가 이미 모병한 군대를 폼페이우스의 지휘 아래 두고 아울러 다른 사람에게 부여했던 권한도 그에게 몰아주자고 제안하자, 안토니우스는 이미 모병하여 파르티아(Parthia, Iran)와 싸우고 있는 비불루스를 돕도록 시리아로 군대를 보내야 하며, 폼페이우스에게 새로 배속된 군대 또한 그의 지휘 아래 두어서는 안 된다는 결의안을 제출함으로써 마르켈루스의 제안에 반대했다.

둘째로, 카이사르가 보낸 편지를 원로원이 접수하여 낭독하지 않자 안토니우스는 자신의 직권으로 편지를 낭독함으로써, 사람들로 하여금 카이사르의 요청이 합리적이고 정당하다고 믿도록 만들었다.

셋째로, 폼페이우스의 군대를 해산할 것인가, 아니면 카이사르의 군대를 해산할 것인가에 관한 의안이 상정되었을 때, 폼페이우스의 군대를 해산해야 한다는 의견은 매우 적었다. 몇몇 말고는 많은 사람이 카이사르의 군대를 해산해야 한다는 데 찬성했다. 이에 안토니우스가 연단 위에 올라 폼페이

안토니우스

우스와 카이사르가 함께 무기를 내려놓고 군대를 해산하는 것이 원로원의 의견이 아닌가를 물었다. 모든 사람이 찬성의 뜻으로 환호하며 그의 제안을 받아들이자 의원들은 이를 표결에 부칠 것을 요구했다.

그러나 집정관들이 이에 찬성하지 않자 다시 카이사르의 동지들은 합리적이라고 여길 만한 새로운 요구를 제시했다. 이에 대하여 소(小)카토가 반대했고, 렌툴루스는 집정관의 권한으로 안토니우스를 원로원에서 쫓아냈다. 안토니우스는 그들에게 비난을 퍼부으며 원로원을 나왔다.

안토니우스는 노예의 옷으로 바꿔 입고 마차를 빌려 카시우스의 사촌인 퀸투스(Quintus Cassius)와 함께 카이사르가 있는 곳으로 달려갔다. 카이사르의 병영에 도착한 안토니우스는, 호민관인 자신조차도 언론의 자유를 빼앗기고 정의의 편에 섰던 자신이 박해받고 목숨을 잃을 위험에 빠져 있으니, 이제 로마에서는 모든 것이 끝났다고 소리쳤다.

6

이에 카이사르는 군대를 이끌고 이탈리아를 쳐들어갔다. 그래서 키케로는 그의 『필리포스를 공격함』(II : 22, 55)에서 헬레네(Helene)가 트로이 전쟁의 원인이듯이, 안토니우스가 이번 내전의 원인이라고 썼다. 그러나 이것은 명백히 사실이 아니다.

왜냐하면 카이사르는 쉽게 뜻을 바꾸는 사람도 아니고, 화가 치밀어 충동적으로 처신할 사람도 아니기 때문이다. 그가 만약에 오래전부터 자기의 조국을 쳐들어갈 결심을 하지 않았더라면, 단순히 안토니우스가 거지꼴을 하고 퀸투스 카시우스와 함께 빌린 마차를 타고 도망 온 것을 보았다고 해서 충동적으로 그런 행동을 하지는 않았을 것이다.

오히려 안토니우스의 사건은 오랫동안 전쟁을 기다려 오던 카이사르에게 구실이나 빌미를 주었을 뿐이다. 그보다 앞서 살았던 알렉산드로스가 그랬고 고대사에서의 키로스가 그랬듯이, 모든 인류에 대하여 전쟁을 일으키도록 그들을 유혹한 것은 채워지지 않는 권력욕과, 최고의 일인자가 되고 싶었던 광기(狂氣)였다.

카이사르는 폼페이우스를 제거하지 않고서는 그 꿈을 이룰 수가 없었다. 그래서 그는 로마를 침공하여 권력을 잡은 다음 폼페이우스를 이탈리아에서 몰아냈다. 그 뒤에 그는 스페인에 머물고 있던 폼페이우스를 타도하는 데 모든 노력을 기울였다. 카이사르는 전함이 준비되자 폼페이우스를 무찌르고자 떠나면서 로마를 법정관인 레피두스(Lepidus)에게 맡기고, 이탈리아의 내정과 군사 지휘권은 호민관인 안토니우스에게 맡겼다.

안토니우스는 병사들과 함께 훈련에 참가하고 대부분의 시간을 그들과 함께 보내며, 그가 할 수 있는 최대한으로 부하들에게 씀씀이를 보임으로써 곧 병사들의 호감을 샀다. 그러나 그가 하는 짓은 모두 혐오스러웠다. 왜냐하면 그는 안일한 성격으로 말미암아 자신의 잘못을 대수롭지 않은 것으로 여겼고, 그를 찾아와 상의하는 사람들의 말을 들으며 발끈 화를 냈고, 남의 아내와 간통함으로써 평판이 나빠졌기 때문이었다.

한마디로 말해서, 카이사르의 인생 역정을 살펴보면, 독재 정치를 뛰어넘은 카이사르의 권력은 그의 막료들 때문에 남들의 증오를 샀는데, 그 가운데 하나가 바로 안토니우스였다. 안토니우스는 가장 강한 권력을 휘둘렀으며, 권력을 남용했다고 사람들이 여김으로써 가장 많은 비난을 받았다.

7

그러나 스페인에서 돌아온 카이사르는 안토니우스에 대한 비난을 못 들은 척했다. 전쟁에서 안토니우스가 정력적이고 용맹할 뿐만 아니라 탁월한 지도력을 보여 주었기 때문에 카이사르가 사람을 잘못 본 것은 아니었다. [기원전 48년 초에] 카이사르는 적은 병력을 이끌고 브룬디시움을 출발하여 이오니아해를 건넌 다음 가비니우스와 안토니우스에게 그들의 병력을 이끌고 곧 마케도니아로 오라는 지시를 보냈다.

가비니우스는 겨울에 바다를 건너는 것이 두려워 부대를 이끌고 먼 육지로 돌아갔다. 그러나 카이사르가 수많은 적군에게 포위될 것을 걱정한 안토니우스는 브룬디시움 항구를 봉쇄하고 있던 작은 배들을 모두 동원하여 리보(Libo)의 함선을 포위하여 쳐부수고, 8백 명의 기병과 2만 명의 보병을 이끌고 바다로 나갔다.

적군에게 발견되어 추격을 받은 안토니우스는 거센 남풍이 파도를 몰고 와 적의 함선을 바다의 어귀로 몰아넣은 덕분에 위험에서 빠져나올 수 있었다. 그러나 안토니우스의 함대도 가파른 바위기둥 쪽으로 밀려가 달아날 희망이 없었다. 그러나 갑자기 거센 서남풍이 불어 파도가 육지에서 바다로 빠져나가 안토니우스의 함대는 반대쪽으로 방향을 바꿀 수 있었다.

안토니우스가 홀로 대담하게 바다로 빠져나가면서 바라보니 해안은 난파선으로 덮여 있었다. 그를 쫓던 노예선이 바다에 휩쓸리며 대부분이 부서졌다. 안토니우스는 많은 전리품과 포로를 잡고, 리소스(Lissos)를 점령했다. 그는 대규모 병력을 이끌고 제때에 도착함으로써 카이사르에게 자신감을 불어넣어 주었다.

8

그 뒤에도 여러 번의 전쟁이 잇따랐고 그때마다 안토니우스는 무공을 세웠다. 그는 카이사르의 병사가 도망칠 때 그들을 가로막고 되돌려 적군을 막도록 함으로써 승리를 거둔 적이 두 번이나 있었다. 그런 까닭에 그는 병영에서 카이사르 다음으로 칭송을 받았다. 카이사르도 자신이 안토니우스를 어떻게 생각하는지 솔직하게 드러냈다. 카이사르가 화르살로스에서 마지막 결전을 벌이려 했을 때 자신은 오른쪽 날개를 맡고, 가장 유능한 장군인 안토니우스에게는 왼쪽 날개를 맡겼다.

전쟁이 끝난 뒤에 독재관으로 선출된 카이사르는 폼페이우스를 추격하면서 안토니우스를 기병대장으로 뽑아 로마로 보냈다. 그 직책은 독재관이 로마에 있을 때는 권력 서열 2위가 되지만 독재관이 없을 때는 일인자가 되어 거의 유일한 권력을 행사했다. 왜냐하면 독재관이 선출되면 호민관의 직책은 지속되지만 그 밖의 관직들은 정지되기 때문이었다.

9

이 무렵에 돌라벨라(Dolabella)라는 신출내기 호민관이 있었다. 새로운 질서를 세우고 싶었던 돌라벨라는 민중의 채무를 탕감해 주는 법안을 제출하면서 안토니우스에게 자신의 법안에 함께 보조를 맞추어 달라고 설득했다. 그 무렵에 안토니우스는 돌라벨라의 친구로서, 민중의 호감을 사려고 항상 노력하던 터였다. 그러나 또 다른 호민관인 아시니우스(Asinius)와 트레벨리우스(Trebellius)는 그 법안에 반대하라고 안토니우스에게 조언했다.

일이 공교롭게 되느라고 이 무렵에 돌라벨라가 안토니우스의 아내를 농락했다는 의혹이 일어났다. 이에 격분한 안토니우스는 아내를 내쫓았다. 그 아내는 키케로의 동료 집정관이었던 카이우스 안토니우스(Caius Antonius)의 딸로, 안토니우스와는 사촌 사이였다. 이에 안토니우스는 아시니우스, 트레벨리우스와 손을 잡고 돌라벨라에 대한 전쟁을 일으켰다.

돌라벨라는 억지로라도 자신의 법안을 통과시키려고 광장을 점거하고 있었다. 원로원이 돌라벨라를 응징하고자 무력을 동원해야 한다는 의안을 통과시키자 안토니우스는 돌라벨라에게 달려가 전투를 벌여 몇 사람을 죽이고 자기 병사도 몇 명 잃었다. 이 과정에서 안토니우스는 자연히 민중의 혐오를 샀다.

품위 있고 강직한 사람들은 안토니우스의 방종한 일상생활 때문에 그를 받아들일 수 없었는데, 이는 키케로의 말처럼 차라리 미움을 샀다고 하는 것이 더 옳은 표현이다. 안토니우스는 시도 때도 없이 술에 절어 있었고, 씀씀이가 헤펐으며, 여인들에게 치근거렸고, 대낮에 잠을 자거나 미친 사람처럼 어슬렁거리고, 밤이면 잔치로 흥청거리거나 가무를 즐기거나 광대와 배우의 결혼식에 참석하여 사람들의 분노를 샀다.

어쨌거나 들리는 바에 따르면, 안토니우스는 희극 배우인 히피아스(Hippias)의 결혼식에 참석하여 마음껏 먹고 밤새 마신 다음, 이튿날 이른 아침에 시민이 그를 광장으로 부르자 너무 많이 음식을 먹어 자신의 외투에 음식을 토했다. 곁에 있던 친구가 그를 도와주었다고 한다.

희극 배우인 세르기우스(Sergius)는 그에게 가장 큰 영향력을 미치는 사람 가운데 하나였다. 같은 연극 학교 출신인 여배우 키테리스(Cytheris)도 안토니우스가 가장 좋아하는 사람 가운데 하나여서, 다른 도시를 방문할 때면 같은 가마에 함께 타고 갔다. 그 여인의 가마 뒤에는 많은 시종이 따랐는데 그 수가 안토니우스의 어머니를 따르는 시종만큼이나 많았다.

더욱이 안토니우스는 도시를 벗어나 밖으로 소풍을 갈 때면 마치 성자(聖者)의 모습처럼 꾸미고 황금 잔을 가져가 썼으며, 여행할 때는 큰 천막을 치고, 강이나 숲 가까이에서 값비싼 식사를 차리고, 사자(獅子)가 끄는 전차를 타고, 양가(良家)의 주택을 창녀나 악사들의 숙소로 썼다. 그 모습을 본 사람들은 그에게 진저리를 쳤다.

카이사르는 다른 나라를 떠돌면서 찬 이슬을 맞으며 잠을 자고, 전쟁의 뒤치다꺼리를 하느라 온갖 고생을 하고 있는 이때, 그의 동지라는 인간들이 카이사르 덕분에 호화로운 생활을 하며 민중을 조롱한다는 것은 끔찍한 일이라고 사람들은 생각했다.

10

안토니우스의 그와 같은 행동은 정치적 불화를 부채질했고, 군인들이 폭행과 약탈을 일삼도록 부추겼다. 이러한 까닭에 전쟁에서 돌아온 카이사르는 돌라벨라를 사면하고, 세 번째로 집정관에 선출되자 안토니우스가 아닌 레피두스를 동료 집정관으로 뽑았다.

폼페이우스가 집을 팔려고 내놓았을 때 안토니우스가 이를 샀는데, 그 대금을 지불하라고 독촉받자 안토니우스는 발끈했다. 그리고 안토니우스는 카이사르와 함께 아프리카 정복에 참전하지 않은 것은 자신이 이룩한 지난날의 성공에 대하여 적절한 보상을 받지 못했기 때문이라고 말했다.

그러나 카이사르가 안토니우스의 방탕함과 어리석음을 대부분 바로잡을 수 있었던 것은 그의 실수를 모른 체하고 흘려 넘기지 않았기 때문이었던 것으로 보인다. 그런 뒤에 그는 방탕한 생활을 그치고 결혼하기로 마음을 바꾸었다. 그는 선동가 클로디우스의 미망인인 풀비아(Fulvia)를 아내로 맞이했다. 그 여인은 집 안에 앉아서 뜨개질이나 가사에 전념할 여인이 아니었고, 벼슬도 못 하는 남편을 휘두르고 있을 여자도 아니었다.

풀비아는 지배자를 지배하고 지휘자를 지휘하는 여자가 되고 싶었다. 그런 점에서 본다면 여자의 휘두름을 견디도록 안토니우스를 길들여 놓은 풀비아에게 클레오파트라는 빚을 지고 있었다. 왜냐하면 클레오파트라가 안토니우스를 만났을 때, 안토니우스는 처음부터 여자에게 복종하도록 잘 길들여 있었고 그렇게 교육을 받았기 때문이었다.

그러나 안토니우스는 장난과 재롱으로 풀비아를 즐겁게

해 주려고 노력했다. 이를테면 카이사르가 스페인에서 이기고 돌아오자 많은 사람이 그를 맞이하려고 나갔을 때 안토니우스도 함께 나갔다.

그런데 카이사르가 죽고 적군들이 이탈리아로 쳐들어온 다는 소문이 갑자기 온 나라에 퍼지자 안토니우스도 로마로 돌아왔다. 그는 노예 옷으로 갈아입고 밤중에 집으로 돌아와 자신은 안토니우스의 편지를 풀비아에게 전달하러 온 사람이라고 말하고 그 여인이 있는 곳으로 들어갔다.

안토니우스는 얼굴을 가리고 있었기 때문에 풀비아는 그를 알아보지 못했다. 슬픔에 젖어 있던 풀비아는 안토니우스가 아직 살아 있느냐고 물었다. 그는 아무 말 없이 편지를 건넨 뒤에 그 여인이 편지를 열어 읽으려 하자 와락 달려들어 아내를 껴안고 입을 맞추었다. 이 이야기는 내가 모은 수많은 사례들 가운데 하나일 뿐이다.

11

[기원전 45년에] 카이사르가 스페인에서 돌아왔을 때 많은 주요 인사가 며칠 동안 고생하며 그를 영접하러 나갔으나, 카이사르에게 각별한 칭송을 받은 사람은 안토니우스였다. 카이사르는 이탈리아를 가로지르는 여행을 하면서 오직 안토니우스만을 같은 마차에 태웠고, 브루투스 알비누스(Brutus Albinus)와 카이사르의 조카로서 뒷날 카이사르라는 이름을 이어받아 오랫동안 이탈리아를 통치한 옥타비우스(Octavius, Augustus)는 자신의 뒤에 따라오게 했다.

더욱이 카이사르는 다섯 번째로 집정관에 선출되자 곧 안토니우스를 동료 집정관으로 뽑았다. 그런데 카이사르는 자기의 집정관 직위를 사임하고 후임으로 돌라벨라를 원로원에 추천했다. 그러나 안토니우스가 그 계획에 극력 반대하면서 돌라벨라에게 비난을 퍼붓다가 자신도 또한 돌라벨라에게서 그에 못지않은 욕을 먹었다. 카이사르는 자기 일당이 하는 짓이 부끄러워 한동안 그 일을 뒤로 미루었다.

그 뒤에 카이사르가 군중 앞에 나타나 돌라벨라를 집정관으로 선언하자 [당시에 제관(祭官)이었던] 안토니우스는 신탁의 징조가 나쁘다고 소리쳤다. 이에 카이사르가 뜻을 굽히고 돌라벨라를 포기하자 이번에는 돌라벨라가 속을 썩였다. 카이사르가 안토니우스를 미워한 것에 못지않게 돌라벨라를 미워한 것은 이런 탓으로 보인다.

들리는 바에 따르면, 어떤 사람이 카이사르 앞에서 두 사람을 비난하자 카이사르는 자신이 걱정하는 것은 저 뚱뚱하고 머리 긴 녀석들이 아니라 얼굴이 창백하고 깡마른 저 녀석들이라고 말했는데, 이는 뒷날 그를 죽인 브루투스(Marcus Brutus)와 카시우스(Gaius Cassius)를 뜻하는 것이었다.

12

의도한 바는 아니었지만, 카이사르를 죽인 암살자들에게 가장 확실한 빌미를 준 사람은 안토니우스였다. 로마인들이 루페르칼리아라고 부르는 리카이아 축제에서 카이사르는 개선장군의 외투를 입고 광장 연단 위에 앉아 경주에 참가한 사람들이 이리저리 뛰어다니는 것을 바라보고 있었다. 선수들은 대부분 귀족 청년들과 관리들로서, 몸에는 기름을 바르고 손에는 가죽끈을 든 채 그들이 만나는 사람들을 장난삼아 때렸다.

선수 가운데 한 사람이었던 안토니우스는 머리띠에 월계관을 감아올리고 연단 위로 올라가, 다른 사람들의 목말을 타고 카이사르의 머리에 월계관을 씌워 주면서 그가 왕이 되어야 한다는 시늉을 했다. 카이사르가 겸손하게 화관을 사양하자 군중이 환호하며 손뼉을 쳤다. 안토니우스가 다시 화관을 카이사르의 머리에 씌우려 하자 그가 다시 밀어냈다.

이런 실랑이가 이어질 때 안토니우스의 몇몇 친구는 화관을 씌우려는 안토니우스를 향해 환호를 보냈지만, 관중은 카이사르가 화관을 거절할 때만 환호를 보냈다. 이상하게도 민중은 왕 아래의 백성처럼 행동하면서도 왕이라는 칭호 자체는 마치 자기들의 자유를 빼앗는 말처럼 여겼다.

드디어 카이사르는 불쾌한 듯 연단에서 일어나 외투를 목 뒤로 젖히면서, 누구든 나를 치고 싶은 사람이 있으면 그렇게 하라고 소리쳤다. 그러자 어떤 호민관들은 카이사르의 조상(彫像)에 걸려 있던 화관을 벗겨 버렸다. 그것을 본 민중은 호민관들을 향해 찬사를 보내고 손을 흔들며 인사를 건넸다. 그러자 카이사르는 그 호민관들의 관직을 빼앗아 버렸다.

13

이 사건은 브루투스와 카시우스의 무리에게 힘을 실어 주었다. 그들은 음모를 꾸미는 과정에서 믿을 만한 동지가 누구냐는 문제를 논의하면서 안토니우스도 후보에 넣었다. 트레보니우스는 그를 동지로 끌어들이는 데 반대했고, 나머지 사람들은 그를 동지로 생각했다.

트레보니우스의 말에 따르면, 많은 사람이 스페인에서 돌아오는 카이사르를 마중하려고 나갔을 때 자기가 안토니우스와 같은 천막을 쓰면서 넌지시 의중을 물어보았는데, 안토니우스는 무슨 뜻인지를 알아들으면서도 음모에 가담할 뜻을 보이지 않았다는 것이다. 그러나 안토니우스는 이러한 사실을 카이사르에게 알리지 않고 침묵함으로써 신의를 지켰다.

일이 이렇게 되자 음모자들은 카이사르를 죽인 다음에 안토니우스도 죽이는 문제를 논의했지만, 브루투스가 나서서 법과 정의를 이룩하려는 거사는 순수해야 하고 불의한 방법을 써서는 안 된다고 주장하면서 안토니우스를 죽이는 데 반대했다. 그러나 안토니우스의 세력과, 그의 직책으로 말미암아 안토니우스가 카이사르를 배려하리라는 점이 두려웠던 음모자들 가운데 몇 사람이 안토니우스를 찾아, 카이사르가 원로원으로 들어올 때 안토니우스를 밖에서 붙잡고 무슨 중대한 얘기라도 있는 것처럼 말을 끎으로써 그를 잡아 두기로 했다.

14

음모는 계획대로 진행되어 카이사르는 원로원 회의장에서 쓰러졌다. 그러자 안토니우스는 노예의 옷으로 갈아입고 몸을 숨겼다. 그러나 암살자들이 아무도 해코지하지 않고 다만 신전의 언덕에 모두 모여 있다는 사실을 안 안토니우스는 자기 아들을 그들에게 볼모로 잡히고 그들이 내려오도록 설득했다.

심지어 안토니우스는 카시우스에게 저녁을 대접했고, 레피두스도 브루투스에게 저녁을 대접했다. 그 밖에도 안토니우스는 원로원을 소집하여 사면령을 내리고 브루투스와 카시우스와 그의 무리에게 속령(屬領)을 분배하자고 제안했다. 원로원은 이를 비준하면서, 카이사르가 결정한 어떤 것도 바꾸지 않기로 결의했다.

그렇게 함으로써 안토니우스는 원로원을 나서며 일약 존경받는 인물이 되었다. 왜냐하면 그는 내전을 종식시키고, 가장 신중하면서도 정치가다운 방법으로 매우 어렵고도 복잡한 문제를 잘 처리한 인물로 여겨졌기 때문이었다. 그러나 안토니우스는 민중의 환호를 들음으로써 마음이 흔들려, 사려 깊은 태도를 잃어버리더니 만약 브루투스만 제거한다면 자기가 제일인자가 될 수도 있다는 희망을 품게 되었다.

그 무렵에 민중이 카이사르의 장례를 치르고자 그의 시신을 싣고 광장으로 나오는 일이 벌어졌다. 안토니우스는 통상적인 추모 연설을 했다. 그러나 민중이 자기의 연설을 듣고 크게 흔들리면서 빠져드는 모습을 보자 안토니우스는 그 끔찍한 사건에 대한 슬픔과 분노를 토로하였으며, 연설이 끝나자 카이사르의 외투를 높이 흔들었다.

외투에는 낭자한 피의 흔적과 칼자국이 여기저기 있었다. 안토니우스는 이런 일을 저지른 사람들을 악당이자 살인자라고 불렀다. 그의 연설을 듣고 분노한 민중은 의자와 탁자를 들고 나와 광장에서 카이사르를 화장한 다음 장작더미에서 불타는 나무를 빼 들고 암살자들의 집을 찾아가 공격했다.

15

이런 사태를 짐작한 브루투스와 그의 일당은 일찌감치 로마를 벗어났다. 카이사르의 동지들은 안토니우스의 도움을 받아 하나로 뭉쳤다. 안토니우스를 신임했던 카이사르의 아내 칼푸르니아는 집 안에 있던 패물들을 싸 가지고 와서 안토니우스에게 맡겼는데 그 값어치가 4천 탈렌트에 이르렀다.

안토니우스는 또한 카이사르의 문서들을 물려받았는데 거기에는 카이사르가 결정했던 비망록과 법령들이 들어 있었다. 안토니우스는 이 문서에 다른 사람들의 이름을 써넣음으로써 자기가 원하는 사람들을 관리와 원로원 의원으로 임명했다.

안토니우스는 또한 마치 카이사르가 이미 결정해 둔 것처럼 꾸며 몇 사람을 유배지와 감옥에서 풀어 주었다. 로마인들은 그렇게 은전을 입은 이들을 '카론의 사람들(Charonitae)'[7]이라고 불렀는데, 그들이 증거를 제시할 때면 죽은 카이사르의 비망록을 내세웠기 때문이었다.

집정관이 된 안토니우스는 모든 일을 독재의 방법으로 처리했다. 그는 자신의 형제들을 한꺼번에 관직에 임명했는데, 이를테면 카이우스(Caius)를 법정관으로 임명하고 루키우스(Lucius)를 호민관으로 임명했다.

---

7   카론의 사람들은 라틴어로 말할 때는 저승사자라는 뜻으로 오르쿠스(orcus)라고 불렀다. 여기에서 오르키니(orcini)라는 말이 나왔는데 이를 그리스어로는 카론(Charon)이라고 불렀다.

16

이런 상황에서 소(小)카이사르 즉 옥타비우스(Octavius)가 로마
로 돌아왔다.[8] 그는 죽은 카이사르의 조카 아들로서 카이사르
의 재산 상속자였다. 카이사르가 암살되었을 때 그는 아폴로
니아에 머물고 있었다. 귀국한 옥타비우스는 아버지[9]의 친구
인 안토니우스를 찾아가 인사를 드리고 자신에게 유산으로 남
겨 준 돈에 관한 얘기를 꺼냈다.

카이사르의 유언에 따르면, 옥타비우스는 모든 로마인에
게 각기 75드라크마를 나누어 주게 되어 있었다. 그러나 처음
부터 옥타비우스를 애송이로 생각했던 안토니우스는 그를 정
신없는 사람으로 여기며, 뛰어난 판단력도 없고 도와줄 친구
도 없는 그가 카이사르의 감당할 수 없는 짐을 지고 망가지려
한다고 말했다. 그러나 옥타비우스가 안토니우스의 말을 듣
지 않고 돈을 요구하자 안토니우스는 계속하여 말과 행동으로
여러 번 그를 모욕했다.

이를테면 안토니우스는 옥타비우스가 호민관에 출마하
여 유세를 다닐 때 이를 반대했고, 옥타비우스가 원로원의 결
의에 따라 양부의 명예를 위해 황금 의자를 기증하려 하자 안
토니우스는 그에게 민중의 인기를 얻고자 하는 그런 일을 멈
추지 않으면 감옥에 집어넣겠다고 협박했다.

그러나 옥타비우스가 안토니우스를 미워하는 키케로와
그 밖의 사람들과 공통된 명분을 쌓으면서 그들의 도움을 받

---

8   원문에는 'Caesar the Younger' 또는 그냥 'Caesar'라고 되어 있어서 이를
     소(小)카이사르 또는 젊은 카이사르라고 번역하는 것이 옳으나 죽은 카
     이사르와의 혼동을 피해 여기에서는 옥타비우스로 표기했다. 그리고 가
     끔은 그의 어렸을 적 이름인 옥타비아누스(Octavianus)로 표기된 곳도
     있으나 옥타비우스로 통일했다. 뒷날 그는 아우구스투스(Augustus)로
     불렸다.
9   옥타비우스는 정확히 말해서 카이사르의 종손이었으나 실제로는 카이
     사르의 양자 노릇을 했다.

아 원로원의 지지를 얻고, 민중과도 우호적인 관계를 맺으면서 식민지에 있던 카이사르의 병사를 불러 모으자 안토니우스는 겁을 먹고 신전의 언덕에서 그와 만나 화해했다.

그 뒤 어느 날 안토니우스는 잠을 자다가 이상한 꿈을 꾸었다. 그의 오른팔이 벼락을 맞은 것이었다. 그리고 며칠 뒤 안토니우스는 옥타비우스가 자기를 제거할 음모를 꾸미고 있다는 보고를 받았다.

옥타비우스가 그 일을 설명했지만 안토니우스를 안심시킬 수 없었다. 그리하여 그들 사이의 미움은 더 깊어졌다. 그 두 사람은 이탈리아 전역을 돌아다니며 이미 여러 식민지에 정착한 병사들에게는 서로 더 많은 돈을 주며 자기편으로 만들려고 노력했고, 아울러 아직 어디에도 정착하지 않은 병사들의 지지를 얻는 작업에 착수했다.

17

그러나 로마에서 가장 영향력이 크고, 사사건건이 안토니우스에 반대하도록 민중을 선동하던 키케로는 원로원을 설득하여 안토니우스를 공적(公敵)으로 결의했다. 키케로는 옥타비우스에게 부월(斧鉞)과 그 밖의 문장(紋章)을 보내고, 카이사르의 친구였던 카이우스 판사(Caius Pansa)와 아울루스 히르티우스(Au-lus Hirtius)를 파견하여 안토니우스를 로마 밖으로 몰아냈다.

그 무렵[기원전 43년]에 집정관이었던 두 사람은 무티나(Mutina)에서 안토니우스와 전투를 벌였고 옥타비우스도 그들편에서 싸웠다. 그들은 안토니우스를 정벌했지만 두 사람은 끝내 그 전투에서 목숨을 잃었다.

이 전투에서 패배하여 도주한 안토니우스에게는 온갖 시련이 닥쳤다. 그 가운데에서도 가장 견디기 어려운 것은 굶주림이었다. 그러나 안토니우스는 지옥 같은 곤경에서도 우뚝 일어서는 천성을 가진 인물로서 불운에 빠졌을 때 참으로 훌륭한 면모를 보여 주었다. 보통 사람들은 불행에 빠졌을 때 무엇이 옳은 일인가를 알 수는 있지만, 그들이 평소에 찬양하던 바를 따르고 싫어하던 바를 피할 만큼 그렇게 강인하지 못한 법이다.

오히려 평범한 사람들은 마음이 약해져 습성에서 벗어나지 못하고 판단이 흐려지는 경향이 있다. 그러나 안토니우스는 그러한 때에 사치와 방탕한 생활을 하던 과거와 달리 더러운 물을 기꺼이 마시고 야생 열매와 뿌리를 먹어 그의 병사를 놀라게 했다. 내려오는 얘기에 따르면, 그들은 나무껍질도 먹었으며, 알프스산맥을 넘을 때는 이전까지 먹어 본 적도 없는 동물들을 먹었다고 한다.

18

안토니우스의 군대는 레피두스 부대와 합류하기를 간절히 바랐다. 그들이 생각하기에, 레피두스는 안토니우스의 친구로서 그의 소개로 카이사르에게 잘 보여 스페인 법정관을 지내는 등의 신세를 진 적이 있다고 생각했기 때문이었다. 그러나 안토니우스가 다가와 가까운 곳에 진영을 차렸을 때 레피두스가 반가운 기색을 보이지 않자 안토니우스는 과감하게 레피두스를 공격하기로 결심했다.

안토니우스는 이탈리아에서 패전한 뒤로 머리를 깎지 않아 더부룩하고 수염은 길었다. 그는 검은 외투를 입고 레피두스의 병영으로 다가가 연설을 시작했다. 많은 병사가 안토니우스의 연설에 감동하여 그를 따르자 레피두스는 한꺼번에 나팔을 불어 그 연설을 듣지 못하도록 하라고 명령했다.

그러나 레피두스의 병사는 그럴수록 안토니우스를 동정했고, 끝내는 라일리우스(Laelius)와 클로디우스(Clodius)를 병영 창녀로 꾸민 뒤 안토니우스에게 보내 비밀 협상을 시도했다. 그들은 자기네 병사들 가운데에는 안토니우스를 환영하는 사람들이 많고 안토니우스가 동의한다면 레피두스를 죽일 수도 있으니 과감하게 공격하라고 권고했다고 한다.

그러나 안토니우스는 그들이 레피두스를 제거하는 것을 허락하지 않고 다음 날 군대를 이끌고 강을 건넜다. 안토니우스는 앞장서서 강물에 뛰어들어 허우적거리며 건너편 제방으로 진격했다. 거기에는 이미 레피두스의 많은 군대가 안토니우스를 향해 손을 흔들며 요새를 허물고 있는 모습이 보였다.

레피두스의 병영으로 들어가 모든 것을 장악한 안토니우스는 레피두스를 극진히 대접했다. 안토니우스는 레피두스를 반갑게 맞이하며 그를 아버지라고 불렀다. 안토니우스는 사실상 모든 것을 장악했으면서도 레피두스가 대장군(Imperator)의 직위를 누리는 것을 중단시키지 않았다. 이러한 조치는 많은 병력을 이끌고 가까이 주둔해 있던 무나티우스 플란쿠스를 감동시켜 그가 합류하도록 만들었다.

이렇게 하여 더욱 큰 힘을 얻은 안토니우스는 보병 17개 군단과 기병 1만 명을 이끌고 알프스를 넘어 이탈리아로 진격했다. 이 밖에도 안토니우스는 갈리아에 6개 군단을 남겨 두고 루키우스 바리우스(Lucius Varius)에게 통솔하도록 했다. 바리우스는 안토니우스의 단짝 친구로서 코틸론(Cotylon)[10]이라는 별명을 가지고 있었다.

19

이제 옥타비우스는 더 이상 키케로와 손을 잡지 않았다. 왜냐하면 키케로가 자유주의자라는 것을 알았기 때문이었다. 그는 안토니우스에게 친구들을 보내 합의 조건을 논의하고자 초청했다. 그리하여 안토니우스와 옥타비우스와 레피두스 세 사람

---

10   코틸론은 그리스어의 코틸레(kotyle)에서 유래한 말이다. 코틸레는 270밀리리터를 의미하는데 그만큼의 술을 마신다는 뜻이다.

이 강 가운데 있는 작은 섬에 모여 3일 동안 회의했다. 모든 일이 잘 합의되어 세 사람은 마치 조상의 유산을 나누듯이 로마 제국을 나누었다.[11]

그러나 누구를 죽일 것인지에 대해서는 세 사람 사이에 날카로운 논쟁이 벌어졌다. 세 사람 모두 자기의 정적을 죽이고 동지를 살리자고 요구했다. 그러나 끝내 그들의 증오의 대상이 되는 사람들에 대한 분노는 친족에 대한 명예와 동지에 대한 호의까지도 저버리게 했다.

그러한 타협의 결과로 옥타비우스는 키케로를 죽이자는 안토니우스의 요구에 양보하고, 안토니우스는 그 대가로 옥타비우스에게 자기의 외삼촌인 루키우스 카이사르를 죽이도록 양보하고, 레피두스에게서는 그의 동생인 루키우스 파울루스(Lucius Paulus)를 죽여도 좋다는 동의를 받아 냈다. 어떤 사람들의 말에 따르면, 레피두스는 친동생인 파울루스를 죽이고자 하는 안토니우스와 옥타비우스에게 그를 넘겨주었다고 한다.

내가 생각하기에, 이와 같은 흥정보다 더 야만적이고 잔인한 일은 있을 수가 없었다. 왜냐하면 그들은 이러한 살인 흥정을 통하여 자신이 넘겨받은 사람이나 넘겨준 사람들을 죽였기 때문이다. 또한 그들은 자기들이 미워하지 않으면서도 친구를 죽였으니 더욱 불의한 사람들이었다.

20

이러한 흥정이 이뤄진 뒤에 그들을 둘러싸고 있던 군인들은 옥타비우스가 혼맥(婚脈)을 통하여 그들 사이의 우정을 돈독히 해야 한다고 말하면서 안토니우스와 풀비아 사이에서 태어

---

11 이들의 합의가 이뤄진 것은 기원전 44년으로, 기원전 60년에 카이사르와 폼페이우스와 크라수스 사이에 맺어진 제1차 삼두 정치에 견주어, 이를 제2차 삼두 정치(The Second Triumvirate)라고 부른다.

　　　　　　　　　　　　　　안토니우스

난 딸 클로디아(Clodia)를 옥타비우스에게 시집보내라고 요구했다. 이에 대해서도 합의가 이뤄진 뒤에 그들은 3백 명을 기소하여 처형했다.

키케로를 죽인 뒤에 안토니우스는 키케로의 머리와, 자신을 비난하는 글을 썼던 그의 오른팔을 잘라 오도록 지시했다. 머리와 손이 도착하자 안토니우스는 기뻐하며 여러 차례 즐겁게 웃었다. 그러고는 싫증이 나자 머리와 팔을 광장의 연단에 걸어 두도록 명령했다.

안토니우스는 마치 키케로를 모욕하려고 그를 효수(梟首)한 것처럼 보였지만, 이는 오히려 자신의 행운에 대한 오만함과 권력 남용을 보여 주는 것임을 깨닫지 못했다. 한편, 안토니우스의 외삼촌인 루키우스 카이사르는 수색대의 추격을 피해 누이의 집으로 몸을 숨겼다. 수색대가 들이닥쳐 집 안으로 들어가려 하자 안토니우스의 어머니는 문 앞에 서서 팔을 벌리고 계속하여 이렇게 소리쳤다.

"너희들은 대장군의 어머니인 나를 먼저 죽이기 전에는 [내 동생] 루키우스를 죽이지 못할 것이다."

그와 같은 행동으로써 안토니우스의 어머니는 남동생을 빼돌려 목숨을 구해 주었다.

21

그 무렵에 로마인들은 대체로 안토니우스와 옥타비우스와 레피두스의 삼두 정치를 싫어했는데, 그 가운데에서도 안토니우스가 가장 많은 비난을 들었다. 안토니우스는 옥타비우스보다 나이가 많았고, 권력은 레피두스보다 강력했다. 주변에 신경 쓸 일이 없어지자 옛날의 사치와 방종이 되살아났다.

이미 여론은 최악으로 치달았지만, 그가 살던 집으로 말미암아 안토니우스는 더 많은 미움을 샀다. 그 집은 본디 폼페이우스의 것이었다. 세 번의 개선식을 치른 폼페이우스는 비난을 받기보다는 절제와 정연하고도 민주적인 삶 때문에 칭송을 받은 인물이었다.

그런 까닭에 그 집이 장군과 고위 관리와 대사들에게는 문을 닫은 채 그들을 문전에서 무례하게 쫓아내고, 그 대신에 광대와 마술사와 술 취한 아첨꾼들을 초대하고, 가장 폭력적이고도 잔인한 방법으로 벌어들인 돈을 그들에게 퍼 주는 것을 본 민중은 분노했다. 안토니우스와 옥타비우스와 레피두스 세 사람은 자기들이 죽인 사람들의 아내와 친척에게 거짓된 죄를 뒤집어씌운 뒤 재산을 빼앗아 팔고, 온갖 세금을 거두는 일에도 발을 담갔다.

외국인들이 불의 신 베스타 신전의 여사제(Vestal Virgin)들에게 돈을 맡긴다는 것을 안 세 사람은 그들을 찾아가 돈을 빼앗았다. 안토니우스가 그토록 축재하고서도 만족하지 않고, 아무리 많은 돈을 착취하고서도 씀씀이가 헤퍼 돈이 남아 있을 것 같지 않자 옥타비우스는 안토니우스가 돈을 모두 탕진하기에 앞서 그 돈을 나누어 갖자고 요구했다. 안토니우스와 옥타비우스는 또한 로마의 내정을 레피두스에게 맡기고, 군대를 나누어 브루투스와 카시우스를 무찌르러 마케도니아로 진격했다.

22

전쟁이 시작되자 안토니우스와 옥타비우스는 바다를 건너 적진 가까이에 진영을 차렸다. 안토니우스는 카시우스를 맞아 싸우고 옥타비우스는 브루투스를 맞아 싸웠는데, 옥타비우스는 전과가 없었지만 안토니우스는 곳곳에서 이겼다. 첫 전투에서 옥타비우스는 브루투스에게 무참하게 져 본진을 잃고 가까스로 추격자를 벗어나 몰래 도망했다.

옥타비우스는 그의 친구가 꿈속에서 신탁을 받았는데, 전쟁에서 물러서라고 말하기에 물러섰다고 회고록에서 쓴 바 있

안토니우스

다. 안토니우스는 카시우스를 무찔렀다. 그러나 어떤 기록에 따르면, 안토니우스는 그 전장에 없었고, 그의 병사들이 적군을 추격할 때에야 나타났다고 한다.

카시우스는 자기가 신임하는 해방 노예 핀다로스에게 명령하여 자기를 죽이게 했다. 왜냐하면 그는 브루투스가 승리한 것을 몰랐기 때문이었다. 며칠이 지나 브루투스도 전쟁에 지고 자살했다. 이 무렵에 옥타비우스는 몸이 아팠으므로 안토니우스가 대부분의 전공을 차지했다. 안토니우스는 브루투스의 시체 옆에 서서 잠시 브루투스의 손에 죽은 아우를 생각하며 브루투스를 책망했다.

안토니우스의 아우는 키케로를 죽인 앙갚음으로 브루투스의 손에 죽었다. 그러나 동생의 죽음에는 브루투스보다는 카이사르 휘하의 장군이었던 퀸투스 호르텐시우스가 더 비난받아야 한다고 생각한 안토니우스는 호르텐시우스를 동생의 무덤 위에서 죽이도록 지시했다.

그러면서도 안토니우스는 매우 값진 자신의 자주색 전포(戰袍)를 벗어 브루투스의 시신을 덮어 주며 해방 노예에게 장례식을 보살피도록 지시했다. 그러나 그 해방 노예가 브루투스의 시체와 함께 전포를 태우지 않았고, 장례식 비용으로 준 돈을 착복했음을 안 안토니우스는 그를 죽였다.

23

이런 일이 있은 뒤에 옥타비우스는 로마로 돌아갔는데, 몸이 너무 아파 이대로 가다가는 오래 살지 못할 것으로 생각했기 때문이었다. 그러나 안토니우스는 동부 지방에서 더 많은 돈을 추가로 거두고자 많은 군대를 이끌고 그리스로 진격했다. 삼두 정치의 세 주역은 모든 병사에게 5백 드라크마를 승전의 대가로 주겠노라고 약속했기 때문에 그만큼의 돈과 공물(貢物)을 받아 내려면 더 과감한 정책이 필요했다.

그 무렵 안토니우스는 그리스로 진군하면서 적어도 처음에는 잔인하거나 공격적인 행동을 보이지 않았다. 오히려 그는 문학적인 담론을 듣고 경기를 보고 종교 의식에 참여하기를 좋아했다. 사법 재판에서도 그는 합리적이었으며, '그리스를 사랑하는 사람(Philhellene)'이라는 칭호를 듣기 좋아했고, 그보다도 '아테네를 사랑한 사람(Philathene)'이라는 칭호를 더 좋아했다.

그리고 안토니우스는 아테네에 매우 많은 선물을 주었다. 메가라인들은 그들의 경쟁국인 아테네인들보다 더 좋은 것을 안토니우스에게 보여 주려 했는데, 그 가운데에서도 원로원의 의사당을 보여 주려고 안토니우스를 초청했다. 그러자 그는 그리로 가 둘러보았다. 메가라인들이 그에게 물었다.

"보신 소감이 어떠신지요?"

이에 그는 이렇게 대답했다.

"너무 작고 부패했군요."

한편, 안토니우스는 아폴론 신전을 수리해 주고자 이를 측량했으며, 원로원에게도 그곳의 수리를 약속했다.

24

[기원전 41년에] 안토니우스는 루키우스 켄소리누스(Lucius Censorinus)에게 그리스를 맡기고 자신은 아시아로 건너가 그곳의 재산을 빼앗고자 손을 뻗었다. 왕들은 자주 그의 문간을 드나들었고, 왕비들은 선물을 들고 와 아름다움을 뽐내며 그를 즐겁게 하고자 자신들의 명예도 버렸다. 로마에서는 옥타비우스가 내전에 휘말려 기진맥진해 있는 동안에 안토니우스는 평화와 여가를 마음껏 즐기면서 평소의 사치스러운 버릇으로 빠져들고 있었다.

아나크세노르(Anaxenor)와 같은 현악기 연주자, 크산토스(Xantus)와 같은 피리 연주자, 메트로도로스(Metrodoros)와 같은 무용수, 그리고 뻔뻔스럽기로는 로마에서 데려온 역병(疫病) 같은 무리를 능가하는 아시아의 재주꾼들이 그의 병영에 물밀 듯이 쏟아져 들어와 휘젓고 다녔다.

이들의 사치심을 채우려고 안토니우스는 자원을 낭비했다. 아시아인들이 보기에 소포클레스의 『오이디푸스왕』(§ 4)에 나오는 도시 테베가 온갖 향내로 가득 찼듯이, 그의 주변도 "노래와 신음 소리로 가득 찼다."

어쨌거나 안토니우스가 에페소스에 입성했을 때는 바코스의 신도처럼 차려입은 여인들과, 숲의 요정 사티로스(Satyros)와 목신(牧神) 화우누스처럼 차린 남자와 소년들이 그의 앞에서 길을 인도하였으며, 거리에는 담쟁이덩굴과 티르소스(Thyrsus) 지팡이[12]와 현악기와 관악기와 피리로 가득했다.

백성들은 그를 향해 마치 기쁨과 자비의 신인 바코스를 맞이하듯이 환호했다. 안토니우스가 몇몇 사람에게 그렇게 한 것은 틀림없지만, 대부분의 사람에게 그는 주신(酒神) 바코스이자 야만이었다. 왜냐하면 그는 귀족들에게서 재산을 빼앗아 아첨꾼과 악당에게 나누어 주었기 때문이었다. 또한 멀쩡하니 살아 있는 사람들을 죽은 것으로 신고한 뒤 그 재산을 빼앗는 일도 허다했다.

안토니우스는 마그네시아에 사는 어떤 사람의 집을 요리사에게 주었는데, 들리는 바에 따르면, 그 요리사는 안토니우스에게 저녁 식사를 한 번 잘 대접했다가 그런 횡재를 했다는 것이다. 그러나 드디어 안토니우스가 모든 도시에 두 번째로 세금을 부과하자 히브리아스(Hybrias)가 용기를 내어 이렇게 말했다.

"그대가 1년에 두 번씩 세금을 물릴 수 있다면, 우리에게도 1년에 여름과 가을 수확기를 두 번씩 오게 할 수 있겠군요."

---

12   그리스 신화에서 술의 신인 바코스의 지팡이를 뜻한다.

이와 같은 말은 매우 수사학적이었던 것이 사실이지만, 안토니우스의 입맛에 맞는 아첨처럼 들렸다. 그러자 히브리아스는 쉽고도 대담한 말투로 자신들이 안토니우스에게 20만 탈렌트를 바쳤다면서 이렇게 말을 이었다.

"만약 그대가 그 돈을 받지 못했다면 우리에게서 그 돈을 받아 간 사람에게 그것을 요구하십시오. 그러나 그대가 돈을 받고서도 지금은 한 푼도 없다면 우리는 이제 끝장난 사람들입니다."

이 말은 안토니우스에게 큰 충격을 주었다. 왜냐하면 그는 일이 어떻게 되어 가는지 모르고 있었기 때문이었다. 이는 그가 매사를 편하게 생각해서 생긴 것이 아니라, 그가 단순하여 주변 인물들을 너무 믿었기 때문에 일어난 일이었다. 안토니우스는 자신의 실수를 깨달았을 때 바로 후회하는 빛을 보였고, 자기에게 부당한 대접을 받은 사람에게 쉽게 사과했으며, 자기가 잘못을 저지른 사람에 대한 보상이나 잘못을 저지른 사람에 대한 처벌에 모두 손이 컸다.

그러나 안토니우스는 잘못한 사람을 처벌할 때보다 잘한 사람에게 선심을 쓸 때 더 손이 컸던 것으로 보인다. 또한 그의 음탕한 웃음이나 농담은 그 자체로서 치료 효과를 가지고 있었다. 왜냐하면 그 자리에 있던 사람들은 누구든 농담을 하거나 무례를 저지를 수 있었고, 또 안토니우스는 남의 일에도 호탕하게 잘 웃었지만, 자신이 웃음거리가 되는 것도 기분 나빠 하지 않았기 때문이다.

이와 같은 안토니우스의 버릇은 그가 한 일을 모두 망가뜨렸다. 왜냐하면 안토니우스는 대담하게 자신에게 농담을 던지는 사람들이 아첨을 하는 인간들이라는 사실을 생각하지도 못했던 것이다. 농담에 버무려진 그들의 칭송에는 톡 쏘는 양념과 같은 아첨이 섞여 있었다.

이런 식의 농담은 아첨을 들으면서도 질리지 않게 하는

안토니우스

특성이 있다. 그런 사람들은 술자리에서는 과감한 척 농담을 던지다가도 업무나 회의를 할 때는 순순히 몸을 숙였다. 그러면 상대의 환심을 얻으려고 노력하는 인간으로 보이지 않고, 상대의 뛰어난 지혜 앞에 굴복한 것처럼 보이도록 만들 수 있기 때문이었다.

25

그러다가 그는 클레오파트라와 사랑에 빠졌고, 이 사건은 그의 마지막이자 결정적인 실수가 되었다. 이 사랑은 그때까지 가슴 속에 조용히 숨어 있던 정열을 미치게 만들어, 그나마 유혹에 저항할 수 있었던 선량한 자질을 파괴하여 사라지게 했다. 안토니우스가 클레오파트라에게 사로잡히게 된 내력은 이렇다.

안토니우스는 파르티아인들과 벌일 전쟁을 준비하면서 클레오파트라에게 사람을 보내, 클레오파트라가 킬리키아에 있는 자기를 찾아와 카이사르를 죽인 카시우스에게 막대한 군자금을 제공한 이유를 해명하라고 명령했다. 그러나 안토니우스의 명령을 받고 사신으로 간 델리우스(Dellius)는 클레오파트라가 어떤 여자인지 잘 알고 있었다.

델리우스는 대화를 통해 클레오파트라가 교활하고 영리하게 자신을 상대하는 것을 보면서, 안토니우스는 이 여자를 해코지할 수 없고, 오히려 이 여자가 안토니우스에게 엄청난 영향력을 행사하리라는 것을 첫눈에 알아봤다. 그래서 그는 클레오파트라에게 아첨을 떨며 이렇게 말했다.

"아름답게 치장하고 킬리키아로 가되, 안토니우스는 매우 너그럽고 인간적인 장군이니 두려워하지 마십시오."

이는 호메로스의 『일리아스』(XIV : 162)에 나오는 제우스의 아내 헤라의 행동에서 따온 말이었다. 델리우스의 말에 따르기로 한 클레오파트라는 지난날 자신의 아름다움을 이용하여 카이사르와 폼페이우스의 아들 그나이우스(Gnaeus)를 유혹한 경험을 다시 써먹을 수 있다고 생각하면서 안토니우스를 더 쉽게 자기의 발아래 굽힐 수 있기를 바랐다.

클레오파트라가 카이사르와 그나이우스를 만났을 때는 남자 경험도 없던 어린 시절이었지만, 안토니우스를 만나러 가는 지금의 그는 육체적 아름다움이나 지적 매력이라는 점에서 정점에 올라 있던 [스물여덟의] 나이였다. 그는 많은 선물과 돈을 준비하며 번영하는 왕국의 여왕답게 차렸다. 그러나 그는 무엇보다도 자기 자신을 가장 믿었다. 그는 자신의 매력과 남자를 호리는 마력을 굳게 믿고 있었다.

26

안토니우스와 그의 친구들이 여러 번 클레오파트라를 소환하자, 그는 그들의 편지를 조롱하듯이 화려한 배를 몰고 키드노스강을 거슬러 올라갔다. 그 배의 고물에는 황금이 입혀져 있었고, 돛은 자주색 천으로 만들었으며, 그 위에서 사공들은 현악기와 관악기에 맞춰 노를 저었다.

클레오파트라는 베누스처럼 화장하고 천막 아래에 비스듬히 누워 있는데, 사랑의 신(Cupid)처럼 꾸민 소년들이 양쪽으로 서서 부채를 부치고 있었다. 또한 시중드는 하녀들은 바다의 요정 네레이데스(Nereides)와 우아함의 신(Grace)처럼 꾸민 채 어떤 이는 키 위에 앉고, 어떤 이는 밧줄 위에 앉아 있었다.

수많은 향로에서 피어오르는 향내가 강둑을 따라 퍼졌다. 어떤 주민들은 어귀에서부터 배를 따라 강둑을 달렸고, 어떤 사람들은 행렬을 보고자 마을에서 달려 나왔다. 광장에 있던 무리가 밀물처럼 모두 빠져나가자 안토니우스는 끝내 혼자서 자리에 앉아 있었다. 아시아의 행복을 위해 베누스가 바코스를 대접하고자 오고 있다는 소문이 파다하게 퍼졌다.

안토니우스가 사람을 보내 클레오파트라를 초청하자 오히려 그 여인은 자신이 남자를 초대하는 것이 합당하다고 말했다. 이에 안토니우스는 정중하고도 우애 있는 모습을 보여주고자 여인의 바람대로 움직였다. 안토니우스가 바라보니 그곳의 불빛은 말로 표현할 수 없을 만큼 놀라웠다.

들리는 바에 따르면, 엄청나게 많은 불빛이 한꺼번에 사방을 비추는데, 어떤 것은 직사각형을 이루고 어떤 것은 원형을 이루면서 가지런히 배열되어 있어 그 모습이 일찍이 보지 못한 장관을 이루었다고 한다.

27

다음 날에는 안토니우스가 답례로 클레오파트라를 대접했다. 그는 호화로움과 우아함으로써 그 여인을 압도하고 싶었지만 바로 그 두 가지 점에서 그는 뒤떨어져 완패했다. 그는 먼저 자기의 대접이 미흡하고 촌스러웠음을 스스로 불평했다. 클레오파트라는 그가 던지는 농담에서 군인다움과 평민의 티가 있음을 알아차리고, 아무 거리낌 없이 당돌하게 자기도 그런 식으로 상대했다.

클레오파트라의 아름다움에 관해 들려오는 바에 따르면, 클레오파트라는 누구와 비교할 수 없을 정도로 그렇게 아름답지도 않았고, 사람들의 넋을 빼놓을 정도도 아니었다고 한다. 그러나 클레오파트라와 함께 얘기를 나누다 보면 견줄 수 없는 매력에 빠지게 되며, 그의 설득력 있는 말솜씨와 더불어 다른 사람을 대하는 태도와 어우러진 그의 개성은 남들의 흥미를 불러일으키는 데가 있었다고 한다. 또한 클레오파트라의 목소리는 매우 감미로웠다. 그의 혀는 여러 줄을 가진 현악기와 같아서 그가 하고자 하는 언어를 쉽게 구사할 수 있었다.

그 덕분에 클레오파트라는 이방인들을 접견할 때 통역이 따로 필요하지 않았다. 그는 에티오피아인이나 트로글로디테(Troglodyte)인이나 히브리인이나 아라비아인이나 시리아인이나 [이란 북서부에 살던] 메디아인이나 파르티아인을 접견할 때도 통역의 도움 없이 그들의 언어로 대화했다. 들려오는 바에 따르면, 그 이전의 왕들은 모국어를 배우려고 노력하지 않았을 뿐만 아니라 마케도니아어조차 사실상 포기했지만, 클레오파트라는 여러 나라의 말을 구사했다고 한다.

28

이제 안토니우스는 완전히 클레오파트라의 포로가 되었다. 그의 아내 풀비아가 로마에서 남편을 위해 옥타비우스와 싸우고, 파르티아의 군대가 메소포타미아 평야에서 배회하고, 왕의 장군들이 라비에누스(Labienus)[13]를 파르티아의 총사령관으로 임명하여 시리아로 진격하려고 준비하고 있을 때, 클레오파트라에게 빠진 안토니우스는 알렉산드리아로 가는 길을 재촉했다.

그곳에서 안토니우스는 젊은이들과 함께 운동을 즐기고 여가를 보내느라고, 안티폰(Antiphon)이 말한 것처럼 '세상에서 가장 귀한 시간'을 허송했다. 그곳에서 그는 '흉내 낼 수 없는 사람들'이라는 친목회를 만들어 매일 서로 번갈아 가며 엄청난 비용을 들여 잔치를 베풀었다.

어쨌거나 암피사(Amphissa)의 의사였던 휠로타스(Philotas)가 나의 할아버지인 람프리아스(Lamprias)에게 들려준 얘기에 따르면, 그 무렵에 휠로타스는 의학을 공부하며 알렉산드리아에 머무르면서[14] 왕실 요리사와 다정하게 지내는 터였다고 한다. 그는 그 요리사를 따라 젊은 나이에 호화스러운 왕실의 저녁 식사를 구경하러 가게 되었다.

휠로타스가 부엌을 볼 기회가 있어 들어가 보았더니 요리

---

13   라비에누스(Titus Labienus)는 폼페이우스 휘하의 장군으로, 카시우스와 브루투스의 지시를 받아 파르티아 왕을 지원하고자 이곳에 파견되어 있었다.

14   그 당시에 알렉산드리아에는 유명한 의학교가 있었다.

사들이 풍성한 음식을 준비하고 있는데, 멧돼지 여덟 마리를 굽고 있었다. 너무도 놀라워 도대체 손님이 몇 명이나 오느냐고 물었더니 요리사는 웃음을 터뜨리며 이렇게 말했다.

"손님은 많지 않아요. 열두 명뿐입니다. 그러나 우리는 모든 것을 요리해 두었다가 완벽하게 제공해야 합니다. 만든 뒤에 조금만 시간이 지나도 음식 맛이 상하기 때문이지요. 그런데 안토니우스는 손님이 도착하자마자 음식을 들여오라고 하는 경우도 있고, 음식을 미루고 술을 한잔 마시며 대화에 빠져들 때도 있습니다. 그럴 때는 조금 전에 만든 음식을 내갈 수가 없고 방금 만든 음식을 내가야 하지요. 언제 식사가 나갈지는 아무도 모르기 때문에 접시를 여러 개 마련해 두었다가 금세 가져 나가야 하므로 여러 접시의 음식이 필요합니다."

위의 이야기는 휠로타스가 늘 하던 이야기였다. 세월이 흘러 그는 안토니우스와 풀비아 사이에서 낳은 맏아들의 주치의가 되어, 안토니우스가 집에 없는 날에는 맏아들의 친구들과 한자리에서 식사하게 되었다. 언젠가는 식사를 하는데 한 의사가 수다를 떨어 여러 사람에게 불편을 주자 휠로타스가 다음과 같은 궤변으로 그의 입을 막았다고 한다.

"몸에 열이 있는 사람에게는 얼음물을 주어야 합니다. 그리고 열병을 가진 사람은 모두 열이 납니다. 그러므로 열병을 가진 사람은 누구나 얼음물을 마셔야 합니다."

그러자 상대는 당황하여 아무 말도 하지 못했고, 안토니우스의 아들은 즐겁게 웃으며 이렇게 말했다.

"휠로타스 선생, 여기 있는 물건을 모두 그대에게 주겠소."

그러면서 그는 식탁 위에 놓여 있는 많은 잔을 가리켰다. 휠로타스는 그 젊은이의 호의를 모르는 바 아니었지만, 그에게 과연 그럴 만한 권한이 있는지 의심스러웠다. 그러나 곧이어 그의 노예가 그 물건들을 자루에 넣더니 그 위에 봉인하라고 요청했다. 휠로타스가 사양하며 그것들을 가져가기를 두려워하자 노예가 이렇게 말했다.

"아, 가여운 분이군요. 왜 멈칫거리세요? 이 물건들을 주시는 분이 안토니우스의 아드님이에요. 그분에게 그 금붙이들을 줄 만한 권리가 있다는 것을 모르세요? 그러니 제 말을 들으시고, 그 물건들을 곧바로 현금으로 바꾸세요. 이 물건들은 골동품인 데다가 예술적 가치도 높은 보물들이어서 아버지가 돌아오면 찾을지도 모릅니다."

나의 할아버지의 말씀에 따르면, 이 이야기는 휠로타스가 기회 있을 때마다 사람들에게 들려준 것이라고 한다.

29

플라톤의 『고르기아스』(§ 464)에 따르면 아첨에는 네 가지가 있다고 한다. 그러나 클레오파트라에게는 아첨의 방법이 수도 없이 많아, 안토니우스가 심각할 때나 즐거울 때나 새로운 기쁨과 매력을 제공하면서 그를 밤낮으로 놓아주지 않았다.

클레오파트라는 안토니우스와 함께 주사위 놀이를 하며 술을 마시고, 사냥하거나 그가 체력을 단련하는 모습을 지켜보았다. 밤이 되어 안토니우스가 여염의 창이나 문에 붙어 서서 사람들을 놀려 줄 때면 그 여인도 하녀의 옷으로 갈아입고 그 얼빠진 짓을 함께 즐겼다. 왜냐하면 안토니우스가 하인처럼 차려입고 다니려 했기 때문이었다.

그 때문에 안토니우스는 집으로 돌아오기 전에 흠씬 욕을 얻어먹고 매를 맞는 경우도 흔했다. 그럴 때면 주민들도 그가 누구인지를 알고 있었다. 그러나 알렉산드리아인들은 안토니우스의 그와 같은 거친 재치를 함께 즐겼고, 자신들의 우아하고 교양 있는 방법으로 그 놀이에 동참했다.

그들은 안토니우스를 좋아하면서, 그 사람은 로마인들 앞에서는 비극의 가면을 쓰지만 자기들 앞에서는 희극의 가면을 쓴다고 말했다. 여기에서 안토니우스의 어린애 같은 장난을

안토니우스

모두 소개하는 것은 어이없는 일일 것이다. 그래서 한 가지만 더 들고자 한다.

어느 날 안토니우스가 낚시를 하는데 고기는 잡히지 않고 클레오파트라가 보고 있는 터여서 짜증이 났다. 그래서 그는 어부들을 시켜 물속으로 들어가 미리 잡아 놓은 고기를 자신의 낚시에 꿰어 놓도록 했다. 그런 식으로 두세 번 고기를 잡아 올렸다. 그러나 내막을 빤히 알고 있는 이집트 여인은 애인을 칭찬하는 시늉을 했다.

그다음 날 클레오파트라는 친구들을 초대하여 안토니우스의 낚시 솜씨를 구경하게 했다. 많은 사람이 배에 오르자 안토니우스가 낚시를 드리웠다. 그때 클레오파트라는 자신의 시종에게 물 밑으로 들어가 안토니우스의 낚시에 흑해(黑海)에서 잡은 자반 물고기를 꽂아 넣도록 했다. 무언가 걸렸다고 생각한 안토니우스가 낚시를 들어 올리자 모든 사람이 손뼉을 치며 웃었으니 그럴 만한 일이었다. 그 모습을 보며 클레오파트라가 이렇게 말했다.

"대장군이시여, 그대의 낚싯대를 파로스섬이나 카노푸스 (Canopus) 마을의 어부들에게 주시고, 그대는 도시와 왕국과 대륙을 낚으시지요."

30

안토니우스가 그와 같은 하찮은 어린애 짓에 빠져 있을 때 두 군데에서 놀라운 소식이 들어왔다. 하나는 로마에서 들어온 소식으로, 안토니우스의 동생 루키우스(Lucius Antonius)와 아내 풀비아가 처음에는 서로 싸우더니 이제는 힘을 합쳐 옥타비우스와 싸우다가 패배해 이탈리아에서 도망하고 있다는 것이었다.

다른 소식도 앞의 소식보다 더 나을 것이 없었다. 파르티아군을 이끄는 라비에누스가 아시아를 정복하고자 에우프라테스와 시리아에서부터 쳐들어오고 있는데, 벌써 리디아와 이오니아까지 왔다는 내용이었다.

주색에 깊이 빠져 잠을 자다가 일어난 안토니우스는 드디어 [기원전 40년 연말에] 파르티아군을 막고자 군대를 일으켜 페니키아까지 진군했다. 그러나 아내에게서 비탄에 찬 편지를 받은 안토니우스는 함대 2백 척을 이끌고 이탈리아로 진로를 바꾸었다.

안토니우스는 이탈리아에서 탈출한 부하를 만나 이번 전쟁을 일으킨 사람이 자기 아내라는 사실을 알았다. 풀비아는 본디 참견하기를 좋아하고 고집이 센 여자였는데, 이탈리아에서 분란이 일어나면 남편이 클레오파트라와 떨어져 귀국하리라 기대하고 일을 저지른 것이었다. 풀비아는 남편을 만나러 배를 타고 오다가 시키온에서 병에 걸려 죽었다.

아내의 죽음은 안토니우스가 옥타비우스와 화해할 기회가 되었다. 안토니우스가 이탈리아에 이르렀을 때 옥타비우스는 그를 비난할 뜻이 없음을 분명히 했고, 안토니우스도 자기에게 쏟아지는 비난을 아내 탓으로 돌릴 수 있었다.

두 사람의 대리인들은 제기된 변명을 검토할 시간도 주지 않은 채 두 사람을 화해시키고, 제국을 둘로 나누어 이오니아 해를 가운데 두고 동쪽은 안토니우스가 다스리고 서쪽은 옥타비우스가 다스리기로 했으며, 아프리카는 레피두스가 다스리게 했다. 그들은 또한 자신들이 몸소 집정관을 맡고 싶지 않을 때는 서로 친구를 내세워 번갈아 맡기기로 했다.

31

이와 같은 합의는 공정한 것으로 보였지만 두 사람에게는 좀 더 튼튼한 보장책이 필요했다. 그러던 터에 행운의 여신이 그들에게 기회를 주었다. 옥타비우스에게는 배다른 누나 옥타비아(Octavia)가 있었다. 옥타비아는 아버지의 첫 부인인 안카리

안토니우스

아(Ancharia)의 딸이었고, 옥타비우스는 아버지의 후취인 아티아(Attia)의 아들이었다. 옥타비우스는 그 누나를 무척 사랑했는데, 그야말로 감탄의 대상이었다고 한다.

옥타비아의 남편 카이우스 마르켈루스(Caius Marcellus)는 얼마 앞서 죽었기 때문에 그 여인은 혼자 몸이었다. 클레오파트라와의 관계를 부인하지는 않았지만, 아내 풀비아가 죽었기에 안토니우스도 홀아비였다. 그러나 안토니우스는 클레오파트라를 자신의 아내로 받아들인 것도 아니면서 이집트 연인과 나눈 사랑으로 갈등을 느끼고 있었다.

모든 사람이 옥타비아와 안토니우스의 결혼을 성사시키려고 노력했다. 그 여인은 아름다움뿐만 아니라 지성미와 품위를 갖추고 있었고, 안토니우스와 결혼하여 그러한 여인이 당연히 받아야 할 사랑을 받게 되면 로마에 조화와 완전한 해방이 오리라고 사람들은 생각했다.

따라서 안토니우스와 옥타비우스가 합의하고, 그들은 로마로 가서 결혼식을 올렸다. 로마의 법률에 따르면, 남편이 죽은 지 10개월이 지나지 않은 여인은 결혼할 수 없었지만 원로원이 그러한 시간의 제한을 면제하는 법안을 통과시켰다.

32

그 무렵에는 대(大)폼페이우스의 아들인 섹스투스 폼페이우스가 시킬리아를 장악하고 이탈리아를 약탈하고 있었으며, 선장 메나스(Menas)와 메네크라테스(Menecrates)가 이끄는 해적선이 함선들을 불안하게 만들었다. 그러나 섹스투스[15]는 안토니우스의 어머니가 며느리 풀비아와 함께 로마에서 도망쳐 나올 때 그들에게 피난처를 마련해 준 일이 있어 안토니우스는 그

---

15   본문에는 'Pompeius'로 되어 있으나 여기에서는 대(大)폼페이우스와의 혼동을 피하고자 섹스투스로 표기한다.

에게 호감을 갖고 있었다.

이런 이유로 안토니우스는 섹스투스와 강화를 맺기로 결정했다. 그들은 미세눔(Misenum)곶의 방파제에서 만났는데, 섹스투스의 함대는 그 근처에서 닻을 내리고 안토니우스와 옥타비우스도 그곳에 진영을 차렸다. 이 자리에서 섹스투스가 사르디니아와 시킬리아를 차지하는 대신에 해적을 소탕하고 로마에 일정한 양곡을 보내기로 합의가 이뤄지자 그들은 서로 저녁 식사에 초대했다.

제비뽑기를 한 결과, 섹스투스가 먼저 안토니우스와 옥타비우스를 초대하기로 결정되었다. 안토니우스가 식사 장소는 어디냐고 묻자 섹스투스는 노가 여섯 층으로 달린 사령관의 배를 가리키며 이렇게 말했다.

"저기가 좋겠소. 저곳은 내가 물려받은 조상의 집입니다."

이 말은 안토니우스가 대(大)폼페이우스의 집을 차지한 것을 비난하고자 한 말이었다. 그리하여 섹스투스는 닻을 내리고 배와 육지를 잇는 다리를 만들어 손님들을 극진히 맞이했다. 그들의 우정이 무르익어 안토니우스와 클레오파트라 사이의 연애를 농담 삼아 이야기할 무렵에 해적 선장 메나스가 섹스투스에게 다가와 남들이 알아듣지 못하도록 이렇게 속삭였다.

"배의 밧줄을 끊어 버린 뒤 저 친구들을 끌고 바다로 나가 [모두 처단하고] 장군을 사르디니아와 시킬리아뿐만 아니라 로마 전체의 지배자로 만들어 드릴까요?"

그 말을 들은 섹스투스는 잠시 생각하다 이렇게 말했다.

"그런 일을 하려면 나도 모르게 했어야지……. 이제는 이대로 만족하세. 나중에 위증하게 된다면 그것은 내가 살아가는 방법이 아니라네."

그런 일이 있고 나서 섹스투스는 안토니우스와 옥타비우스의 대접을 받고 시킬리아로 돌아갔다.

33

이렇게 협약이 이뤄진 뒤 안토니우스는 파르티아인들이 더 이상 공격해 오지 못하도록 벤티디우스(Ventidius)를 아시아로 파견하고, 자신은 옥타비우스를 즐겁게 해 주고자 대(大)카이사르의 후임 대사제(Pontifex Maximus)에 취임했다. 그늘은 중요한 정치적 업무를 우호적인 분위기 속에서 함께 처리했다.

그러나 두 사람 사이에 벌어지는 경쟁적인 놀이는 늘 안토니우스를 짜증 나게 했다. 왜냐하면 그가 늘 졌기 때문이었다. 그 무렵에 안토니우스의 집에는 이집트에서 온 점쟁이가 있었는데, 그 점쟁이는 출생 시간으로 사람의 운명을 알아맞혔다. 그는 클레오파트라에 대한 호감 때문이었든지 아니면 안토니우스에게 진실을 말하고 싶어서였든지, 안토니우스에게 솔직하게 말했다.

"장군님의 운명이 찬란하기는 하지만 옥타비우스를 보호하는 운명의 신을 만나면 빛을 잃습니다. 그러니 되도록 옥타비우스와 떨어져 지내십시오. 장군님의 수호신은 옥타비우스의 수호신을 두려워하고 있습니다. 장군님의 수호신은 혼자일 때는 굳세고 당당하지만 옥타비우스의 수호신이 다가오면 주눅이 들고 초라해집니다."

주변에서 벌어지는 일들을 보아도 이집트 점쟁이의 말이 맞는 듯해 보였다. 들리는 바에 따르면, 재미 삼아 그들이 함께 하는 일을 결정짓고자 주사위를 던져도 안토니우스가 졌다. 하다못해 닭싸움을 하거나 메추라기 싸움을 벌여도 옥타비우스가 이겼다.

일이 이렇게 되자 겉으로 드러내지는 않았지만 안토니우스는 짜증이 나서 점점 더 이집트 점쟁이의 말에 솔깃해져 사사로운 일까지도 옥타비우스에게 맡기고 자기는 딸을 낳은 옥타비아를 데리고 멀리 그리스로 떠났다.

안토니우스가 파르티아인들에게 파병한 벤티디우스가

승리를 거두고, 히로데스(Hyrodes)왕의 가장 유능한 장군인 파르나파테스(Pharnapates)와 라비에누스를 죽였다는 소식을 들은 것은 그해 [기원전 39년] 겨울이었다.

안토니우스는 승리를 축하하고자 그리스인들에게 잔치를 베풀고 아테네인들이 벌이는 운동 경기의 책임을 맡았다. 그는 로마 장군의 휘장을 집에 두고, 그리스 외투를 입고 흰 구두를 신은 채 경기 책임자의 지팡이를 들고 앞으로 나아가 과열된 젊은 선수들의 목을 잡아끌어 떼어 놓기도 했다.

34

전쟁터로 나가려 할 즈음에 안토니우스는 아테나 여신이 신전의 언덕에 심었다고 전해 오는 올리브나무의 가지로 만든 화관을 쓰고, 신탁에 따라 클렙시드라(Clepsydra)에서 떠 온 성수(聖水)를 항아리에 채운 다음 그것을 싣고 배를 띄웠다. 그러는 사이에 히로데스왕의 아들 파코로스(Pacoros)는 파르티아의 많은 군대를 이끌고 다시 시리아로 진격했다.

그러나 [기원전 38년] 벤티디우스가 키레스티카에서 파코로스를 맞이하여 섬멸하고 적군 대부분을 살육하였는데, 그들 가운데 파코로스가 제일 먼저 죽었다. 이 전투는 로마의 역사에서 가장 찬란한 승리 가운데 하나로, 크라수스 치하에서 겪은 참패를 갚고도 남을 만했다.

세 번에 걸친 전투에서 연거푸 패배한 파르티아인들은 메디아와 메소포타미아 안쪽으로 갇히게 되었다. 그러나 혹시라도 안토니우스가 질투할까 두려웠던 벤티디우스는 더 이상 파르티아인들을 추격하지 않았다.

벤티디우스는 로마에서 벗어나려고 반란을 일으킨 부족을 공격하여 섬멸하고 사모사타(Samosata)에 있는 콤마게네(Commagene)의 안티오코스를 장악했다. 안티오코스가 1천 탈렌트를 제시하며 안토니우스의 명령에 따를 것을 휴전 조건으로 제안하였으나, 벤티디우스는 그 문제는 안토니우스에게 직접 하라고 그에게 명령했다.

그 무렵에 안토니우스는 가까이 와 있으면서도 벤티디우스가 파르티아인들과 강화 조약을 맺는 것을 허락하지 않았다. 안토니우스는 이 전투만이라도 자신의 이름으로 이기고 싶었고, 모든 전공이 벤티디우스에게 돌아가는 것을 바라지 않았다. 그러나 포위 시간이 길어지고, 포위된 파르티아인들은 강화가 이뤄지리라는 희망을 잃자 대담하게 항전했다.

안토니우스로서는 이룬 것도 없이 수치만 겪고 지난번의 강화 조건을 받아들이지 않은 것을 후회하면서 배상금 3백 탈렌트를 받고 강화 조약을 맺었다. 시리아에서 자잘한 일들이 해결되자 안토니우스는 아테네로 돌아와 벤티디우스를 고국으로 보내 영예와 승전의 기쁨을 누리게 해 주었다.

벤티디우스는 이제까지 파르티아인을 상대로 승리를 거둔 유일한 장군이다. 그는 보잘것없는 집안에서 태어났으나 안토니우스와 나눈 우정 덕분에 위대한 업적을 남길 기회를 얻을 수 있었다. 그는 이러한 기회를 최대한 이용했다. 그 전공은 일반적으로 안토니우스와 옥타비우스가 이룬 것으로 알려졌으나, 사실 그 두 사람은 자신들이 이룬 공적이 아니라 그 부하의 공적으로 말미암아 승자가 된 것이다.

왜냐하면 안토니우스의 장군 소시우스(Sossius)는 시리아에서 공을 세웠고, 안토니우스가 아르메니아에 남겨 두었던 카니디우스(Lucius Canidius)는 이베리아와 알바니아의 왕뿐만 아니라 그들의 백성들까지 정복한 다음 카우카소스까지 진격했기 때문이다. 결과적으로 안토니우스는 자신의 이름과 권력이 가지고 있던 명예를 이방 민족의 가슴에 깊이 새겨 넣었다.

35
그러나 안토니우스는 옥타비우스가 자기를 비방한다는 말을 듣고 다시 한번 분노하여 전함 3백 척을 이끌고 이탈리아로 출항했다. 브룬디시움 시민이 그의 무장 병력을 받아들이지 않자 안토니우스는 해안을 따라 타렌툼으로 갔다. 여기에서 안토니우스는 그리스에서부터 함께 온 아내 옥타비아의 요청에 따라 아내를 처남 옥타비우스에게 보냈다. 옥타비아는 그 무렵에 임신 중이었고, 이미 안토니우스와의 사이에서 두 딸을 두고 있었다.

가던 길에 옥타비아는 동생 옥타비우스를 만났다. 옥타비아는 동생의 친구인 아그리파(Marcus Vipsanius Agrippa)와 문학적 동지인 마이케나스(Calnus Cilnius Maecenas)의 지지를 받으면서 옥타비우스에게 기도하듯 간청했다.

"가장 행복했던 한 여인이 이제 가장 저주받은 여인으로 추락하지 않도록 해 주세요."

이제 세상 사람들은 대장군 안토니우스의 아내이자 옥타비우스의 누나인 자기를 바라보고 있다고 말하면서 옥타비아는 이렇게 말을 이었다.

"그러나 만약 일이 잘못되어 처남 매부 사이에 전쟁이라도 일어난다면, 누가 이기고 누가 질는지 불확실하지만, 어느 쪽이든 나의 운명은 비참해질 것입니다."

누나의 말에 굴복한 옥타비우스는 평화로운 방법으로 문제를 풀려고 타렌툼으로 내려왔다. 여기에서 주민들은 가장 고결한 장면을 목격하였으니, 육지에 있던 장군은 군대를 움직이지 않았고 바다 위의 장군은 함대를 움직이지 않았으며, 그동안에 양쪽 사령관과 막료는 서로 만나 우정 어린 인사를 나누었다.

안토니우스가 먼저 옥타비우스를 식사에 초대했고, 옥타비우스는 누나를 위해 이를 받아들였다. 옥타비우스는 파르티아 전쟁을 돕고자 안토니우스에게 2개 군단의 병력을 지원하고 안토니우스는 청동으로 무장한 추돌선(追突船)을 제공하기로 합의가 이뤄졌다.

그러자 옥타비아는 이러한 합의와는 별도로 남편은 옥타
비우스에게 20척의 경선(輕船)을 제공하고 옥타비우스는 1천
명의 병사를 남편에게 주도록 제안하여 합의를 얻어 냈다. 이
런 일이 있고 나서 [기원전 37년에] 옥타비우스는 시킬리아를 장
악하고자 곧 섹스투스 폼페이우스를 공격했고, 안토니우스는
전처 풀비아에게서 낳은 아이들과 함께 옥타비아를 옥타비우
스에게 맡기고 아시아로 건너갔다.

36

그러나 안토니우스가 시리아에 가까워지고 새로운 권력을 얻
으면서 그의 안에 잠들어 있던 악마의 유혹이 불꽃처럼 되살
아났다. 그것은 다름이 아니라 그동안 사라졌다고 세상 사람
들이 생각했던 클레오파트라에 대한 열정이었다. 결국, 플라
톤이 말한 것처럼,[16] 고상한 생각들 때문에 누그러져 있다가
이제는 주체할 수 없게 된 야수의 영혼이 되살아났다. 그는 폰
테이우스 카피토(Fonteius Capito)를 보내 클레오파트라를 시리
아로 데려오도록 했다.

클레오파트라가 시리아로 오자 안토니우스는 그의 영토
에 얹어 결코 적지 않은 영토를 그 여인에게 주었는데, 페니키
아, 시리아 분지(Coele-Syria), 키프로스 그리고 킬리키아 대부
분이 그것이었다. 그뿐만 아니라 발삼(balsam) 향료가 나는 유
대 지방과 대양으로 이어지는 비탈의 땅 아라비아 나바타이아
(Arabia Nabataea)도 그 여인에게 모두 주었다.

이러한 선물 공세는 로마인들을 더욱 분노하게 했다. 안

---

16 플라톤은 인간의 욕정을 두 마리의 말이 끄는 전차에 비유한 바 있는데,
여기서 두 마리의 말이라 함은 명예욕을 뜻하는 흰 말과 오만을 뜻하는
검은 말을 가리킨다.(플라톤, 『파이드로스』, § 254)

토니우스는 지난날에도 개인들에게 영지와 왕국을 주었고, 왕들에게서 왕국을 빼앗은 적이 있었으며, 유대의 왕인 안티고노스(Antigonos)를 감옥에서 끌어내 목을 베었다. 이런 일은 지난날에 없던 것이었다.

그러나 클레오파트라에게 준 영예만큼 로마인들에게 수치를 불러일으킨 것은 없었다. 안토니우스는 클레오파트라가 낳은 쌍둥이를 자기 아이로 인정하고, 아들을 알렉산드로스라 부르고 딸을 클레오파트라라고 불렀으며, 각기 '해'와 '달'이라고 별명을 붙여 줌으로써 추문을 더욱 키웠다. 그러나 그에게는 부끄러운 행동에 아름다운 껍질을 씌우는 재주가 있었다. 그는 이렇게 자주 말했다.

"로마 제국의 위대함은 받는 데에서 오는 것이 아니라 베푸는 데에서 오는 것이며, 고귀한 가문은 많은 왕을 지속적으로 낳음으로써 이어져 왔다. 우리의 선조는 아기 낳는 일을 한 여인의 몸에 의존하지도 않았고, 임신을 규제한 솔론의 법을 따르지도 않았으며, 많은 가문의 창조와 번성을 자연의 순리에 맡겼다."

37

[기원전 36년에] 프라아테스(Phraates)가 부왕(父王) 히로데스를 죽이고 파르티아 왕국을 차지하자 그곳의 많은 주민이 다른 나라로 도망했는데, 그 가운데 유명하고 세력 있는 인물인 모나이세스(Monaeses)는 안토니우스에게 몸을 의탁했다. 안토니우스는 모나이세스의 운명이 테미스토클레스와 같고, 자원이 풍부하고 너그럽다는 점에서 자기는 페르시아 왕과 같다고 생각했다.

그리하여 안토니우스는 모나이세스에게 시리아에 있는 라리사, 아레투사(Arethusa) 그리고 흔히 밤비케(Bambycé)라고 부르던 히에라폴리스(Hierapolis)를 주었다. 파르티아의 왕이 모나이세스에게 우정을 베풀려 하자 안토니우스는 기꺼이 모나이세스를 그의 조국으로 돌려보냈다. 프라아테스에게 거짓으로 평화에 대한 기대를 갖도록 속이기로 한 것이다. 그는 다만 크라수스의 전쟁 때 빼앗긴 군대의 문장(紋章)과 살아 있는 포로의 송환만을 요구했다.

안토니우스는 클레오파트라를 이집트로 보내고, 아라비아와 아르메니아를 거쳐 자신의 군대와 연합국 왕들의 군대가 만나기로 한 곳으로 나아갔다. 그가 진군하면서 만난 왕은 여러 명이었는데, 그 가운데에서도 가장 강력한 인물은 아르메니아의 왕 아르타바스데스(Artavasdes)였다.

아르타바스데스는 기병 6천 명과 보병 7천 명을 거느리고 있었다. 이곳에서 안토니우스는 자신의 군대를 사열했다. 로마의 군대는 보병 6만 명이었는데, 여기에는 로마군에 편입된 1만 명의 스페인군과 켈트족의 군대가 포함되어 있었다. 다른 부족들의 군대는 기병대와 경보병을 합쳐 3만 명이었다.

그러나 오늘날 들리는 바에 따르면, 인도인들을 두렵게 만들고, 온 아시아를 떨게 했던 이 군대도 클레오파트라에게 빠진 안토니우스에게는 아무 의미가 없었다고 한다. 그는 그 여인과 겨울을 보내고 싶어 안달한 나머지, 때도 아닌데 서둘러 전쟁을 일으켜 모든 일을 엉망으로 만들었다. 안토니우스는 자기 능력을 발휘하지 못했다. 그는 마치 약물이나 마법에 빠진 것처럼 클레오파트라가 있는 쪽만 바라보며 적군을 깨뜨리기보다는 어서 빨리 돌아가고 싶은 생각에 빠져 있었다.

38

이 과정에서 안토니우스는 몇 가지 실수를 저질렀다. 첫째로, 안토니우스의 군대는 8천 휘롱을 달려오느라 지쳐 있어 아르메니아에서 겨울을 보내며 휴식을 취했어야 했다. 그러다가 봄이 오기 직전, 파르티아군이 겨울나기를 끝내기 직전에 메디아를 공격했어야 했다. 그러나 그는 그렇게 오래 기다리지 못하고 아르메니아를 왼쪽으로 끼고 아트로파테네(Atropatené)의 끝자락을 돌아가며 그곳을 약탈했다.

둘째로, 안토니우스는 성을 포위하는 데 쓸 공성기를 3백 대의 수레에 싣고 갔는데, 그 가운데 어느 것은 길이가 약 24미터에 이르는 것도 있었다. 그것들은 고장이 나면 제시간에 부품을 갈아 끼울 수 없었다. 왜냐하면 북부 지방에서는 길이와 단단함에서 이를 대신할 나무가 자라지 않았기 때문이었다. 그럼에도 그는 진격을 서두르느라 이것들을 뒤에 남겨 두고 스타티아누스(Statianus)에게 그 수레들을 엄중히 지키도록 했다. 왜냐하면 그 무기로 말미암아 진군 속도가 느려지기 때문이었다.

그러는 동안에 안토니우스는 프라아타(Phraata)라는 큰 도시를 공격했는데 그 안에는 왕의 아내와 자식들이 머물고 있었다. 그러나 사태가 어려워지면서 공성기의 수레를 뒤에 두고 온 것이 실수였음이 곧 입증되었다. 그는 적진에 가까워지자 그 도시의 성채를 향해 토성을 쌓기 시작했는데, 그 작업이 매우 더디고 힘들었다.

그때 적장 프라아테스는 군대를 이끌고 내려오다가 안토니우스가 공성기의 수레를 뒤에 남겨 두고 왔다는 사실을 알고 막강한 기병대로 안토니우스를 공격했다. 적군은 스타티아누스를 포위하여 그를 살해하였고, 그때 1천 명의 병사가 그와 함께 전사했다. 더욱이 적군은 공성기를 노획하여 부숴 버렸으며, 엄청난 수의 안토니우스군을 포로로 잡았다. 포로 가운데에는 폰토스의 폴레몬(Polemon)왕도 있었다.

39

이번의 참패가 안토니우스의 부하들을 낙담시킨 것은 당연했다. 왜냐하면 그들은 전쟁 초반에 예상하지 못한 타격을 입었기 때문이었다. 그런 상황에서 이 전쟁의 장본인인 아르메니아의 아르타바스데스왕은 로마군의 참패를 보자 크게 낙심하여 군대를 이끌고 도망했다.

이제 파르티아 병사가 장엄한 대오를 지어 나타나 로마 병사를 모욕하며 위협했다. 안토니우스는 자신의 군대가 아무것도 하지 않고 있다가 절망에 빠지는 것을 바라지 않던 터라 10개 군단과 중무장한 3개 코호르트 그리고 자신의 모든 기병대를 이끌고 그 주변으로 식량을 찾아 나섰다. 그는 이렇게 함으로써 적군을 접근전으로 끌어낼 수 있으리라고 생각했다.

하루를 진군한 뒤 안토니우스는 적군이 자신을 둘러싸고 있으며 행군하는 자신을 공격하려 한다는 사실을 알았다. 그는 자신의 병영에 공격 신호를 보낸 다음, 마치 싸울 뜻이 없이 철군하려는 듯 적군을 속였다. 그는 초승달 모양으로 펼쳐진 적의 전선을 우회했다.

그러면서 그는 적군의 전위 부대가 보병의 공격권 안에 들어오면 기병대가 공격하도록 지시해 두었다. 횡대(橫隊)를 이루고 있던 파르티아인들이 보기에 로마군의 기율(紀律)은 말할 수 없이 엄정하여, 그들은 일정한 거리를 유지하면서 로마군을 바라보기만 했다. 로마군은 조금도 흐트러짐 없이 조용히 창을 휘두르며 행군하고 있었다.

그러나 신호가 떨어지면서 로마군이 방향을 바꾸어 소리치며 덤벼들었다. 파르티아군은 너무 가까이에서 전투가 시작되자 활을 쏘지 못했지만, 첫 공격을 맞아 격퇴했다. 그러나 로마 보병들이 소리를 지르고 무기를 휘두르며 공격에 가담하자 파르티아의 말들이 도망쳤고, 병사들은 싸워 보지도 못하고 달아났다. 안토니우스는 맹렬히 적군을 추격했다.

안토니우스는 이번에 전쟁을 끝내거나 적국의 영토 대부분을 차지하리라는 희망에 부풀어 있었다. 그의 보병은 50훠롱까지 적군을 추격했고, 기병대는 그 세 배나 추격했다. 그러나 적군의 피해를 헤아려 보니 포로가 겨우 30명이었고 전사자는 80명이었다. 그들은 크게 낙심했다. 이길 때는 겨우 그 정도의 전과밖에 올리지 못하고, 질 때는 수많은 우군과 전차를 빼앗겼다는 사실이 끔찍했다.

그다음 날 안토니우스의 병사들은 짐을 꾸려 프라아타를 거쳐 본진으로 돌아왔다. 그들은 행군하는 길에 적군을 만났는데, 처음에는 조금 보이더니 다음에는 조금 더 보이다가 나중에는 전군이 나타났다. 그들은 마치 지난번에 진 병사가 아닌 것처럼 새로운 모습으로 사방에서 달려들었다.

안토니우스의 군대는 온갖 고초를 겪으며 겨우 본진으로 돌아왔다. 그러자 이번에는 메디아인들이 토성을 공격하여 수비대를 패주시켰다. 이에 격분한 안토니우스는 후퇴한 장병들에게 '10분의 1법'(제16장 「크라수스전」, §10)을 실시했는데, 이는 대상자를 열 명씩 한 묶음으로 나누어 그들 사이에 한 명을 제비뽑기하여 죽이는 것을 의미한다. 그는 살아남은 병사들에게는 밀 대신 보리를 지급하도록 했다.

40

전쟁은 양쪽 모두에게 힘겨운 것이었지만, 앞으로 다가올 일들이 더욱 끔찍스러웠다. 많은 병사가 다치거나 죽지 않고서는 군수품을 마련할 수 없었기 때문에 안토니우스는 식량을 걱정했다. 프라아테스도 자신의 병사들이 겨울까지 야영을 계속하다가는 무슨 일이라도 저지르리라는 것을 잘 알고 있었다. 그는 로마군이 계속 버티며 남아 있을 경우에 병사들이 자기를 버릴지도 모른다는 두려움에 빠져 있었다. 추분이 지나면서 날씨는 더 차가워졌다. 그래서 프라아테스는 다음과 같은 계략을 꾸몄다.

로마군을 잘 아는 파르티아 병사들은 군수품을 장만하려는 전투에서 로마군에 대한 공격을 조금 늦추면서 그들이 물품을 조금 얻을 수 있도록 내버려 두었다. 그러면서 로마 병사들이야말로 진정한 군인이어서 자기들의 왕마저도 로마군을 칭송하고 있다고 공언했다. 이런 일이 있고 나서 파르티아 병사들은 말을 타고 로마 병사들의 주위를 배회하면서 이런 말을 퍼뜨렸다.

"프라아테스왕은 강화를 맺어 훌륭한 로마 병사들의 생명을 아끼고 싶지만 안토니우스가 그럴 기회를 주지 않는다. 그는 무섭고도 강력한 두 적인 굶주림과 겨울을 기다리고만 있으니, 그때가 오면 설령 파르티아인들이 로마 병사의 퇴각을 도와주더라도 그 고난을 피하기는 어려울 것이다."

많은 병사가 이와 같은 사실을 보고했고 안토니우스도 자기의 뜻을 굽히고 싶었지만, 그는 이방인들이 보여 주는 친절이 진짜 왕의 뜻인지 아닌지를 알기 전에는 적국에 사신을 보내지 않았다. 주변 사람들은 그것이 프라아테스왕의 뜻이니 두려워하거나 못 미더워하지 말라고 강력히 말했다.

이에 안토니우스는 문장(紋章)과 포로를 되돌려 달라는 새로운 요구와 함께 자신의 막료를 전령으로 보냈는데, 이는 자기가 무사히 후퇴하는 일이 어렵지 않은 것처럼 보여 주고 싶었기 때문이었다. 그러나 파르티아인들은 그런 문제라면 그토록 강력하게 요구할 사항이 아니라고 말하면서, 그가 퇴각하는 즉시 평화와 안전을 보장하리라고 약속했다.

이에 따라 안토니우스는 짐을 꾸리고 병영을 헐었다. 본래 안토니우스는 연설을 통해 민중을 설득할 줄 아는 사람으로, 다른 어떤 사람보다도 웅변으로 군대를 이끄는 재주를 타고난 사람이었다. 그러나 이때 그는 부끄럽고 의기소침하여 병사들에게 격려의 말을 하지 못하고 도미티우스 아헤노바르부스에게 그 연설을 대신하도록 지시했다.

몇몇 병사는 이 일에 분노했다. 안토니우스의 처신이 자신들을 모욕했다고 느낀 것이다. 그러나 나머지 대부분은 그

까닭을 알고 깊이 감동하였으며, 그들의 사령관에게 더욱 존경과 충성을 바치리라 생각했다.

41

안토니우스는 왔던 길로 돌아가고자 했다. 그 길은 나무가 없는 평지였다. 그때 마르디아(Mardia)족 출신의 사람 하나가 찾아왔다. 그는 파르티아 병사들의 습속을 잘 알고 있었고, 지난번 전투(§38)에서 로마군이 공성기를 지키려고 싸울 때도 로마인들에게 호감을 보인 적이 있었다. 그가 안토니우스를 찾아와 이렇게 권고했다.

"병사가 퇴각할 때 언덕을 오른쪽에 낀 채 바짝 붙어 가십시오. 방어에 쓸 지형지물이 없는 평야로 나가면 적의 기마 궁병들에게 그대로 공격당할 것입니다. 지금 이 상황은 프라아테스왕이 호의적으로 협상하는 척 하면서 로마 병사를 포획하려고 파 놓은 고도의 함정입니다."

이 말을 들은 안토니우스는 잠시 생각했다. 그는 지금 휴전이 성립된 상황에서 파르티아인들을 믿지 못하는 모습을 보여 주고 싶지도 않았고, 휴전이 성립된 상황에서 사람이 사는 마을을 가로질러 지나기로 했지만 그래도 미심쩍어 이렇게 물었다.

"내가 어떻게 그대를 믿을 수 있을까?"

그러자 안내인이 이렇게 대답했다.

"제가 도망할 수 없도록 쇠사슬로 채우고 데려가면 아르메니아의 안전지대까지 인도한 다음, 아무런 접전도 벌이지 않고 이틀 만에 장군을 목적지까지 안내할 수 있습니다."

안토니우스는 그의 권고에 따라 그를 억류한 채 이틀 동안 별 탈 없이 진군했다.

셋째 날이 되자 안토니우스는 파르티아인들에 대한 경계심을 모두 풀었다. 병사들의 군기도 점점 흐트러졌다. 그때,

마르디아족 안내인은 강둑이 무너져 많은 물이 로마군 쪽으로 흘러가는 것을 보았다. 그는 이것이 파르티아인들의 처사이며, 로마군의 행군을 방해하여 더디게 만들려는 것임을 알아차렸다. 그는 적군이 가까이 있으니 경계를 게을리하지 말라고 안토니우스에게 강력하게 말했다.

이에 따라 안토니우스는 곧 군단 병력의 전투 대오를 짜고 투창수와 투석병이 적의 진군을 저지하도록 정렬했다. 시야에 들어온 파르티아인들은 로마군을 둘러싸고 혼란에 빠뜨리려는 듯 주위를 돌았다.

로마의 경보병이 적군을 공격할 때마다 파르티아 병사들은 활을 쏘아 로마인들에게 많은 상처를 입혔지만, 로마 병사들은 납탄과 창으로 적군을 격퇴시켰다. 마침 그 무렵에 켈트족이 내려와 기병대로 적군을 휩쓸어 버리자 로마군은 다시 사기를 얻어 그들을 공격하여 흩어 버림으로써 그날은 더 이상 적군이 보이지 않았다.

42

이 전쟁을 통하여 앞으로 어떻게 해야 하는지를 알게 된 안토니우스는 창병과 투석 부대로 후미뿐만 아니라 좌우를 감싸고 가운데를 비운 사방진(四方陣)을 이루었다. 그들은 적이 쳐들어오면 기병대로 공격하고 적이 패주하면 더 이상 공격하지 않았다. 결과적으로 나흘에 걸친 싸움에서 얻은 것보다 잃은 것이 더 많은 파르티아군은 싸울 의지를 잃고 겨울이 되었다는 핑계로 물러날 생각을 했다.

그러나 닷새째가 되던 날, 플라비우스 갈루스(Flavius Gallus)라는 탁월한 장수가 안토니우스를 찾아와 후미의 경보병과 전방의 기병대를 지휘하도록 허락해 달라고 요청했다. 그는 그 정도의 병력으로 승리를 거두리라고 확신했다. 안토니우스가 그 병력을 주자 갈루스는 적군의 공격을 맞아 격퇴한 다음 지난날처럼 퇴각하면서 본진으로 적군을 끌어들이지 않고 더 위험한 전투를 치렀다. 뒤에 남아 있던 장수들이 갈루스가 자신들과 떨어져 고립되어 있다는 사실을 알고 전령을 보내 불러들이려 하였으나 그는 듣지 않았다.

들리는 바에 따르면, 그런 뒤 재정관 마르쿠스 티티우스(Marcus Titius)가 달려 나가 갈루스의 군장(軍章)을 붙잡고 그를 되돌리려 하면서 갈루스가 많은 맹장의 목숨을 버리고 있다고 비난했다. 그러나 갈루스는 오히려 티티우스를 비난하면서 병사들에게 항전하라고 독려하여 티티우스는 혼자 돌아왔다. 그러는 동안에 갈루스는 자기 앞의 적군을 향해 진격하느라 수많은 적군이 자신의 후방을 포위하고 있다는 사실을 몰랐다. 그러다가 사방에서 자신을 향해 화살이 쏟아지자 그제야 그는 도움을 요청했다.

이때 장군들 가운데 카니디우스라는 인물이 있었다. 카니디우스는 안토니우스에게 커다란 영향력을 미친 인물인데, 이때는 그가 작지 않은 실수를 한 것으로 여겨진다. 그들은 전군이 한꺼번에 나가 싸워야 할 순간에 갈루스를 구하고자 한 번에 조금씩 보내 싸우다가 그들이 지고 돌아오면 다시 조금 보내 싸우기를 몇 번 거듭했다.

그러다가 카니디우스가 사태의 어려움을 알았을 때는 이미 전군이 패배하여 도주해야 할 처지에 이르렀다. 그러자 안토니우스가 후미의 군대를 이끌고 달려 나가 도망해 들어오는 군사들을 저지하고, 곧이어 제3군단이 적군을 향해 돌진하여 더 이상 쳐들어오지 못하게 막았다.

43
이 전쟁에서 로마군은 3천 명 넘게 전사하고 5천 명의 부상자가 본진으로 후송되었다. 갈루스는 몸 앞쪽으로 네 군데에 화살을 맞았는데 끝내 회복하지 못하고 죽었다. 그러는 가운데에도 안토니우스는 부상병들을 찾아다니며 격려했다. 그의 얼굴에는 동정의 눈물이 가득했다.

그러나 병사들은 오히려 기쁜 얼굴로 안토니우스의 손을 잡고는 어서 돌아가 그의 건강을 돌보며 마음 아파하지 말라고 간청했다. 그들은 안토니우스를 대장군(Imperator)이라고 부르며 장군만 무사하다면 자기들도 안전하다고 말했다. 이처럼 그 시대의 어느 대장군도 그보다 더 용맹하고 끈기 있고 활기찬 군대를 조직하지는 못했다.

병사들이 자기들의 지도자인 안토니우스에게 느낀 존경심과 복종심과 호의보다 더 강력한 충성심을 얻은 장군은 없다. 명망이 높은 사람이든, 그렇지 못한 사람이든, 장군이든 하급 병사이든, 자신의 생명이나 안전보다 안토니우스의 명예와 호의를 값지게 생각했다. 안토니우스는 그런 면에서 과거의 어떤 로마인들보다 더 뛰어났다.

안토니우스가 어떻게 그런 존경을 받을 수 있었던가에 대해서는, 내가 앞에서 여러 번 말한 바 있지만, 그가 명문가의 후손이었다는 점, 웅변술, 소탈한 생활 방식, 남에게 베풀기를 좋아하고 손이 크다는 점, 놀이를 할 때나 사람을 사귈 때 정중하다는 점을 들 수 있을 것이다.

이처럼 안토니우스는 고생한 사람들과 불우한 삶을 사는 사람들에게 아낌없이 베풀고 그들이 바라는 바를 이뤄 줌으로써, 병들고 상처를 입은 사람들이 건강한 사람들보다 더 자신에게 충성하도록 만들었다.

44

그러나 얼마 전까지만 해도 기진맥진하여 전쟁을 포기하려 했던 적군은 이번의 승리로 우쭐해져 로마군을 얕보고 그날 밤 로마군 근처에서 야영했다. 그들은 패잔병들의 막사와 물품을 곧 약탈할 기세였다.

날이 밝자 더 많은 적군이 모여들었다. 들리는 바에 따르면, 기병대의 수가 4만 명에 이르렀다고 하는데 이는 적국의 왕이 자신의 호위 부대까지 참전시켰기 때문이었다. 왕은 승리를 확신했다. 왕이 몸소 전쟁에 참여하는 일은 일찍이 없던 일이었다.

안토니우스는 자신의 병사들에게 연설하기로 마음먹고 더 처절하게 보이도록 검은 외투를 가져오라고 지시했다. 그러나 막료가 이에 반대하자 그는 한 장군이 입던 자주색 외투를 입고 나타나 승전한 부대를 찬양하고 도망친 부대를 꾸짖는 내용의 연설을 했다. 그러자 승리한 무리는 더욱 사기가 올랐다.

도망친 무리는 자신의 처사를 변명하면서, 안토니우스가 원한다면 '10분의 1법'(§ 39)을 시행하든 아니면 그 밖의 어떤 처벌을 내려도 좋다고 말했다. 그들은 오직 안토니우스가 낙심하거나 분노하지 말라고 간청했다. 이에 대한 응답으로 안토니우스는 손을 흔든 다음 이렇게 하늘에 빌었다.

"만약 지난날 제가 승리하면서 저지른 죄를 책망하시려거든 오직 저 자신만을 나무라시고, 그 밖의 무리에게는 승리와 안전을 허락하소서."

45

그다음 날 로마군은 대오를 갖춰 잘 엄호하며 물러났다. 그들을 공격하던 파르티아군은 크게 놀랐다. 왜냐하면 그들은 로마군을 상대로 약탈이나 하고 전리품을 거두기만 하면 된다고 생각했기 때문이었다. 그런데 이제 로마군은 다시 화살을 쏘고, 더 용기를 뽐내며 반격해 왔다. 그러자 파르티아인들은 더 싸우고 싶은 마음이 없었다.

그러나 로마군이 비탈길을 내려가자 파르티아군은 로마군이 천천히 이동할 때 그들을 공격하며 화살을 쏘았다. 그러

안토니우스

자 방패 부대가 방향을 돌려 경보병 부대를 둘러싸며 무릎을 꿇고 그들 앞에서 방패를 치켜들었다. 그 뒤에 있던 두 번째 대열이 무릎을 꿇은 앞 대열의 머리 위로 방패를 치켜들었고, 그 위로 다시 세 번째 대열의 방패가 펼쳐졌다.[17]

그렇게 이루어진 대열은 마치 지붕처럼 생겨 장관을 이뤘는데, 이는 날아오는 화살이 미끄러지게 만듦으로써 가장 효과적으로 엄호해 주었다. 그러자 파르티아인들은 로마군이 지치고 피로하여 그러는 줄 알고 화살을 버리고 창 자루의 가운데를 잡고 다가오기 시작했다. 이에 로마군은 크게 소리치며 갑자기 자리를 박차고 일어나 창을 잡고 돌진하여 선두 부대를 죽이고 나머지를 쫓아 보냈다. 다음 날도 그런 일이 벌어지면서 로마군은 조금씩 앞으로 나아갔다.

로마군에 굶주림이 다시 찾아왔다. 그들은 전쟁을 통해 식량을 거의 얻을 수 없었고, 짐을 나르는 동물들이 대부분 죽었거나 병자와 부상병을 나르느라 곡식을 찧는 도구를 버렸기 때문에 운 좋게 곡식을 얻었다 해도 찧을 수가 없었다. 들리는 바에 따르면, 1그리스 코이닉스(attic choenix)[18]의 밀값이 50드라크마였으며, 보리빵 한 덩어리의 값은 같은 무게의 은(銀)값과 같았는데, 이는 1백 배가 오른 것이었다.

심지어 로마 병사들은 지난날에 알았던 풀과 뿌리를 찾을 수 없어 한 번도 맛본 적이 없는 것들로 배를 채울 수밖에 없었다. 그래서 그들은 처음에는 사람을 미치게 했다가 끝내 죽게 하는 풀도 먹었다. 그 풀을 먹은 사람들은 기억력을 잃고 마치 중요한 일이라도 되는 것처럼 돌을 들어 뒤집는 일밖에는 하

---

17   1열이 꿇어 앉은 자세로 방패를 일렬로 펼치고, 2열이 그 위에 한 줄의 방패를 얹고, 3열이 다시 그 위에 한 줄의 방패를 얹는 방어 전술이다. 로마인들은 이 전술을 테스투도(testudo)라고 불렀는데, '거북'이라는 뜻이었다.(디오 카시우스, 『로마사』, XLIX : 3)

18   1그리스 코이닉스는 0.95리터이다.

는 것이 없었다.

들판은 몸을 웅크리고 돌을 캐어 옮기는 사람들로 가득했다. 그들은 쓴 물을 토하더니 죽었다. 그 풀을 해독할 수 있는 것은 포도주뿐이었지만 얻을 수가 없었다. 들리는 바에 따르면, 많은 병사가 그렇게 죽어 가고 파르티아군의 공격이 멈추지 않자, 안토니우스는 하늘을 우러러 이렇게 탄식했다.

"아, 1만 병사여!"

이는 [기원전 401년에 키로스의 페르시아 원정에 참전했다가 키로스가 전사하면서 패전하자] 크세노폰이 부하 1만 명을 거느리고 바빌로니아에서 흑해까지 안토니우스 자신보다 더 먼 길을 어렵게 퇴각하면서 수없이 많은 전쟁에서 적군과 싸우며 살아 돌아온 고사(故事)를 칭송하고자 함이었다.

46

그럼에도 로마군을 깨뜨리지 못하고 대오를 흩뜨리지도 못했던, 심지어 여러 번 지고 도망치기까지 했던 파르티아군은 전술을 바꾸었다. 그들은 여물과 곡식을 찾아다니는 로마군에 자연스럽게 섞여 시위를 푼 활을 보여 주면서, 자기들은 지금 퇴각하는 중이며 복수전은 이것으로 끝났다고 말했다.

파르티아 병사들의 말에 따르면, 비록 메디아인들이 하루이틀 동안 따라가겠지만 그것은 로마군을 괴롭히고자 함이 아니라 멀리 떨어진 마을을 지키려는 것이라는 말도 했다. 이런 말에 덧붙여 그들이 우호적인 인사를 건네자 로마인들은 다시 한번 용기를 얻었다. 이 말을 들은 안토니우스는 산길로 가면 물이 없다는 말을 들은 터라 평야로 가는 길을 찾았다.

그러나 안토니우스가 이를 실행에 옮기려 할 때 적진에서 한 장수가 찾아왔다. 그는 미트리다테스(Mithridates)라는 사람으로서, 안토니우스의 막료로 있으면서 세 도시를 선물로 받았던 모나이세스의 사촌이었다. 그는 파르티아어나 시리아어

안토니우스

를 아는 사람을 불러 달라고 부탁했다.

그래서 안토니우스의 가까운 막료로서 안티오키아 출신인 알렉산데르(Alexander)가 불려 왔다. 이에 미트리다테스는 자기가 누군지를 밝히고, 자기가 지금 보여 주는 호의에 대해서는 모나이세스에게 보답해 주기를 바랐다. 미트리다테스는 통역 알렉산데르에게 건너편의 높은 산이 보이느냐고 물었다. 알렉산데르가 보인다고 대답하자 그는 이렇게 말했다.

"그 산 밑에는 파르티아의 모든 병력이 로마 병사를 기다리며 매복하고 있습니다. 왜냐하면 넓은 평야가 그 산에 닿아 있기 때문이지요. 그들은 로마 병사가 산길을 버리고 그 평야로 들어서도록 유인하려고 합니다. 그 산길에 물이 없고 통과하기 힘든 것은 사실이지만, 로마 병사들은 이미 그런 길에 익숙해 있습니다. 만약 안토니우스가 평야를 지나 퇴각하려 하다가는 [어이없이 파르티아인들의 손에 죽은] 크라수스와 같은 운명을 겪게 될 것이라고 장군에게 전하시오."

47

이런 말을 남기고 미트리다테스는 떠났다. 그 이야기를 듣고 마음이 불안해진 안토니우스가 막료들과 마르디아족 안내인을 불러 어찌할까를 물어보았더니 미트리다테스와 같은 의견이었다. 설령 적군이 없다 하더라도 평원에는 길이 없어 몹시 헤매리라는 것을 잘 알고 있던 길잡이는 산길이 험난하기는 해도 하루쯤 물 없이 견뎌야 하는 일을 제외하면 다른 어려움은 없다는 사실을 알려 주었다.

길잡이의 말에 따라 안토니우스는 부하들에게 물을 챙기도록 지시한 다음 산길을 향해 부하들을 인솔하고 떠났다. 그러나 대부분의 병사가 물통이 없어 어떤 병사는 투구에 물을 담고 나머지는 가죽 부대에 물을 담아 길을 떠났다. 안토니우스의 군대가 물러나고 있다는 소식을 들은 파르티아군은 밤에는 전투하지 않던 관례를 깨고 밤중에 곧바로 추격을 시작했다.

해가 떠오르기 직전에 파르티아군은 240훠롱을 달려오면서 잠을 못 자 기진맥진한 로마군의 후미를 따라잡았다. 그렇게 빨리 파르티아군이 추격하리라고 예상하지 못했던 로마군은 크게 낙심했다. 더욱이 그들은 적군과 싸우면서 진군해야 했기 때문에 목이 말랐다. 선봉에 서서 행군하던 부대가 강에 이르렀다. 강물은 깨끗하고 차가웠지만 소금기가 많고 독성이 있었다. 그 물을 마시는 순간, 로마 병사들은 심한 복통과 함께 목이 타는 듯이 말랐다.

마르디아족 안내인이 이미 그 물을 마시지 말라고 경고했음에도 병사들은 말리는 안내인을 물리치고 물을 마셨다. 안토니우스가 돌아다니며 잠시만 참아 달라고 간청했다. 그리 멀지 않은 곳에 마실 수 있는 강물이 있고, 산길이 너무 험준하여 기병대도 따라올 수 없으니 적군도 돌아갈 것이 틀림없다고 그는 말했다. 그와 함께 그는 병사들에게 전투를 멈추고 천막을 치도록 신호를 보내 그늘에서라도 잠시 쉬도록 했다.

48

안토니우스의 명령에 따라 병사들이 막사를 치자, 파르티아군은 그들이 늘 하던 대로 곧 물러가기 시작했다. 이 무렵에 미트리다테스가 찾아와 안토니우스에게 군대를 잠시 쉬게 한 다음 서둘러 강 쪽으로 행군하라고 조언하면서, 파르티아군은 그 강을 건너지 않고 다만 그 강에 이를 때까지만 추격할 것이라고 장담했다. 통역 알렉산데르에게서 이러한 조언을 들은 안토니우스가 많은 황금 술잔과 그릇을 그에게 주자 미트리다테스는 외투 안에 숨길 수 있을 만큼 많은 금붙이를 받아 떠났다.

그런 일이 있고 나서 대낮이었음에도 로마군은 막사를 허물고 다시 행군을 시작했다. 낮에는 적군이 그들을 괴롭히지 않았지만, 그날 밤은 가장 끔찍하고 두려운 밤이었다. 왜냐하면 로마군은 갑자기 목숨을 잃고 금붙이를 빼앗긴 데다가, 짐실은 동물의 물건도 약탈당했기 때문이었다.

더욱이 약탈자들은 안토니우스의 짐마차까지 공격하여 술잔을 약탈했고 값나가는 탁자를 살라 나눠 가졌다. 안토니우스의 전군이 커다란 혼란에 빠져 흩어졌다. 그들은 적군이 쳐들어와 자신들이 궤멸하여 흩어지는 줄로만 알았다.

안토니우스는 자신의 친위대 가운데 해방 노예인 람누스 (Rhamnus)에게서 자신이 지시하면 자기를 칼로 찔러 죽이고 목을 자르겠다는 맹세를 받아 두었다. 안토니우스는 살아서 포로가 되는 것도 바라지 않았고, 죽어서 적군이 자신의 시체를 알아보는 것도 바라지 않았다. 안토니우스의 막료들은 눈물을 흘렸지만 마르디아족 길잡이는 그를 격려하면서 강이 가까웠다고 말했다. 그쪽에서 불어오는 바람에는 습기가 담겨 있었고, 시원한 바람이 그들의 얼굴을 스쳐 숨을 쉬기도 더 편해졌다.

안내인은 자신들이 이제까지 걸어온 속력과 거리를 생각했을 때, 밤이 얼마 남지 않았고 곧 날이 밝으리라고 말했다. 그뿐만 아니라 지난밤에 일어났던 소동은 적군의 습격으로 벌어진 것이 아니라 몇몇 배신자들의 불법적이고도 탐욕스러운 약탈로 말미암은 것이었다는 말도 들렸다. 그러자 안토니우스는 병사가 더 이상 우왕좌왕하지 않고 않고 질서를 잡도록 하고자 막사를 설치하라고 명령했다.

49

날이 밝아 오자 병사들은 질서를 되찾고 평온해졌다. 그때 후미 쪽으로 적군의 화살이 날아와 신호에 따라 경보병들이 대오를 지었다. 중무장 부대도 앞서 한 바와 같이 방패로 자신들을 가리고 응전하니 적군도 더 이상 로마군의 병영에 접근하지 못했다. 그런 방식으로 전방 부대가 조금씩 앞으로 나아가자 강이 시야에 들어왔다.

강둑에서 안토니우스는 기병대의 전열을 펼쳐 적군을 막으면서 병자와 부상병을 먼저 건너게 했다. 이제 전투병들도 물을 마실 수 있게 되었다. 파르티아군은 강을 보자 화살의 시위를 풀고 로마군이 용맹스럽게 강을 건너기를 바라면서 그들의 용기에 찬사를 보냈다. 로마군은 흐트러짐 없이 강을 건너 대오를 정비한 다음, 행군을 다시 시작하면서도 파르티아군에 대한 경계를 늦추지 않았다.

적군과 마지막 전투를 치른 지 엿새째가 되는 날, 그들은 메디아와 아르메니아의 국경을 이룬 아라크세스(Araxes)강에 이르렀다. 물이 깊고 물살이 거세어 건너기가 쉽지 않아 보였다. 그뿐만 아니라 적이 그곳에 매복하여 로마군이 강을 건널 때 공격할 것이라는 보고가 들어왔다.

안토니우스의 병력이 무사히 강을 건너 아르메니아에 이르렀을 때 그들은 마치 바다를 항해하다가 육지를 발견한 것처럼 땅에 입을 맞추고 눈물을 흘리며 서로 껴안고 기뻐했다. 그들은 오랫동안 굶주린 탓에 군량이 넉넉한 곳을 지나면서 너무 먹어 설사와 부종(浮腫)으로 고생했다.

50

아르메니아로 철수한 안토니우스는 군대를 사열하며 보병 2만 명과 기병 4천 명을 잃었으며, 그들 모두가 전사한 것이 아니라 그 가운데 절반 이상이 병으로 죽었다는 사실을 알았다. 그들은 프라아타에서 27일 동안 행군하며 열여덟 번의 전투에서 파르티아군을 쳐부쉈지만, 추격이 짧았고 적군에 치명상을 입히지 못했다는 점에서 그들의 승리는 완전하지도 않았고 길지도 않았다. 그리고 이와 같은 사실은 안토니우스가 전쟁을 끝내지 못한 이유가 아르메니아의 왕 아르타바스데스에게 있음을

안토니우스

명백히 보여 주었다.

아르타바스데스가 메디아에서 철수시킨 1만 5천 명의 기병대는 파르티아인들과 꼭 같이 무장을 한 데다가 파르티아군과 싸워 본 경험도 있었다. 그래서 만약 로마군이 파르티아군을 쳐부쉈을 직에 아르메니아군이 도망병을 끝까지 추격했더라면 파르티아군은 그 패전에서 회복하지 못하고 다시는 공격하지 못했을 것이다.

이 때문에 온 로마군이 분노하며 아르메니아군에 복수하라고 안토니우스를 자극했다. 그러나 안토니우스는 자제력을 발휘하여 아르메니아 왕을 비난하지도 않았고, 그에게 보여 주었던 우정과 존경을 누그러뜨리지도 않았는데, 이는 그의 군대가 수적으로도 적고 군수품도 부족했기 때문이었다.

그러나 [기원전 34년에] 안토니우스가 다시 아르메니아를 쳐들어갔을 때 그는 아르타바스데스를 여러 번 초대하며 그가 자기에게 오도록 하여 체포한 다음 쇠사슬로 묶어 알렉산드리아로 데려가 개선식을 거행했다.

그러나 이곳에서 안토니우스는 또다시 로마인들에게 상처를 주었는데, 이는 클레오파트라를 즐겁게 해 주고자 자기의 조국에 바쳤어야 할 엄숙하고도 영예로운 개선식을 이집트인들에게 바쳤기 때문이었다. 그러나 이 일은 그 뒤에 일어난 일이다.

51

다시 안토니우스의 퇴각에 관한 이야기로 돌아가자. 어느새 겨울이 손끝에 다가왔다. 끊임없이 몰아치는 눈보라 속을 행군하면서 그는 다시 8천 명의 병사를 잃었다. 그러나 안토니우스는 적은 병력을 이끌고 바다로 나가 베리투스(Berytus)와 시돈 사이에 있는 '하얀 마을'로 들어가 클레오파트라가 오기를 기다렸다. 그 여인이 오는 것이 더뎌지자 안토니우스는 술을 마시고 잔뜩 취했다.

안토니우스는 탁상에 오래 앉아 있지 못하고 자리에서 벌떡 일어나 밖을 내다보았다. 드디어 그 여인이 많은 옷과 돈을 가지고 포구에 나타났다. 그러나 어떤 사람의 말에 따르면, 그가 클레오파트라에게 옷을 받은 것은 사실이지만 돈을 받지는 않았으며, 자기 돈을 꺼내 마치 그 여인이 주는 것처럼 부하들에게 나눠 주었다고 한다.

52

이 무렵에 메디아의 왕과 파르티아의 프라오르테스(Phraortes) 사이에 다툼이 벌어졌다. 들리는 바에 따르면, 로마군에게 빼앗은 전리품을 나누는 과정에서 벌어진 일이라고 하지만, 메디아인들은 이로 말미암아 자신의 왕국을 파르티아인들에게 빼앗기지나 않을까 하는 의심과 두려움에 빠졌다고 한다. 이에 메디아 왕은 안토니우스에게 사신을 보내 도움을 요청하면서 자기도 군대를 보내 파르티아를 쳐들어가는 데 함께 가겠노라고 약속했다.

이에 안토니우스는 기대에 부풀었다. 그가 생각하기에 지난번에 파르티아를 침공할 때 문제가 된 것은 기병대와 궁수가 부족했기 때문이었다. 그러나 이번에는 이 문제가 해결되었고, 더욱이 이번은 지난번과 달리 사정하는 입장이 아니라 베푸는 입장이 되면서 정치적 입지도 유리해졌다. 따라서 안토니우스는 다시 한번 아르메니아를 지나 아라크세스강에서 메디아인들을 만나 전쟁을 추진했다.

53

그 무렵 로마에 머물던 안토니우스의 아내 옥타비아가 배를 타고 남편을 찾아가고 싶어 하자 동생인 옥타비우스가 이를 허락했다. 옥타비우스가 누나를 보내 준 것은 누나에 대한 호의 때문이 아니었다. 누나가 남편을 찾아가 무시를 당하거나 학대를 받는다면 안토니우스와 정쟁을 일으킬 수 있는 구실을 얻을 수 있기 때문이었다.

[기원전 35년에] 옥타비아가 아테네에 도착해 보니 이미 남편에게서 온 편지가 자기를 기다리고 있었는데, 그 내용은 옥타비아가 그곳에 머물러 있기를 바라며 자기는 곧 전쟁을 위해 떠난다는 것이었다.

옥타비아는 그것이 핑계임을 알고 속상해하면서도 자신이 남편을 위해 가져온 물품들을 어디로 보내는 것이 좋겠냐고 묻는 편지를 보냈다. 그는 남편 주변에 있는 장군과 막료들에게 줄 옷과 짐 나르는 동물과 돈과 선물을 많이 가지고 있었다. 그 밖에도 그는 남편이 호위대로 쓸 수 있도록 찬란한 갑옷으로 무장한 2천 명의 병사도 데려와 있었다. 옥타비아는 니게르(Niger)라는 사람을 통해 이러한 일들을 남편에게 알렸다. 니게르는 남편의 막료로서 그 여인이 받아 마땅한 찬사도 함께 덧붙여 전달했다.

이 무렵에 클레오파트라는 옥타비아가 이곳으로 와 자신과 가까운 막사에 머물면서 아름다움을 견주리라는 것을 잘 알고 있었다. 클레오파트라는 옥타비아가 그 빼어난 인격에 옥타비우스의 위세를 더하고, 남을 즐겁게 해 주는 사교성과 근면함까지 보이면 누구도 막을 수 없을 정도로 완벽하게 남편을 사로잡게 될 것 같아 두려웠다. 따라서 클레오파트라는 더욱 열정적으로 안토니우스를 사랑하는 척하면서 식이 요법으로 몸매를 아름답게 만들었다.

클레오파트라는 안토니우스가 다가오면 황홀한 표정을 짓고 안토니우스가 떠나가면 슬프고 우울한 표정을 지었다. 클레오파트라는 자주 눈물을 보이다가도 안토니우스가 보면 자기의 그런 모습을 보여 주고 싶지 않다는 듯이 눈물을 훔쳤다. 안토니우스가 메디아 왕을 만나러 시리아를 떠나려 하는 동안 클레오파트라는 그러한 연극을 연출했다.

클레오파트라에게 아첨하는 무리도 열심히 그 여인을 도왔다. 그들은 안토니우스가 감정도 없는 냉혈한 인간으로 자신을 위해 그토록 헌신하는 클레오파트라를 죽이고 있다고 비난했다. 물론 옥타비아가 안토니우스의 정실부인이지만, 그 결혼은 옥타비우스에 의한 정략결혼이라고 그들은 말했다.

그에 비하면 온 이집트 백성의 지배자인 클레오파트라는 오직 안토니우스만을 바라보았고, 그의 애인에 불과하다는 소리를 들으면서도 개의치 않은 채 만족했는데, 이제 와서 안토니우스가 클레오파트라에게서 멀어진다면 그는 더 살고 싶어 하지 않을 것이라고 그들은 말했다.

그렇게 클레오파트라의 아첨꾼들은 안토니우스를 녹여 무기력하게 만들었다. 안토니우스는 저러다 클레오파트라가 죽을지도 모른다는 두려움에 빠져 파르티아가 내전으로 고통받고 있다는 소식을 들었음에도 알렉산드리아로 돌아갔고, 메디아족과의 출정을 여름으로 미루었다.

그러나 안토니우스는 곧 다시 메디아로 올라가 그 왕과 우호를 맺고, 자기와 클레오파트라 사이에서 난 아들과 아직 혼기도 되지 않은 메디아 왕의 딸을 약혼시킨 다음 클레오파트라에게 돌아갔다. 이때 그는 옥타비우스와의 싸움이 다가오고 있다고 생각했다.

54

옥타비우스는 누나 옥타비아가 안토니우스에게 무시당하고 돌아왔다고 생각하여 옥타비아에게 남편의 집에서 살지 말고 자기 집에서 살라고 지시했다. 그러나 옥타비아는 남편의 집을 떠나기를 거절하면서, 동생이 전쟁을 일으킬 명분을 찾는 것이 아니라면 남편이 자기를 어떻게 대했는가는 마음 쓰지 말라고 간청했다. 왜냐하면 로마의 두 대장군이 하나는 한 여

안토니우스

인을 사랑하기 때문에, 다른 하나는 한 여인을 보호해 주지 못한 데 대한 분노 때문에 내전에 휩싸였다는 말을 듣는 것은 명예롭지 못한 일이기 때문이었다.

옥타비아는 자신의 말을 행동으로 보여 주었다. 그는 마치 자기 남편이 집에 머무르고 있는 것처럼 남편의 집에 살면서 자기와 남편 사이에서 난 자식과 함께 남편의 전처인 풀비아가 낳은 자식들을 고결하고도 품위 있는 방법으로 돌보아 주었다.

옥타비아는 또한 공직의 지위를 얻으려 하거나 사업상 로마를 찾아오는 안토니우스의 막료들을 맞이하여 그들이 남편에게 바라는 바를 이루도록 도와주었다. 그러나 옥타비아의 이와 같은 처신은 본의 아니게 남편에게 상처를 입히고 있었다. 그렇듯 현숙한 아내를 안토니우스가 박대했다며 시민들이 그를 미워했기 때문이었다.

안토니우스는 또한 알렉산드리아에서 클레오파트라와의 사이에서 난 자식들에게 재산을 나눠 줌으로써 민중의 미움을 받았다. 그와 같은 그의 처사는 남에게 보여 주려고 하는 짓이어서 오만할 뿐만 아니라 분명히 로마인들에 대한 분노를 표현하는 것이었다. 안토니우스는 체육관에 군중을 가득 모아 놓고 금으로 만든 두 개의 옥좌를 설치한 다음, 하나는 자신이 앉고 다른 하나에는 클레오파트라를 앉혔으며, 좀 낮은 옥좌에는 둘 사이에서 태어난 아들들을 앉혔다.

그러고 나서 먼저 안토니우스는 클레오파트라가 이집트와 키프로스와 리비아와 시리아 분지의 왕이며, 클레오파트라와 카이사리온은 권력을 나누어 행사할 것이라고 선언했다. 카이사리온은 클레오파트라와 카이사르 사이에서 태어난 아들로 알려져 있었다.

그다음으로 안토니우스는 자신과 클레오파트라 사이에서 태어난 아들들을 '왕중왕'이라 선언하고, 그들 가운데 하나인 알렉산데르에게는 아르메니아와 메디아와 앞으로 정복하게 될 파르티아를 맡기고, 프톨레마이오스에게는 페니키아와 시리아와 킬리키아를 넘겨주었다.

이와 함께 안토니우스는 민중에게 아들들을 소개했는데, 알렉산데르는 페르시아인의 모자인 티아라(tiara)와 위로 선 머리 장식을 쓰고 있었고, 프톨레마이오스는 장화를 신고 짧은 외투를 입었으며 왕관을 얹은 넓은 모자를 쓰고 있었다. 프톨레마이오스는 알렉산드로스 대왕을 본뜬 왕의 복식을 입었고, 알렉산데르는 메디아와 아르메니아 왕의 차림이었다.

두 소년은 부모를 껴안은 다음 호위병 부대를 얻었다. 한 부대는 아르메니아인으로, 다른 부대는 마케도니아인으로 구성된 부대였다. 클레오파트라는 그때뿐만 아니라 다른 때에도 군중 앞에 나타날 때면 이집트의 신인 이시스(Isis)의 성의(聖衣)를 입고 나타나 신(新)이시스라는 칭호를 들었다.

55

옥타비우스는 위와 같은 사실을 원로원에 알리고 민중 앞에서 안토니우스를 자주 비난하여 민중이 그에게 분노하도록 하고자 했다. 이에 대해 안토니우스는 옥타비우스에 대한 맞고소장을 거듭 보냈다. 안토니우스가 주장하는 고소의 주요 내용을 보면,

첫째로 옥타비우스는 섹스투스 폼페이우스에게서 시킬리아를 빼앗은 뒤에도 자신에게 돌려주어야 할 몫을 돌려주지 않았고,

둘째로, 옥타비우스는 전쟁을 치르고자 자기에게서 빌려 간 함선을 되돌려 주지 않고 있으며,

셋째로, 옥타비우스는 삼두 정치의 동지인 레피두스를 권력에서 몰아낸 뒤 레피두스에게 돌려주어야 할 군대와 영토와 세금을 돌려주지 않았으며,

넷째로, 옥타비우스는 이탈리아의 모든 땅을 자기의 병사들에게 나누어 주었으면서도 안토니우스 자신의 군대에는 아무것도 주지 않았다는 것이었다.

이러한 비난에 대하여 옥타비우스는 대답하기를, 자신이 레피두스를 권력에서 몰아낸 것은 그가 부패했기 때문이었으며, 안토니우스가 차지하고 있는 아르메니아를 자기에게 나누어 주면 자기도 전쟁에서 얻은 영토를 나누어 줄 것이며, 안토니우스의 병사들은 대장군의 지휘를 받으며 위대한 전투를 치름으로써 메디아와 파르티아의 땅을 로마의 영토로 합병하여 스스로 차지했기 때문에 이탈리아의 영토를 요구할 수 없다고 했다.

56

안토니우스가 그와 같은 답장을 받았을 때 그는 아르메니아에 머물고 있었다. 안토니우스는 곧 카니디우스에게 지시하여 16개 군단을 이끌고 바다로 나가도록 했다. 그러나 자신은 클레오파트라를 데리고 에페소스로 갔다. 그곳에는 사방에서 모여든 선박들이 정박하고 있었는데, 그 규모가 전함과 상선을 합쳐 8백 척에 이르렀다. 클레오파트라는 그 가운데 2백 척의 배와 2만 탈렌트의 돈과, 전쟁을 치르면서 전군이 쓸 군수품을 보내 주었다.

그러나 안토니우스는 도미티우스와 여러 막료의 말에 따라 클레오파트라에게 이집트로 돌아가 거기에서 전쟁의 결과를 기다리라고 지시했다. 그러자 옥타비우스가 다시 안토니우스와 화해하여 전쟁을 멈추는 것이 두려웠던 클레오파트라는 카니디우스에게 엄청난 뇌물을 주면서 자신의 입장을 안토니우스에게 간청하도록 설득했다. 뇌물을 받은 카니디우스는 안토니우스에게 이렇게 말했다.

"이 전쟁에 그토록 많이 기여한 클레오파트라를 전쟁에

서 배제하는 것은 정의롭지도 않을 뿐만 아니라 해군의 대부분을 이루고 있는 이집트인들의 사기를 꺾는 것은 장군에게도 이롭지 않은 일입니다. 더욱이 클레오파트라는 이번 전쟁에 참여한 어떤 제후보다도 지적(知的)으로 뒤떨어진 인물이라고 보기 어려우며, 오랫동안 거대한 왕국을 지배하였고 장군과 오랫동안 협조하면서 큰일을 처리해 온 인물입니다. 저희는 그 사실을 잘 알고 있습니다."

이러한 주장들이 안토니우스를 압도했는데, 현실에서는 모든 일이 옥타비우스의 편으로 기울게 된 것도 운명적이었다. 안토니우스는 연합 함대를 이끌고 사모스섬으로 가 그곳에서 즐거운 인생을 보냈다. 시리아와 흑해 북부호(Maeotic Lake)와 아르메니아와 일리리아에 있는 모든 왕과 제후와 영주와 부족과 도시들은 군수품을 보내거나 직접 가져올 것이며, 모든 연극배우도 사모스섬으로 모이라는 지시를 받았다.

세상의 모든 민족이 신음과 탄식에 빠져 있는 동안 사모스섬에서는 피리와 현악기 소리로 하루가 지고 샜다. 극장은 관객들로 넘쳤고 합창단은 서로 재주를 견주었다. 모든 섬이 전승 축제의 제물로 황소 한 마리씩 보냈고, 왕들은 안토니우스를 즐겁게 해 줄 수 있는 여흥과 선물을 앞다투어 마련했다. 곳곳에서 이런 탄식이 들려왔다.

"전쟁을 준비하는 데에도 이렇게 흥청거리는데 전쟁에 이겼을 때는 얼마나 더 흥청거릴까?"

57

잔치가 끝나자 안토니우스는 연극배우들에게 프리에네(Priene)를 주고 그곳에 살게 한 뒤 자기는 배를 타고 아테네로 건너가 다시 경기와 연극에 빠졌다. 클레오파트라는 옥타비아가 아테네에서 명성이 높아 그곳 사람들에게 사랑받는 것이 너무 미워 많은 선물로 그곳 시민의 호감을 사려고 노력했다.

그리하여 아테네 시민은 클레오파트라에게 영예를 표시하기로 하고 그 뜻을 전달하고자 그가 사는 곳으로 대표단을 보냈다. 안토니우스도 대표단 가운데 한 사람이었는데, 그가 아테네의 시민이 아니었는데도 그것이 가능했을까?[19] 더욱이 그는 클레오파트라가 보는 앞에서 아테네 시민을 위한 연설을 했다.

또한 안토니우스는 로마로 사람을 보내 아내 옥타비아가 집을 비우도록 했다. 들리는 바에 따르면, 옥타비아는 아버지를 따라간 풀비아의 큰아들을 제외하고 모든 아이를 데리고 집을 떠났다고 한다. 옥타비아는 자신이 전쟁의 빌미 가운데 하나로 여겨졌음을 알고 가슴 아파하며 눈물을 흘렸다.

그러나 진실로 가여운 사람은 옥타비아가 아니라 그 남편 안토니우스라고 로마 사람들은 생각했다. 더욱이 클레오파트라를 제 눈으로 본 사람들은 젊음으로 보나 미덕으로 보나 클레오파트라가 옥타비아에 견줄 바가 못 된다고 생각했다.

58

옥타비우스는 안토니우스의 전쟁 준비가 그토록 빠르고 광범위하게 이루어진다는 사실에 몹시 당황하였으며, [기원전 32년] 여름에 전쟁을 치르지 않을 수 없게 되는 것이 두려웠다. 왜냐하면 그는 여러 가지 점에서 준비가 되어 있지 않았기 때문이었다.

이를테면 그때 민중은 세금의 강제 징수에 분노하고 있었다. 시민들은 대체로 수입의 4분의 1을 세금으로 내야 했고, 해방 노예들은 재산의 8분의 1을 납부해야 했다. 두 계급 모두 옥타비우스에게 저항했고, 조세에 대한 불만이 온 이탈리아를

19 안토니우스는 아테네에서 오래 살았기 때문에 그곳의 시민권을 가지고 있었다.

뒤덮었다.

사람들은 이런 상황에서 안토니우스가 전쟁을 곧바로 개시하지 않고 뒤로 미룬 것은 그의 가장 큰 실수였다고 생각했다. 안토니우스가 전쟁을 미룸으로써 옥타비우스는 민중의 소란을 잠재울 시간을 벌었기 때문이었다. 사람들은 돈을 뜯기고 있을 때는 분노하지만, 막상 다 뜯긴 다음에는 잠잠해지는 법이다.

더욱이 티티우스와 플란쿠스 등 집정관 지위에 있던 안토니우스의 막료는 클레오파트라에게 모욕을 겪은 뒤 옥타비우스에게로 넘어가 안토니우스의 유언에 관해 자신들이 알고 있는 정보를 모두 알려 주었다. 베스타 신전의 여사제들이 그 유언을 맡아 가지고 있었다. 옥타비우스가 그 유언장을 요구하자 여사제들은 옥타비우스가 직접 와서 가져가라고 말했고, 결국 그가 직접 그곳을 방문해 가져왔다.

옥타비우스는 먼저 그 내용을 샅샅이 읽고 비난받을 만한 대목을 표시해 두었다. 그런 다음 원로원을 소집하여 유언장을 큰 소리로 읽었다. 그러나 그것을 듣는 사람들은 옥타비우스를 불쾌하게 생각했다. 왜냐하면 어떤 사람이 자기가 죽은 뒤에 행해지기를 바라는 일 때문에 살아있을 때 그에 대한 책임을 추궁받는 것은 기이하고도 혹독한 처사라고 생각했기 때문이었다.

옥타비우스는 특히 안토니우스의 유언 가운데 그의 장례식에 관한 부분을 강조했다. 유언에 따르면, 안토니우스는 설령 로마에서 죽더라도 당당하게 광장을 지나 이집트에 있는 클레오파트라에게 보내 달라고 지시했다.

옥타비우스의 막료인 카이우스 칼비시우스(Caius Calvisius) 장군이 다시 클레오파트라에 대한 안토니우스의 행실과 관련하여 비난을 퍼부었다. 그의 말에 따르면, 안토니우스가 20만 권의 책이 소장된 페르가몬 도서관을 클레오파트라에게 주었다는 것이다.

안토니우스는 또한 여러 손님이 있는 잔치 자리에서 벌떡 일어나더니 그 두 사람 사이에 맺은 약속을 지키고자 클레오파트라의 발을 주물러 주었다고 한다. 안토니우스는 자기가 있는 자리에서 에페소스인들이 클레오파트라를 자신의 애인으로 치켜세우는 것을 허락했다.

안토니우스는 재판석에 앉아 왕과 제후들에게 판결을 내리다가 마노(瑪瑙)와 수정에 쓴 클레오파트라의 연서(戀書)를 받자 판결을 멈추고 그것을 읽는 일도 자주 있었다. 언젠가는 로마의 존경받는 웅변가인 푸르니우스(Furnius)가 발언하고 있는데 클레오파트라가 가마를 타고 광장을 지나가는 것을 본 안토니우스는 자리에서 일어나 재판을 미루고 클레오파트라의 가마를 잡고 따라갔다.

59

그러나 사람들은 칼비시우스의 이와 같은 험담이 거짓말이라고 생각했다. 안토니우스의 막료들이 시민 앞에서 그를 두둔하고자 로마로 찾아갔다. 그들 가운데 게미니우스(Geminius)라는 사람은 안토니우스가 공직에서 탄핵을 받거나 로마의 공적으로 여겨져서는 안 된다고 간청했다. 그러나 그와 같이 좋은 뜻으로 안토니우스를 만나러 그리스로 갔음에도 클레오파트라는 게미니우스가 옥타비아를 도우러 왔다고 의심했다.

게미니우스는 식사 자리에서 늘 조롱거리가 되었고 끄트머리 자리에 앉았으나, 참고 견디면서 안토니우스에게 자기의 뜻을 전달할 기회를 기다렸다. 그러다가 어느 식사 자리에서 그는 안토니우스를 만났다. 안토니우스에게서 왜 찾아왔느냐는 질문을 받은 게미니우스는 이렇게 말했다.

"나머지 이야기는 맑은 정신으로 말해야겠지만, 맑은 정신이거나 술에 취했거나 간에 말해야 할 것이 있습니다. 그것은 다름이 아니라 클레오파트라를 이집트로 보내기를 모든 사람이 바라고 있다는 것입니다."

이 말을 들은 안토니우스는 격노했고, 클레오파트라는 이렇게 말했다.

"게미니우스, 당신은 고문을 받지 않고서도 진실을 말하는군."

그 말을 들은 게미니우스는 며칠 뒤 로마로 도주했다. 클레오파트라에게 아첨을 떨던 사람들은 술 취한 척하며 상스럽게 안토니우스를 괴롭히는 막료를 몰아냈다. 그렇게 쫓겨난 인물 가운데 마르쿠스 실라우스(Marcus Silaus)와 역사학자인 델리우스가 있었다. 델리우스는 클레오파트라가 자기를 죽일 음모를 꾸미고 있다는 이야기를 듣고 두려웠다. 의사인 글라우코스(Glaucos)가 이를 귀띔해 주었다.

어느 저녁 식사 자리에서 시큼한 포도주가 나오자 델리우스는 이렇게 말했다.

"로마에서는 사르멘투스(Sarmentus)도 팔레르니아(Falernia)에서 나오는 맛 좋은 포도주를 마십니다."

그 말이 클레오파트라의 속을 뒤집어 놓았다. 사르멘투스는 옥타비우스의 시동이었다. 로마어로는 시동을 델리키아이(deliciae)라고 부르는데, 이는 '맛 좋은(delicious)'이라는 뜻이다.

60

옥타비우스는 전쟁 준비를 충분히 마친 다음 클레오파트라에 대한 전쟁을 선포하고 안토니우스가 그 여인에게 넘겨준 권위를 거두어들인다는 결의안을 통과시켰다. 그는 덧붙여 이렇게 말했다.

"안토니우스는 약물에 중독되어 몸도 가눌 수 없게 되었으므로 로마 시민은 중요한 국정을 농락하는 내시 마르디온(Mardion), 근위병 포테이누스, 시녀 이라스(Iras), 클레오파트라의 몸종 카르미온(Charmion)에 대한 전쟁을 수행하라.”

들리는 바에 따르면, 전쟁이 일어나기에 앞서 많은 징조가 나타났다고 한다. 아드리아해 가까이에 안토니우스가 점령하고 있던 피사우룸(Pisaurum)에서는 땅이 꺼지고, 알바 가까이에 있는 안토니우스의 대리석 조각상에서는 땀이 흘러내려 아무리 닦아도 멈추지 않았다.

내가 이미 앞서 말한 바와 같이(§ 4, 24), [클레오파트라가 스스로를 신(新)이시스 여신이라고 부르듯이] 안토니우스는 자기의 혈통을 헤라클레스와 연결하고 평소에 자신을 신(新)디오니소스라 부르고 있었다.

그런데 안토니우스가 머물고 있던 파트라이(Patrae)에서는 헤라클레스의 신전이 벼락을 맞아 무너졌고, 아테네에서는 거인족(Gigantes)과 벌인 전투에서 활약한 디오니소스의 모습을 묘사한 조각상이 바람에 날려 극장에 쑤셔 박혔다. 아테네에서는 에우메네스와 아탈로스(Attalus)의 거상(巨像)이 폭풍에 무너졌다.

거기에는 안토니우스의 이름이 새겨져 있었는데, 그 많은 거상 가운데 오직 그것만 무너졌다. 또한 클레오파트라가 타고 다니던 배의 이름이 안토니우스였는데, 거기에도 매우 불길한 징조가 나타났다. 이를테면 몇 마리의 제비가 고물 밑에 둥지를 틀었는데, 다른 제비들이 그들을 공격하여 새끼들을 죽였다고 한다.

61

양쪽의 군대가 모여들었다. 안토니우스에게는 5백 척의 전함이 있었는데 대부분이 노를 젓는 자리가 8~10줄이었으며, 여봐란듯이 축제의 분위기를 띠고 있었다. 그는 또한 10만 명의 보병과 1만 2천 명의 기병을 거느리고 있었다.

안토니우스의 편에 함께 참전한 왕으로는 리비아의 왕 보쿠스(Bocchus), 북부 킬리키아(Upper Cilicia)의 왕 타르콘데모스(Tarcondemos), 카파도키아의 왕 아르켈라오스, 파플라고니아의 왕 필라델포스(Philadelphos), 콤마게네의 왕 미트리다테스, 트라키아의 왕 사달라스(Sadalas)가 있었다.

이들은 몸소 참전했고, 그 밖에 폰토스의 왕 폴레몬과 아라비아의 왕 말코스(Malchos)와 유대의 왕 헤로데스가 군대를 보냈으며, 리카오니아와 갈라티아의 왕 아민타스(Amyntas)도 군대를 보냈다. 메디아의 왕은 지원병을 보냈다.

옥타비우스는 250척의 전함과 8만 명의 보병 그리고 안토니우스와 비슷한 기마병을 거느리고 있었다. 안토니우스의 영토는 에우프라테스와 아르메니아에서 이오니아해와 일리리아로 뻗어 있었고, 옥타비우스의 영토는 일리리아에서 대서양에 이르기까지, 그리고 대서양에서 토스카나와 시킬리아해까지 뻗어 있었다.

이탈리아의 건너편 리비아에는 갈리아와 이베리아와 헤라클레스의 기둥에 이르는 지브롤터 해협이 옥타비우스에 소속해 있었고, 키레네에서 아르메니아에 이르는 영토는 안토니우스에 소속해 있었다.

62

이 무렵 안토니우스는 여인의 노리개가 되어 있었기 때문에 지상군에서 우월했음에도 클레오파트라를 즐겁게 해 주고자 해군에 의존하려 했다. 그러나 선원이 부족하다는 것을 알고 그는 삼단 노의 전함에 탈 선원으로 그리스의 떠돌이와 노새몰이꾼과 농사꾼과 유년병(*ephebi*)까지 끌어모았지만, 그래도 모자라 항해가 어려웠다.

그와 달리 옥타비우스의 전함들은 장비도 훌륭했고, 덩치가 크거나 높이 보이려고 허세를 부린 것이 아니어서 운항도 쉽고 속도도 빠른 데다가 선원들도 넉넉했다. 함대를 타렌툼과 브룬디시움에 집결한 옥타비우스는 안토니우스에게 사람을 보내 시간을 끌지 말고 결전하자고 말했다.

옥타비우스는 안토니우스의 보병이 상륙할 수 있도록 항구와 부두를 개방할 것이며, 안토니우스의 군대가 무사히 상륙하여 진영을 차릴 수 있도록 해안에서 기병대가 하루 걸릴 수 있는 곳까지 물러나 있겠노라고 약속했다.

옥타비우스의 이와 같은 거만한 제안에 맞서 안토니우스는 비록 자신이 옥타비우스보다 나이가 많기는 하지만 옥타비우스와 일대일로 겨뤄 보자고 제안했다. 만약 옥타비우스가 이것도 싫다면 카이사르와 폼페이우스가 그랬듯이 화르살로스에서 결판을 짓자고 제안했다.

그러나 안토니우스가 지금의 니코폴리스(Nicopolis)가 자리 잡고 있는 악티움(Actium) 앞바다에 닻을 내리고 있는 동안 옥타비우스는 이오니아해를 건너 진군하여 '국자(Tourné)'라는 뜻을 가진 에페이로스의 한 마을을 장악했다.

보병의 도착이 늦어져 안토니우스와 그의 막료들이 당황스러워하자 클레오파트라는 농담 삼아 이렇게 말했다.

"옥타비우스가 지금 '국자'에 앉아 있는데, 뭐가 그렇게 두려우십니까?"

63

날이 밝아 적군이 쳐들어오자, 선원이 준비도 갖추지 못한 상태에서 배를 빼앗길지 모른다는 두려움에 빠진 안토니우스는 전투병이 아닌 사공들을 무장시켜 갑판 위에 정렬함으로써 허세를 부렸다. 이어서 그는 악티움만(灣) 입구에 배를 모이게 한 다음, 양쪽 현(舷)에서 노를 들어 올리게 하여 공격하는 자세를 취하면서 뱃머리를 적군에게 향하도록 했다. 옥타비우스는 이러한 계략에 속아 물러났다.

안토니우스는 또한 제방을 쌓아 적군의 식수를 끊음으로

써 급수를 중단시키는 탁월한 전략을 썼던 것으로 보인다. 그곳은 물이 부족하고 수질도 나빴다. 안토니우스는 또한 클레오파트라의 생각과는 달리 도미티우스에게 너그러움을 보였다. 도미티우스가 열병에 걸려 있으면서도 작은 배를 타고 옥타비우스에게 도망쳤을 때, 그는 끓어오르는 분노를 참고 그의 막료와 노예와 짐을 보내 주었다. 도미티우스는 자신의 신의 없는 배신이 세상에 알려지자 곧 죽었다.

두 진영에서는 서로 배신자가 생겨, 아민타스와 데이오타로스가 옥타비우스 쪽으로 넘어갔다. 그 밖에도 해군이 모든 전투에서 불운하고 그들의 지원이 늘 늦어지자 안토니우스는 다시 육상전으로 관심을 돌리지 않을 수 없었다. 위험에 빠진 카니디우스도 마음을 바꾸어, 클레오파트라를 이집트로 돌려보내고 트라키아나 아니면 마케도니아로 철수하여 지상전을 펼치도록 안토니우스에게 조언했다.

게타이(Getae)의 왕 디코메스(Dicomes)가 병력을 이끌고 와 안토니우스를 도와주기로 약속했다. 시킬리아 해전을 치른 바 있는 옥타비우스와 해전을 회피하는 것은 부끄러운 일이 아니라고 카니디우스는 주장했다. 그러나 지상전에서 숱한 경험을 쌓은 안토니우스가 그 강력한 지상군을 함선에 투입하며 위기를 자초하는 것은 이상한 판단이었다.

전투 병력을 요충지에 배치하지 않고 전쟁에 질 경우, 도주하기 좋은 곳에 배치해 두었던 클레오파트라는 벌써부터 도주할 생각만 하면서도 해전으로 결판내야 한다는 주장을 굽히지 않았다. 한편, 해군 기지와 육군의 병영 사이에는 기다란 방벽이 늘어서 있었는데, 안토니우스는 겁도 없이 그 사이를 지나다니는 버릇이 있었다.

안토니우스가 방벽을 돌아다니는 동안 그를 잡을 수 있다고 노예가 옥타비우스에게 보고하자 옥타비우스는 안토니우스를 잡고자 군대를 매복시켰다. 그러나 그들은 너무 빨리 뛰

쳐나갔기 때문에 안토니우스의 선두 부대만 잡았을 뿐 목적을
이루지 못했다. 안토니우스는 겨우 목숨을 건져 도망했다.

64

바다에서 싸우기로 결정한 안토니우스는 60척의 함선을 제외
하고 이집트의 전함을 모두 불태웠다. 삼단 노를 갖춘 전함에
서 십단 노를 갖춘 전함에 이르기까지 가장 크고 우수한 전함
에 2만 명의 중무장병과 2천 명의 궁수를 실었다. 들리는 바에
따르면, 이때 안토니우스를 위해 수많은 전쟁을 치른 한 백인
대장이 지나가는 안토니우스에게 탄식하며 이렇게 말했다.

"장군이시여, 장군께서는 어찌하여 이 상처와 칼을 믿지
못하시고 저 형편없는 나무토막에 희망을 거십니까? 해전은
이집트인과 페니키아인들에게 맡기시고 육전에 익숙한 우리
에게는 땅을 맡기시어 적군을 정복하든가 전사하도록 허락해
주십시오."

이에 대해 안토니우스는 아무런 대답도 없이 격려의 표정
을 지으며 지나갔다. 함선의 선장들이 돛을 두고 떠나려 할 때
안토니우스가 그들에게 돛을 싣고 가라고 지시한 것을 보면
그도 승리를 장담하지 않았던 것 같다. 그러면서도 그는 이렇
게 말했다.

"도망치는 적군을 추격하려면 돛이 필요할 걸세."

65

그날부터 사흘 동안 바람이 거세게 불고 파도가 일어 전쟁을
할 수 없었다. 그러다 5일째가 되는 날 [기원전 31년 9월 2일] 날씨
도 좋고 바다도 잔잔하여 전투가 시작되었다. 안토니우스는
푸블리콜라와 함께 오른쪽 날개를 맡고, 코일리우스(Coelius)
는 왼쪽 날개를 맡았으며, 중앙은 마르쿠스 옥타비우스와 마
르쿠스 인스테이우스(Marcus Insteius)가 맡았다. 옥타비우스는

아그리파에게 왼쪽을 맡기고 오른쪽은 자신이 맡기로 했다. 안토니우스의 육군은 카니디우스가 맡고, 옥타비우스의 육군은 타우루스(Taurus)가 맡았다.

안토니우스 진영은 바다를 끼고 군대를 정렬한 다음 조용히 기다렸다. 안토니우스는 사령관의 몸으로 작은 배를 타고 함선들을 하나하나 찾아가 격려하면서 배가 무거워 흔들리지 않을 터이니 육지에서처럼 자리를 지키며 싸우라고 지시했다. 그는 또한 선장들에게 적군의 공격을 받을 때 마치 닻을 내리고 있는 것처럼 조용히 기다리면서 만(灣)의 어귀에서 각자의 위치를 지키라고 지시했다.

들리는 바에 따르면, 옥타비우스는 아직 날이 밝지도 않았는데 병영을 나와 배를 순시하다가 노새를 끄는 한 남자를 만났다. 옥타비우스가 누구냐고 묻자 대장군임을 알아본 남자가 이렇게 대답했다.

"저의 이름은 행운이며, 노새의 이름은 승리자입니다."

뒷날 옥타비우스는 그곳을 배의 부리로 장식하면서 노새와 그 남자의 동상을 세웠다.

전선의 나머지 부분을 돌아본 옥타비우스는 작은 배를 타고 오른쪽 날개를 돌아보다가 적의 함대가 좁게 대오를 이루며 전혀 움직이지 않는 것을 보고 매우 놀랐다. 안토니우스의 함대는 닻을 내리고 있는 것처럼 보였다. 한참 동안 그는 실제로 배가 닻을 내리고 있는 것으로 믿고 자신의 함대를 적군에게서 8훠롱쯤 떨어져 있도록 했다.

그러다가 6시쯤 되자 안토니우스의 군대는 더 이상 기다리지 못하고, 자신들의 배는 높고 커서 결코 공격받지 않으리라 생각하면서 왼쪽 날개를 움직이기 시작했다. 이를 본 옥타비우스는 기뻐하며 자신의 오른쪽 날개가 뒤로 물러서도록 지시했다. 그는 적군의 함선을 좁은 포구에서 끌어내어 자신의 빠른 함선으로 둘러싼 다음 그들에게 다가가고자 했다. 적함

은 크기만 하고 사공은 적어 움직임이 둔탁했고 효율적이지
않았다.

66

접근전이 시작되었으나 배들은 서로 충돌하지 않았다. 안토니
우스의 전함은 너무 무거워 추진력이 약하여 머리로 들이받을
수가 없었고, 옥타비우스의 배는 강한 동판으로 만든 적의 함
대를 정면으로 들이받는 일을 피했을 뿐만 아니라 옆구리를
들이받지도 않았다. 그들의 뱃머리는 네모꼴의 거대한 통나무
를 쇠못으로 조인 것이어서 충돌하면 적선이 쉽게 부서졌다.

따라서 전쟁은 사실상 지상전이었다. 아니, 좀 더 정확히
말하면 일종의 공성전이었다. 옥타비우스의 함선 서너 척이
한꺼번에 안토니우스의 배 한 척을 공격했고, 수병들은 고리
버들로 만든 방패와 창과 삿대와 화전(火箭)으로 싸웠다. 안토
니우스의 군대는 목탑 위에서 투석기를 쏘았다.

옥타비우스의 군대에서 아그리파가 적군을 포위하고자
왼쪽 날개를 펴자 안토니우스의 군대에서는 푸블리콜라가 이
를 막으려고 어쩔 수 없이 나오다가 중앙에서 떨어졌다. 중군
은 혼란에 빠지면서 옥타비우스의 중군 사령관 아룬티우스
(Arruntius) 부대의 공격을 받았다.

전투는 승패가 갈리지 않고 백중세였음에도 갑자기 클레
오파트라의 함선 60척이 돛을 올리더니 전함들 사이로 도망
하려 했다. 그들은 거대한 함선의 뒤쪽에 포진해 있었기 때문
에 그들이 빠져나가려 하자 함대가 커다란 혼란에 빠졌다. 적
군은 즐거워하면서 그들이 순풍을 타고 펠로폰네소스 해협으
로 빠져나가는 것을 바라보았다.

여기에서 안토니우스는 자신이 사령관도 아니고 용기 있
는 남자도 아니며, 자신의 의지대로 사는 사람이 아니라는 것
을 온 세상에 분명히 알려 주었다. "사랑에 빠진 사람의 영혼

은 다른 사람의 몸속에 사는 것(The soul of lover dwells in anothers body)"이라고 누군가 농담 삼아 말한 적이 있다. 그는 마치 한 여인에 얽매여 그가 가는 곳이면 어디든 따라가는 인물처럼 보였다.

클레오파트라의 배가 떠나가는 것을 보자 안토니우스는 세상의 모든 일을 잊은 채 자신을 위해 싸우며 죽어 가는 사람들을 배신하고 달아났다. 그는 다섯 명의 노예가 노를 젓는 배를 타고 시리아인 알렉사스(Alexas) 그리고 스켈리우스(Scellius)와 함께, 그 자신을 망쳐 놓았고 앞으로 더 철저하게 망쳐 놓을 여자를 따라 서둘러 달아났다.

67

클레오파트라가 안토니우스를 알아보고 배 위에서 신호를 보내자 그가 배 쪽으로 다가왔다. 사람들이 그를 끌어 올렸으나 그는 클레오파트라를 쳐다보지 않았고, 그 여인도 그를 쳐다보지 않았다. 안토니우스는 혼자 뱃머리로 올라가 조용히 앉아 두 손으로 머리를 감싸 쥐었다.

그때 옥타비우스의 함대에서 리부르니아(Liburnia)인의 쾌속선이 안토니우스를 추격해 오는 것이 보였다. 이에 안토니우스는 그들을 향해 뱃머리를 돌리도록 한 다음 그들을 물리쳤으나, 그때 스파르타의 에우리클레스(Eurykles)가 대담하게 공격하며 마치 안토니우스를 찌를 듯이 뱃머리로 창을 던졌다. 그러자 뱃머리에 서 있던 안토니우스가 물었다.

"안토니우스를 추격하는 너는 누구냐?"

그때 적장이 대답했다.

"나는 라카레우스(Lachareus)의 아들 에우리클레스이다. 나는 옥타비우스의 행운을 빌려 내 아버지의 원수를 갚을 것이다."

라카레우스는 강도죄를 저지르고 안토니우스의 손에 처

형된 사람이었다. 그러나 에우리클레스는 안토니우스의 배를 치지 않고 구리로 만든 뱃머리로 다른 장군의 배를 들이받았다. 그 자리에는 두 척의 함선이 있었다. 공격당한 배가 옆으로 돌자 에우리클레스가 그 배를 나포하였으며, 값진 장비를 싣고 있던 다른 배도 붙잡아 갔다.

에우리클레스가 떠나가자 안토니우스는 다시 앞서의 태도를 취하며 움직이지 않았다. 안토니우스는 클레오파트라에게 분노해서였는지 아니면 그를 보기가 부끄러웠는지, 뱃머리에서 그렇게 3일을 보낸 뒤에 타이나룸(Taenarum)에 상륙했다. 이곳에서 클레오파트라의 시녀들이 두 사람을 화해시켜 함께 먹고 함께 자도록 해 주었다.

그 무렵에 적지 않은 화물선과 그의 부하들이 전쟁에 지고 그리로 몰려들었다. 그들은 해전에서는 패배했지만 아마도 육군은 버티고 있는 듯하다는 말을 전달했다. 이에 안토니우스는 카니디우스에게 사람을 보내 되도록 빨리 군대를 마케도니아에서 아시아로 퇴각시키라고 지시했다.

그러나 안토니우스 자신은 타이나룸에서 리비아로 갈 계획을 세우고, 많은 동전과 값진 금은품을 실은 수송선을 끌어오게 하여 막료에게 넘겨주면서 보물을 부하들에게 나누어 주고 각기 살길을 찾도록 하라고 지시했다.

그들은 선물을 거절하며 눈물을 흘렸지만, 안토니우스는 코린토스에 있던 시종 테오필루스(Theophilus)에게 편지를 써서 옥타비우스와 평화를 체결할 때까지 이들을 잘 숨겨 주라고 지시한 다음, 부하들에게 뜨거운 친절과 애정을 보이며 떠나보냈다. 테오필루스는 히파르쿠스(Hipparchus)의 아버지였다. 테오필루스는 안토니우스에게 가장 큰 영향력을 미치던 막료로서 안토니우스가 풀어 준 첫 해방 노예였지만, 옥타비우스에게로 넘어간 뒤 코린토스에서 살고 있었다.

68

앞의 이야기는 그 무렵에 안토니우스가 놓여 있던 상황이었다. 그러나 악티움에서 그의 함대는 오랫동안 옥타비우스에게 항전하다가 자신들을 향해 몰려오는 높은 파도로 뱃머리에 치명적인 상처를 입었다. 결국, 안토니우스의 해군은 오후 4시에야 내키지 않게 전투를 포기했다.

전사자는 5천 명을 넘지 않았지만, 옥타비우스의 기록에 따르면 3백 척의 전함을 나포했다고 한다. 안토니우스가 도망쳤다는 것을 아는 사람이 거의 없었을 뿐만 아니라, 소식을 들은 사람도 그 말을 믿지 않았다. 왜냐하면 그에게는 아직 패배하지 않은 19개 군단의 병력과 1만 2천 명의 기병이 남아 있었기 때문이었다.

무엇보다도 안토니우스처럼 수없이 많은 운명과 전쟁에서의 역전(逆戰)을 겪어 본 장군이 그렇게 도망했다는 것이 믿어지지 않아, 병사들은 그를 그리워하며 어느 곳에선가 다시 나타나리라고 기대했다.

안토니우스가 도망했다는 사실이 분명해지고 옥타비우스가 안토니우스의 부하들에게 이를 알렸지만, 그들은 그 말을 믿지 않고 7일 동안이나 기다릴 만큼 충성스럽고 용맹스러웠다. 그러나 카니디우스 장군마저 병영을 버리고 밤중에 도망함으로써 모든 것을 잃고 지휘관에게 배신당했음을 안 병사들은 그제야 정복자에게 항복했다.

이런 일이 있은 뒤에 옥타비우스는 아테네로 건너가 그리스인들과 강화를 맺은 다음 전쟁을 치르고 남은 곡식을 그리스의 여러 도시에 나누어 주었다. 그리스인들은 삶이 어려웠고, 돈과 노예와 짐을 나르는 짐승들도 모두 빼앗긴 상태였다.

어쨌거나 나의 증조부인 니카르코스(Nicharcus)가 자주 말씀하시던 바에 따르면, 증조부의 고향 사람들은 일정한 양의 가루를 어깨에 메고 안티키라(Anticyra) 해안까지 갔는데, 걸음이 늦으면 병사가 그들을 채찍으로 때리며 재촉했다고 한다.

증조할아버지의 말씀에 따르면, 그들이 이렇게 짐을 한 번 나르고 곧 두 번째로 짐을 나르려 할 때 안토니우스가 전쟁에 졌다는 소식이 들어왔고, 이것이 그곳 주민들에게는 해방의 소식이 되었다고 한다. 왜냐하면 안토니우스의 시종과 병사들이 도망치자 주민들이 양곡을 나누어 가졌기 때문이었다.

69

안토니우스는 리비아 해안에 도착하자 파라이토니움(Paraeto-nium)에 있던 클레오파트라를 이집트로 돌려보내고 두 친구와 함께 세상을 두루 돌아다니며 끝없이 고독을 즐기고 있었다. 그 가운데 하나가 그리스의 수사학자 아리스토크라테스(Aris-tokrates)였고, 다른 하나는 로마인 루킬리우스(Lucilius)였다. 루킬리우스에 관해서는 내가 「브루투스전」(§ 50)에서 얘기한 바 있다.

루킬리우스는 필리포이 출신으로서 브루투스가 도망할 수 있도록 해 주고 자신이 브루투스인 체하며 적군에게 투항한 적이 있었다. 이 일을 인연으로 안토니우스가 목숨을 살려 주자 루킬리우스는 안토니우스가 비참한 최후를 마칠 때까지 안토니우스에게 충성했다. 리비아에서 군대를 지휘하던 피나리우스 카르푸스(Pinarius Carpus) 장군마저 옥타비우스에게 항복하자 안토니우스는 자살하려 했으나 막료의 만류로 뜻을 이루지 못하고 알렉산드리아로 갔다.

알렉산드리아에 도착한 안토니우스는 클레오파트라가 터무니없이 엄청난 일을 저지르려 한다는 사실을 알았다. 홍해와 지중해 사이에는 아시아와 리비아의 사이를 가로막고 있는 지협이 있었다.[20] 이 지협에서 가장 폭이 좁은 곳의 폭은 3

20 　이는 수에즈 운하가 뚫리기에 앞서 아시아와 아프리카의 연륙 지점을 뜻

백 휘롱[21]이었다.

클레오파트라는 막대한 돈과 인력을 동원하여 지중해 쪽에 있는 함대를 육지로 끌어 올려 홍해 쪽으로 옮겨 놓음으로써 함대를 이집트의 국경 밖에 정박시켜 전쟁과 예속에서 벗어나고 싶어 했다.

그러나 페트라(Petra)에 있던 아라비아인들이 뭍에 올라온 배를 모두 불태워 버렸다. 그러자 클레오파트라는 자신의 계획을 접고 자기 나라로 들어오는 길목을 지켰다. 악티움에 주둔하던 안토니우스의 군대가 아직도 남아 있으리라고 생각했던 것이다.

이제 안토니우스는 그 도시를 떠나 막료와의 소일을 청산하고 파로스의 바닷가에 방파제를 쌓고 살 집을 지었다. 이곳에서 그는 세상 사람들과 인연을 끊고 티몬(Timon)처럼 사는 데 만족하겠노라고 선언했다. 왜냐하면 그의 삶이 티몬과 닮았기 때문이었다. 티몬은 배은망덕한 친구들에게 버림받아 세상을 미워하고 불신한 사람이었다.

70

그리스 최고의 극작가인 아리스토파네스와, 역시 극작가였던 플라톤(Platon)의 연극에서 모아 들은 바에 따르면, 티몬은 아테네인으로서 펠로폰네소스 전쟁 시기에 살았다. 그들의 작품에 따르면, 티몬은 참을성 없는 염세주의자였다고 한다. 그는 세상 사람들과 인연을 끊고 살면서 알키비아데스(Alkhibiades)만을 좋아했다. 알키비아데스는 젊은 사람으로서 고집스러웠

한다.

21 1휘롱이 201미터이니까 이 지협은 60킬로미터 정도였다. 이 지협을 뚫은 것이 지금의 수에즈 운하인데, 그 길이가 163킬로미터인 것으로 보아 클레오파트라가 횡단을 계획한 곳과 지금의 운하 길이가 다른 것은 위치가 다르기 때문으로 보인다.

는데, 티몬은 그를 만날 때면 마구 입을 맞추었다. 아페만토스
(Apemantos)가 그 장면을 보고 놀라 물었다.

"그대가 알키비아데스에게만 그토록 애정을 갖는 이유가
무엇이오?"

그러자 티몬이 이렇게 대답했다.

"나는 알키비아데스가 앞으로 아테네에 많은 아픔을 안
겨 주리라는 것을 알고 있기 때문이라오."

티몬은 아페만토스만 자기 집으로 들어오는 것을 허락했
는데, 그 사람만이 자기와 닮았고, 또 자기의 생활 방식을 닮으
려고 노력했기 때문이었다. 언젠가 코이스(Choes) 축제[22]에서
두 사람이 잔치를 벌이고 있었는데, 아페만토스가 물었다.

"티몬, 오늘의 축제가 정말 멋지지 않은가?"

그러자 티몬이 이렇게 대답했다.

"그대가 여기에 없었다면 그랬을 거야."

또한 들리는 바에 따르면, 언젠가 아테네인들이 민회를
열고 있을 때 티몬이 연단에 올라갔다. 티몬이 안 하던 짓을 하
는 데 이상함을 느낀 군중이 잔뜩 기대하고 조용히 그를 바라
보자 그가 이렇게 말했다.

"아테네 시민이여, 나는 자그마한 집터를 가지고 있는데
그곳에는 무화과나무가 자라고 있습니다. 그런데 많은 시민이
그 나무에 목을 매어 죽었습니다. 이제 나는 그곳에 집을 한 채
지으려고 하는데, 이를 여러분에게 알려 드립니다. 여러분 가
운데 자살하고자 하는 분이 있으면 제가 무화과나무를 베기에
앞서 실행하시기 바랍니다."

티몬이 죽자 사람들이 바다 가까이 있는 할라이(Halai)라
는 곳에 시신을 묻었는데, 무덤 앞의 해안이 씻겨 나가면서 물

---

22   코이스 축제는 안테스테리아(Anthesteria)라고 부르는, 디오니소스 축
      제의 둘째 날이다.

이 차올라 아무도 그 무덤에 가까이 갈 수가 없었다. 그 무덤에는 다음과 같은 비명(碑銘)이 새겨 있다.

> 저주스러운 삶의 끈을 끊고
> 나 여기에 잠들다.
> 그대들은 나의 이름을 알려 하지 말지니
> 내가 그대를 위해 할 수 있는 일은
> 그대를 저주하는 일뿐이니라.

들리는 바에 따르면, 위의 묘비명은 그가 직접 지은 것이라고 하는데, 일반적으로는 칼리마코스(Callimachus)가 지은 다음의 묘비명이 돌아다니고 있다.

> 인간들을 미워한 티몬,
> 이곳에 잠들다.
> 그대는 그냥 지나갈지니
> 그대가 하고 싶다면 나를 저주해도 좋지만,
> 그냥 지나갈지어다.

71

이상의 이야기들은 티몬에 관한 많은 이야기 가운데 뽑은 것이다. 카니디우스는 악티움에 있는 안토니우스의 군대가 패배했다는 소식을 안토니우스에게 직접 알렸다. 안토니우스는 또한 유대의 왕 헤로데스가 군대를 이끌고 옥타비우스에게 항복했다는 소식도 들었으며, 그 밖의 왕들도 그런 식으로 떠나고 이제 이집트 영토 너머에는 더 이상 우군이 없다는 말도 들었다. 그러나 이런 소식은 그를 낙담시키지 못했다. 오히려 그는 마치 기꺼이 희망을 거둔 사람처럼 보였다.

안토니우스는 모든 근심을 떨쳐 버리고 '티몬의 집'이라는 거처를 해변에 짓고 살다가 그 뒤로는 클레오파트라가 마련해 준 궁궐에 살면서 그 도시를 다시 먹고 마시고 선물을 주는 흥청거리는 곳으로 만들었다.

안토니우스는 클레오파트라와 카이사르 사이에서 태어난 카이사리온을 성년의 명단에 올리고 안토니우스와 풀비아 사이에 난 안틸루스(Antyllus)에게는 자주색 단이 달리지 않은 성인(成人) 외투(toga)를 입혀 며칠 동안 축제를 벌였는데, 온 알렉산드리아가 그로 말미암아 흥청거렸다.[23]

클레오파트라와 안토니우스는 이제까지 그들이 즐겼던 '흉내 낼 수 없는 사람들'의 모임을 해체하고 '죽음을 함께하는 사람들(The Partners in Death)'이라는 모임을 만들었는데, 그 호사(豪奢)하고 낭비가 심함이 앞의 것에 못지않았다. 그들은 기꺼이 함께 죽을 수 있는 사람들끼리 모여 식사를 나누며 즐거운 시간을 보냈다.

더욱이 클레오파트라는 여러 가지 치명적인 독을 모아들여 사형이 확정된 사람들에게 시험하면서 어떤 독이 고통 없이 사람을 죽일 수 있는지 알아보았다. 사람을 빨리 죽이는 독은 고통이 심하고, 약한 독은 사람을 빨리 죽이지 않는다는 사실을 안 클레오파트라는 이 사람에게는 이 독을 써 보고 저 사람에게는 저 독을 쓰면서 그 결과를 직접 바라봄으로써 각 동물의 독성을 실험했다.

클레오파트라는 날마다 이 실험을 했는데, 실험이 모두 끝나자 아스피스(aspis)라는 독사에게 물리면 고통도 없고 발작도 없이 자는 듯 죽을 수 있다는 것을 알았다. 곧 이 뱀에 물리면 얼굴에 땀이 흐르면서 감각 기능이 천천히 사라지고, 일어나거나 깨어나려는 모든 노력을 억눌러 자연스럽게 잠에 빠

---

23 그들은 카이사리온을 그리스식으로 가르쳤고, 안틸루스는 로마식으로 가르쳤다.

져 죽는다는 것이었다.

72

안토니우스와 클레오파트라는 같은 시간에 아시아에 있는 옥타비우스에게 사신을 보내, 클레오파트라는 이집트의 영토를 자기 자식들에게 물려줄 수 있도록 해 달라고 부탁했고, 안토니우스는 만약 이집트에서 사는 것이 불가능하다면 평민의 자격으로라도 아테네에서 살도록 해 달라고 부탁했다.

그러나 이미 친구들이 모두 떠나갔고, 또 다른 사람을 사신으로 보내면 그마저도 자기들을 버리고 적군에게 넘어갈지 모른다는 의심이 들었던 그들은 가정 교사로 있던 에우프로니우스(Euphronius)를 사신으로 보냈다.

일이 그렇게 된 것은 알렉사스라는 인물 때문이었다. 알렉사스는 로마에 살고 있던 티마게네스(Timagenes)의 소개로 안토니우스와 잘 알고 지내는 터여서 어느 그리스인보다도 안토니우스의 문제와 관련하여 클레오파트라에게 큰 영향력을 미치는 인물이었다.

알렉사스는 안토니우스의 마음속에 옥타비아에 대한 호감이 일어나지 않도록 하는 일을 맡고 있었다. 알렉사스는 또한 유대의 헤로데스왕이 안토니우스를 배신하지 못하도록 하는 임무도 맡고 있었는데, 그는 유대 왕국에 머무르며 오히려 안토니우스를 배신하고 옥타비우스를 알현할 만큼 뻔뻔스럽게 굴면서 헤로데스에게 몸을 맡겼다.

그러나 헤로데스는 알렉사스를 도와줄 수 없었다. 알렉사스는 곧 붙잡혀 족쇄를 찬 채 본국으로 호송되어 그곳에서 옥타비우스의 지시에 따라 처형되었다. 그럼으로써 알렉사스는 안토니우스가 살아 있는 동안에 안토니우스를 배신한 벌을 받았다.

안토니우스

옥타비우스는 안토니우스의 소청을 받아들이지 않았지만, 클레오파트라에게 답장을 보내 그가 만약 안토니우스를 죽이거나 추방한다면 그에 맞는 합당한 대접을 받을 것이라고 말했다. 그러면서 옥타비우스는 자기의 해방 노예인 티르수스(Thyrsus)를 사신으로 보냈다. 티르수스는 매우 이지적인 사람으로서, 거만하고 자신의 아름다움에 대해 놀랄 만큼 자신감을 드러내는 여인에게 젊은 대장군의 속뜻을 설득력 있게 전달할 수 있는 인물이었다.

티르수스는 다른 어느 누구보다 오랜 시간 클레오파트라와 이야기를 나누었다. 이에 의심을 품은 안토니우스는 티르수스를 체포하여 고문한 다음, 자신이 한때 불운하여 분노에 차 있을 때 티르수스가 오만불손한 태도로 자신을 더욱 분노하게 만들었다고 말하면서 다음과 같은 편지와 함께 그를 옥타비우스에게 돌려보냈다.

"그대가 만약 나의 이번 처사를 못마땅하게 생각한다면 내가 인질로 보내는 나의 해방 노예 히파르쿠스를 매달아 고문하시오. 그러면 우리는 비기게 되는 셈이지요."

이런 일이 있은 뒤에 클레오파트라는 안토니우스에게 엄청난 호의를 베풀어 그의 투정과 의혹을 누그러뜨리고자 했다. 클레오파트라는 자기의 생일에는 형편에 맞춰 검소하게 잔치를 치렀지만, 안토니우스의 생일에는 지나칠 정도로 엄청난 잔치를 베풂으로써 초대받은 사람들이 가난한 몸으로 와서 부자가 되어 돌아갔다. 그러는 동안에 옥타비우스의 친구인 아그리파는 옥타비우스를 로마로 오라고 불렀다. 그는 로마에 옥타비우스가 꼭 필요하다는 편지를 여러 차례 보냈다.

74
옥타비우스가 로마로 돌아가면서 얼마 동안 전쟁은 뒤로 미뤄졌다. 그러나 겨울이 지나자 옥타비우스는 다시 시리아를 거쳐 적진을 향해 진격했고, 그의 장군들은 리비아를 거쳐 진격했다. 펠루시움이 함락되자 셀레우코스가 클레오파트라의 동의도 얻지 않고 그곳을 포기했다는 소문이 나돌았다.

이에 클레오파트라는 안토니우스가 셀레우코스의 아내와 자녀들을 죽이도록 허락했다. 클레오파트라는 자신의 무덤과 엄청나게 높고 큰 기념물을 세우고, 이시스 신전 가까운 곳에 금, 은, 에메랄드, 진주, 흑단, 상아, 육계석(肉桂石)과 같은 왕실의 보물들을 모아 두었다. 그리고 그 곁에는 많은 땔감을 쌓아 두었다.

클레오파트라가 절망에 빠져 그 많은 보물을 불태우지나 않을까 안달이 난 옥타비우스는 그 여인이 자신에게서 너그러운 대접을 받을 수도 있다는 어렴풋한 희망을 품도록 서신을 보내면서 그 도시를 향해 군대를 진격시켰다. 그러나 옥타비우스가 경기장 가까운 곳까지 진격했을 때 안토니우스가 함선을 이끌고 와 용맹스럽게 싸워 옥타비우스의 기병대를 몰아내고 그의 본진까지 추격했다.

자신의 승리에 우쭐해진 안토니우스는 궁정으로 들어가 갑옷을 입은 채로 클레오파트라에게 입을 맞추고 가장 용맹스럽게 싸운 병사들 가운데 한 명을 클레오파트라에게 알현시켰다. 클레오파트라는 그 병사의 용맹을 칭찬하며 황금으로 만든 갑옷과 투구를 선물로 주었다. 그러나 그 병사는 그것들을 받아 입고 그날 밤 옥타비우스에게 항복했다.

75

안토니우스는 다시 옥타비우스에게 사람을 보내 단둘이 승부를 내자고 제안했다. 그러나 옥타비우스는 이런 답장을 보내왔다.

"죽는 데는 그 방법이 아니고도 여러 길이 있다."

그러자 자기로서는 전쟁에서 죽는 것보다 더 영예로운 것이 없다는 사실을 잘 알고 있던 안토니우스는 바다와 육지에서 한꺼번에 공격하기로 결심했다. 들리는 바에 따르면, 그날 밤 안토니우스는 저녁을 먹으면서 노예에게 술을 가득 채우게 한 뒤 이렇게 말했다고 한다.

"좀 더 너그럽게 나를 모시거라. 왜냐하면 내일도 오늘처럼 네가 나를 모실지 아니면 다른 주군(主君)을 모실지, 아니면 한낱 시체가 되어 미라처럼 누워 있을지 모르기 때문이다."

그 말에 막료가 흐느끼는 것을 보면서 안토니우스는 이렇게 말했다.

"나로서는 안전하게 승리하기보다는 영예로운 죽음을 택할 것이므로 내일 전투에 부하들을 데리고 나가지 않으리라."

들리는 바에 따르면, 그날 밤 자정 무렵, 무슨 일이 일어날지 몰라 도시가 적막과 두려움에 싸여 있을 때, 갑자기 온갖 악기들이 연주하는 화음과 함께 군중의 환호가 들리더니 바코스신의 축제처럼 흥청거리는 소리와 사티로스가 뛰노는 소리가 들려오는데, 마치 반란군이 큰 소란을 일으키며 그 도시를 떠나는 것 같았다고 한다.

안토니우스가 바라보니, 그들은 도시 한가운데를 지나 적군을 마주 보고 있는 바깥문을 향하더니 그곳에서 큰 소리를 외치며 달려 나갔다. 그러한 징조가 무엇을 의미하는지 알고 싶어 하던 무리는, 안토니우스가 그토록 존경하고 의지하던 신들이 이제 그를 떠나가고 있다고 풀이했다.

76

[기원전 30년 8월 1일] 날이 밝자 안토니우스는 몸소 도시 앞 언덕에 보병을 배치하고 자신의 함대가 적군의 함대를 향해 진격하는 모습을 바라보았다. 그는 자신의 함대가 큰 전과를 올리리라 기대하며 조용히 바라만 보고 있었다. 그러나 자신의 함

대 수병들은 적진에 가까워지자 노를 들어 옥타비우스의 수병들에게 인사를 보내고 적진에서도 답례를 하더니 양쪽의 함선이 한패를 이루어 도시를 향해 뱃머리를 돌렸다.

안토니우스가 이런 장면을 바라보고 있던 순간에 기병대마저도 적진에 투항했다. 보병이 패배하는 것을 본 안토니우스는 도시로 돌아와, 클레오파트라가 그를 위해 대적하여 싸웠던 적군에게 자기를 팔아넘겼다고 울부짖었다. 안토니우스의 분노와 광기에 두려움을 느낀 클레오파트라는 자신의 무덤으로 돌아와 튼튼한 빗장에 더욱 튼튼하게 만든 문을 내려 걸고, 자신이 죽었다는 전갈을 보냈다. 그 소식을 믿은 안토니우스는 혼자서 이렇게 중얼거렸다.

"안토니우스여, 지금 그대는 무엇을 머뭇거리는가? 운명의 신은 그대가 그토록 집착하던 삶의 구실마저 빼앗아 갔는데……."

그러고서 그는 자기 방으로 들어갔다. 그곳에서 그는 갑옷을 풀어 옆으로 치운 다음 이렇게 말했다.

"클레오파트라여, 나는 그대가 없어 슬퍼하는 것이 아니라오. 나는 곧 그대와 만날 터이기 때문이라오. 나는 명색이 대장군이면서도 용기라는 점에서 한 여자만도 못한 남자라고 세상에 알려지는 것이 슬프다오."

그 무렵 안토니우스에게는 에로스(Eros)라는 믿을 만한 해방 노예가 있었다.[24] 안토니우스는 오래전에 필요할 경우에는 그가 자기를 죽이도록 약속해 두었던 터라 이제 그 약속을 지키라고 그에게 요구했다. 그러자 에로스는 약속대로 칼을 빼들어 안토니우스를 찌를 듯이 하다가 얼굴을 돌리고 자신을

---

24   플루타르코스는 제48절에서 안토니우스가 자기를 칼로 찔러 죽이도록 부탁한 해방 노예의 이름이 람누스라고 했는데, 아마도 에로스와 동일 인물을 착오한 것 같다.

찔러 자살했다. 에로스가 안토니우스의 발아래 쓰러지자 안토니우스가 이렇게 말했다.

"장하다, 에로스야. 그대는 약속대로 나를 죽이지는 못했지만 내가 어떻게 해야 하는가를 가르쳐 주었도다."

그러고서 안토니우스는 칼을 향해 엎어진 뒤 의자에 쓰러졌다. 그러나 그는 죽지 않았다. 그가 쓰러진 뒤에 피가 멈추고 정신이 돌아오자 그는 곁에 있는 사람들에게 목숨을 끊어 달라고 부탁했다. 그러나 그들은 방을 벗어나 도망쳤다. 그를 무덤으로 데려오라는 클레오파트라의 명령을 받은 시종 디오메데스(Diomedes)가 올 때까지 안토니우스는 몸을 뒤틀며 울부짖었다.

77

그 무렵에 클레오파트라가 살아 있다는 것을 안 안토니우스는 몸종들에게 간절히 부탁하여 몸을 일으킨 다음 그들의 부축을 받아 클레오파트라의 무덤으로 갔다. 그러나 클레오파트라는 문을 열어 주지 않고 창가에 나타나 밧줄을 내려보냈다. 그의 몸에 밧줄을 묶자 클레오파트라는 자기와 함께 있기를 유일하게 허락한 두 시녀와 함께 그를 끌어 올렸다.

그 자리에 있었던 사람들의 말에 따르면, 그보다 더 안타까운 모습이 없었다고 한다. 여인들이 피투성이가 된 채 죽음과 싸우고 있는 그를 끌어 올리자, 그는 마치 허공에 매달린 사람처럼 손을 뻗어 클레오파트라의 손을 잡았다. 그 여인들로서는 안토니우스를 끌어 올리는 일이 쉽지 않았다.

그들이 손을 내밀며 얼굴을 찌푸린 채 밧줄을 당기는 동안 밑에서 그 모습을 바라보던 사람들은 용기를 내라고 소리치며 고통을 함께 나누었다. 클레오파트라는 안토니우스를 잡고 끌어 올린 뒤 외투를 벗어 그의 몸을 덮었다. 클레오파트라는 손으로 자기 가슴을 치고 쥐어뜯으며 안토니우스의 피로 얼굴을 씻고 안토니우스에게 주인이라고 불렀다가 남편이라고 불렀다가 다시 대장군이라고 불렀다.

클레오파트라는 안토니우스의 고통에 대한 연민으로 자신의 고통을 잊고 있었다. 안토니우스는 그의 비통함을 달래며, 목이 말라서였는지 아니면 빨리 고통에서 벗어나고 싶어서였는지 술을 달라고 부탁했다. 술을 마신 뒤 안토니우스는 클레오파트라에게 이렇게 말했다.

"치욕을 겪지 않을 수만 있다면 당신의 안전을 도모하시오. 옥타비우스의 측근 가운데에서는 프로쿨레이우스(Proculeius)가 가장 믿을 만한 사람입니다. 나의 마지막 불운을 슬퍼하지 말고 이제까지의 나를 행복한 사람으로 여겨 주기 바라오. 왜냐하면 나는 세상에서 가장 탁월한 지도자로서 명성과 권력을 누렸고, 로마인에게 정복된 로마인이었으니 부끄러울 것이 없기 때문이오."

78

안토니우스가 죽은 직후, 옥타비우스는 프로쿨레이우스를 그에게 보냈다. 안토니우스가 스스로를 찌르고 들것에 실려 클레오파트라에게로 갔을 때, 그의 호위병 가운데 하나였던 데르케타이우스(Dercetaeus)가 안토니우스의 자해한 칼을 훔쳐 몸에 숨기고 옥타비우스를 찾아갔던 것이다. 피범벅이 된 칼을 옥타비우스에게 보여 준 그는 안토니우스의 죽음을 알린 첫 번째 인물이었다.

그 소식을 들은 옥타비우스는 막사로 들어가 한때는 처남 매부 사이로 공직의 동지이자 전쟁의 동료로서 많은 작전과 전쟁을 함께 치렀던 그의 죽음을 애도하며 눈물을 흘렸다. 그러고서 옥타비우스는 자신과 안토니우스 사이에 오간 편지를 가져오게 하여 막료를 불러 놓고 편지를 크게 읽으면서 자신의 편지가 얼마나 이성적이고 정중하였으며, 안토니우스의 답장이 얼마나 무례하고 오만했던가를 보여 주었다.

그런 다음 옥타비우스는 프로쿨레이우스를 보내면서 무엇보다도 클레오파트라를 생포해 오도록 지시했다. 그는 클레오파트라가 자신을 화장하려고 쌓아 둔 장작더미에 불을 붙여 보물을 태워 버릴지도 모른다는 점이 두려웠으며, 그를 잡아 오면 개선식이 더욱 화려해질 수 있으리라고 생각했다. 그러나 클레오파트라는 고분고분하게 프로쿨레이우스에게 항복하지 않았다.

클레오파트라는 프로쿨레이우스를 무덤 가까이 오게 하여 자기가 서 있는 곳과 같은 높이의 대문 밖에 서 있도록 했다. 그 문은 빗장으로 튼튼하게 닫혀 있었지만 목소리는 들렸다. 그렇게 대화를 나누면서 클레오파트라는 자기 자식들에게 왕국을 넘겨줄 수 있도록 해 달라고 부탁했고, 프로쿨레이우스는 그 여인에게 마음 놓고 옥타비우스에게 모든 일을 맡기라고 부탁했다.

79

프로쿨레이우스는 그곳 지리를 잘 살펴본 다음, 이를 옥타비우스에게 알렸다. 옥타비우스는 다시 클레오파트라와 면담하도록 갈리우스(Galius)를 파견했다. 클레오파트라의 무덤 문 앞에 이른 갈리우스는 의도적으로 대화를 질질 끌었다. 그사이에 프로쿨레이우스는 사다리를 설치하고 클레오파트라와 시녀들이 안토니우스를 끌어 올렸던 문으로 들어갔다.

프로쿨레이우스는 곧 두 하인과 함께 클레오파트라가 갈리우스와 대화를 나누고 있는 문 쪽으로 다가갔다. 그때 클레오파트라와 함께 갇혀 있던 시녀 가운데 한 명이 소리쳤다.

"가여운 여왕마마, 마마께서는 포로가 되셨습니다."

그 말을 들은 여왕은 돌아서서 프로쿨레이우스를 바라보더니 강도처럼 허리에 차고 있던 칼을 빼 자살하려고 했다. 그러나 프로쿨레이우스가 재빨리 달려들어 두 팔로 여왕을 감싸 안으면서 이렇게 말했다.

"클레오파트라여, 그대는 옥타비우스 장군이 그대에게 너그러움을 보여 줄 기회를 빼앗고, 그 위대한 대장군에게 믿을 수 없고 완고하다는 낙인을 찍음으로써 그대와 대장군 모두에게 잘못을 저지르고 있습니다."

말을 마친 프로쿨레이우스는 여왕에게서 칼을 빼앗고 클레오파트라가 독약을 몸에 숨겼는지를 알아보고자 옷을 털어 보았다. 옥타비우스는 또한 자신의 해방 노예인 에파프로디투스(Epaphroditus)를 보내 여왕이 죽지 못하도록 감시하는 한편, 여왕의 마음을 진정시키고 기뻐할 만한 일을 허락하라고 지시했다.

80

이제 옥타비우스는 전차를 타고 시내로 들어갔다. 그는 철학자 아레이우스(Areius)에게 오른손을 내어 준 채 대화를 나누었다. 이집트 시민 사이에서 많은 존경을 받던 아레이우스에게 존경심을 보임으로써 자신도 그만큼 칭송받고자 했던 것이다. 그렇게 체육관에 도착한 옥타비우스는 자신을 위해 마련해 둔 연단으로 올라갔다.

시민들이 제정신이 아닌 채 두려워하며 옥타비우스 앞에 엎드리자 그는 모든 사람에게 일어나도록 한 다음, 첫째로는 알렉산드로스 대왕이 이 도시를 세웠고, 둘째로는 옥타비우스 자신이 이 도시의 크기와 아름다움을 사랑하며, 셋째로는 자신의 친구 아레이우스를 기쁘게 해 주고자 모든 시민에 대한 비난을 거두어들이겠노라고 말했다.

옥타비우스는 이와 같이 아레이우스를 칭송하고 아레이우스의 요청에 따라 다른 사람들도 용서해 주었는데, 그렇게 사면에 추천된 사람들 가운데 휠로스트라토스도 들어 있었다.

안토니우스

그는 역사상 어느 궤변학자보다도 즉흥 연설에 탁월한 인물이었다.

원래 휠로스트라토스는 자신이 마치 아카데미아학파에 소속되어 있기라도 한 듯이 부적절하게 떠벌리고 다니면서 옥타비우스의 미움을 샀다. 그래서 옥타비우스는 처음에는 그를 사면해 달라는 아레이우스의 요청을 들어주지 않았다. 그러자 휠로스트라토스는 길고 흰 수염에 검은 외투를 입고 아레이우스의 뒤를 쫓아다니며 다음과 같은 시구를 읊었다.

> 그대가 진실로 현자라면
> 현자를 구원해 주리라.
> (노크 엮음,『그리스 비극 단편』, II : 921)

그 말을 들은 옥타비우스는 마침내 그를 용서해 주었는데, 이는 휠로스트라토스를 두려움에서 구원해 주고자 함이라기보다는 아레이우스를 세상 사람들의 미움에서 구원해 주고자 함이었다.

81

안토니우스의 자녀들 가운데 풀비아와의 사이에서 낳은 안틸루스는 그의 가정 교사였던 테오도루스(Theodorus)에게 배신당해 죽었다. 병사가 안틸루스의 목을 자르자 테오도루스는 그의 목에 걸려 있던 많은 보석을 거두어 자기의 허리춤에 숨기고 꿰매어 버렸다. 테오도루스는 그와 같은 자신의 처사를 부인했지만 유죄 판결을 받고 십자가에 못 박혀 죽었다.

병사들은 클레오파트라의 자녀들과 시종들을 보호하며 너그럽게 상대해 주었다. 그러나 클레오파트라는 자신과 카이사르 사이에서 낳은 아들 카이사리온에게 많은 보석을 들려 에티오피아를 거쳐 인도로 보냈다. 그러나 카이사리온에게도 테오도루스와 같이 못된 가정 교사 로돈(Rhodon)이 있었다.

그 가정교사는 옥타비우스가 왕을 시켜 줄지도 모르니 고향으로 돌아가라고 설득했다. 이 문제를 놓고 옥타비우스가 생각에 잠기자 옥타비우스의 스승인 아레이우스가 이렇게 말했다고 한다.

"카이사르가 너무 많은 것은 좋지 않습니다."[25]

82

결국 카이사리온은 옥타비우스의 손에 죽었는데, 클레오파트라가 죽은 뒤의 일이었다. 많은 장군과 왕들이 옥타비우스를 찾아가 안토니우스의 장례를 치를 수 있게 해 달라고 부탁했지만 옥타비우스는 클레오파트라에게서 그의 시체를 빼앗지 않았다.

옥타비우스의 허락을 얻은 클레오파트라는 성대하게 격식을 갖추어 안토니우스의 장례를 치렀다. 클레오파트라는 슬픔에 겨워 몸에 열이 높았고, 주먹으로 너무 가슴을 쳐 가슴에 상처가 나고 고름이 잡혀 있었다. 클레오파트라는 이를 핑계로 음식을 거절하고 남의 방해를 받지 않은 채 스스로의 삶에서 벗어나고자 했다.

클레오파트라에게는 올림포스(Olympos)라는 친근한 의사가 있었는데, 그는 그 의사에게 모든 심중의 말을 털어놓았다. 그리고 올림포스는 그가 죽음을 결행하는 데 조언과 도움을 주었다. 이 이야기는 그 의사가 남긴 사건의 경위에 관한 기록에 담겨 있다.

그러나 이러한 내막을 알게 된 옥타비우스는 그런 식으로 자살하면 그의 자녀들도 무사하지 못할 것이라고 협박했다. 이

---

25 이는 호메로스의 『일리아스』(II : 204)에 "왕은 한 사람으로 충분합니다"라는 말을 빗댄 것이다.

에 클레오파트라는 공성기의 공격을 받은 성처럼 무너져, 자기의 계획을 포기하고 음식을 받아먹고 치료도 받았다.

83

며칠이 지난 뒤, 옥타비우스는 클레오파트라와 이야기를 나누고 위로하고자 찾아갔다. 그 여인은 허름한 짚 침대에 누워 있었고 입은 것이라고는 겉옷뿐이었으나, 옥타비우스가 들어오자 벌떡 일어나 그의 발아래 몸을 던졌다. 그의 머리와 얼굴은 흉측한 몰골이었고, 목소리는 떨렸다. 그의 가슴은 그 스스로 잔인하게 쳐 멍들어 있었다. 그의 몸은 마음보다 나을 것이 없었다.

그럼에도 클레오파트라의 유명한 매력과 아름다움에 대한 자부심은 사그라지지 않았다. 그 자부심은 그처럼 비참한 모습 속에서도 자연스레 내면에서 비쳐 나와 뚜렷이 나타났다. 옥타비우스는 클레오파트라에게 드러누우라고 권고하면서 자신도 그 곁에 앉았다. 클레오파트라는 이제까지 자신의 처사를 변명했다. 자신은 안토니우스가 너무 두려워 어쩔 수가 없었다는 것이었다.

그러나 옥타비우스가 그의 의견에 반대하면서 여러 가지 점을 들어 반박하자 클레오파트라는 재빨리 목소리를 바꾸며, 오로지 목숨을 구걸하는 사람처럼 옥타비우스의 동정심을 불러일으키려 했다.

드디어 클레오파트라는 자신이 가지고 있던 보물 목록을 내놓았다. 그때 여왕의 시종인 셀레우코스가 나서더니 클레오파트라가 물건을 빼돌려 숨겨 놓았다고 단호하게 말했다. 이말을 들은 클레오파트라는 벌떡 일어나 셀레우코스의 머리채를 잡고 뺨을 때리기 시작했다. 옥타비우스가 웃음을 지으며 말리자 클레오파트라가 이렇게 말했다.

"옥타비우스 장군이시여, 제가 이토록 비참한 지경에 빠져 있을 때 장군께서 저를 찾아오시어 말을 걸어 주시는데, 제가 여인의 장식품 몇 점 보관하고 있는 것을 저의 몸종이 비난한다는 것은 끔찍한 일이 아니겠습니까? 그 물건들은 불쌍한 이 여인이 가지려고 숨긴 것이 아니라 장군님의 누나 옥타비아와 아내 리비아(Livia)에게 드리려던 하찮은 선물로서, 이를 통해 그분들이 저에게 자비와 온유함을 베풀기를 바랐던 것입니다.”

옥타비우스는 클레오파트라의 말을 들으면서 그가 살고 싶어 하는 줄 알고 기뻤다. 그래서 옥타비우스는 이런 일은 클레오파트라가 처리하도록 맡길 것이며, 다른 모든 일도 그 여인이 기대하는 것보다 훨씬 더 정중하게 대접하겠다고 말했다. 이렇게 그곳을 떠나면서 옥타비우스는 자신이 클레오파트라를 속였다고 생각했지만, 사실은 옥타비우스가 그 여인에게 속은 것이었다.

84

옥타비우스의 막료 가운데 코르넬리우스 돌라벨라(Cornelius Dolabella)라는 고위 장교가 있었다. 클레오파트라에게 연민이 없지 않았던 그는 여인의 부탁을 받고, 옥타비우스가 시리아를 거쳐 육로로 귀국할 준비를 하고 있으며, 사흘 안에 클레오파트라와 자녀들도 함께 데려갈 것이라고 알려 주었다.

그 말을 들은 클레오파트라는 먼저 옥타비우스에게 부탁하기를, 안토니우스의 무덤에 술 한 잔 바칠 수 있게 해 달라고 말했다. 이에 대한 허락이 떨어지자 그는 시종들에게 자기를 안토니우스의 무덤으로 인도하라고 지시했다. 그는 늘 곁에 있던 하녀들을 데리고 가슴에는 안토니우스의 유골 항아리를 안고 무덤으로 갔다. 그곳에서 그는 이렇게 말했다.

“사랑하는 안토니우스여, 나는 그대를 묻었습니다. 그러나 그때는 자유의 몸이었지만 지금은 포로의 몸으로 그대의 무덤에 한 잔 술을 바칩니다. 지금은 너무도 엄중한 감시를 받고 있어 이 몸을 때릴 수도 없고 눈물을 흘릴 수도 없습니다. 이제 저들이 나를 포로로 삼아 엄중히 감시하는 것은 나를 이용하여 그대를 이긴 개선식을 우아하게 만들고자 함입니다. 이제는 더 이상 내가 그대를 영예롭게 하거나 한 잔 술을 바치기를 기대하지 마십시오. 이것이 포로 클레오파트라가 그대에게 바치는 마지막 술잔입니다. 비록 우리가 살아 있을 때는 그 누구도 우리를 갈라놓을 수 없었지만, 그대가 죽고 난 지금은 우리가 머무는 장소가 떨어지게 될 것 같군요.

로마인인 그대는 오히려 이곳 이집트에 묻히고, 불행한 이 여인은 이탈리아에 누워 그대의 나라에서 오직 내가 누울 땅만을 받게 되겠지요. 이 나라의 신은 이미 우리를 저버렸으니, 그 나라에 신의 권능이 있다면 아직 살아 있는 당신의 아내를 버리지 않기를 바라고, 내가 당신을 이긴 사람들의 개선식에 참가하여 축하하는 일이 없기를 바랍니다. 그리고 내가 이곳에 숨어 그대와 함께 묻히기를 빕니다. 왜냐하면 내 일생에 겪은 아픔 가운데 어느 것도 내가 그대와 떨어져 살았던 이 짧은 시간 동안에 겪었던 것보다 끔찍하지는 않았기 때문입니다."

85

그와 같이 애도한 클레오파트라는 안토니우스의 유골을 담은 항아리에 화관을 씌우고 입을 맞추었다. 이어 그는 목욕물을 준비하라고 지시했다. 목욕을 마친 그는 식탁에 비스듬히 누워 식사를 하고 있었다. 그때 시골에서 올라온 한 남자가 바구니를 들고 들어왔다. 근위병들이 그 안에 무엇이 들어 있는지 확인하고자 바구니를 열고 나뭇잎을 치우니 그 밑에 무화과 한 접시가 가득 들어 있었다.

근위병들이 무화과의 크기와 아름다움에 놀라자 그 남자는 웃으며 몇 개 집으라고 말했다. 그들은 더 이상 의심하지 않고 그 남자를 들여보냈다. 식사를 마친 클레오파트라는 이미 유언을 써 놓은 서판(書板)을 봉인하여 옥타비우스에게 보냈다. 그런 다음 믿을 만한 두 시녀를 제외한 모든 사람을 내보내고 문을 닫았다.

옥타비우스가 서판을 열어 보니 거기에는 자신을 안토니우스와 함께 묻어 달라는 한 여인의 비통한 유언이 적혀 있었다. 그는 무슨 일이 벌어지고 있는지를 곧바로 알아차렸다. 먼저 그는 자신이 가서 그 여인을 도와주어야겠다고 생각했다. 그리고 전령에게 빨리 달려가 어떻게 된 일인지 알아보도록 지시했다. 그러나 재앙은 늘 한 걸음 빨랐다.

옥타비우스의 전령들이 달려가 보니 근위병들은 아무것도 모르고 있었다. 그들이 방 안으로 들어갔을 때 클레오파트라는 여왕의 치장을 하고 황금 침상 위에 죽은 채 누워 있었다. 그리고 두 시녀 가운데 이라스라는 여인은 이미 그의 발치에 죽어 있었고, 카르미온은 몸을 가누지 못하고 머리를 기운 채 여왕의 이마를 둘러싸고 있는 왕관의 매무시를 가지런히 하고 있었다. 그러자 누군가 소리쳤다.

"카르미온, 잘하는 짓이다."

그러자 그 여인이 말했다.

"그렇고말고요. 그리고 그 많은 왕의 후손에게 가장 걸맞은 짓이지요."

그 여인은 더 이상 말 한마디 못 하고 침상 옆에 쓰러졌다.

86

들리는 바에 따르면, 시골 남자가 바구니를 들고 들어올 때 아스피스라는 뱀이 항아리에 담겨 있었으나 잎사귀 밑에 가려 보이지 않았다고 한다. 원래 클레오파트라는 그 뱀이 자기도 모르는 사이에 자기를 물도록 하라고 지시해 두었다. 그러나 그는 무화과를 몇 개 들어낸 뒤에 뱀을 보자 소매를 걷어 올리고 뱀이 물도록 내밀면서 이렇게 말했다.

"자, 여기야. 봤지?"

그러나 다른 사람의 말에 따르면, 뱀은 물 항아리 안에 조심스럽게 보관되어 있었는데, 클레오파트라가 황금으로 만든 실패로 쿡쿡 찌르며 약을 올리자 뱀이 튀어 올라 그를 물었다고 한다. 그러나 진실을 아는 사람은 아무도 없다. 또 다른 사람의 말에 따르면, 클레오파트라는 머리핀에 구멍을 뚫고 그 안에 독을 감춘 다음 머리에 꽂고 다녔다고 한다. 그러나 그의 몸에는 독을 주입한 흔적이 없었다.

방에서 내다보이는 바닷가에서 뱀의 흔적을 본 사람이 있다고는 하지만 정작 그의 방에는 뱀이 없었다. 또 다른 사람들의 말에 따르면, 그의 팔에는 가볍고 희미한 두 개의 상처가 나 있었다고 한다. 옥타비우스는 이 말을 믿었던 것으로 보인다. 왜냐하면 그의 개선식에 클레오파트라의 조상(彫像)이 실려 나왔는데 뱀이 몸을 감고 있었기 때문이다. 그날 있었던 일에 대해서는 이렇듯 말이 많다.

클레오파트라가 죽었다는 소식을 듣고 옥타비우스가 화를 낸 것은 사실이지만, 그는 클레오파트라의 고결한 정신을 칭송했다. 옥타비우스는 장엄한 예식을 치른 뒤 안토니우스와 함께 클레오파트라를 묻어 주도록 지시했다. 옥타비우스는 또한 두 시녀도 정중하게 묻어 주도록 했다.

클레오파트라가 죽었을 때 나이는 마흔에서 한 살이 빠지는 서른아홉이었는데, 그 가운데 22년 동안 왕위에 있었고, 14년 이상 안토니우스와 함께 다스렸다. 안토니우스는 쉰여섯 살에 죽었는데, 어떤 사람들은 쉰세 살에 죽었다고도 한다.

오늘날 안토니우스의 조상(彫像)은 허물어졌으나 클레오파트라의 조상은 그대로 서 있다. 왜냐하면 클레오파트라의 친구 가운데 하나였던 아르키비우스(Archibius)가 그 여인의 조상이 안토니우스의 조상과 같은 운명을 겪지 않게 하려고 옥타비우스에게 2천 탈렌트를 뇌물로 주었기 때문이었다.

87

안토니우스는 세 명의 아내 사이에서 일곱 자녀를 두었는데, 그 가운데 맏이인 안틸루스는 옥타비우스의 손에 죽었다. 안토니우스의 두 번째 아내인 옥타비아가 그 나머지 아이들을 자기 첫 남편의 자식들과 함께 맡아 키웠다. 옥타비아는 클레오파트라의 딸 소(小)클레오파트라를 그 당시 가장 훌륭한 왕이었던 마우리타니아의 유바에게 시집보냈다.

옥타비아는 또한 풀비아와 안토니우스 사이에서 태어난 소(小)안토니우스를 훌륭하게 키웠다. 옥타비우스의 평가에 따르면, 그 시대의 젊은이들 가운데 아그리파의 인격이 가장 훌륭했고, 리비아의 아들들이 그다음이었고, 소안토니우스가 세 번째였다고 한다.

옥타비아와 첫 남편 마르켈루스 사이에는 딸 둘과 아들 하나가 있었는데, 옥타비우스는 그 아들을 데려다가 사위로 삼았으며, 딸 하나는 아그리파에게 시집보냈다. 그러나 사위로 삼은 소(小)마르켈루스는 일찍 죽었다.

옥타비우스가 자기 부하들 가운데 딸의 믿을 만한 재혼 남편감을 찾지 못하자 옥타비아는 아그리파와 자기의 딸을 이혼시킨 다음, 아그리파와 홀로된 옥타비우스의 딸을 결혼시키자고 제안했다. 옥타비아는 먼저 동생을 설득한 다음에 아그리파를 설득했다. 그리고 이혼시킨 딸은 소안토니우스와 결혼시켰다. 그렇게 아그리파는 옥타비우스의 딸과 결혼했다.

소안토니우스는 옥타비아와의 사이에서 두 딸을 두었는데, 큰딸은 도미티우스 아헤노바르부스에게 시집갔고, 아름답고 덕망 높은 둘째 딸 안토니아(Antonia)는 리비아의 아들이자 옥타비우스의 의붓아들인 드루수스(Drusus)에게 시집갔다.

이 두 사람 사이에서 게르마니쿠스(Germanicus)와 클라우디우스(Claudius)가 태어났다. 클라우디우스는 뒤에 황제에 올랐고, 게르마니쿠스의 아이들 가운데 하나로 칼리굴라(Caligula)라는 별명을 갖고 있었던 카이우스(Caius)는 짧은 기간이지만 탁월하게 통치하다가 처자식들과 함께 처형되었다.

아헤노바르부스와의 사이에서 아들 루키우스 도미티우스(Lucius Domitius)를 낳은 아그리피나(Agrippina)는 뒷날 클라우디우스 카이사르(Claudius Caesar)의 아내가 되었다. 클라우디우스는 아그리피나의 전남편 소생을 자기 아들로 입양하여 네로 게르마니쿠스(Nero Germanicus)라는 이름을 지어 주었다. 이 네로가 지금 우리가 살고 있는 시대에 황제가 되었다. 그는 어머니를 죽이는 등 어리석고 미친 짓을 하여 로마 제국을 거의 무너뜨릴 뻔했다. 그는 안토니우스의 5대손이다.

안토니우스는
자신의 잘못으로 자신을 망쳤고,
데메트리오스는
자신의 잘못으로 남을 망쳤다.
— 플루타르코스

안토니우스는
한 남자가 한 여인으로 말미암아
어떻게 망가지는가를
가장 잘 보여 준 인물이었다.
— 플루타르코스

1

데메트리오스와 안토니우스는 모두 엄청난 운명의 역전을 겪었다. 먼저 그들의 권력과 명성을 살펴보면, 데메트리오스는 아버지에게서 모든 것을 물려받았다. 그의 아버지 안티고노스는 알렉산드로스 대왕의 후계자들 가운데 가장 강력한 왕으로서 데메트리오스가 성인이 되기에 앞서 아시아 대부분을 침략하여 차지한 인물이었다.

그런가 하면, 안토니우스의 아버지는 위대한 인물이기는 했지만 군인은 아니어서 대단한 유산이나 명성을 남겨 주지는 않았다. 그럼에도 안토니우스는 카이사르의 권력을 이어받을 만큼 담대했는데, 그와 같은 성공에 그의 출생이 보탬이 되지는 않았다. 그는 카이사르가 앞서 이룩한 것들을 자기의 능력으로 이어받은 셈이다.

안토니우스는 자신의 자질로써 그토록 엄청난 권력을 쟁취했으며, 제국을 둘로 나누고 그 가운데 하나를 차지하여 더욱 융성하게 만들었다. 그는 자신이 직접 나타나지 않고서도 장군들을 보내 파르티아를 여러 차례 무찔렀으며, 카우카소스 일대의 이방 민족을 멀리 카스피해까지 쫓아냈다. 그리하여 그의 흉허물까지도 그의 명성의 위대함을 증명해 주고 있다.

데메트리오스의 아버지 안티고노스는 아들을 기꺼이 휠라라는 여인에게 장가보냈다. 휠라는 알렉산드로스 대왕의 후계자인 안티파트로스왕의 공주로서 데메트리오스보다 나이도 많았지만, 안티고노스는 그가 훌륭한 여인이라고 생각했다.

클레오파트라는 파르티아 제국을 세운 아르사케스(Arsaces)를 빼면 당시의 어느 왕보다도 권력과 우아함에서 뛰어난 여인이었지만, 안토니우스와 클레오파트라의 결혼은 안토니우스의 명성을 손상했다. 세상 사람들은 그가 그보다 더 좋은 것을 가져야 할 인물이라고 생각했는데, 이는 안토니우스 자신이 바랐던 평가를 넘어선 것이었다.

2

제국을 장악하려는 결심과 관련해서 본다면, 왕에게 복종하는 데 익숙한 사람들 위에서 왕으로 군림하고 싶었던 데메트리오스를 비난할 바는 못 된다. 그러나 안토니우스의 경우를 보면, 그는 이제 방금 카이사르의 독재에서 해방된 로마인들을 노예화하려 했다는 점에서 거칠고 독재적이었다.

더욱이 카시우스와 브루투스를 무찌른 위대하고도 빛나는 업적을 생각해 보면, 결과적으로 안토니우스는 조국과 민중에게서 자유를 빼앗은 것이었다. 그러나 데메트리오스는 곤경에 빠지기 이전까지만 해도 그리스에 자유를 주고 그들의 도시에서 외국 군대를 몰아내려고 꾸준히 노력하면서도 이를 자랑하지는 않았다.

그와 달리, 안토니우스는 로마인들에게 자유를 안겨 준 사람을 마케도니아까지 쫓아가 죽인 일을 자랑스러워했다. 더 나아가, 이 두 사람이 남에게 베푼 씀씀이와 그 규모로 본다면 안토니우스도 칭찬할 만하지만, 데메트리오스는 그보다 한 수 위였다. 데메트리오스는 안토니우스가 막료들에게 베푼 것보다 더 많은 것을 적군에게 베풀었다.

안토니우스가 그의 정적 브루투스의 시체를 치장하여 매장함으로써 좋은 평판을 들은 것은 사실이지만, 데메트리오스는 전사한 적군의 장례식을 성대하게 치러 주었을 뿐만 아니라 포로들에게 돈과 선물을 주고 프톨레마이오스에게 돌려보냈다.

3

데메트리오스와 안토니우스는 온갖 호강을 누렸으며, 사치와 환락에 빠져 스스로를 포기했다. 그러나 데메트리오스는 싸울 때와 즐길 때를 가렸기 때문에 즐기느라고 뭔가 해야 할 일을 못 했다고 말할 수 없다. 아니, 그는 오직 시간이 넉넉할 때만 환락에 빠졌으며, 놀고 싶거나 나른할 때만 마치 우화 속 존재를 탐하듯 라미아와 만나 즐겼다.

그러나 전쟁을 할 때는 데메트리오스의 창이 담쟁이덩굴에 둘러싸이거나, 투구에서 향내가 나거나, 그가 윤기가 나고 꽃으로 장식된 여인의 방에서 뛰어나오는 일이 없었다. 일단 전쟁이 일어나면 그는 평상심을 되찾아 술을 끊고, 에우리피데스의 시구처럼,

신성을 모독한 군신(軍神)
아레스의 각료(閣僚)가 되어
(노크 엮음,『그리스 비극 단편』, II : 679)

전쟁터로 달려가니, 그는 방종과 쾌락으로 말미암아 작은 실수도 하지 않았다.

그런가 하면 옴팔레(Omphale)[1]가 헤라클레스에게서 몽둥이를 빼앗고 사자의 가죽으로 만든 옷을 벗기는 그림에서 보듯이, 클레오파트라는 주술(呪術)로써 안토니우스를 사로잡아 거대한 과업과 필요한 전쟁에서 손을 떼게 만든 다음 카노포스(Canopos)와 타포시리스(Thaposiris)의 해안에서 거닐며 놀았다.

안토니우스는 끝내 파리스(Paris)[2]가 그랬던 것처럼, 전쟁터에서 빠져나와 클레오파트라의 가슴에 파고들었다. 좀 더 정확히 말하자면, 파리스는 전쟁에 진 뒤 헬레나의 방으로 뛰어 들어갔지만, 안토니우스는 클레오파트라의 뒤를 쫓아감으로써 승리를 버렸다.

4

데메트리오스는 여러 번 결혼했는데 그것이 그 무렵에 금지된 일은 아니었다. 필리포스왕이나 알렉산드로스 대왕도 그랬다. 그는 리시마코스와 프톨레마이오스가 그랬듯이, 아내들의 명예를 지켜 주었다. 그런가 하면 안토니우스는 같은 시기에 두 아내를 데리고 살았는데, 이는 로마에서 누구도 하지 못한 일을 처음 저지른 것이었다.

더욱이 안토니우스는 법을 어기면서까지 데리고 살았던 외국인 아내의 영예를 높여 주려고 본처를 쫓아냈다. 따라서 데메트리오스는 결혼으로 말미암아 자신에게 손해를 끼치지

---

[1]   옴팔레는 리디아의 여왕이다. 헤라클레스는 죄를 짓고 노예로 팔려가 여장(女裝)을 한 채 옴팔레의 시종을 들었다.

[2]   파리스는 트로이의 왕자로서, 미모를 타고난 그는 스파르타에 사신으로 파견되었다가 그곳의 유부녀 헬레네와 사랑에 빠져 함께 도망했다. 이 헬레네의 반환을 둘러싸고 갈등이 고조되어 트로이 전쟁이 일어났다.

않았지만 안토니우스는 결혼 때문에 커다란 불행을 얻었다. 그러나 안토니우스의 음란 행위는 데메트리오스만큼 그렇게 신성을 모독하지는 않았다.

역사가들의 기록에 따르면, 신전에는 개를 데리고 들어갈 수 없었는데, 개들이 아무 곳에서나 짝짓기를 하기 때문이었다. 그런데 파르테논 신전에서는 데메트리오스가 창녀들을 데리고 놀거나 아테네 여인들과 불륜을 저지르는 모습을 볼 수 있었다.

데메트리오스의 악행이 그와 같은 음란 행위와 아무 관계가 없다고 생각하는 사람은 드물다. 다시 말해서 그가 추구한 환락은 잔혹한 행동으로 이어졌다. 왜냐하면 그는 치욕을 겪지 않으려고 애쓰던, 아름답고도 순수한 아테네 여인들의 애통한 죽음을 불러왔기 때문이다. 아니, 어쩌면 죽음을 강요했다는 표현이 더 적절할 것이다. 한마디로 말해서 안토니우스는 자신의 잘못으로 자신을 망쳤고, 데메트리오스는 자신의 잘못으로 남을 망쳤다.

5

부모에 대한 태도를 살펴보면 데메트리오스는 부모를 흠 없이 존경했다. 그러나 안토니우스는 키케로를 죽이려고 외삼촌의 목숨을 포기했다. 설령 키케로의 죽음이 외삼촌의 목숨을 살리는 일이었다 해도 그의 행실은 용서받을 수 없는 끔찍한 일이었을 터인데, 하물며 외삼촌을 죽였으니 그 죄를 더 말해 무슨 소용이 있겠는가?

더 나아가서 두 사람이 언약과 조약을 깨뜨린 일로 말하자면, 안토니우스가 아르타바조스를 쳐부수면서 약속을 깨뜨린 일이 있고, 데메트리오스는 마케도니아 카산드로스왕의 아들 알렉산드로스를 죽인 일이 있다. 안토니우스로서는 그 살인이 옳았다고 변명할 수 있다.

안토니우스는 메디아에서 아르타바조스에게 배신을 겪은 앙갚음으로 그를 죽였지만, 많은 역사가의 증언에 따르면, 데메트리오스는 거짓된 비난을 꾸며 자기가 해코지를 해 놓고도 알렉산드로스가 잘못했다며 죽였다. 여기서 다시 말하자면, 데메트리오스는 스스로의 능력으로 전쟁에서 이겼다. 그러나 안토니우스는 많은 전쟁에 참전하지 않은 채 부하들이 거둔 승리를 자신의 것으로 만들었다.

6

데메트리오스와 안토니우스의 죽음은, 그 방법이 다르기는 하지만, 모두 그들 자신의 책임이다. 마케도니아인들이 데메트리오스를 버렸다는 점에서 본다면 그는 남의 손에 죽은 것이다. 그러나 안토니우스는 자기를 위해 목숨을 걸고 싸우는 부하들을 버렸으니, 그가 남을 죽인 것이다.

데메트리오스는 부하들이 차라리 그를 죽이고 싶다고 생각했을 정도로 버림받았다는 점에서 비난을 받을 수 있고, 안토니우스는 그토록 충직하고 믿음직한 부하들을 버렸다는 점에서 비난을 받을 수 있다.

그들의 죽음에 관해 말하자면, 두 사람 모두 떳떳하지 못하지만, 데메트리오스가 더 비난을 받아야 한다. 그는 포로가 되어 3년 동안 억류 생활을 하면서 그 삶에 만족했다. 그는 마치 짐승처럼, 잘 먹어 아랫배가 나오고 술 마시는 것에 길들어 갔다. 안토니우스는 자살했다는 점에서 비겁하고 불쌍하고 수치스럽지만, 적어도 적군이 자기의 몸을 망치기에 앞서 죽었으니 데메트리오스보다는 나은 죽음이었음이 사실이다.

플루타르코스

서기 45~50년경 보이오티아섬의 북쪽 마을 카이로네이아에서 태어났다. 스무살에 아테네로 가 암모니우스의 지도를 받으며 그리스 철학을 익혔고, 이후 이집트와 이탈리아를 방문하며 학식을 쌓았다. 로마에서는 황제를 비롯한 명사들과 친교를 맺으며 로마 시민권을 얻었으며, 만년에는 델포이에 있는 아폴론 신전의 사제로도 일했다.

그러나 그의 본분은 철학자이자 저술가로, 모두 200종이 넘는 저술을 집필했다고 알려져 있다. 특히 그리스와 로마의 역사를 담은 기록이자 플루타르코스 자신의 인간관을 투사한 대작 『플루타르코스 영웅전』은 지금까지도 많은 이들에게 삶의 영감을 선사하는 고전으로 사랑받고 있다.

옮긴이 신복룡

충청북도 괴산에서 태어났다. 건국대학교 정치외교학과를 졸업하고, 동 대학원에서 정치학 박사학위를 받았다. 고등고시위원을 역임하고, 건국대학교 정치외교학과 교수, 미국 조지타운대학 객원 교수로 활동하였으며, 한국정치외교사학회 회장(1999~2000), 건국대학교에서 [상허]중앙도서관장·대학원장을 거쳐 정치외교학과 석좌 교수를 끝으로 현직에서 퇴임했다.

주요 저서로는 『동학사상과 갑오농민혁명』, 『한국정치사』, 『서재 채워드릴까요?』, 『한국분단사연구: 1943-1953』(2001년 한국정치학회 저술상 수상), 『The Politics of Separation of the Korean Peninsula, 1943-1953』, 『한국사 새로보기』, 『이방인이 본 조선』, 『한국정치사상사』(2011년 한국정치학회 仁齋저술상 수상), 『대동단실기』, 『해방정국의 풍경』, 『전봉준평전』, 『한국사에서의 전쟁과 평화』 등이 있다.

번역서로 『외교론』, 『군주론』, 『모택동자전』, 『한국분단보고서』, 『한말외국인기록』(전23권), 『入唐求法巡禮行記』, 『삼국지』 등이 있다.